钦定四库全书荟要

日讲四书解义

清·康熙十六年圣祖仁皇帝御定

（康熙皇帝之听课讲义）

宋书功　萧红艳　点校

中医古籍出版社

图书在版编目（CIP）数据

日讲四书解义/（清）康熙编；宋书功，萧红艳点校．－北京：中医古籍出版社，2012.4

ISBN 978－7－5152－0079－8

Ⅰ.①日… Ⅱ.①康…②宋…③萧… Ⅲ.①四书－注释 Ⅳ.①B222.12

中国版本图书馆CIP数据核字（2011）第267632号

日讲四书解义

宋书功 萧红艳 点校

责任编辑 刘 婷
封面设计 映象视觉
出版发行 中医古籍出版社
社 址 北京东直门内南小街16号（100700）
印 刷 三河市华东印刷厂
开 本 710mm×1000mm 1/16
印 张 31.25
字 数 600千字
版 次 2012年4月第1版 2012年4月第1次印刷
印 数 0001～3000册
书 号 ISBN 978－7－5152－0079－8
定 价 48.60元

《日讲四书解义》点校说明

《日讲四书解义》一书是清康熙帝为“绍祖宗丕基，孳孳求治，留心问学，命儒臣撰为讲义，务使阐发义理，裨益政治，同诸经史进讲……思与海内臣民共臻至治，特命校刊，用垂永远”，是一部专为康熙帝研阅讲授《四书》的讲稿。该书由翰林院掌院学士库勒纳、叶方蔼二人担任总裁官，由日讲官格雨古德、沈荃、张玉书等十三人担任分撰官，由翰林院傅腊塔等十三人担任校阅官。最后由康熙帝钦定作序而成是书。

后至乾隆时命纪晓岚等编修《四库全书》，因卷帙浩繁，乾隆帝又命王际华、于敏中等从《四库全书》中遴选出七分之一的精品，成《四库全书荟要》一套，专供乾隆帝一人研阅收藏，存放于乾清宫后御花园内别人不能涉足的乾隆帝作为休息之所的摛藻堂中。后时移事迁，列强入侮，帝制腐亡，华夏兵荒，此丛书消息遂已淹没无闻。1924 年北洋军阀政府清点故宫文物图书时，在摛藻堂内的字画杂物堆中发现了这套丛书，完整无缺，触手如新；后国民政府将其运到西南，后国民党窜逃之时又将其运到了台湾，从此这套绝世无双的孤本丛书就独存于海峡一隅了。

《四库全书荟要》是专为乾隆皇帝一人编纂刊刻的一套大型丛书，是极为难得的绝对孤本，所以它与《四库全书》比较起来，更有其胜出的特点。

首先，它制作精美，质量上乘，纸张油墨、缮写刊刻、审核校对等均不惜资费，可谓人间极品；再有，这部绝对孤本的丛书，几经战火，却能完整无缺，纸白墨润地保全下来，也堪称天壤间的稀世珍宝了；还有，《荟要》所据版本，一是内府武英殿刻本，二是内府所藏历代善本珍本和抄本，其版本价值极大，其所收图书皆为秦汉以来所享盛名的国宝经典，故在思想学术和历史文化方面都具有极其宝贵的价值；更应该特别值得重视的是，清王朝大兴文字狱，在编《四库全书》时，古籍中凡有不利于满清政府统治的内容，编修官可以任意加以砍削和删改，而《荟要》是给乾隆帝以人看的，不需要删改，故所收图书都能保存其本来面貌，这是极可宝贵的，《荟要》所收图书虽只《全书》的七分之一，而册数却近乎《全书》的三分之一，因此，《荟要》要比《全书》真实可信，这方面的重要意义就更让人感到珍贵了。我在点校中尝与文津阁本、中华书局等《四库全书》版本对照，发现诸本皆有讹缺，然与此《荟要》本加以对照，则群疑冰释，诸讹缺皆得以校正。因此它是校勘古今诸书最可信赖的版本，其学术价值之大可想而知。

《荟要》现在还阻隔于海峡一隅，所以我们现在还不能得见庐山，再则由于它是稀世国宝，即使没有海峡阻隔，人们也难睹其真容。1985 年，台湾世界书局将其影印出版，2005 年吉林出版集团又将其影印，这在一定程度上给人们心理得到慰藉。故为满足广大读者的愿望，特此先行点校出版，以飨读者。

《四书》是指《大学》、《中庸》、《论语》、《孟子》，康熙帝称其为“四子之书”。四子者，指孔子、曾子、子思、孟子。南宋理学家朱熹注《论语》，又从《礼记》摘出《大学》、《中庸》分章断句，加以注释，配以《孟子》，题称《四书章句集注》，作为学习的入门书。元皇庆二年定考试课目，必须在四书内出题，发挥题意规定以朱熹的集注为根据，一直到明清相沿不改。无怪乎康熙帝在其序中对其盛赞有加。

给康熙皇帝作《四书解义》的日讲官有十五人之多，自是当朝的鸿儒名流。所讲内容自不越出程朱理学的雷池，无非是内圣外王之道，穷心正理，修己治人之法，一句话，都是为帝王政治服务的。

本次点校主要做了以下几件事：

（1）原书为竖排本，现改为横排本。

（2）原书无标点断句，现加上标点符号。

（3）原书中的繁体字、异体字、俗体字，一律用简体字排印。

（4）点校中常与《四部备要》中华书局本、《四部丛刊》商务印书馆本、《四库全书》商务印书馆影印文津阁本及上海古籍本等版本对校，结果发现诸本皆有讹脱等误，而此《荟要》本则很难发现有错误，足见其校勘之精之细。故此次点校亦无需出校注。

御制日讲四书解义序

朕惟天生圣贤，作君作师，万世道统之传，即万世治统之所系也。自尧、舜、禹、汤、文、武之后，而有孔子、曾子、子思、孟子，自《易》、《书》、《诗》、《礼》、《春秋》而外，而有《论语》、《大学》、《中庸》、《孟子》之书，如日月之光昭于天，岳瀆之流峙于地，猗欤盛哉！

盖有四子而后，二帝三王之道传；有四子之书而后，五经之道备。四子之书得五经之精意而为言者也。

孔子以生民未有之圣，与列国君大夫及门弟子论政与学，天德王道之全，修己治人之要，具在《论语》一书。《学》、《庸》皆孔子之传，而曾子、子思独得其宗，明、新、止善，家国天下之所以齐、治、平也；性教中和，天地万物之所以位育，九经达道之所以行也。至于孟子继往圣而开来学，辟邪说而正人心，性善仁义之旨著明于天下，此圣贤训辞诏后，皆为万世生民而作也。道统在是，治统亦在是矣。历代贤哲之君创业守成，莫不尊崇表章，讲明斯道。朕绍祖宗丕基，孳孳求治，留心问学，命儒臣撰为讲义，务使阐发义理，裨益政治，同诸经史进讲，经历寒暑，罔敢间辍，兹已告竣，思与海内臣民共臻至治，特命校刊，用垂永久，爰制序言，弁之简首。

每念厚风俗必先正人心，正人心必先明学术。诚因此编之大义，究先圣之微言，则以此为化民成俗之方用，期夫一道同风之治，庶几进于唐虞三代文明之盛也夫！

康熙十六年十二月初八日

《日讲四书解义》进呈疏

经筵日讲官起居注翰林院掌院学士兼礼部侍郎加一级教习庶吉士臣喇沙里

经筵日讲官起居注翰林院掌院学士兼礼部侍郎教习庶吉士臣陈廷敬等

谨题：

为进呈刊完《日讲四书解义》，仰祈睿鉴事。

臣等于康熙十六年三月十三日恭侍弘德殿进讲，蒙皇上面谕：

“四书讲章应行刊刻，钦此”。臣等叨尘法从，日侍经帷，伏覩皇上，圣躬亲讲典学弥勤，天语下询，访道愈笃，于凡六经诸史，靡不极意研精。

至于四子之书，实备百王之道，比年以来，次第进讲，历寒暑而罔间，积月日以成编。

固已体验于宸衷，抑且发挥于政治，除按日进览，年终彙呈尽在御前，时廑睿照。廼者亲降纶音，爰令校刻。

窃惟皇上圣学崇深，真足超轶往古，臣等经学浅陋，曷克仰助涓埃？顾邹鲁之大义微言，炳如星日；而师儒之参稽互订，著在简编。尝慕赵普以半部佐君，先明“敬信节爱”，愿学朱熹以四字入告，亦曰“诚意正心”。欲致斯世于唐虞，不外“明德新民”之理而使吾君为尧舜，敢忘责难陈善之思？仰惟宵旰之勤劳，不辍宫闱之诵读，永光典训，示则臣民，臣等谬效编摩，复加删润，校锓成帙，装潢进呈。惟我皇上常垂乙夜之观，存诸几席，允怀千圣之道，如晤羹牆，将见焕四海文命之敷，弘万世光华之治，臣等不胜区区之意，谨具题恭敬以闻。

经筵日讲官起居注翰林院掌院学士兼礼部侍郎加一级教习庶吉士臣喇沙里

经筵日讲官起居注翰林院掌院学士兼礼部侍郎教习庶吉士臣陈廷敬

日讲官起居注翰林院侍读学士加三级臣色冷

日讲官起居注翰林院侍读学士臣叶方谒

日讲官起居注翰林院侍读学士加二级臣蒋宏道

经筵日讲官起居注翰林院侍讲学士加一级臣库勒纳

日讲官起居注翰林院侍讲学士食正四品俸臣张英

康熙十六年十二月十八日具题。本月二十日奉旨：“经史有关政治，义蕴弘深。朕朝夕讲究，勉求贯通。讲幄诸臣殚心阐发，允裨典学。这所进讲章，着留览该衙门知道”。

总裁官

经筵日讲官起居注翰林院掌院学士兼礼部侍郎教习庶吉士臣库勒纳
经筵日讲官起居注翰林院掌院学士兼礼部侍郎教习庶吉士臣叶方蔼

分撰官

日讲官起居注詹事府詹事通议大夫臣格尔古德
日讲官起居注詹事府詹事翰林院侍读学士加一级臣沈荃
日讲官起居注翰林院侍读学士加二级臣蒋宏道
日讲官起居注翰林院侍读学士食正四品俸臣张英
经筵日讲官起居注翰林院侍读学士奉政大夫臣牛钮
日讲官起居注翰林院侍读学士奉政大夫臣常书
日讲官起居注翰林院侍讲学士食正四品俸臣崔蔚林
日讲官起居注翰林院侍讲学士奉政大夫臣严我斯
日讲官起居注翰林院侍讲学士臣朱马泰
日讲官起居注左春坊左庶子兼翰林院侍读臣张玉书
日讲官起居注翰林院侍读臣阿哈达
日讲官起居注翰林院侍讲臣董讷
日讲官起居注翰林院侍讲臣王鸿绪

校阅官

翰林院侍读学士加二级通议大夫臣傅腊塔
翰林院侍讲学士加一级臣多奇
翰林院侍读臣朱典
翰林院侍读加二级奉政大夫臣阿山
翰林院侍讲奉政大夫臣邬黑
左春坊左谕德兼翰林院修撰臣祖文谟
左春坊右谕德兼翰林院修撰臣孟亮揆
左春坊左赞善兼翰林院检讨臣陈论
翰林院编修加一级儒林郎臣顾汧
翰林院检讨加一级文林郎臣沈上墉
翰林院检讨加一级文林郎臣王尹方
翰林院编修臣彭会淇
翰林院编修臣高裔

收掌官

翰林院典簿加二级文林郎臣明辅
翰林院典簿臣穆惟乾
翰林院孔目加一级文林郎臣图克善
翰林院孔目臣杜登春
翰林院笔帖式臣哈桑阿
翰林院笔帖式臣萨克萨里

翻译官

翰林院待诏加一级登仕郎臣敦代
翰林院七品笔帖式加一级承德郎臣那麟
翰林院七品笔帖式加一级承德郎臣傅珅
翰林院七品笔帖式加一级承德郎臣宜尔彩
翰林院七品笔帖式臣喀拜
翰林院八品笔帖式加一级承德郎臣刚五达
翰林院八品笔帖式加一级文林郎臣郭瑮
翰林院八品笔帖式加一级文林郎臣常綬
翰林院八品笔帖式加一级文林郎臣石殿柱
翰林院八品笔帖式臣查哈喇
翰林院八品笔帖式臣阿哈达
翰林院八品笔帖式臣黑色
翰林院笔帖式臣迈密大
翰林院笔帖式臣张仲智
翰林院笔帖式臣蔺起元
翰林院八品笔帖式臣温拜
翰林院八品笔帖式臣宋飏
翰林院八品笔帖式臣吴保
翰林院八品笔帖式臣塞克参
翰林院笔帖式臣苏通保
翰林院笔帖式臣哈桑阿
翰林院笔帖式臣鄂琦
翰林院笔帖式臣鲍塞
翰林院笔帖式臣觉霍拓

臣等谨案：

《日讲四书解义》二十六卷，康熙十六年总裁臣库勒纳等奉敕校刊。钦惟圣祖仁皇帝以夙龄即阼，典学懋修，孜孜不辍，儒臣排日进讲，寒暑罔间。复命撰为讲义，以此进览，年终彙呈。诸经并有成编，而四书最先刊布，伏读序文，所云“厚风俗必先正人心，正人心必先明学术”，则知生安之圣不废问学，洵有以扬万世文明之盛矣。

乾隆四十二年二月恭校上

总纂官 臣纪昀 臣陆锡熊 臣孙士毅

总校官 臣陆费墀

Contents 目录

《日讲四书解义》卷一／1

大学／1

右，经一章／4　右，传之二章／5　右，传之三章／7　右，传之四章／7　右，传之五章／8　右，传之六章／10　右，传之七章／10　右，传之八章／11　右，传之九章／13　右，传之十章／19

《日讲四书解义》卷二／20

中庸上／20

右第一章／22　右第二章／22　右第三章／23　右第四章／23　右第五章／23　右第六章／24　右第七章／24　右第八章／25　右第九章／25　右第十章／26　右第十一章／26　右第十二章／27　右第十三章／28　右第十四章／29　右第十五章／29　右第十六章／30　右第十七章／31　右第十八章／32　右第十九章／34

《日讲四书解义》卷三／35

中庸下／35

右第二十章／41　右第二十一章／42　右第二十二章／42　右第二十三章／43　右第二十四章／43　右第二十五章／44　右第二十六章／46　右第二十七章／48　右第二十八章／50　右第二十九章／50　右第三十章／51

《日讲四书解义》卷四 / 55

论语 上之一 / 55

学而第一 / 55　为政第二 / 61　八佾第三 / 70

《日讲四书解义》卷五 / 80

论语 上之二 / 80

里仁第四 / 80　公冶长第五 / 87　雍也第六 / 98

《日讲四书解义》卷六 / 109

论语 上之三 / 109

述而第七 / 109　泰伯第八 / 121

《日讲四书解义》卷七 / 130

论语 上之四 / 130

子罕第九 / 130　乡党第十 / 140

《日讲四书解义》卷八 / 148

论语 下之一 / 148

先进第十一 / 148　颜渊第十二 / 158

《日讲四书解义》卷九 / 170

论语 下之二 / 170

子路第十三 / 170　宪问第十四 / 182

《日讲四书解义》卷十 / 200

论语 下之三 / 200

卫灵公第十五 / 200　季氏第十六 / 212

《日讲四书解义》卷十一 / 221

论语 下之四 / 221

阳货第十七 / 221　微子第十八 / 231

《日讲四书解义》卷十二 / 237

论语 下之五 / 237

子张第十九 / 237　尧曰第二十 / 246

《日讲四书解义》卷十三 / 251

孟子 上之一 / 251

梁惠王章句上 / 251

《日讲四书解义》卷十四 / 265

孟子 上之二 / 265

梁惠王章句下 / 265

《日讲四书解义》卷十五 / 284

孟子 上之三 / 284

公孙丑章句上 / 284

《日讲四书解义》卷十六 / 302

孟子 上之四 / 302

公孙丑章句下 / 302

《日讲四书解义》卷十七 / 317

孟子 上之五 / 317

滕文公章句上 / 317

《日讲四书解义》卷十八 / 333

孟子 上之六 / 333

滕文公章句下 / 333

《日讲四书解义》卷十九 / 348

孟子 下之一 / 348

离娄章句上 / 348

《日讲四书解义》卷二十 / 368

孟子 下之二 / 368

离娄章句下 / 368

《日讲四书解义》卷二十一 / 385

孟子 下之三 / 385

万章章句上 / 385

《日讲四书解义》卷二十二 / 400

孟子 下之四 / 400

万章章句下 / 400

《日讲四书解义》卷二十三 / 415

孟子 下之五 / 415

告子章句上 / 415

《日讲四书解义》卷二十四 / 431

孟子 下之六 / 431

告子章句下 / 431

《日讲四书解义》卷二十五 / 446

孟子 下之七 / 446

尽心章句上 / 446

《日讲四书解义》卷二十六 / 468

孟子 下之八 / 468

尽心章句下 / 468

《日讲四书解义》卷一

大　学

《大学》一篇，为古帝王立学垂教之法，孔子详举其次第以示人，曾子复分为十传以解之，规模广大而本末不遗，节目详明而终始不紊，在初学为入德之门，而极其至则内圣外王不越乎是，故曰“大学”。

大学之道，在明明德，在亲民，在止于至善。

此一章书是曾子述孔子之言，乃修己治人之要道，谓之经文，为《大学》一书之纲领，而此一节书又经文之纲领也。

孔子曰：“道在一身，而能周乎天下国家者，大人之学也。”大人为学之道有三德者：天所赋于人心至虚而无所累，至灵而无所蔽，能包函众理而酬应万事，故谓之明德。德本明，而气禀拘于有生之初，私欲蔽于有生之后，则明者有时而昏矣。而其本体之明自在也，故必因其一端之发露，而致力以明之使复其本，然至虚至灵之全体，方为有本之学也。所以大人之学在“明明德”。

然所谓“明德”者，乃人人之所同德，而非我之所私有也。故自明其德，更当推以及人，鼓舞振作，使天下之民凡具是德者，咸有以去其旧染而臻于大同之治，方为有用之学也。所以大人之学在新民。

然此“明德”、“新民”，皆有当然之极，不容增减，所谓至善也。大人之学不可苟且自足，不可半途而止，己德则必无一毫之不明，民德必无一毫之不新，皆止于至善之地，又能守而不迁，方为有成之学也。所以，大人之学在止于至善。此修己治人之全功，内圣外王之要道也。

盖三者本千圣传心之微旨，孔子特取而发明之，挈为纲领，分为条目，灿然毕具之中，经纬咸贯。为人君者能究心于此，身体而力行之，治天下无余事矣。

知止而后有定，定而后能静，静而后能安，安而后能虑，虑而后能得。

此一节书是孔子示人以止至善之功也。

孔子曰：“明德、新民，何由得至善而止之乎？惟于至当不易之理为人所当止者，能真知灼见，而后志之所向无所疑贰，常确然而有定矣。志之既定，而后心之所存绝乎纷扰，常泰然而能静矣。心既定，而后身之所处远乎忧危，常坦然而能安矣。身既安，而后神闲气定，揆度事理必暇裕周详而能虑矣。能虑，而后事物当然之理审处咸宜，不使有一毫之差，而明德新明之至善，乃可得而止矣。然则欲止至善者，可不以知止为要哉?”

夫至善之理随事而寓，然必由于知止；识见既定，自然心无妄营；志气清明，可以宰制万机而各得乎至善之极。此大学所以贵格致之功也。

物有本末，事有终始，知所先后，则近道矣。

此一节书是孔子示人以先后之序，以为入道之基也。

孔子曰：“大人之学，道固无所不该，而功则约而有要。‘明德’、‘新民’，有名象之可指者，皆谓之物。物则有本末焉，必己之‘明德’既明，而后可以新民之德，则德为本而民为末也。‘知止’、‘能得’，有工夫之可言者，皆谓之事。事则有终始焉，必先有‘知止’之功，而后收‘能得’之效，则‘得’为终而‘知’为始也。然则学者其可泛然从事乎？诚能知本与始在所当先，末与终在所当后，端本于‘明德’，而渐及于‘新民’，用力于‘知止’，而观成于‘能得’，则进为有序，所操者约，而所该者博，于大学之道为不远矣。”

《大学》首言“明德”、“新民”，继言“知止”、“能得”，犹恐人精神泛用，昧所持守，不免于本末倒置，终始混淆，故示人以先后之序。有志大学之道者，亦可以知所从入之途矣。

古之欲明明德于天下者，先治其国；欲治其国者，先齐其家；欲齐其家者，先修其身；欲修其身者，先正其心；欲正其心者，先诚其意；欲诚其意者，先致其知。致知在格物。

此一节书是孔子示人以“明德”、“新民”之条目，而言其所当先之序也。

孔子曰：“明德、新民，理虽一贯，而其中之次第则有不可紊者。古之人君任政教之责，欲使天下之人皆有以明其明德，则必先以教化治其一国之人咸遵于善，使四方有所观感，故欲明明德于天下者，必先治其国也。”

“欲治一国之人，则必先整齐一家之人，长幼尊卑各得其分，使国人有所则效，故欲治其国者必先齐其家也。”

“欲齐一家之人，则必先修一己之身，喜怒好恶，咸得其理，使家人有所取法，故欲齐其家者必先修其身也。”

“身不易修，而心乃身之所主，欲修其身而使无有或愆，必先使心之所存大中至正，无少偏邪，斯身之所行皆善矣，故欲修其身者必先正其心也。”

“心体至虚，而意乃心之所发，欲正其心而使无有或偏，必先使意之所动诚一笃实，无少欺伪，斯心之所存皆善矣，故欲正其心者必先诚其意也。”

"心之明觉谓之知，欲诚其意而使无有或伪，必先使吾心之知推至无余，善恶之辨洞然明晰，斯意之所发皆实矣，故欲诚其意者必先致其知也。"

"知之理散见于物，欲致其知而使无有或蔽，必将天下事物之理穷究无遗，是非可否逐一透彻，斯知之本体无亏矣，故致知在格物也。"

有"明德"、"新民"之责者，可不知所当先哉？圣贤言修己治人之道，条目次序无有明白显著于此者！自"修身"以至"明明德于天下"，"明德"、"新民"之序也；自"格物"以至"修身"，"知止"、"能得"之序也。学者循其序而从事焉，以入道无难矣。

物格而后知至，知至而后意诚，意诚而后心正，心正而后身修，身修而后家齐，家齐而后国治，国治而后天下平。

此一节书是孔子复说上文，以见"明德"、"新民"有递至之效也。

孔子曰："古人之每事必有所先，而递至于'格物'者，何哉？盖物格则理之散见于事物者，穷究之无不尽，而后知之；具于吾心者推及之无所遗，而知无不至矣。知至，则明之所照不淆于善恶之辨，而后意之所发不介于真伪之间，而意可得而诚矣。意诚，则私欲去而天理常存，而后吾心虚灵之体无少偏倚而常正矣。心正，则防闲严而匪彝自远，而后吾身咸归轨度而能修矣。身修，则由己及人，而后一家之中有所取法而咸遵约束，家可得而齐矣。家齐，则由亲及疎，而后一国之人有所则效而群服政教，国可得而治矣。国治，则由近及远，而后天下之人有所观感而共遵王路，天下可得而平矣。"

观于此，而古人之递有所先者不益信哉！夫颂尧曰钦明，称舜曰睿哲，可见格物致知为修身之首务，必先克明峻德，而后敦睦九族，平章百姓，协和万邦。古帝王为治之道与此更无二理，诚为人君者所当究心也。

自天子以至于庶人，壹是皆以修身为本。其本乱而末治者否矣，其所厚者薄，而其所薄者厚，未之有也。

此二节书是孔子示人以修身为家国天下之本，而反复警醒之也。

孔子曰："齐、治、均、平之化皆本于修身，格、致、诚、正之功皆所以修身，是以上自天子，以下至于庶人，无论分位之崇卑，一切皆以修身为本，而况为人君者为天下国家所仰赖，其可不尽格、致、诚、正之功以立齐、治、均、平之本乎？"

以一身对天下国家而言，则身为本而家国天下为末，若不能修身，则本乱矣，而欲家之齐，国之治，天下之平，是本乱而末治也，必无此理。

以家对天下国而言，虽皆在所当爱，而厚薄之分则有差等，若不能修身以齐其家，是恩义不逮于所亲，所厚者薄矣。

而欲国之治，天下之平，使德教加于四海，是其所厚者薄，而其所薄者厚，固理之必武者也。然则有天下国家之责者，可不以知本为要务哉？盖大人之学，其功极于九州之远，而其根本不外建极之一身。端本及末，则约而有功；忘本逐末，则纷而寡效。圣人反复示人之意深且切矣。

右，经一章

经文一章，盖孔子之言而曾子述之，以其为经常不易之理，所以尊之为经。

《康诰》曰："克明德。"《大甲》曰："顾諟天之明命。"《帝典》曰："克明峻德。"皆自明也。

此一章书是曾子释"明明德"之义。

曾子曰：经文之所谓"明明德"者，乃古帝王治世之本，稽之唐虞三代之圣王而无不同焉者也。

《周书》武王告康叔之言曰："德者，人所同具，惟文王能明之，有以复其本明之体，而无一毫私欲之蔽焉，此文王'明明德'之学也。"

《商书》伊尹告太甲之言曰：人之明德乃天所昭然赋予之，理所谓天之明命也。人多忽而不察，惟成汤时存于心，故常目见之，而无一时之忽焉，此成汤"明明德"之学也。

《虞书》史臣赞尧之言曰：德本大，而人为私欲所累，遂失其大矣。惟帝尧克明之尽其本，然宏大之量至于光被四表，格于上下，而无一毫之或亏焉，此帝尧"明明德"之学也。

盖圣人安勉虽殊，而明德则一。由《书》言三圣人观之，言"克明"者，尽明德之功也；言"明命"者，遡明德之原也。言"峻德"者，极明德之量也。无非自明己德之意，而凡为圣人者，可以类推矣。

夫帝尧圣神，文武成汤智勇天锡，文王缉熙敬止，皆造圣人之极者，而其治世化民之本，总不外于自明其德，洵为千圣百王之所不能易者与！

右，传之首章，释"明明德"。

曾子训解经文之义分为十章以传于世，故名之为传。首章解"明明德"，后九章倣此。

汤之《盘铭》曰："苟日新，日日新，又日新。"《康诰》曰："作新民。"《诗》曰："周虽旧邦，其命维新。"是故君子无所不用其极。

此一章书是曾子释经文"新民"之义。

曾子曰："《大学》以新民为要，而新民又以明德为本。成汤以为人之洁清其心，犹如人之洗濯其身，故于其沐浴之盘刻铭于上曰：人诚能于一日之间有以去其习染之污，而复其本然之善，则当日日新之，工夫不可间断于中，又日新之精神更须振励于后，务使私欲尽去，心体清明，而无一毫之疵累焉。此自新以为新民之本也。”

《周书·康诰》之言曰：“百姓有向善而能自新者，当立政教以鼓舞振作之，使之踊跃于为善，此新民之事也。”

《诗经·大雅·文王》之篇曰：“周自后稷以来开基已久，文王能明德以及于民，始受上天之宠命而有天下，则邦虽旧而命维新也，此自新新民之应也。”

“所以有天下之君子自新其德，则必底于光明而无一念之或疎；新民之德则必至于时雍而无一夫之不获，推之格天新命，咸在于是，无有一事不用其极者，如成汤文武洵足为法哉。”

此章专释“新民”，亦不离乎“自明”，其德可见。有天下者固不可无丕变民俗之功，尤不可自端皇极之本，以此振兴百姓即以此敬迓天休，本末先后之序亦于此可见矣。

右，传之二章，释“新民”。

《诗》云：“邦畿千里，维民所止。”《诗》云：“缗蛮黄鸟，止于丘隅。”子曰：“于止，知其所止，可以人而不如鸟乎？”

此一章书是曾子释经文“止至善”之义。

曾子曰：“经文所谓在止于至善者，盖物各有所当止，而人尤不可不知所止。”

《诗经·商颂·玄鸟》之篇曰：“王者所都，地方千里，谓之王畿，为百姓之所居止。”由《诗》言观之，凡事有至善之理，为人所当止也如此。《诗经·小雅·缗蛮》之篇曰：“缗蛮之黄鸟，栖止于山阜茂林之处。”孔子读此诗而有感曰：“黄鸟，微物也，其所栖止尚能知所当止之处，人为万物之灵，若不能择至善而止之，是鸟之不若也，可以人而不如鸟乎？”

由孔子之言观之，人有至善之理，不可不知所止也如此。盖天下一事一物，皆有至当不易之理，必知之明而后处之当，此大学所以贵知止也。

《诗》云：“穆睦文王，於缉熙敬止！”为人君，止于仁；为人臣，止于敬；为人子，止于孝；为人父，止于慈；与国人交，止于信。

此一节书是曾子举文王以立“止至善”之则也。

曾子曰：“人各有所当止之理，而得所止者必推圣人。《诗经·大雅·文王》之篇曰：‘穆穆然深远之文王，其德则继续光明，无不敬而安所止。’由《诗》言推之，人君之至善莫如仁。文王之为人君也，所存者仁心，所行者仁政，无一毫之不仁，而为人君之至善得矣。人臣之至善莫如敬。文王之为人臣也，忠诚以事主，谨恪以奉职，无一毫之不敬，而为人臣之至善得矣。人子之至善莫如孝。文王之为人子也，奉养之必亲，缵承之罔斁，无一毫之不孝，而为人子之至善得矣。人父之至善莫如慈。文王之为人父也，训诲以贻谋，积累以昌后，无一毫之不慈，而为人父之至善得矣。与国人交之至善莫如信。文王之与国人交也，号令则内外咸符，政事则始终不二，无一毫之不信，而与国人交之至善得矣。"

五者皆人伦之大，而文王各得所止如此，岂非万世"止至善"之则乎！夫文王所以凡事皆"止至善"者，其本在于"敬止"。敬者，帝王敬业之心，圣贤谨几之学，有天下国家之责者，时存敬慎之心，则凡事"止至善"无难也。

《诗》云："瞻彼淇澳，菉竹猗猗。有斐君子，如切如磋，如琢如磨，瑟兮僩兮，赫兮喧兮。有斐君子，终不可諠兮。""如切如磋"者，道学也；"如琢如磨"者，自修也；"瑟兮僩兮"者，恂慄也；"赫兮喧兮"者，威仪也；"有斐君子，终不可諠兮"者，道盛德至善，民之不能忘也。

此一节书是曾子言"明明德"之"止于至善"也。

曾子曰："大学以"明明德"为本，以"止至善"为极，是当以古君子为法焉。《诗经·卫风·淇澳》之篇，卫国人美其君武公而作也。其言曰瞻彼淇水环曲之处，猗猗之菉竹何其美盛也，我斐然有文之君子何其学问之精密而德容之昭著乎！彼治骨角者，既切之以刀锯，复磋之鑢鐋；治玉石者，既琢之以锥凿，复磨之以砂石，我君子用功之精密而有序也如此。所以存诸内者严密而不粗疏，武毅而不弛怠，何其瑟兮僩兮也；形于外者宣著而不闇昧，盛大而不局促，何其赫兮喧兮也！此斐然有文之君子，人皆爱慕终身而不能忘也。"

今由《诗》言而思之，所谓"如切如磋"者，是言武公学问之勤，将古人行事既讲习于己，又讨论于人，已精而益求其精也。所谓"如琢如磨"者，是言武公自修之笃，将自己身心审察以防其欲，克治以去其私，已密而益求其密也。所谓"瑟兮僩兮"者，是言武公学修之后，内则敬心常存，无一时懈惰，无一事苟且，恒见其严密武毅也。所谓"赫兮喧兮"者，是言武公学修之后，外则德容表著，有威可畏，有仪可象，恒见其宣著盛大也。所谓"有斐君子，终不可諠兮"者，言武公之德极全备，善极精纯，百姓爱慕自不能忘也。盖武公尽学问自修之功，著恂慄威仪之验，所以盛德至善民不能忘，此"明明德"之"止于至善"可为后世者也。

夫卫武公一诸侯耳，自明其德，百姓颂之尚如此，况有天下者能典学慎修而德容表里如一，则四海之服教畏神更当何如耶？

《诗》云："於戏！前王不忘。"君子贤其贤而亲其亲，小人乐其乐而利

其利，此以没世不忘也。

此一节书是曾子言“新民”之“止于至善”也。

曾子曰：“古帝王新民之功不止被于一时，而能及于后世，所以谓之至善。《诗经·周颂·烈文》之篇有云：於戏！文王武王虽往，益令人思慕而不忘也。《诗》之所谓不能忘者何哉？盖前王新民之功止于至善，垂谟烈以贻子孙，是前王之贤也。后之君子率由旧章，遵守成宪，是贤其贤也。创基业以贻子孙，是前王之亲也；后之君子统绪相承，本支相维，是亲其亲也。美风俗以安百姓，是前王所贻之乐也。后之小人含哺鼓腹，常享太平，是乐其乐也。定井疆以厚百姓，是前王所贻之利也。后之小人耕田凿井，世守先业，是利其利也。”

君子小人各得其所，深仁厚泽，沦浃洽髓，所以文王武王虽往，而后人思慕之，终不能忘也，此“新民”之“止于至善”可为后世法者也。然则有天下者明制度、垂统虚、厚风俗、制田里，皆所以维系天下万世之思，诚不可忽视者也。

右，传之三章，释“止于至善”。

子曰：“听讼，吾犹人也。必也使无讼乎？”无情者不得尽其辞，大畏民志，此谓知本。

此一章书是曾子释经文“物有本末”之义。

曾子曰：“大学之道，莫要于明本末先后之序。孔子有言曰：‘人有争讼而吾听断之，吾亦能及乎人’。然而听松不足贵也，必也使民遵礼守法，自然无讼乃为可贵乎！由孔子之言思之，讼之所以繁者，皆出民情诈伪而后争端以起。今使无实之人皆不得尽其虚伪之辞而至于无讼者，是岂刑法以制之乎？盖由于在上之人自明其‘明德’，大能畏服斯民之心志，使之忸愧于不善，自然不敢颠倒是非以起争讼，所以不待听而自无也。夫无讼者，民德之新也。使民无讼者，己德之明也。必明德而后可以新民，则明德为本，新民为末，不可即听讼一事而知本末先后之序哉？”

《书经》所谓“刑期于无刑，民协于中”，即无讼之意也。然必有尧舜之德而后成唐虞之治，人主一身于百姓相感化者捷于影响，有天下国家者诚当以知本为要务也。

右，传之四章，释“本末”。

此谓知本。此谓知之至也。

上句是错误重出，下句是结上文语气，疑中有脱简。

右，传之五章，盖释格物、致知之义，而今亡矣，间尝窃取程子之意以补之曰：

“所谓致知在格物者，言欲致吾之知，在即物而穷其理也。盖人心之灵莫不有知，而天下之物莫不有理，惟于理有未穷，故知有不尽也。是以大学始教，必使学者即凡天下之物，莫不因已知之理而益穷之，以求至乎其极。至于用力之久而一旦豁然贯通焉，则众物之表里精粗无不到，而吾心之全体大用无不民矣，此谓物格、此谓知之至也。”

此一章书是朱子补释经文“格物致知”之义。

朱子曰：“大学为圣门切要之书，而格物致知又大学用功之始。右传之五章乃曾子释“格物致知”之义，而今简编已亡失矣，然少此一节，则‘诚、正、修、齐、治、平’具无用力之处，是不可以阙而不补也。”间尝窃取程子之意以补之，曰：“经文所谓致知在格物者，言欲使吾心之知扩充而无所遗，在于即所接之事物而穷究其理也，何则？人心至虚至灵，莫不有本然之而天下万事万物无不有当然之理。知虽在内，而其理实散见于物；物虽在外，而其理实统会于心。惟于事物之理有所未穷，故心之知有所未尽也。所以大学教人用功之始，即凡天下事物之理，莫不因其所已知者益加穷究之功，明其所当然而又究其所以然，以求至乎其极焉。至于用力既久，而一旦之间豁然开悟，万理贯通，则事物之内外精粗无所不到，而吾心之全体与应万事之大用无不明矣。夫众物之表里精粗无不明，所谓知至也。此谓物格，此谓知之至也。”

夫大学工夫莫先于穷理，而所谓穷理者，初非索之空虚无据之地，但即人伦事物格其当然之理，俟积累既久，自然贯通。所以正学之理别于异学者，全在虚实之间，而得失已分天壤矣。

所谓诚其意者，毋自欺也，如恶恶臭，如好好色，此之谓自谦。故君子必慎其独也。

此一章书是释经文“诚意“之义。

曾子曰：“人当致知之后，明知其为善，而行之不力；明知其为本善，而去之不力，是皆自欺之心也。经文所谓“诚其意”者，全在意念发动之时实用其力，禁止其自欺之心而已。盖天下之事不过善恶两端，吾心之发不外好恶二念。当其恶恶也，则恶之必尽其诚而使之必去，如恶恶臭然；当其好善也，则好之必尽其诚而使之必得，如好好色然。好善恶恶如此，则好恶之本心无一毫之亏欠，此心常快然而自足矣。岂不自慊乎？夫欺者自欺，慊者自慊，此欺慊之一念皆人所不知，而己所独知，故谓之独。然独中一念之好恶，其几甚微，而见诸行事，被于四海，昭然而不可掩，沛然而不可收者，皆由此一念之发。所以君子兢兢业业，将独中之好恶慎加审察，念念期于自慊而不使稍有自欺，此‘诚意’工夫最切实处也。”

夫圣贤教人必始于慎独者，人心道心之关，为圣为愚之界，皆在于此。此处真伪微分，而公私邪正谬以千里，所以古之圣王当深宫晏闲之时，常如天祖临承之地，诚不敢以其隐微而忽之也。

小人闲居为不善，无所不至，见君子而后厌然，掩其不善而著其善。人之视己如见其肺肝然，则何益矣！此谓诚于中形于外，故君子必慎其独也。

此一节书是引小人以见自欺之蔽。

曾子曰："慎独之功惟君子能之，而小人则不然，彼当闲居之时，以为无人得见，遂孳孳纵欲，将不善之事无所不为，此正其不知独之当慎而甘自欺也。及一见君子亦知惶恐，而后厌然消沮闭藏，急掩其平日之不善，而假饰一为善之状以欺人。殊不知人心至灵，自不可欺。彼虽如此掩饰，而人之视己，已如见其肺肝矣。夫此厌然之心亦是本来之知未尽灭绝，但惜此心不用之平居独知之地，而止发于既见君子之时，且恶终不可掩，而善卒不可饰，则亦何益之有哉？此谓实有于中者，必形于外，断非掩饰可以欺人，故君子重以为诫，必致慎于独知之地而不敢以自欺也。

曾子曰："十目所视，十手所指，其严乎！"富润屋，德润身，心广体胖，故君子必诚其意。

此二节书是门人引曾子平日之言，以见独之当慎也。

曾子曰："凡人于幽独之中，以为无人得见，无人得指，便恣其所为，无所顾忌，不知善无微而不彰，恶有形而必著。一念之动，勿谓人莫我视也，十目之所视在此矣；勿谓人莫我指也，十手之所指在此矣。盖善、恶虽见乎彰、著之时，而指、视则存乎发念之始，是幽独之中昭昭难掩，不其凛凛然严而可畏乎？知其可畏则慎独之功殆亦无容自恕矣！若诚能慎独，夫岂无所征验乎？尝见家之富足者，则居室华美，必能润屋，人之有德者则诚中，形外必然润身。盖有德者自慊于心，无愧无怍而广大宽平，其施于四体者自然安舒自得，不觉其睟面而盎背焉。此德之润身有必至之符也。夫所以有此德者，亦不外乎诚意而已。倘意一不诚，则善不能实存于内，又将何以润身耶？是故君子必诚欺求慊，而慎独以诚其意也。"

盖诚意之功乃正心修身之关键，家国天下之枢纽也。意一诚则心正、身修，而齐、治、均、平皆由此而致。意不诚则心不正、身不修，欲求齐、治、均、平，岂可得哉？

总之，作圣作狂，皆自此一念为之，慎独之功诚不可以一刻忘也。

右，传之六章，释“诚意”。

所谓修身在正其心者，心有所忿懥，则不得其正；有所恐惧，则不得其正；有所好乐，则不得其正；有所忧患，则不得其正。心不在焉，视而不见，听而不闻，食而不知其味。此谓修身在正其心。

此一章书是释经文“正心、修身”之义。

曾子曰：“圣经所谓修身在正其心者，盖言身以心为主宰，身之不修皆由于心之不正也。心当未感之先，湛然无物，原无不正，一有所着，则失湛然之初而不得其正矣。如心着于怒而有所忿懥，则此心为忿懥所动而不得其正；如心着于畏而有所恐惧，则此心为恐惧所移而不得其正；如着于喜而有所好乐，则此心溺于好乐而不得其正；如着于忧而有所忧患，则此心苦于忧患而不得其正。盖忿懥、恐惧、好乐、忧患，皆人心之用所不能无。若事来顺应而不失当然之则，是心虽常用而未尝不正也。但一有所则欲动而任其所之，情胜而不能自主，故曰不得其正。心不正而身岂有能修者乎？故心者身之主也，必常存于内不使外驰，而后众体奉职，无有弗当。若心有所着便为牵引而去，是心不在矣；心既不在，即寻常日用之间俱茫昧而无主。故目虽视也，而不见其色；耳虽听也，而不闻其声；口虽食也，而不知其味。盖视、听与食，身为之也，见、闻、知味，则心主之也。心一不在，而一身之中即其至切至近者，而已各失其职，如此则欲身之修，岂可得乎？是知不能正心者，断不能修身，经文所谓‘欲修其身先正其心’者正以此也。”

盖心本虚明，而为物欲所引，遂莫能自主，以此而欲表建议型，裁决庶务，乌乎可哉？故有天下国家者欲正心修身以为出治之本，则静而存养，动而省察，殆时时无容自宽者矣。

右，传之七章，释“正心修身”。

所谓“齐其家”在“修其身”者，人之其所亲爱而辟焉，之其所贱恶而辟焉，之其所畏敬而辟焉，之其所哀矜而辟焉，之其所敖惰而辟焉。故好而知其恶，恶而知其美者，天下鲜矣。故谚有之曰：“人莫知其子之恶，莫知其苗之硕。”此谓身不修不可以齐其家。

此一章书是释经文“修身、齐家”之意。

曾子曰：“圣经所谓齐家必先修其身者，盖言身为一家之本，欲齐其家者全在吾身之好恶不至偏辟耳。常人任其情之所向，於一家之中多失其当然之则，是以所好所恶每至于一偏，而身不修也。如骨肉之间本宜亲爱，然恩意固所宜周，而私昵亦不可过当，若任情亲爱而不制以义理，此亲爱之偏也；

卑污之人虽当贱恶，然惩创固所当严，而弃绝亦不可太甚，若任情贱恶而不稍加宽恕，此贱恶之偏也；尊长本宜畏敬，而亦自有一定之理，使严惮而过于恐惧，尊礼而一于卑谄，此畏敬之偏也；困苦固当哀矜，而亦自有至当之情，使怜之而滥用恩施，恤之而流于姑息，此哀矜之偏也；至于平常之人，或不妨偶从简易，然亦必施当其可，使简于为礼，敖以成骄，怠于为礼，惰以成肆，此敖惰之偏也。夫亲爱、畏敬、哀矜，皆好也；贱恶、敖惰，皆恶也。若一涉于辟，则好恶遂失其正，必至好一人而一于好，纵有恶而不能知，恶一人而一于恶，纵有美而亦不知用，情之偏如此，可谓能修其身乎？故于所好者而知其恶，所恶者而知其美，此非平日克己、至公、至明者不能求之，天下鲜其人矣。所以俗语有云：'人于所生之子，虽然不肖，然溺爱者不明，而莫知其恶；于所种之苗，虽然茂盛，然贪得者无厌，而莫知其硕。'彼世俗之言，不可以证偏之为害乎？夫好恶一偏，则吾身先已不修，而欲一家之中皆为感化、伦常各得、内外咸宜，必不可得。故经言齐家在修身者，正此身不修，不可以齐其家之谓耳"。

可见，欲齐其家者必先公其好恶，身无偏蔽而后可。此九族亲睦，惟克明峻德之后也与！

右，传之八章，释"修身齐家"。

所谓治国必先齐其家者，其家不可教而能教人者，无之。故君子不出家而成教于国：孝者，所以事君也；弟者，所以事长也；慈者，所以使众也。

此一章书是释经文"齐家治国"之意。

曾子曰："圣经所谓治国必先齐其家者，盖言家为一国之本，必先修身以教家，而后国可治也。若不能修身以为一家之观型，则其家不可教矣。乃欲国中互相感化而能教其国之人者必无是理，故治国之君子惟修身以教家，不越庭闱之中以尽纲常之理，而仪型所立，一国之人自相观而善，而教可成也。所以然者，盖以家、国一理耳。如家有亲本宜尽孝，而在我事亲之孝已为国人事君之理，所以事君者不出此；家有兄本宜尽弟，而在我事兄之弟即为国人事长之理，所以事长者不出此；抚爱卑幼本宜用慈，而在我爱子之慈即为国人使众之理，所以使众者不出此"。

夫孝、弟、慈三者，君子亦修身以教家耳。然约之为风化之原，而广之即之准，此君子所以不出家而成教于国也。

《康诰》曰："如保赤子"，心诚求之，虽不中不远矣，未有学养子而后嫁者也。一家仁，一国兴仁；一家让，一国兴让；一人贪戾，一国作乱。其机如此。此谓一言偾事，一人定国。

此二节书是言孝、弟、慈无待强为，而申明教成于国之效也。

曾子曰："孝、弟、慈，即使以事君、事长、使众者，以其理皆出于心之所诚然也。即以慈言之，昔武王作《书》，以告康叔曰：为人君者保爱百姓，当如慈母之保赤子。盖以赤子初生，每不能自言其所欲，全赖为母者以至诚真恳之心多方以求之而后得焉。当其求之虽未必一一皆合，然己心慊必子心亦慊，其亦不甚相远矣。盖此保赤之心自然而然，人人皆有，不待学习而能，世未有为女子者，先学抚养赤子之法而后嫁者也。保赤如此，所以使众者可知，至事君、事长，不又可以类推乎！则所云不出家而成教于国者，可于此而信，而其效益可见矣。如人君自尽其孝慈之道以教家，使一家父慈子孝，相亲相爱而皆仁，则通国上下莫不观感奋发，而皆兴起于仁；自尽其弟之道以教家，使一家兄友弟恭，有秩有序而皆让，则通国上下莫不鼓舞效法而皆兴起于让。设使不然，家无仁让之化，国鲜仁让之风，一人在上，贪欲戾理，则一国之人皆熏烝濡染，悖乱之事由此而起矣。夫一国之仁让起于一家，而一国之作乱由于一人此感彼应，其发动之机真如矢之赴的，不能止遏，所以古语有云："一言之失便足以败事，一人之正即足以定国"，正此之谓也。"

为人上者，可不慎审其机而端立教之本与？

尧舜帅天下以仁，而民从之。桀纣帅天下以暴，而民从之，其所令及其所好而民不从。是故君子有诸己而后求诸人，无诸己而后非诸人。所藏乎身不恕而能喻诸人者未之有也。故治国在齐其家。

此二节书是言君子以恕教人而后可成教于国也。

曾子曰："一人定国，亦以一国之大惟从一身之所好耳。试观尧舜非唐虞之一人乎？内存仁心，外行仁政，是以仁帅天下也，而彼时之民皆欢忻鼓舞，莫不相亲相爱而从其仁；桀纣亦夏商之一人也，存心惨刻，行政残虐，是以暴帅天下也，而彼时之民遂相欺相凌而从其暴。由此观之，君身为表率之原，上行下效，自有不期然而然者。若所好者在暴，而所令者乃在仁，其所令虽未尝不然，然与所好者相反矣，虽至愚断不可欺，岂肯从之哉！民惟从好不从令，所以在上之君子惟先反求诸己而已。己有是善，而后劝人以进于善；己无是恶，而后责人以去其恶。若己不能有善而无恶，辄欲求人之善，非人之恶，是存乎身者先已不恕，如是而欲感动其心，使之为善以去恶，决无是理也。合而观之，身者乃一家之表率，家者乃一国之观型，故治国者即在修身以教家，断未有舍齐家而别求所以治国者也。"

《诗》云："桃之夭夭，其叶蓁蓁。之子于归，宜其家人"。"宜其家人"而后可以教国人。

《诗》云："宜兄宜弟"。"宜兄宜弟"而后可以教国人。

《诗》云："其仪不忒，正是四国"。其为父子兄弟足法，而后民法之也。此谓治国在齐其家。

此四节书是引《诗》以明"齐"、"治"之一理。

曾子曰："征化必起于近，而考理则证诸古。'齐''治'之一理，即验之《诗》而无不合也。《周南·桃夭》之诗有云：'桃之夭夭'，言少好也。'其叶蓁蓁'，言美盛也。'之子于归'，言女子乘此时而归于夫家也。'宜其家人'，言有令德以善一家之人而无不相宜也。夫诗人之意虽言女子之被化，为人君者若能修身以教家，而后可以教一国之人各宜其家人焉。如不能宜家，其将何以教国人乎？又《小雅·蓼萧》之诗有云：一家之中，弟恭于兄谓之宜兄。兄友其弟谓之宜弟。兄友弟恭无不相宜，此乃彼此相感之善也。诗人之意虽美诸侯之令德，为人君者若能修身以教家，能尽为兄为弟之道而无不宜，而后可以教一国之人，使之各"宜其兄弟"焉，如不能"宜其兄弟"，其将何以教国人乎？《曹风·鸤鸠》之诗有云：人君一身其见乎礼仪者，若皆周旋中礼，无有差忒，则能表正四国，而天下之观法在是矣。诗人之意虽美君子之常度，为人君者若能父慈子孝，兄友弟恭，足以为一家之法则，而后一国之民皆来取法，凡为父子兄弟者无不慈孝友恭，而四国皆得其正焉。如不足为法，而民将何以取法乎？"

三诗所言虽有不同，而"齐"、"治"之理则一。可见教国即在齐家，而民法即在足法，经文所谓治国在齐家者，正以此也。然则，欲治其国，亦惟修身以齐其家可耳。

右，传之九章，释"齐家治国"。

所谓平天下在治其国者，上老老而民兴孝，上长长而民兴弟，上恤孤而民不倍，是以君子有絜矩之道也。

此一章书是解释经文"治国平天下"之意。

曾子曰："圣经所谓平天下在治其国者，盖言由家以及国，由国以及天下。其势虽有远近之殊，而人心则本无不同之理，故以天下之大，而以一人平之诚，有藉于化导之权与斯民之心相感动焉耳。如上以事老之道，在家而孝其父母，此初无意于民之孝也，而国之民遂皆兴起而孝其父母焉，是老老之心同也；上以事长之道，在家弟于兄长，此亦无意于民之弟也，而国之民遂皆兴起而弟于兄长焉，是长长之心同也；如上于一家之中抚爱其孤幼，此亦无意于民之不倍也，而国之民遂皆效其诚求，而无有倍之者焉，是恤孤之心同也。"

夫孝、弟、慈三者，上行下效，如此是一国不异于一家也，而天下岂异于一国乎？是以平天下之君子固有道以处此，因其同然之心处以各足之理，使天下凡有孝、弟、慈之愿者，皆如一人之心而无弗齐，亦犹匠人制器，絜之以矩而不方也。此道之所以约而易操也。

所恶于上，毋以使下；所恶于下，毋以事上；所恶于前，毋以先后；所恶于后，毋以从前；所恶于右，毋以交于左；所恶于左，毋以交于右。此之谓絜矩之道。

此一节书是释“絜矩”之义。

曾子曰：“人之制器必度之以矩，而君子处物则度之以心，盖一人之心无殊于千万人之心也。如上下四旁，位虽不一，其心则同。设使在我上者以无礼加我，乃我所不欲也，即以此心度量在下者之心，而亦不敢以无礼使之；在我下者以不忠事我，亦我所不欲也，即以此心度量在上者之心，亦以不敢以不忠事之；以此心度之于前后，或在我前者，我恶其以不善待我，即不敢以前之加于我者以先后；或在我后者，我恶其以不善待我，即不敢以后之待乎我者以从前；以此心而度之于左右，如在右者以我之所恶加于我，便以此度在左者之心而毋于交于左；如在左者以我之所恶加于我，便以此度在右者之心而毋以交于右。是盖以人比己，以己度人，故上下四旁，均齐方正，此乃谓之絜矩之道也。”

人君诚用此道以治天下，以一己之心度人之心，则天下无不各得其所，而无有余不足之憾矣。平天下之道宁外此与？

《诗》云：“乐只君子，民之父母。”民之所好，好之；民之所恶，恶之。此之谓民之父母。

《诗》云：“节彼南山，维石岩岩。赫赫师尹，民具尔瞻。”有国者不可以不慎，辟则为天下僇矣。

此二节书是引《诗》以申能絜矩与不能絜矩之意。

曾子曰：“絜矩之道不外乎民情而已。《南山有台》之诗云：‘有德而可乐之君子，即是民之父母。’盖以君子居民之上，其势原尊而不亲，而诗以父母称之者，盖以民心为己心，与民同其好恶耳。如饱暖安逸，民之所好也，君子则因其所好而好之多方区处务使之遂；饥寒困苦，民之所恶也，君子则因其所恶而恶之，竭力经营必为之去。夫曲体民情如此，即与父母之怜恤其子无异，宁不谓之民之父母乎？能絜矩之效有如此。又《小雅·节南山》之诗云：截然高峻之南山，其上之石岩岩而特立。今尹氏既为太师，其势位之显崇，赫赫然与高山无异，亦百姓之所观瞻也。盖言有国者既为民所瞻仰，即当于幽独之中时加谨慎，事事务合乎民心，以协好恶之公。若不能絜矩，惟徇一己之偏而辟焉，则众叛亲离，自容无地，而为天下僇矣！”

此不能絜矩之害又如此。

《诗》云："殷之未丧师，克配上帝；仪监于殷，峻命不易。"道得众则得国，失众则失国。

此一节书是言天命因乎民心也。

曾子曰："好恶所关，得失非细。《大雅·文王》之诗云：当殷先王未失其众之时，亦曾对越上帝，受天眷命而为天下主。追纣失人心，天命乃因之而去。今我周子孙宜以殷为监，知峻大之天命不易保而常怀凛凛也。"

诗人之意盖言上天之命去留无常，惟视乎民心之向背。为人君者，若能絜矩与民同其好恶，以得众心，即为民之父母，故得国；若不能絜矩，但徇一己之偏以失众心，即为天下僇，故失国。观诗所言，信乎，峻命之不易！而有天下者，可不思所以得民心而保天命乎？

是故君子先慎乎德，有德此有人，有人此有主土，有土此有财，有财此有用。

此一节书是言君子得众得国之故也。

曾子曰："民心之向背，天命之去留系焉。可见得失之机诚不可以不慎，而其切要者惟在德耳。是故在上之君子虽无不当慎，而必先从念虑之隐微检点精密，不使己之德稍有昏昧，此乃致谨于好恶之原而为絜矩之本也，惟慎德则有德矣。有德则众心观感皆归诚向化而有人，有人则版籍毕收，疆宇益广而有土，有土则壤成赋，任土作贡而有财，有财则经费不缺，度支自裕而有用。夫人、土、财、用自在天下，而惟德之既慎则能有之。平天下之君子可不先知慎哉？

德者本也，财者末也。

此一节书是言德为平天下之要务也。

曾子曰："人、土、财、用皆因德而有，可见德为治平之本，而众务之所从出也。若财者虽经费所需，必不可少，然有德自可以致之，特治平之末耳。"

夫德既为本，则在所当急；财既为末，则在所当缓。是以君子先慎乎德也。

外本内末，争民施夺。是故财聚则民散，财散则民聚。是故言悖而出者亦悖而入，货悖而入者亦悖而出。

此三节书是申言德为本之意。

曾子曰："德本财末，则当先慎乎德矣。若将此德置之度外，不加谨慎，反将财视为分内，惟行聚敛，彼在下之民见上之所为如此，莫不转向效尤，以争夺为事，则是在上者争斗其民而施之以劫夺之教也。盖天地之生财止有此数，上既聚敛，则下必困穷，争夺之起亦势所必至耳。故为上者外本内末而聚财于上，则民必离心解体而怨叛于下，未有财聚而不散者也。若内本外末以散财与下，则民必同心爱戴而归诚于上，未有财散而民不聚者也。且民散则财不终聚，又有不爽者，如以言加人悖理而出，则人必悖理而应之，是悖出亦悖入也。况财货为民命所关，倘额外加征，取之无度，则民贫盗起，终难保守，是悖入亦悖出也。"

夫始焉，财聚则民散，究之民散，财亦不能聚，是民与财两失矣。平天下者，可不务盛德而以聚财为戒乎？

《康诰》曰："惟命不于常道，善则得之，不善则失之矣。"

此一节书是言民心即天意也。

曾子曰："出入聚散之间可以见民心，亦可以识天意矣。《康诰》有云：上天之命去留无常。盖言人君一念而善，则天命以此而得；一念不善，则天命以此而失。夫善者即能絜矩以散财，而得民心之谓也；不善者即不能絜矩以聚财，而失民心之谓也。"

观天命之去留，总因乎民心之得失。信乎，欲凝天命者，不可不思所以所以固结民心也与！

《楚书》曰："楚国无以为宝，惟善以为宝。"
舅犯曰："亡人无以为宝，仁亲以为宝。"

此二节书是引古人之言以证内本外末之义。

曾子曰："内本外末，即考诸古人之言，亦无不相合者。

昔《楚书》中王孙圉聘于晋，晋大夫赵简子以楚之白珩为宝几何为问，王孙圉对曰：'楚国不以白珩为宝，惟以有德之善人，能利生民而安社稷者为宝。'夫楚之所宝不在金玉，而在善人，可谓知内本外末之辨矣。试再观舅犯之言，昔晋文公为公子时，避骊姬之难出亡在外，后至秦，其父献公薨，秦穆公使人弔之，且劝以兴兵复国为晋君，于是文公之舅子犯教文公对曰：'出亡之人不以富贵为宝，惟以仁爱乎亲为宝'意，以当亲丧之时不能尽哀痛思慕之心，而遂兴兵争国，虽得国固不足宝也"。

夫晋之所宝，不在富贵，而在仁亲，亦可谓知内本外末之辨矣。可见德本财末，霸者之臣尚能知之，而尚能言之，况人主以天下为家，而岂区区以财货为宝哉！

《泰誓》曰："若有一个臣，断断兮无他技，其心休休焉，其如有容焉。人之有技若己有之；人之彦圣，其心好之。不啻若自其口出，寔能容之，以能保我子孙黎民，尚亦有利哉！人之有技，媢疾以恶之；人之彦圣，而违之俾不通，寔不能容，以不能保我子孙黎民，亦曰殆哉！"

此一节书是言用人先当择相也。

曾子曰："天下之安危系乎人才之进退，人才之进退视乎相臣之贤否，必相臣公忠无我，而后用、舍得宜，国家蒙利也。《周书·泰誓》有曰：相臣之不必观其技能，当先观其心术。若有一个臣挺然独立，断断焉真诚纯一，初别无技能，但其心则休休焉，平易宽弘，淡然无欲，粹然至善，其量之大如能容受天下之善焉：见人之有才能，则爱慕之心如己之有才能；见人之俊美通明而有彦圣之德，则真心好之，不但形诸口中称赞之词，此非虚慕延揽之名，盖以天下之才德为己之才德，而实能容之矣。若用之而为大臣，将建群贤并进，庶绩咸熙，必能保我子孙是长享禄位，必能保我黎民使长享太平，岂非社稷之福？邦家之光尚亦有利哉！若使居百僚之上而无断断之诚，乏休休之度，见人之有技也，则恐其愈己而妒忌憎恶，使之不得效用；见人之彦圣也，则多方计较，拂抑阻滞，使之不得通达，此其心私量狭，实不能容受天下之才德，若误用为大臣，必至君子道消，小人道长，用舍颠倒，国纪废坏，子孙黎民如何能保其长久？不亦岌岌乎危殆之甚哉！"

《泰誓》之言如此，可见平天下在用人，用人在立相，相臣之心有公私，即天下之势有安危，其间操进退之权而得好恶之正者，是在仁人矣。

惟仁人放流之，迸诸四夷，不与同中国。此谓惟仁人为能爱人，能恶人。见贤而不能举，举而不能先，命也；见不善而不能退，退而不能远，过也。好人之所恶，恶人之所好，是谓拂人之性，災必逮夫身。

此三节书是言仁人好恶之公，而历指其不公者以戒之也。

曾子曰："媢疾之人妨贤病国，如此使人君或为私意所牵，略存姑息，则贻害有不可胜言者。惟仁德之主至公无私，深恶此媢疾之人，于是放弃流徙之，且迸逐之于边远之地，不与之同处中国，其深恶痛绝之如此，正孔子所谓'惟仁人能爱人、能恶人也。'盖小人不去，则君子不进；绝小人，正所以安君子。惟吾心纯乎天理之公，故好恶皆得其正，此用舍之尽其道而能絜矩者也。若夫明知贤人之可好而不能举，或举之延缓而不能早，是以优柔之心待贤，岂不是慢？明知不善之可恶而不能退，或退之姑息而不能恶，恶而不能远，是以宽纵之心养恶，岂不是过？夫善善而不能用，恶恶而不能远，皆絜矩而未能尽其道者也。甚且有奸邪谗谄之人，本人之所共恶者，却喜其顺己而好之；忠良正道之人，本人所共好者，却怒其违己而恶之。夫好善恶恶，乃人之本性，如此好恶倒置，是谓拂人之性。既拂人之性，必失人心，既失人心，必失天命，灾害及身有必然者，又何足以语好恶之正哉？"

盖好恶得当，则贤才用而国家以昌；好恶不当，则小人进而灾害以至。可见人君之好恶所关于天下者甚重，而用人之不可不絜矩也。

是故君子有大道，必忠信以得之，骄泰以失之。

此一节书是总言得失之几，而见絜矩必本乎君心也。

曾子曰："仁人之能好恶如此，不仁之不能好恶如彼，得失之几相去悬绝者，以其存心有不同也。是以君子有此絜矩之大道以平天下，其得其失，非可外求，良有一己之心，即千万人之心，以心推心，自能无间。必也忠以尽己而不欺，信以徇物而不伪，吾心之中浑然天理。由是见之，好恶各当其可，而絜矩之大道以之得矣。若或骄焉而矜夸自尊，泰焉而宗侈自恣，则一心之中私意充塞，由是任情拂性，倒置乖张，而絜矩之大道以之失矣。得失之几，捷如影响，然则平天下者可不免于忠信，以求尽其所以絜矩者哉?"

盖天人去留之几，皆决于吾心理欲之界，可见荡平大道不外一心，信乎！絜矩为平天下之本，而君心尤絜矩之本也与！

生财有大道，生之者众，食之者寡，为之者疾，用之者舒，则财恒足矣。

此一节书是明足国之道在乎务本而节用也。

曾子曰："积贮者，天下之大命，君子亦不能舍此以为国，但自有正大之道可以生财，而不以私意为聚敛之术耳。其道惟何?财产于地，亦由于人，若力作者少，则地利不尽，财何有生?必也以九职任万民，以三农生九谷，国无游民，则游惰禁而生之者众矣。官役廪禄，皆百姓之脂膏，公家之帑藏，若冒滥者多，则供应浩繁，财从此匮，必也位无冗员，官无冗食，则耗蠹绝而食之者寡矣。农事有时失一时，则三时之功尽废，必也轻省徭役，使得尽力南亩，则出作入息，不夺其时，而为之者疾矣。国家制用，量入为出，不量出为入，必也撙节用度，停止无益之费，则耕九余三，蓄积有方，而用之者舒矣。"

夫生众为疾，既有以开其源；食寡用舒，又有以节其流。公私咸给，君民各足，此乃经国久远之规模，岂但一时之饶裕哉！要之，财可生而不可聚，聚则剥民生以自奉，生则因天地之自然，平天下之大道，即理财一节，自与后世富强之谋异矣。

仁者以财发身，不仁者以身发财。未有上好仁下不好义者也，未有好义其事不终者也，未有府库财非其财者也。

此二节书是发明内本外末之意也。

曾子曰："仁德之君知生财之大道不在专利，则不私其有而自享安富尊荣之奉，此是舍财以发达其身也。不仁之君不知生财之大道，专利于上而朘民以生，由是天下离心而有败国亡身之祸，此是舍身以发达其财也。散财、聚财，利害之迥绝如此，且仁者以财发身，终未有无财者也。盖君以是心爱民之谓仁，民以是心报君之谓义，上不好仁而下不好义者有矣，未有轻徭薄赋，上以爱惜黎元为念，而下不知感激爱戴，各输忠悃好义以报效者也。下不好义，因之不终其事者有矣，未有好义而于分所当为之事不踊跃趋赴，竭力以图其诚者也。至于好义，则力之出于己者且不惜，而况府库之财，君所积贮，未有不为之防护保守而财不为吾有者也。上一好仁，而其效如此。”

盖仁者通天下为一身，不问有无，不言多寡，天下之滋荣，即一身之滋荣，上以此爱下，下以此报上，散财之效不大彰明较著耶！人主安可以不务志仁乎哉？

孟献子曰：“畜马乘不察于鸡豚，伐冰之家不畜牛羊，百乘之家不畜聚敛之臣，与其有聚敛之臣，宁有盗臣。”此谓国不以利为利，以义为利也。长国家而务财用者必自小人矣。彼为善之，小人之使为国家，灾害并至。虽有善者，亦无如之何矣！此谓国不以利为利，以义为利也。

此二节书是反复义利之辨，见用人理财原相合也。

曾子曰：“鲁大夫孟献子言曰：‘人臣初仕为大夫，家畜马乘，已食君禄，不当理论鸡豚小事侵民之利，卿大夫以上丧祭得以用冰之家，既有厚禄，不当又畜养牛羊侵民之利。至若卿有采地，可出兵车百辆之家，其赋税所入自足以供给用度，不当养畜聚敛之臣，剥下奉上，夺取民财。与其有聚敛财货之臣，宁可有盗窃府库之臣。盖盗臣但能伤己之财，而聚敛之臣则至于伤民之命也。’献子之言，虽为有家者训，而实为有国者言。此谓有国者不可专利于己，以利为利，但当公利于民，以义为利也。且夫以利为利，果真利乎哉？大凡人君长国家而务财用者，岂是君上之本意？必有小人借此希宠干进，倡为富国之说以导之，人主不察其掊克之害，以为长策，付之重任，不知小人之使为国家，专事聚敛，民穷财尽，上干天怒，下失人心，天灾人害杂然并至，此时即有善人君子极力挽回，而事势已去，亦无可如之何矣！求利未几，害即随之，此谓有国者不当以利为利，而当以义为利也”。

总而论之，平天下在絜矩，絜矩在公好恶，公好恶之要，不出理财用人二端。诚能慎德以清其原，忠信以立其诚，操用舍之、公严义利之辨，则得国得众不外是，祈天求命亦不外是。将格、致、诚、正，至此有实功，修、齐、治、平，至此有全效。所谓明德、新民，信乎，其能止于至善也哉！

右，传之十章，释“治国平天下。”

《日讲四书解义》卷二

中庸上

《中庸》一篇，乃列圣相传之心法，子思惧其久而失真，故笔之于书，以诏后之学者。凡三十三章。

中者，天下之正道。庸者，天下之定理。其功在致知力行，其要在诚身尽性。起于存养省察，极于知化达天。实体是书之意，而行之则先圣之统，不患无传焉。

天命之谓性，率性之谓道，修道之谓教。

此一章书是子思正道统之传，以明天人合一之理。首节乃先言道之所自来也。

子思曰："学问之理莫精于性命，圣贤之功莫大于道教。世亦知性、道、教之名，果何谓哉？盖天之生人，既与之气以成形，即赋之理以成性。故在天则为元、亨、利、贞，而四时五行、庶类万化，莫不由是而出。在人则为仁义礼智，而四端五典、万事万物之理无不统于其间。其禀受赋畀，即如天之命令，所谓性也。"

"由是循其性之自然，则事事物物，莫不各有当行之路，仁而为父子之亲，义而为君臣之分，礼而为恭敬之节，智而为是非之辨。其应用酬酢无非性之本有，而不参以人为之私，所谓道也。"

"然性、道虽人所同得，而气禀有清浊厚薄之异，是以私意、人欲或生其间，而不能尽率其性者有矣。惟圣人因其当行之道而为之品节防范，以为法于天下，节之以礼，和之以乐，齐之以政，禁之以刑，使贤者可俯而就，不肖者可企而及，以复其性分之所，固有所谓教也"。

盖道由性而出，言道而不言性，则人不知道之本原，而或索之浅近；道由教而明，言道而不言教，则人不知道之功用，而或索之空虚。

道之大原无一不本于天而备于我，所以修道之功须臾不可离也。

道也者，须臾不可离也，可离非道也。是故君子戒慎乎其所不睹，恐惧乎其所不闻。莫见乎隐，莫显乎微，故君子慎其独也。

此二节书是言道不可离，而君子能尽静、存、动、察之功也。

子思曰："道率于性，性无不有，则道无不在，大而纲常伦类，小而日用饮食，莫不各有当然不易之理充塞天地，贯彻古今，无须臾之顷可得而暂离也。如道而可离，则非率性之谓矣。故圣人为教，因其不可离者而品节之。君子为学，亦因其不可离者而持守之。而其所以持守之功，只有动静两端。当其静也，不待目有所覩而始戒慎也，虽其所不覩之顷未与物接，此心常惺惺然戒谨祇慎而不敢忽；不待耳有所闻而始恐惧也，虽其所不闻之顷寂然不动，此心常凛凛然惶恐危惧而不敢忘。所以存天理之本然，而不使静中有须臾之离也。及其动也，人第知众著之为见，不知幽暗之处意念一发，而善恶之几已动，是至隐而万象以昭，岂不是莫见乎隐？人第知共彰之为显，不知细微之事迹虽未露，而善恶之几已萌，是至微而万形已具，岂不是莫显乎微？故君子既常戒惧，而于此独知之地尤加警醒，时时敬慎，所以遏人欲于将萌，而不使动时有须臾之离也。盖理欲之关，天人之介，出此入彼，间不容发，惟戒惧以全其体，则静时皆存性之功；慎独以以审其几，则动时皆见性之地。此君子之学莫大乎主敬，一动一静，密于无间，所以能须臾不离道也"。

喜怒哀乐之未发，谓之中；发而皆中节，谓之和。中也者，天下之大本也；和也者，天下之达道也。

此一节书是即性情以明道不可离也。

子思曰："君子主敬之功，其于道不敢有须臾之或离者。盖以道之体用即人之性情也。如人与事物相接，顺意而喜，拂意而怒，失意而哀，得意而乐，四者人之常情。当其未发之时，浑然在中，心无一物，无所偏倚，谓之中；及其既与物接，喜怒哀乐随其所发，皆当乎理，心体畅洽，与未发之中全无乖戾，谓之和。是中也者，性之德，而道之体寂然不动，全体已具，至无而涵天下之有，至虚而宰天下之实，万事万物之理莫不根本于此，乃天下之大本也。和也者，情之正，而道之用感而遂通，四达不悖，一人之情即千万人之情，千万人之情不异乎一人之情，古今事物之变莫不共由于此，乃天下之达道也"。

道之体用不外于心之性情如此，此静存动察之功所以不容少间，而道之不可须臾离也。

致中和，天地位焉，万物育焉。

此一节书是言体道之极功也。

子思曰："中和之理，约之虽在一心，放之则弥六合。特患工夫不至，故功化未神耳。惟君子自其不覩不闻之时，所以戒惧者愈密，以至于至静之中毫无偏倚，是能推致夫中之极，而大本立矣；尤于隐微幽独之际，所以谨其善恶之几者愈精，以至于应物之处毫无差谬，是能推致夫和之极，而达道行矣。由是吾之心正，而天地之心亦正，七政四时不忒其度，山川岳渎各得其常，而天地以位焉。吾之气顺，而万物之气亦顺，鱼鳖鸟兽咸若其性，飞潜动植，各遂其生，而万物以育焉”。

盖天地万物，本吾一体，大本达道，自有全量，致中和之效验如此。合而观之，天命谓性，天之生人也；戒惧慎独，人之事天也；中和位育，人之成天也。人心即天心，故心尽而天应；人事即天事，故事修而天从。君天下者诚能静存动察，履中蹈和，神与性会，心与天通，则天清地宁，万物茂育，可还至而立效，岂虚语哉？

右第一章

仲尼曰："君子中庸，小人反中庸。君子之中庸也，君子而时中；小人之中庸也，小人而无忌惮也。

此一章书是严道统之防也。

子思曰："仲尼之言曰：'日用常行，皆有无过不及之理，是谓中庸乃天命所当然，而人心之所同有者。然惟君子为能体此中庸与之适合，若小人则与中庸之理大相违背而反是焉'。"

仲尼之言如此。

夫中庸之理人所同得，乃惟君子能之，而小人不能者，何哉？盖君子静时既能戒慎恐惧，心存天理，而动时又能随时处中，合乎大道，此所以为中庸也。小人静时既心徇人欲，而动时又肆欲妄行，此所以反中庸也。君子小人之辨，只在敬肆之间而已。要之，道统之传，必宗仲尼，垂训立教，昭如日月。子思惧贤智之害道，又恐邪说之乱真，故引孔子之言以严其防，见中庸之统必归君子，而非小人可得而窃取也。

右第二章

子曰："中庸其至矣乎！民鲜能久矣。"

此一章书是言中庸之妙以醒世也。

子思曰："孔子之言曰：'天下之理过则失中，不及则未至，惟中庸之德太过，亦无不及，乃日用寻常所遵行而不可易者，真尽美尽善而无以复加矣乎！但今世之人气质多偏，复为习俗所囿，故所知所行，非流于太过，即失之不及，鲜有能适合乎中庸者'，盖非一朝一夕之故矣。"

夫中庸之道，本人心所同具，天理之当然，乃小人反之，众人又鲜能之，必赖修道立教之圣人，斯胥一世而归于至善之域也。

右第三章

子曰："道之不行也，我知之矣，知者过之，愚者不及也；道之不明也，我知之矣，贤者过之，不肖者不及也。人莫不饮食也，鲜能知味也。

此一章书是明中庸鲜能之故也。

子思曰："孔子之言曰：道如江河之行于地，岂有阻塞而不行者？今乃不行于天下，我知之矣。盖行道由于明道，世之资禀聪明者既穷高极远，知所不必知而过乎中；愚者又蔽于一曲，暗于大道而不及乎中。是智者既以道为不足行，而愚者又不知所以行，此道之所以不行也。道如日月之明于天，岂有晦昧而不明者！今乃不明于天下，我知之矣。盖明道自能行道，世之资禀贤能者，既骇世惊俗，行所不必行而过乎中；不肖者又安于故常，溺于物欲而不及乎中；是贤者既以道为不足知，而不肖者又不求所以知，此道之所以不明也。若此者，岂道之远于人哉？夫道命于天，率于性，乃寻常日用之所不能外者。但人由之而不察，是以有过不及之弊耳。譬诸饮食，人于终日间谁不饮食也？鲜有能知其滋味者。使其能察识焉，则不出饮食之外而自得其味之正，不出日用之外而自得乎道之中矣。"

可见谁非道中之人，谁可须臾离道之人，是在勉强学问，化其气质之偏，而合乎理义之中也。

右第四章

子曰："道其不行矣夫！"

此一章书是慨当世之不能行道也。

子思曰："孔子之言曰：'中庸之道惟其明之者寡，所以行之者鲜，其不行于天下矣'！"

夫以当行之理而人莫之行，岂非智者之过、愚者之不及耶？是必开天明道之圣人，乃能立万古行道之极也与！

右第五章

子曰："舜其大知也与！舜好问而好察迩言，隐恶而扬善，执其两端，用其中于民，其斯以为舜乎！"

此一章书是举舜之大知，以见道之所以行也。

子思曰："孔子之言曰：'人非知无以见道'。然而知有大小，即量有偏全，惟古之帝舜其为大知也与！人之聪明，自用则隘，博攬则宏。舜抱睿哲文明之资而不敢自恃，每事必问之于人，虚心体访，毫无勉强，即刍荛之言以为至理所寓，细加审察，不以浅近而忽之，其无遗善如此。于所问、所察之中，有言之不当于理者，则隐匿包容，未尝宣露，恐沮其来告之意；言之当于理者，则播扬称赞，使之劝勉，以坚其乐告之心。其广大光明又如此。然言虽当理，而众论纷纭，或大过，或不及，有两端焉。于是兼综众说，权衡轻重，以求其义理之至当，至于一致之归，确不可易，有其中焉。然后措之事业，见诸施行，就众说所有之中，还用之于民，而已不与。其择之审，而行之至又如此。此不自恃其聪明，而合天下之聪明为聪明；不自恃其才识，而合天下之才识为才识。故其知益精，其量愈广，舜之所以为舜者，其以斯乎！"

盖问、察、隐、扬，有以见其宽宏博大，兼该众善而无遗；执两用中，有以见其精密详审，极于至善而无偏。此知之所以无过不及而道之所以行也。

夫千古聪明睿智之君首推虞舜，疑有高天下而不可及者，乃虚怀若谷，不自用而取诸人如此。

可见知之所以大者，在乎明目达聪，而不在恃一人之见也。

右第六章

子曰："人皆曰'予知'，驱而纳诸罟擭陷阱之中，而莫之知辟也。人皆曰'予知'，择乎中庸而不能期月守也。"

此一章书是举道不明之端以起下章也。

子思曰：孔子之言曰："明于理者必能固守之，犹之明于事者必能避患。今之人皆自许曰：'凡事之未来我皆知之，'宜其防患于微也。乃祸机当前，茫然不觉，有如禽兽罹于罟擭陷阱之中尚不知退避，安得为知乎？今人之为道者亦然，其自言曰："凡理之至微我皆知之"，宜其能择而守也。乃于中庸之理虽亦知辨别出来，而竟为私欲所间，不能守于期月之近，此道之所以不明也。"

盖见之明，方守之定。守之不固，正坐见之不真尔。然则，格物致知顾不重且要哉！

右第七章

子曰："回之为人也，择乎中庸，得一善，则拳拳服膺而弗失之矣。"

此一章书见必如颜子为人，然后道始可明也。

子思曰："孔子之言曰：'中庸之理散见于事物之间，但在人能择而守尔。惟颜回之为人也'。凡遇事物之来，必详加辨别，以求所谓中庸者，但得一至善之理，即恭行实践，拳拳然奉持在心胸之间，坚守而不复失矣"。

盖颜子惟知之真，所以守之固，此行之所以无过不及，而道之所以明也。学颜子之学者宜留意焉。

右第八章

子曰："天下国家可均也，爵禄可辞也，白刃可蹈也，中庸不可能也。"

此一章书是承上言中庸择守之难，以起下章也。

子思曰："孔子之言曰：'天下国家至难治，然有明敏之才者，可以使之均平。爵禄，人所争慕，然有廉洁之操者，可以辞之而不顾；白刃，人所畏犯，然负勇敢之质者，可以蹈之而勿避。此皆不为难事，惟是中庸之理不偏不倚，无过不及，于日用常行之事，而有至当不易之理，非义精仁熟，无一毫人欲之私者，未易几此。此所以中庸不可能也"。

然则有志于斯道者，岂可不纯其择守之功哉？

右第九章

子路问强。子曰："南方之强与？北方之强与？抑而强与？宽柔以教，不报无道，南方之强也，君子居之。衽金革，死而不厌，北方之强也，而强者居之。故君子和而不流，强哉矫！中立而不倚，强哉矫！国有道，不变塞焉，强哉矫！国无道，至死不变，强哉矫！"

此一章书言必得君子之强，而后中庸可能也。

子思曰："昔者子路求所以操持坚定，足以任道者，故问于孔子曰：'如何乃为刚强？'孔子曰：'强亦不一。今汝之所问，其囿于南方之风气而为南方之强与？抑其囿于北方之风气而为北方之强与？抑根于义理，不囿于南北而为汝学者之强与？何言乎南方之强也？如人有不合于理，则宽容柔顺以教之；或有以横逆相加者，亦直受之而不报是谓南方之强。盖南方风气柔弱，故其人能忍人之所不能忍，而以含容之力胜人，其长厚之风犹近于君子之道，君子居之。何言乎北方之强也？彼戈兵甲胄之属，凶器也，乃视若衽席而安之，虽至战斗而死，亦无厌悔之意，是为北方之强。盖北方风气刚劲，故其人能为人之所不敢为，而以果敢之力胜人，其勇武之习，一纯乎强者之事，强者居之。若汝之所当强者，非君子之强乎？君子之处人，蔼然可亲而又志节凛凛，不肯随波逐流、违理从众，是为和而不流，其强也，不亦矫乎？君子之处己，卓然守正，而始终极其坚定，不至有所倾挠依附，是为中立而不倚，其强也，不亦矫乎？当国家有道之时，君子则以行道济时为念，不肯变未达时之志行，其强也，不亦矫乎？当国家无道之时，君子则以守义安命为主，即至于死地而不肯变平生之节操，其强也，不亦矫乎？'"

盖南北之强在以气质胜人，君子之强惟以义理自胜。有君子之强，而后中庸可能矣。

右第十章

子曰："索隐行怪，后世有述焉，吾弗为之矣。君子遵道而行，半途而废，吾弗能已矣。君子依乎中庸，遯世不见，知而不悔，惟圣者能之。"

此一章书是以中庸之道归于圣人也。

子思曰："孔子之言曰：'今有人焉，深求隐辟之理，以知人之所不必知；过为诡异之行，以行人之所不必行。其意盖欲求名也。而人情又厌常喜新，故传之后世容或有称述之者，此失之太过而为所不当为者也。我则止求吾所当为者，而此隐怪之事断然弗为之矣。又有求道之君子，亦知道之当为，勉力遵行，乃不能实用其力，至于半途而废焉，此失之不及不当已而已者也。吾则行之于始，必要其终而自弗能已矣。至于備道之君子，所知所行，无过不及，依乎中庸之理，是与道为一者也。虽其闇然自修，或不见知于当世，而绝怨悔之心，是与道相终始者也。非至诚无息纯亦不已之圣人，其孰能之？'"

有志于中庸之道者，其亦当知所取法矣！

右第十一章

君子之道费而隐。夫妇之愚，可以与知焉，及其至也，虽圣人亦有所不知焉；夫妇之不肖，可以能行焉，及其至也，虽圣人亦有所不能焉。天地之大也，人犹有所憾。故君子语大，天下莫能载焉；语小，天下莫能破焉。

此一章书是申明首章道不可离之意，而极言道之无所不在也。

子思曰："道命于天，率于性，人人具足，而尽之者惟君子，则道属之君子矣。夫君子之道，有体有用。其用广大而无穷，其体微密而不可见者也。以知而言，虽夫妇中之愚者，亦有本然之良知，于凡日用常行之理，亦有能知之者；及其全体之至，虽生知之圣人，见闻所限，亦有不尽知者焉。以行而言，虽夫妇中之不肖者，亦有本然之良能，于凡日用常行之理，亦有能行之者；及其全体之至，虽安行之圣人，时势所阻，亦有不尽能者焉。不但圣人，虽天地如此其大也，而或覆载生成之有偏，或寒暑灾祥之失正，亦不能尽如人意。而人犹有怨憾之者，是道不遗于常人，亦不尽于圣人、天地，可见道无不在矣。故就君子之道而语，其大则无远不包，天下安得更有大于道者而能载之乎？语其小则无微不入，天下安得更有小于道者而能破之乎？"

君子之道如此，可谓费矣。而其所以然者，则隐而莫之见也。故曰君子之道费而隐。

《诗》云："鸢飞戾天，鱼跃于渊。"言其上下察也。君子之道，造端于夫妇，及其至也，察乎天地。

此二节书是引《诗》以证道之费而隐，而又结言之也。

子思曰："道之费而隐如此，不可观《诗》而悟乎？《大雅·旱麓》之篇有云：'鸢之飞则至于天，鱼之跃则在于渊'。《诗》果何言乎？盖鸢之飞，有所以飞者，是言道之昭著于上也。鱼之跃，有所以跃者，是言道之昭著于下也。夫天地间无非物，即无非道，举一鸢而凡在上者可知，举一鱼而凡在下者可知。道之费于此益见矣。而其所以然者，则非见闻所及，岂不隐乎？总而论之，君子之道由其一节而论，则托始于夫妇居室之间而知能有所不遗，及推而极之以求其全体，则天高地下莫非此理之昭著，又何知能之可遽尽乎？"

道之不可离如此，此君子戒惧慎独之功所以不可已也与！

右第十二章

子曰："道不远人。人之为道而远人，不可以为道。《诗》云：'伐柯伐柯，其则不远。'执柯而伐柯，睨而视之，犹以为远。故君子以人治人，改而止。忠恕违道不远，施诸己而不愿，亦勿施于人。"

此一章书是言道不离人，而因示人以体道之实功也。

子思曰："孔子之言曰：'道率于性，不外人伦日用之间，何尝远人？故为道者，为人而已，若人之为道必欲离人而求诸高远，便非所谓率性之道矣。何以见之？《豳风·伐柯》之诗有云，人之执柯伐木以为柯者，其长短法则即在所执之柯而不远矣。自我言之，所执者一柯，而所伐者又一柯，邪目视之，犹有彼此之别而以为远也。若道则与人为一，非若柯之有两，故君子治人，不过就人身原有之理责成于人，苟人之能改则亦已矣，更不多求于人之外也，岂欲其远人以为道哉？夫道不远人，亦以不远于人之心尔。若能尽己之心而忠推己之心而恕，则私去而理见，去道自不远矣。忠恕之事何如？如人以非礼施诸己，此己心所不愿者，则以己心度人心，知其与我无异，亦勿以施于人，以此求道，何远之有？"

君子之道四，丘未能一焉：所求乎子以事父，未能也；所求乎臣以事君，未能也；所求乎弟以事兄，未能也；所求乎朋友先事之，未能也。庸德之行，庸言之谨，有所不足，不敢不勉，有余不敢尽；言顾行，行顾言，君子胡不慥慥尔？

此一节书是孔子自言其不远人以为道之事也。

曰："君子之道其大端有四，反之于丘，则未能一焉。如所求乎为人子之理，欲尽孝以事父，乃我之所以事父未能尽孝也；所求乎为人臣之理，欲尽忠以事君，乃我之所以事君未能尽忠也；所求乎为人弟之理，欲尽弟道以事兄，乃我之所以事兄未能尽弟也；所求乎朋友之理，欲尽友道以交友，乃我之所以先施于友者未能也。然必如何以求其能哉？盖以子臣弟友之道体之于身：庸德也，则行之而践其实；以子臣弟友之道发之为言，庸言也，则谨之而择其可。然行易至于不足，不敢不修德而益勉其行；言易至于有余，不敢有尽言而益求其谨。惟谨之至，则所言者皆与所行相顾，而无言过其行之虑；所行者亦与所言相顾，而无言不逮行之患。君子之于言行如此，岂不为慥慥笃实者乎？此我之所当取法以自修者也，敢远人以为道哉？"

世之求道者，每舍人伦物则之常，而骛于高深渺茫之域，不知人外无道，道外无人，既失所以为人，又安问其所以为道乎？亦惑之甚也！

右第十三章

君子素其位而行，不愿乎其外。素富贵，行乎富贵；素贫贱，行乎贫贱；素夷狄，行乎夷狄；素患难，行乎患难；君子无入而不自得焉。

此一章书是言君子随在尽道之意。

子思曰："凡人所处之位不同，各有当行之道。君子但因见在所居之位，而尽其所当行之道，未尝于位之外别有所愿慕。盖求尽于本分之内，自不暇于本分之外也。"

所谓素位而行者何也？

"人之所遇，惟顺逆两境，皆有可安之处。如见在富贵，则行富贵所当行之道，而不至于淫；见在贫贱，则行贫贱所当行之道，而不至于滥；见在夷狄，则行夷狄所当行之道，而不改其行；见在患难，则行患难所当行之道，而不变其守。道随在而尽，则心亦随寓而安。故君子无入而不自得其本心之理焉。"

所谓素位而行者如此。

在上位不陵下，则下位不援上，正己而不求于人，则无怨。上不怨天，下不尤人。故君子居易以俟命，小人行险以侥幸。子曰："射有似乎君子，失诸正鹄，反求诸其身。"

此三节书是言君子之学正己反求而不愿乎外也。

子思曰："大凡居上位则好作威以陵下，居下位则好附势以援上。君子则不然，在上位不侵陵乎下，在下位不攀援乎上，惟知正己，求完己之分，内而无邀求于人之心。夫有求而不得则怨生，今无求则自无怨，但见中心泰然，虽上而不得于天，亦顺受其正而无所怨，憾于天下而不合于人，亦安于所遇而无所罪尤于人，又何愿于外乎？惟其素位而不愿外，故君子一身之所履虽有顺逆之境，而宅心平易，随寓而安，至于穷通得丧，一听诸天命之自然，而无一毫慕外之心，岂若小人呈其私智于倾险之途，以妄求幸得之福哉？是道也，夫子盖尝言之矣。夫子有曰：'射虽一技之微，而其心则有似乎君子'。何以见之？盖君子凡事皆正己而不求于人，即如射者失诸正鹄之的而不中，但反求诸己，以为技艺之未精，更不怨胜己者，故曰'射有似乎君子'。"

观此，而君子之素位而不愿乎外，益可见矣。

右第十四章

君子之道，辟如行远，必自迩；辟如登高，必自卑。《诗》曰："妻子好合，如鼓琴瑟。兄弟既翕，和乐且耽。宜尔室家，乐尔妻孥。"子曰："父母其顺矣乎！

此一章书是示人入道之序也。

子思曰："君子之道虽无所不在，而求道之功则必以渐而进，谨于彝伦日用之常，而后快造夫圣神功化之极；审于隐微幽独之际，而后可底于中和位育之全。辟如人欲行远，必自迩始，迩即所以为远也；辟如人欲登高，必自卑始，卑即所以为高也。君子之道正与行远登高相似。《小雅·棠棣》之诗有曰：'人能于闺门之内，妻子情好契合，如鼓瑟琴，无有不不和之处，兄弟之间翕然友爱，既极其和乐，且又久而不变，则能宜尔之室家，乐尔之妻孥矣'。《诗》言如此，孔子读此诗赞之曰：'人能和妻子、宜兄弟，如此则父母之心其亦安乐矣乎！'"

夫即一家言之，父母在上，是高远者也；妻子兄弟在下，是卑迩者也。由妻子兄弟之和，而遂致父母之顺，岂非行远自迩、登高自卑之一验乎？求道者可以知其序矣！

右第十五章

鬼神之为德，其盛矣乎！视之而弗见，听之而弗闻，体物而不可遗。使天下之人而齐明盛服，以承祭祀。洋洋乎！如在其上，如在其左右。《诗》曰："神之格思，不可度思，矧可射思。"夫微之显，诚之不可揜如此夫！

此一章书是即鬼神以明道也。

子思曰："孔子之言曰：'天地间只是阴阳二气，而二气之良，能为鬼神。其为德也，流行不穷，殆至盛矣乎！何以见盛也？'天下惟有形者可见，鬼神无形，虽视之而弗见；惟有声者可听，鬼神无声，虽听之而弗闻。然鬼神虽无形无声，而凡有形有声之物皆鬼神为之体不可得而遗也。至无而至有，至虚而至实，何其盛也！即以祭祀一端验之，鬼神之灵能使天下之人皆齐明以肃其心，盛服以肃其身。于以奉承乎祭祀，斯时也，但觉鬼神之精，爽洋洋乎流动充满，恰如在上一般，而在上皆鬼神也；恰如在左右一般，而左右皆鬼神也。所谓体物而不可遗者，于斯验矣。试观《大雅·抑》之诗曰：'神之来也，不可测度。则虽极其诚敬尚恐有愧，况可厌射而不敬乎？'观于此言，益可以见鬼神体物而不遗矣。夫不见不闻鬼神，微矣，而体物不遗又极其显，何哉？盖鬼神之屈伸往来，总一实理为之，所谓诚也。惟其诚，则有是理，必有是气，自发见昭著而不可揜如此夫！此鬼神之德所以为盛也"。

人之体道者，焉可不以存诚为要务哉？

右第十六章

子曰："舜其大孝也与！德为圣人，尊为天子，富有四海之内。宗庙飨之，子孙保之。"

此一章书见舜能尽庸德之量也。

子思曰："孔子之言曰：'人子事亲皆当尽孝，然惟古帝舜其为大孝也与！夫为人子者非德不足以显亲，舜则生知安行，德为圣人，其显亲之孝为何如？非贵不足以尊亲，舜则受尧之禅，尊为天子，其尊亲之孝为何如？非富不足以养亲，舜之富奄有四海以天下养，其养亲之孝何如？且上而使宗庙飨天子之祭，所以为亲光前者至矣；下而使子孙保诸侯之封，所以为亲裕后者至矣'。"

舜之德福兼隆如此，诚有非常人可及者，此其所以为大孝与！故大德必得其位，必得其禄，必得其名，必得其寿。故天之生物，必因其材而笃焉。故栽者培之，倾者覆之。《诗》曰："嘉乐君子，宪宪令德。宜民宜人，受禄于天。自天申之。"故大德者必受命。

此四节书是言圣人有大德，而后能備大福也。

子曰："夫舜之德福兼隆，固所以为大孝。然德又福之本也，故有圣人之大德，而德中自有尊荣，必得天子之位；德中自有富厚，必得四海之禄；德中自有令闻，必得显著之名；德中自有久道，必得永远之寿。皆理之自然，不求而自应者也。此岂天之有私乎哉？尝观于天之生万物，必因其材质之可厚而加厚焉。如物之栽植者，本有生意，便从而培养之；至物之倾仆者，本无生理，便从而覆败之。或培或覆，皆物之自取，而天未尝有意于其间也。《嘉乐》之诗有云：'可嘉可乐之君子，有是显然昭著之美德，既宜于在下之民，又宜于在位之人，以是为天所眷顾而受天之禄，天既保爱之，佑助之，而命为天子，又从而申重之，保佑之不已，使之获福于无穷’。此天之眷德又有可征者也。由此观之，可见大德者必然受天之命而为天子。今舜既有是大德，则其受上天笃厚申重之命，而享禄、位、名、寿之全，固理之必然者尔，尚何疑哉?”

夫舜之德为大德，斯孝为大孝。舜，圣人也，而实孝子也。舜之圣，圣之孝者也；舜之孝，孝之圣者也。故为天下万世法。

右第十七章

子曰：“无忧者其惟文王乎！以王季为父，以武王为子。父作之，子述之。武王缵大王、王季、文王之绪。壹戎衣而有天下，身不失天下之显名。尊为天子，富有四海之内。宗庙飨之，子孙保之。”

此一章书是子思引孔子所言文、武、周公之事也。

子思曰：“孔子之言曰：‘自古帝王于父子创述之际，多有不足于心之处，即不能无忧，若全无所忧者，其惟我周文王乎！何以见之?文王以王季之贤为之父，以武王之圣为之子。王季积功累仁造周家之基业，是贤父作之于前也；武王继志述事，集周家之大统，是圣子述之于后也。父作子述，前后皆有令德，文王之心更无不足之处，此其所以无忧也。文王之事如此。至于武王述之之事，更有光大前人者。周自大王肇基王迹，王季勤劳王家，文王三分天下有二，是时人心、天意，无不顺应，王业之端绪始基之矣。武王能继大王、王季、文王之绪，应乎人心，顺乎天命，诛讨无道，壹著戎衣，遂克商而有天下，是时诸侯率从，万姓悦服，东西南北无不称功颂德，身不失天下之显名，于是易侯而王，而尊为天子；化国为天下，而富有四海之内。上而祖宗，则隆以王者之称，祀以天子之礼，自文王以前皆奉于宗庙而飨之；下而子孙则传世三十，历年八百，自成康以后皆守其基业而保之，无非承祖考之烈，顺天人之心，而合乎理之所当然也。武王之事如此’。”

武王末受命，周公成文、武之德，追王大王、王季，上祀先公以天子之礼。斯礼也，达乎诸侯、大夫及士庶人。父为大夫，子为士；葬以大夫，祭以士。父为士，子为大夫；葬以士，祭以大夫。期之丧达乎大夫，三年之丧达乎天子，父母之丧无贵贱一也。

此一节书是言周公制礼，以全武王子述之事也。

子曰：“武王受命为天子时已末年矣，凡所以述文王之事尚有欲为而未暇及者，周公乃身任其责，因时制礼，展其欲展之孝思，广其未广之恩意，以成文武之德。近而追崇古公为大王，季历为王季，不王其身而王其号，盖推文武之意而及乎王迹之所起也；远而自祖绀以至后稷，皆祀以天子之礼，不王其封，而王其飨，又推大王、王季之意以及于无穷也。”

“斯礼也，皆本乎天理之安，人情之至，岂独自尽其孝已哉！又推之以及天下，达乎诸侯与大夫及士与庶人，使皆得随分以尽其孝。如父为大夫，子为士，葬则以大夫之礼，祭则以士之礼。如父为士，子为大夫，葬则以士之礼，祭则以大夫之礼。盖葬用死者之爵，贻之以安也；祭用生者之禄，俾尽其情也。”

“又制为丧服之礼：期年之丧自庶人上达乎大夫而止，天子、诸侯无伯叔昆弟之丧，亲不敌贵也。三年之丧自庶人上达乎天子，皆通行之。此乃父母之丧，子于父母罔极之恩，无分贵贱，贵不敌亲也。”

“追王上祀之礼，致孝于祖先；葬祭丧服之礼，推及于天下，皆缘情制礼，周详曲当，以成文武之德也。周公之事如此。”

子思引此以见文武周公尽中庸之道，是亦费之大者也。帝王体中庸之道当以文武周公为法。

右第十八章

子曰：“武王、周公其达孝矣乎！夫孝者，善继人之志；善述人之事者也。

此一章书是引孔子称武王、周公之达孝而言其所以尽孝者在继、述也。

子思曰：“孔子之言曰，‘凡人之孝止于一身、一家，未必达之天下，惟武王、周公能推其孝亲之心，尽伦尽制，使人人皆得以尽其孝，所以天下之人通谓之孝而无异词，其达孝矣乎！夫武、周所谓达孝者何哉？凡前人有志未逮而成就之为继，不必前人有此志，而吾之所存合天，则隔世相感，是为善继人之志；前人有事可法而遵行之为述，不必前人有此事，而吾之所为当可，则易地皆然，是为善述人之事’。”

此所以因时随分，一灼乎理而推四海、传万世而为达孝也。

春秋修其祖庙，陈其宗器，设其裳衣，荐其时食。宗庙之礼，所以序昭穆也；序爵，所以辨贵贱也；序事，所以辨贤也；旅酬下为上，所以逮贱也；燕毛，所以序齿也。

此二节书是举武、周所制祭礼，以明达孝也。

子曰：“武王、周公之所以善继述者，即其所制祭祀之礼可见也。自春徂秋，四时皆有祭，临祭之时，于祖庙中门堂、寝室必加洒扫，整饬以致其严洁；于先世所藏之重器，必陈而列之，以示能守；于先王所遗之裳衣，必致之以授尸，使神有所依，而致其如在之诚；于四时之食，各以时物荐之，以奉人者荐神，而将其生事之敬。其于时祭之致孝者有如此。”

“再以祫祭之礼言之，宗庙之次在左者为昭，左，阳也，昭取阳明之义；在右者为穆，穆，阴也，穆取阴幽之义。此建立宗庙之位置也。当祫祭于太庙，则群庙之子孙皆来与祭，其宗庙中序立之礼，亦依祖宗世系以次相序乃所以序其孰为昭、孰为穆，亲亲使不紊也。”

“至于异姓助祭，外服有公、侯、伯、子、，男，内朝有卿、大夫、士，皆序之以爵，尊者在前，卑者在后，乃所以辨其孰为贵，孰为贱，贵贵使不越也。”

“其同姓、异姓与祭，俱有职事，如宗掌祠祭祝读祝文至于司尊、司爵之类，皆事也，序其执事，惟贤是任，乃所以辨其德行之优、威仪之美与趋事之娴熟，贤贤使不掩也。”

“祭毕而饮福，则同姓兄弟与异姓之宾，众人互相劝饮，谓之旅酬，必使各家在下之子弟，举觯于其在上之父兄，以相酬酢，乃所以逮及贱者亦得以有事为荣，幼幼以伸敬也。”

“至异姓宾退，独燕同姓，则以毛发黑白之色别长幼为坐次，乃所以就尊卑中各序年齿，不论贵贱，老老以加敬也。”

其庙中恩义之周悉又如此。

践其位，行其礼，奏其乐，敬其所尊，爱其所亲，事死如事生，事亡如事存，孝之至也。

郊社之礼，所以事上帝也，宗庙之礼，所以祀乎其先也。明乎郊社之礼、禘尝之义，治国其如示诸掌乎！

此二节书是结言记述之善，而又悉举礼制之通于治道也。

子曰：“武、周所制祭祀之礼，既善且备如此，皆善体先王而为之者也。先王对越祖考有位焉，今所践者即其位也；先王升降周旋有礼焉，今所行者即其礼也；先王声容感格有乐焉，今所奏者即其乐也。祖考是先王之所尊者也，今春秋祭祀用致诚恪于上，以敬其所尊；子孙臣庶是先王之所亲也，今周列在庙，广推恩义于下，以爱其所亲。以此观之，武、周之奉事先王，事死犹夫事生，事亡犹夫事存，真善继善述，无所不至，孝之极至者也。”

称曰：达孝不亦宜乎！然祭祀之礼又不止此也。

“有郊社之礼焉：郊以祭天，冬至祀天于圜丘；社以祭地，夏至祀地于方泽。盖所以奉事上帝与后土，答其覆载生成之德也。有宗庙之礼焉：或五年一禘而合飨于太庙，或四时有祭而分荐于群庙，盖所以祀其祖先，尽吾报本追远之诚也。夫郊社之所以享帝，禘尝之所以享亲，其礼至大，其义至精，惟圣人能制之，亦惟圣人能明之。苟能明乎郊社之礼、禘尝之义，则仁孝之理推之万事万物，无所往而不当。治国之道即此，而在其如视诸手掌，甚明而易见者乎？”

武、周制礼不惟善体先王，而且通于治道，有如此子思引此以见武、周之孝，尽伦尽制，皆有合乎中庸之道，是亦费之大者也。帝王以孝治天下，于制礼作乐，理明治幽之间，宜加之意焉。

右第十九章

《日讲四书解义》卷三

中 庸 下

哀公问政。子曰："文武之政，布在方策。其人存，则其政举；其人亡，则其政息。人道敏政，地道敏树。夫政也者，蒲卢也。"

此一章书是子思引孔子论政，以明中庸之道也。通章以人存政举为主，而其大要不外乎修身。

昔哀公问政。孔子对曰："为政之道无他，法祖而已。昔我文王、武王以圣人为君，又有周、召诸臣为之辅佐，当时所行政事，酌古准今，万世无弊，今犹布列于方策之中，若《周官》、《周礼》诸书，昭昭乎如揭日月，循而行之，固不难也。但有治法，必有治人，使当今之时，上有励精图治若文、武之君，下有实心任事若周、召之臣，则纪纲法度灿然具举，文武之治可再见也。不然者，无治人则无治法，其人既亡，其政亦遂灭息，方策所载徒文具尔！所以然者，盖人之为道，能敏速于政，元首股肱，一心一德，兴利除弊，以收明作之功易易也。犹夫地之为道，最能敏速于树，土脉时动，万物滋生，而况文武之政也者！显谟承列，尽善尽美，朝发夕效，尤为敏之至极者。如草中蒲苇，比之他物，其生尤为易也。"

可见政举非难，人存为难，君与臣奋志求治，而谓文武之政不可复，未之有也。

"故为政在人，取人以身，修身以道，修道以仁。仁者人也，亲亲为大；义者宜也，尊贤为大；亲亲之杀，尊贤之等，礼所生也。"

此二节书是以行政责于君身，而指仁义为修身之要也。

子曰："人君欲行文武之政，止在选建贤才而任用之。贤才进用则百度振举，故为政在乎得人。然人君一身乃臣下之标准，如欲取人必先修治其身，然后好恶取舍皆得其宜，而贤才无不望风乐附，故取人莫若以身；若修身有必于五伦之理各尽其当然之实，然后纲常彝纪，反身而备，故修身莫若以道；若修道又必全乎本心之德，慈爱恻怛，周流无间，则伦理之间一皆真意贯彻，故修道莫若以仁。修道以修身，修身以取人，人存政举，一以贯之矣。"

"夫修道而必以仁者何也？盖所谓仁者，乃人生之初所具恻怛慈爱之性，人之所以为人也，虽日用彝伦，仁无不至，而其始必由一本以为推广，故惟亲亲为大。”

“有仁则有义，义者乃吾心分别事物化裁之本，所以为权衡庶务之宜也，然经权常变，神运无方，为尊崇有德之贤，始能讲明此理，施为各当，故惟尊贤为大。”

“若亲亲之中，如父子则当孝慈，兄弟则当友恭，宗族则当惇叙。又有隆杀之不同，尊贤之中德之大者则师事焉，德之小者则友事焉。又有差等之各异，其间轻重高下，皆有天理节文之自然，不可过，不可不及，乃礼之所生也。”

修身修道者，可不于是而审求之乎？

“故君子不可以不修身；思修身，不可以不事亲；思事亲，不可以不知人；思知人，不可以不知天。”

此一节书是承上文言修身之要，尤在知天也。

子曰：“夫为政在人，取人以身，则君子一身实取人立政之本。苟身之不修，则无以取人，即无以立政，故君子不可以不修身。修身以道，修道以仁，而仁莫大乎亲亲，苟不能善事其亲，则无以为扩充推准之本，身不可得而修矣，故思修身不可以不事亲。欲尽亲亲之仁，又必尊礼贤人，集思广益，然后于亲亲之道讲究精微，是非辩白，继志述事，无事不宜，故思事亲不可以不知人。至于亲亲、尊贤各有等级杀，皆天叙天秩自然之理，知之不明，则亲疏混淆，贤愚倒置，所尊所亲皆失其当矣。故思知人又不可以不知天，知天则亲贤之等杀明，而所为修道以修身者，不外是矣。”

“天下之达道五，所以行之者三：曰君臣也，父子也，夫妇也，昆弟也，朋友之交也，五者天下之达道也。智、仁、勇三者，天下之达德也，所以行之者一也。或生而知之，或学而知之，或困而知之，及其知之一也；或安而行之，或利而行之，或勉强而行之，及其成功一也。”

此二节书是詳言修道之事，而勉人以知行也。

子曰：“试举修身修道者详言之，天下古今所共由之道有五，所以行此达道者有三。何谓五达道？一曰君臣，主于义；二曰父子，主于亲；三曰夫妇，主于别；四曰昆弟，主于序；五曰朋友之交，主于信。此五者，人之大伦，天下古今共由之达道也。”

“何谓三达德？一曰智，所以知此道者；二曰仁，所以体此道者；三曰勇，所以强此道者。三者天命之性，天下古今所同举之达德也。然其所以行之者，又只在一诚而已。诚则真实无妄，知仁勇之德皆为实德，而达道自无不行，不然，则伪妄得而人之，德非其德矣，又何以行达道哉？”

"达德固所以行达道，然人之资禀容有不齐。以知而言，或有天性清明，义理昭著，生而知之者；或有反复讨论，待于学习然后知之者；或有学而未达，必至困心衡虑然后知之者。此三等人闻道虽有早暮，及既知之后，其所至无异，同一知也。"

"以行而言，或有德性纯粹，安于义理，自然能行之者；或有真知笃好，亹亹不已，若有所利而行之者；或有力未能至，勉强奋发而后能行之者。此三等人行道虽有难易，及成功之后其所至亦无异，同一行也。"

人能勉强学问，自强不息，岂气禀之所得限哉？

子曰："好学近乎知，力行近乎仁，知耻近乎勇。知斯三者，则知所以修身；知所以修身，则知所以治人；知所以治人，则知所以治天下国家矣。"

此二节书是言下学入德之功，以为修身立政之本也。

子曰："人之资禀虽有不同，而变化气质未尝无术。如智以明道，固非愚者之所及，然能笃信好学，讨论古今事物之理，则闻见多而聪明日益，于以明理而近乎智，不难矣；仁以体道，固非自私者之所及，然能自强不息，实用其省察克治之功，则人欲尽而天理复还，于以进道而近乎仁，不难矣；勇以任道，固非懦者之所及，然能耻不若人，常存其愤发愧励之心，则气一动而随之，于以立志而近乎勇，不难矣。夫修身以道，而知、仁、勇三德则所以行此道者。人苟知夫好学、力行、知耻三者足以近之，则有以入乎达德，即有以行乎达道，所以修治其身之事皆知之矣。在我之理，即在人之理，既知所以修身，则所以治人而使之各尽其道者，无不知之，无间于物我矣；一人之理即千万人之理，既知所以治人，则所以治天下国家。而使之各尽其道者，亦无不知之，无分于遐迩矣。"

夫以天下国家之治而要不外乎修身如此，故君子不可以不修身也。

凡为天下国家有九经，曰：修身也，尊贤也，亲亲也，敬大臣也，体群臣也，子庶民也，来百工也，柔远人也，怀诸侯也。

此一节书是举九经以明为政之次序也。

子曰："由修身以推之，至于治人、治天下国家，则人存政举，施之有要，是故人君治天下国家，其经常之道万世不可易者，其目有九焉：

首曰修身，皇建有极，所以端本清源，为天下国家之准也。

次曰尊贤，师臣宾臣，所以收启心沃心之助也。

次曰亲亲，敦睦九族，所以笃本支百世之谊也，由家以及朝廷。

曰敬大臣，公孤六卿论道率属体统，不可不优。

曰体群臣，庶僚百职，疏附后先，君恩不可不渥，由朝廷以及国。

曰子庶民，元后作民父母，抚字之仁，所当弘也。

曰来百工，制器所以利用，庀材治事所当裕也，由朝廷以及天下。

曰柔远人，所以加恩宾旅，使不至有穷途之叹。

曰怀诸侯，所以奠安六服，使不至启窥伺之心。”

此数者，其道有常，其序不紊，故谓之九经。昔文武之政布在方策者，大要总不出此。

修身则道立，尊贤则不惑，亲亲则诸父昆弟不怨，敬大臣则不眩，体群臣则士之报礼重，子庶民则百姓劝，来百工则财用足，柔远人则四方归之，怀诸侯则天下畏之。

此一节书是言九经之效也。

子曰：“九经具在，患人主不能力行耳。诚能修治其身，则达道达德浑然全备，可以为天下国家之倡，道立而人皆知所，则傚矣；能尊礼贤人，则启沃有资，于凡修己治人之理，贯彻通晓，无所蔽惑矣；能亲其亲，则诸父昆弟和协辑睦，无所怨叹矣；能敬大臣，则信任既专，才猷得以展布，虽遗大投艰，皆有所凭借，而于事不眩矣；能体群臣，则君以臣为手足，臣即以君为腹心，为士者感激思奋，常恐无以报君上之礼遇矣；能子庶民，则百姓蒙其恩泽，皆欢欣爱戴，劝于尊上矣；能来百工，则有无相易，农末相资，货财生聚，而器用赡足矣；能柔远人，则四方慕义，皆倾心归往，而愿出于其路矣；能怀诸侯，则感德者畏威，咸翼戴王室，夹辅天子，而天下安如磐石，不可动摇矣。”

此九经之效也。

齐明盛服，非礼不动，所以修身也；去谗远色，贱货而贵德，所以劝贤也；尊其位，重其禄，同其好恶，所以劝亲亲也；官盛任使，所以劝大臣也；忠信重禄，所以劝士也；时使薄敛所以劝百姓也；日省月试，既禀称事，所以劝百工也；送往迎来，嘉善而矜不能，所以柔远人也；继绝世，举废国，治乱持危，朝聘以时，厚往而薄来，所以怀诸侯也。

此一节书是言九经之事也。

子曰：“君身之所以不修者，惟其惮于检束，安于逸豫尔，是必齐戒明洁以正其心，盛服俨然以正其容，凡一切非礼之事不敢妄动，若是，则内外交养，动静不违于道，乃所以修身也。”

“贤之所以被劝者，以谗言货色足以夺吾好德之慕尔，惟是摒绝谗邪，疏远美色，贱恶货财，而专心一意以贵重有德之人，如是则贤者弹冠相庆，莫不乐为之用，乃所以劝贤也。”

“同姓之亲，惟恩义衰薄，所以怨望易起，是必尊其位而使之贵，重其禄而使之富，好与同好，恶与同恶，而不至于拂逆其情，如是则诸父兄弟自然感悦，乃所以劝亲亲也。”

“至于腹心大臣，若使亲理细事，非惟体统有亏，抑恐职务多旷，必须广置官属，足任指使之劳，如此则为大臣者得以坐论，从容留意于社稷之长计矣，乃所以劝大臣也。”

“至于群臣之众，待之不以诚，则疑畏猜阻而任事之心衰，养之不能厚，则身家念切而徇国之意薄，必须开诚布公，待之以忠信，赐予丰腆，养之以重禄，如此则感恩图报，乐赴事功，乃所以劝士也。”

“至于民为邦本，苟使之不时则民力竭，敛之太重则民财匮，是必农务既毕，役以公旬三日之制，藏富于民，遵守什一而税之经，则百姓财力有余，无不欢欣爱戴，视之如父母，乃所以劝百姓也。”

“至于百工技艺勤惰不一，若功薄而赏厚，劳重而报轻，则相率而为偷惰矣，是必日加省视，月加考较，务使餼廪之赐与工作相称，如此则勤者益勤，而惰者亦皆劝于勤矣，乃所以劝百工也。”

“至于四方宾旅，于其往时则授之以旌节以送之，使关津之间不至阻滞；于其来时则丰其委积以迎之，使道路之际有所资给。若其愿留者，有善则嘉美之，而因能授之以任；不能则矜恕之，而无强其所不欲。如此，则恩义欵接，宾至如归，乃所以柔远人也。”

“至于六服群辟，有子孙绝嗣者，访求支庶，使得继其本宗；有失国播迁者，锡以茅土，使得复其爵；秩乱者治之，使上下相安；危者持之，使大小相恤，比年而大夫，小聘；三年而卿，大聘；五年而君，一朝。不疏不数，各有其时，恐其力之难继也。且其朝聘之时，朝廷之燕赐则厚，而礼节有加，群后之贡献则薄，而方物有常，恐其财之困绌也。如此，则诸侯皆将竭忠王室，归命恐后，乃所以怀诸侯也。”

此九经之事也。

凡为天下国家有九经，所以下之者一也。凡事豫则立，不豫则废。言前定则不跲，事前定则不困，行前定则不疚，道前定则不穷。

此二节书是言行政必本于诚，而诚又贵乎豫立也。

子曰：“人君为天下国家，其九经之道废一不可，然所以行此九经者，亦不外一诚而已矣。”

“盖天下必有此实心，乃有此实事。若有不诚，则纪纲法度皆是陈迹，虚文缘饰将何以治天下国家哉？且不独九经而已，但凡天下之事，如达道、达德、九经之类，能先立乎诚，则凡事皆有实意则能成立；苟非先立乎诚，则事皆虚伪，必至废坏。如人之言语能先立乎诚，不肯妄发，则言为德言，自然顺理不至窒碍。人之行事能先立乎诚，不肯妄动，则事皆有主，迎机导窾，不至穷困。身之能先立乎诚，则中伦中理，光明正大，何疚之有？道之当然者能先立乎诚，则左右逢源，泛应曲当，何穷之有?”

苟其不诚，则言、事、行、道，无施而可，是以凡事必须先立乎诚也。

在下位不获乎上，民不可得而治矣；获乎上有道：不信乎朋友，不获乎上矣；信乎朋友有道：不顺乎亲，不信乎朋友矣；顺乎亲有道：反诸身不诚，不顺乎亲矣；诚身有道：不明乎善，不诚乎身矣。

此一节书是言凡事皆本诚身，而诚身之要尤在明善也。

子曰：“达道、达德、九经之属皆欲前定乎诚，即如在下位者若欲治民，必得上之信任而后可。苟上之信任不专，则无以安其位而行其志，虽欲施设政教而民不从，民不可得而治矣。故治民必先获上也。”

“然欲获乎上，非遽求之上，必视其处朋友如何。若平日为人不见信于朋友，则志行不孚而名誉不闻，欲获乎上难矣。故获上必先信友也。”

“然欲信乎朋友，非遽求之朋友，必视其事亲如何。若平日家居不能承顺父母，则所厚者薄而无所不薄，欲信乎友难矣。故信友必先顺亲也。”

“然欲顺乎亲，非遽求之亲，必视其身之诚不诚如何。若反求诸身，未能真实无妄，则大本已亏，虽有事亲之虚文，无爱亲之实意，欲顺乎亲难矣。故顺亲必先诚身也。”

“是则一诚其身，而顺亲、信友、获上、治民无施不可，诚身之所系何重哉？而诚身之道安在于明善而已！善者何？即人心中所具天命之性也。诚能格物致知，察之念虑之微，验之事为之著，考之《诗》《书》之内，讲之师友之间，以先明乎善之所在，知之既真，行之自力，身自无有不诚。苟其不然，以妄为真，以欲为理，虽欲勉强矫饰，而诚中形外自不可掩，欲求诚身岂不难哉？盖天地间万事万物，彻上彻下，不外一诚。在下位者凡有所为，尚且不可不明善以诚身，况人君一身为天下瞻仰，所以孜孜豫图为制心制事之本，舍诚何以哉?”

诚者，天之道也；诚之者，人之道也。诚者不勉而中，不思而得，从容中道，圣人也。诚之者，择善而固执之者也。

此一节书是承上文诚身而言，以见诚身虽有天人之异，而自然与勉强总归于诚身，而不可偏诿也。

子曰：“臣言诚身在明善，而诚之所以为诚者，原是天所赋畀于人，真实无妄，不假修为，此继善成性自然而然之道也。”

“其所称为诚之者，则因气禀物欲所累，必由功力克治，以至于真实无妄之地，此人事所当自尽之道也。”

“诚者之事何如？其行则安行，不待勉强，而于道无不中；其知则生知，不待思索，而于道无不得。此乃从容合道之圣人，全乎天而无假于人者也。

诚之者之事何如？其知未能不思而得，必择善而不为疑似所惑，然后可以明善；其行未能不勉而中，必固执而不为物感所移，然后可以诚身。此乃用力修为而尽人以合天者也。”

诚身之道固有天人安勉之殊，然自古圣人虽神灵天亶，未有不加省治而坐臻纯备者。所以尧舜相传必致严人心道心之辨，文王致颂惟“克尽缉熙，敬止之修”，其要在乎存天理，遏人欲，不敢恃其徇齐之质，而孜孜黾勉，自同下学，人主诚不可不知也。

博学之，审问之，慎思之，明辨之，笃行之。有弗学，学之弗能弗措也；有弗问，问之弗知弗措也；有弗思，思之弗得弗措也；有弗辨，辨之弗明弗措也；有弗行，行之弗笃弗措也。人一能之己百之，人十能之己千之。果能此道矣，虽愚必明，虽柔必强。

此三节书是詳言择善固执之目，而欲困知勉行者，实用其功以进德也。

子曰：“诚之者之道在择善固执，而择善固执之条目如何？盖天下之理无穷，非学不知；而学必博，然后闻见无遗，则在博学之。学之中有未知者，非问不详，而问必审，然后是非不惑，则在审问之。即问之已明者，非思索不能亲切，而思必慎，然后切实不浮，则在慎思之。即思之已得者，非辨别不能穷微，而辨必明，然后精粗无间，则在明辨之。择善至此，既极其精矣，由是体诸日用之间，由内达外，举凡学、问、思、辨之所得，一一皆求践其实，而不徒为虚见，则在笃行之。择善固执二者之条目如此，有如依此条目实用其功，弗学则已，学则一理弗能体备不止；弗问则已，问则一事不能理会不止；弗思则已，思则一节不能贯通不止；弗辨则已，辨则一端弗能剖析不止；及其验诸当身，弗行则已，行则一事弗能践履、笃实底于有成不止。”

“他人以一而能，己宁加百倍之功；他人以十而能，己宁加千倍之功。但恐天下有志者，少畏难苟安或至半途而废尔。果能用此工夫，则义理自然融会，气质自然变化，虽愚昧者亦将贯通而日进于明，虽柔弱者亦将刚毅而日进于强，断断必然无可疑者。”

可见人君奋发有为，以达德行达道，苟能用勉强之力，虽在中主，无不可致道德之盛，况天锡智勇超出寻常万万者乎！圣人劝勉之意切矣。

右第二十章

自诚明，谓之性；自明诚，谓之教。诚则明矣，明则诚矣。

此一章书是子思承上章天道、人道之意，欲人由教返性，尽人以合天也。

子思曰：“吾因夫子言‘诚者’、‘诚之者’之分，而知等级虽殊，成功则一。自其德无不实，而明无不尽，由诚而明者，此从天命而来，不勉不思，自优于中道之域者也谓之性；自其先明乎善，而后能实其善，由明而诚者，此从人生以后，以择以执，克尽乎修道之功者也谓之教。性、教虽有天人之异，然德之实者无一毫私欲之蔽，固然清明在躬，无所不照。诚即是明，而先明乎善者用力既至，不为伪妄所乘，自能实有其善，明亦必至于诚，故曰'诚则明矣，明则诚矣'。"

教与性同归于一诚，孰谓人道之有异于天道乎？是在乎人之自勉而已。

右第二十一章

惟天下至诚，为能尽其性；能尽其性，则能尽人之性；能尽人之性，则能尽物之性；能尽物之性，则可以赞天地之化育；可以赞天地之化育，则可以与天地参矣。

此一章书是言自诚明之事乃天道也。

子思曰："天命流行，物与无妄，性之本体，原无一毫虚伪、一分欠缺，天地人物无不该具于内，惟天下至诚，其知生知，其行安行，察之极其精，由之极其至，将天赋之理全体具足，是为能尽其性；既能尽其性，由是推之人，即能设立政教，抑其过而引其不及，则能尽人之性；既能尽人之性，由是推之物，即能修立法制，因其宜而制其用，则能尽物之性；夫人物皆天地所化育者也，但天地能与人物以性，不能使人物皆不失其性，则化育亦有不及之处；至诚既能裁成辅相以尽人物之性，而补助天地之所不及，岂不可以赞天地之化育乎？然则天以化育行乎上，地以化育行乎下，至诚于其中赞之，是覆之者天，载之者地，位乎中而成覆载之功者至诚，至诚岂不与天地并立为三乎？此为尽性之全功，其体备如此。"

夫圣人以一身立天下之上，凡天地人物之理无一非吾分内之事，必使三光明，四维奠，一民一物，各得其所，然后此性方无亏欠。此古帝王所以终身犹病，兢兢业业，而不敢一刻稍自宽其责也。

右第二十二章

其次致曲，曲能有诚，诚则形，形则著，著则明，明则动，动则变，变则化，惟天下至诚为能化。

此一章书是言自明诚之事，乃人道也。

子思曰："至诚尽性，全体皆诚，其大贤以下次于至诚者，未免为气禀所拘，然其本然一念善端，缘触而萌，无时不在，则谓之曲。就其曲处一一推致，如因恻隐之端推之仁之极，因羞恶之端推之至义之极，以及礼之恭敬，智之是非，莫不皆然。曲既无不致，则德无不实，为能有其全体之诚，而曲者全矣。夫莫难于有诚，既能有诚，则充足于内自然形露于外。有意于形而诚则必形；既形，则日新月盛，无处非诚之著见。非有意于著，而形则必著；既著，则光辉发越，无处非诚之昭明。非有意于明，而著则必明；然不但见于一身而已，既明，则人之望其德容者，皆观感而兴群起为善之念。非有意于动而明则必动；既动，则人皆回心向道，迁善去恶，而改其旧习。非有意于变而动则必变；既变，则人皆相喻不言，浑忘于善，而并无形迹。非有意于化而变则不化；夫至于化，则由内及外，由己及物，过化存神，妙用不测。惟天下至诚为能若是，而致曲之效至此无少异，则俨然一至诚矣。”

总之，由诚而形、而著、而明，即是能尽其性；由动而变、而化，即是能尽人物之性，赞天地之化育。但一以自然而能，一以致曲而至；一则尧舜之性，一则汤武之反语，其归宿则同乎圣人而已矣。

右第二十三章

至诚之道，可以前知。国家将兴，必有祯祥；国家将亡，必有妖孽。见乎蓍龟，动乎四体。祸福将至：善，必先知之；不善，必先知之。故至诚如神。

此一章书是言至诚先觉之体，以明天道也。

子思曰：“天地间万变酬酢，总不出一实理。吉凶悔吝，原自昭然灿列。人惟本性障蔽，往往当几不能觉悟，独有自诚而明之至诚，性体具足，于凡天下之事无不前知。如国家将兴必有祯祥之事，国家将亡必有妖孽之事，或著见乎蓍龟，或发动乎四体，岂待祸福之至而始知哉？盖天下祸福之分，只争于善不善之介。方其最初迹虽未形，而几则已动，惟至诚能察其然：当善未著，而有善之几将至；当不善未著，而有不善之几，即知其祸之将至。非此心无一毫私伪，与鬼神合其德，安能寂然不动？感而遂通如此，故曰‘至诚如神’”。

夫人主在上，内而一身休咎之征，外而民生治乱之兆；近而奸邪忠佞之隐，远而向背从违之几；全在知之于蚤。然知初非有异术，惟是全体无私，至虚至公，自然如鉴之明，如衡之平。事物当前，举莫能遁，此理最为真实，确有可以自信。若欲以推测亿逆之私，禨祥谶纬之数，用钩距以夸才智，借左右以作耳目，未有不反为外物所中者，适与至诚相反而已矣。

右第二十四章

诚者自成也，而道自道也。诚者物之终始，不诚无物。是故君子诚之为贵。诚者非自成己而已也，所以成物也。成己，仁也；成物，知也。性之德也，合外内之道也，故时措之宜也。

此一章书是言诚之者己、物兼成之功，以明人道也。

子思曰："凡人有生之初，其实理具于心者谓之诚。人有此诚，方自成为其人。盖必心无虚假，然后身无亏欠，是诚者固所以自成也。而体此诚于人伦日用之间，则谓之道，乃人人所当自行是道，固所以自道也。"

"何以见诚为自成、而道当自道哉？凡盈天地间皆物，终则复始，始则必终，无一非诚之所为，即无一息非诚之所在。人之心若不诚，则一举一动皆为虚假。无实心安能成实事？虽有所作为，犹之无物而已。是故君子探诚之原，又鉴不诚之弊，而择善固执以求至于真实之地，诚之至此，真有以自成，而自道亦无歉矣。"

"夫君子诚之之始，固求成就一己，及诚之之后，又非但成己而已。天下人同此心，即同此理，既有以自成，自然有以及物，何则？成己非他，克己复礼，无一毫私伪，所谓仁也；成物非他，知明处当使，各得其所，所谓知也。仁、知二者本吾性中固有之德，命之于天，有何外内之分乎？既无外内之分，将见其措诸施为，己立立人，己达达人，一以贯之，无不得其当矣。"

可见仁、知之道，得则俱得，物我一理；成不独成，总在尽自道之功以完自成之理。一人皇建有极，则天下之人自然遵道遵路，经纶参赞，孰有外于此哉？

右第二十五章

故至诚无息。不息则久，久则征，征则悠远，悠远则博厚，博厚则高明。博厚，所以载物也；高明，所以覆物也；悠久，所以成物也。博厚配地，高明配天，悠久无疆。如此者，不见而章，不动而变，无为而成。

此一章书是举天地形容至诚，以明天道；而先言至诚无息之功用，以见同乎天地者，皆出自然也。

子思曰："天理具在人心，但因私欲间断，常有止息之时，而其功用遂不能臻自然之妙。至诚之心，浑然天理，无不诚时，安有止息之时？既无止息，则自终始如一，常久而不变矣。存诸中既久，则征验于外而不可遏抑矣。既由久而征，则凡所设施，自悠裕而绵远矣。"

"惟其悠远，则积累之至，自广博而深厚矣。惟其博厚，则发越之极，自高大而光明矣。由是观其功用，所积既博厚，自能举万物而负荷奠安之，固所以载物也。"

"所发既高明，自能举万物而怙冒照临之，固所以覆物也。博厚高明而又悠久，则常载常覆，自能举万物而曲成不遗，固所以成物也。"

夫能载物莫如地，至诚亦能载物，则其博厚不与地配合无间乎？能覆物莫如天，至诚亦能覆物，则其高明不与天配合无间乎？博厚高明，万禩无有更易，故能成物。至诚亦能成物，则其悠久不与天地之无疆通一无二乎？”

至诚之功用如此，信乎！灿然其章，焕然其变，且章、变之极，事美业备，而底于成矣。然章也，初无待表见，而然变也；初无待运动，而然即成也；初无待作为，而然假令其博厚、高明、悠久，稍有矫强，而不本于诚之自然，亦乌能穷神入化，与天地合撰而同其无疆也哉？然则欲体备至诚之理，必令此心人欲净尽，一切溺志玩物，嬖倖狎昵之私，毫发不杂。存诸中者，既贞一；发诸外者，自弘大。汉唐以来非无有为之君，而本体不无亏缺，终不能与唐虞三代挈功较德。故曰：有纯心乃有纯政，治天下断自君心始。

天地之道可一言而尽也：其为物不贰，则其生物不测。天地之道博也，厚也，高也，明也，悠也，久也。

此二节书是即天地之道以明至诚之道也。

子思曰：“至诚同乎天地如此，然天地之道亦止一言可包括而尽：无他，诚而已矣。盖天地之气化流行，皆是实理运用，未始有一毫参杂其间。其为物盖不贰而已，所以分为二气，又分为万象，种种生物之功用，谁得而测之？夫天地之道既可以不贰尽之，则其见乎功能而各极其盛者，又岂外于至诚之所徵者乎？彼其含弘无外，而静深难测，此地道之博厚也。太虚上凝，而光明下济，此天道之高明也。推行有渐，而浑闢无穷，此天地之道之悠久也。可见天地之不贰，即至诚之无息；天地之生物不测，即至诚之徵于功业之盛。”

《易》曰：“大人者，与天地合其德，先天而天弗违，后天而奉天时。天且弗违，而况于人乎？此至诚之谓也。”

今夫天，斯昭昭之多，及其无穷也，日月星辰系焉，万物覆焉。今夫地，一撮土之多，及其广厚，载华岳而不重，振河海而不泄，万物载焉。今夫山，一卷石之多，及其广大，草木生之，禽兽居之，宝藏兴焉。今夫水，一勺之多，及其不测，鼋鼍蛟龙鱼鳖生焉，货财殖焉。

此一节书是极言天地生物之不测，以见其皆本于不贰也。

子思曰：“天地之道，惟诚一不贰，故能各极其盛而有生物不测之功用。何以见之？今夫天，积气也。实有是理，斯有是气。指其一处而言，不过昭昭然罅隙之明，而天在焉。若论其全体高大光明，无有穷尽，日月运行于天，星辰布列于天，万物怙冒于天，此天之生物不测也。今夫地，积形也。实有是理，斯有是形。指其一处而言，不过一撮之土，而地在焉。若论其全体，则广博深厚，无有限量，华岳载于地，河海振于地，万物奠安于地，此地之生物不测也。”

至于天地所生之物，惟山水最大，而山水中所生，亦莫非天地之所生。

“今夫山，指其一处而言，不过卷石，而山在焉。若论其全体广阔高大之处，草木生于山，禽兽居于山，宝藏兴于山，此山之生物不测，即天地之生物不测也。今夫水，指其一处而言，不过一勺，而水在焉。若论其全体深广不测之处，则鼋鼍蛟龙鱼鳖皆生于水，货财殖于水，此水之生物不测，即天地之生物不测也。”

可见天地之生物不测，总一不贰之所为，与至诚所徵之功用，总一无息之所为，其道一而已矣。设使天地不立其资始之原，将物物劳其化育，何以成变蕃之用？圣人不宅其神明之宰，将事事勤其设施，何以成浩博之功？是以圣人不治其多，而治其少；不求之于万殊，而求之于一原也。

《诗》云：“维天之命，于穆不已！”盖曰天之所以为天也。“于乎不显，文王之德之纯！”盖曰文王之所以为文也，纯亦不已。

此一节书是引《诗》以证“至诚”、“天地”同一无息也。

子思曰：“至诚之与天地为一，于何证之？《周颂》之称文王者云：‘维天之命，于穆不已！’言天道运行其帝命所存之处，无声无臭，幽深邃远，而无一时之止息。盖诗人之意，以天之所以为天，正以其无止息也。又云：‘于乎不显，文王之德之纯！’言文王之德岂不显著哉！由其德纯一而不杂，天理完固，全体湛然，而无一毫人欲之私见之。盖诗人之意，以文王之所以为文，正以其纯一无间也。”

夫天道无有止息，固是不已。文王之德之纯，亦无有止息。纯，即是不已。文王与天初无二也。夫自古圣帝明王，德圣化神，不独文王为然。但就文王观之，可见人主一身，苟能存诚去私，自强不息，以纯备乎道德之实，则皆可以为文王，皆可以为至诚，即皆可以同乎天地之不已矣。其于治功民物之间，又奚患其不臻上理哉？

右第二十六章

大哉，圣人之道！洋洋乎！发育万物，峻极于天。优优大哉！礼仪三百，威仪三千。待其人而后行。故曰苟不至德，至道不凝焉。

此一章书是言修德凝道之功以明人道，而先赞美圣道之大必待人而行，而深有望于修凝之人也。

子思曰：“率性之道，惟天下圣人体备之。大矣哉，广阔周遍，无所不际，其圣人之道乎！何以见圣道之大？以全体言之，则洋洋乎流动充满，无有限量。万类虽多，皆此道发生长育，无一物非道；天虽高峻，皆此道充塞灌注，无一处非道。其包乎无外有然。以其散殊言之，则优优然充足有余，巨细悉备。如人伦日用经常不易之礼仪，数有三百；而礼仪中品节限制，周到完密之处，数有三千，其入于无间又有然。圣道之大如此。是道也，何可一日不行？而又岂可以虚行哉？必待其人而后行尔！若非至德之人，则局量浅隘，既不足以彙其全；识见粗疏，又不足以穷其细。欲将此道凝聚于身心，岂可得乎？"

夫道在天地间，其见于造化，则万物所以变蕃，两仪所以定位；其见乎人事，则君臣上下之大经，制度文为之盛节，惟继天立极之圣人出而宰世，其道乃有专属。天明地察，万物得所，礼乐兴而教化成，修凝之功岂可一日缓哉？

故君子尊德性而道问学，致广大而尽精微，极高明而道中庸。温故而知新，敦厚以崇礼。

此一节书是言修德凝道之功专其责于君子也。

子思曰："至道非至德不凝，可见欲凝道者当修德矣。是故修凝之君子知其功道至大，其功至难。吾所受于天之理曰德性，则必恭敬奉持，戒慎恐惧。以极其尊之之功而使用辅成其德性者曰问学，又必格物致知、精察体验，以尽其道之之事。然是尊与道，非可以一端尽也。"

"盖德性本自广大，有以蔽之，斯狭小矣！惟袪其私意，以推至夫本原，而广大之中原非空疏无物，必由问学以析其事理之精微，而勿使有毫发之误焉。"

"德性本自高明，有以累之，斯卑暗矣！惟去其私欲，以上达昭融。而高明之内原非诡僻不经，必由问学以率乎日用之中庸，勿使有过不及之弊焉。德性之已知本我故物，则勿忘勿助，涵泳以温之，而又由问学以充拓理义，俾见其日新之诣焉；德性之已能本极醇厚，则不雕不琢，培养以敦之，而又由问学以体尚节文，俾底于日崇之域焉。"

夫如是尊德性以植问学之本，又道问学以满德性之量，则修德之功既至，而至道有不凝，所以君子知修凝之功全在存心、致知二者。心不存则私欲锢蔽，大本已失，固无一而可心存，而知不致，则天下事事物物皆得扞格我聪明，眩惑我耳目，是非颠倒，黑白混淆，此心虽存，安能扩充其功用，而建无穷之盛德大业哉？圣贤示人入德之方，莫切要于此矣！

是故居上不骄，为下不倍，国有道其言足以兴，国无道其默足以容。《诗》曰："既明且哲，以保其身"，其此之谓与？

此一节书是言君子修德凝道之后，无所处而不当也。

子思曰："君子既修德以凝道，则圣人之道全备于一身，自然所处皆当。盖人之一身，所历不外上下治乱之间，使君子在天子之位，则能以位育经曲之道为设施，其挟势而矜骄者必无有也。使君子在臣民之位，自能以位育经曲之道为宪章，其越分而倍慢者必无有也。若处国有道之时，则阐位育经曲之道，于其言自足以鼓舞天下，风动四方，而其言足以兴。如处国无道之时，则敛位育经曲之道，于其心自足以独善其身。见几远害，而其默足以容，是为上为下，处治处乱，无所不宜，如此《大雅·烝民》之诗云：周之贤臣仲山甫既明于理，又察于事，故能保全其身，无即于殆，此诗之意，其即此修凝君子，上下治乱，无往不宜之谓与？”

然则圣人之道包含极大，而该洽极周，人主诚以修凝之身，建配天立极之业，则其为章程语默之间足以垂世作范，而协应休祥何可量哉？此圣德之所以不可不修与！

右第二十七章

子曰：“愚而好自用，贱而好自专，生乎今之世，反古之道。如此者，灾及其身者也。”非天子，不议礼，不制度，不考文。

此一章书是承上章“为下不倍”而言，以明人道。而先引夫子之言，见德、位、时之在天子也。

子思曰：“君子为下之不倍，盖有实不可倍者在也。孔子尝曰：‘愚而无德者宜守己，乃好作聪明以自用；贱而无位者宜安分，乃好竊权势以自专’。生乎今之世，自宜遵守当代之法，乃欲复行往古之道，如此者越理犯分，必获罪于上而祸及其身者也。由孔子之言而反复所以取祸之由，盖一代之大权出于天子，如亲疏、贵贱，自有相接之礼体，惟天子可以议之，非圣人而为天子者不可议也；宫室、车服、器用，自有一定之尺度，惟天子可以制之，非圣人而为天子者不可制也；至于文之形象及声音，惟天子可以厘正而考之，非圣人而为天子者不可考也。”

则夫自用、自专与生令反古者，其不为祸之阶也，得乎？

今天下车同轨，书同文，行同伦。虽有其位，苟无其德，不敢作礼乐焉；虽有其德，苟无其位，亦不敢作礼乐焉。子曰：“吾说夏礼，杞不足征；吾学殷礼，有宋存焉；吾学周礼，今用之，吾从周。”

此三节书是言天下一统，非愚贱所敢自用自专也。

子思曰：“议礼、制度、考文，一归于天子，则今天下非昔周天子所立法以垂之后人者乎？文、武、成、康之盛远矣，而典章世守，莫敢不遵。以车而言，其辙迹之广狭，无弗同是天子所制之度犹在也；以书而言，其形象与声音，无弗同是天子所考之文犹在也；以行而言，亲疏、贵贱相接之次第，无弗同是天子所议之礼犹在也。惟天子之法制未泯，所以有位无德者不得以愚而自用，固不敢作礼乐焉；有德无位者更不得以贱而自专，亦不敢做礼乐焉。故虽孔子之圣而终其身以布衣老，尚然循守旧章，况他人乎？孔子尝曰：‘夏时天子所制之礼，吾能言之，然夏之后杞也，求礼于杞不足证矣；殷时天子所制之礼，吾尝学之，然殷之后宋也，从礼于宋，非时制矣。若夫周礼，吾尝学之，讲画本于文武，制作本于周公，此固今日所率由者也，言之不忧无据，守之不患非时，吾舍周其安从哉？’观孔子之言，而凡为下者之不可倍明矣，然则生今者其亦审于从王之义矣。”

王天下有三重焉，其寡过矣乎！上焉者虽善无征，无征不信，不信民弗从；下焉者虽善不尊，不尊不信，不信民弗从。故君子之道：本诸身，征诸庶民，考鬼神而无疑，知天也；百世以俟圣人而不惑，知人也。

此一章书是承上章居上不骄以明人道，而推君子三重之善，由于通天人之理也。

子思曰：“君子之居上不骄何与？凡受命为天子而王天下者，有议礼、制度、考文三者至重之事，以之新同天下之耳目，一天下之心思，则国不异政，家不殊俗，而人得寡过矣乎！夫此王天下者，乃德积于身，而乘时以在位者也。若使时王以上，其礼虽善，而世远人亡，无可征考，则将骇而不信，不信民弗从；圣人居下虽善于礼，而身屈道穷，不在尊位，则将玩而不信，不信民弗从。是故王天下之君子，其议礼、制度、考文之道，必本之于身，凡所制作，悉从躬行实践中发出，非有位无德者比也。于以征验乎庶民，则皆遵守成法，不敢放逸，又非不信不从者比也。自是而考诸三王，则与其已然之迹无有差谬；建诸天地，则与其自然之理无有违悖。而且以鬼神之难知可质之而无疑，幽有以验乎明也；后圣之难料可俟之而不惑，远有以焉乎近也。然其所以无疑于鬼神者，岂有他哉？鬼神，天理之至也，惟知天理之至，故制作合于天，尚何疑乎？无疑于鬼神而天地可见矣，所以不惑于后圣者，又岂有他哉？圣人，人道之至也，惟知人道之至，故制作合于人，尚何惑乎？不惑于后圣，而三王可见矣，庶民可见矣，此君子三重之道所由尽善也。”

是故君子动而世为天下道，行而世为天下法，言而世为天下则。远之则有望，近之则不厌。《诗》曰：“在彼无恶，在此无射；庶几夙夜，以永终誉！”君子未有不如此而早有誉于天下者也。

此二节书是承上文言民之所以寡过，而君子所由以永誉也。

子思曰：“君子知天、知人，而三重之道尽善，如此，则人未有不信从而寡过者。是故君子凡有动作，则世世为天下道而莫不率由焉。其动而见于行，则三重之尽于吾身而施诸政事者，世世为天下法度。其动而见于言，则三重之发于议论而布诸号令者，世世为天下准则。在远者悦其德之广被，则有企望之心；之近者习其行之有常，则无厌斁之意。过之寡也，不亦宜乎？《周颂·振鹭》之诗有曰：'在彼本国无有憎恶之者，在我周无有厌射之者，彼此咸宜，则庶几夙夜之间得以永终其美誉矣'。由诗言观之，可见誉非无因而致也。是以有三重之君子，未有不本身征民符于三王后圣，通于天地鬼神，而能垂法则、服远近，蚤有声誉于天下者也。"

然则为上者可不务尽其道而徒骄以自恣哉？子思为万世王天下者告之深远也。

右第二十八章

仲尼祖述尧舜，宪章文武；上律天时，下袭水土。辟如天地之无不持载，无不覆帱，辟如四时之错行，如日月之代明。万物并育而不相害，道并行而不相悖，小德川流，大德敦化，此天地之所以为大也。

此一章书是言圣人与天地合德，以明天道也。

子思曰："中庸之道至仲尼而备，其全道莫盛于尧舜。仲尼则奉以为祖而绍述之，远有宗也；法莫详于文武，仲尼则奉以为宪而表章之，近有守也。天时之春夏秋冬，各有其运，仲尼上律之以法其自然之运；水土之东西南北，各有其理，仲尼下袭之以因其一定之理。仲尼体备之功通乎古今，该乎穷壤，则于天下道理，一切负荷，一切包举。譬如天地之博厚无不持载，高明无不覆帱，且出之以时运之不息，譬如天地之四时交错而行，天地之日月更代而明。试以天地观之，天覆地载，万物并育于其间，各止其所而不相侵害；四时日月并行于天地之中，寒暑推迁，昼夜往来而不相违悖。所以不害不悖者，是其散殊之小德，如川之流，灿然各出也；所以并育并行者，是其全体之大德敦厚其化，浑然具足也。天地之所以为大，其在此与！"

天地之大见，而仲尼之大无不可见矣。乃知：圣人，一天地也。学圣人者，其求端于天地可乎！然天地之道备于吾身，正非泛求驰骛于高远之域也。

右第二十九章

惟天下至圣，为能聪明睿智，足以有临也；宽裕温柔，足以有容也；发强刚毅，足以有执也；齐庄中正，足以有敬也；文理密察，足以有别也。

此一章书是承上章"小德川流"以明天道，而先言圣德积中之盛也。

子思曰："居上临下，自古难之，惟天下至圣神灵，天授为能，聪无不闻，明无不见，睿无不通，知无不知，于以临御天下，岂犹有未足乎？由其生知之质，而以仁之德言之，则能宽而广大，裕而优厚，温而和易，柔而巽顺，凡天下之众，无一不在含覆之内，足以有容也；以义之德言之，则能发而奋扬，强而有力，刚而不屈，毅而不息，凡天下之事，无一不有坚忍之操，足以有执也；以礼之德言之，则能齐而心之肃，庄而气之严，中而无过不及，正而不偏不倚，凡事神临民，无少亵慢，足以有敬也；以智之德言之，则能文而灿然有章，理而秩然有条，密而备致其周详，察而曲尽其明辨，凡是非得失无不毕照，足以有别也。”

以聪明睿知之资，而兼仁义礼智之德，非天下至圣其孰能之？

溥博渊泉，而时出之。溥博如天，渊泉如渊。见而民莫不敬，言而民莫不信，行而民莫不说。

此二节书是言至圣之德完居于心，而发当其可也。

子思曰："至圣五者之德充积于中，其周遍无遗，弘广无外，可谓溥博矣。其静深难测，原本不竭，可谓渊泉矣。而正非寂守无为者也。时当有临，则以聪明睿知之德出之；时当容、执、敬、别，则以仁义礼智之德出之，随时运行，夫岂有穷极哉？盖其所以致此者，由至圣之溥博渊泉，非寻常比也。凡物之溥博莫过于天，至圣之溥博一如乎天。凡物之渊泉莫过于渊，至圣之渊泉一如乎渊。惟其如天如渊也，见诸动容而民莫不敬畏，其敬也，见当乎时也；发诸言语，而民莫不信从，其信也，言当乎时也；措诸行事，而民莫不悦服，其说也，行当乎时也。”

充积既极其盛，而发见各当其可，自是而民情不大可验乎？

是以声名洋溢乎中国，施及蛮貊；舟车所至，人力所通；天之所覆，地之所载，日月所照，霜露所队；凡有血气者，莫不尊亲，故曰配天。

此一节书是极言圣德之所被也。

子思曰："至圣之见言行，而民之莫不敬信说有如此，是以圣德之休声美名，内而充满乎中国，外而播传乎蛮貊，极舟车所可至，人力所可通，天之所覆冒，地之所持载，日月所照临，霜露所陨坠之处，凡有血气而为人类者，莫不尊之为君，亲之如父母焉。民之敬、信、悦而至于举世皆尊亲，则德之所及其广大，岂不同于天乎？故曰配天。盖惟五德皆备，而且时出之妙如此，所以能配天而君临天下也。”

然则法至圣者，安可不道全德备而上同乎天哉？

右第三十章

唯天下至诚，为能经纶天下之大经，立天下之大本，知天地之化育。夫焉有所倚？肫肫其仁！渊渊其渊！浩浩其天！苟不固聪明圣知达天德者，其孰能知之。

此一章书是承上章大德敦化而极形至诚之功用，亦以明天道也。

子思曰："天下之理散于伦物，本于性命，无一非诚为之。惟天下至诚真实无妄为、能于五品之人伦而为天下之大经者，分别其义，使不相淆；联合其情，使不相悖，则经纶之者至矣。于所性之全体而为天下之大本者，当其未形，使不杂于欲；当其既形，使各归于道，则立之者至矣。若夫往者过，来者续，乃天地之化育也。至诚运行不息，外而操辅相天地之权，内而秉会合天地之德，其与天地之化育有默契焉，则知之者至矣。凡此皆至诚自然之功用，夫岂有所倚著于物而后能哉？吾即至诚之用以思至诚之体，由经纶而言，范围斯道而不过，肫肫乎，其仁之恳至也。由立本而言，曲成至性而不遗，渊渊乎，其渊之静深也。由知化育而言，冥符帝命而无间，浩浩乎，其天之广大也。夫然，而至诚之德之盛，殆有未易知者。苟不实有是聪明圣知之资，而通达夫仁义礼智之天德者，何足以知之？"

盖至诚、至圣本无二理，以发于外者观至圣，故凡有血气者莫不尊亲；以存于中者观至诚，故非至圣不能知也。

《诗》曰："衣锦尚絅"，恶其文之著也。故君子之道，暗然而日章；小人之道，的然而日亡。君子之道，淡而不厌，简而文，温而礼，知远之近，知风之自，知微之显，可与入德矣。

此一章书是终言入德成德之序，见圣人之至德渊微，皆由于下学立心之始也。

子思曰："《卫风·硕人》之诗有曰：'衣锦而尚之以絅'，诗之意盖以锦绣之衣文采外露，故加之以单衣，乃是恶其文之太著也。古人用心，即一衣而不施文饰如此，故君子为学之要，专务为己，不求人知，外则闇然韬晦，而积美在中，自日见其章显；小人反是，其道专务为人，止求人知，外则的然表暴，而实德不继，自日见其消亡。"

"所谓闇然而日章者何如？凡淡素则易厌，简略则无文，温厚浑沦则无条理。君子之道其见于外者：淡矣，而其中旨趣自不厌；简矣，而其中文采却灿然可观；温矣，而其中条理却井然不乱。然使有为己之心而知之不明，则亦何以实致其功乎？诚知见于远者由近始，必于近而谨之；著于风化者由身始，必于自而谨之；有诸内者慎微，而形诸外者甚显，必于微而谨之。于此三者而各致其谨，则可与入德而渐进于圣人之域矣！"

《诗》云："潜虽伏矣，亦孔之昭！"故君子内省不疚，无恶于志。君子之所不可及者，其为人之所不见乎！《诗》云："相在尔室，尚不愧于屋漏。"故君子不动而敬，不言而信。

此二节书是言君子入德之功，在于静、存、动、察也。

子思曰："君子之可与入德无疑矣，而其入德之事更有进焉者。《小雅·

正月》之诗云：‘潜出虽伏矣，而其理甚昭明’。其言潜，伏也，即隐也，微也。其言孔，昭也，即即见也，显也。独固可不慎乎？故君子内自省察于幽独之中，必无一毫疚病，方无愧于心，是能于人所不见之地而独致其谨者。君子之所以不可及者，其惟在斯乎！然此特其省察之功，而未及乎存养之功也。《大雅·抑》之诗云：‘相在尔居室，莫谓室西北隅未与物接遂可怠忽，当常存敬畏，使此心不愧于屋漏’。诗人之言如此，信乎，不睹不闻，所当戒慎恐惧矣！”

故君子不待有所动作而始敬谨也。盖与不动之前而已无弗敬，不待言语既发而始信实也。盖与不言之前而已无弗信。君子为己之功至是益密，而其效不又可得而言哉？

《诗》曰：“奏假无言，时靡有争。”是故君子不赏而民劝，不怒而民威于斧钺。《诗》曰：“不显惟德，百辟其刑之。”是故君子笃恭而天下平。

此二节书是言君子为己之学成，而效亦愈远也。

子思曰：“君子为己之功既密，则其及人之效自神。《商颂·烈祖》之诗曰：‘主祭者进而感格于神明之际，极其诚敬不待言说，在庙之人化之靡有争競失礼者，可见有是德即有是化矣’。是故君子有省察存养以来，不必赏以示劝，而民自有所景仰；而劝于善，不必怒意示威，而民自威于斧钺；不敢为恶，德盛而民化如此。然犹非中庸之极功也，《周颂·烈文》之诗曰：‘天子有不显之德，百辟其刑而法之’，此固不仅民劝、民威矣。是故有德之君子，由省、察、存、养以造其极，虽不见不闻之地，无一念之不恭，无一时之不恭，是笃厚其恭也。而天下之被其化者，咸翕然治平焉。”

“笃恭”，即《诗》所谓“不显之德”也。“天下平”，即《诗》所谓“百辟之刑”也。效之远，无非本于德之深，吾何以测其德量之所至哉？

《诗》云：“予怀明德，不大声以色。”子曰：“声色之于以化民也，末也。”《诗》曰：“德輶如毛”，毛犹有伦。“上天之载，无声无臭”，至矣！

此一节书是极形容“不显”、“笃恭”之妙，以见下学立心之始，皆可造其极也。

子思曰：“君子‘不显’‘笃恭’之德，诚未易形容也。《大雅·皇矣》之诗云：‘上帝自言予眷怀文王之明德，不张大其声音与颜色，似可形容不显之德矣’。然孔子尝曰：‘为政者以声色化民，特末务也。’今但言‘不大’之而已，则犹有声色者存，是未足以形容‘不显’之妙，不若《烝民》之诗所言‘德之轻微如毛’，则庶乎其有当矣。而以为如毛，则犹有伦类之可比，是亦未尽其妙，不若《文王》之诗所言‘上天之事，无声可听，无臭可闻’，然后乃为不显之至耳”。

盖声、臭至微，而并亦无之故，惟此可以形容其妙也。然非由立心为己以造其极，安能至是哉？

《中庸》一书，章首即言天，原其所自也，见道之本于天也；章末复言天要其所成也。见德之成，则能不失其道之本乎天者也。子思前此既极赞至诚至圣之德，恐学者求之高远而反失之，故复自下学立心至近者言之，以示入德之方。至于慎独戒惧而驯致笃恭、天下平，此盛德自然之效，《中庸》之极功也。然则王天下之君子安可不敬德修道，以臻于圣神功化之极哉？

《日讲四书解义》卷四

论语 上之一

《论语》一书皆孔子与及门弟子及当时君臣论学论政之辞，门人记之，凡二十篇。其言不外乎人伦日用之常，而其义则该乎天德王道之大。学者反复寻绎乎此，而圣人之气象可得而见矣。

学而第一

子曰："学而时习之，不亦说乎？有朋自远方来，不亦乐乎？人不知而不愠，不亦君子乎？"

此一章书是孔子教人勤学之意。

孔子曰："穷理尽性，期臻圣贤，其功在学。己所未知，效圣贤之所已知；己所未能，效圣贤之所已能；学之事也。而或以此事为苦者，不克时习之故耳。若既学矣，又能时时习之，无有间断，则所知益精，所能益熟，中心亹亹然不厌，不亦说乎？学既有得，人自信从，同类之朋自远方而来，以求教诲，一人之学广为众人之学，一人之说广为众人之说，中心油油然不倦，不亦乐乎？然朋，知我者也，朋之外，岂无不知我者？苟以人不知我，而稍有不乐焉，学犹未纯也。惟人不知而无一毫含怒之意，中心旷旷然无累，不亦君子乎？"

夫学由说而乐，至于不愠，而为君子，则臻乎圣贤之域矣。总而论之，学之正，习之熟，说之深而不已，成德岂难矣哉？

有子曰："其为人也孝弟，而好犯上者，鲜矣；不好犯上而作乱者，未之有也。君子务本，本立而道生。孝弟也者，其为人之本与！"

此一章书是有子重本之意。

有子名若，孔子弟子。

有子曰："孝弟之心，良心也。乃失其良心者有父母而不能孝，有兄长而不能弟，由是犯上作乱所必至矣。苟其为人也，善事父母、兄长而为孝弟之人，则其和顺之心必无乖戾，敢于干犯上人之事断然少矣。犯上，是乖戾之小者，且不敢为；悖礼乱常，乖戾之大者，反敢为之；反敢为之，岂有是理哉?"

孝弟之当务也如此。

"所以君子凡事用力于根本，根本既立，则事事物物各当其理，而道自生。因思孝弟也者，爱其亲，因而及人之亲；敬其长，因而及人之长；至于抚民育物，皆从此而推之，其行仁之本与!"

为人上者务此，则亲亲而仁民，仁民而爱物，德教加于百姓，刑于四海，人人亲其亲，长其长，而天下平矣。

子曰："巧言令色，鲜矣仁!"

此一章书是孔子论观人之法。

孔子曰："养德惟在存心，务学莫重为己，即言、色之间而理欲辨焉。言，贵乎诚也，法与巽未尝不善，乃有巧其言者逢人之意以为顺，欲人喜其顺；讦人之私以为直，欲人夸其直也。色，贵乎正也，俨与温未尝不善，乃有令其色者曲为柔色以媚人，欲人悦其可亲；故为厉色以欺人，欲人悦其可敬。此等人纯是私意，私意胜则天理亡，鲜矣仁!"

此孔子言其自坏心德如此。

但此等人交人而人近之，即足以损人之心德，损友也；事君而君悦之，及足以累君之心德，邪臣也。《书》云："知人则哲，何畏乎巧言令色?"用人者不可不知人哉!

曾子曰："吾日三省吾身：为人谋而不忠乎？与朋友交而不信乎？传不习乎?"

此一章书曾子毋自欺之学也。

曾子名参，孔子弟子。

曾子曰："吾每日间常以三事省察吾身。三者维何？凡人谋己之事必尽其心，若为他人谋便不与谋己之事一般，是不忠也，吾每日自省，为人谋事倘有不尽其心者乎？与朋友交，当于理无违，于情无伪，所谓信也，吾每日自省，与朋友交倘有面交而不以心交者乎？师之所传，当细细理会，实实力行，所谓习也，吾每日自省，受之于师者，倘有苟明焉而即止、苟能焉而即怠者乎？此三者，如其有之，是欺人也，欺友、欺师也，自欺而已，不可不改；如其无之，一念无欺，当求念念无欺，一事无欺，当求事事无欺，不可不勉。是以不敢一日少懈耳。"

曾子无欺之学如此。《书》云："兢兢业业。"又云："无怠无荒。"又云："君子所其无逸言省身也。"皆此意也夫。

子曰："道千乘之国，敬事而信，节用而爱人，使民以时。"

此一章书是孔子论治国之要，实千古治天下之本务也。

孔子曰："千乘之国，事繁人众，治要有五：凡事无论大小，动于一念，便思及治乱所关，则不敢忽；施于一时，便虑及安危所系，则不敢轻；兢兢业业，无有不敬。而信者又上下感通之要也：政令一，使人有所遵守；赏罚明，使人有所激劝；布一纶诰，使四方亮其不欺；定一制度，虽百年守而不变；一言一动，无有不信。国家理财，量入为出，先王之世，三年余一年之蓄，九年余三年之蓄。虽或兴军旅而繁费，恤水旱而蠲租，而不忧用诎者，只是平日用所当用，而不敢妄用，故常有余也。乌可不节？人者，国之本。古之王者，一夫失所，引为己辜，爱之至也。故当视百姓有无食者，犹己饥之；视百姓有无衣者，犹己寒之；必使之得所而后已。国家有事，不免使民，但不妨农务之时方可使耳。"

此五者，治国之要也。治天下之道亦不外此。然孔子首言敬，五者又以敬为主，尧舜以来治道皆兢兢业业之心为之也。

子曰："弟子入则孝，出则弟，谨而信，汎爱众而亲仁。行有余力则以学文。"

此一章书是孔子教弟子之法。

孔子曰："凡为弟子者，入处家庭之内须善事父母，以尽其孝；出在宗族乡党之间，须善事兄长，以尽其弟。凡遇一事，必慎始慎终，而行之惟谨。凡出一言，必由中达外，而发之惟信；其与人接也，于众人皆一体爱之而不憎不忌，于仁人则益加亲厚而是则是。效此皆伦常日用之要务，须一一力行，随在自勉，不可少懈，而燕閒之顷又不可使之暇逸，则以其余力学夫《诗》《书》六艺之文"。

盖《诗》《书》所载皆教人为人之道，而礼、乐、射、御、书、数，亦日用之不可缺者，必博求广览，以为修德之助，如此，德行、文艺，内外交养，则爱敬日生，醇厚日积，聪明日广，虽小学之功，实为大学之基矣。

子夏曰："贤贤易色，事父母能竭其力，事君能致其身，与朋友交言而有信。虽曰未学，吾必谓之学矣。"

此一章书是子夏勉人以躬行实践之学。子夏姓卜名商，孔子弟子。

子夏曰："人之为学，于经常伦理上见得明白，方是切要根本工夫。如见人之贤，真知笃信，凡嗜好不足以移之，直以易其好色之心，而好善极其诚矣；如事父母，委曲承顺，凡分所当为，情所当尽者，俱竭其力而无遗，而事亲极其诚矣；如事君，实心任事，无虞必儆，艰大不辞，直以己身委置于君，而事君极其诚矣；与朋友交，言语之间极其诚信，内不欺己，外不欺人，虽久，要而不忘，而交友极其诚矣。此四事，皆经常日用之大者，而行之各尽其诚，此即见道分明，践履笃实，所在虽或言其未尝为学，而躬行之外有何讲究，纲常之外有何名理，我必谓之已学矣。”

子夏此言以敦行为实学，自是探本之论，但学者于人伦日用，事事求造其极，则又不可恃德性而不加学问之功，故圣人教人文行不可废也。

子曰：“君子不重则不威。学则不固。主忠信。无友不如己者。过则勿惮改。”

此一章书是孔子勉人以进德修业之功也。

孔子曰：“君子为学，气质必须厚重。若使轻浮，浅露则现于外者，无威之可畏，而所知所行之学必不坚固。故立身以厚重为贵，而存心又以忠信为主，忠以不贰，信以不欺，止而思，动而为，无往而不在是焉，则德立矣。至于友以辅德，必胜己者方为有益。若友不如己者，虽非便佞善柔，而学业未深，切磋难藉，慎勿与之为友。人有过每苦于不及觉，既觉矣，犹因循不改，则德日损矣。故或闻人谏诤，或自己省悟，须持之以刚端，随觉随改，不可稍存畏难之念，如此则治气以庄，治心以实，取友以明，克己以勇，内、外、人、己，交相存养，而后学固而德成。”

学者可不勉哉！

曾子曰：“慎终追远，民德归厚矣。”

此一章书是曾子勉为人上者敦本以起化之意。

曾子曰：人伦莫重于事亲，而事亲者每能尽孝于生前，易忽略于身后，故于亲之终也，凡丧葬之事不能尽礼者多矣；居丧之初，或能思念其亲，至于遂时既远，而祭祀之顷不能竭诚思慕者多矣。此皆民德之薄，由上之人无以倡导之耳。若能致谨于亲终之时，非徒哭泣之哀而已。凡事详密尽礼，不遗后日之悔，又能于祭之时追思既远，忾乎如闻，僾乎如见，极其孝敬爱慕之情，则己之德厚矣。”

凡此皆上之人自致其情以厚其德，初非以此作则于民也。而民油然观感，生仁孝之心，以至居丧皆能尽礼，致祭皆能尽诚，各念所生，咸敦天性，而其德亦归于厚矣。可见德为人之所同，而表率自上。为人君者岂可不知教化之本哉？

子禽问于子贡曰：“夫子至于是邦也，必闻其政，求之与？抑与之与？”子贡曰：“夫子温、良、恭、俭、让以得之。夫子之求之也，其诸异乎人之求之与？”

此一章书是明孔子盛德感人，自然闻德之验。

子禽姓陈，名亢。子贡姓端木，名赐。俱孔子弟子。

子禽问于子贡曰：“夫子每至一邦，必然与闻国政，此是夫子访求而闻之与？抑是列国之君自以其政事告于夫子而闻之与？”

为求、为与，俱未可以测夫子，此子禽之所以疑而闻也。

子贡答曰："夫子之闻政岂是有心？然亦非无故。其平日德盛化神，积中形外，故与列国之君相接，或著于仪容，或发于辞气，见其蔼然和厚者为温，坦然易直者为良，肃然庄敬者为恭，敛抑而不自纵，谦退而不自高者为俭与让，备此德容，人人感动，既敬信之兼至，亦疑忌之皆忘，凡国中政事应因应革者，咸来访问于夫子。其得闻也，盖有故矣。即就子之所谓求者而论之，而夫子之求，岂不异乎他人之求之与？"

此子贡深知孔子而信其能得之也。子禽子贡一问一答圣人过化存神之德，万世而下可想见焉。

子曰："父在，观其志；父没，观其行；三年无改于父之道，可谓孝矣。"

此一章书是孔子言为人子者不可须臾有忘亲之心也。

孔子曰："事亲乃终身之事，而观人子者，亦不在旦夕之间，是故父在之时子不得自专，仅可观其志向何如，父没之后，子之行事昭然，乃观其实行何如，至于三年之久，犹不忍有亡其亲之心，而无改于父之道，则终始不渝，存没无间，方可谓之孝矣。"

可见父子之间原属一体，其父已善之规当恪遵之，未竟之业当缵承之，即使偶有缺陷，势须盖愆，亦止可有变化之方，不可彰一改革之迹，如此，则善继善述，丕显丕承，而后可传美于无穷。为人子者不可不知也。

有子曰："礼之用，和为贵。先王之道，斯为美，小大由之。有所不行，知和而和，不以礼节之，亦不可行也。"

此一章书是有子言用礼者当探其原，而不可直任其情也。

有子曰："理者所以范围天下，使人不敢过、不敢不及，何其严也！然正于秩然不紊之中，尊卑上下各尽其道，则心安理得，自有蔼然浃洽之意。所谓和也，是其用，盖以和为贵也。此先王治天下之道，以斯为美，而小事大事，莫不由之，所以行之久而无弊也。和既可贵如此，宜无不可行矣。乃又有所不行者何哉？盖徒知和之为贵，而一意于和，任情恣意，全不以礼节制之，则心如何安？理如何得？是求和而反不和，亦不可行也。"

盖当时周末文胜，流于虚伪，于是有一等任真之人，脱略简易，以为可以矫当世之弊，而不知其荡检踰闲，愈失先王制礼之原矣。有子所以深警之也。

有子曰："信近于义，言可复也；恭近于礼，远耻辱也；因不失其亲，亦可宗也。"

此一章书是有子教人以谨始之学也。

有子曰："天下之事必谨之于始，而后可善其后。即如与人言语相约谓之信，后日践之于行谓之复。倘约信而不合于义理之正，则虽欲践行而有所不能矣。惟是约信之初，即不以非道相期而近于义，则今日所言者他日皆可行，不待既复，而已知其言，固可复也。"

"敬以待人谓之恭，内惭于己则为耻，招尤于人则为辱。倘恭敬而不合于当然之节，则虽欲自立而有所不能矣。惟是致恭于人之时，即不以足恭取悦而近于礼，则内不失己，外不失人，自不至于卑贱而知耻辱之已远也。"

"与人相倚谓之因，终身依归谓之宗。倘相因而不择夫有德之人，则虽欲不乖离而有所不能矣。惟是偶然因依之，顷即慎审于贤否而不失其可亲，则一时定交者生平可讬，不待既宗而已知其可宗也。"

可见人之言行交际，惟能善始者自能善终，与其悔之于后，不若虑之于前。不然，则因循苟且之间，将有不胜其失者矣。

子曰："君子食无求饱，居无求安，敏于事而慎于言，就有道而正焉，可谓好学也已。"

此一章书是孔子言君子笃学之心也。

孔子曰："凡人学之不能有成者，嗜欲胜之也。即如食与居，二者人所不能免，但有一妄求之心，则其害于义理、妨于学业者不小，惟君子非不食而无求饱，非不居而无求安，其不为俗情所摇惑者如此。至于躬行之事，人所易忽也。君子则汲汲皇皇敏以图之，有余之言人所易发也，君子则讷讷收敛，慎以持之，其审于缓急之宜者又如此。然则君子其遂可以自足乎？犹未也。又必就有道之人或考证其所已得，或借资其所未至而取正焉。其虚心以广益者复如此。此其自治之功每进而不止，正其笃好之心愈精而愈深也。信可谓之好学也已。"

盖不学不可以为君子，而不好不可以为真学。人能好学，则人欲自净，天理自纯，聪明闻见将有日进而不自觉者，虽希圣希天，何难之有哉？

子贡曰："贫而无谄，富而无骄，何如？"子曰："可也。未若贫而乐，富而好礼者也。"子贡曰："《诗》云：'如切如磋，如琢如磨。'其斯之谓与？"子曰："赐也，始可与言《诗》已矣！告诸往而知来者。"

此一章书见圣贤教学相长之益也。

子贡曰："夫人所遇之境，皆学力见端之地，即如贫，人之常也。每有自歉于贫者，于是谄心生焉。富亦人之常也，每有自恃其富者，于是骄心生焉。若处贫而能无谄，处富而能无骄，此其得力为何如？"

孔子曰："此其人固能制胜于贫富之际者，殆亦可也。然犹有进焉，未若贫矣而欣然自乐，富矣而秩然好礼者，又超于贫富之外也。"

子贡有悟而言曰："无谄无骄，赐盖自以为至矣，而不知又有所谓乐与好礼者。可见道理无穷，不可自足。彼《淇澳》之诗言君子之好学如治骨角者，切矣而又磋，精而益求其精；如治玉石者，琢矣而又磨，密而益求其密。其斯不可自足之谓与！"

于是孔子称许之曰："切磋琢磨之诗非为贫富言也，而赐忽见及此，非深于诗而若是乎？赐也，如此颖悟，始可与言诗已矣！吾方告之以往，而赐已知我所未言之来者。"

盖《诗》虽三百，理无不通，以此言《诗》，安往而不得全诗哉？此可见贤者得力之处，圣人不欲其自足；贤者颖悟之处，圣人更欲其推广。其教学相长之益，宁有限量哉？

子曰："不患人之不己知，患不知人也。"

此一章书是孔子教人贵于知人之意。

孔子曰："学求在己，不求人知。但人多好名，不肯务实。或我有品行、我有学问不见知于人，便以为患其于人之贤否不能分辨，正是可忧患之事，而每贸贸然处之。君子则以为立身惟贵内修，不在浮誉。人不己知，此其责在人，何患之有？若我不知人，或其人而贤者不能与之相亲，其人而不贤者偏自以为可信，心体不明，邪正莫辨，是则可患也已。"

夫知人之明，自古帝王皆以为难，有正值之人，有邪曲之人，又有似贤非贤，似忠非忠之人，倘不审择，势必是非颠倒，举措乖宜，然则所以清心明理，以为鉴别之地者，又何可已哉？

为政第二

子曰："为政以德，譬如北辰，居其所而众星拱之。"

此一章书是孔子言人君尚德之化也。

孔子曰："国家之政有科条、有禁令，无非欲驱率万民，咸归于正。但天下之本在身，身正然后可以正人，诚能端本澄原，自正其身，去嗜欲，存天理。凡其立纲陈纪，皆根诸躬行心得，方是以德为政。由是至德所熏被，至诚所感动，不待赏而民自劝，不待怒而民自威，遐迩率俾倾心向化，譬诸北极之辰为天之枢，在天之中，居于其所，凝然不动，而众星分布，四面环绕，尽皆拱向。人君德修于己，而化及于天下，感应之神，拟诸其象，固有如此。"

所以从古帝王，虽天纵聪明，亦不敢自恃，常怀兢业之心，守精一之传，务修其德，以为天下先。为君者可不以修德为要务哉？

子曰："《诗》三百，一言以蔽之，曰'思无邪'。"

此一章书是孔子教人读《诗》之要。

孔子曰："凡学者诵读必务知要，即如《诗》之风、雅、颂，其篇数有三百之多，或托物比兴，或或随事成赋，体则不同，类则不一，然就其大旨而约论之，实一言可括全义，这一言就是《诗经》上《鲁颂·駉》篇有曰：'思无邪'。"

凡人念处一动，便不能无邪，正《诗》之立教，善者美之，恶者刺之，无非欲人去其邪而归于正。学者诚知《诗》之教在于使人无邪，而于念虑之间省察谨慎，求自慊，毋自欺，庶体贴躬行，开卷有益矣。

子曰："道之以政，齐之以刑，民免而无耻；道之以德，齐之以礼，有耻且格。

此一章书是孔子论治效之浅深，见任法不如任道之为得也。

孔子曰："人君之治天下，有法术、道术之不同，法术为致治之具，而道术为致治之本。若不知本原所在，止用法制禁令以开导之，如事亲则禁民不孝，事长则禁民不弟，有违犯者便加以刑罚，俾尽归约束。以此治民，虽能使民不敢为恶，然只是畏刑惧法，苟且幸免，而其中全无愧耻之心。"

政刑之效如此。

"若君之导民不徒以其法，而必躬行实践以为天下先，如欲民兴孝，先自尽孝道；欲民兴弟，先自尽弟道。如此，民既有观感矣，而其间或有厚薄浅深之不同，则又有品秩节文以齐一之。以此治民，自然感发兴起，不但耻为不善，亦且勉至于善矣。"

德礼之效如此。

总而论之，政刑德礼四者相为表里，岂可偏废？但措注有本末，设施有先后，人主诚不可不致审也。

子曰："吾十有五而志于学，三十而立，四十而不惑，五十而知天命，六十而耳顺，七十而从心所欲，不踰矩。"

此一章书是孔子自叙其生平心学以渐而进之功也。

孔子曰："凡人为学，当先定志向，继加体验，终归纯熟，不可躐等而进，亦不可半途而废。吾自十有五时则志于学，学者，所以学乎所当由之道也。如何而致知，如何而力行，念念在此，必求其成。然此时仅向乎道，犹未得乎道也。由十五而进至于三十，觉道得诸已有以自立，私意不能侵，外物不能夺，守之固矣。然知未至于融通，而守犹假于勉强。由三十而进至于四十，觉于道之所当然者皆无所惑，即事之粗而见其精，即物之显而得其微，知之明矣。然犹但知其所当然，而未能知其所以然。由四十而进至于五十，凡天命之赋于物而为事物，所以当然之故者皆无不知，契二气之大原，会万殊于一本，知极其精矣。然知之虽精，而犹假于思也。由五十而进至于六十，觉心与理融，理与心会。人之言方入于耳，而言之理即契于心，知之之至，不思而得矣。然所知虽出于自然，然而所行或犹未出于自然。由六十而进至于七十，觉涵养者纯熟，矜持者浑化，随心之所欲于大中至正，确然不易之矩自无逾越，夫岂待于勉而后中哉？吾自十五至七十所进之次第大约如此。"

夫孔子为生知安行之圣，而其工夫绝无间断，其效验亦以渐臻，然则人欲希圣希贤，可不先立其志以渐期于有成哉！

孟懿子问孝。子曰："无违。"樊迟御，子告之曰："孟孙问孝于我，我对曰'无违'。"樊迟曰："何谓也？"子曰："生，事之以礼；死，葬之以礼，祭之以礼。"

此一章书见人子事亲有当然之理，即有一定之分也。孟懿子是鲁大夫。樊迟是孔子弟子。

孟懿子问孝。

孔子曰："人子事亲有至当不易之理所当遵守不失，不可有一毫违背。"

盖孝亲之道惟在无违而已。彼时孔子尚未说明，懿子不能再问，孔子恐其误以无违为从亲之命，故因樊迟御车之时复以孟孙问答之语告之。

樊迟问曰："何谓之无违？"

孔子曰："所谓无违，止是不违乎礼，礼即天理之节文也。尊卑上下各有一定之礼，如父母在生之时，定省奉养俱依于礼；及其没也，殡葬祭享，必诚必信，亦俱依于礼。自始至终，礼之所当为者不敢不为，不至苟且简陋而不敬；其亲礼之所不当为者，即不敢为；亦不至僭越非分而陷亲于有过。此之谓无违，此之谓孝。"

可见人道以孝行为先，孝行以礼法为重。在一人为维持百行之端，在天下即为纪纲万世之法。孔子此言所以警僭越者深矣。

孟武伯问孝。子曰："父母惟其疾之忧。"

此一章书见人子当以守身为孝也。孟武伯是孟懿子之子。

孟武伯问孝。

孔子曰："凡人欲尽事亲之心，必先体父母之心以为心，何也？天下无不爱子之父母，唯爱之也切，故忧之也深，如服食起居，寒暑燥湿之类，举足以致疾病者，无不切切焉以为忧，不但忧于有疾之时，即无疾之日亦常忧其爱护之不谨，若为子者体此心以敬守其身，时时谨饬，处处提防，不敢有一毫纵肆，自然清明强固，保身无失，可不谓之孝乎？凡处富贵逸乐之地，纷华靡丽，一有不慎，最易致疾，尤当屏御，护持以培养身心也。"

子游问孝。子曰："今之孝者，是谓能养。至于犬马，皆能有养；不敬，

何以别乎?”

此一章书见人子当以敬亲为孝也。子游姓言，名偃，孔子弟子。

子游问孝。孔子曰：“人子于亲，饮食供养固不可缺，然必内有尊敬之心，外有恭敬之礼，方可谓孝。古之仁人，事亲如事天，岂非至敬之道？若今世俗之人谓能以饮食供养父母即谓之孝。不知徒以饮食供养而已，岂特父母为然？虽至微贱如犬马之类待食于人，人亦有以养之，若事亲者狎恩恃爱，少有不敬之心，而徒以供养为事，其后骄慢成习，无所忌惮，穷极其不敬之罪，便与那养犬马者何所分别乎？”

此孔子深究人情之失，而甚言其流弊至此，以警天下之人也。

子夏问孝。子曰：“色难。有事弟子服其劳，有酒食先生馔，曾是以为孝乎?”

此一章书见人子以深爱为孝也。

子夏问孝。

孔子曰：“人子事亲之际，凡事可以勉强，独是和婉愉悦之色，发于中心，毫不可以伪为，故为最难。盖真有此深爱笃孝之心，方能见此和婉愉悦之色，诚于中，形于外，全要内求之心，不在容色上做工夫也。若夫父兄有事，为子弟者代任其劳，子弟有酒食进奉于父兄以供饮馔，此则力之所可勉，而事之无难为者，曾是可以为孝乎？”

此言孝之末节，不足重轻，正见深爱之当重，愉色之难至，为人子者不可不深长思也。

子曰：“吾与回言终日，不违如愚。退而省其私，亦足以发。回也不愚。”

此一章书是孔子深赞颜回悟道之妙也。颜回是孔子弟子。

孔门高弟唯颜子已具圣人体段，故孔子称赞之，曰：“我与颜回讲论道理至于终日之久，所言不止一端。在他人必有所疑而有待于问难，回则默默听受，绝无一语问难有类于愚人者然。及回既退，我省察其闲居独处时，见其动静语默之间，以我所言之理躬行实践，一一有以发明，乃知回之不违正，其深潜纯粹、默识心融之处，功力既到，一经指点，便触处动然，无不心领神会。可见回本无所疑而不必问，非有可疑而不知问也。回也，岂真愚者哉？”

孔子知之切，信之深矣。

颜子虽气禀清粹，毕竟由博约克复上来，故能尽发圣人之蕴，此见有天纵之资者，尤不可无希圣之学也。

子曰：“视其所以，观其所由，察其所安。人焉瘦哉？人焉瘦哉?”

此一章书是孔子言观人之法也。

孔子曰："观人之法，据迹考心，由显极微，方是彻底穷源学问。凡人行事，善恶昭然处，谓之以；意所从来，谓之由；心安意乐，绝无勉强，谓之安。观人者当先观其所为之事，为善，则为君子；为恶，则为小人。若为善之人，又须观其意所从来，果能毫无假饰，方是为善之诚。意所从来既善，又须察其平日心之所存，果能毫无矫强，方是为善之纯。"

夫自以、而由、而安，在人者既从外而探其内，自视、而观、而察，在我者又略而致其详。

考验至此，"人何得而藏匿之哉？人何得而藏匿之哉？"重言之者，以见其必不能隐也。

人主以此衡鉴天下，其行事之淑慝，心术之邪正，百不爽一。若视观察之本，则程子所谓"知言穷理"，不可不加之意也。

子曰："温故而知新，可以为师矣。"

此一章书是孔子言君子之学贵乎理明心得，不徒以闻见为事也。

孔子曰："天下之义理无穷，吾人之见闻有限，若专在记问上做工夫，虽日积月累，究非心得。如能将旧日所闻反复玩味，久而心领神会，日知所无，不但已知者义理融洽，即未知者无不触类旁通，于常闻习见之中，自有油然独得之益。如此则智虑日新，学问日益充足。如有相质问者，便能应答不竭，剖析无遗，岂不可以为人之师乎？"

孔子恐学者驰骛于口耳文字之末，故示之以心得之妙。温故，即时习之意人可不自勉乎哉？

子曰："君子不器。"

此一章书是孔子言有成德者自有全才，欲人以德备才之意。

孔子曰："人之可以器言者，必拘于才之有限，譬如器皿一般，虽各有用处，终不能相通。惟成德之君子，其心虚能具众理，其心灵能应万事，大之任经纶匡济之业，小之理兵刑钱谷之事，件件周到，无往不宜，不可以一材一艺拟之，所以说"君子不器"。

然此以君子学问而言，若论用人，则全才不可多得，即一材一艺亦必因人器使，无求备于一人，则天下之寸长足录，皆得效用于盛世矣。

子贡问君子。子曰："先行其言而后从之。"

此一章书是孔子教人以躬行践履之实也。

子贡问君子。

孔子曰："圣贤垂世，立教言之功居多。六经皆言也，须从躬行心得上出来，方可以传世。如子臣弟友之道，仁义礼智之德，一一身体力行，凡欲言之理，无不先行之，然后议论所发皆实有诸己，而不徒托诸空言，是行常在先，而言常在后，此乃为笃实之君子。”

《易》曰：“修辞立诚，所以居业。”即是此意。学者修身固当敏行而慎言，人主用人，亦宜听言而观行矣。

子曰：“君子周而不比，小人比而不周。”

此一章书是孔子言君子小人之待人有公私大小之别也。

孔子曰：“君子小人，迥然不同，而迹实相近。以待人言之，君子从天下起见，其心常公，公则自有民胞物与之度，凡理所当爱，恩所当施，不必人来附和，自然亲疏遐迩均令得所，所以周遍广阔，不为偏党之私；小人止从一身起见，其心常私，私则因势附利，伐异党同，或任情以为好，或交接以为援，所以偏党私暱而无普遍之公。周则不比，比则不周，天理人欲不并立也。”

人臣以身许国，若无一念营私，自可告天地，质鬼神；稍有偏向，不能见谅于天下后世矣。存心可不慎哉？

子曰：“学而不思则罔，思而不学则殆。”

此一章书是孔子言学、思不可偏废也。

孔子曰：“学之为言效也，取圣贤言行而效法之，一一习之，于是谓之学；就圣贤言行之中有所以然之理，细细体会于心，谓之思。二者阙一不可。若但学其事，而不思索其义，则所学者不过在外之粗迹，其道理精微处未能理会于心，心体上不得洞达分晓，常昏而无所得，是谓罔；若但在心上，空空思索，而不身体力行，实践其事，则所思者不过意中之虚见，终无安稳着实处，是谓殆。”

惟学而思，则知益精；思而学，则守益固。知之精，守之固，作圣之功不外乎此。《商书》曰：“念终始，典于学。”《周书》曰：“思曰睿，睿作圣。”思、学兼进，帝王不可不加意也。

子曰：“攻乎异端，斯害也已！”

此一章书是孔子欲人正学术以维持世道人心之意。

孔子曰：“自古圣人继往开来，止是一平正通达之理，其伦则君臣、父子、夫妇、昆弟、朋友；其德则仁、义、礼、智、信；其事则礼、乐、刑、政。可以修己，可以治人。世道所以荡平，人心正值，皆由于此。舍此以外有与圣人之道相悖而别为一端者，便是异端，邪说诬民，左道惑众，为害不小。若使惑于其说，专治而欲精之，如工人之攻金玉者然，则以之治己，则汩没一己之性情；以之治人，则败坏天下之风俗；世道不得太平，人心不能归正，害莫大焉！”

异端指杨氏、墨氏、及仙家、佛家一切妖妄术数之类，后世邪教横行，左道日盛，奸诡邪僻之徒方为之标榜，附会其说以蛊惑天下，弃人伦而灭天理，放肆猖狂，斯文扫地，其为害不可胜言。惟正道昌明，则邪道自熄，叙人伦，明教化，渐仁摩义，使纲常名教昭然斯世，则几尧舜之治无难矣。

子曰："由！诲汝知之乎？知之为知之，不知为不知，是知也。"

此一章书是孔子示子路以本体之知也。

子路姓仲名由，孔子弟子。孔子教之曰："人之人道，全在乎知真。知之本体须从自知自觉处体验，不必无所不知，方谓之知。我今教汝以知之之道，汝于义理事物之间，有所知，必有所不知，必虚心体认。凡义理事物体之于心，果能真知确见，已知之者，则以为知之；若未能真知确见，尚有所不知，则以为不知。如此则虽不能尽知天下之理，而本心之灵毫无自欺之蔽，即是真知之。"

本体是知也。若以此自知之明，从事于学问思辨，则格、致、诚、正之功可以次第渐进，而知之为用亦无穷矣。

子张学干禄。子曰："多闻阙疑，慎言其余，则寡尤；多见阙殆，慎行其余，则寡悔。言寡尤，行寡悔，禄在其中矣。"

此一章书是孔子勉字张以修身用世之实学也。

子张，姓颛孙，名师，孔子弟子。

子张为学，常求人知，有系恋利禄之意。孔子教之曰：凡人处己接物，莫大于言行。出言非是容易，必多闻古今人之善言以为所言之资，多闻之中有疑而未信者，必阙而不敢言，其余已信者又慎言之，不敢轻忽，则所言当理，自不取咎于人，岂不寡尤？行事非是容易，必多见古人之善行以为所行之资，多见之中有殆而未安者必阙而不敢行，其余已安者又慎行之，不敢殆肆，则所行当理，自无内疚于心，岂不寡悔？言既寡尤，行既寡悔，则为有道有德之士。朝廷言扬行举，必用此等人，未尝求禄而得禄之理自在其中矣！"

可见学者不袭虚声，国家务崇实学，庶几真儒出而奔競之风亦息耳。

哀公问曰："何为则民服？"孔子对曰："举直错诸枉，则民服；举枉错诸直，则民不服。"

此一章书是言人君服民之道也。

哀公是鲁国之君，问于孔子曰："人君以一身居群臣百姓之上，不知何所作为方能使众人悦服？"

孔子对曰："服者，服其心也。人心之公，惟好贤恶不肖为生人之正情；人主之权，惟进贤退不肖为治国之大本。凡臣下有心术光明，行事端慎者，即是正值之君子，必然人人敬爱；有心地奸昧，行事乖方者，即是邪枉小人，必然人人憎恶。此好恶之公心人所同有也。人君诚能将直者举而授之以位，枉者舍置之而不用，则用舍各当，合乎人心之公，民心悦服。若将枉者举而使之在位，直者舍置之而不用，则用舍颠倒，拂乎人心之公，虽欲服民，而民不服。民之服与不服，只在用舍之公与不公，可不慎哉！”

推而言之，举直之道贵其能公，又贵其能明能断。惟明则能知邪正之辨，惟断则能伸黜陟之权，而其本全在读书穷理，理明则是非贤否不至混淆。人主加意于此，天下之福也。

季康子问：“使民敬、忠以劝，如之何？”子曰：“临之以庄则敬，孝慈则忠，举善而教，不能则劝。”

此一章书是孔子言以身化民之意。

季康子是鲁大夫，问于孔子：“谓使百姓敬于我而不敢慢，忠于我而不敢欺，相劝于为善而不敢怠，何道可以致此？”

孔子曰：“民原无不敬其上者，但上示以可慢，则民慢心生焉。诚能临民之时，容貌端庄，衣冠瞻视不敢少忽，安有上不敢忽而民反敢忽其上者？则不期敬而自敬矣！民原无不忠于上者，但上示以可欺，则民欺心生焉。诚能尽其心以事亲而孝，尽其心以爱众而慈，安有上尽其心而民反不尽其心于上者？则不期忠而忠矣！民原无不可劝者，但上示以可怠，则民怠心生焉。诚能善者举用之，使知善之当为；不能者教诲之，使知善之可为，安有知善而不相勉于善者？则不期劝而自劝矣！”

民敬、忠以劝其道如此。

盖季康子之意专在责民，孔子之言专在责己。责民者民未必应，责己者不求应而民自应之，是故：身者，化民之本也。

或谓孔子曰：“子奚不为政？”子曰：“《书》云：‘孝乎为孝，友于兄弟，施于有政。’是亦为政，奚其为为政？”

此一章书是孔子明为政之理。

定公初年，孔子不仕，盖季氏擅权，阳货作乱，非可有为之时也。或人不知，谓孔子曰：“夫子怀才抱道，正宜致君泽民，何故不肯出仕而理国政乎？”

孔子曰：“古来言政莫备于《书》，岂不闻《书》之言孝乎？《周书·君陈篇》言：君陈能孝于亲，因而友爱于兄弟，又能推此孝友之心施为一家之政，使一家之人有恩有礼，无有不正。《书》之所言如此。由此观之，政之事不同，政之理则一。家庭之间帅人以正，是亦为政，何必居官任职方谓之为政乎？”

盖孔子不仕之意难以明言，故托辞以答之。但《大学》言修身、齐家而而治国平天下之道，即不外是，则孔子托辞，实为政不易之至理也。

子曰："人而无信，不知其可也。大车无輗，小车无軏，其何以行之哉？"

此一章书是孔子欲人立心诚实之意。

孔子曰："信者，人之根本。人而无信，则所言欺妄，所行虚伪，彼且自以为机诈过人，何所不可，吾不知其可也。譬之车，然平地任载之车，大车也，必有辕端之輗乃可以驾牛而行；田车、兵车、乘车，小车也，必有辕端之軏乃可以驾马而行。若大车无輗，小车无軏，虽具轮辕，不能运动，其何以行之哉？"

盖无信之人，言行不顾，人皆贱恶之，闻其言即以为欺妄，见其行即以为虚伪，居家不可行于父母妻子，而况于疎焉者乎？处世不可行于宗族乡党，而况于远焉者乎？甚矣，人之立心不可不诚实也！

子张问："十世可知也？"子曰："殷因于夏礼，所损益，可知也；周因与殷礼，所损益，可知也；其或继周者，虽百世可知也。"

此一章书是孔子明礼为百世不易之经也。

子张问孔子，谓"自今以后，易姓受命至于十世之远，其间一世必有一世之事，可得而前知乎？"

孔子曰："欲识将来，当观已往。继夏之世者，殷也。殷所行之礼止是因袭夏所行之礼，若夫制度文为或以太过而损，或以不及而益，其所损益亦止扶植此礼，其事可考而知也。继殷之世者，周也。周所行之礼只是因袭殷所行之礼，若夫制度为文或以太过而损，或以不及而益，其所损益亦止扶植此礼，其事可考而知也。由此观之，三纲五常，立国之本，三代不易，是诚不可易也。损益者，随时变通，正是善于因袭之处。后之视今，亦犹今之视昔，其或继周而兴者，虽百世之远可以前知，岂但十世而已哉？"

然孔子所谓前知，第据理而论，虽圣人弗易，非若后世谶纬占候及术家射覆之言，求之杳冥不可知之域，为荒诞而难信也。

子曰："非其鬼而祭之，谄也。见义不为，无勇也。"

此一章书是孔子欲人专心务义之意。

孔子曰："凡人有当为之事，不可不为；有不当为之事，必不可为。夫不当为之事非一端，即以祭言之，非其所当祭之鬼而祭之，非致敬也，乃媚神以邀福，谄也。当为之事不一端，总以义名之，苟见义所当为而不为，非不明也，乃为难而偷安，无勇也。"

盖此二者，一则不当为而为，一则当为而不为，然而未有不相因者。谄者，其中甚馁，其态甚柔，安得有浩然之勇气？勇于义者，内直而外方，至刚而至大，安得有无耻之谄心？孔子并举言之，欲去谄心而养义勇也。

八佾第三

孔子谓季氏："八佾舞于庭，是可忍也，孰不可忍也？"

此一章书是孔子诛权臣僭窃之心也。

季氏是鲁大夫。佾是祭祀时乐舞行列。古者乐舞各有定数，天子用八行，每行八人，名为八佾。诸侯六佾，大夫四佾，不可紊乱。当时周成王以周公有大勋劳，特赐天子礼乐，以祭周公。其后鲁之群公俱因循僭用，已是失礼，乃季氏于家庙中祭祀，亦用八佾之舞于庭，故孔子因其事而罪其心曰：

"凡人于天理上行不去之事，未有不惕然动心者，此即所谓不忍之心也。今季氏，大夫也，于家庙中祭祀时僭用八佾之舞，俨然行之，毫无顾忌，是忍为人所不忍为者，则其蔑理乱常，自无所不至矣。又何事不忍为乎？"

此孔子罪之深，故言之切，如此可见：人臣越理犯分，起于一念之敢忍，而其后肆行无忌，遂至横决而不可制；而为之君者，又不能防微杜渐，始于一事之容忍，而其后优柔不断，遂至威富下移，而不悟所当取孔子责季氏之言而深思之也。

三家者以《雍》彻。子曰："'相维辟公，天子穆穆'，奚取于三家之堂？"

此一章书是孔子讥权臣自取僭妄之罪也。

三家是鲁大夫孟孙、叔孙、季孙之家。天子祭毕，则歌《雍》诗以彻俎，告成礼也。鲁三家者，亦歌《雍》以彻，是大夫僭用天子乐章矣，故孔子讥之曰："彼三家之不顾礼义，忍心僭越者，盖由率意妄为，绝无顾名思义之念耳。抑知义有一定，名无可假，即如《雍》诗中所云'相维辟公，天子穆穆'。是言祭文王于庙中，于时骏奔走，执豆笾，肃雝以相者，诸侯也；秉瓒鬯，俨对越，穆穆然诚敬以将者，天子也。今三家之堂，助祭者不过陪臣，主祭者不过大夫，亦何取于此义而歌之哉？不惟僭越，抑且甚无谓矣。"

孔子此言，词婉而意严，不特警当时僭窃者之心，即以立万世人臣之大防也。

子曰："人而不仁，如礼何？人而不仁，如乐何？"

此一章书是孔子言礼乐本乎人心也。

孔子曰："天所赋之德而具于人之心者，所谓仁也。仁存于心，敬而将之以仪文，谓之礼；和而达之于声容，谓之乐。故人必先有恭敬之心存于中，而后玉帛升降不为虚文；有和平之心蕴于内，而后钟鼓干戚不为虚器。若人而不仁，则其心放逸，已失礼之本矣，纵使三揖百拜，心与礼相背而驰，礼其为我用乎？人而不仁，则其心乖戾，已失乐之本矣，纵有五音六律，心与乐不相连贯，乐其为我用乎？”

可见，仁者礼乐之本，礼乐不可斯须或去，人心不可顷刻不仁。用礼乐者，求之心可也。

林放问礼之本。子曰：“大哉问！礼，与其奢也，宁俭；乐，与其易也，宁戚。”

此一章书是孔子救礼之失而为反本之论也。

林放是鲁国人，当春秋时人俱逐于礼之末节，乃林放以礼之本问于孔子。

孔子曰：“时方逐末，而子独有反本复古之思，大哉，子之问也！原夫制礼之始，有朴素之质，而后有周旋之文；有惨怛之心，而后有衰麻之节；不可过也，不可不及也。今行礼则专事繁缛，失于奢矣；居丧则专治仪文，失于易矣；是皆不知本也。然则今之为礼者，与其敬不足而文有余，流而为奢，宁使文不足而敬有余，失之于俭；居丧者与其哀不足而文有余，流而为易，宁使文不足而哀有余，不失为戚。夫俭与戚，虽未得乎礼之中，然朴素者万物之质，恻怛者天性之诚，以是求之，可识礼之本矣。”

此孔子以复古之论为补偏救弊之方，移风易俗之意深矣。

子曰：“夷狄之有君，不如诸夏之亡也。”

此一章书是孔子伤春秋之世臣下僭乱而重叹之也。

孔子曰：“分莫严于君臣，有君，则礼乐以定，征伐以一，尊卑上下以辨。自周室衰微，王纲不振，或以诸侯而凌天子，或以大夫而分公室，或以陪臣而执国命，君臣定分荡然无存矣。彼外国犹且上统其下，下奉其上，俱知有君长，反不似诸夏之君弱臣强，绝无上下之分也。”

此孔子甚言之，以见体统不可一日不正，名分不可一日不严，君臣上下各安其位，自然四海永清，万方効顺，中外禔福，君道不万世永存哉？

季氏旅于泰山。子谓冉有曰：“女弗能救与？”对曰：“不能。”子曰：“乌呼！曾谓泰山不如林放乎？”

此一章书是孔子明僭礼者之无益也。

古者祭祀之礼，天子祭天地，诸侯祭境内山川。泰山者，鲁之镇也，惟鲁侯得而祭之；季氏乃不安于大夫之分，而欲行旅祭之礼于泰山，其僭妄为已甚矣！冉有，名求，孔子弟子，时为季氏家臣，于是孔子谓之曰：

“尔季氏欲旅泰山，甚为非礼。汝为家臣，自有尽言匡救之责，乃竟坐视其失，而不一救正之与？”

冉求对曰：“季氏之意已定，实非求所能挽回也。”

孔子乃叹曰："乌呼！季氏之越礼而谄。求者，吾不知其何心？彼林放，一鲁人耳，尚悼流俗之弊，而问礼之本，何况泰山五岳之尊，其神必聪明不可欺，必正直不可谄，岂反不如林放之知礼而享季氏非礼之祭乎？"

盖神人一理也，干名犯分之事，既不合于人，自无当于神。孔子此言其所以维持世道者至矣！

子曰："君子无所争，必也射乎！揖让而升，下而饮，其争也君子。"

此一章书是孔子以君子止天下之争也。

孔子曰："凡人之不能无争者，正以德器未成，彼我之心未化耳。惟成德之君子，心气和平，仪容恭逊，未常有所争竞，无已，其必行射礼之时乎？盖射，胜负相形，正争之所也。然观将射之初，则三揖三让。而后升堂；既射之后，同射者俱下堂，胜者乃揖不胜者，使之升堂取觯，立饮罚酒。射礼之行如此，是虽有胜负之相形，而终不失雍容之雅；其争也，仍然君子之争，而非小人血气之争矣。"

夫惟射之必争，而究竟不见其争，则君子真无所争哉！是知天下有君子自能使太和满宇宙，而天下享和平之福；乡曲遵礼让之化风俗，人心日进于淳古；岂独一人之美哉！

子夏问曰："'巧笑倩兮，美目盼兮，素以为绚兮'。何谓也？"子曰："绘事后素。"曰："礼后乎？"子曰："起予者商也！始可与言《诗》已矣》"

此一章书见经义无穷，善悟者可以相通也。

子夏问曰："逸《诗》有云：人皆有笑，而笑之巧者则倩兮，而口辅端好；人皆有目，而目美者则盼兮，而黑白分明。此商之所知也。乃又云'素以为绚兮'。夫素则无文，绚乃华饰，未有以无文而谓之华饰者，此非商之所知也。何谓也？"

孔子曰："《诗》言'素以为绚'，非即以素为绚，是言因素而为绚耳。譬如绘画之事，必先有其质地而后加以文采，则是素常在先，绘常在后。人之美好华饰，理无不然，素与绚正相须而不可少也。"

子夏遂有悟而言曰："观夫子之言，可见素不得不先，绘不得不后，然后知先王制礼，缘人情而为之节文。盖必有处乎其先者，而大经小曲，因事制宜，殆亦绘事之后矣乎！不然，何以文质相扶，历世而无弊也？"

孔子急称之曰："吾以绘明诗，而商即绘以通礼，是启发予者，商也。夫《诗》之意无尽，即素绚而可知；《诗》之所包者广，即于礼而无不可推也。商之颖悟岂易得哉？始可与言《诗》已矣。"

即一问答间，而圣人之教，贤人之学，俱有会悟于意，言之表者，令人可深长思也。

子曰："夏礼吾能言之，杞不足征也；殷礼吾能言之，宋不足征也。文献不足故也，足则吾能征之矣。"

此一章书是孔子欲考古礼而叹其无征也。

孔子曰："礼莫备于我周，而周礼皆取法于二代者也。昔禹有天下，其制度文章为有夏一代之礼者，吾尚能言之，乃夏之后为杞，杞国虽存，然不足取以为证矣；汤有天下，其制度文章为有殷一代之礼者，吾尚能言之，乃殷之后为宋，宋国虽存，然亦不足取以为证矣。所以然者，礼非书籍不能记载，非贤人不能诵习。今杞宋二国世祚衰微，简编既已残缺，老成亦复凋谢，文献不足故也。使文献果足，则吾能取之以为证，以可据之典型，合吾一人之闻见，斟酌进退，定为世法，将我周文武，监视二代，郁郁彬彬之盛，不亦万世昭然也哉？"

惜乎！其未之逮也。

圣人以礼维世之意如此。

子曰："禘自既灌而往者，吾不欲观之矣。"

此一章书是孔子讽僭礼之非也。

古者天子既祭其始祖，又推始祖所自出之帝祭于太庙，而以始祖配之，五年一行此礼，谓之曰"禘"。鲁，诸侯也，乃以周公有大勋劳，遂得用天子之禘祭，虽系报功之典，然而非周公之意也。

故孔子讽之曰："古先王制祭，自始至终，足以起敬起慕，无有不可观者。我鲁之行禘祭也，我亦尝入太庙而观之矣。乃自灌地降神而往，礼未尝不九献也，乐未尝不八佾也，然而虚文徒具，诚意未孚，吾殆不欲观之矣。"

盖礼莫大于禘，而禘非徒贵乎其名。孔子之所不欲观，又岂周公之乐享哉？何鲁人之不悟也。

或问禘之说。子曰："不知也。知其说者之于天下也，其如示诸斯乎！"指其掌。

此一章书是孔子为鲁讳禘之意。

或人以禘为祭礼之大者问其说于孔子。孔子不欲显言鲁禘之非，因答曰："祭礼有可知者，有不易知者。若禘之礼仪重大，意义深远，吾所不知。有能于禘之说而知其所以然之故，则通之于天下，何以正典礼，何以定名分，何以聚天下人之欢心以祀其祖宗，凡治天下之理俱昭示于禘礼之中，其如示诸斯乎！"

门人记孔子言及此，而即自指其掌。

盖禘为天子大祭，鲁以诸侯僭用。孔子有人臣之谊，不欲显言其非，而禘之义则通诸天下，实明白易晓。既对或人以不知，而复指掌以示之。孔子之寓意深矣。

祭如在，祭神如神在。子曰："吾不与祭，如不祭。"

此一章书是门人记孔子祭祀之诚也。

门人曰："祭以诚为主。吾夫子之于祭有独极其诚者：其祭先祖，则孝心纯笃，俨如先祖之在上焉；其祭外神，则敬心专一，俨如神明之在上焉。夫鬼神无形无声，非真有在，但其诚敬所至，则忾闻僾见，固有若此。"

故夫子平日亦尝有言，谓"祭必尽其诚，惟亲行享献，乃慊于心。倘或有故不得与祭，至使他人代之，虽行享献之文，而诚意终不能伸，即与本曾致祭者无异。"

观孔子所言，则知身在即心在，心在即神在，总不外一诚。所以古来帝王每于祭祀，必亲致虔恭，以致天神，感地祇，格百灵効顺，岂非本诸一诚以致之哉？

王孙贾问曰："与其媚于奥，宁媚于灶，何谓也？"子曰："不然，获罪于天，无所祷也。"

此一章书是孔子称天以折权臣之心也。

王孙贾是卫国大夫之有权者，时孔子在卫，王孙贾疑其有求仕之心，欲其附己，又不便直言，因借俗言以讽曰："俗语云：祭有灶有奥，灶是灶神，位虽卑而有专祀，奥是室西南隅之神，位虽尊而非专祀。凡人祀神以祈福者，与其媚于奥以仰其徒尊之位，不如媚于灶以希其默助之力。时俗所言自有深意，果何谓乎？"

此王孙贾明以灶自喻，以奥比君，谓自结于君不如阿附于己。孔子知其意，亦不明斥其非，但答曰："媚奥、媚灶，吾皆以为不然。奥灶之上，至尊无对，莫过于天。顺理而行，则天降之祥，逆理而行，则天降之灾。倘所行不能安分，不能循理，即为得罪于天，天之所罪将何所祷以求免哉？"

从来国家权臣，每欲借天子威福使人才予夺尽出私门，惟光明正大之人方能以道自持。即如王孙贾欲孔子附己，讽以媚灶，孔子则对以获罪于天。他日弥子瑕欲其附己，告以主我卫，卿可得。孔子则辞以有命。诚以行止非人能为，进退俱各有数。倘一失足权门，则天谴有归，清议难逃。为君子者，可不进以礼，退以义，而效法圣人以自爱其身哉？

子曰："周监于二代，郁郁乎文哉！吾从周。"

此一章书是孔子追思周初之礼，以挽当时文胜之弊也。

孔子曰："夏之天下尚忠商之天下，尚质二代法度，俱有可观。至我周初，以武王为君，周公为相，监视二代之礼，因革损益，以成一代典章，品式仪文，俱本忠质之遗意，所以其文郁郁然特盛。吾生周之世，为周之民，舍周，其何从哉？"

孔子当日见周末文胜，务华鲜实，因追思周初制礼之意，见其非，专事浮靡，徒尚繁华，然则国家制礼，诚不可不取法往古，斟酌时宜，以定世守之规模也。

子入太庙，每事问。或曰："孰谓鄹人之子知礼乎？入太庙，每事问。"子闻之曰："是礼也。"

此一章书是孔子明礼意于鲁之庙也。

鲁有大庙以祀周公。孔子时入而助祭，于庙中陈设礼器、享献之礼仪，一一详问。盖其敬慎独至，故其询问必详。或人不知，乃从而议曰：

"鄹人之子俱称为知礼，由今以观，孰谓其知礼乎？知者不待问，问者必不知，观其每事必问，其为不知礼明矣。"

孔子闻之，乃曰："礼有不可不考究者，不考究则无以明。吾入大庙，每事必问，是乃所以为礼也。或人顾谓我不知礼，抑独何哉？"

孔子之学，致知格物，无表里精粗，俱必详究，而况于祭祀之大乎？审问之心，正其敬事之心，非或人所能识也。

子曰："射不主皮，为力不同科，古之道也。"

此一章书是孔子思古道以救当时之失也。

孔子曰："先王之教射也，贵其容，比于礼节，比于乐，原以观人之德，故但主于中的，不必穿贯皮革方见胜负，所以乡射礼文有云：射不主皮。其所以然之故，盖为人之气力有强有弱，科等不同，但主乎中则强弱俱可以习学而能，若必贯革，则气力不可以勉强而至，此所以不主皮也。然此乃古者盛王偃武修文，尚德不尚力，其道如此。"

代至春秋，礼衰化息，列国兵争，尚德之风不可见矣，故孔子叹之。盖帝王创制立教，莫不以尚德修礼潜消其强悍之气，兴起其协和之风。由是推之，凡事皆然，天下之治所以日进于古也。

子贡欲去告朔之饩羊。子曰："赐也，尔爱其羊，我爱其礼。"

此一章书见圣贤维礼之心也。

古者天子以季冬颁来岁十二月之朔于诸侯，诸侯受而藏之祖庙，每遇朔月以特羊告庙，请而行之。鲁自文公不行告朔之礼，有司犹供此羊，故子贡欲去之，亦有激而为此言也。

孔子曰："赐也，尔之欲去饩羊者，岂非以告朔之礼不行，饩羊之供无益，爱惜此羊而并欲去之乎？若我之所爱则更有重于此者。"

盖正朔颁于天子，所以示天下尊君之礼；告朔行于祖庙，所以示天下尊祖之礼。今此礼虽废，而饩羊尚存，则因羊求礼，犹可冀其复行，若并去此羊，则礼随羊亡，是礼终不可复见矣，岂不尤可惜乎？

可见持世之权在乎礼，而维礼之实寓乎名。存名，正是以存实也。孔子正名之义大抵如此。

子曰："事君尽礼，人以为谄也。"

此一章书见人臣事君有当然之礼也。

孔子曰："臣之于君，既有一定之分，即有一定之礼。尊卑上下，为维系纲常之大法；恪恭敬慎，为臣子畏罪之小心。此万世通行而无弊者也。今我之事君，一事不敢苟且，无时不存敬畏，不过分之当然、心之本然，止求尽乎礼之中，初未尝有加于礼之外也。乃时人不知，以为事君之礼不必如是，反以为求媚取悦，可见礼法之不明于天下甚矣。"

孔子欲挽回世道，故其言若此。若夫君子之事君，责难以为恭，陈善以为敬，以礼自持，其心迹断不容一毫谄媚。小人之事君，阿顺以求容，逢迎以求悦，一意谄媚，其外貌却似乎尽礼。此又为人臣者心术之邪正不同，所当熟察而明辨之也。

定公问："君使臣，臣事君，如之何？"孔子对曰："君使臣以礼，臣事君以忠。"

此一章书见君臣各有当尽之道也。

定公是鲁国之君，问于孔子曰："为君上者使令臣下，为臣下者奉事君上，各有当尽之道，不知如何？"

孔子对曰："君之于臣，以尊临卑，易至于简慢，道在以礼，如大而股肱心膂之寄，待以优崇之礼；小而奔走御侮之人，加以周恤之情，外则隆以体貌，内则达以至诚，情文备而不失，此所谓礼也。使臣之道如是。臣之于君，以下奉上，易至于欺罔，道在以忠，如近而赞襄补衮之职，必不敢沽名干誉以自欺；远而屏藩保障之司，亦不敢罔上行私以自利。上之可以格帝天，下之可以信瘝瘝，心力交尽而无遗。此所谓忠也。事君之道如是。"

君臣各尽其道，《易》所谓"上下交而其志同也"。岂非明良之极盛哉？

子曰："《关雎》，乐而不淫，哀而不伤。"

此一章书是孔子表诗人性情之正以风世也。

孔子曰："哀与乐，二者皆人之性情所发也。然乐过于淫，则流于邪僻；爱过于伤，则病在忧思。俱失其性情之正矣。惟《关雎》之诗，宫人为周文王求后妃太姒而作也。当其求之既得，则有琴瑟钟鼓之乐，乐虽盛而不失其正，故不至于淫放；当其求之未得，不无寤寐转侧之忧，忧虽深而不害其和，故不至于悲伤。至今听其声音，中正和平，足使欲心消、躁心释，此其无所本而能然乎？"

盖诗本性情，乐以观德，惟文王有刑于之化，后妃有贞静之德，故能感格宫人，使各得性情之正，发为音节之和。可见王化始于闺门，周家八百年之基业皆起于此，故孔子以《关雎》列三百篇之首，读者所当玩其辞，审其音，以为养德之助也。

哀公问社于宰我。宰我对曰："夏后氏以松，殷人以柏，周人以栗，曰使民战栗。"子闻之曰："成事不说，遂事不谏，既往不咎。"

此一章书见告君当慎言，不可以妄发也。

宰我，名予，孔子弟子。

鲁哀公问宰我，曰："国家立社以祭地，其义何居？"

宰我对曰："古者立社俱种树木，使神依焉。夏人则用松树，殷人则用柏树，周人则用栗树。松柏之义已不可考，惟用栗则取于战栗之义，若曰使民望而恐惧战栗也。"

夫先王立社原以祭地报功，所树之木不过因方土所宜，非有取义。宰我此论既非立社之本意，又将启时君以严猛之心，可谓失言矣。

所以孔子闻之曰："如予之言，本当救正。但天下事已成者不须辨说，已遂者不须谏诤，已往者不须追咎。今使民战栗之言已出诸口，是事之已成、已遂、已往者也，吾又何责哉？"

孔子之不责宰我，正深责之也。可见立言不可妄发，况人臣告君，尤当引经断义，岂可穿凿附会，以一偏之说进哉？

子曰："管仲之器小哉！"或曰："管仲俭乎？"曰："管氏有三归，官事不摄，焉得俭？""然则管仲知礼乎？"曰："邦君树塞门，管氏亦树塞门；邦君为两君之好，有反坫，管氏亦有反坫。管氏而知礼，孰不知礼？"

此一章书是以器之大小定王霸之分也。

管仲，齐国大夫，名夷吾。

孔子曰："管仲相桓公，一匡九合，功亦大矣。但出于权谋功利之私，不本于圣贤大学之道，故局量褊浅，规模狭隘，其器不亦小哉？"

或人问曰："管仲器小得非过于俭约乎？"

孔子曰："俭约之人必遵制度，管仲筑三归之台为游观地，其兴作之烦费可知。又设官属，各治一事，不使兼摄，其廪禄之冗滥砍知。焉得为俭？"

或人又问曰："建台备官，或因礼不可缺意者，管仲知礼乎？"

孔子曰："知礼之人必守名分。邦君树屏塞门，障蔽内外，管氏以大夫而亦树塞门；邦君有为两君好会有献酬反爵之坫，管氏以大夫而亦有反坫。二者皆属僭越。若谓管氏知礼，天下孰为不知礼者？"

孔子见管仲一生止用私意小智为功利富强之计，即其奢僭所形，正见其器量狭小。若能扩而充之，自可致君王道，不徒以霸业终。此孔子所所以深惜之也。

子语鲁大师乐。曰："乐其可知也：始作，翕如也；从之，纯如也，皦如也，绎如也，以成。"

此一章书见正乐必先审音也。大师，鲁国掌乐之官。

孔子语之曰："先王本人心之太和，以传之于乐，就声音、节奏之中，有始终条理之妙，可得而知也。盖乐有六律、五声、八音，一有不备，不可言乐。故始作时众音齐举，而翕然以合，及其从之清浊高下，调适中节，而纯然以和，就纯之中，又宫自为宫，商自为商，一一分晓，皦然明白。皦则易于间断，却又官商相续，终始相生，络绎不绝，自始至终，曲尽条理节奏，此乃乐之一成也。"

盖声音之道与政相通，既可养性情，又可移风俗。王者昭德象，功成一代之乐，和上下而格神人，关系最重，故圣人谆谆告诫之。

仪封人请见。曰："君子之至于斯也，吾未尝不得见也。"从者见之。出曰："二三子，何患于丧乎？天下之无道也久矣，天将以夫子为木铎。"

此一章书是封人信孔子有先知先觉、垂教万世之任也。

仪，卫邑。封人，掌封疆之官。

孔子周流列国，偶至卫邑，封人请见，曰："凡君子至，止必蒙接纳，未有拒而不见者，夫子或亦不我拒乎？"

从者因其求见之诚，为之引见，既见而出，对门人曰："夫子失位去国，亦一时之不遇耳，二三子何必以此为患乎？今天下风教陵替，人心不古，亦已久矣。然乱极当治，剥后有复。以夫子之德盛化神，自有以斯道觉斯民之实用，天生非常之人，必不终困殆，将使之得位施教，以开生民之耳目，启天下之愚蒙，如木铎之徇于道路，以警众也。"

从来圣人一身关乎气运，封人能独见孔子忧世觉民之意，可谓知圣且知天矣。奈列国诸君不能推心委任，竟以辙还终老，惜哉！

子谓《韶》，"尽美矣，又尽善也。"谓《武》，"尽美矣，未尽善也。"

此一章书是孔子评论圣乐之不同也。

记者谓帝王昭德象功，必宣之于乐，观乐之情文，可以知功德之不同矣。夫子尝谓"舜乐名《韶》，取继尧致治之义，其声音、节度极盛美而可观，然美之中更觉雍容广大，德意悠长，又尽善也。""武乐名《武》，以象武功之成，其声容、节度，亦盛美而可观，但美之中犹觉发扬蹈厉，比于《韶》乐未尽善也。"

盖舜以生知安行之圣际，雍熙揖让之时，自然心气和平，神人协应。武以反身修德之圣，值取残伐暴之时，未免举动猛厉，声音激亢。孔子神游两朝，就乐而赞论之，以见帝王之分皆时与德为之也。

子曰："居上不宽，为礼不敬，临丧不哀，吾何以观之哉？"

此一章书见凡事当得其本也。

孔子曰："凡有一事，必有一本。如居上者有政教号令之施，要之以宽我本；为礼者，有进退周旋之节，要之以敬为本；丧者有哭泣擗踊之文，要之以哀为本。有其本，则所行之得失可见，如宽有过不及，敬有至不至，哀有浅深，皆可从其本而观之。若使居上苛细而不宽，为礼慢忽而不敬，临丧虚饰而不哀，是其本既已无矣。虽有政教号令之施，进退周旋之节，哭泣擗踊之文，而大本既失，其余皆无从置论，将何所依据以观之哉？"

可见，凡事当得其本之所在，而居上用宽，尤帝王之要道，《书》曰"敬敷五教在宽"，又曰"克宽克仁"，孔子又云"宽则得众"。宽者，千古不弊之道，非纵弛之谓也。纲举目张，皆以宽大之意行之，此居上之大体也。

《日讲四书解义》卷五

论语 上之二

里仁第四

子曰："里仁为美，择不处仁，焉得知？"

此一章书见择居亦必处仁也。

孔子曰："人居住必择其里。二十五家为一里，里之中习俗仁厚，孝、友、睦、姻、任、恤之风行于乡里间，是为里之至美者，有识者择居于此，熏陶渐热，可以成其德；赒恤保爱，可以全其生。若择之而不处于仁里，则美恶不辨，昧其是非之本心矣，焉得为知乎？"

甚矣，人之不可不居仁也！夫仁道至大，一里为然，天下亦皆然。诚能广仁之化，使天下处处皆仁里，则道德一而风俗同，太和之气在宇宙间，岂不更美乎哉？

子曰："不仁者不可以久处约，不可以长处乐。仁者安仁，知者利仁。"

此一章书是欲人存其本心之仁，而不为外境所夺也。

孔子曰："仁为本心之德，纯然天理，非外物所能夺。若不仁之人，私欲锢蔽，失其本心，中无所主，而外物得以移之，使处贫贱穷困之境，或一时犹能强制，久之则为穷困所迫，必至苟且放荡，而不能自守，不可以久处约；使处富贵安逸之地，或一时犹能矫持，久之则为富贵所溺，必至骄奢淫纵，而不能自守，不可以长处乐。惟仁者心与仁为一，纯乎天理，不待勉强，安其仁而无适不然，不以约、乐系于心也。知者心未能即与仁为一，而中有定见，深知笃好，孳孳求得，利于仁而不易，所守不以约、乐移其念也。此其所存皆天理，物欲不以累其心，虽处约、乐之久，亦岂为之动哉？"

盖圣贤为仁，必先在境遇上持守得定，彼不仁者可以为戒。若夫中心安仁者，天下一人而已。惟知者之利仁，为自明而诚之，学从此用功，由利而得安，庶几本心无失，而穷通不以为累矣。

子曰："惟仁者能好人，能恶人。"

此一章书言仁人之心公而情正也。

孔子曰："好恶之心，人皆有之，但稍有私心，则所发便不能当理，好非所好，恶非所恶，不可谓之能好能恶也。惟仁者之心浑然天理，廓然大公，绝无一毫私意，见人之善则好之，好其所当好也。好得其正，乃为能好人。见人之恶则恶之，恶其所当恶也。恶得其正，乃为能恶人。好人恶人，惟仁者能之。盖由其心公，所以其情正也。"

夫好恶之为用甚大，亲贤远奸，信赏必罚，皆由好恶一念；措之施为，惟纯其心于仁，则喜怒无偏，而好恶自当。无私好，无私恶，王道之所以大中至正也。

子曰："苟志于仁矣，无恶也。"

此一章书是孔子勉人志仁也。

孔子曰："天理人欲，不容并立，人心亦无两用，志于此必遗于彼，故人特患无志耳。诚能使心之所向专在于仁，其思虑所至，孳孳存天理、遏人欲，则趋向坚定，惟有天理之公，而必不入于人欲之私矣。方志仁时，便无为恶之事也。"

可见求仁必先立志，所志既定，则一念无恶，至于念念无恶。省察愈精，存养愈熟，虽天行之键，安土之敦，皆从立志时始矣。

子曰："富与贵是人之所欲也，不以其道得之，不处也；贫与贱是人之所恶也，不以其道得之，不去也。君子去仁，恶乎成名？君子无终食之间违仁，造次必于是，颠沛必于是。"

此一章书是孔子言君子为仁，无时无处不用其力也。

孔子曰："顺逆之数在天，而取舍之分在我。且如富与贵，是人人之所愿欲者，欲之则思处之矣，然而有义存焉，不可不审。苟道义不当得富贵而偶得之，非义也，见利思义者决然辞之而不处也。贫与贱，是人人之所厌恶者，恶之则思去之矣，然而有命存焉，不可不安。苟道理不当得贫贱而偶得之，是命也，乐天知命者决然受之而不去也。此非君子，其孰能之？盖君子之所以名为君子者，以其体仁耳。若贪富贵厌贫贱，是徇欲丧礼，舍去此仁矣，何以成其为君子之名乎？故君子必不去仁者也。其不去仁也，不但富贵贫贱之间也，即终食之间，须臾耳，念念在仁，无有违背；虽当造次之时，急剧苟且，其心必在于是；虽当颠沛之际，倾覆流离，其心必在于是。"

君子之不去仁如此。然则为仁者取舍之分当明，存养之功当密，无时无处而不用其力，乃可以为君子矣。

子曰："我未见好仁者、恶不仁者。好仁者无以尚之；恶不仁者，其为仁矣，不使不仁者加乎其身。有能一日用其力于仁矣乎？我未见力不足者。

盖有之矣，我未之见也。”

此一章书是孔子望人用力于仁之意。

孔子曰：“仁之当好，不仁之当恶，谁不知之？然我未尝见好仁者、恶不仁者。盖我所谓好仁者，非泛泛然好之也，真知仁之可好，而好之极其笃，举天下可好之物无可以加之，方是好仁。我所谓恶不仁者，非泛泛然恶之也，其为仁也，惟恐不仁之为害，而恶之极其深，不使一毫不仁之事及于其身，方是恶不仁。此成德之事难得而见之也。然为仁在我，欲之即至。若有人焉，一旦奋然用其力于仁，精以察理而守之以刚，严以辨私而遏之以断，则志之所至，气亦至焉。我未见有心欲进，而力不足以副之者。盖人气禀不同，或亦有此昏弱之甚者，既用其力矣，而力有不足，中道而废，但我未之见耳。”

夫成德既难其人，而学者复甘于自弃，圣人反复叹息，其责人也深，而望人也切矣！

子曰：“人之过也，各于其党。观过，斯知仁矣。”

此一章书是孔子论观人心术之法。

孔子曰：“凡人心术之邪正难知，而行事之差失易见。即差失之中而邪正自分焉。君子存心宽厚，倘有过失，必是过于宽厚。小人存心刻薄，其为过失，必是过于刻薄。其党类各自不同，观人者不可以为过而概视之也。观其过于宽厚，知为忠恕之君子；观其过于刻薄，知为残忍之小人。忠恕，仁也。残忍，不仁也。观忠恕之过异于残忍，不即此可以知仁哉？”

此可见观人之法，无过者，不可苛求；有过者，不可轻弃，当察其心术何如耳。

子曰：“朝闻道，夕死可矣。”

此一章书是孔子甚言道之不可不闻也。

孔子曰：“人之生也，皆有日用常行之道。如为人子，即有孝之道；为人臣，即有忠之道；所宜讲求体认者也。若不闻此道，则生也有愧，死亦有恨。故平日间用心讲求，竭力体认，一旦豁然贯通，虽夕死亦可以无遗憾矣。”

甚矣，道之不可不闻也！然不学不知道，欲闻道者，当以务学为急。

子曰：“士志于道，而耻恶衣恶食者，未足与议也。”

此一章书是孔子论士之识趣不可不高也。

孔子曰：“为学之士有志于斯道宜其斯道以外之物皆不足以动其心矣。而乃以衣服饮食之不美为愧耻，则是羞贫贱、慕富贵，其识趣之卑陋甚矣。与之论道，其于性分可乐之事，必且茫然，岂足与议哉？”

颜子一箪食、一瓢饮不改其乐，子路敝衣缊袍与衣狐貉者立而不耻，此真能志于道者也。士当如是矣。

子曰："君子之于天下也，无适也，无莫也，义之与比。"

此一章书是言君子精义之学也。

孔子曰："天下有至当之理，处天下事者必不可任一己之私。是故有意主于必为，虽或不可为而犹为之者，谓之适；意主于必不为，虽或可以为而犹不为者，谓之莫。二者但偏执己见，于以处天下事必有害矣。惟君子之于天下也，未尝主于必为而无适也，未尝主于必不为而无莫也。是非可否，一断之以当然之义。义之所在坦然无私，确然无疑，既不至于轻率而败事，亦不至于拘执而不通，是谓义之于比。"

天下所以赖有君子也。然精义之学若非讲究于平日，焉能泛应于临时？有天下之责者所宜自审也。

子曰："君子怀德，小人怀土；君子怀刑，小人怀惠"。

此一章书是言君子小人心术之别也。

孔子曰："人各有所怀，人各有所怀，而人品之不同，即于此见之。君子之所怀者在固有之德，本体惟恐其或昧，分量唯恐其或亏，盖有戒慎恐惧而不自宽者矣。至于小人之所怀者在乎土，不知德之可行而沾沾于自适之处，何其图安而不能迁也？君子之所怀者在朝廷之刑，闲居唯恐其纵肆，举动唯恐其陨越，盖有淡泊宁静而不妄营者矣。至于小人之所怀者在于惠，不知刑之可畏而孳孳于自利之谋，何其贪营而不知厌也。"

是知怀德则无所为而为善，怀刑则有所惮而不为恶。此君子之所以日进于高明也。若怀土则已得而吝于己，怀惠则未得而求诸人。此小人之所以日入于卑陋也。思念之间可不慎哉？

子曰："放于利而行，多怨。"

此一章书是醒趋利者之甚无益也。

孔子曰："仁能好义，居心淡泊，处事公平，则人皆悦服而身自安荣。乃有人焉，念念事事惟利是循。夫我之所爱，亦人之所惜，利既专之于己，害必归之于人。将见与争利者必不能怡然以受，即不与同利者亦莫不闻声而共忿矣，宁不多怨也乎？"

然则放利者本为身谋为家计，非以招怨也，怨实自此生，于身于家何益哉？故善言利者，亦惟求之义而已矣。

子曰："能以礼让为国乎？何有？不能以礼让为国，如礼何？"

此一章书是言为国者当敦礼教之实也。

孔子曰："礼也者，治天下之具也。而仪文节目之中，实出于谦逊恭敬之意谓之让。为人君者能以礼让为国，或修之一身以示之标准，或昭之制度以防其僭慢，则礼教既足以训俗，诚意又足以感人，将见纲纪可正，而风俗可淳，其于治国乎何难之有？若不能以礼让为国，外虽极其文饰，而中鲜有实心，即曰行礼，已失礼之实矣，如礼何哉？礼既不可行，而欲其治国，不亦难乎？"

可见，礼之源出于让，而让之仪即为礼。先王所以缘情而制宜，天下所以一道而同风，皆在乎此。为国者当急务也。

子曰："不患无位，患所以立；不患莫己知，求为可知也。"

此一章书是示人反求诸己之学也。

孔子曰："人不能无所患，然舍己而求人，则失之矣。如位者，人之所欲也，不得其位而患之者，常人之情也。殊不知朝廷之位，取之有道，得之有命，虽患，岂能必得哉？故不患无位，而当患所以立乎其位者。致君泽民之事，一皆讲求于身心，恕无尸位之诮也。名者，人之所以慕也。人不知我而患之者，常人之情也。殊不知令闻之著发之有原，致之有渐，虽患，岂能必致哉？故不患莫己知，而当求为可知之实也。"

明善诚身之要，一皆无忝于幽独，庶无虚誉之耻也。夫患所以立，非以觊位求为可知，非以沽名君子为己之学。重此而轻彼者，正以尸位之诮与虚誉之耻有百倍于无位无名也。不然，有为而为亦奚足贵哉？

子曰："参乎！吾道一以贯之。"曾子曰："唯。"子出。门人问曰："何谓也？"曾子曰："夫子之道，忠恕而已矣。"

此一章书是圣贤心学之传也。

曾子平日学问主于诚身，随事精察，而力行之功既已深矣，故孔子直呼其名而告之曰："参乎！尔亦知吾道乎？吾道统乎天地万物，虽精粗、大小、本末、内外、条理各殊，其实总是一理贯通万事，自然施之各当应之不穷。"

曾子闻孔子此语，不待辨问，直应之曰："唯！"

盖其学力独到，为能深契其旨，其余门人俱未能解，故孔子既出，门人私问于曾子曰："所谓一贯者，何谓也？"

曾子答曰："夫子之道无他，忠恕而已矣。"

至诚无妄，无一毫不自尽之心，所谓忠也；推己心以及人，曲当周详，各从其愿，所谓恕也。盖忠为体，具于一心；恕为用，通乎万理；一以贯之之实不过如是，岂更有他说哉？

夫虞帝传心以精一为旨，孔门传道以一贯为宗。圣功王道，其致一也。

子曰："君子喻于义，小人喻于利。"

此一章书是以心术辨人品也。

孔子曰："人之心术各有专向，大约不过义、利二者而已。君子、小人，实于此辨也。君子循乎天理，其生平见识只在义上看得精微透彻，故其立身行己，大而进退行藏，小而取与辞受，总是向义上行去，以至从权达变，亦无非委曲以成其是。盖君子之心惟知有义，舍义之外一切不足以动其心矣。小人循乎人欲，其朝夕图维只在利上见得纤悉分明，故其处心积虑，上而贪爵恋位，下而全躯肥家，无非为利上起见，甚至沽名干誉，亦不过假托以营其私。盖小人之心惟知有利，舍利之外一切不足动其心矣。"

君子小人所喻不同如此。先儒谓学者莫先于义利之辨，诚以义利者，在一人为公私邪正之关，在天下为世道人心之系，不可不慎择而深辨之也。

子曰："见贤思齐焉，见不贤而内自省也。"

此一章书是示人以反身之学也。

孔子曰："人心之明于人之贤不贤，未有不较然者。至于己之贤不贤，反本加检点，岂是为己之学？今有人于此，如为有德之贤人，我一见之，岂不中心羡之？然徒羡之而不反求之身，究于己身何益？必皇皇焉思所以齐之：我如何砥砺而后可比彼之学问？如何操持而后可比彼之品行？黾勉奋发，有刻刻不能自已者，是之谓见贤思齐焉。有人于此，如为不贤之人，我一见之，岂不中心恶之？然徒恶之而不反问之心，则于己身何补？必切切焉省之于内：我之所为万一如彼，改之不可不速，即我之所为未必如彼，戒之不可不严，提撕警觉，有时时不能自安者，是之谓见不贤而内自省也。"

《书》曰："德无常师，主善为师。"修己用人之法，俱当于此留意焉。

子曰："事父母几谏。见志不从，又敬不违，劳而不怨。"

此一章书是言人子成亲之孝也。

孔子曰："人子事亲，凡事固以承顺为孝。然当父母有过失之时，若惟事顺从，不行谏诤，是陷亲于有过；若直言面诤，又恐伤亲之心。故有一进谏之道，不但容色必当婉顺，或微词以讽，或或乘间而导，委曲转移，不令人知，务使父母乐从而后已，是谓之几谏。惟其几谏，刻刻从隐微之处体贴亲心，不待形于声色，但窥其志意未肯听从，便有跼蹐不自安之意，更加敬谨，依旧几谏，冀亲悔悟而不敢微有违拂。万一亲心蔽锢，或加之责备劳苦之事，只自念己之诚意不能感动父母，岂敢惮劳有一毫怨咎之心？"

总是人子深爱其亲，曲折恳挚，始终几谏。如此稽古帝王，惟大舜能之，万世所当取法也。

子曰："父母在，不远游，游必有方。"

此一章书是欲人子体亲心以为孝也。

孔子曰："凡人父母念子之心，刻刻不忘。为人子者亦当时时体贴亲心方可为孝。父母在堂之时，冬温夏凊，昏定晨省，此是人子之常职，不可不尽。若离亲左右，出外远游，定省旷缺，音问稀疏，无论子心依恋，举念不安，且使父母倚门倚闾，欲见无从，岂不伤亲之心，有亏子职乎？所以不可远游。即使男子生而有事四方，亦有不得已出游之时，然必有一定之方，所使父母知己所在而无忧，设有缓急，一闻亲命，便可应期即至。所以此身虽在远方，此心仍在父母，其委曲深爱之情，即一出游，不敢轻易如此。"

由此推之，古之孝子不登高，不临深，无非欲安亲心而全子道也。为人子者可不常存此念乎？

子曰："父母之年，不可不知也。一则以喜，一则以惧。"

此一章书是孔子醒人及时尽孝之意。

孔子曰："一往而不留者，父母之年；常存而不懈者，人子之心。凡为子者，日侍亲侧，每至习而忘焉，必以父母年岁时时记忆于心，微察其精神气血之盛衰，周旋调护，则瞻依奉养自不能已。盖父母寿考康宁，得以承欢膝下固足可喜，然父母年近衰迈，安能保其遐龄？则又可惧。诚知一端可喜，又一端可惧，则爱日之诚刻刻在念，而所以奉事之者焉，敢有一毫之不尽哉？"

昔人"一日之养不以易三公"，正是此意。人子诚不可不知也。

子曰："古者言之不出，耻躬之不逮也。"

此一章书是孔子发古人慎言之心也。

孔子曰："人之言行贵乎相顾，若言而不行，固为夸诞无实之人。行不及言，亦为浮华无用之学。所以古人沉静简默，不肯轻易出诸口者，诚恐一言既出，不能实践躬行，便贻终身之玷，可耻孰甚？"

故言忠尽忠，言孝尽孝，言言俱归实践，此心方可自安。

古人之慎言如此。试观唐虞三代，兢业万几，惟日不足，其垂诸谟诰者不过数篇而已。可见古人惟尚实行，故多淳厚之风，后世徒事空谈，故入虚浮之习世道人心，日趋于下。孔子所以有怀古之思也。

子曰："以约失之者鲜矣"。

此一章书是孔子教人务实之意。

孔子曰："凡人立身行己，务期无失。然无失之道全在小心收敛，不敢侈然自放，庶可纳于规矩之中。从来广心浩大之人，细行不谨，便多过差。约则近里务实，事事收拾，此心何失之有？"

盖人情稍放纵则日就旷荡，能敛戢则日就准绳。所以成汤制事制心，只是一懋敬；太甲败礼败度，只是一纵欲。圣愚之介，遂于此分，可不慎哉！

子曰："君子欲讷于言而敏于行。"

此一章书是孔子勉人以笃实自修之意。

孔子曰："吾人最易出者，言也，故言常失之有余；最难践者，行也，故行常失之不足。唯成德之君子于言行之间，时存一矫轻警惰之意。故言语务欲其讷，不唯谨所不当言，亦慎其所当言；行事务欲其敏，不唯勇于所能行，亦勉于所难行。斯言能顾行，行能顾言，允称笃实之君子也。"

古来见为文章者，即存诸德行；播为训词者，即措诸事业。人臣事君，不仅敷奏飏言，又必克修厥职，以图实效，则可以见其存心之诚与立品之正矣。

子曰："德不孤，必有邻。"

此一章书是孔子勉人修德也。

孔子曰："德者，人所同得，亦人所同好，所谓此心同，此理同也。人而无德，便独立无与，不相亲附。若有德之人，自无孤立之事，声应气求，闻风斯起，真有一念克服天下归仁气象，故曰有邻。此天理自然之合，不待招致而然，人亦务为修德而已。"

昔舜之成聚成都，汤武之天然协应，实德足以洽众心，故翕然信从耳，岂待有意招徕而后群心悦附哉？

子游曰："事君数，斯辱矣，朋友数，斯疏矣。"

此一章书是子游论事君交友之道也。

子游曰："君臣朋友，皆以义合。人臣事君以匡救为忠，君子交友以切磋为正，其间当言则言，不可则止，唯义所在而已。如君有过，必当极谏，冀君之必听也。倘或不听，则当审于进退之义而去非避咎也，无负而已。苟不知去而徒事烦数，戆激琐渎，则君必厌闻，未免加之斥辱矣，徒取辱而无补于君，义所不取也。朋友有过，必当规正，欲友之必从也。倘或不从，则当审于可否之义而止，非曲意也，无咎而已。苟不知止，而徒事烦数，尽言取尤，则友必厌听，势将日见疏远矣，徒见疏而无益于友，义所不必也。"

子游论事君交友之道如此。

要之，谏诤之本，在于立诚，苟能明善诚身，自能获上信友。至于纳谏以作敢言之气，则在乎君；纳善以取直谅之益，则在乎友。使君有诤臣，而士有诤友，其为社稷之福、道德之助者，岂浅鲜哉？

公冶长第五

子谓公冶长，"可妻也。虽在缧绁之中，非其罪也。"以其子妻之。子谓南容，"邦有道，不废；邦无道，免于刑戮。"以其兄之子妻之。

此一章书见孔子择贤而配：于公冶长，取其素履之无咎；于南容取其言行之能谨，总无愧保身刑家之道也。

公冶长，孔子弟子，姓公冶，名长，字子长。南容，孔子弟子，居南宫，因以为姓，名縚，又名适，字子容。古者以黑索拘挛罪人，谓之縲絏。

孔子谓公冶长之为人，“平日束身修行，素履无咎，可以女配之妻也。虽曾有在缧绁之中一事，然实是无妄之灾，非其自致之罪也”，遂以所生之女妻之。

盖人之有罪无罪，惟信其在我，不一自外至者为荣辱也。孔子之于公冶长，所信者深矣！

南容尝三复白圭，能谨于言行者。孔子谓南容之为人是“有德之君子，若遇邦有道，乃君子道长之时，其谨言慎行，必能全身以远害，不至尽言以招尤，自免于刑罚戮辱”，遂以兄所生之女妻之。

盖人之立身处世，至于治、乱皆宜，则其贤可知。孔子之于南容所取者大矣。总之，明哲保身乃君子修德凝道之事，圣人所取莫要于此。

若夫盛治之时，不使贤者误罹于罪，而积行之君子必见用于朝，不弃于野，则帝王慎刑举贤之道得也。

子谓子贱，“君子哉若人！鲁无君子者，斯焉取斯”？

此一章书是孔子嘉子贱之成德，而又幸鲁之多贤，有以成其德也。

子贱，孔子弟子，姓宓，名不齐，字子贱。

孔子尝谓子贱，“其成德之君子哉！若人乎！夫其所以能为君子者，岂无所取益而然与？良以鲁国多君子，师者，有人；友者，有人；故能取众君子之益，以成其君子之德耳。若使鲁无君子，则熏陶切磋无所取资，斯人其焉所取，以成斯德乎？”

此孔子言美德系乎师友之助，非特叹鲁之多贤也。由此观之，学务资师友以取益，国家务崇教化以作人。教化兴于上，而人财盛于下，自一乡、一国至于天下，皆崇儒尚德，渐摩陶淑，贤人君子有不日盛乎哉？

子贡问曰：“赐也何如？”子曰：“女器也。”曰：“何器也？”曰：“瑚琏也。”

此一章书是孔子因子贡之自考而深许其才之美也。瑚琏，宗庙中盛黍稷之器，以玉为之，夏曰瑚，商曰琏。

子贡见孔子，以君子许子贱，故以己为问曰：“赐也，学问之之所至分量如何？”

孔子曰：“女是有用之成材，犹夫器之适于用者，女乃已成之器也。”

子贡又问曰：“器之为类不同，赐果何器也？”孔子问曰：“器中有瑚琏者，陈之于庙，至贵重也，饰之以玉，至华贵美也。以女之才，见之于用，既达于政事，而又有言语文章之可观，其为庙堂之用，邦家之光者，非女而谁？乃器中之瑚琏也。"

孔子之许子贡如此，然则子贡虽未至于君子之不器，而于器之中亦其至贵者矣。惜当时明王不作，未能尽其用也。

或曰："雍也仁而不佞。"子曰："焉用佞？御人以口给，屡憎于人。不知其仁，焉用佞？"

此一章书孔子极言佞之不可用也。

雍，孔子弟子，姓冉，字仲弓。

仲弓为人重厚简默，而当时以口才便利为尚，故或人语于孔子曰："雍也，禀性醇厚，可谓优于德者矣，而惜乎其短于口才也"。

或人之言徇外而不务内，求名而不务实，谬之甚矣！

孔子曰："焉用佞为哉？恃口以御人，其应答人处，全以便利取给，似乎可听，而中心绝无情实，心口既不相副终是邪佞小人，不足以取重，徒多为人所憎恶耳。女以雍为仁，其仁与否，我不知之，但焉用佞为哉？雍之不佞，正雍之所以为贤也。"

孔子深晓或人如此。

盖有德有言，原相为表里，而仁佞之分正是相反。仁是本心之德，佞则亡其本心之德。察于仁佞，即知君子小人之分。所以端学术、正人心、维世道者，其在此夫！

子使漆雕开仕。对曰："吾斯之未能信。"子说。

此一章书见圣门贵真信之学也。

当日孔子以治安天下为心，使弟子漆雕开仕而从政，盖因其才可用世，非姑试之也。乃漆雕开对曰："人之为学，必于此理：真知确见返诸心而无毫发之疑，然后出而在位，推己治人，始能知之明、处之当而万物各得其所。今吾于此理尚未能真知确见，实信不疑，此时正宜参求体堪，以求自信之不遑，而岂敢出而治人乎？"

开为此言，盖其求道甚诚，而已见大意；所期甚远，而不安小成；其将来成就有未可量。故孔子说之，乃说其不务人知，而止求自信，其笃志于学，殆无难造道之极也。

是知用世者必求有自信之处，而不可躁竞于功名。用人者必知其有自信之处，而不可不甚重夫名器。庶于圣贤之学为无愧，而收得人之实效与！

子曰："道不行，乘桴浮于海。从我者其由与？"子路闻之喜。子曰："由也好勇过我，无所取材。"

此一章书见孔子济世之心甚殷，未尝果于忘世也。

昔孔子之心在于得时行道，致君泽民。乃所如不合而信用无期，故偶然有感而叹曰："吾之所以周流列国，不遑安处者，本欲吾道之行，而使世道、人心咸登上理也。乃今人莫我知，而世莫我用，是吾之道已不行矣。虽复栖栖道路何为乎？亦惟乘彼木筏，浮于海中，以为避世之计。而已然能从我者，弟子之中其惟由乎！盖彼临难不避，当不以浮海为惧也。"

孔子此言惟叹夫道之不行，而实非果有浮海之意。乃子路闻之，以为不许人而独许己，必避世之心有合于师也，遂以为喜。其亦勇于自信，而于事理之宜未尝揆度矣。故孔子曰："人之怯者，一闻浮海则无有不惧，今由不以为惧而反以为喜，是其好勇岂非过于我者乎？然吾之所云浮海者，不过因世不我用而为此不得已之言，以冀望吾道之行耳。试思：海岂可居之处？吾岂浮海之人？由也，惟知好勇，亦未取义理而裁之耳。可无思所以自进乎！"

观孔子之言，虽以之教子路，而亦自明其未尝忘天下之心。但圣如孔子而世莫能用，此春秋之所以不复治与！

孟武伯问："子路仁乎？"子曰："不知也。"又问。子曰："由也，千乘之国，可使治其赋也，不知其仁也。""求也何如？"子曰："求也，千室之邑，百乘之家，可使为之宰也，不知其仁也。""赤也何如？"子曰："赤也，束带立于朝，可使与宾客言也，不知其仁也。"

此一章书，见治世之才易见，而本心之德难全也。

鲁大夫孟武伯见孔子教人必以仁为本，则及门之中必有能全其心德者，乃首以子路为问，意以如子路者，其人果则求道必决其力勇，则用功必专，是"果能全其心德而为仁乎？"

孔子曰："仁道至大，固未可以轻许，而仁具于心，又必其有无。由之于仁，所不知也。"孟武伯以弟子之造诣师所必知，岂以子路之仁而有不知之理，故又以为问。子曰："由也，仁固不可知，而才则有可见。若夫千乘之大国，其兵赋之事甚为难理，如使由而治之，必能时其简练，作其忠义，不但有勇，而且可知方。此才之可见者如是耳，其心之仁则不知也。"

孟武伯以从教者多，子路之外必有能全其仁者，故复以求为问。

孔子曰："求也，多才者也。如千室之大邑，百乘之大家，邑长、家臣，最难胜任。若使求为宰，而在邑则治其人，在家则治其事，必能人民乂安，而庶务修举。此才之可见者如是耳，而其心之仁，则不知也。"

孟武伯又以赤为问。

孔子曰："赤也，知礼者也。如国之有摈，所以昭国威，通邻好，未易得人，若使赤而束带立朝，以应对来朝之宾与来聘之客，其威仪辞令必能通两国之情，而达宾主之意。此才之可见者如是耳，而其心之仁，则不知也。"

总之，仁蕴于心，人不能知，而才见于外，人所易见。所以兵农礼乐，可以随才而器使之。而求仁之功，惟在独知之地而已。

子谓子贡曰："女与回也孰愈？"对曰："赐也何敢望回？回也闻一以知十，赐也闻一以知二。"子曰："弗如也！吾与女弗如也。"

此一章书是孔子以心学觉子贡而且进之也。

昔子贡好方人，孔子恐其骛于知人而暗于知己，故谓之曰："女与回同学吾门，彼此造诣知之必确。女试自思：果与回孰胜乎？"

孔子之言盖欲观其自知何如也。

子贡对曰："人之资质高下不齐，而悟道亦浅深不一。如赐也，其何敢辄以望回乎？回也，以生知之亚，而功力又纯，其明睿所照，能即始见终，而周遍无遗，盖闻一以知十也。赐也，学而知之，而功力又浅，仅因此识彼，而无所泥执，但闻一以知二而已。是回之胜赐者甚远，夫岂赐之所敢望乎？"

此子贡以己方回，而见为不可企及。故孔子因而进之曰："女以为弗如，诚弗如也。凡人、己较量之际，莫难于自知，而更莫难于自屈。观女之言，是能自知，而且能自屈矣。既自知，则必不以己知自足；既自屈，则必不以未至自安。女以为弗如，吾之所与者正此弗如也，而可无由是以自勉乎？"

后子贡因此"弗如"一念，遂得闻性与天道，不止闻一知二。可见为尧为舜，惟在乎见贤思齐之心而已。

宰予昼寝。子曰："朽木不可雕也，粪土之墙不可圬也。于予与何诛。"子曰："始吾于人也，听其言而信其行；今吾于人也，听其言而观行。于予与改是。"

此一章书是孔子教人不倦，爱人无已之心也。

凡人从事于学，必志气清明，工夫勤密，而后有受教之地，可以入道。昔宰予在孔子之门，一日当昼而寝，则其昏昧怠惰，不能好学可知，虽有善教亦将无可施矣。故孔子责之曰："人欲施工于木，使成器用，必其质之坚者然后可雕。若夫腐朽之木，虽加雕刻，必然坏烂，岂可雕乎？人欲施工于墙，使之完整，必其基之固者然后可圬。若夫粪土之墙，虽欲圬镘，必然剥落，岂可圬乎？如人之向学，必自黾勉然后可教。今予也，寝非其时，昏惰如是，其与腐朽之木、粪土之墙何异乎？是彼已无受教之地，而吾亦无所用，其责备矣！"

盖言不足责者，正欲使其猛然警醒也。夫宰予以一寝之失，而孔子责之如此，则为学之事岂不以怠荒为戒而有贵乎自强不息与？又宰予夙在言语之科，每自言其能学，而乃不自勉励，行不掩言，故孔子复警之曰："凡人言行相符，则听言者乃无疑虑。始吾于人也，以其言如是，则其行亦必如是，故既听之即信之，而不复有所疑。今吾之于人也，见其言如是，则恐其行未必如是，故虽听之，必再观之，而不能不有所虑。如此初终顿易，非我之薄待斯人也，因宰予能言而行不逮，乃知听言观行未可概施于人，亦于予而改之耳。”

盖言“于予改”者，正使其惕然悔悟也。统观孔子之言，岂非深责之正所以厚望之与！

子曰：“吾未见刚者。”或对曰：“申枨。”子曰：“枨也欲，焉得刚？”

此一章书是孔子思刚之真，辨刚之似也。

孔子曰：“人立身天地间，须坚强不屈，卓然自立。有此刚德，乃为可贵。然此人吾未之见也。”

孔子之所谓刚，乃浩然之气，平日义理养成，凡富贵贫贱、祸福荣辱，皆不为之动，然后能剖决大疑，担当大事。此大丈夫之真刚，非血气强勇之谓也。或人不知其义，见申枨血气强勇，疑其为刚，对曰：“夫子之弟子申枨岂非刚乎？”孔子曰：“刚者，不屈于物欲者也。枨也多欲，世间可欲之事皆足以动其心，其心一动，便为物揜焉，能光明磊落，不愧不怍，常伸于万物之上乎？可见血气之强，物欲得以屈之；义理之刚，外物不得而夺之。刚与欲正相反而不相似，有欲则不能刚，刚则自能制欲耳。抑刚者天德，惟无欲者乃能之。”

人君法“天行健”，“自强不息”，则刚之一言，实为君德之要与！

子贡曰：“我不欲人之加诸我也，吾亦欲无加诸人。”子曰：“赐也，非尔所及也。”

此一章书是孔子教子贡以由恕及仁之意。

子贡自言其志于孔子曰：“人之未能无我者，以人己之见犹未化也。大凡非礼之事人加于我，我心固所不欲，度量他人之心亦所不欲。若以此加人，是止见有我，不见有人矣。赐则视人犹己，凡我所不欲人加于我之事，我亦欲无加于人。”

子贡此言是本体明净，物我浑忘，不待勉强，乃仁者之事，彼未能臻此，视为太易，故孔子呼其名而抑之曰：

“最难克者，己私；未易全者，仁德。依汝所言，则是视天下为一人，合万物为一体，非己私克尽，心德纯全者不能。汝今日岂遽能及此要之，不欲无加者，自然之仁也；不欲勿施者，勉然之恕也。贤人之学，必由恕以及仁，不得言仁而舍恕”。

孔子非言仁之难，以阻赐之志，正欲使知难，以勉进于仁尔。

子贡曰：“夫子之文章，可得而闻也；夫子之言性与天道，不可得而

闻也。”

此一章书是子贡得闻性道之后而深叹圣人之教人有序也。

子贡曰：“千圣百王之道，属之夫子，学者固欲尽其所有而闻之矣，然而功候未至，不可强也。如吾夫子平日之著为威仪，发为文辞，灿然有条理者，文章是也。文章之中原寓至理，然无行不与，夫子未尝隐秘，故不待真积力久方能有得，即浅学之士皆可得闻。至若仁、义、礼、智，禀于生初之谓性，元、亨、利、贞，运于于穆之谓天道。性、天之理亦有流行发见之端，然渊微精奥，夫子非其人不传，非其时不授，故不但浅学之士不得而闻，即聪明深造者，亦不可得而闻也。”

夫文章、性道，理本一贯。然为显为微，圣人之施教，固有先后；见浅见深，学者之闻道，亦有难易。此以见圣门之教不躐等。子贡进德之后始得闻之而叹其美也。

子路有闻，未之能行，唯恐有闻。

此一章书是门人记子路急于勇行之意。

子路有兼人之才，每闻善言，即时行之。人但见其闻无不行，行无不力。然不观其未行之时，则其勇行之心不见，当其既有所闻，若未之能行，则其心惕然，唯恐复有所闻而行之不及，汲汲皇皇，必力行其所闻而后已焉，何其勇也！盖子路为己之实不急于所闻，而急于所行，故唯恐有闻者非不欲闻之至也，乃其惟日不足之心，欲急行其所已闻，而预待其所未闻耳。观未行而唯恐有闻，则其既行而唯恐不闻可知矣。

商傅说之告高宗曰：“非知之艰，行之维艰”。王忱不艰此，即勇行之意也。子贡问曰：“孔文子何以谓之文也?”子曰：“敏而好学，不耻下问，是以谓之文也。”

此一章书是因论谥而发见圣人节取人善之意。

孔文子是卫大夫，姓孔名圉，谥文子。谥者，行之迹，人有贤否，则谥有善恶。文乃美谥，孔圉素行多疵，得谥为文，子贡疑其未必相称，故问曰：“孔文子何以得谥为文也?”

孔子曰：“凡人资性明敏，便恃聪敏不肯向学。孔圉虽有明敏之资，不敢自恃，凡诗书六艺讲习讨论，无有厌心。其好学也如此。爵位尊显，便自视过高，耻于下问。孔圉虽居大夫之位，不敢自亢，事有未知，必一一访问，虽卑贱之人，虚怀咨询不以为耻。其下问也又如此。考其生平，虽无经天纬地之才，道德博闻之实，然一善足称君子，不没谥法。亦有云勤学好问为文者，孔圉之行，正与相合。此其所以得谥为文也。”

盖圣人鼓人为善，其心甚平，其量甚宽。以孔圉之为人，而犹节取之，其即达舜隐恶扬善之心与！

子谓子产有君子之道四焉：其行己也恭，其事上也敬，其养民也惠，其使民也义。

此一章书是孔子赞美子产，以明人臣之道也。

子产是郑大夫公孙侨。

孔子称子产有君子之道四。四者维何？

恭以行己，君子之道也，子产之行己也，不矜其能，不伐其功，谦谦自牧，何其恭也，是有君子之道一；

敬以事上，君子之道也，子产之事上也，公尔忘私，国尔忘家，翼翼匪懈，何其敬也，是有君子之道二；

惠以养民，君子之道也，子产之养民也，利则必兴，害则必去，有抚字之深恩，何其惠也！是有君子之道三；

义以使民，君子之道也，子产之使民也，田畴有经，衣冠有制，无姑息之弊政，何其义也！故曰有君子之道四。

然则子产备此四美，诚贤大夫也，而郑能用之，是以国安而政理。可见为臣者，不可不知君子之道；而用人者，不可不用君子之人也。

子曰："晏平仲善与人交，久而敬之。"

此一章书是孔子赞晏平仲，以明交道也。

晏平仲，名婴，齐大夫。

孔子曰："朋友之交，五伦之一，不可忽也。但交友者多，善交者少。惟晏平仲善与人交。凡人初交，未有不相敬者也，久之，则习狎矣。因习狎而生怠玩，因怠玩而生嫌隙，敬心渐衰，久要遂废，比比皆然。平仲之与人交也，始固相敬，久亦不替，岂不善哉？"

盖君子交友，上而协恭以事君，下而同心以谋道，一有不敬，将起乖异之端，关系诚非小也。故孔子赞晏平仲，以为交友者法。

子曰："臧文仲居蔡，山节藻棁，何如其知也？"

此一章书言谄渎鬼神之不得为知也。

臧文仲，名辰，鲁大夫。蔡是大龟，出蔡地，故名蔡。

孔子曰："臧文仲，人皆以为知。夫知者明理，当务谄渎鬼神之事。乃臧文仲之于蔡也，为室以居之，又将柱头、斗拱刻为山形，梁上短柱画以水草。文仲之意，以为敬蔡如此，必能降福。不知蔡占卜之用，止可决吉凶之几，不能操祸福之柄。文仲理既不明，心且大惑，何如谓之知乎？"

孔子答樊迟问知曰："务民之义，敬鬼神而远之。"盖知者明理，必无谄渎鬼神之事。从事于知者，可以醒矣。

子张问曰："令尹子文三仕为令尹，无喜色；三已之，无愠色。旧令尹之政，必以告新令尹。何如？"子曰："忠矣。"曰："仁矣乎？"曰："未知，焉得仁？""崔子弑齐君，陈文子有马十乘，弃而违之。至于他邦，则曰：'犹吾大夫崔子也。'违之。之一邦，则又曰：'犹吾大夫崔子也。'违之。何如？"子曰："清矣。"曰："仁矣乎？"曰："未知。焉得仁？"

此一章书是言论人者不可据事而信心也。子文，姓鬬，名谷于菟，楚之上卿，官名令尹。崔子，名杼。陈文子，名须无。皆齐大夫。

子张问曰："楚国令尹子文曾三次进用为令尹，人未有不喜形于色者，彼却无喜悦之色；三次罢官，人未有不愠形于色者，彼却无愠怒之色。其喜怒不形如此。当其罢官时，是一旧令尹矣，以旧令尹见新令尹，嫌忌之心如或不免，彼以旧日所行之政一一告之新令尹，略无猜嫌妒忌之心。其物我无间如此，夫子以为何如？"

孔子曰："贪位恋禄，妒贤嫉能，知为己而不知为国，谓之不忠。子文如此，是实心为国者也，可以为忠矣。"

子张曰："亦可谓之仁矣乎？"

孔子曰："子文之行虽忠，但未知其心若何，倘有一毫立名为人之意，便是人欲之私，而非纯乎天理之公矣，焉得遽信其为仁？"

子张又问："齐大夫崔子弑齐君，陈文子恶其为逆，不肯隐忍与之同列，虽以大夫之富，有马十乘，一旦弃而去之，毫无顾惜之意。及至他国，见其臣不忠，则曰：'与吾国大夫崔子无异，岂可与之共事？遂去之。又往一国，见其臣亦不忠，则又曰：'与吾国大夫崔子无异，岂可与之共事？'又去之。其审于去就如此，夫子以为何如？"

孔子曰："人与恶人居，或至污坏名节。陈文子洁身如此，可以为清矣。"

子张曰："亦可谓之仁人矣乎？"

孔子曰："文子之行虽清，但未知其心若何，倘有一毫怵于利害之意，后来不免怨悔，便是人欲之私，而非纯乎天理之公矣。焉得轻许其为仁？"

大抵人之行事易见，心术难知。行事之美者，宜节取之；而心术之隐者，则宜深察之也。

季文子三思而后行，子闻之，曰："再，思可矣。"

此一章书是孔子教人以义制事之意。季文子，名行父，鲁大夫。

昔季文子每事思之数次然后施行。其用心周密如此。孔子闻之曰："凡事固不可不思，而亦不可过思。思之已得其理，犹恐未确，再平心易气以思之，则是非已明，从违己审行之，自无不当，斯亦可矣，何必三思为哉？"

盖天下之事，断以大义，再思可决；揣以私意，愈思愈疑。故贵乎以义制事也。然格物穷理之功，在乎平日，不在临事。致思之际，格物穷理学问之道愈思愈精，思之不厌其多。此云再思可者，但为应事言之耳。

子曰：“甯武子邦有道则知，邦无道则愚。其知可及也，其愚不可及也。”

此一章书是孔子赞甯武子之大知若愚也。

甯武子是卫大夫，名俞，谥武子。当时卫国有难，上下交讼。惟甯武子周旋其间，卒能免君于危。故夫子称之曰：“甯武子之大夫也，当邦家有道之时，则任其才识，知无不为，何其知！及至无道之时，则不计利害，不露声色，而卒以济其艰难，殆又甚愚。就平常论之，必以为愚不如知；自我观之，时势可以有为。凡有才识者，皆可以见长。惟是事关重大，时值危急，必至性纯笃，宠辱不惊者，乃能善藏其用，而曲成其功。平日所称为知者，反有疑畏，逊谢而不能措手者矣。所以谓其知可及也，其愚不可及也。然谓之曰愚，必奉公而不徇于势利，必恬退而不乐于竞争，必朴拙而不长于粉饰，必戆直而不善于委顺，必特立而不喜于结纳，必尽瘁而不习于规避，然究其终天下之大，知无以加焉。用人者可不知哉？”

子在陈曰：“归与！归与！吾党之小子狂简斐然成章，不知所以裁之。”

此一章书是孔子因道不行而思传道于后也。

孔子周流列国，而淹留于陈，一旦兴叹曰：“吾之初心本欲行道于天下，乃至今而竟不一遇，是道之不行可知矣。我其归于鲁国与！我其归于鲁国与！盖我之道虽不行于天下，然不可不传与后世。今吾党之小子，有识见高明，志趣远大，而言行不甚相掩者，盖狂而间也。其规模体段已子斐然，有文理之可观，但不知以中正之道自裁，而时出于规矩之外。我若归而裁之，使抑其所有余，勉其所不逮，皆可以任斯道之重，而于吾行道之心不少慰哉。”

可见天生圣人，原为天下万世，然圣人得志，则道行于天下；不得志，则道传于万世，继往圣，开来学，斯文一线，亘古今而不息者，其在于“归于”之一叹乎？

子曰：“伯夷叔齐不念旧恶，怨是用希。”

此一章书是孔子推言古圣人之量，以示人存心不可过刻也。

孔子曰：“伯夷、叔齐，古之至清介者也。人之论二子者，必以为度量浅狭、主于记人之过耳。不知二子持身虽介，而处心甚平，律人虽严，而推情甚恕，殆不念人之旧恶者，故人皆服其恶恶之公，而又不绝其自新之路，怨恨之端自然鲜矣。不然，以伯夷、叔齐之操行，如此其隘也，何以当时有义士之称、后世有闻风之感哉？”

推而言之，一人不能求备，观过可以知仁。人主宽以御众，恕以待下，宥其小失，录其大节，略其形迹，而原其情素，则才者见长，不肖者更化，而天下无弃人矣。

子曰："孰谓微生高直？或乞醯焉，乞诸其邻而与之。"

此一章书是孔子欲人谨名实之辨也。

孔子曰："鲁人有微生高者，人皆以为直人，由今观之，孰谓其为直也？夫所谓直者，有即为有，无即为无，绝无一毫委曲，斯可谓之直。而高有不然者，或有人乞醯于高，于时高本无也，乃乞诸其邻而与之。即此一事观之，饰己之无以徇物，掠人之有以市恩，其为不直孰甚？则他端之虚伪，又不问可知矣。"

可见务矫饰以要虚名者，一事败露，生平都丧，亦何益哉？然孔子此言非是于盛名之下为刻责之论，正欲于真伪之间立乱德之防。用人者惟致谨于名实之辨，于众好恶而必察，则真人品出矣。

子曰："巧言、令色、足恭，左丘明耻之，丘亦耻焉之。匿怨而友其人，左丘明耻之，丘亦耻之。"

此一章书是孔子警人以知耻之学也。

孔子曰："习俗之渐漓也，盖有极羞愧之事而不自知者矣。即如人之相接，词色体貌，自有不易之礼。乃巧好其言，务悦人之听；令善其色，务悦人之观；足过其恭务悦人之意。此其人或自以为善于周旋矣，然左丘明固耻之而不为，丘亦耻之而不为焉，盖耻其甘心于谄媚也。人之相交，恩怨亲疏，自有直行之道，若匿怨于心而佯友其人，既不能惩小忿以示宽大，又不能执义概以正朋比，此其人方自以为巧于报施矣，然左丘明固耻之而不为，丘亦耻之而不为焉，盖耻其设心于奸险也。"

大抵人情乐于顺从，故谄媚者易人；人情忽于面交，故奸险者得计。有国家者，宁取朴诚坦易之士，远屏从谀饰伪之人，则廉耻以立，风俗以正，而奸伪之徒亦少矣。

颜渊、季路侍。子曰："盍各言尔志？"子路曰："愿车马，衣轻裘，与朋友共，敝之而无憾。"颜渊曰："愿无伐善，无施劳。"子路曰："愿闻子之志。"子曰："老者安之，朋友信之，少者怀之。"

此一章书见圣贤大道为公之心也。

昔颜渊、季路尝侍于孔子，一堂之上正考德问业之时，孔子因问二子曰："为学莫先于立志，尔二人何不各言尔之志乎？"

于是子路对曰："人不可以自私，凡天下之所有者，皆吾身外之物也。惟愿所乘车马，所衣之轻裘，与朋友共乘而共衣之，虽至敝坏亦无憾焉。"

子路性地高明，勇于为义，不屑为鄙吝之事，故其言如此。

颜渊对曰："人不可以自足，凡一身之所为者，皆务分内之事也。惟愿善有诸己而不矜夸，劳及于人而不张大，祇以全其固有，尽所当为，而无伐无施焉。"

颜渊克己功深，资质纯粹，无一毫满假之心，故其言如此。

二子之言志已毕，子路因进而请曰：

"愿闻夫子之志何如？"

孔子曰："我之志无他，惟愿天下之人各得其所而已。天下之人有老者、有朋友、有少者。老者当安，吾愿安之，而使各得其养；朋友当信，吾愿信之，而使各全其交；少者当怀，吾愿怀之，而使各适其性。因吾身之所接，而尽其性之所本然，随物之自来而予以理之所各足。我之志如此而已。"

合而观之，子路志在公物，而犹知有物；颜渊志在公善，而犹知有善。至孔子则利济天下，而仁育群生，真与天地万物为一体也。本是志，而行之则时雍风动之化，当与尧舜比隆。惜乎不得其位，徒有志而未遂也。

子曰："已矣乎！吾未见能见其过而内自讼者也。"

此一章书是孔子望人改过而激起自新之意也。

孔子曰："凡人不能无过，而有过贵乎能改。若人时时克治，念念省察，偶有过失，即深加悔责，自讼于心，则必能改而无复有过。我尝以此致望于人，而今则已矣。凡人自见其过，或掩饰以自文，或委靡以自安，求其自悔自责而能讼之于心者，则未之见也。如是而望其改过迁善，岂可得乎？盖一念无悔过之机，则终身无自新之路，此吾之所以致叹也。"

然此特为中人以下者言，若圣人居敬穷理，预养此心，邪念不萌，自无过失，岂待有过而后悔耶？

子曰："十室之邑，必有忠信如丘者焉，不如丘之好学也。"

此一章书是孔子勉人好学，以全生质之美也。

孔子曰："凡求道者，固贵有天资之美，而尤贵有学问之功。如我之从事于道也，不敢恃乎天资，而惟恃乎学力，终身黾勉，故底于有成。如但以生质之美而已，即彼十室之邑，地甚狭而人无多，亦必有忠诚信实，可以进道如我者焉。放而天下之广，又不胜其多矣。如彼以粹美之姿，而加以勤敏之力，岂不皆得成就？而顾成就者鲜，乃彼恃其美质，不如我之孜孜于学而好之也，人可无以学自勉乎？"

盖从古无不学之圣人，亦未有圣人而不好学者。圣如尧舜犹必精一执中，孳孳不倦，法尧舜者，又安可不务学乎哉？

雍也第六

子曰："雍也可使南面。"仲弓问子桑伯子，子曰："可也简。"仲弓曰：

“居敬而行简，以临其民，不亦可乎？居简而行简，无乃大简乎？”子曰：“雍之言然。”

此一章书是言临民之贵于居敬也。雍是孔子弟子冉雍。

昔冉雍宽洪简重，故孔子称许之曰：“临民之道，贵乎有容，而驭下之方，尤当不扰。我观雍之为人，度量宽弘，器宇宁静，即使之居于南面之上以理庶政而统庶民，亦无不可。”

维时仲弓知孔子许己之意在于简重，于是以子桑伯子为问，盖因伯子为人亦有与己近似者，故问之以探孔子之评品何如耳。

孔子曰：“凡人立身行事，多有自为烦扰，过于琐屑者。如伯子为人有可取者，其简易而不烦乎？”

孔子此言，因伯子超乎流俗，简略率真而取之，非即以其简为可也。仲弓见孔子之许伯子，而益不能无疑于心，遂进而质之曰：“居上临下固贵于简，然简亦不可概论，不可以不辨也。如居心于敬，兢兢业业，惕励于中而无敢肆慢，如此则心有主而自治严，以此行简，以临其民，虽几务纷乘，皆能得其大体之所在，静而不纷，动而被扰，执要御烦，无为而治，不亦简所当简而可乎？若先自处于简，恣意任情，无复收敛谨饬之意，则中无主而自治疎矣！而所行又概从简略，厌事之心一生，百度之矩尽废，是则为苟简之简，无乃失之过甚而为太简乎？”

仲弓此言至当不易，故孔子深与之曰：“雍也以居敬之简为可，以居简之简为过。其言岂不诚然乎？”

此见敬者乃从古帝王心法，详味仲弓之言，而所谓笃恭而天下平者在是矣！

哀公问：“弟子孰为好学？”孔子对曰：“有颜回者好学，不迁怒，不贰过。不幸短命死矣！今也则亡，未闻好学者也。”

此一章书是称颜回之心学，以勉天下也。

昔孔子以学诲人，于是哀公问之曰：“夫子之门学者甚众，然弟子之中果孰为好学者乎？”

孔子对曰：“人之为学，必体之身心，时加克治，而后谓之能好，非徒事呫哔，可以谓之好学也。吾弟子之中有颜回者，乃真好学之人。盖人当拂意之时不能无怒，但血气用事者一有触发，即不能禁止。或有怒于此而移于彼者。回则不然，未怒之先，心和气平，既怒之后，冰消雾散。盖不以稍有沾滞而迁其怒也。抑人有秉质之偏，不能无过，但志气委靡者一有过失，每不知改悔，多有过于前而复于后者。回则不然，方过之时，觉察精明，知过之后，克治勇猛，亦不以稍存系吝而贰其过也。惟回克己之功无有间断，故谓之好学。惜其丰于德而啬于年，不复存矣。今弟子之中求如回者已不可得，未闻更有好学者也。”

大抵圣门之学，不在辞章记诵之末，而在身心性命之微，诚能居敬穷理，涵养此心，自然如衡常平，如鉴常明，而得无怒无过之本体，又何有不迁不贰之足云哉？故圣学以正心为要。

子华使于齐，冉子为其母请粟。子曰：“与之釜。”请益。曰：“与之庾。”冉子与之粟五秉。子曰：“赤之适齐也，乘肥马，衣轻求。吾闻之也，君子周急不济富。”原思为之宰，与之粟九百，辞。子曰：“毋！以与尔邻里乡党乎！”

此一章书见圣人用财必准之以义也。

子华是孔子弟子公西赤，字子华。冉子即冉求。釜是六斗四升。庾是十六斗。秉是十六斛。

子华一日奉师命出使于齐，时有母在堂。冉求笃于友谊，恐其无以为养，乃为请粟于孔子。孔子与之釜，甚少者，示不当与也。请益，与之庾，亦不多者，示不当益也。冉求未达，遂自与粟五秉，则过多而伤惠矣。孔子因而晓之曰：“赤之为我适齐也，所乘者肥马，所衣者轻裘。富见于外，知其不约于内矣；富形于身，知其不缺于亲矣。我闻之，君子周济人之窘急，而不继续人之富足。汝之与粟是济富，非周急也，是不当与而与者。”

孔子教之以义如此。

原思，孔子弟子，名宪，字子思。时孔子为鲁司寇，有采邑，故以思为邑宰，与粟九百，乃其常禄所当得者也。思素性狷介，以为多而不受，则过于廉而非理之中矣。孔子因而教之曰：“官有常禄，乃国家养廉之典，安得以私意而辞之？即俸禄有余，尔之邻里乡党有贫乏者推以与之，亦足广君惠也。何以辞为？是不当辞而辞者！”

孔子教之以义如此。

大抵取与辞受，必有当然不易之理。冉求务多与以为惠，则失之滥；原思辞常禄以为廉，则失之矫。圣人于赤非吝，于思非奢，斟酌乎义理之中，而化裁其过当之失，故惠非私惠，廉非矫廉。善用财者，以圣人为准可也。

子谓仲弓曰：“犁牛之子骍且角，虽欲勿用，山川其舍诸？”

此一章书见用人者不当拘以世类也。

仲弓为圣门高弟，以德行著名，其父贱而行恶，当时有以此病之者，故孔子譬之曰：“天之生才何常？而世之用才无定。如杂文之牛固不足贵，而生子纯赤，合乎昭代之尚。角且周正，中乎牺牲之选，正祭祀之所须而不可弃者。世人虽以其所生可议，欲置之而不用，然山川之神岂能舍而不享乎？然仲弓之德自当见用于世，不当以父而见废也。”

可见贤哲之生克肖像贤者固多，迈迹自身者亦复不少。故《易》称幹蛊，书贵盖愆，果其才德出众，圣主不遗，古之明扬侧陋，立贤无方者，固有超乎寻常庸俗之见，而不拘乎世类之迹也。

子曰："回也，其心三月不违仁，其余则日月至焉而已矣。"

此一章书言求仁者贵纯其心，许回以励群弟子也。

孔子曰："仁者，心之全德，降衷之初，浑然一体，原无彼此之分，自为私欲所隔，心便违仁，却与为二，不无久暂之异矣。吾门弟子如颜回者，平日克己之功无少间断，至于三月之久，纯乎天理，毫无人欲，心与仁常不相离，庶几与时俱永者矣。其余之群弟子非不从事于仁，但已得而复失，暂明而复蔽，或一日之内能至于仁，过此则私欲间之矣。或一月之内能至于仁，过此则嗜好乘之矣。心之与仁，不过有时而存耳。欲如三月之久，不概见也。"

盖人道至精，不容一念之或杂，不容一息之或疎。故纯亦不已者，圣人之仁也；终食无间者，君子之仁也；三月不违者，大贤之仁也。求仁者亦在持守之久，操存之力，勉勉循循，忘其至焉之名，并化其不违之迹，以几于中心安仁焉可也。

季康子问："仲由可使从政也与？"子曰："由也果，于从政乎何有？"曰："赐也，可使从政也与？"曰："赐也达，于从政乎何有？"曰："求也使从政也与？"曰："求也艺，于从政乎何有？"

此一章书见人才有各当之用，国家不可无器使之道也。

季康子问于孔子曰："夫子之门人若仲由者，可使为大夫而从政也与？"

孔子答曰："从政必须果断之人，方能决大疑，定大计。由也资性刚决，遇事能断，使之从政，有振作而无废弛矣，何难之有？"

康子又问曰："如端木赐者，可使为大夫而从政也与？"

孔子答曰："从政必须通达之人，方能审事几，晓物理。赐也，知识高明，料事多中，使之从政，有变通而无执滞矣，何难之有？"

康子又问曰："如冉求者，可使为大夫而从政也与？"

孔子答曰："从政必须多才多艺之人，方能理繁治剧，区处周详。求也，长于政事，才堪肆应，使之从政，有余裕而无竭蹶矣。何难之有？"

盖三子之才，分之可以各奏一能，合之即以共成至理。国家量能授职，辨材定官，有知人善任之明，自有明作有功之效。孔子此言，实为万世用人之良法也。

季氏使闵子骞为费宰。闵子骞曰："善为我辞焉。如有复我者，则吾必在汶上矣。"

此一章书见闵子出处之守甚正，公私之辨甚严也。

闵子骞是孔子弟子，名损，字子骞。季氏为鲁大夫，专执国政。费乃季氏私邑，据以抗鲁，孔子为司寇时，常欲堕之者。

一日，使人召闵子骞为宰，其意无非欲收人望。然闵子是圣门德行之贤，岂肯私附权臣之党？对使者曰："大夫虽欲用我，然荣禄非我所愿，汝其为我从容委曲达我不仕之心，而止其用我之意。若再来召我，则我必出境而避于汶水之上矣，岂能强我出仕乎？"

盖辞之之意虽婉，而绝之之意甚决，非德行素优，审于进退者不能也。他如仲由、冉求辈，未能早见豫决，遂致失身于权臣，独闵子守正不阿，卓然自立。观其辞宰数语，真足明大义于千古矣。

伯牛有疾，子问之，自牖执其手，曰："亡之，命矣夫！斯人也而有斯疾也！斯人也而有斯疾也！"

此一章书是孔子深惜德行之人，而致叹于天命也。

冉伯牛名耕，孔子弟子。昔伯牛有疾，孔子往问之。伯牛乃自北牖下迁于南牖，使孔子得南面视己，盖以尊君之礼尊师也。孔子不敢当，故不入其室，但自牖中执其手而叹曰："疾势至此，殆将不起矣，然此乃天之所命一定不易，非人之故也。凡人平日检身，或有不谨，以至灾咎，此人所自取，不可委之于命。今以如此之贤人，而乃有如此之疾病也，岂非莫之致而至者耶！"

孔子重言而深惜之如此。

可见圣贤平日守身慎疾，时时儆惕，务求尽其在我，所谓"居易俟命，修身立命"，其道不越乎此也。

子曰："贤哉，回也！一箪食，一瓢饮，在陋巷，人不堪其忧，回也不改其乐。贤哉，回也！"

此一章书是孔子赞颜回造道之深，不以境遇累其心也。

孔子曰："吾人学道，工夫纯熟，实有所得如颜回者，方是有道之贤人。如何见之？凡人见道未深，动为外物所移，故人情每莫难于处贫。回也，不过一箪之食，一瓢之饮，所居在陋巷之中，其贫困如此，使他人处之，有不胜其忧愁者。回也，自有乐处，不以贫困而少改其乐。盖回克去己私无非天理，举一切外至之物毫不足以累其本体，是何等涵养！何等造诣！贤哉，回真有道之人也！"

《易》曰："乐天知命故不忧。"困而能亨，穷居不损，颜氏之子其庶几乎！

冉求曰："非不说子之道，力不足也。"子曰："力不足者，中道而废。今女画。"

此一章书是孔子勉学者以自强之功也。

冉求见孔子曰："夫子之道高矣！美矣！自受教以来，非不中心欣慕，求至于道，但气禀昏弱，力不足以从心，故不能至耳。"

孔子教之曰："女所谓力不足者，曾用其力以求前，至于中道欲进不能，譬如负重行远之人，行至中途，气匮力竭，不得已而废，方谓之力不足。今女自安于怠惰，不加懋勉，如画地自限者然，乃力能进而心有所不欲，非心欲进而力有所不及也。女奈何自弃也哉？"

可见圣人之道只在日用常行，尽人可以用力，诚能真知笃好，自然日新月异，欲罢不能，岂患力有不足者？董子曰："事在勉强而已。"勉强行道，则德日起而大有功。薛瑄曰："为学不在多言，顾力行何如耳。"然则，求道者其亦可以知所务矣。

子谓子夏曰："女为君子儒，无为小人儒。"

此一章书是孔子教人以真儒之学也。

孔子谓子夏曰："今之学者皆谓之儒。然所以为儒之实不同，不可以不辨也。有所谓君子儒者，其用心专在为己，不求人知，凡理有未明，行有未修，无不切实讲求，绝无干名求誉之心，此君子儒也。有所谓小人儒者，其用心专在骛名，不肯务实，若知得一理，行得一事，便欲沽取声誉，绝无近里著己之意，此小人儒也。吾愿女学为君子之儒，无学为小人之儒，庶几心术正，人品端，可日进于成德矣。"

夫君子小人之分，在一人，为学术之辨；在天下，即为世道之关。诚用君子儒，以实心行实事，则天下咸被其泽；倘用小人儒，以伪学窃虚名，则天下受其患。用人者亦何可不审其微而慎其选也哉？

子游为武城宰。子曰："女得人焉尔乎？"曰："有澹台灭明者，行不由径。非公事，未尝至于偃之室也"

此一章书是见圣贤取人之法也。

昔子游为武城邑宰。孔子问曰："为政之道以人才为先，武城一邑之中，岂无道德高重，表见于时者？女亦曾得其人，以之维人心而正风俗否乎？"

子游对曰："人才不可多得，有澹台灭明者，其存心制行，正大光明，即如寻常行路，必由正途而不由邪曲之小径；岁时进见，必因公事。公事之外，未尝轻至邑宰之室。"

以此二事观之，动必以正，无见小欲速之心；守必甚严，无枉己徇人之事。如斯人者，岂不可以表式多士乎？由此推之，用人之法，立心必取其正，正则可以杜巧利之门，而邪士无所容矣；行事必取其大公，公则可以塞奔竞之路，而宵人不能进矣。虽以之宰天下，道岂外是乎？

子曰："孟之反不伐，奔而殿。将入门，策其马，曰：'非敢后也，马不进也。'"

此一章书是孔子称鲁大夫有功不伐，以风世也。

孟之反，名侧，鲁大夫。鲁哀公十一年，齐帅师伐鲁北鄙。鲁师及齐师战于郊，鲁师奔，孟之反后入殿，抽矢策其马曰："非敢后也，马不进也。"其事如此。

孔子特称之曰："凡人有功，多易于夸伐。若孟之反可谓不伐其功者也。凡战败而还，以居后为功。孟之反当我师奔北，独居军后以为殿，御敌以全众，可谓有功矣。乃于将入国门之时，正众人瞩目之地，鞭策其马而言曰：'非我敢于居后也，乃马不能前进也。'非惟不自有其功，而且自揜其功，其不伐也如此。"

盖之反之意，以为不能立功于战阵，而反论绩于败奔，深可羞愧，故托言马不前以揜之，可谓贤大夫矣。凡宇宙内事，皆吾分内事，彼自矜自衒者，皆斗筲之器也。故孔子特称之反，以为天下后世法。

子曰："不有祝鮀之佞而有宋朝之美，难乎免于今之世矣！"

此一章书是孔子叹好谀悦色之非也。

祝鮀是卫大夫，治宗庙者，有口才。朝是宋公子，有美色。此二人是春秋时最著者。孔子叹之曰："方今人心不古，不好直而好谀，不好德而好色必佞口如祝鮀，美色如宋朝，方能取悦于世，不为人所憎疾。若不有祝鮀之佞口与宋朝之美色，则无以投时俗之好，难免于今世之憎疾矣。"孔子盖伤之深也。

夫世教明则人知善之可好而不好谀，知德之可悦而不悦色。《书》云："何畏乎巧言令色？"盖佞口，蛇蝎也；美色，鸩毒也。人主防之不早，去之不速，一为所惑，为害不小。孔子对哀公问政曰"去谗远色"，答颜渊问为邦曰"放郑声、远佞人"，其为后世诫，至深远也。

子曰："谁能出不由户？何莫由斯道也？"

此一章书是孔子醒人由道也。

孔子曰："道之在人，如君臣、父子、昆弟、夫妇、朋友，以至一作止、一语默之间，莫不各有当然之道，在所必由，无时可忽，无地可离，若出必由户者然。试问人谁能出不由户？何故不肯由斯道也？"

此怪而叹之之辞，欲人知道之必当行，而亦以道之本不难行也。

子曰："质胜文则野，文胜质则史。文质彬彬，然后君子。"

此一章书是孔子欲人去文质之偏胜，以进于成德也。

孔子曰："人之一身，内有忠信诚悫之本然者为质，外有威仪文词之灿然者为文，文与质称，相为表里，不可偏胜。若专尚质实，胜过乎文，则径遂鄙陋，与野人相似；若专尚文采，胜过乎质，则粉饰华美，与掌文书之史相似。是岂君子所贵乎？必也内有其质，外有其文，无或有余，无或不足，彬彬然适相匀称，然后为成德之君子矣。”

此孔子为人之治身而言。由此推之，凡人心、风俗、礼乐、教化，皆行以实意而济之以文斯，上下通行，万世无弊也已！

子曰：“人之生也直，罔之生也幸而免。”

此一章书是孔子深儆人之不直也。

孔子曰：“天理本直，而人得此理而生者也。故人生于实理自然初无委曲。凡是是非非，善善恶恶，推而至于应事接物之间，无不有大中至正之理，无所矫强，无所造作，所谓直也。人之所以生者皆此直理，则人当顺此理以生于天地之间，乃为无愧。若使不直而罔，存心虚伪，行事邪曲，则生理既灭，而犹然生于世间者，不过侥幸而得免于死耳，岂尚可以为人哉？”

可见，人性皆善，能率其性即所以全其生，践形尽性，圣贤修身立命之道不外是也。

子曰：“知之者不如好之者，好之者不如乐之者。”

此一章书是孔子鼓舞学者以进境也。

孔子曰：“理道固有浅深，造诣亦有渐次。人之于道，明于心而知向往者，知也。体于心而知爱慕者，好也。融于心而知会通者，乐也。彼不知者无论已，若知为不易之理，未能寻绎讨论，道犹不与我相属。好则爱慕之，诚操持之力不使物欲之蔽偶间于中，以视知者则有间矣，故知不如好。好固胜于知，只是黾勉进修，未能实有诸己，道犹不与我浃，乐则融会于中，充然自得，天地万物之理皆具于身，以视好者又有间矣，故好不如乐。”

学者诚能驯致其功，而又深造不已，学问岂易量哉？

子曰：“中人以上，可以语上也；中人以下，不可以语上也。”

此一章书是言因材施教之意也。

孔子曰：“凡人资质有高下，学问有浅深，教人者当观其力量如何，不可以概施也。若是中等以上之人，禀资既异，学力已深，自可超乘而上，一经指示，便能领会，则言者适当其可，而听者不苦其难，故可以语上也。若中等以下之人，禀质既庸，学力未粹，尚须积累之功，遽语精微，卒难解悟，则言者徒觉其劳，而听者未悉其奥，故不可以语上也。”

然上下岂有定哉？奋志图功，下学亦可以上达；因循玩忽，中人亦等于下愚。总在人之自励如何耳，学者其勉诸！

樊迟问知。子曰：“务民之义，敬鬼神而远之，可谓知矣。”问仁。曰：“仁者，先难而后获，可谓仁矣。”

此一章书是言“知”、“仁”之实理也。

樊迟问知于孔子，孔子曰：“是非之心，知也。见理既明，则是非不惑。盖人生日用自有常行之则，如伦理所当尽，职分所当为者，勉力是务；至于鬼神，诚敬以事，略无谄渎之心，则祸福不足以撄其胸矣。可不谓之知乎？”又问仁。孔子曰：“心无私欲，仁也。存心既公，则私欲不眩。盖为人之道，本有自然之理，如身心之所属，性分之所关者，不辞其难；至于后效，俟其自至，绝无觊覦之念，则功利不足以撼其中矣。可不谓之仁乎？”

总之，知者敏于见事而心不淆，仁者纯以居心而事不扰，仁、知虽有殊名，而其理则一而已。

子曰：“知者乐水，仁者乐山；知者动，仁者静；知者乐，仁者寿。”

此一章书是累言以形仁、知之妙也。

孔子曰：“天下人品不同，性情亦异，然由内而想其外，俱不相沿，各有根心之验，如知者本心虚明，毫无窒滞，有似于水，故乐水。仁者本性端凝，不可摇撼，有似于山，故乐山。此以其性情而言也。知者聪明四达，尽事物之灵通，殆极其通；仁者天理自然，无人欲之纷扰，殆极其静。此以其体段而言也。人惟心有拘系，触境多忧，知者志气清明，不为境累，岂不乐乎？人惟嗜欲无节，败度损寿，仁者精神强固，不为物侵，岂不寿乎？此以其效验而言也。”

仁、知之理，历历可见，如此，人可不务反身修德以自勉乎？

子曰：“齐一变，至于鲁；鲁一变，至于道。”

此一章书是孔子尊王贱霸之意也。

孔子曰：“国家求治，必遵先王之道，庶可垂为久大之模，然费其法而衰替者，易复更其法，而富强者难变。我周初有天下，封太公于齐，封周公于鲁，其时政教风俗依然文武之遗继。而齐尚功利，喜夸诈，太公之治荡然无存矣。若齐之君臣能变功利而为礼教，变夸诈而为信义，则仅可为今日之鲁；鲁虽式微，而纪纲制度不改先王之旧，若能修举废坠，焕然维新，即可一变而王道之盛也。”

二国俱宜更变，而变有难易之不同。如此可见，孔子经纶自有次第，朞月而可，三年有成，一变再变之余，治功自臻醇茂。奈二国俱不能用，惜哉！

子曰：“觚不觚，觚哉！觚哉！”

此一章书是孔子欲人顾名思义之意。觚，或曰酒器，或曰木简，以其有稜，故名为觚。

孔子曰："天下事物有其名必具其实，有其实方称其名。如器之名为觚者，以其有稜角也。若去其棱角，是失觚之实矣，而人犹以觚名之。按其名觚也，按其实不觚也，名虽存而实已亡，尚得谓之觚哉！尚得谓之觚哉！"

孔子见世之有名无实者多，盖因觚而感叹如此，盖子必孝而后可以为子，臣必忠而后可以为臣；礼必敬而后可谓之礼，乐必和可谓之乐。推之凡事凡物，莫不皆然，所当顾名而思义也。

宰我问曰："仁者，虽告之曰：'井有仁焉。'其从之也？"子曰："何为其然也？君子可逝也，不可陷也；可欺也，不可罔也。"

此一章书是言为仁者当明理也。

宰我不知为仁之道，忧其济人而害己，故问曰："仁者以爱人为心，闻人有难即当往救，虽或告之曰：'有人溺在井中，亦将入井而救之乎?"不救，则无济于人，为不仁；救之，则有害于己，为不智。甚矣，为仁之难也。

孔子曰："仁者虽切于救人，然救之必有其道，未闻从井可以救人者，仁者何为其愚若此乎？大凡仁人君子，闻人有难，必生恻隐之心，使之往救则可，若使之自陷其身，如从井以救人则不可。盖凡事有理。君子，明理者也，井中有人，理之所有，人以此欺诳君子则可；若从井救人，理之所无，而欲以此诬罔君子则不可尔。欲为仁，亦权于缓急轻重之间而已。"

夫济人利物者，仁之心；揆事度理者，智之事。天下无不仁之君子，亦无不智之仁人。是以好仁必好学，而后不失之愚也。

子曰："君子博学于文，约之以礼，亦可以弗畔矣夫！"

此一章书是孔子教人以知行兼尽之功也。

孔子曰："凡人求道，不旁通夫事物，则理不明，不实体诸身心，则守不要，或与道相违背者有之。所以君子以为天地民物之理载在诗书六艺之文，旁搜远览，讲习讨论，凡可以广闻见、益聪明者，无不究心焉。然又不徒务博已也，学愈弘通，心愈收敛，凡视听言动，一一持守天理之节文，无敢纵逸，如此既不病于孤陋，又不涉于支离，虽未必即能与道合一，然由此进之，亦可以至于道矣，何违背之有?"

盖为学之方，贵乎知行兼尽。博文是致知之事，约礼是力行之事，诚能读书穷理，即以此体验于践履之间，用功不已，入圣非难，岂但弗畔而已哉！

子见南子，子路不说。夫子矢之曰："予所否者，天厌之！天厌之！"

此一章书是见圣人所为必合乎天也。

孔子至卫，卫灵公之夫人南子请见，孔子辞谢不得，已而见之。盖古者仕于于其国，有见小君之礼，原非一时之权变已也。子路不知，以见此不正之人为辱，故不说。孔子不明言其意，但出誓言以告之曰："凡人立身行己，务期不愧于天，若使我之所为不合于理，不由其道，是获罪于天也，天必弃绝之！天必弃绝之！"

此孔子欲子路信此而深思以得之也。

盖圣人道大德全，无可不可，故于南子有可见之礼，不必峻拒之。至于灵公问陈，明日遂行。孔子岂屈己以徇人者哉？

子曰："中庸之为德也，其至矣乎？民鲜久矣。"

此一章书是孔子以中庸之德望人，所以维世教而兴民行也。

孔子曰："本乎天命人心之正，而不离乎人伦日用之常者，中庸之德也。其为德也，不偏于太过，无可减损；不偏于不及，无可增益；非有新奇之足喜，自然经久而可行，岂非尽善尽美，至极而无以加者乎？是德也，民之所同德也，但或拘于气禀之偏，或安于习俗之敝，少有此德亦已久矣"。

盖民不兴行，由于世教之衰，苟主持世教者修其身而明其道，仁义礼智之性，生而同然，君臣父子之经，人所易晓，中庸之德何难率天下而行之哉？

子贡曰："如有博施于民而能济众，何如？可谓仁乎？"

子曰："何事于仁，必也圣乎！尧舜其犹病诸！夫仁者，己欲立而立人，己欲达而达人。能近取譬，可谓仁之方也已。"

此一章书是孔子教子贡以求仁之方也。

子贡曰："凡仁主乎爱，必尽爱之事而后成仁之用。如有人加惠于民，其施甚博，无一夫之不被，而又能于所施之众莫不有济，此其人何如？可谓仁乎？"

孔子曰："仁之量固无穷，而仁之力则有限。若云博施济众，岂但止于仁而已，必也圣人体乎仁以造其极者，庶足以当此圣，如尧舜宜其于博施哦济众，无有不慊矣，然而势实有所不能，虽尧舜犹慊然有不足也。必欲以此求仁，则愈求而愈远矣，何不观仁者之心乎？夫所谓仁者，不必事功之广阔，而在心体之周流。己欲成立，便思扶植人，使之皆得以自立；己欲通达，便被沮塞人，使之皆得以自达。如此立心，全然天理之公，毫无私欲之间，不必遍物而爱之。凡天下之大，已无不在吾胞与之内，其体量固如此也。然则求仁者亦但求诸心而已。诚能近取诸身，以己譬人，己欲立，知人亦欲立，即推以立人；己欲达，知人亦欲达，即推以达人。始虽由于勉强，后必进于自然，未可谓臻乎仁之至，而实可谓造乎仁之方也已。"

子贡欲于功用求仁，则难而愈远；孔子教以心体求仁，则约而可成。盖仁者以地万物为一体，无非见得人己相通，故到得一体地位。法尧舜者，务存仁者之心则得矣，何事博施济众为哉？

《日讲四书解义》卷六

论语 上之三

述而第七

子曰："述而不作，信而好古，窃比于我老彭。"

此一章书是孔子自叙其立言之有本也。

孔子曰："凡前人所已言已行而于我传之谓之述，前人所未言未行而于我创之谓之作。作者为圣，岂所易几哉？我但述前人之旧，或考诸典籍而为之阐扬，或闻诸故老而加以裁订，实未尝有所作也。所以然者，盖天下之理不出古人论说之中，我深信不疑而笃好不厌，是以惟知其当述，而无容复作也。然岂由我一人之见如是哉？商时有贤大夫老彭者，信古而传述，已先我而作则于前矣，我私自效法，以庶几得比于我老彭耳。"

夫孔子删定赞修，发明古圣王之道以垂教万世，虽为述之事，实胜作之功，乃不特不自居于作，并不遽任为述。圣人德愈盛而心愈下，固如此夫！

子曰："默而识之，学而不厌，诲人不倦，何有于我哉？"

此一章书是圣人德有余而心愈不足也。

孔子曰："人于性命事物之理，言时则存诸心，不言时即去诸心，由心与理未洽耳。若乃沉潜渊默，而此心常能体会；举平时所阅历而有得者，皆识之不忘；非见之深、习之熟，岂易至此？凡学者久则易厌，若乃学焉，而已知者益求其知，已能者益求其能，深信义理之无穷，而孜孜向进，未尝有厌弃之意，此成已而不息者也。凡诲人者，视人与己不相识涉，则易倦；若乃诲人而未知者导之使知，未能者导之使能，深见物我之无间而循循造就，未尝有倦怠之心；此成物而不息者也。三者皆我所从事焉，以期其必然者，以我自考遂敢谓体备而无歉耶，何者能有于我哉？"

夫圣人总群圣而会其全，合万物而归于极。人见其艺精仁熟，而圣人不自以为能，盖惟造道之极者，乃望道而未见也。

子曰："德之不修，学之不讲，闻义不能徙，不善不能改，是吾忧也。"

此一章书是圣人忧勤不已之意。

孔子曰："理得于心谓之德，德者人所固有，惟修以蓄之则德日进于高明矣。乃不从事于省察克治，以自全其本体，将德何有而成乎？凡效法圣贤之所我谓之学，学者人所当勉，惟讲以明之，则学日至于纯熟矣。乃不从事于讲习讨论，以深究其精微，将学何自而明乎？事之宜为义，若已闻之是明知其益，便当奋发有为而迁徙以从之也；乃闻义而不能即用其力以求合乎当然，则善无由而积矣。人之心本善，其有不善，是私欲之累，便当深自愧悔而勿惮于改也。乃不善而不能内疚于心，以绝远乎非僻，则过无由而去矣。此四者，其功不可不全，其责无可他诿，是无所深忧而不能自已者也。"

夫修德、讲学、徙义、改过，皆日新之要，圣人岂真有所不能而犹以此为忧？盖其进修无已之心固惟日不足也。

子之燕居，申申如也，夭夭如也。

此一章书是形容圣人闲居气象。

记者谓凡人当闲暇之时，怠肆者易流于亵，敛束者或过于严，盖由积于中者未极其纯，故见于外者为协乎节也。惟夫子周旋中礼，随在各当，如当燕居无事，自不同于在朝在庙应务接物之时，则见其舒徐自若，而无迫遽之意，其容申申如也，温润可亲，而无震厉之气，其色夭夭如也，自其德性之纯粹，发为气体之和平，诚有拟议之所难穷者尔。

夫圣人举止动静，无不适合乎当然，而其见于燕居者如此，非善观圣人者其孰能如此？

子曰："甚矣吾衰也！久矣吾不复梦见周公。"

此一章书是孔子为道不行而叹也。

孔子曰："凡人之气，壮而盛，老而衰。方其盛也，习焉而不觉；及其衰也，随感而可知。'盛矣，吾气之衰也！'何以验之？吾向也，年当少壮，常梦见周公，不能以身接而犹能以神遇；至于今，久矣不复梦见周公矣！即此而观，不可以见吾衰之甚乎？"

孔子志在行周公之道，原不因年而有异，虽自欺其不梦周公，终何尝一日忘周公哉！夫孔子之不忘周公，乃孔子之不忘天下万世也，而仅托之梦想发诸浩叹，岂不深可惜也！

子曰："志于道，据于德，依于仁，游于艺。"

此一章书是孔子教人以心学之全功也。

孔子曰："学莫先于立志，若非所当志而志，则志失其正矣。夫人伦日用之间各有当然之理，所谓道也，必志于此，而致知以究其原，力行以尽其事，务使心神专一以期渐进于高明，则所适者正而不惑于他途矣。行此道而有得于心谓之德，德而不据则持循不密，将心之所得能保其永存乎？必也操以强忍之力，务使此德恒守而不失，德愈积而守愈坚，则始终允执而众善备矣。行此道而得全于心谓之仁，仁而不依则物欲时引，将心之所全能保其不亏乎？必也尽其存养之功，务使此仁日习而不违，仁愈至而习愈熟，则常变悉协而天理纯矣。自志道而据德依仁，本之在内者既无不尽，而末之在外者又安可遗乎？如《诗》、《书》、《礼》、《乐》之文，射御书数之法，皆至理所寓。所谓艺也，诚能游心于此，朝夕涵泳，以陶养其性情，则有以通乎物理，周乎世用，而心亦无所放矣。”

盖道、德、仁、艺，所以会乎理之全，志、据、依、游，所以尽其心之用，本末兼该，内外交养而不失乎先后轻重之序焉！圣学之所以有成也与！

子曰："自行束脩以上，吾未尝无诲焉。"

此一章书是圣人诲人不倦之意。

孔子曰："人性本无不善，而不能使之同归于善，是亦教者之过也。人不知来学，而必欲往教，固无是理。苟其求教之诚，执贽而来，虽自行一束之修以上，厚薄不同，而向道之心则同，皆可与为学者也，吾未尝不惓惓以尽其诲焉。"

夫圣人设教，不轻授人，教之义也；亦不轻弃人，教之仁也；教泽所以无穷也与！

子曰："不愤不启，不悱不发，举一隅不以三隅反，则不复也。"

此一章书是圣人施教之有方也。

子曰："教人者岂不欲尽言而无隐，但必俟受教者有地而后设教者可施。人有心求通而未得通，其意愤然不能自已者，在彼先有可通之势，而我为之开其意，则不难释彼之疑，是启之有益于愤也；若不愤，则彼原无志于求通，而何以启之？是以不启。人有口欲言而未能言，其貌悱然不克自伸者，在彼先有可言之机，而我为之达其辞，则不难畅彼之隐，是发之有益于悱也；若不悱，则彼原未有所欲言，而何从发之？是以不发。至于人有为我所面命者，如举一隅以告之，必能触类引申，以三隅反证，然后复告，则彼之悟无穷，而我之言亦易入；若举一隅而不更，即三隅还以相质，则是执一而寡所旁通，绝不能自用其力者，即复之何益？是以不复也。"

盖教者固有欲尽之心，学者尤必有自致之力，然后教学相长，可与有成，否则，虽谆谆告语无庸也。孔子之不轻于教，正其不倦于教之意也夫！

子食于有丧者之侧，未尝饱也。子于是日哭，则不歌。

此一章书是见圣人性情之正也。

记者谓吾夫子德性纯粹，哀乐适当乎中，如人当有丧，夫子推见至隐而哀之，时而食于其侧，则不能甘味，而未尝饱也；如于是日弔人而哭，余哀未忘，则终是日哀乐不相袭，而自不能歌也。夫圣人之不饱不歌，其有心行乎其间？乃随所遇而各中其节。圣人自然之忠厚也，学者能识圣人用情之忠厚，其亦足以进道矣夫！

子谓颜渊曰："用之则行，舍之则藏，惟我与尔有是夫！"子路曰："子行三军，则谁与？"子曰："暴虎冯河，死而无悔者，吾不能与也。必也临事而惧，好谋而成者也。"

此一章书是见圣贤出处之必有其具也。

孔子谓颜渊曰："吾人出处之道，所遇者系乎时，而所操者存乎己，有如用之，是时可以有为也，则出而行道，以成宏济之功；其或舍之，是时报可以有为也，则卷而藏之，以全独善之志。仕止久速，既听其遇之自然，又不失其理之宜然，当吾世孰能有此哉？惟我与尔有是夫！"固有独喻而不可以告人者矣。

子路闻是言而请曰："用、舍、行、藏，夫子固与回共之矣。若夫子一旦行三军而有战伐之事，则将谁与乎？"

子路盖自负其勇而以为非己莫与也。

孔子曰："兵，凶器也；战，危事也；而可以血气逞乎？如暴虎徒搏，冯河徒涉，轻生妄动，死而无悔者，既不知一己之利害，又焉能措大事于万全？吾所不与也。必也平日之涵养裕乎一心，临事之际不但不肯妄动，且有战兢危惧之意，又好深谋远虑，斟酌至当，而后果决以成之。如此之人，以敬慎养其义气，以详密保其全功，可谓智勇兼备者，是乃吾之所与也。"

由前观之，则知可以退者乃可以进，彼尸位恋禄与干时躁进之徒，皆非用世之具也；由后观之，则知有谋者乃能有勇，彼卤莽剽锐与轻浮喜事之子，皆非成功之人也。人主论相择将，其必取法乎此哉！

子曰："富而可求也，虽执鞭之士，吾亦为之。如不可求，从吾所好。"

此一章书是圣人破人妄求之心也。

孔子曰："天下之物，未尝不有求而得之者，至于富则何如哉？若富可以人力强求也，则虽执鞭之士吾亦为之矣。执鞭虽贱役，而屈己足以致富，又何辞焉？但人之贫富亦非偶然，在天有一定之数，在己有一定之理，如不可强求而得，则何不此中心之所好，为安于命而合于理也乎！"

夫求富则乞诸人而不得从好，则反诸己而有余，人亦何必营营取辱哉？然则士之所以立身，君子之所以取人，必先观其所守，而后可知其所为亦。

子之所慎：齐、战、疾。

此一章书是门人记夫子谨身之大节也。

吾夫子何事不慎、何时不慎而又有所更慎焉者盖有三也：其一曰齐，夫齐以交神，神之所以享格者，在诚意不在虚文，一有不慎，则备礼备乐无益也。若夫清明其志，俨恪其体，所谓祭如在者惟夫子有焉；一曰战，夫战以卫国，国之所以灵长者，在胜算不在黩武，一有不慎，则坚甲利兵无益也。若夫临事而惧，好谋而成，所谓神武不杀者惟夫子有焉；一曰疾，夫疾为身累，身之所以保摄者在平日，尤在一时，一有不慎，则补救怨尤无益。若夫养其天和，择其医药，所谓守身为大者惟夫子有焉。

可见圣人无所不慎，而三者关系非轻，故谨之又谨，要非深窥圣人者，焉能知其如此哉？

子在齐闻韶，三月不知肉味。曰："不图为乐之至于斯也！"

此一章书是见圣人之神游古帝也。

昔帝舜之作乐也，名曰韶，以至圣之德当极治之时，其声容美善虽得之传闻，而未易亲见也。舜之后有陈敬仲者奔齐，故齐有韶乐，夫子至齐而得闻焉。于是三月之久，一心向往，至于饮食俱忘，不知肉味，且赞叹曰："古乐之入人也深矣，更有出于意想之外者！不图为乐之至于斯也，非其盛德乌能若此乎？盖治之象征乎？"

乐而乐之，原系乎德. 孔子之所以极赞舜乐者，其亦与舜合德而后知其深也，岂仅在声音节奏之际哉？

冉有曰："夫子为卫君乎？"子贡曰："诺。吾将问之。"入，曰："伯夷叔齐何人也？"曰："古之贤人也。"曰："怨乎？"曰："求仁而得仁，又何怨？"出，曰："夫子不为也。"

此一章书是见圣贤正名之心也。

昔卫世子蒯聩得罪出奔，国人立其子辄为君，以继灵公之后。及晋人送蒯聩归国，辄遂拒之不受，当时之人莫不以蒯聩为罪人而辄拒之。为是也，冉有有疑而问子贡曰："卫君之立，人皆为之矣，不知夫子亦以为然而为之乎？"

子贡曰："诺。吾将入见夫子而问之。"子贡不敢直言卫君，而取古之尊父命让国祚者以为问，曰："伯夷、叔齐何人也？"

孔子曰："二子逊国而逃，制行高洁，古之贤人也。"

子贡曰："二子固是贤人，但不知让国之后亦有后悔而怨焉否乎？"

子贡之意以为贤如二子苟尚不免于怨，则卫君又何责焉？孔子曰："凡人有所求而不得则怨，若伯夷以尊父命为正，叔齐以不尊乱命为安，各行其志，皆合乎理，是求仁而得仁矣，又何怨乎？"

于是子贡出，谓冉有曰："夫子不为卫君也。"

盖国之得失，孰如父子之大伦？观夷齐之尊父命为孔子所深取，则卫君之拒父，又岂待再问而知之乎？惜也，圣贤正名之心徒存之空谈而已也！

子曰："饭疏食饮水，曲肱而枕之，乐亦在其中矣。不义而富且贵，于我如浮云。"

此一章书是见圣人自得之乐，不以境遇而移也。

孔子曰："人之常情，莫不厌贫贱而慕富贵，至于我则不然，即如疏食，可饭也则饭之，水可饮也则饮之。肱可曲也则枕之，其为淡泊不亦甚乎？然我之真乐初不因此而减，盖亦在其中矣。其或不义而富且贵，似亦胜于疏水曲肱。然自我视之，殆如浮云之于太空，任其往来而不足以动其清虚也，其乐何如哉？"

可见圣人之心原有真乐，故一切境遇不足为累，岂仅矫当世而薄富贵者比与？

子曰："加我数年，五十以学《易》，可以无大过矣。"

此一章书是圣人明《易》理之当学也。

孔子曰："古圣人之制《易》也，天道于是乎昭焉，人事于是乎备焉，广大精微，前民利用之书也，我留心用力久矣，若天再假我数年，使得竟其学《易》之功，或观其象而玩其辞，或观其变而玩其占，则吉凶消长之理明，进退存亡之道得，一动一静，虽未必全然无过，其亦可以无大过矣。"

可见圣如孔子尚以读《易》寡过自勉，况有裁成辅相之责者，其可不务于穷理尽性，以几参赞位育之能事哉？

子所雅言，《诗》、《书》、执礼，皆雅言也。

此一章书是门人记圣教之有常也。

夫子设教，因人而施，固亦无所不言矣。而更有所雅言者，一曰《诗》，《诗》之为教有美有刺，而温厚和平，足以养性情。一曰《书》，《书》之为教有治有乱，而典则详明，足以考政事。一曰"执礼"，《礼》之为教育情有文，而斟酌损益，足以定法守。是三者皆日用切身之具，故夫子皆雅言之。有时言《诗》、《书》、《礼》，固是雅言，有时不言《诗》、《书》、《礼》，亦无非雅言也。学者尚可舍此而别求异闻与？

叶公问孔子于子路，子路不对。子曰："女奚不曰，其为人也，发愤忘食，乐以忘忧，不知老之将至云尔。"

此一章书是圣人自明其好学之笃也。

昔叶公问孔子之为人于子路，子路不对，盖以圣人之德难以名言耳。孔子闻而教之曰："叶公欲知我而后问，而尔复不对，不愈令彼疑我也？女奚不曰，其为人也，好学无厌者也。当其发愤之时，遂至于忘食；及其自得而乐也，遂至于忘忧；或愤而愈乐，或乐而益愤，学以忘年，惟日不足，又焉知老冉冉其将至乎？为之为人不过云尔，有何深远而不以对也？”

要之，孔子不过自言其平常，而功夫至此已极纯粹。学圣人者其亦知所向往哉！

子曰：“我非生而知之者，好古，敏以求之者也。”

此一章书是圣人揭己以示人也。

孔子曰：“人皆以我为无不知矣，抑知我所以知之之故乎？大凡人有聪明睿智出于天然者，是谓生知。又有逊志时敏期于有获者，是谓学知。我亦不可谓非知者也，然非生而知之者，乃笃信好古，不自暇逸，敏以求之者也。我何敢自欺以欺人乎？”

盖生知、学知，成功皆一。生知而不加之以学，亦未能尽知之量。至于孔子生知之圣，犹加之以学问之功，所以集千古之大成。人岂可自恃质禀而废勉强之功哉？

子不语怪、力、乱、神。

此一章书是门人记夫子谨言以立世防也。

吾夫子教人曷尝有所隐哉？而亦有所不语哉。其一曰“怪”，怪则诡异不经，惑人听闻。其一曰“力”，力则恃强好胜，不顾义理。其一曰“乱”，乱者干名犯分，为人伦之大变。其一曰“神”，神者幽远难测，为日用之所不切。此四者或非理之正，或非理之常，在言之者或足以快一时之听闻，而信之者必至于坏生人之心术，夫子之绝口不语者，其防世之心岂不远哉！

大抵怪诞不经者，必尚恃诈力以济邪谋，犯上作乱者多托言鬼神以惑愚众，此圣人首严异端之防，而明王必申左道之禁也。

子曰：“三人行，必有我师焉。择其善者而从之，其不善者而改之。”

此一章书是欲学者随在取益也。

孔子曰：“人之本能精进者，往往以得师为难，不知师亦何地不有哉！即如三人同行，言其数则甚寡，论其时则甚暂，然亦必有我师焉。彼其一言一动有合于理而为善者，亦有悖于理而为不善者，若我不能存心为己，则彼之善、不善于我何与？好学者择其善者而从之，唯恐己之善不如彼也。其不善者而改之，唯恐己之不善如彼也。”

是一时之观感兴起，善者固之师；而一念之警省惩创，不善者亦我之师也。安往而非我得力之处哉？

可见圣德以日新为大学问，交修而成，因人见道，随处求益。《书经》所谓“德无常师，主善为师。”职此意也。

子曰："天生德于予，桓魋其如予何？"

此一章书是圣人援天以自信也。

昔孔子周流至于宋国，有司马桓魋者忌孔子而欲害之，是时从者皆惧其不免也，孔子晓之曰："人之祸福皆系于天，天虽旷远而难知，然返观于予而有可以自信者，思予何以有是德哉，乃天生是德于予，非偶然也。天意既如此，则予之命天自主之，桓魋其如予何？"

要之，圣人有知天之明，有先天后天之学，故能见之确，决之定，有迪吉而无凶咎也。不然，宁不为妄人所借口哉？

子曰："二三子以我为隐乎？吾无隐乎尔。吾无行而不与二三子者，是丘也。"

此一章书是孔子以身教示门人也。

孔门弟子每以言语求圣人，故以无言为吝教。孔子示之曰："二三子之来学久矣，抑知丘之为丘乎？其无乃以为隐讳而不言乎？不知吾之于尔，初未尝有所隐也。盖道之在人，不过日用寻常之际，吾之立教，原不离动静云为之间。不但吾辈欲隐，即道本无可隐者。不但吾无所隐，即二三子谁是可隐者？吾无行而不与二三子者，是丘之无丘固如是也。尚何疑于丘哉？"

总之，圣人与化工合德，而凡人亦原与圣人同体，苟能反诸身心之间，以求契乎无隐之旨，虽圣人可学而至也，何圣教之难窥耶？

子以四教：文、行、忠、信。

此一章书是门人记圣教之全功也。

孔子之教人，盖亦多术矣，而其大端有四。四者唯何？文、行、忠、信是也。盖天下之义理无穷，而《诗》、《书》六艺已备载之，学而可以不文字乎？平日之闻见皆虚，而躬行实践乃有获焉，学而可以无行乎？至于居心之间偶涉于虚伪，应物之际或近于欺诈，则文行虽优，而根本已失，不但自惧，而且以惧人矣，学而可以不忠、可以不信乎？此夫子所以谆谆垂示，恐人不留意于四者之中，亦恐复妄求于四者之外，其为教也，不亦严且切与？学者究心于此，则知行并茂，表里如一，其以几于成德也无难矣。

子曰："圣人，吾不得而见之矣；得见君子者，斯可矣"。子曰："善人，吾不得而见之矣；得见有恒者，斯可矣。亡而为有，虚而为盈，约而为泰，难乎有恒矣。"

此一章书是孔子教人存恒心以为作圣之基也。

孔子曰："天下之人品不同，然有其根基则皆可上进。如神明不测谓之圣人，吾未始不欲见其人也，然圣人不世出，吾不得而见之矣；得见才德兼优之君子，斯可矣。盖君子虽未至于圣人，然学已有成，去圣不远，不亦慰吾见圣之思乎？”“若君子而外，天资粹美谓之善人，吾未始不欲见其人也，然善人亦不常有得见；立心纯常之有恒者，斯可矣。盖有恒者虽未即为善人，然存心朴质，立志坚贞，不亦慰吾见善之思乎？夫有恒之与圣人，高下固甚悬绝，然其姿质极醇，无所虚伪，使充之以学，未始不可作圣。若夫人之虚伪者，本无也，而作为实有之状；本虚也，而作为盈满之状；本约也，而作为侈泰之状。其人如此，虽一时伪以欺人，久之自不能继，难望其有恒矣。有恒既不可得，又何以为作圣之基哉？”

大抵圣人、君子、善人，总不外此有恒之一心，在圣人则为至诚无息之心，在君子则为自强不息之心，在善人则为纯一不二之心。人能常守此心，即是作圣根本。此孔子思见有恒，即所以思见圣人也。

子钓而不纲，弋不射宿。

此一章书是记圣人爱物之仁也。

钓，是以饵取鱼。纲，是用大网绝流而取。弋，是以丝系矢而射。宿，是鸟之栖者。

记者曰：“孔子贫贱之时，常亲取鱼鸟为祭祀奉养之用。但常人处此每多贪得之念，而孔子行之则弥见好生之心。其取鱼也，但用钩以钓，任其自至而已，未尝以绳系纲，绝流而尽取之也；其取鸟也，但以丝系矢射其飞者而已，未尝伺其栖宿用射以掩取之也。”

由此观之，不得不取者，有必尽之理；不忍尽取者，寓爱物之仁。盖圣人浑然仁体，心同造化，故于取物之中见生物之意。如此，本此意而推之，岂不人人咸遂其生，而万物各得其所与？惜乎不得其位，老安少怀之志，仅托之梦寐东周而已。

子曰：“盖有不知而作之者，我无是也。多闻，择其善者而从之，多见而识之，知之次也。”

此一章书是孔子自叙求知之功以示人也。

孔子曰：“天下之事莫不有理，必先知之明，而后行之当。今天下之人有不知其理而妄有所作为者，我则无是也。盖天下之义理无穷，闻见不博，非所以求知于人；择识不精，非所以求知于己。我惟是多闻天下之理，择其善者而从之，务使有得；多见天下之事，无分善恶而识之，以备参考。此由学、问以广聪明，虽未为生知，而亦可为知之次也。”

夫生知安行，如孔子而谦冲自勉如此，则知闻见择识乃求知之法，而讲学穷理之功，诚不可以或废也。

互乡难与言，童子见，门人惑。子曰：“与其进也，不与其退也，唯何

甚？人洁己以进，与其洁也，不保其往也。”

此一章书是圣人与人为善，不为已甚之心也。

昔孔子之时，有地名互乡者，一乡皆习为不善，人皆以其难与言善而绝之。一日，有童子者慕道请见，孔子不加拒绝，进而见之。时门人不能无疑，以为设教固不可以不宽，而疾恶则不可不严，如互乡之人，君子之所绝，而童子之来，夫子顾见之，殊不能不惑也。

孔子晓之曰：“君子之处己原贵于严，而加惠后学则不可执成见而阻其自新之路。今互乡俗虽不善，而童子则有向善之心，我特取其进而求见之诚耳，非取其退而为不善也，何得因其习俗遂绝之已甚耶？且凡天下之人特患不能洁己耳，若一旦洗心涤虑，洁己以求见，此即好善之机，可与入德。吾但取其今日之能洁耳，至往日之或善或恶，安能保耶？今童子之见，二三子亦可无惑矣。”

总之，立教贵于公，而待人则本于恕。孔子欲化导愚顽以移易其风俗，故不为已甚如此。若在君师位，则无论贤愚不肖，自皆在其陶铸之中。《书》曰：“敬敷五教在宽。”此帝王教人之法也。

子曰：“仁远乎哉？我欲仁，斯仁至矣。”

此一章书是孔子勉人求仁也。

孔子曰：“世之惮于求仁者，皆以仁为远而难求，自吾观之，仁果远乎哉！盖天下无无心之人，亦无无仁之心，是仁乃本来之良，人所固有，但人蔽于私欲而不知求，遂流于不仁而以为远耳。若能以一念之觉反而求吾固有之仁，即此有觉之中，天理来复，是欲之斯至无俟他求也，而又何远之有哉？”

要之，仁具于心，得之易，失之亦易。人能时时提醒，在在操存，则一念，欲之一念之仁也；念念，欲之念念之仁也。由此而进于天德之纯，亦惟存乎一心而已，可不勉哉？

陈司败问：“昭公知礼乎？”孔子曰：“知礼。”孔子退，揖巫马期而进之，曰：“吾闻君子不党，君子亦党乎？君取于吴为同姓，谓之吴孟子，君而知礼，孰不知礼？”巫马期以告。子曰：“丘也幸，苟有过，人必知之”

此一章书是见孔子为君受过也。

陈，国名。司败，官名。昭公是鲁国之君。

昔鲁昭公素称知礼，而不免取同姓为婚，故陈国有司败者不能无疑于心，因问于孔子曰：“人皆以昭公为知礼，果知礼乎？”

是时司败之问有心，而孔子之答无意，故以“知礼”答之。及孔子既退，司败适遇孔子弟子巫马期，乃揖而进之曰：“吾闻君子为人，平心直道，有事关名义者必公是公非，而无所私党。由今观之，君子已阿党于人乎？何以见之？如同姓不为婚，周道也。今鲁与吴皆姬姓，而鲁君乃娶吴国之女为夫人，乃自为之，而自讳之，不谓之吴孟姬，而谓之吴孟子。既已干越于前，而又复掩饰于后，悖礼甚矣。使鲁君而犹为知礼，则人孰不可为知礼乎？

夫鲁君不知礼如此，而夫子犹以知礼与之，非党而何？司败之议昭公固是，然以孔子为党，彼岂知圣人用意之厚哉？于是巫马期述司败之言以告孔子，孔子竟不辨其礼之知与不知、己之党与不党，但自引咎曰："人之所不幸者，莫甚于不闻过。今丘也幸矣，苟有过失，人必知之。既知于人，即得闻于己，由是改图归于无过，岂非我之所甚幸者乎？"

盖无容昧者，天下是非之公；而曲为讳者，臣子忠厚之谊。如孔子善则归君，过则归己，岂非万世人臣之法乎？

子与人歌而善，必使反之，而后和之。

此一章书是孔子乐于取人之善也。

记者曰："夫子好善无穷，诚意恳至，每遇人有一善，则相为契合，如与人歌也。若人之音律节奏有相和而善者，此时夫子之心不知有己，止知有善，好善之心遂油然而不能自已，必使其人反复歌之。凡其音律节奏之美，皆默会而详味焉。然后自歌以和之，同声相应，音节克谐。是不但取人之善为己之善，而且以己之善助人之善，其好善之诚为何如哉？"

观孔子于一歌之善而好之，恳至如此，其与大舜之舍己从人，乐取人善，何以异乎？盖圣心浑然至善，随在具足，故于一歌，而全体皆见也。

子曰："文，莫吾犹人也。躬行君子，则吾未之有得。"

此一章书是孔子勉人以实行也。

孔子曰："吾人终身为学，不徒贵可见之英华，而贵克敦之践履。如敷陈理道，焕然成章者谓之文，此不过语言之工，文采可观而已。我虽未能过人，而犹可以及人。若夫有才而不见其有才，有德而不矜其德，事事皆求实践，不事空言，此乃躬行之君子也。吾非不欲企而及之，而反心自思，全未有得，吾朝夕之间，亦惟以此自勉而已。"

观孔子此言，可见文易而行难，行急而文缓，故君子之进德，必以忠信而修辞立诚，乃所以居业也。

子曰："若圣与仁，则吾岂敢？抑为之不厌，诲人不倦，则可谓云尔已矣。公西华曰："正为弟子不能学也。"

此一章书是孔子以无已之学，示求圣求仁之实也。

昔孔子道全德备当时，有称为圣与仁者，故孔子辞之曰："人之品量不齐，而学之造诣不一，如神化不测之圣人，与万物一体之仁人，则吾岂敢当乎？抑惟以圣仁之道敏勉力行，为之于己，不敢自止而生厌足之心；即以圣仁之道鼓舞诱掖，教诲于人，不敢言劳而萌倦怠之意。此乃我之所能者，亦但可云如此而已矣。敢云圣仁哉！”

维时弟子有公西华者，闻斯言而叹曰：“为可能，而不厌则不可能。诲可能，而不倦则不可能。自非至诚无息，善与人同者，未易几此。在弟子虽欲学之，而正有所不能也。”

是夫子虽不居圣仁之名，而愈以征圣仁之实矣。要之，圣人之心常虚，如大禹不自满，假文王望道，未见其存心，皆无异也。观于孔子之言而从事圣仁者，惟常存不自足之心而已。

子疾病，子路请祷。子曰：“有诸？”子路对曰：“有之。《诔》曰：‘祷尔于上下神祇。’”子曰：“丘之祷久矣。”

此一章书是言圣人修身立命之学，无事祈祷以求福也。

昔孔子曾有疾病，门人皆以为忧。子路请行祷祀之礼。盖虽出于至情，而实昧于正道，故孔子不直斥其非，而先问之曰：“果有祷祀之理乎？”盖欲子路自省也。子路未达，对曰：“有之。古《诔词》云：‘祷尔于上之天神，下之地祇。’”盖言人有疾病，当祷祀以祈福佑也。于是孔子晓之曰：“夫所谓祷者，乃悔前非以禳灾患耳。若丘平日敬畏天命，一言一动，皆不敢得罪于鬼神，原无所为祷也。即以祷言，而丘之自祷于心者，亦已久矣，岂待有疾病而后耶？”

盖圣人与天地合德，鬼神亦亦不能违，自无事于祷。凡人但以修德行善，以尽人道之常，至鬼神之不可知者，敬而远之可也。

子曰：“奢则不孙，俭则固。与其不孙也，宁固。”

此一章书是孔子甚言奢之为害而为维世之论也。

孔子曰：“先王制礼，自有中道，无过不及，所以一时之人心相安，而百年之风俗无弊。如专尚侈靡而过乎中者谓之奢，奢则意气骄盈，虽理之所不当为者，亦僭越为之，其弊将干犯名分而不孙。若专务省约而不及乎中者谓之俭，俭则力行节省，虽理之所当为者，亦吝啬而不为，其弊将规模鄙陋而固。此二者皆非中道也。然就二者较之，与其骄盈僭越，败坏风俗，其为害也大，宁可狭小鄙吝，贻讥固陋，终是世道人心无甚流弊也。”

昔帝尧茅茨土阶，大禹恶衣菲食，古帝王躬行节俭，遂成淳庞之治。后世人心不古，日趋靡滥，所赖在上者辨等威、定制度，塞其源而遏其流，庶几返淳还朴，不至成极重难反之势也。

子曰：“君子坦荡荡，小人常戚戚。”

此一章书是即心术以严君子小人之辨也。

孔子曰："天下有君子，有小人，然欲知君子小人之分，当内察其心术，而外观其气象。盖君子循理而行，心无所累，但见其随遇而安，不愧不怍，无适而不宽舒自得也，盖坦荡荡焉。小人行险侥幸，心役于私，但见其忧劳不宁，患得患失，无时而不思虑愁苦也，盖长戚戚焉。"

由此观之，即气象可以知心术，即心术可以定人品。君子小人之分，原不可掩。欲观人者，可不致辨哉！

子温而厉，威而不猛，恭而安。

此一章书是记孔子之容，以见盛德之征也。

记者曰："容貌者，德性之符。人惟气质有偏，涵养未粹，故见于容貌者不能得其中和。吾夫子全体浑然，阴阳合德，虽见乎容者随时不同，然未有不出于中且和者。如近仁者其容温，而仁胜者鲜刚方之概，则厉为难。若夫子和厚可亲，见为温矣，而和厚之中自然严肃，盖可亲而不可犯也，又何其厉乎！此温之得乎中也。如近义者其容威，而义胜者鲜柔嘉之则，则不猛难。若夫子尊严可畏，见为威矣，而尊严之下自无暴戾，盖可畏而亦可近也，何至于猛乎！此威之得乎中也。如近礼者其容恭，而致恭者多矜持之迹，则安为难。若夫子颙然庄敬，见为恭矣，而庄敬之内自然舒泰，盖不慢而亦不拘也，又何其安乎！此恭之得乎中也。"

盖孔子躬秉盛德，故内外有时措之宜，动静协中和之极，其见于容貌者有如此。学圣人者惟在涵养德性至于纯全，则容貌之间自有不期然而然者矣。

泰伯第八

子曰："泰伯，其可谓至德也已矣！三以天下让，民无得而称焉。"

此一章书是孔子阐扬潜德之意。

昔周太王古公生三子，长泰伯，次仲雍，次季历。季历生子昌，是为文王。太王知文王有圣德，欲传位季历以及文王，泰伯知之，即与弟仲雍托名采药逃之荆蛮，太王于是传位季历，至武王而有天下焉。孔子称之曰："我周肇基王迹始于太王，其后世世相承，皆圣贤之君也，而太王之长子泰伯其德之盛，真可谓至极而无以复加矣，何也？泰伯以长当立，是后之天下乃泰伯所宜有也，泰伯知太王之意，于是逃之荆蛮，示不可复用，故太王传位季历，至武王而遂有天下。自当日观之，不过让国，而自今思之，实则以天下之大固让于弟侄而不居也。但其让隐微，无迹可见，故民莫得而称颂之也。"

盖泰伯之心无一毫私欲之累，而曲全乎父子兄弟之间，至使身与名具隐，而世与我两忘，此所以谓之至德也。孔子特为表章之，其让德之美岂不昭著于万世哉！

子曰：“恭而无礼则劳，慎而无礼则葸，勇而无礼则乱，直而无礼则绞。君子笃于亲，则民兴于仁；故旧不遗，则民不偷。”

此一章书是孔子勉人以礼成其德也。

孔子曰：“人之立身必一禀于礼，而后动静之间皆合乎自然之秩序，而无太过不及之弊。如待人固贵于恭，使不有礼以节文之，则仪文烦多，周旋过当，自检而反以自苦矣，不免于劳。处事固贵于慎，使不有礼以权度之，则逡巡惶惧，谨畏太过，敬事而反以废事矣，不免乎葸。至于勇者，美德也，使不以礼自守，则一往之气遂逞，其血气之刚必将至于犯分而乱矣。直，亦善行也，使不以礼自闲，则径遂之情，遂无复含容之意，必将至于急切而绞矣。”

夫恭、慎、勇、直，皆人之美德，但无礼以为之节制，遂各有其弊，而反为美德之累，信乎！礼不可以斯须去身，而动容周旋，中礼者乃盛德之至乎！

孔子又曰：“化民成俗，必有所本，在上之举动，即下民之则效也。如有位之君子，于一本九族，因情谊之当然而敦笃之，此上之自尽其仁也，彼下民贵贱虽殊，要莫不有其亲，亦必孝于父母，睦于宗族，各亲其亲，而兴起于仁矣；于故交耆旧，不以迹疎年远而遗弃之，此上之自居于厚也，彼下民尊卑虽异，亦莫不有故旧，必将信于朋友，和于乡邻，各厚其故旧而不为偷薄矣。”

夫上行下效，其感应如此其速，可见时雍风动，致之无难，唯在为上者之躬行率导焉而已。

曾子有疾，召门弟子曰：“启予足！启予手！《诗》云：‘战战兢兢，如临深渊，如履薄冰。’而今而后，吾知免夫！小子！”

此一章书是曾子守身之孝也。

曾子在圣门素以孝称，其于身体发肤受之父母，不敢毁伤，迨夫有疾将终，追思平生守身之道，至此可以无愧，故呼其及门弟子而教之曰：“父母全而生之，子全而归之，不亏其体，不辱其亲，方谓之孝。汝等试启而视予之足，启而视吾之手，有不全焉者乎？然吾身体之所以得全者，以吾有以保守之也。《诗经·小旻》之篇有云：‘战战兢兢，如临深渊，如履薄冰。’戒慎恐惧，常忧陨坠，无时无处不存此心，所以得报此身。而今而后，吾方知得免于毁伤矣！汝小子其念之哉！”

盖语毕而呼之，以致叮咛之，意亦欲使及门弟子如己之戒慎恐惧，一举足而不敢忘亲也。曾子守身之孝如此，盖立身行道，显亲扬名，固为孝之大节，然不亏其体者，自能不亏其行，体且不亏，而况于行乎？皆由曾子平日见道明、信道笃，故能始终不息也。

曾子有疾，孟敬子问之。曾子言曰："鸟之将死，其鸣也哀；人之将死，其言也善。君子所贵乎道者三：动容貌，斯远暴慢矣；正颜色，斯近信矣；出辞气，斯远鄙倍矣。笾豆之事，则有司存。"

此一章书是曾子以省身之学告临民者知所重也。

孟敬子是鲁大夫仲孙氏，名捷。曾子有疾，敬子往问之。曾子言曰："大凡鸟之将死，其鸣必哀；人之将死，其言必善。"盖曾子将告以为政之道，恐敬子忽略而不加之意，故先言此以起其听也。因告之曰："凡在位之君子，不宜琐屑于细务，惟当崇尚乎大礼，其余临民之道所最重者有三：容貌彰之于身，一有不谨，易至粗厉怠肆，君子不动容貌则已，动容貌便当雅飭恭敬，而远于暴慢，道之可贵者此其一；颜色形之于面，一有不察，易至色取行违，君子不正颜色则已，正颜色便当表里如一，而近于信实，道之可贵者此其一；辞气宣之于口，一有不敬，易至凡陋背理，君子不出辞气则已，出辞气便当成章顺理，而远于鄙倍，道之可贵者，此又其一。"

盖有诸中必形诸外，制乎外必养乎中。操存于平日，省察于临时，故能内外交尽，动静兼该，此诚修身之要，为政之本。君子所贵之道，惟此而已。

"若夫用笾豆以供祭祀之事，不过器数仪文之末节耳，自有执事者司之。"曾俨然人上，而屑屑留心于此哉！至于帝王之学与士庶异，凡正心、诚意，建极、绥猷以君临天下之上，固操之有其要，出之有其本，而不在区区度数之末也，当知所先务矣！

曾子曰："以能问于不能，以多问于寡；有若无，实若虚，犯而不校，昔者吾友尝从事于斯矣。"

此一章书是明颜子无我之学也。

曾子曰："凡人志气盈满，少有所得，便见己之有余、人之不足，其能下问者谁乎？若乃己之学力精到，既已能矣，却不自恃其能，而以问于不能之人；己之学问充足，既已多矣，却不自恃其多，而以问于寡少之人，此其心体谦虚，绝无满假；虽有而自视若无，虽实而自视若虚，其真知义理之无穷有如此。凡人度量浅狭，少有触犯，便谓在己为是，在人为非，其能容忍者谁乎？若乃人有触犯于我，我能情恕理遣，置之度外，全无计较，不惟不发露于颜色，而直白藏蓄于胸臆，其不见物我之有间又如此。此何人哉？惟旧日吾友颜渊潜心好学，有善不伐，故能谦以受人；有怒不迁，故能恕以容人。尝拳拳服膺用力于此，如此之人诚不可多见也！"

总之，圣贤无我之心尝如太虚，能容天下之理而不见己之有余，能容天下之物而不见人之不足，然非真积力久以几于大而化之之境，则亦未足以语此也。

曾子曰："可以讬六尺之孤，可以寄百里之命，临大节而不可夺也。君子人与？君子人也。"

此一章书是曾子以全德望人之意。

曾子曰："天下言成德者必归于君子，然才者德之用，节者德之守，才节二者不全，不可谓之成德。若有人焉，其才不但可辅长君而已，即将六尺幼冲之君付托于其身，可以承受而辅佐之，既能保卫其国家，又能养成其令德而不负所讬焉；不但可共国政而已，即将一国之政令专寄于其身，可以担荷而总摄之，既能安定其社稷，复能绥辑其民人而不负所寄焉。其才之过人如此。至若国势艰难之会，人心离合之几，从违趋避，正大节之所系，苟非见理精明，持志坚定，鲜有不为其所夺者。其人当此之际却能卓然自立，利害不以移其心，死生不以易其守，保辅幼孤，维持百里，始终不渝，其节之过人又如此。既有其才，又有其节，果可谓之君子人乎？反复思之，信乎，其为君子人也！"

夫是人也，言其品行，则为成德之君子；任以官守，即为社稷之纯臣。使当太平无事之时，自能敢言犯诤，一德同心，致吾君于尧舜，垂芳名于百世，此曾子所以叹赏之不置也。

曾子曰："士不可以不弘毅，任重而道远。仁以为己任，不亦重乎？死而后已，不亦远乎？"

此一章书是曾子责士以体仁之意。

曾子曰："士立身天地间，以圣贤自期，必须度量宽广，不以一善自足，是之谓弘；持守坚忍，不以半途自废，是之谓毅。但心体本自刚大，一有私欲，便狭隘而不弘，柔懦而不毅矣。缘平日无省察克治之功，所以无至大至刚之体，曾是异于凡民，俨然为士，而可以不弘毅哉！所以然者为何？盖以士所负之任甚重，而其所行之路又甚远也。惟任重非弘不能胜，惟道远非毅不克荷也。然果何以见其重且远哉？凡以为此仁也。仁者心之全德，原与天地同其广大，士以为一己之任，不但知之而已，必欲身体而力行之，则是举天下之善，尽万物之理，皆在士之一身，其任不亦重乎？且仁之理原与天地同其悠久，士任此仁无有间断，终食于是，造次颠沛亦于是，一息尚存，此志不容少懈直至没焉而后已，其道不亦远乎？"

士之所以贵弘毅者，以此。

总之，仁道至大，非全体不息者不足以当之。惟其全体也，则无一理之不该；惟其不息也，则无一念之可间。此圣门为学莫大于求仁，而曾子卒得道统之传，有以也夫！

子曰："兴于《诗》，立于礼，成于乐。"

此一章书是明经学之有益于人也。

孔子曰："性情之理，中和之德，固人心之所同，具不待外求。然古人立教皆已先我为之，使非始终有资，何以浅深各得？当其始也，欲为善而去恶，必先感发其好善恶恶之心，所谓兴也。然兴非无自，必于《诗》乎！盖《诗》本性情，有美刺讽谕之旨，其言近而易晓，而从容咏叹之间所以感动于人者。又为易入，故学者之初必于此而有以起发其仁义之良心也。及其中也，善念既起，又必卓然有以自持，方能有善而无恶，所谓立也。然立非无自，必于礼乎！盖礼有恭敬辞逊之意，节文度数之详，服习既久，则德性之守得以坚定而不移，酬酢之际得以贞固而不乱，故学者之中必于此而不为事物所摇夺也。及其终也，既能自立，又必造于纯粹至善之域，所谓成也。然成非无自，必于乐乎！盖乐有声音之高下，舞蹈之疾徐，所以养其耳目，和其心志，荡涤邪秽，消融渣滓，故学者之终必于此而有以至于义精仁熟也。"

由此观之，《诗》、礼、乐，其可以不学邪？要之，人止一心，兴、立、成，乃学者因心获，《诗》、礼、乐，即学者治心之资。言其序虽有后先，究其归总无内外。孰谓经学非心学哉？

子曰："民可使由之，不可使知之。"

此一章书是孔子示为上者以范民之道也。

孔子曰："圣人在上，其知先知，其觉先觉，岂不欲家喻户晓以斯道觉斯民哉？然必尽人而觉之，其势有所不能，故但可使之由，于理之当然而不能使之知其所以然也。"

盖所当然者，如父当慈，子当孝之类，皆民生之秉彝日用，即寻常至愚之人俱可遵道遵路，率循而无难，故可使之由也。若其所以然之故，皆出于天命之自然，人性之固有，其理精微奥妙，自非中人以上未易得闻，况蚩蚩之氓如何遍喻？故不可使之知也。虽知之理不外行习之事，由之久自有领悟之机。若必使知之，则力行之心反不胜其求知之心，惟由之而听其自知，则知者不失之过，不知者亦不为不及。要在因民以治民，不必强民以从己。此圣人率天下以中庸之道，而无索隐行怪之弊也与！有化民之责者，可勿致审于其间哉！

子曰："好勇疾贫，乱也。人而不仁，疾之已甚，乱也。"

此一章书是孔子示人以弭乱之道也。

孔子曰："天下刚勇之人恃其血气之强，而又疾恶贫穷，不肯安守义命，则有勇无义，适为乱资，此等之人，固为天下之首恶矣。至于不仁之人，本心已失，当其罪恶未著，尚可容忍而化之以善，若其罪恶贯盈，即当屏弃而惩之以威，不然而疾恶太过，使之无地可容，则事势穷迫，彼将以不肖之心肆其不仁之毒，未有不激而生乱者。”

是恶不仁之人，本为好恶之正，特以处之过当，反足致变，则君子之待小人，岂可轻发而不善处之乎？是以古之圣王保治于已安，制乱于未萌，使夫材能效用奸宄回心，则御之之道得也。

子曰：“如有周公之才之美，使骄且吝，其余不足观也已。”

此一章书是孔子诫人恃才之意。

孔子曰：“凡人不可无才，尤不可不善居其才。自古材能技艺之美者莫如周公。然周公之所以见重天下者，以公孙硕肤握发吐哺，有才而不自恃，故可贵耳。若有周公之才之美，乃骄焉而夸人所无，不肯卑以自牧，吝焉而挟己所有，不肯善与人同，则无其德量而大本失矣，纵使多才多艺，特其绪余而已，何足观哉？”

夫有周公之才之美，而一涉骄吝尚不足观，况无周公之才者乎？甚矣，骄吝之不可也！盖有才者必当居之以德，德极其盛则才自极其全，故圣如帝舜而舍己从人，功如大禹而闻言则拜，满招损，谦受益，诚圣贤居心之要道也。

子曰：“三年学，不至于谷，不易得也。”

此一章书是明纯心之学也。

孔子曰：“吾人为学，原以明善诚身，求其在我而已，利禄之来奚暇外慕？虽学成名立，亦有用世之时，然一心以为学，又一心以求禄，则持志不专，必其见道不切也。有人于此从事于学，至于三年之久而不志于谷禄，则是正谊而不谋利，明道而不计功，操守坚定，工夫纯笃，凡荣辱得失之故，毫无足以动其中，使非专心为学，何以历久不迁如此？此其人岂易得哉？”

可见，儒者惟在纯修，国家务求实学，下无干名求利之人，则上有举贤任才之庆。圣人之言，其维持世教不浅矣！

子曰：“笃信好学，守死善道。危邦不入，乱邦不居。天下有道则见，无道则隐。邦有道，贫且贱焉，耻也；邦无道，富且贵焉，耻也。”

此一章书是孔子教人立身处世之道也。

孔子曰：“君子立身处世，必学问、操守兼造其极，方为全德，未可苟也。凡人志向不专不能为学，故信之必须诚笃。然见理不明，所信者或不得其正，反足为累，又须格物致知，穷理尽性，以求其是非之真，尽其精微之奥，则讲究明而辨别审。所信者一出于正，而为有学之人矣。凡人持守不定不能入道，故守之必须坚固。然胶执不化，所守者或不得其当，死亦徒然。又须事必由理，行必合宜，不徇匹夫之小信而乖中庸之大道，则植纲常而抚伦纪，所守者允得其当，而为有守之人矣。有学有守，则知之明而行之决，出处去就，焉往而不善哉？故其于危邦也，则避之而不入；于乱邦也，则去之而不居；去就如是其审也。当天下之有道也，正君明臣良之会，则出仕而尽展其蕴；当天下之无道也，正潜身养晦之时，则隐居而独善其身；出处如是其正也。使非有学有守，何是能咸宜如是？至若邦国有道，正君子向用之时也，乃避世绝俗而困处贫贱知中，上之不足以致君尧舜，下之不足以泽被苍生，岂不可愧耻乎？邦国无道，正君子高蹈之时也，乃希世取容，致身富贵之地，既取贪位之讥，复无待时之节，岂不可愧耻乎？惟其学守未能兼善，故其进退徒足贻羞。甚矣，士之不可以无养也！”

盖学者须见之明，守之定，用有可行，舍有可藏，然后平时则能尊主庇民，建功立业，有事则能砥砺名节，匡扶世运，若碌碌庸人，何足取哉！

子曰："不在其位，不谋其政。"

此一章书是孔子戒人侵越职分之意。

孔子曰："凡人有是职位，始有是谋为。如处公卿大夫之位，则当谋公卿大夫之政，其谋为者正以尽其分内之责，而非有所加于位之外也。若无官守之责而为有位之谋，则为越分；非职掌所及而为他位之谋，则为侵职。故凡不在其位则当介然自守，虽才识过人，智略有余而不敢预议者，所以远出位之嫌而尽自处之道也。"

盖君子素位而行，循分自尽，分内事不敢推诿，分外事不敢妄营，故无越职之谋者，乃无旷官之失。孔子戒之之意深哉！

子曰："师挚之始，《关雎》之乱，洋洋乎！盈耳哉。"

此一章书是孔子有志王化而追念正乐之时也。

孔子曰："昔吾自卫反鲁，既曾正乐，适当师挚在官之始，又能审音。其时乐之残缺者已为之补，失次者已为之序，无论其始作从之之时，固能协律和声，无不美盛。即至《关雎》之乱而为乐之卒章，一皆清浊相济，高下相宜，洋洋乎盈耳。"

可想见夫王化之隆，鲁乐之正。惜乎，今不得而闻也。

盖正乐有孔子之圣，掌乐有师挚之贤，故一时声音美备如此。且《关雎》为王化之始，当日化行江汉，泽及士女，实有文王后妃盛德所传。孔子缅怀圣治，寤寐圣主，闻韶之叹，思挚之心，有同情也夫！

子曰："狂而不直，侗而不愿，悾悾而不信，吾不知之矣。"

此一章书是欲人不失其本然之真也。

孔子曰："天之生物，气质不齐。中才以上之人有德而无病，若中才以下虽有是病不掩是德，如好高者多直率，无知者多谨厚，无能者多信实。此理之常无足怪者。若赋性疏狂之人，宜乎行事直率，不为邪曲，今却借公行私，而又存心不直，是以罔济妄矣。赋性昏昧之人，宜乎厚重简默，不作聪明，今却轻举妄动，而又存心不愿，是藏诡于愚矣。赋性愚拙之人，宜乎真诚无妄，不为欺诳，今却二三其德，而又存心不信，是隐诈于拙矣。此等之人，出于常理之外，真难识其本体，吾不知之矣。”

盖狂、侗、悾悾，是气禀之偏，直、愿、信，是本体之真。本心未漓，犹可以陶镕教化而反其固有之良，本心既失，则习染锢蔽而不可以化诲之矣，故孔子绝之。然天地无弃物，圣人无弃人，使其知为圣人所绝而改焉，则不屑之教诲，是亦教诲之也。

子曰："学如不及，犹恐失之。"

此一章书是勉人进学之词。

孔子曰："人之为学，将以求进乎道也。然使无勤敏之功，则其心徒劳而无益；使无警省之心，则其功终怠而不前。所以君子之为学也，穷理以致其知，返躬以践其实，孜孜焉惟日不足，常如有所追而不及者然。其用功之勤如此。然其心犹悚然不敢自怠也。当日进之时常怀日退之惧，唯恐失其所学而果有所不及也。其操心之危又如此。"

盖学贵日新，无中立之境，不日进者则必日退，如商宗之逊志时敏周成之日就月将，乃为人主好学之访规也。

子曰："巍巍乎！舜禹之有天下也，而不与焉。"

此一章书是赞舜禹心境之大也。

孔子曰："凡人平时难窥其器量，临境易见其襟怀。盖本自然，非由勉强，巍巍乎崇高，富贵不入其心者，其惟舜禹乎！舜禹皆以匹夫受禅天下，原非素有，然一旦尊为天子，而温恭允塞，不伐不矜，与未有天下之时毫无损益。舜禹心体超然，不为物役，又何有天下人其意中哉？"

盖圣人气象度越千古，洵乎，其不可及也！

子曰："大哉，尧之为君也！巍巍乎！唯天为大，唯尧则之，荡荡乎！民无能名焉。巍巍乎！其有成功也；焕乎，其有文章。"

此一章书是极赞帝尧君德之大也。

孔子曰："吾尝论帝王，求其度量超越，德业兼隆者。大哉，尧之为君也。巍巍乎，高大而无不覆冒者莫如天，惟尧之德格于上下与准则之。荡荡乎！广远无涯，形迹俱泯，当时康衢之歌，帝力何有？民亦涵泳其中，莫得指而名焉，与天之不可言语形容无以异。其大而难名者若此。然以观其治功之成就，则平成协和。巍巍乎！功业之隆盛莫得而尚也。又观其治功之显烁，则格被昭垂。焕乎！文章之光显莫得而掩也。其大而可见者，又若此。"

大哉，帝尧洵千古敻绝者矣！后世人主舍尧其奚发哉？

舜有臣五人而天下治。武王曰："予有乱臣十人。"孔子曰："才难，不其然乎？唐虞之际于斯为盛。有妇人焉，九人而已。三分天下有其二，以服事殷。周之德，其可谓至德也已矣。'"

此一章书是赞美周才比隆唐虞，因思至德以推原所自也。

记者曰："自古治天下者莫盛于虞舜，当时盛德之臣有禹、稷、契、皋陶、伯益，各尽厥职，以成四方。风动之休，继夏商而王者，莫盛于我周武王。武王尝曰：'予有拨乱之臣十人，外则周公旦、召公奭、太公望、毕公、荣公、太颠闳、散宜生、南宫适，内则贤妃邑姜，夹辅赞襄，以臻四海永清之化。虞周得人之盛如此。'孔子因而叹曰：'古云：人才之之生最为难得，岂不信然？惟在唐虞交会之际，故贤哲挺生，过此以往，独周为盛。然其间尚有妇人焉，奔走御侮不过九人而已。我因是有感于文王也，以天下之大势言之，三分已有其二，文王乃确守臣节，以服事殷，初不以盛衰强弱二其心，非盛德之极能如是乎？可见周之媲美唐虞者，实以德而不止于才也。"

夫人才不择地而生，亦不择时而生，帝师王佐，何代无之？顾上之人所以鼓舞任用之何如尔，亦何至有无才之叹哉？

子曰："禹，吾无间然矣。菲饮食，而致孝乎鬼神；恶衣服，而致美乎黻冕；卑宫室，而尽力乎沟洫。禹，吾无间然矣。"

此一章书是极赞大禹以见王道之纯也。

孔子曰："自古治天下者，事无巨细，各有当然之则，况承帝之终，开王之始，最易有间可乘。吾观禹，无间然矣。禹之时，九州作贡，所不足者，非玉食也，乃却珍馐而甘淡薄，至于奉祀鬼神，则牺牲粢盛，极其丰洁；玉帛万方，所不足者，非文繡也，乃舍华靡而敦朴素，至于临朝承祭，则服物彩章，务求尽制；四海为家，所不足者，非宫室也，乃安卑隘而戒崇隆，至于田间水道，则胼胝经营，力为御备。此皆俭所当俭，丰所当丰，适合天则无可訾议。禹，吾无间然矣。"

《书》称"克勤克俭"，惟俭而后能勤，洵足为万世人君法也。

《日讲四书解义》卷七

论语 上之四

子罕第九

子罕言利与命与仁。

此一章书是纪圣教之所谨也。

记者曰："夫子教人有常言者，《诗》、《书》、执礼是也；有不常言者，怪、力、乱、神是也。若言之时甚少谓之罕言：一曰利，利是人情所欲，然与义相背者，若有计功谋利之心，则害义甚矣，故罕言之，欲人知所戒也。一曰命，命兼理气，其故甚微而难测，若专以命言，则将怠弃人事而生怨尤之心，故罕言之，欲人之知自修也。一曰仁，仁包四德，其道甚大而难尽若强以示人，则学者有躐等之心，故罕言之，欲人渐次以进也。"

于此，见圣人教人有在言语之外者，学者以深体之。

达巷党人曰："大哉孔子！博学而无所成名。"子闻之，谓门弟子曰："吾何执？执御乎？执射乎？吾执御矣。"

此一章书是圣人贵约不贵博之意。

达巷党人称赞孔子曰："凡人才识常患狭小，唯有孔子，大哉其不可量乎！大而道德性命之奥，细而礼乐名物之微，无所不知，无所不能，可云博矣。惜乎汎兼众艺，不能以一艺名之也。"

夫孔子之大，在道全德备，不在博学多能。党人虽称赞圣人，而非能深知圣人者。孔子恐门弟子误听其言，将以务博为事，故进门弟子而谓之曰：

"党人言我无所成名，以我不能专守一艺耳。我将何所执乎？夫六艺之中，随执一艺皆足成名，有所谓'御'与'射'者，我将执御乎？亦将执射乎？就二者较之，御为易执，我将执御以成名矣。"

可见，随在是道，不必泛求。学圣人者，可以悟矣。

子曰："麻冕，礼也；今也纯，俭。吾从众。拜下，礼也；今拜乎上，泰也。虽违众，吾从下。"

此一章书是圣人维礼之意。

孔子曰："凡事无害于义者，或可随俗；有害于义者，不可苟从。即如冕之制，绩麻成布而缁之以为冕者，古礼也；今也以其细密难成，改用为丝，较为省俭，俭虽非礼，然于大义无碍，我固不必立异，从众亦可。若夫臣之拜君，必在堂下，亦古礼也；今则竟拜堂上，是骄慢而为泰也，害义甚矣。虽违背众人，吾宁从下而不顾焉。"

盖制度节文之细，犹可随时；三纲五常之礼，万世不易。孔子维持世教之意深矣哉！

子绝四：毋意，毋必，毋固，毋我。

此一章书是记圣人心体之虚也。

记者曰："吾观夫子应事接物之间所绝无者凡四焉：人当事之未来，先为亿度谓之意，先有专主谓之必，既事之后尚多留滞谓之固，但顾己私谓之我。四者人情所不免。夫子浑然天理，不任私意，则毋意。随事顺理，不设期必，则毋必。过而不留，无有偏执，则无固。大同于物，不私一身，则毋我。"

可见圣人之心如鉴空水止，本无系累，不待禁止而自绝之。学者惟力以去私，静以观理，则亦无四者之累矣。

子畏于匡。曰："文王既没，文不在兹乎？天之将丧斯文也，后死者不得与于斯文也；天之未丧斯文也，匡人其如予何？"

此一章书是圣人事天立命之学也。

鲁有乱臣阳虎曾为暴虐于匡，匡人恨之。孔子貌似阳虎，经过其地，匡人举兵围之，孔子戒心于匡，其时从者皆惧，孔子慰之曰："道之显著者谓之文，文必得人而传。尧舜禹汤之统传于文王，文王既没，其所传之文不在于兹乎？夫斯文之得丧，天意存焉。若天将丧斯文，则所赋于我者必有所靳，我为后文王而死者，将不得考述其礼乐，以与于斯文也；今天之所以与我者如此，是天未欲丧斯文也，予之一身有命在天，匡人其如予何？窃有以自信矣。"

于此，见圣人见理之明，临变不惧，非达天知命，乌能几此？

大宰问于子贡曰："夫子圣者与？何其多能也！"子贡曰："固天纵之将圣，又多能也。"子闻之，曰："大宰知我乎！吾少也贱，故多能鄙事。君子多乎哉？不多也。"牢曰："子云：'吾不试，故艺'。"

此一章书是圣人不贵多能之意。

大宰，官名，问于子贡曰："吾观夫子，殆生知之圣乎？何其无所不通，多能若此！"是大宰以多能为圣，而知圣也浅矣！

子贡曰："大宰亦知圣之所以为圣乎？凡天生圣人皆有节制分限，独吾夫子不为限量，纵其才德，使造于至圣之域。德既造于至圣，才自无所不通，故又多能也。"子贡以多能为圣之余事，可云知圣。

孔子闻大宰与子贡问答之语，不敢以圣自居，又恐人以多能为重，因即大宰之言以明之，曰："大宰许我多能，其知我者乎？但我之多能亦自有故。吾少时未为世用而微贱，故能讲习众艺，此亦鄙末之事耳，岂君子所重哉？君子学问自有远且大者，不以多能为贵也。"

门人因记琴牢之言曰："夫子平日曾云：'吾不为世人所试用，故得习于众艺。'即少贱多能之谓也。"

可见修己之道自有大本大原，治人之道自有大经大法。博学多能，非所急也。

子曰："吾有知乎哉？无知也。有鄙夫问于我，空空如也，我叩其两端而竭焉。"

此一章书是见圣心之虚，教人之诚也。

当时皆称孔子为无所不知，故孔子谦而不自居曰："我果有知乎哉？我实无所知也。但是平日告人不敢不尽，无论贤智来问，必尽抒其蕴，即有鄙陋之夫来问于我，彼固空空然一无所能，我不敢以鄙夫而忽之，必叩击发动其两端，凡事之始终，物之本末，道器之上下，事理之精粗，无不尽我之知以相告焉。人见我告人必尽其诚，遂谓我无所不知，而我则实无所知也。"

此是孔子不执己见，因人启发，正教人不倦之意，学者所当深思而自得也。

子曰："凤鸟不至，河不出图，吾已矣夫！"

此一章书是圣人自叹其道之不行也。

孔子曰："大道将行，则天兆文明，必有祥瑞以应之。虞舜时凤仪于庭，文王时凤鸣于岐山，伏羲时龙马负图而出，虽圣王不重祥瑞，而文明之兆于此可征。至于今，凤鸟不至，已非虞舜文王之时矣！河不出图，已非伏羲之时矣！世莫有用我者，道其不行矣夫！"

盖孔子非思凤鸟河图也，思大道之行也。圣王在上，文治兴起，则凤至图出，自然可期，岂若后世侈言祥瑞为附会夸大之辞哉！

子见齐衰者、冕衣裳者、瞽者，见之，虽少必作；过之，必趋。

此一章书是见圣人仁敬之心随感而应也。

圣人之心，寂感自然，内外如一，方其未感，如止水明镜，一有所感，则油然而生。故记者曰："孔子见有丧服而齐衰者、有尊爵而冕衣裳者、无目而瞽者，遇此三种人，虽年少于我，必作而起；或行过其前，必急而趋，。

所为哀有丧、尊有爵、矜不成人也。”

哀矜是仁所发见处，尊礼是敬所发见出处，仁敬之心充积于中，故随感随应，不待勉强，动容周旋，无不中礼，盛德之至也。

颜渊喟然叹曰：“仰之弥高，钻之弥坚；瞻之在前，忽焉在后。夫子循循然善诱人，博我以文，约我以礼。欲罢不能，既竭吾才，如有所立卓尔。虽欲从之，末由也已。”

此一章书是颜子希圣之学也。

颜渊游于圣门，学既有得，喟然叹曰：“甚矣，夫子之道之难形也！尝专力以进，多方以求。见其高也，仰之庶几可及，乃仰之弥高；见其坚也，钻之庶几可入，乃钻之弥坚；又尝瞻之若在吾前，恍惚之间却又在后。盖仰弥高、钻弥坚，是道之无穷尽也。瞻在前、忽在后，是道之无方体也。使不有善教之施，学者何自而入？幸夫子循循有序，善于诱人，而使之自进焉。盖道之散于万殊者谓之文，就万殊中有天理节文处谓之礼。夫子先博我以文，使包举融会；后约我以礼，使操持约束。回奉夫子之教，百倍加功，趣味日出，虽欲罢而有所不能。凡吾才力可用，既已竭尽无余矣，义理昭明，本心纯熟，向之高坚，前后卓然如立于我前，当此之时，则自大以趋于化，自思勉而至于不思勉。介乎二者之境，非人力所能为，虽欲从之，末由也已。回惟有黾勉于文礼之中而已！”

噫！非深知圣道者，胡能形容亲切如此哉？

子疾病，子路使门人为臣。病间，曰：“久矣哉！由之行诈也，无臣而为有臣。吾谁欺？欺天乎？且予与其死于臣之手也，无宁死于二三子之手乎？且予纵不得大葬，予死于道路乎？”

此一章书是见圣人守礼以正也。

昔孔子有疾，子路虑及身后之事，以为古时为大夫者，皆有家臣治丧，夫子曾为大夫，乃使门人为臣，是尊师意也。不知夫子时已去位，不当复有家臣，是未知所以尊之之道矣。夫子病少间，乃责之曰：“久矣哉！由之行事诈而不实也。昔我为大夫，则有家臣；今已去位，则无臣矣。无臣而为有臣，我将谁人之欺乎？无乃欺天乎？且由之用家臣也，欲以尊予也，然尊之必以礼，与其死于家臣之手而非礼自处，无宁死于二三子之手而自安其礼之为愈乎？且使我无家臣不得行大葬之礼，然有二三子在，予岂死于道路而不得葬乎？”

由前言之见，家臣之不当有；由后言之见，家臣之不必有。可见，爱人当爱以德，敬人者当敬以礼，庶乎理顺心安而无逾越之失也。

子贡曰：“有美玉于斯，韫匵而藏诸？求善贾而沽诸？”子曰：“沽之哉！

沽之哉！我待贾者也。”

此一章书是见圣人有用世之心，而不苟用于世也。

古人比德于玉。子贡以孔子有道不仕，故借美玉以为比，而问之曰：“物之贵者莫如玉，而美玉则尤贵者也。今既有之于此，将韫于匵中而终藏诸与？抑将求贾直之善者而沽之与？”

子贡之意，盖以美玉之沽藏，探孔子之行藏也。

孔子曰：“美玉本为世用，以理言之，断断当沽而不当藏者。其沽之哉！其沽之哉！然天下之宝原自贵重，岂可自轻？若使求贾而沽于人，则本然之美先失之矣，我必待夫善贾之自来者也。”

此可见孔子用舍行藏之心矣。盖藏则抱道忘世，圣人不忍求，则枉道徇人，圣人不为惟待，则循乎天理而安于义命之正。圣人之出处，诚时中之道也。

子欲居九夷。或曰：“陋，如之何？”子曰：“君子居之，何陋之有？”

此一章书是见圣人之化，无分中外也。

当时孔子因道不行，欲去中国而之外国，偶发欲居九夷之叹，亦犹“乘桴浮海”之意云耳。或人未之喻，以为真欲居之，乃问曰：“外国习俗鄙陋，恐不可居，如之何？”

孔子曰：“君子居之，自能信其在我忠信笃敬，无入而不自得，且天地间人性皆善，道德仁义之气，礼乐教化之习，安在行于中国者？不可行于外国乎？何陋之有哉？”

盖上下古今，东西南朔，此心此理，莫不相同。圣人之化原无分于中外也。

子曰：“吾自卫反鲁，然后乐正，《雅》《颂》各得其所。”

此一章书是孔子自叙正乐之事也。

《雅》是《大雅》、《小雅》，《颂》是《周颂》、《鲁颂》、《商颂》。《雅》、《颂》之诗词，即朝庙所用之乐章，必《诗》得其所，而后乐得其正。故孔子追叙之曰：“《诗》、乐在鲁久矣，但历年既远，颇多残缺失次。吾自卫反鲁之年，考订既详，征验足信，一一厘定之，然后乐之声音节奏得归于正，其二《雅》三《颂》之诗被诸管弦者，篇章次序各得其所；而《雅》用于朝廷，《颂》用于宗庙，亦无有紊乱者矣。”

盖《诗》、乐所传，皆圣王之制作，治道之精微，孔子述往圣以传后世，正乐之功匪浅鲜也。

子曰：“出则事公卿，入则事父兄，丧事不敢不勉，不为酒困，何有于我哉？”

此一章书是圣人于庸德之行常见不足也。

孔子曰："人于伦理日用之间，虽甚卑近、甚微小之事，视之若易能，其实每多欠缺，即如出而在邦国则事公卿，必有所以事之者，当尽其忠顺而不失上交之道也。入而在家庭则事父兄，必有所以事之者，当尽其孝弟而克修子弟之职也。若有丧事，不特三年之丧，即期、功、缌、麻，皆不可忽，必于情所当致，礼所当尽者，不敢不勉力以从也。至于饮酒，原以合欢，若饮之过节，易于乱性而为所困，必操存有主，勿使多饮至神昏气乱也。此四者虽若近易，然身体力行之，工夫却极细密，道理却极广大，非仁熟义精、涵养纯粹者不能也。以我自审，何者有于我哉？"

可见为学当不忽于卑近，不遗于微小，诚能于天理之当然者求尽其量，而于人情之易动者不踰其则，虽希圣希贤，不外是矣。

子在川上曰："逝者如斯夫！不舍昼夜。"

此一章书是孔子就川流以指道妙也。

天地间大化流行，无时少息，随处可见，然目前可以指示者，莫如川流。故孔子偶在川上，有会于心而言曰："天地之化，往者过，来者续，往而复来，来者复往，相续不已，无非逝者有如此水夫！彻昼彻夜，流而不已，昼固如是，夜亦如是，未尝有一息之停止也。"

人心体此，时时存省，使私欲净尽，天理常存，无有毫发之间断，则庶乎不亏其本矣。推而言之，天理流行，触处皆是。天运而不已，物生而不穷，日往则月来，寒往则暑来；大而造化之开阖，小而口鼻之呼吸；无在不有，无时不然，总是一无息之体。论本体，则自然不息；论工夫，则自强不息；勉强之久，至于自然而纯，亦不已焉。则天德在是，王道亦在是，所谓中和位育，无非此理，惟在天纵之圣人察识其本体而扩充之，存诚主敬，无少间断，以造乎其极而已。

子曰："吾未见好德如好色者也。"

此一章书是言好德之贵诚也。

孔子曰："天所赋于人之正理，而人得之于心者，德也。人之大欲最易溺情乱性者，色也。德、色二者，理欲之分判然。乃吾观人情理念常衰，欲念常胜。德虽人所本有，而气禀拘之，物欲蔽之，修己之德则不能亹亹焉。惟日不足见人之德，则不能孜孜焉。乐取于人欲，如好色之出于诚，然至真至切者未之见也。"

盖好德则修身亲贤，其益无穷；好色则伤身伐性，其害不小。诚能易好色之心以好德，将贤人君子日至于前，而修、齐、治、平，自收其效，其为乐不更多乎哉？

子曰："譬如为山，未成一篑，止，吾止也；譬如平地，虽覆一篑，进，吾往也。"

此一章书是见为学进止之机皆由于己也。

孔子曰："人之为学，必求有成。倘日积月累，已实用工夫，而一旦厌怠心生，中道而止，则前功尽弃，究归无成。譬如积土为山，势已垂成，其未成者，但少一篑之土耳，于此成山岂不甚易？乃忽然中止，不肯加功，则前功俱置无用，而山终不成哉！人之为学，勿可畏难，虽为圣为贤，未曾全用工夫，而一旦发愤精进，自强不息，则积少成多，不可限量。譬如平地未曾积土，其所覆者仅有一篑之土耳，冀望成山，岂不甚难？乃锐然奋进，不肯少停，则功力积久，高大山亦有时而成矣。此其进也，谁进之乎？只一己奋发，精勤以往耳。"

为学而能自强，亦犹是也，可不勉哉！《易》曰："天行健，君子以自强不息。"《诗》曰："靡不有初，鲜克有终。"可见，为学在锐志，尤在有恒。诚使工夫无所间断，则盛德大业岂难致哉？

子曰："语之而不惰者，其回也与！"

此一章书是孔子深赞颜子之能受教也。

孔子教门弟子发明道理。常以言语相传，但诸弟子闻孔子之言未能会之于心、体之于身，便有怠惰之意。惟颜子能明睿，故闻孔子之言能心解；能健决，故闻孔子之言而力行；欲罢不能，拳拳弗失。所以孔子赞之曰："凡人听言，半信半疑，若在若亡，罕有不惰者。若夫语之以道，而心知力行自不能已，绝无怠惰之意者，其惟回也与！"

孔子称赞颜子，亦所以励群弟子也。

子谓颜渊曰："惜乎！吾见其进也，未见其止也。"

此一章书是孔子追思颜子之好学也。

凡人为学，智愚贤不肖之分，所争惟在进止之间耳。进而不止，虽至圣人而无难；止而不进，则终于庸人而已。孔门惟颜子好学，有日进而未已之势；使得永年，必至圣人地位。故孔子当颜子既逝，犹追思而谓之曰："惜乎！吾但见其奋往精勤，方进而不已也，未见其逡巡退缩，欲止而不前也。以其勤学如此，由此日进不已，其造诣所到，岂可限量？而不意其早逝也，岂不深可惜哉！"

孔子之惜颜子如此。学颜子之学者，亦惟精进不已，则庶几矣。

子曰："苗而不秀有矣夫！秀而不实有矣夫！"

此一章书是孔子勉学者以有成也。

凡学者始有其质，犹谷之始生有苗；继加以学问，发达其聪明，犹谷之吐花为秀，终焉，实有诸已；至于成就，犹谷之成谷为实；学必至于成，犹谷必至于实方为有用。

故孔子借喻而言曰："谷之生也，自苗而秀，自秀而实，乃为有成。苟或失其耕耘，逆其生理，培植滋养一有不到，则但生苗，而不吐花秀发者有矣夫！即吐花秀发，而不结实者亦有矣夫！美而不成，其何用哉？"

可见，讲学修德，亦当有始有卒，勿致一曝十寒，则日进无疆，而底于大成矣。

子曰："后生可畏，焉知来者之不如今也？四十、五十而无闻焉，斯亦不足畏也已。"

此一章书是孔子教人及时勉学也。

孔子曰："君子进德修业，贵于及时。若人之后生者实是可畏，其年富进学有余日，其力强进学有余功，诚能不虚此年力，乘时勉学，日进不已，则其造诣所到，殆未可量，焉知将来不如今日之可畏乎？倘若因循悠忽，岁月蹉跎，转盼间至于四十、五十之年，而不以善闻，则衰老无成，后来更无可望，斯亦不足畏也已。"

孔子先言可畏，是期望以勉励人，后言不足畏，是绝望以警戒人，总是教人及时勉学也。可见作圣之功，全在春秋方富之年，日新不已，日进无疆，则功崇业广，岂有不造其极者乎？

子曰："法语之言，能无从乎？改之为贵。巽与之言，能无说乎？绎之为贵。说而不绎，从而不改，吾末如之何也已矣。"

此一章书是孔子言听言者贵有受言之实也。

孔子曰："凡人听言，必当虚己以受，求其实益。如见人有过，以正言直论，明白规谏之，是谓法语之言。此等言语，辞严义正，人听之自然敬惮，不得不服，其能无从乎？然非贵面从而已，必因所言者一一反求，既有过愆，随即改正，乃为可贵。见人有过，以婉辞微意，委曲与之言，是为'巽与之言'，此等婉转和平，人听之无所乖忤，不得不欣喜，其能无说乎？然非贵一时喜悦而已，必以所言者一一寻绎，深得其微意之所在，乃为可贵。若一时喜悦而不能绎思其理，外貌顺从，而不能自改其过，则虽正直规谏之论日陈于前，委曲开导之词日闻于耳，究不足以醒其昏惰，救其过失，吾终无如之何也已矣。"

孔子深绝以警之如此。

凡听言纳谏，虚己以受，务求实用，勿事虚文，则讲学修德，治国平天下，均有裨益矣。

子曰："三军可夺帅也，匹夫不可夺志也。"

此一章书是孔子勉人立志也。

孔子曰："凡士君子必先立志，志于道，志于仁，皆志也。所志一定，方能为圣为贤，至于有始有卒终不可得而夺。且以势之难夺者言之，如以三军之众卫一主帅宜若不可夺者。然三军虽众，心有时不齐，力有时不合，则其帅可可夺而取之也。若以匹夫而守其志，宜若可夺者，然匹夫虽微，在己能守其志，则始终不变，生死不渝，必不可得而夺也。"

可见士君子只在立志，所志既定，则富贵不能淫，贫贱不能移，威武不能屈，所谓大丈夫如是而已。

子曰："衣蔽缊袍，与衣狐貉者立，而不耻者，其由也与？'不忮不求，何用不臧？'"子路终身颂之。子曰："是道也，何足以臧？"

此一章书是言进道不可自足也。

凡人不以贫富动其心，方能进道。子路识趣高明，能于贫富之际毫无系累，故孔子称之曰："人情戚戚于处貧，而汲汲于求富，每于贫富相形之际，未有不动心者。若夫身衣蔽坏之缊袍，与衣狐貉贵服之人并立，而恬然淡然，无动于中，不以为耻者，其惟由也。夫由能不耻其无忮求之心可知矣。凡人情嫉人之有而欲害之，则必忮；耻己之无而欲取之，则必求。忮求心生，无所不至，皆耻貧之念为之也。今由独能不耻。卫《诗》有云：'无所嫉而不忮，无所贪而不求，于外物一无系累，用是以往，何所为而不善乎？'此言惟由足以当之矣。"孔子引此以美之如此。

子路闻孔子许之，遂将此诗词时时讽咏，若将终身者，是自喜其能而不复求进于道矣。孔子警之曰："义理无穷，必有日新不已之功，以求至于尽善之地。是不忮不求之道，特进道之阶耳。若止于此，何足以尽善哉？"

盖为学不以境遇动心，方可与进道，然须由此而进，至于中心安仁，终食无违，乃为尽善。故孔子警子路以勉其进也。

子曰："岁寒然后知松柏之后彫也。"

此一章书是孔子托物以比君子之节行也。

孔子曰："春夏和暖之时，草木无不畅茂，虽有坚刚柔脆之不齐，然未可辨也。及岁暮寒凝，草木零落，而松柏犹苍然不变，然后知其后彫也。"

盖治平无事之时，小人或与君子无异，至于遇事变、临利害，改节易操，甘与草木同腐者多矣，惟君子处之弥艰，守之弥固威武不能挫其志，死生不能动其心即如后彫之松柏然。夫士穷见节义，世乱识忠臣，惟至时变而后知君子之不同于庸众也。然必待有事而后思得君子而用之，岂不晚哉？此圣王所以贵百年之计也。

子曰："知者不惑，仁者不忧，勇者不惧。"

此一章书是孔子指成德者之心体以示人也。

孔子曰："知、仁、勇三者，人心之本体也。盖人之心体本无障蔽而不惑，本无牵系而不忧，本无委靡退怯而不惧。自人心一有所蔽，即有疑惑，惟夫有知之德者，格物致知，不昧虚灵之体，则事物之交，凡是非可否，无不坐照无遗，何惑之有？自人心一有所累，即有忧患，惟夫有仁之德者，涵养纯熟，浑然天理之公，则境遇之来，凡穷通得失，无不顺理安行，何忧之有？自人心一有所怯，即有恐惧，惟夫有勇之德者，至大至刚，直养浩然之气，虽当大节重任，险阻艰难，皆毅然处之，无逡巡退缩之意。何惧之有？"

此皆成德之事，学者以之修己，帝王以之治天下国家，皆不外此。故知至于不惑，则足以照临四海；仁至于不忧，则足以并包九有；勇至于不惧，则足以裁决万己。帝王之学尤所当加意者也。

子曰："可与共学，未可与适道；可与适道，未可与立；可与立，未可与权。"

此一章书是孔子以全学望人也。

孔子曰："人之造诣不同，学贵循途而进如人志气迈往，锐然以典学自命，是可与共学矣。然学必专心，致志向道而行，而后不为他岐所惑。初学之人，或识见未定，未能实见吾道之美，而勇往以从之，是可与共学者，未可遽与之适道也；既勇往以从之矣，必躬行实践，有所执持，而后不为外诱所夺。适道之人，或操守不坚，未能固执而不变，是可与适道者，未可遽与之立也；学至于固执而不变，亦可矣，然守而未化也，惟圣人一理浑然，泛应曲当，于事变之来，各适其轻重之宜，如权之称物者然，彼能立之人或不能通权达变，以几夫时措咸宜之妙，是可与立者，未可遽与之权也。学至于可权，然后为学之功全矣。"

盖为学之道不容躐等而进，当循序以致其功，亦不容得半而足，尤贵层累而适其极也。

"唐棣之华，偏其及而。岂不尔思？室是远而。"子曰："未之思也，夫何远之有？"

此一章书是孔子借诗以勉人用思之意。

昔逸诗有云"唐棣"，物之无情者也，其花尚翩翩然摇曳，若有感而动矣，况我与尔人之有情者也，岂无所感动而不尔怀思乎？但以所居之室相去隔远而不能相及耳。"

夫诗人之所思者，故未知其所指何在，孔子遂借其言而反之曰："思之为妙，不疾而速，不行而至。今诗所谓'室远'，毕竟是未之思耳。若果思之，则此心之灵明，虽千万里之外，千百年之上，一思即至，初无障隔壅蔽，夫何远之也?”

夫道在于心，思乃尽心求道之功。人之于道，只徒事口耳，而不求之于心，故以为远。若求诸心，则欲仁斯至，何远之有？是以君子贵近思之学也。

乡党第十

孔子于乡党，恂恂如也，似不能言者。其在宗庙朝廷，便便言，惟谨尔。

《乡党》一篇，皆是记孔子容貌、威仪、起居、动静之详。盖圣人盛德积中，动容周旋，有自然中礼之妙也。

此一章书是记孔子在乡党、宗庙、朝廷言貌之不同也。

门人记曰：“吾夫子之居乡党也，则见其言貌之间，恂恂然信实而已，谦卑逊顺，不敢以贤智先人，有似乎不能言者。”

盖乡党乃父兄、宗族之所在，故礼恭而辞简如此。

“至于与祭而在宗庙，居官而在朝廷，则便便然与人议论，制度、仪节之精微，问之必审；纪纲、法令之详悉，辨之必明；但言所当言，常敬谨而不放尔。”

盖宗庙乃礼法之所在，朝廷乃政事之所出，又与处乡党之时不同，故言之不容不尽，而辨之不容不明如此。此圣人圣德之至，故随所处而皆合乎礼之中也。

朝，与下大夫言，侃侃如也；与上大夫言，訚訚如也。君在，踧踖如也，与与如也。

此一章书是记孔子在朝廷事上接下之不同也。

门人记曰：“吾夫子之入朝也，方君未视朝之时，正臣工议政之际，如与下大言，其势分犹卑，言或可以直，遂则当言即言，正辞断义，无所委曲，但见其侃侃然刚而直也。若与上大夫言，其体貌尊重，言不可以径，情虽理之所在，持正不阿，然必颜色和婉，辞气从容，但见其訚訚然和悦而诤也。至君既出而视朝，夫子极其敬谨，不敢一毫怠忽，则踧踖如而恭敬不宁也。但常人过于矜持，未免失之拘迫，夫子却又从容和缓，动容周旋，不过其则，与与如而威仪中适也。”

圣人之事上接下，各中其节如此。

君召使摈，色勃如也，足躩如也。揖所与立，左右手。衣前后，襜如也。趋进，翼如也。宾退，必复命曰：“宾不顾矣。”

此一章书是记孔子为君摈相之容也。

古者，列国诸侯朝聘往来，主宾相见之时，有为之摈相者。主谓之摈，言其接待宾客也。客谓之相，言其辅相行礼也。

门人记曰："吾夫子当君命有召，使之为摈，迎接宾客。此乃两君交好大礼所系，故夫子一闻君命，敬慎之至，顿改常容。观其颜色，则勃然变动，不类平时之安和自适；观其步履，则盘桓不安，屏营不宁，有似欲前进而不能之状。此是承命之初，其敬有如此。及宾至而君迎之时，宾主有命，为摈者递传宾主之命以相达。夫子此时适为次摈，有上摈居于身之右，有末摈居于身之左，故拱揖所与同。为摈者或揖左人传命而出，则以手向左，或揖右人传命而入，则以手向右，然手虽有左右，而身则端整自如，未尝随之而动，但见其衣之前后襜如其整齐也。及宾主相见之后，主君延宾而入，为摈者当从其后而趋入以有事。夫子于疾趋而进之时，足容虽疾，手容自恭，张拱端好，如鸟之舒翼然。此是行礼之时，其敬有如此。行礼既毕，主君送宾以出，宾方退出之际，主君之敬未解，夫子必复命于君曰：'宾已出，不复回顾矣，'所以舒君之敬，不使劳于瞻望也。"此是礼毕之后其敬有如此。

夫以为摈一事，自始至终无不中礼如此，此所以为盛德之至也。

入公门，鞠躬如也，如不容。立不中门，行不履阈。过位，色勃如也，足躩如也，其言似不足者。摄齐升堂，鞠躬如也，屏气似不息者。出，降一等，逞颜色，怡怡如也。没阶趋，翼如也。复其位，踧踖如也。

此一章书是记孔子在朝之容也。

门人记曰："吾夫子趋朝之时，方入公门，去君虽远，敬心已切，但见其曲身而行，鞠躬如也，虽公门高大，却似不能容其身者然。其立也，必不敢当门之正中，避所尊也。其行也，必不敢践履门限，恐不恪也。"敬于入门之始如此。

由此而进，则为君所伫立听治之虚位。"夫子过之，见位如见君，其颜色勃然而变动，其行步，则躩然而盘旋，其言语，则讷讷然谨慎收敛，似气不足以出声者。"敬于过位如此。盖去君渐近，故其敬渐加，与入门之初不同矣。

"当升堂之时，则两手抠衣下缝，使之离地，以防倾跌之患。历阶升堂，曲身而行，鞠躬如也，其心敬气肃深自屏藏，似不息者。"盖愈近君则愈敬，慎视过位之时，又不同矣。

"夫子见君已毕，由是下堂而出，降阶级一等，始稍舒其颜色，有怡怡然和悦之意，然其敬君之心有终不能忘者，但见其下尽阶级，趋走以就于下，则端拱如翼，手容之恭如故也。复其朝班之位而立，依旧踧踖而恭敬，不宁身容之肃如故也。

盖自始至终，一于礼如此，可以为人臣法矣。

执圭，鞠躬如也，如不胜。上如揖，下如授。勃如战色。足蹜蹜，如有

循。享礼，有容色。私觌，愉愉如也。

此一章书是记孔子为君聘于邻国之礼容也。

门人记曰："夫子承君命以聘问邻国，执持国君之命圭以通其信，则敬谨之至，鞠躬如也；有如至重而力不能举者，身容何肃也！执之平衡，心与手齐。有时举手向上，如与人相揖者，未尝失之太高；有时俯手向下，则如以物与人者，未尝失之太卑。手容何恭也！其色之见于面者，勃然变动，如临战阵之时，色容何庄也！其容之形于足者，举足促狭曳地而行若缘物，然足容何重也！及聘问之后，以君命献礼物于邻国之君，所以达君之情，但见夫子有和悦之色，视聘时渐舒也。享毕，又以私礼见邻国之君，所以申己之敬，则愉愉如而又加和也。"

盖敬以尽聘问之礼，和以达聘问之情，惟夫子其能不辱君命乎！

君子不以绀緅饰。红紫不以为亵服。当暑，袗絺绤，必表而出之。缁衣羔裘，素衣麑裘，黄衣狐裘。亵裘长。短右袂。必有寝衣，长一身有半。狐貉之厚以居。去丧，无所不佩。非帷裳，必杀之。羔裘玄冠不以吊。吉月，必朝服而朝。

此一章书是记孔子衣服之制也。

门人记曰："圣人持身，即一衣服亦不苟，如常服则不用绀緅二色以为衣之领缘。盖绀乃深青，扬赤色，为齐服之饰，緅乃绛色，为练服之饰，故不以之饰常服也。私居之服不用红紫，二色合赤白而成红，合赤黑而成紫，皆色之不正者也，且近于妇人之服，故不以服之私居也。其致谨于服色之辨如此。

时当乎暑，则服单葛之衣，或取服絺而精者，或取夫绤而粗者，然必先着里衣，表絺绤而出之于外，盖暑服宜于轻浅而不宜见体也。

时当乎冬，则随所服之裘，裼以所宜之衣，如黑羊之裘服以朝觐，则裼以缁衣，欲黑色相称；白麑之裘服于聘享，则裼以素衣，欲白色相称；黄狐之裘服于蜡祭，则裼以黄衣，欲黄色相称。此公服之制也。若私居之裘，其制则长，取其温暖，而短其右边之袖，盖作事常用右手，取其便于举动也。私居之裘则用狐貉为之，以其毛深温厚，可以御寒而适体也。其致谨于裘葛之制如此。

服必有佩，居丧之时去文就简，非所宜佩。若已免丧，乃去凶即吉之时也，必玉以象德，器以备用，无所不佩焉。

衣必有裳也，朝祭之服取其方正，其下裳则用正服如帷幔然，谓之帷裳。然人身之腰为小，故于两旁我襞积，而旁有斜裁倒合之杀缝矣，以其杀于下齐者一半，其制上窄下宽，取其省约而不妄费也。其丰俭各有所宜如此。

如吊服，所以哀死也，若羔裘之朝服，元冠之祭服，则不用之以吊，盖不以吉服而用之于凶服也。朝服所以觐君也，孔子时虽致仕，每月之朔必服其朝服而北面以朝，盖不以致仕而忘乎君也。其谨于吉凶之礼又如此。”

盖衣服所以文身，亦圣人之所必谨也。

斋，必有明衣，布。斋，必变食，居必迁坐。

此一章书是记孔子谨斋之事也。

门人记曰：“夫子将祭祀而斋戒，沐浴既毕，必更明衣，而衣以布为之，不但内志之清明，而且外体之纯洁也。斋戒之时，既不可解衣而寝，又不可著明衣而寝，故必别有寝衣以防其亵。而寝衣之制，周身之外仍长有一半，使其可以覆足也。其致洁以尽敬如此。至于平居之食有常品矣，斋则必变其所食，不饮酒，不茹荤，恐以臭味之故，昏我精明之德也。平居之坐有常处矣，斋则必迁其所坐，不安常，不袭故，恐以便安之习夺吾慎重之心也。其变常以尽颈部如此。”

此可以得圣人谨斋之心矣。

食不厌精，脍不厌细。食饐而餲，鱼馁而肉败，不食。色恶，不食。臭恶，不食。失饪，不食。不时，不食。割不正，不食。不得其酱，不食。肉虽多，不使胜食气。惟酒无量，不及乱。沽酒市脯不食。不撤姜食。不多食。祭于公，不宿肉。祭肉不出三日。出三日，不食之矣。食不语寝不言。虽疏食菜羹，瓜祭，必齐如也。

此一章书是记孔子饮食之节也。

门人记曰：“圣人之饮食不特为养生计，盖亦有道存焉。饭食虽不求其精，而亦不厌其精；牛羊与鱼之腥，聂而切之之脍，虽不求其细，而亦不厌其细。盖食精脍细，有益于人者，圣人所不去也。

“夫食之有益于人者固不厌，而伤人者岂食之乎？故食取其精也。苟饭伤热湿而饐，或味变而餲，则不食。脍取其细也，苟鱼烂而馁，肉腐而败，则不食。若未败而色已变，此色恶也，则不食。未败而气已变，此臭恶也，则不食。人事之烹饪或失其节者，不食。天时之成熟未至其期者，不食。盖以上数者食之皆足伤身，故夫子谨之。”

“夫物之有害者固不食，而无害者岂苟食之乎？割肉以正为贵，不正则与心体违，不苟食焉。用酱各有所宜，不得则致用不备，不苟食焉。且不徒不苟食，而所常食者，亦自有节。盖人资谷气以养生，若肉味过多，反胜五谷之气，致失养生之道，故必节之，虽不辞其多，而不使其太过也。饮酒以合欢，若崇饮不已，既能昏性而丧德，又能致疾而伤生，故必节之，虽不限其量，而不及于醉乱也。至于酒出于沽，脯出于市，恐不精洁，或致伤人，故皆不食。若夫薑可以通神明，去秽恶，故每常设而不撤去。凡饮食之道惟适可而止，不太多，而过饱恐伤生也。其养生不既周乎？”

“夫日用之饮食固慎，而颁于人者亦有节。夫子当助祭于公廷，而有胙肉之得也，归即颁赐，不待经宿，盖重神惠而尊君赐也，故不敢迟也。至于家庙之祭肉，虽可少缓，未能当日分赐，然亦不过三日皆以颁之于人，若过三日则肉败而人不食之，是亵神之余矣，故不久留也。其颁食有当可之节如此。”

“夫子当食之时，则心安于食，虽人有问及，亦不轻于答言。当寝之时，心安于寝，亦不轻于言也。其食也，虽蔬食菜羹，亦必每种各出少许，置之豆间之地，以祭先代始为饮食之人。其祭虽小，亦必斋，如其诚敬焉。”

此皆圣人饮食之节，无不中礼如此，盖不止于养身，而亦所以养德。学者能随事而体察焉，何莫非道之所在也！

席不正不坐。

此一章书是记孔子所处必以正也。

门人记曰：“夫子心安于正，事事皆整齐严肃，雇于席位或偏向不正，自不苟于坐焉。”

盖东西南北各有正位，在圣人心安于正，席不正则与心不合，心便不安。故虽小，不苟也。则其出入起居之无不正，可知也。

乡人饮酒，杖者出，斯出矣。乡人傩，朝服而立于阼阶。

此一章书是记孔子居乡之事也。

门人记曰：“夫子之居乡业，或与乡人宴会饮酒时，则少长咸集矣。其中有六十以上执杖而行之老人，夫子必加尊敬，宴毕之后，杖者出，夫子即随之而出，未出不敢先，既出不敢后也。其敬长如此。”

“《周礼》方相氏主索疫鬼而驱逐之，季冬之月则命有司大傩驱除鬼祟而迎纳吉祥也。盖此礼虽故而近于戏。夫子家居，遇乡人行大傩之礼，则敬君命而服朝服，以立于东阶焉。以乡人傩于我家，我有主道也。其敬古礼如此。”

此居乡之道也。

问人于他邦，再拜而送之。康子馈药，拜而受之。曰：“丘未打，不敢尝。”

此一章书是记孔子与人交之诚也。

蒙人记曰：“夫子之与人交也，一出于至诚而不欺。如所交之人在于他邦，夫子遣使候问，使者临行，则必从后再拜而送之，有如亲见其人，不以其在远而废敬也。”

“季康子曾馈以药，夫子拜而受之，以答彼之殷勤也。且直告使者曰：

‘丘尚未知此药所用河品，所疗何病，不敢尝也。’”盖药又未打，自不可尝。然受而不饮，则又虚人之赐，故直以不敢尝告之。其受馈之诚又如此。”

夫子诚善与人交者哉！

厩焚，子退朝，曰：“伤人乎？”不问马。

此一章书是记孔子仁民先与爱物也。

门人记曰：“一日夫子养马之厩被火焚烧，厩为火焚，伤马必矣。夫子自君之朝退而来归，闻之，即问曰：‘火得毋伤人乎？’未尝问及马也。”

盖唯恐人之伤，不暇及于马耳。

夫天地之生物，于人为重，当仓猝发问之时，意不在嘛，而撞在人。圣人其体天地之心为心者乎！

君赐食，必正席先尝之；君赐腥，必熟而荐之；君赐生，必畜之。侍食于君，君祭，先饭。疾，君视之，东首，加朝服，拖绅。君命召，不俟驾行矣。

此一章书是记孔子事君之礼也。

门人记曰：“凡臣之于君，务期尽礼，毋论事之大小，悉当以谨敬持之。若夫子则无一事之越于礼者：君或赐以熟食，必正席致敬而先尝之，然后颁至于人，尊君赐也；君或赐以生肉，必烹调使熟而荐之祖考，荣君赐也；君或赐以生牲，必畜至于家，无故不杀，仁君赐也。”其尽礼于受赐有然。

“夫子或侍于君而食于君之侧，其时君祭而置品物于豆间，则已不祭而先饭。盖礼，君赐之食而客之，则命之祭。夫子不敢当君之客己，故先饭以示君尝食之意。”其尽礼于侍食有然。

“夫子或以疾寝而君视之，倘得扶疾，而以臣礼接君，固其心矣，势必不能，则首居东以受生气，加朝服于身，又拖大带于上，不忘恭也。”其不以疾而废礼，又有然。

“君或有事而以命来召，倘可即升车而行，所不辞矣；若犹未驾，则迫不容待，徒步以往，不俟驾而遂行，急君命也。”其不以劳而废礼，又有然。

盖分义之必循斯礼，文之必谨，夫子于纤悉委曲无所不竭其诚敬，是不独持一身之小节，而正以立万世人臣之大常也与！

朋友死，无所归。曰：“于我殡。”朋友之馈，虽车马，非祭肉，不拜。

此一章书是记孔子交朋友之义也。

门人记曰：“朋友为五伦之一，原以义合者也。夫子之于朋友，莫不以义为断。如朋友不幸而死，无亲属以主之，是无所归者，于义为当殡者也，夫子即曰：‘于我殡。’”盖揆乎事理之宜，遂直任而不辞也。

“如朋友之馈或轻或重，皆交际之常，于义所不当拜者也。是以虽重如车马，非馈祭肉者比，则直受之而不拜。”盖祭肉之所以拜者，敬其祖考同于己亲也，车马岂其伦乎？此夫子所为悉合乎当然也。

盖义受裁于心，夫子不以存殁易其心，不以货利动其心，惟心能有主，故义无不尽也。

寝不尸，居不容。见齐衰者，虽狎，必变。见冕者与瞽者，虽亵，必以貌。凶服者式之。式负版者。有盛馔，必变色而作。迅雷风烈，必变。

此一章书是记孔子容貌之变也。

门人记曰：“容貌乃德之符。夫子随事顺应，适当乎理，其形诸身而见于色者，各有不同。凡人寝处恒易流于肆，夫子虽舒布其四体而不至偃卧以如尸；私居不必过于拘，夫子虽慎持于平日，而不事矜庄以为度。”其容貌之见于处己者如此。

“若夫有丧之人所当哀也，夫子见齐衰者，虽所亲狎，必变色以待之。有爵与无目之人，所当致其尊与矜之诚也。夫子见冕者与瞽者虽当燕见，必礼貌加之。至夫子当在车之时，见有服凶服者，则恻然不宁而为之式。见有负版籍者，则肃然起敬而为之式。此一以哀有丧，一以重民数也。至夫子当燕享之时，主人设盛馔以相待，必变色而起以致其敬，所以重主人之礼也。”其容貌之见于接人者如此。

“至迅雷风烈，乃天变之大者，夫子当此必变其常色，惕然恐惧，盖敬天之怒而不敢逸豫以自安也。”其容貌之见于敬天者又如此。

夫圣人动容周旋，无不中礼。其出之也非有心，而观之者则各异。至如见负版而式，遇风雷而变，则尤所以重邦本而畏天威也哉！

升车，必正立执绥。车中，不内顾，不疾言，不亲指。

此一章书是记孔子升车之容也。

门人记曰：“我夫子正直存于中，而肃恭著于外，随其所在，莫不见其有敬容，无肆容。人当升车，自无不立，而执绥者然或未免于偏倚也。惟夫子则正立执绥，而一无偏倚焉。及既在车中，则瞻视有常，未尝回首而顾也。言语必慎，未尝急剧而言也。手容必恭，未尝妄有所指也。”盖敬容之见于乘车者如此。

夫礼，大夫得乘车，苟或稍纵，即不足以见盛德之容，而且惑人之视听。夫子之不待谨而自谨也。此其所以为圣人也与！

色斯举矣，翔而后集。曰：“山梁雌雉，时哉！时哉！”子路共之，三嗅而作。

此一章书是见孔子时中之圣，其所会心者无非时也。

门人记曰：“鸟之为物，虽微见人之颜色不善，斯举翮而他往，又必回翔审视，择可止之地而后集焉。何其能见几而举、择地而集如此？昔者孔子见雌雉存于山梁之上，因感而叹曰：‘彼山梁之雌雉，当飞则飞，其飞也以时；当下则下，其下也以时。时哉！时哉！’子路不悟，以为时物而共向之，有执之之意焉，遂三嗅而作。其在山梁也，非翔而集于山梁者乎？其嗅而作也，非见子路之色而举者乎？是可以知鸟矣，更可以知夫子之有取乎时矣。”

盖孔子于君臣、朋友、父兄、宗族之间，一言一动，莫不各尽其道，非屑屑以求其合时，当然自无不然耳。此所以深有取乎时也。记者记此以终《乡党》，正以明圣人之悉因乎时云。

《日讲四书解义》卷八

论语 下之一

先进第十一

子曰："先进于礼乐，野人也；后进于礼乐，君子也。如用之，则吾从先进。"

此一章书是孔子思复古以维世也。

孔子曰："先王缘人情而制礼，宣至和而作乐，斯二者诚不可斯须去身也。但世俗不同，习尚亦异，至今日而寖非矣。如先进之于礼乐，文质适中，今但见其简朴而以为野人也。后进之于礼乐，文过乎质，今反谓之彬彬而以为君也。以俗尚观之，孰不喜为君子以求观美哉？吾则不然，如用礼乐以治身，则思敛华而就实；如用礼乐以治人，则思去靡以还淳，宁从先进而冒野人之名耳。"

是知移风易俗，系乎一人。庸众虽安于习俗，君子贵求其当然。观孔子从先进之意，其即帝王议道，自已之法与！

子曰："从我于陈、蔡者，皆不及门也。"德行：颜渊，闵子骞，冉伯牛、仲弓。言语：宰我，子贡。政事：冉有，季路。文学：子游，子夏。

此一章书见圣门之多才也。

昔孔子应楚昭王之聘，陈、蔡二国忌楚国之大，因阻孔子之行，于是受厄于陈蔡之间。其后孔子归鲁，追思往事而叹曰："吾门之弟子从我者多矣，当陈、蔡之厄犹济济也。至于今或隐或显，或存或没皆不及吾门也。夫患难适得相随，而闲居反致离索，聚散不常，宁不关情耶？"

门人因孔子之思而记之曰："夫子之所谓从于陈、蔡者何人也哉？其姓、字犹可识也，其造诣更可观也。有得于己而谨于身者曰德行，颜渊、闵子骞、冉伯牛、仲弓是。有能立言而善答述者曰言语，宰我、子贡是。有通国政而练庶务者曰政事，冉有、季路是。有风雅可观而闻见博洽者曰文学，子游、子夏是。"此皆从夫子于陈、蔡者，其人其品，各擅其长，宜夫子之不忍忘也。

观门人四科之言，而孔子造就人才之法可见矣。即朝廷因材器使之，道亦从可知矣。

子曰："回也，非助我者也。于我言无所不说。"

此一章书是孔子深喜斯道之得人也。

孔子曰："学者于论辨之际，探求不已，不但自益，而更足以益人，而回则不然。盖人必疑而后有所问，问而后有所发，疑、问相长，而后有所助。回也，非助我者也，于吾所言无不默契于心，怡然神解。盖无所不说，而又安得有所助哉？"

虽然此可为颜渊言也，至于学者宜日事于博学切问，圣贤之旨非辨析不精，天下之务非考究不明，默识心通岂易言哉？

子曰："孝哉闵子骞！人不间于其父母昆弟之言。"

此一章书是孔子赞闵子之纯孝也。

孔子曰："人之行莫大于孝，而孝行以取信于人者为真。以今观之，孝哉子骞乎？天下之以孝名者，或易得之于父母昆弟，而不能得之于人；又或易必之于人，而反不能得之于父母昆弟。处顺处逆，非纯孝者不能尽也。今闵子骞之孝，父母昆弟称之，人亦称之，内外之间无间言者，其孝友之实积于中而著于外也，如此。"

天地之性人为贵，人之行孝为大。宜孔子深赞闵子以风世也。

南容三复白圭，孔子以其兄之子妻之。

此一章书见孔子谨言之教也。

《诗经·大雅·抑》之篇有云："白圭之玷，尚可磨也；斯言之玷，不可为也。"此深于谨言之旨也。

南容每常三复"白圭"，念兹不忘，其用心加于人矣。孔子于是以兄之女妻之。夫爱其女而择谨厚之士，则言之当谨为何如耶？

季康子问："弟子孰为好学？"孔子对曰："有颜回者好学，不幸短命死矣！今也则亡。"

此一章书见好学之人不易得也。

鲁大夫季康子问："弟子之中孰为真好学者？"孔子对曰："吾门有颜回者，真好学人也。使天假之年，其所优入当不可量，而不幸其命之不永也！今则亡是人矣。"

夫人之为学，当世既不可及，身后不复再见，宁不动人深长思哉？宜孔子之致忾也。

颜渊死，颜路请子之车以为之椁。子曰："才不才，亦各言其子也。鲤

也死，有棺而无椁。吾不徒行以为之椁。以吾从大夫之后，不可徒行也。”

此一章书见孔子爱回以义也。

昔颜渊死，其父颜路以家贫不能具葬，乃请孔子所乘之车卖以为椁，意欲从厚以安贤子也。孔子曰：“人之子虽有才不才之分，而以父视之，未尝有异，亦各言其子也。昔吾鲤也死，有棺而无椁，吾不卖车而徒行以为之椁，此故何也？以吾从大夫之后不可徒行也，今岂可为回而舍车乎？”

盖颜渊一生安贫乐道，死生一致，虽无椁何伤？惟孔子知之深，故不以薄葬为嫌，非吝于一车也。

颜渊死，子曰：“噫！天丧予！天丧予！”

此一章书是孔子悼道之无传也。

昔颜渊死，孔子伤悼之曰：“天之生回，斯道有赖，亦予之大幸也，而不意其遽死也。噫！天丧予！天丧予！天岂独丧回也哉？予诚不能释然于天道矣！”

孔子上接文王之传，则曰：“天将丧斯文”，下失颜渊之传，则曰：“天丧予”。然则道统之绝续皆天也。

颜渊死，子哭之恸。从者曰：“子恸矣！”曰：“有恸乎？非夫人之为恸而谁为？”

此一章书见孔子哀之发中节也。

昔颜渊死，孔子伤悼之极，于是哭之恸。从者劝止之，曰：“哀伤有节，子之哭回，可谓恸矣！”孔子曰：“予之哭回，有恸乎？予不自觉也。虽然，哀可节也，至于回而有不能自已者矣。非夫人之为恸而谁为哉？”

恸者一时，而伤者无穷。孔子之为道惜人如此。

颜渊死，门人欲厚葬之，子曰：“不可。”门人厚葬之。子曰：“回也，视予犹父也，予不得视犹子也。非我也，夫二三子也。”

此一章书是孔子以循理责门人，正所以爱回之深也。

昔颜渊死，门人以其为大贤也，而欲厚葬之，孔子止之曰：“回之为人，正无须于厚葬也，于理不可。”门人终以为不厚不足以宠异颜回，于是厚葬之。孔子叹曰：“回之平日视予犹父也，予乃今不得视回犹子也。使回不安于身后，予亦何以自安哉？然此非我也，夫二三子也。”

二三子之心大异于回之心如此，愈令人思回矣。

季路问事鬼神。子曰：“未能事人，安能事鬼？”敢问死。曰：“未知生，焉知死？”

此一章书是孔子戒人务远之心也。

季路问："鬼神者，人之所当事，其道当何如？"

孔子曰："可见者人，不可见者鬼神。未能事人而得其欢心，焉能事鬼而冀其来格乎？"

季路又问："死者人之所必有，其道为何如？"

孔子曰："难穷者生，不必究者死。未能原始而知所以生，焉能反终而知所以死乎？"

可见，人鬼总是一道，死生原属一理。惟务力于平实之处，则知明即以通幽，而全生即以全归，岂可舍近求远而骛于幽杳难知之域哉？

闵子侍侧，訚訚如也；子路，行行如也；冉有、子贡，侃侃如也。子乐，"若由也，不得其死然。"

此一章书是门人记诸贤之气象也。

门人谓："昔夫子在坐，而闵子侍侧，则见其外和内刚，訚訚如也；至于子路，则见其果敢发越，行行如也；冉有、子贡，则见其端严正直，侃侃如也。观四子之气象，即以知四子之造诣，斯道有人，斯世有赖。唯时夫子若有欣欣然不自禁其乐者。然四子之中，唯子路过于刚强，非终吉之道，故夫子亦尝警之曰：'若由也，不得其死然。'此不过据理而论，欲子路损过而就中也，不意子路之终不能也，可惜矣夫！"

鲁人为长府。闵子骞曰："仍旧贯，如之何？何必改作？"子曰："夫人不言，言必有中。"

此一章书见圣贤维鲁之心也。

昔鲁有长府，其来旧矣。一旦欲改作而更新之，此乃变制之渐，亦聚利之萌也。闵子骞婉言以止之曰："天下事创作者难为功，完旧者易为力。彼长府虽久，未至大坏，因其旧制，稍加修葺，何为不可？何必改作而为劳费之事乎？"

孔子闻而赞之曰："夫人不轻于言者也！惟其不轻于言，故一言而关生民之大计，动当事之深思，言必有中，可谓仁人之言哉！"

大抵劳民伤财之事，所损虽在一时，而变历代之规模，启聚敛之苛法，关系正自不小。闵子不极言其弊，所以婉而易入。孔子复称说其美，愈令闻者知愧。圣贤之爱鲁民，正其深于爱鲁君臣也。

子曰："由之瑟奚为于丘之门？"门人不敬子路。子曰："由也升堂矣，未入于室也。"

此一章书见孔子作人之法也。

孔子曰："声音之道通于性情，瑟虽一艺也，而平日所养皆可立见。由之鼓瑟，若直任气质，无一涵养者然，奚为于丘之门乎？"此盖欲由自警省而进于沉潜也。乃门人不知，遂不敬子路。孔子晓之曰："二三子何遽轻由也？据今日之由，可谓升堂而登高明之地矣，特未入室而造于精微之域耳。使由能自勉，宁有限量！二三子之轻由何也？"

可见，学问无穷，自足者固非，而轻人者更非。孔子此言，不但造由，亦所以造门人矣。

子贡问："师与商也，孰贤？"子曰："师也过，商也不及。"曰："然则师愈与？"子曰："过犹不及。"

此一章书见孔子以中道约人也。

圣门弟子有颛孙师与卜商二人者，虽俱称为贤，而所造各有不同，故子贡偶举以问曰："师与商也，孰为胜乎？"孔子曰："师也才高意广，往往至于太过；商也笃信谨守，往往失于不及。"二人所造如此，观其所造而贤不贤可知也。

子贡不达其义，乃问曰："天下之事未有不以过为胜，以不及为不胜者，商既不及，然则师已愈于商与！"

孔子曰："学问之道贵适乎中，不及者固失之卑陋，而太过者亦失之夸张，其非中道正自等耳，安见其为愈哉？"

盖无过不及之谓中，使学者各省其所有余，勉其所不足，庶几斯道之有赖也。

季氏富于周公，而求也为之聚敛而附益之。子曰："非吾徒也。小子鸣鼓而攻之，可也。"

此一章书是孔子正党恶之罪以警权臣也。

昔周公以叔父之尊兼安定之功分封鲁国，其富宜也。季氏，鲁大夫耳，而乃富于周公，其攘公害民之事可忍言哉！冉有以圣门之高弟，而为季氏之家臣，自宜救正其过，上全国体，下安民命，斯为尽忠之道也，乃不能以道事主，而为之聚敛而增益其富，其不义甚矣。孔子绝之曰："吾之门以致君泽民为教，而求乃以党恶害民为悦，殆非吾徒也。此而不声其罪，则不肖之徒亦何所不至哉！小子鸣鼓而攻之，可也。"

可见恶恶必先绝其党，在冉有不过欲邀季氏之欢心，而不知难逃于圣门之公论，使小子传之而共惧，即季氏闻之而知警，真仁人之心哉！

柴也愚，参也鲁，师也辟，由也喭。

此一章书是示人宜进学，以化气质之偏也。

孔子尝评论及门之才质，谓凡人气质不能无偏，而皆不妨于进道，特患不能自知其偏，则无以施转移之功耳。即如柴也，谨厚有余而明智不足，可谓曰愚。参也资禀迟钝而警敏不逮，可谓曰鲁。师也容止可观而少诚实恻怛之意，是之谓辟。由也粗直自遂而温润和雅之文，是之谓喭。使出四子者各率其性，与庸俗人何以异？而不知能进之以学则皆任道之器也。

盖四子得圣人而师之，知其偏之所在，或充之以学问，或文之以礼乐，俱不失为大贤。然则人亦贵自勉耳，岂可以资气之偏驳自诿哉？

子曰："回也其庶乎，屡空。赐不受命，而货殖焉，亿则屡中。"

此一章书是孔子称人所长以进其所不足也。

孔子曰："吾门之有回、赐，其聪识未尝不相近也，而中实有不同者焉。回也以明睿之姿务深潜之学，其于道也，殆庶几乎，但见其陋巷食贫，屡至空匮而处之泰然，何其淡忘若此也！若夫赐，则不听受贫富之命而务生财以致富焉，较之安贫乐道者为何如乎？然其才识明敏，凡所亿度，每每切中，实有过于人者。倘由此而充之，其进于回何难乎？"

此可见气质偏杂者不可以自画，而赋资明达者尤不可以自炫。使子贡而不闻圣人之教，则安知不终以货利遗讥而小慧自误也耶？

子张问善人之道。子曰："不践迹，亦不入于室。"

此一章书是孔子论生质之美而进之以学也。

字张问于孔子曰："天下之人品不一而独有所谓善人者，其道为何如？"

孔子曰："凡人之囿于气质者多矣，即或有志向上，亦必循途守辙而后可以合道。惟善人不拘圣贤之成法而无偏杂之患，殆不践迹者。然每自任其性情之本然，未尝加以深造之功，而亦不入于室。合而观之，而善人之为善人可知矣。盖生质之美不可易得，亦不可尽恃，况有圣人之基而能不以学问自限其优入也，不更易乎？"

子曰："论笃是与，君子者乎？瑟庄者乎？"

此一章书是孔子示人考行之法也。

孔子曰："人之情伪不可见，所可见者，容貌词气之间而已。然容貌词气之间有一见而即决者，更有屡见而未易测者，若专以论之笃实，似乎有德而即许与之，则安知其为表里如一之君子者乎？亦安知其为外笃而内不笃之色庄者乎？以君子待人虽忠厚之道，而倘为色庄所欺，则迎合之弊自我开之矣。"

甚矣，容貌词气不可以定人品也！所以古帝王取人之法，既观敷奏之言，尤详明试之功，然后赐之车服，申之考绩，不遽以知人自任，所以无失人之讥也。

子路问："闻斯行诸？"子曰："有父兄在，如之何其闻斯行之？"冉有问："闻斯行诸？"子曰："闻斯行之。"公西华曰："由也问闻斯行诸，子曰

‘有父兄在’；求也问闻斯行诸，子曰‘闻斯行之’。赤也惑，敢问。”子曰：“求也退，故进之；由也兼人，故退之。”

此一章书是孔子因人施教之意也。

昔孔门弟子有子路者，尝有闻而患未之能行，因问曰：“人之于道以能行为贵，自今一有所闻，即当勇往行之乎？”

孔子曰：“闻善固当勇为，然父兄在上，必须酌于义理，审于时势，有不敢不禀命者，奈何可率意而行之也？”

又弟子有冉有者，尝悦道而患力之不足，因问曰：“人之求道力行甚难，自今若有所闻，即宜黾勉行之乎？”

孔子曰：“行善不宜推诿，一有所闻，即宜去其因循，鼓其志气，有不可不勤敏者，岂可不笃实行之也？”

此孔子因人施教，妙于裁成，在人或未之知也，维时弟子公西华者，见二子问同而答异，不能无惑，因问曰：“为学者皆有定向，施教者自无异同。由之问‘闻斯行诸，’无异于求之问也，而夫子则告以‘闻斯行之，’所问同而所答异，此赤之不能无惑也。”

孔子曰：“子知二子之问同，亦知二子之材乎？求之资禀过于柔，柔则凡事畏缩不肯前进，故告以闻斯行之，盖使勇往力行以变其怯懦之习，乃因其不及而进之也；由之资禀过于刚，刚则凡事锐进无所取裁，故告以‘有父兄在。’盖使安分循理，不流于妄动之失，乃因其过而退之也。”

或进或退，总因其人而成就之，而又何疑乎/总之，圣人教人，不欲其过，不欲其不及，惟使之合乎中道而止。故无人不在其陶铸之中。此所以为万世之师也与！

子畏于匡，颜渊后。子曰：“吾以女为死矣。”曰：“子在，回何敢死？”

此一章书见圣贤遇变而惟以道自信也。

昔孔子为匡人所围，仓卒遇难，颜渊偶失在后，其时匡人肆恶，在孔子自不能无虑焉。及其遇也，乃不胜其喜，而谓之曰：“吾与汝相失，以汝被围而死矣，今幸在耶！”

颜渊对曰：“回与夫子，身虽二而道则一。今也道未坠地，文既在兹，匡人自不得害夫子，是夫子在也。夫子既在，则回亦以道为重，岂敢轻于赴斗以死乎？”

可见，圣贤以道义自重，虽死生在前，审处不苟，而况区区进退得失之故耶！

季子然问：“仲由、冉求可谓大臣与？”子曰：“吾以子为异之问，曾由与求之问。所谓大臣者，以道事君，不可则止。今由与求也，可谓具臣矣。”

曰："然则从之者与？"子曰："弑父与君，亦不从也。"

此一章书见孔子沮僭竊、扶纲常之深心也。

季子然是季氏子弟，昔仲由、冉求为季氏家臣。季子然问于孔子曰："夫子之门人若仲由、冉求者，其人品才识可谓大臣与？以陪臣而拟大臣，其僭甚矣！"

孔子答之曰："吾以子之问我，必有非常之人与非常之事，今乃以由、求为问，亦非我之所望于子者矣。且子以由、求为大臣，岂知大臣者耶？盖所谓大臣者，大以道耳。凡事皆以道佐其君，与百职事之承顺奔走者迥乎不同。如君之行合于道，则为之赞助以成其美；如君之行不合于道，则为之匡救以补其阙。务期引君于道而后已。如是人而信用之，则上而成就君德，下而利济斯民，一德一心，可以复唐虞三代之盛。使不加信用，而见有不可也，亦惟抱道而退，必不枉道以为身辱也。大臣之为大臣固如此。今由与求也，同为家臣，止可谓从政之具臣而已，岂大臣之比乎？"

此孔子抑二子正所以折季氏也。乃子然又问曰："二子既非大臣，则凡行事之际，亦唯唯听命，而无所开放与！"

孔子答曰："由、求虽不知大臣之道，然名分所在，则彼皆知之。使安常处顺，彼从之可也。若不顾义理而犯天下之首恶，吾见其灼有定见，确有定守，不党同以从容也。"

盖季氏素有不臣之心，欲二子从己以助乱，故孔子阴折之。此僭竊之萌所以潜消，而纲常之大，昭然而不可掩也。

子路使子羔为费宰。子曰："贼夫人之子。"子路曰："有民人焉，有社稷焉。何必读书然后为学？"子曰："是故恶夫佞者。"

此一章书见学乃为政之本也。

子羔，姓高，名柴，孔子弟子。昔费邑屡叛难治，子路曾为季氏家臣，因荐子羔为费邑之宰，以子羔为人质朴，可镇服以弥其乱也。不知子羔质虽美而未尝学问，将内则妨于修己，外则妨于治人，爱之适所以害之也。故孔子曰："贼夫人之子"。是深责子路之枉举也。子路不悟，乃强辞以应曰："费之中有民人焉可以治，有社稷焉可以事。治之而求所以治之理，事之而尽所以事之道，此即学之大者，何必拘拘焉从事诵读然后为之学哉？"

子路此言盖与孔子之意左矣，故孔子责之曰："凡人不论理之是非，情之当否，但以口辨取胜，是我素所深恶而痛绝者也。今由也不揆义理，而惟以口御人，可无从而自省乎？"

古者学古入官，必先从事于学，而后于修、齐、治、平之理持之有本，而施之有渐。有天下国家之责者，诚不可不以典学为要务也。

子路、曾晳、冉有、公西华侍坐。子曰："以吾一日长乎尔，毋吾以也。居则曰：'不吾知也！'如或知尔，则何以哉？"

此一章书是见圣贤用世必先考志也。

曾晳，名点，是曾参之父。昔子路、曾晳、冉有、公西华侍坐于孔子之侧，孔子欲观其志，乃谓之曰："人或拘于少长之分，而不罄其所怀，故欲内考其心，不可不得也。今我与尔虽有一日之长，但有怀必吐，毋以我长而不言也。且尔等平居自念，则曰'吾之才识可为世用，但人莫知耳'。如或有人知尔而用之，其将何所挟持以副其知耶？"

此孔子欲观诸贤之志而裁成之也。

子路率尔而对曰："千乘之国，摄于大国之间，加之以师旅，因之以饥馑，由也为之，比及三年，可使有勇且知方也。"夫子哂之。

此一节书是子路之言志也。

时子路一闻孔子之言，遂不复退让，轻遽而对曰："今有千乘之国，兵赋繁多，且管摄乎大国之间，动多掣肘，加之以师旅，而调发不宁，因之以饥馑而荒歉不足，固时势之难为者也。使由也当此而为之，外御强邻，内养百姓，修政教，勤训练，比及三年之久，可以使民有勇，而且知亲上死长之方焉。是则由之志也。

孔子闻而哂之，非哂其志之小，乃哂其言之轻也。

"求，尔何如？"

对曰："方六七十，如五六十，求也为之，比及三年，可使足民，如其礼乐，以俟君子。"

此一节书是冉有之言志也。

当子路既对之后，于是问："求，尔之志何如？"

冉求对曰："以求之志，不敢任千乘之国也。但方六七十里之小国，或五六十里之尤小者，使求也处此而为之，制田里，教树畜，轻徭薄赋，开源节流，比及三年之久，则仰事俯育有其资，水旱凶荒有其备，可使家给人足，无冻馁之虞焉。如此者，亦但能使民不匮耳。至若民性易侈，有礼以节之；民心易漓，有乐以和之；则俟夫才德兼全之君子，非求之所能也。"

其言词谦退有如此。

"赤，尔何如？"

对曰："非曰能之，愿学焉。宗庙之事，如会同，端章甫，愿为小相焉。"

此一节书是公西华之言志也。

当冉有既对之后，于是又问：“赤，尔之志何如？”

赤对曰：“礼乐之事，非敢曰我即能之也，但礼乐不可斯须去身，惟愿于此而学之，如彼宗庙有祭祀之事，邻邦有会同之事，节礼之所在也。赤则服礼服，冠礼冠，愿为赞礼之小相焉，于时序其仪节，使君无失礼于宗庙；审其应对，使君无失礼于诸侯。是赤之志也。”

其言词谦退又如此。

“点，尔何如？”

鼓瑟希，铿尔，舍瑟而作，对曰：“异乎二三子之撰。”

子曰：“何伤乎？亦各言其志也。”

曰：“莫春者，春服既成，冠者五六人，童子六七人，浴乎沂，风乎舞雩，詠而归。”

夫子喟然叹曰：“吾与点也！”

此一节书是曾晳之言志也。

三子之言既毕，于是问：“点，尔之志何如？”盖三子言志之时，点正在鼓瑟，至是方阕而余音，犹铿尔康听也。迨承孔子之问，乃舍瑟而作，进而对曰：“点之为志，与三子之所具不同也。”

孔子曰：“志虽不同，庸何伤乎？亦各言其志之所在，正不必同也。”

点乃曰：“点之所志原无需于异日，而正不外乎目前，即如今莫春者，天地之气甚和，足以适怀，单袷之服既成，足以适体，因而偕我同志，冠者五六人，童子六七人焉，少长咸集，薄言出游，或相浴于沂水之温泉，或乘风于舞雩之高爽，乘兴而往，適兴而止，此唱彼和，相与歌咏而归焉。是则点之志，如此而已，他何慕焉？”

孔子乃有契于心，喟然而叹曰：“吾与点也！”盖喜其有民胞物与之象，果不同于三子也。

三子者出，曾晳后。曾晳曰：“夫三子者之言何如？”子曰：“亦各言其志也已矣。”曰：“夫子何哂由也？”曰：“为国以礼，其言不让，是故哂之。”“惟求则非邦也与？”“安见方六七十如五六十而非邦也者？”“惟赤则非邦也与？”“宗庙会同，非诸侯而何？赤也为之小，孰能为之大？”

此五节书是曾晳质三子之言志也。

时三子既罄所怀，于是皆出，而惟曾晳独后。乃问于孔子曰：“适三子之所言者，其是非得失何如乎？”

孔子曰：“三子之言虽有不同，要不过各言其志之所存，固非夸大，而无实也。”

点又问曰：“三子既各言志，而夫子之独哂由何与？”

孔子曰："凡为国者，必以礼为先，而后上下不争，各安其分而国可治。今由之言辞急剧，有失逊让，是以哂之耳。"

点又问曰："冉求志在足民，其所治者亦必一国之民也，岂方六七十如五六十之小而即谓非邦也与？"

孔子曰："国有大小，其为邦则一也。安见百里者即为邦，而六七十如五六十者，遂非先王分茅胙土之邦也者？"

点又问曰："赤之志虽在礼乐，而所愿者则不过小相，岂赤之所为者，亦非邦也与？"

孔子曰："宗庙以享亲，会同以睦邻，皆诸侯之事。赤之志既在此，谓非诸侯而何？且赤之所云小相者，特自谦耳。倘以赤之娴于礼乐而为之小，亦孰能出于其右而为之大乎？"

观求与赤之所志，同是为邦，则孔子之哂由者，可无再问而自明矣。要之，圣贤之学，务因时处中，随在各足。虽功盖天壤，总无加于性分之外，原无所容其矜张也。所以才具虽足以用世，而尤必涵育于中和。观圣人许点哂由，其造就之方不更悠然可见与？

颜渊第十二

颜渊问仁。子曰："克己复礼为仁。一日克己复礼，天下归仁焉。为仁由己，而由人乎哉？"颜渊曰："请问其目。"子曰："非礼勿视，非礼勿听，非礼勿言，非礼勿动。"颜渊曰："回虽不敏，请事斯语矣。"

此一章书是孔门治心之实学也。

为学莫切于求仁，故颜渊以仁为问，盖欲得仁之本体而从事也。

孔子曰："仁者心之全德，莫可名言。存乎人者，天理当然之则，谓之礼；人心私欲之累，谓之己。为仁者但能克去己私，复还天理，即此是仁，原无俟乎他求也。此理人所同具，但多习而不觉耳。果能于一日之间克己以复理（疑为"礼"之误），则天下虽大，遂莫不翕然称许其仁焉。其效之大而速者盖如此。夫事之由己者易，由人者难，今之为克为复，止尽其在我者而已，岂能借资于外而由人乎哉？"

于时颜渊闻"克"、"复"之训，有会于心，而直问"克"、"复"之目，盖欲实用其力而不复疑也。

孔子曰："凡人欲心胜者，应物之际多不合于礼，必也制于未发之初，谨于将动之始。视必以礼，非礼则勿视。听必以礼，非礼则勿听。言必以礼，非礼则勿言。动必以礼，非礼则勿动。盖视、听、言、动之非礼者，己也。勿视、勿听、勿言、勿动，克己也。己克则礼复，而仁不在是乎？此所谓克己复礼为仁也。"

颜渊一闻此言，自觉求仁之功实有可据，乃直任之曰：“回虽不敏，而夫子之教则确可循也。请从事于心，务于视、听、言、动之间自克而自复焉，岂敢自诿以负于夫子之教哉？

要之，为己、为礼，即人心、道心之说也。苟随时省察，则人心自去，道心自全，于以仁覆天下，亦何难之有哉？

仲弓问仁。子曰：“出门如见大宾，使民如承大祭。己所不欲，勿施于人。在邦无怨，在家无怨。”仲弓曰：“雍虽不敏，请事斯语矣。”

此一章书是省心为仁也。

昔仲弓问仁于孔子。孔子曰：“仁存于心，不外敬、恕二者而已。凡人见大宾时，无不肃然起敬，至出门之顷，则易忽也。若心不敢肆，即一出门，即俨然尊贵在前，如大宾之是见焉，则无一时之敢忽可知也。人承大祭时，无不恪恭致敬，至使民之时则易慢也。若心不敢放，即一使民而宛然天祖式临，如大祭之是承焉，则无一事敢慢可知也。此敬之至也。又以见宾承祭之心而体勘于人己之间，凡人以非礼加诸我，是己所不欲也。己所不欲而即不以施与人，此恕之至也。如是存心敬恕，则凡身之所处，或内或外，皆吾考证之地矣。若能外而上下贤安，在邦无怨；内而宗族相悦，在家无怨；是无在非敬恕之征验，即无在非敬恕之流通也。而宁不谓之仁乎？”

故仲弓直任之曰：“雍虽不敏，而夫子之语确有所据也，请自尽其敬恕之功以考无怨之效，敢不黾勉以副明训哉！”

要之，仁存于心，有物蔽之而即昏，惟是时时体认，敬以立其体，而恕以达其用，此天德之所以常存，而身世之所以咸善也与！

司马牛问仁。子曰：“仁者，其言也讱。”曰：“其言也讱，斯谓之仁矣乎？”子曰：“为之难，言之得无讱乎？”

此一章书见为仁在于存心也。

司马牛，名犁，孔子弟子，问仁于孔子。

孔子曰：“仁之道在于存心，心之存与不存，可于其言见之。惟仁者涵养既纯，随在缄默，凡启口之际，若有所隐忍而不敢轻发者焉。子欲为仁，亦惟在乎谨言而已矣。”

乃司马牛未达其故，复问曰：“仁道至大，当非缄默足以尽之。‘其言也讱’，即此便可为仁矣乎？”

孔子曰：“讱言非易事也，人惟心之不存，故凡事率意而妄为，而言则轻出而无忌。若仁者，心存不放，凡事皆熟思审处，而不敢苟且虑始图终，必敬必慎，是为之如此其难也。彼为之既难，则虽欲轻出一言而不暇，多置一言而不敢，虽欲不讱可得乎？”

盖司马牛多言而躁，虽因其人而教诲之，而要之言之，讱者则心必存，心之存者则理可得。此巧言者鲜仁，而吉人之辞恒寡也。

司马牛问君子。子曰："君子不忧不惧。"

曰："'不忧不惧'，斯谓君子矣乎？"

子曰："内省不疚，夫何忧何惧？"

此一章书见君子无入而不自得也。

昔司马牛问君子于孔子。彼以君子为成德之人，意必有所奇特而不同于人者在也。

孔子曰："君子心常舒泰，无系累之私。纵忧惧之来，亦不能免，而君子之心恒不见有可忧可惧者焉，欲为君子亦不忧不惧而可矣。"

司马牛复问曰："君子之道人所难能，岂不忧不惧斯谓之君子矣乎？"

孔子曰："不忧不惧未易言也。凡人涵养未纯，识见未定，则祸福利害皆足以累其心，故事未至而多虑，事既至而若惊，此忧惧之所以不能免也。若君子之心光明正大，无愧无怍，省于内者无一毫之疚病足以累其心，纵有意外之事，皆以理自信而以命自安，夫何忧惧之有哉？此盖修己功深造于成德之域者乃能如是，诚未可以易视也。"

按司马牛之兄桓魋作乱，牛尝忧惧，故孔子从而慰释之。要之，内省不疚，诚君子切实之学也。盖君子常存敬畏，则其心皆天理，而无系吝之私，然则兢兢业业夫亦内省之实际与！

司马牛忧曰："人皆有兄弟，我独亡。"子夏曰："商闻之矣：死生有命，富贵在天。君子敬而无失，与人恭而有礼。四海之内，皆兄弟也。君子何患乎无兄弟也？"

此一章书见人当修己以听天也。

昔司马牛之兄桓魋为乱于宋，而其弟子颀子车者又与之同恶，司马牛忧其为乱而将死也。曰："兄弟有手足之谊，若能相安相保，真天伦至乐之事也。乃人皆有兄弟之乐，而我独无之，不亦大可忧者乎？"

子夏乃从而解慰之，曰："商也尝闻诸夫子之言矣，谓人之死生皆有所禀之命，不可移易。富贵各有所主之天，不可强邀。凡人于所处之境，但当顺受之而已。观夫子此言，可见兄弟之有无，皆天命也，忧何益焉？且吾人处世亦当以君子为法耳。君子知天命之所在而顺受之，惟尽其在我而不为外物之所摇，故其持身以敬，而无始终之或渝，待人以恭，而亲疏厚薄之间皆合于理而得其当。以此恭敬于人，则人亦恭敬于我，由是而感化所及，即四海之广，皆我同胞之兄弟也，而人何患乎无兄弟耶？"

然则人之处世，特患不能自修耳，忧何益哉？盖子夏宽牛之忧，故为是不得已之言，而要之，恭敬有礼，乃处己待人不易之道也。

子张问明。子曰："浸润之谮，肤受之愬，不行焉，可谓明也已矣。浸润之谮，肤受之愬，不行焉，可谓远也已矣。"

此一章书见人心自有真明，不必骛乎高远也。

子张问曰："人情多变，物类甚纷，难于鉴别，非至明之人不能窥其隐深也。必何如，方谓之明乎？"

孔子恐其驰之远而失之近，乃告之曰："人之蔽于远者，由其蔽于近也。如谮人而直言人过，犹易窥测，惟谮而浸润焉者，旁引曲喻，日积月累，一如水之浸物者然，则听之者必为所惑，而不觉其入矣。如愬冤而其词稍缓，犹可揆度，惟愬而肤受焉者，形容痛楚，情词迫切，殆如身受其祸者然，则听之者必为所动，而不及致详矣。夫用机如是之深，设心如是之狡，皆人所不能察识者。若能烛其伪，辨其奸，而能不行焉，则是聪明独湛，洞见隐微，是可谓之明也已矣。且不但谓之明而已也，有如是浸润之谮，肤受之愬，而能不行焉者，自非鉴识精明，超然万物之上者，未易至此。岂非明之至而为远者乎？"

盖人心本无不明，而惟至应物之际，则往往为其所蔽而不及觉，或恐为其所蔽而以意揣度，疑虑纷纭，是求明而愈不明矣。此致知格物，居敬穷理，为求明切要之旨与！

子贡问政。子曰："足食、足兵、信之矣。"子贡曰："必不得已而去，于斯三者何先？"曰："去兵。"子贡曰："必不得已而去，于斯二者何先？"曰："去食。自古皆有死，民无信不立。"

此一章书见为政者有经有权，而总以信为立国之要也。

昔子贡问政于孔子。孔子曰："为政者凡以为此民也。民以食为天，必制其田里，薄其税敛，则食足而民生以遂矣。民以兵为卫，必为充其行伍，时其训练，则兵足而民生以安矣。然兵、食既足，而民心未孚，则民岂可恃乎？必勤施教化，彰明礼仪，使民皆尊君亲上，而无诈无虞，则民信之矣。此乃政之大经，缺一不可也。"

子贡又问曰："三者兼全诚美矣，倘不得已于三者之中姑去其一，将以何者为先乎？"

孔子曰："去兵。盖民既足食，而且有信以固结之，则家自为卫，人自为守，虽无兵而国可保也。"

子贡又问曰："去兵已属权宜，设不得已，于二者之中又去其一，将以何者为先乎？"

孔子曰："去食。夫民无食则死，原不可去。但自古以来，人皆有死，必不能免。若信者乃本心之德，而人之所以立于天地之间者也。使民而无信，则形虽存而心已死，无以自立，民不立而国谁与立耶？可见为政者不可徒求之富强，而要必以信为本。盖为上者以实心教养其民，则为民者必以实心爱戴乎上，情谊联属，众志成城，即不言富强，而富强在其中矣。三代以上建国长久者用此道也。不然，至强如秦，至富如隋，而国运如彼其促，区区富强亦安足恃耶？”

此仲尼之门三尺之童亦羞称五霸之事也。

棘子成曰：“君子质而已矣，何以文为？”子贡曰：“惜乎，夫子之说君子也！驷不及舌。文犹质也，质犹文也。虎豹之鞟犹犬羊之鞟。”

此一章书，一是救文胜之弊，一是救质胜之弊，皆维世之深心也。

昔卫大夫棘子成者，见周末以靡文相尚，而无忠实之心，乃立论曰：“移风易俗之责惟君子是赖，君子诚欲转移风化，但朴素诚实，不失本来之质足矣，何必虚文以相尚哉？”

子贡闻而正之曰：“人皆逐末，而夫子之意独在崇本，其所立论，诚君子维世之心也。但惜乎意虽美而言未善，虽驷马之速亦不能追及其舌矣。盖人之为道，无质不立，无文本行，有文不可无质，有质矣不可无文，文质可相有，而不可相无也。若尽去其文而独存其质，则君子小人无以辨，即如虎豹之鞟不犹夫犬羊之鞟耶？此夫子之言为未善也。”

夫文非质无以立，而质非文无以行，内外轻重原自较然。由棘子成之言固已矫枉过正，而子贡之论亦浑然无所别，必如孔子文质彬彬之说，而后为大中至正，万世无弊之道也。

哀公问于有若曰：“年饥，用不足，如之何？”有若对曰：“盍彻乎？”曰：“二，吾犹不足，如之何其彻也？”对曰：“百姓足，君孰与不足？百姓不足，君孰与足？”

此一章书见足国莫先于足民也。

哀公问于孔子弟子有若曰：“今者年岁饥荒，国用匮乏，将何策以济其困乎？”盖哀公之意欲加赋以足用耳。

有若对曰：“国家之用原取足于民，若取之有制，用之有经，则国用常足而无凶年之患。君欲足用，盍行我周彻法乎？”

公曰：“彻者，什一取民之制也。我鲁自宣公税亩以来，已十分取二，至今用犹不足，如何更行彻法乎？”

有若对曰：“君民原属一体，彻田之制正通乎上下而为之计也。如彻法行，则井地均而谷禄平，取民有制而民无暴征之虞，是百姓足矣。百姓既足，则输将恐后，凡军国之需自无匮乏，是藏之田野者非即藏之府库者乎？与君不足者无有也。若彻法不行，井地不均，谷禄不平，取民无度，而民有贫窭之苦，是百姓不足矣。百姓不足则正供维艰，岂有赋税不前而经费不缺者乎？是孰与君以足者乎？”

可见，国用之足与不足，惟百姓与之。有国者不当以足用为念，而当以爱民为心。盖民犹子也，君犹父也。岂有子富而父独贫者？诚知君民之一体，而后知藏富于民，“损上益下”之说之非迂也。

子张问崇德、辨惑。子曰：“主忠信，徙义，崇德也。爱之欲其生，恶之欲其死。既欲其生，又欲其死，是惑也。”

此一章书是言治心之学贵于诚与明也。

子张问于孔子曰：“得于心之谓德，而德何以崇？蔽于心之谓惑，而惑何以辨？此盖欲求进于高明也。

孔子告以窃己之功，曰：“德之欲崇也，必须先立其本，而加以培益之功夫，吾心之诚实真切者，忠信是也，要当常存于内，使为主宰，而无一毫之虚伪，则其本立矣。忠信而或有拘牵，则不合于义，而亦德之累也。故于义之所在又须随时迁徙，使合乎宜，则内外兼资，表里交养，而德有不崇者乎？至于欲惑之辨，亦当知其所为惑者，而惑自辨矣。如人之生死皆有一定之命，非因乎人之爱恶为转移也。如爱是人也，则欲其生，究之徒有是欲，不能使之生也；恶是人也，则欲其死，究之徒有是欲，不能使之死也。况止此一人耳！忽而爱之，既欲其生，忽而恶之，又欲其死，总此一念爱恶之私变迁无常，直欲使造化生死之权随我转移，岂非惑耶？诚一返心自思，则惑自辨矣。”

总而言之，君子修德，必本于存诚而去蔽，莫先于穷理，诚立则德日隆，理明则知自至。有志者亦惟加之意而已。

齐景公问政于孔子。孔子对曰：“君君，臣臣，父父，子子。”公曰：“善哉！信如君不君，臣不臣，父不父，子不子，虽有粟，吾得而食诸？”

此一章书见为政在于尽伦也。

齐景公一日问为政之道于孔子。

孔子曰：“为政固自多端，而其要则在于尽伦。必为君者主治于上而止于仁，为臣者承事于下而止于敬；为父者作则于前而止于慈，为子者祗载于后而止于孝。斯大伦既敦，而治理可由此而举，君臣、父子，岂非人道之大纲，而为政之根本与？”

景公闻而叹曰：“善哉此言！真切要之论也。信如君不尽君道，则不成其为君。臣不尽臣道，则不成其为臣。父不尽父道，则不成其为父，子不尽子道，则不成其为子。君臣父子彝伦既斁，则纪纲法度亦文具耳，欲长治久安必不可得。即使仓廪充实，米粟丰盈，吾亦安得而享之耶？”

盖景公失政，纲常倒置，启乱召变非一日矣。迨善孔子之言而又不能用，卒之乱之生也，果不出于君臣父子之间。信乎！为政者必以敦伦为要也。

子曰：“片言可以折狱者，其由也与？”子路无宿诺。

此一章书见服人贵于素养也。

子曰：“凡人各怀求胜之心，而讼成焉。讼则情伪多端，变诈百出。听讼者虽极力讯鞫，多不能得其情而使之服。若不事繁词推问，而止于片言之下剖断曲折，各得其宜，无不爽然输服者，其惟仲由也与？”

盖仲由为人忠信明决，足以服人如此，是盖非以言折，直以心折之也。门人因孔子之言遂记之曰：“子路平日未尝以一言负人，有所应诺即急践之而不留宿。盖有言必践是其忠信也，无宿诺是其明决也。彼服人有素，故言出人自服之。”

夫子之所以许由者，乃在平时日，固不必于折狱之时，而亦不必有折狱之事也。然则观人者亦惟觇其素行，考其生平而后可乎？否则，漫然而许之，漫然而信之，鲜不失之轻忽矣。一字褒贬，严于衮钺，惟圣人能之。

子曰：“听讼，吾犹人也。必也使无讼乎！”

此一章书是言治贵崇本也。

孔子曰：“为治者当图其本，若图其末非上理也。如民有争讼，而为上者审其是非，晰其情伪，吾亦可以及人也。必也正本清源，有所以感格于先，使民知耻向化，相率而归于无讼乎！然此非有法以驱之也，盖平日道之以德，齐之以礼，潜消默夺，若或使之耳。”

可见为治者不贵有听讼之才，而贵乎无讼之可听，此本之所以当崇，而不必徒之其末也。《记》曰：“大畏民志，此谓知本。”《尚书》曰：“刑期于无刑，民协于中。”其斯之谓与！

子张问政。子曰：“居之无倦，行之以忠。”

此一章书是言为政本于诚也。

子张问为政之道于孔子。孔子曰：“为政之道非可以苟且取效，而亦非可以虚伪成功，必所存所发各尽其诚而后治可成。盖政之存于心者谓之居，然求治非不甚切，而不能始终如一者有之，故居之必欲无倦，如养民则必思何以遂其生，教民则必思何以复其性，一日百年，无有间断，自然经营，图度用心精详，而成效可期矣。政之发于事者谓之行，然科条非不甚备，而不能内外如一者有之，故行之必期以忠，如养民则必实使得所，教民则必实使成俗，良法美意，不事虚文，自然设施，措注实意流通，而上理可臻矣。要之，政本于心，总不外乎一诚而已，为诚则始终无改，内外相符，而政宁有不善者乎？”

先儒谓有纯王之心而后有纯王之政，此即“无倦以忠”之说。

子曰：“君子成人之美，不成人之恶。小人反是。”

此一章书是孔子论君子、小人用心之不同也。

曰：“世之赖有君子，而不乐有小人者，以其所存不同，因而所好亦异。其关于世道人心者，非小也。如君子浑然成德，有美无恶，乃其所存也。故见人之美是与己相合，自然不忍弃置，故诱掖之，由一事而推及事事；奖劝之，由已能而勉其未能而后已。至见人之恶是与己相背，自然不容滋蔓，故规戒之，不使其或萌；沮抑之，不令其或长。即人之恶或不能无，而君子则决不成之也。至于小人则不然，见人之恶喜其与己相合，则迎合容养以成之；见人之美，恶其与己相背，则忌刻诋毁而不成之。此正与君子相反也。”

可见，用一君子，众君子皆因之而成，岂有君子盈朝而天下弗治者乎？若用一小人，众小人亦因之而成，岂有小人盈朝而天下弗乱者乎？拔茅连茹，则上下蒙休。党恶济凶，斯朝野受害。观大易否、泰、剥、复，阴阳消长之间，而后知君子小人之进退，实治、乱、休、戚所攸关，用人者如之何不慎之又慎哉？

季康子问政于孔子。孔子对曰：“政者，正也。子帅以正，孰敢不正？”

此一章书是言正己为正人之本也。

季康子问为政之道于孔子。孔子对曰：“子欲知为政之方，先须识政字之义。

盖政之为言纪纲整理，名分齐肃，所以正人之不正，而使之各归于正也。然正人者必先自正其身，子今为政，不当责之于人，惟当求之于己。如欲人以正事君，则先自尽忠诚以示为臣之则；欲人以正守官，则先自尽职业以立居官之准，作事可法，进退可度，言则守经据理，不涉诡随行，则持廉禀公，毫无私曲。如是则标准既立，模范克端。凡在子之下者，孰不畏而爱之，则而象之，相率而归于正哉？苟不置身于规矩准绳之中，则所以自治犹疎，虽驱之以法，迫之以威，不能强之使从。子欲为政，亦惟本诸身焉可也。”

盖季康子之意专在正人，孔子之意务先正己。上者，表也。下者，影也。表正则影正，上行则下效。孟子曰：“正己而物正。”董仲舒曰：“为人君者，正心以正朝廷，正朝廷以正百官，正百官以正万民。”孔子此言不独告鲁大夫，实治天下之要道也。

季康子患盗，问于孔子。孔子对曰：“苟子之不欲，虽赏之不竊。”

此一章书是言弭盗者贵清其源也。

季康子患国中多盗问于孔子，思所以止盗之方。孔子对曰：“民之为盗起于一念之欲，贪财好利而盗窃生焉。此不在乎严缉盗之法，而在乎清出政之原。盖上者下之倡也，诚使子能清心励节，不事贪欲，则廉耻风行，人知自守，虽赏以诱之使为盗竊，而愧耻之心发于中，诚自不肯为矣，尚何盗之为患哉？”

盖羞恶之心人所同具，未有上以不贪为宝，而下犹以寇攘为事者。况上之人诚能存此不欲之心，则诛求不扰，蠲恤有加，使民仰足以事，俯足以畜，安居乐业，永为盛世太平之民，将见衣食足而礼仪自兴，岂但不为盗而已乎？

季康子问政于孔子，曰：“如杀无道，以就有道，何如？”孔子对曰：“子为政，焉用杀？子欲善而民善矣。君子之德风，小人之德草。草上之风，必偃。”

此一章书是言为政者当用德而不用刑也。

季康子问政于孔子，曰：“世俗浇薄，人多无道，若不加之刑威，无所畏惮。吾意欲剪除无道之人，庶几惩一儆百，使人皆趋就于有道，何如？”

孔子对曰：“操转移化导之权者，子也。子今为政，民所视傚。志存于杀，固已失长人之本矣，乌能禁止其恶乎？窃民性本善，为上者以善导之，未有不趋于善者，特患子不欲善耳。使子欲善之心果能躬行实践，真笃恳至，发见于政教之间，则民自然率从丕变，而群归于善矣。所以然者，盖君子之德主于感人，犹之风也；小人之德主于从人，犹之草也。草上加之以风，无不偃仆；小人而被君子之化，无不顺从，此必然之理也耳，何以杀为？”

盖康子之意专在以刑齐民，孔子之意专在以善率民。以刑齐民者，日求民善而民未必善。以善率民者，不求民善而民自无不善。下之应上，如影之随形，响之应声。人主可不以躬行德教为化民之本哉？

子张问：“士何如斯可谓之达矣？”“何哉，尔所谓达者？”子张对曰：“在邦必闻，在家必闻。”子曰：“是闻也，非达也。夫达也者，质直而好义，察言而观色，虑以下人。在邦必达，在家必达。夫闻也者，色取仁而行违，居之不疑。在邦必闻，在家必闻。”

此一章书是辨闻与达之分也。

子张平日专于务外，而无切实为己之功。一日问于孔子曰：“人既谓之士，当必有与天下感动之处，何如斯可谓之达矣？”

孔子逆知其未识达字之意，故先诘之曰：“何哉，尔所谓之达者？”将以伐其谬而正之也。

子张对曰：“人之名誉不彰，其行必多窒碍。吾之所谓达者，声称无间，誉望独隆，在邦在家，所至必闻。”此子张忽于近里著己之功，未免有才高意广之失，而误以闻为达矣。

孔子曰："如尔之言，是闻也，非达也。夫虚誉传闻，使彼知我之谓闻，实德昭宣，自我达彼之谓达。差之毫厘，失之千里。其间诚伪之分，不可不辨也。夫达也者，以言其内，则质朴而无巧伪，正直而无私曲；以言其外，则秉经合乎义之常，达权尽乎义之变。其立心行己之实如此。然犹未敢自是，而察人言语之从违，观人颜色之向背，以验在己之得失焉。人之颜色俱于我矣，又不敢以贤知先人，常思谦抑退让，居人之下以为受善之地焉。其接物持躬之谨又如此。此皆切实为己，初无为名之心，然诚中形外，随处感孚。其在邦也，则上得乎君，下得乎民。其在家也，则父母安其孝，兄弟悦其友；凡见于行者，子通达而无窒碍焉。盖所谓达者如此。若夫闻也者，不思务实，而专务求名。其于仁也，本非实有，却于声音笑貌间矫情饰之，及简点其平日所行，则蹈履多愆，而行与仁违，此与质直而好义者异矣；且人自以为是，无所忌惮，泰然居之，如实有此仁者然，此与观察下人者异矣。此其人事事反乎闇修，种种向外粉饰，欺世盗名，真伪莫辨。故其在邦也，动辄见称于朝廷州里焉；其在家也，动辄见称于父兄宗族焉。究之虚誉日隆，实德日损，欺掩之情必至败露，其可与达同日语哉？"

要之，闻、达二者其迹虽若相似，其形判然相反：一则作伪而从虚，一则存诚而务实，微之在学术趋向之间，显之即关人心世道之大。衡量人才者，尤宜致慎于斯。

樊迟从游于舞雩之下，曰："敢问崇德、修慝、辨惑。"子曰："善哉，问！先事后得，非崇德与？攻其恶，无攻人之恶，非修慝与？一朝之忿，忘其身，以及其亲，非惑与？"

此一章书是言治心之学也。

昔者孔子闲游于舞雩之下，樊迟从焉，忽有触于心而问曰："德者，心之理，如何可以崇之？慝者，心之恶，如何可以修之？惑者，心之蔽，如何可以辨之？"

孔子曰："尔于游息之时而不忘治心之功，善哉，尔之问乎！夫崇德，固有德分中当为之事。若事未为而先计其功，事方为而遽图其效，心之不专，德何由积？必也先其当为，不计所得，纯乎天理之正，毋间于人欲之私，则心志专一，德日积而不自知矣，非崇德而何？恶之形于外者易见，而匿于心者难知。若责人也重以周，而责己也轻以恕，则吾心之恶其为藏匿也多矣。必也攻去在己之恶，痛加克治，不使少有宽假，而专于责己，无暇攻人之恶，则自治诚切，毫发无遗憾矣，非修慝而何？人之感物而易动者莫如忿，一朝之忿不过起于细微，乃不能自制，遂至与人争斗，不知有身，并不知有亲，其祸大矣。以小忿而致大祸，岂非惑之甚者？诚能辨之于早，则心无所蔽，既能惩忿惑于何生，非辨惑而何？"

要之，吾心之天理，必涵养操存以培其源，吾心之人欲，必省察克治以去其累。故德日起而大有功，疵累消而智益明。分之虽有三事，合之不外一心。善学者体验而无间焉可也。

樊迟问仁。子曰："爱人。"问知。子曰："知人。"樊迟未达。子曰："举直错诸枉，能使枉者直。"樊迟退，见子夏。曰："乡也吾见于夫子而问知，子曰：'举直错诸枉，能使枉者直'，何谓也？"子夏曰："富哉言乎！舜有天下，选于众，举皋陶，不仁者远矣。汤有天下，选于众，举伊尹，不仁者远矣。"

此一章书是言仁、知有相成之用也。

樊迟一日以仁为问。孔子曰："仁主于爱，必也亲疏厚薄皆在怙冒之中，斯可谓仁矣。"

又以知问。孔子曰："智主于知，必也邪正贤否无逃洞鉴之下，斯可谓智矣。"

樊迟一闻孔子之言，以为仁无不爱，而智有分别，似乎智有妨于爱，故尚未达其旨。孔子曰："仁、知虽有二用，其实只是一理。如立心正大，行事端方，此人之直者也。吾真知其为直，则举而用之。若立心邪曲，行事偏僻，此人之枉者也。吾真知其枉，则舍而错之，将见甄别方行，而感化立效，平日邪枉之人亦莫不翻然愧耻，去恶从善，而俱变为直矣。是鼓舞之妙即在黜陟之中，道固有并行而不悖者。"

樊迟尚未晓所以能使枉者直之理，故问之于师，又质之于友，遂退而见子夏，曰："乡者吾见于夫子而问知，夫子告以'举直错诸枉，能使枉者直'。此言果何谓也？"

子夏闻其说而叹曰："富矣哉！夫子之言所包者广。盖古帝王有天下者选举之事也。昔者舜有天下，选于众人之中，得一皋陶，举为士师，由是天下之人感发兴起，咸化为仁，不仁者若远去而无迹矣。汤有天下，选于众人之中，得一伊尹，举为阿衡，由是天下之人鼓舞踊跃咸化为仁，不仁者若远去而无迹矣。"

盖选于众而举皋陶、伊尹，此"知人"之智，所谓举直错诸枉也。不仁者皆化为仁，即"爱人"之仁，所谓能使枉者直也。分之若有异用，合之适以相成。子夏之言发明孔子之旨详矣。

要之，仁乃天地之量，智如日月之明。日月遍照万物，而不出覆载之大，天地并育群生，而必须照临之功。仁、智二者，信人君之全德，王道之大端也。

子贡问友。子曰："忠告而善道之，不可则止，无自辱焉。"

此一章书是言交友贵始终相成也。

子贡问交友之道。孔子告之曰："友以辅德。凡有过相规，非徒博夫责善之名，必须发乎至诚，尽心告诫。然使过于激烈，则受之者难堪，又须心平气和，委曲开导，或从容深远而有余味，或精切简当而可深思，使吾之言婉而易入，则己意伸而闻之者无忤矣。若其蔽锢执迷犹不见省，则当见几知止，无徒以数见疏而自取辱焉。非弃之也，所以全交道也。"

盖友以义合，既尽其心，又全其义，交友之道不过如此。虽然，天下忠直之言往往逆耳而难听，諛悦之词往往逊志而易入。听言者亦当开诚求谏，和颜虚受，庶规诲切磋，相与有成。诤友之为益，岂不大哉？

曾子曰："君子以文会友，以友辅仁。"

此一章书是曾子示人以取友之益也。

曾子曰："凡人为学，必先致知，致知之后，必须力行，二者皆于良友是赖。

君子之于友，不徒会之也，或考诗书于古，而识圣贤之成法，或稽事物于今，而知理道之当然。以文会友，则疑义析而道益明矣。君子之会友，亦不徒为虚文已也，有过则相规，有善则相劝，黾勉乎身心之要，砥砺乎伦常之大，以友辅仁，则取益深而德日进矣。"

君子得友之助如此。至若人主居天下之上，讲学修德，尤为要务。商宗云："朝夕纳诲，以辅台德。"周成云："佛时仔肩，示我显德。"行其求助于臣下之心，先后一揆也。

《日讲四书解义》卷九

论语 下之二

子路第十三

子路问政。子曰："先之，劳之。"请益。曰："无倦。"

此一章书是言政贵有恒也。

子路问为政之道。孔子曰："为政有本，不宜徒责乎人，惟当反求诸己。凡孝弟之行、民之日用所当然者。然上之人非可徒以言语戒饬之也，必也视民行为已行，欲民孝则示以亲亲之道，欲民弟则示以长长之道。先从一己，躬行实践以倡率之，则民有所观感而教无不行矣。农桑之事，民之本业所应为者，然上之人非可徒以政令驱使之也，必也视民事为已事。时当播种，则劝课其树艺；时当收获，则巡行其田畴。日与小民亲历艰难以区处之，则民有所劝勉而事无不举矣。"

为政之道不过如此。子路负兼人之才，以为先、劳二者已所优为，复请增益。孔子告之曰："兴行劝事者，政之全体。而始勤终怠者，人之常情。子但行此二者，持之永久，勿生厌怠，则万化贞乎一心，百年犹之一日。政之能事毕矣。先、劳之外，复何益哉？"

从来政治之道，惟躬行足以率众，故明作者有功；惟持久足以成化，故体乾者不息。孔子之言不独为子路告也。

仲弓为季氏宰，问政。

子曰："先有司，赦小过，举贤才。"

曰："焉知贤才而举之？"

曰："举尔所知。尔所不知，人其舍诸？"

此一章书是言为政宜敦大体也。

仲弓为季氏属邑之宰，问政于孔子。

孔子曰："宰兼众职，若不分任于先，何以责成于后？必先委任属吏，使之分猷专理，而后覈实课功，则已不劳而政务毕举矣。人有大罪，固国法所不贷。惟过误则出于无心，况又过之小者？若一概苛责，则法网太密而无所容，必矜全而赦宥之，则刑不滥而人心悦服矣。至于贤而有德才而有能之人，皆可以辅我为政者也。若遗弃田野，则众务废弛，谁与共理？必也旁求俊秀，使怀才抱德者悉任之以事权，则有司得人而庶绩咸熙矣。政之大体如此。

仲弓又问曰："贤才必知之真，而后举之当，亦必知之悉，而后举之遍，焉能以一人之智尽天下贤才而举之？"

孔子曰："贤才不患不知，特患不举。尔虽不能尽知，岂无一人为尔所知者？尔但于已知者举而用之，则尔所不知者，自有以感兴好德之念悉化媢疾之心，人亦各举所知，岂肯以积行之君子壅于上闻哉？诚以一己之聪明有限，而天下之耳目无穷，不必求其尽知自无往而不知也。"

圣人识见之大如此。

合而论之：细琐，不亲总揽之体也；烦苛，不事惇大之体也；俊乂，不遗延揽之体也。操此道也，虽宰天下可也，一邑云乎哉？

子路曰："卫君待子而为政，子将奚先？"

子曰："必也正名乎"

子路曰："有是哉，子之迂也！奚其正？"

子曰："野哉由也！君子于其所不知，盖阙如也。名不正，则言不顺；言不顺，则事不成；事不成，则礼乐不兴；礼乐不兴，则刑罚不中；刑罚不中，则民无所措手足。故君子名之必可言也，言之必可行也。君子于其言，无所苟而已矣。"

此一章书是言明伦为出治之本也。

昔卫灵公逐其世子蒯聩出奔晋国，灵公既卒，立蒯聩子辄为君。其后蒯聩欲返国，辄拒而不纳，不以蒯聩为父，是纲常倒置，名实乖乱矣。"

此时孔子自楚返卫，子路方仕于卫，因问于孔子，曰："卫君慕夫子之道德久矣，今将待子而为政，子之设施当以何者为先？"

孔子曰："政莫大于分，分莫大于名。君臣父子，人之大伦，国所以立，政所以行。今卫君不父其父，而以祖为父，彝伦斁而名实爽矣。若使我为政于卫，必先正其君臣父子之分，俾伦理昭然，名实不紊，此今日之急务也。"

子路未晓此义，遂率尔而对曰："有是哉，夫子之迂阔而不近于事情也！今日事势何得以正名为先？其言粗野甚矣！"

故孔子直责之曰："野哉由也！大凡君子于事理有所疑而不知者，必阙之以俟考问，何得率尔妄对如此？且我之欲先正名者，夫岂迂哉？名者言事，礼乐刑罚之所自出也。若使名不当其实，则发号施令，称谓之间必有碍而言不顺矣。言既不顺，则名实相违，言行不符，政务之施如何得成？夫惟事得其序，物得其和，而后礼乐乃兴。若事既不成，则动皆苟且，本末舛逆，又安得有礼乐？礼乐不兴，则倒行逆施，法度乖张，小人得以幸免，君子反罹于罪，刑罚如何得中？刑罚不中，则凡民趋避无从，将安所置其手足乎？名之不正，其弊一至于此，故君子为政，无所名则已，其名也必可以上告祖宗，下示臣民，见之称谓而无愧。斯名之若不可言者，则不敢名也。无所言则已，其言也必可以正纲常，昭伦纪，见之行事而可法。斯言之若不可行者，则不敢言也。君子于其言务求名当其实，无所苟而已矣。”

从来政非分不彰，分非名不著。故繁缨，小物也，而孔子惜之；假马。细故也，而孔子严之。况事关人道之大，天伦之重，而可以掩天下之耳目，欺万世之公论哉？然则《春秋》之作，即孔子正名之意也夫！

樊迟请学稼。

子曰："吾不如老农。"

请学为圃。

子曰："吾不如老圃。"

樊迟出。子曰："小人哉，樊须也！上好礼，则民莫不敢不敬；上好义，则民莫不敢不服；上好信，则民莫不敢不用情。夫如是，则四方之民襁负其子而至矣，焉用稼？"

此一章书是孔子教樊迟以经世之学也。

樊迟所见不广，一日请于孔子学治耕稼之事。孔子曰："老于农者精于稼，吾不如老农。"

迟又以园圃之事，比稼尤易，请学为圃。孔子曰："亦为老于圃者精于圃，吾不如老圃。"

樊迟再问而孔子再拒，此其意自有在矣。乃樊迟不能复问而出。孔子惧其终不悟也，故责之曰："小人哉，识趣鄙陋，樊迟之所为也。夫学能自治，而治人者谓之上；学不能自治，而受治于人者谓之民。吾儒所学修己治人之道，为上者事也。上诚好礼，而庄以自持，举动一秉乎轨物，则观瞻之下，自生其俨恪之心，民之敢不敬者谁乎？上诚好义，而所行合宜，张弛悉协乎经权，则感应之间，自深其效顺之心，民之敢不服者谁乎？上诚好信，而至诚接物，始终皆示以不欺，则实意所孚，自动其忠爱之心，民之敢不用情者谁乎？上好礼义信，而民之类应如是，则四方之民得见襁负其子而至，共归而为之耕稼。如迟所请，不但不屑，亦不必矣。"

躬亲稼穑奚为乎？抑《礼运》曰："圣王修义之柄、礼之序以治人情。故人情者，圣王之田也，修礼以耕之，陈义以种之。"又曰："讲信修睦，以固人肌肤之会、筋骸之束，则礼义信三者，实帝王经世之大学与！

子曰："诵《诗》三百，授之以政，不达；使于四方，不能专对；虽多，亦奚以为？"

此一章书是言穷经贵有实用也。

孔子曰："《诗》之为经，本乎人情，该乎物理，上自朝庙设施之典，下及闾巷鄙俚之事，政治之得失验焉；且言多温厚而不激烈，多讽喻而不直率，立言之意旨见焉。学者若能验之于心，体之于身，施之政而政宜，见之言而言善，有肆应咸宜之用矣。乃有人焉，诵《诗》至于三百篇之多，授之以政务而漫无所设施，出使于四方而不能自为应对，则是徒为记诵之末，毫无心得之益。读《诗》虽多，亦有何用哉？"

大凡《诗》《书》所载，皆经世之大典，修身之实学，不徒讬之空言，原欲见之行事。故读书必明其理，明理必达诸用。不明其理，口耳之习也；不达诸用，章句之功也。况帝王之学尤与儒生异，岂可不审所要务乎？

子曰："其身正，不令而行；其身不正，虽令不从。"

此一章书是示人君以端本之教也。

孔子曰："从来君之令民，未有不欲其速应者。然民之应上，视乎上之自治身者，民之所则傚者也。果能言思可道，行思可乐，德义可尊，作事可法，而其身正矣。则民之感化，不待教令而自然迁善敏德矣。若使其身不正，伦理不能尽，言动不能谨，声色乱其聪明，便佞惑其心志，则民心不服，虽有文告之繁，号令之施，日教天下以为善，而民亦有不从者矣。"

可见，以身教者从，以言教者讼。民之从与不从，不系乎上之令与不令，而视乎身之正与不正。有天下国家之责者，可不务修身以为出治之本哉？

子曰："鲁卫之政，兄弟也。"

此一章书是圣人慨鲁卫之衰，而惜其无人振兴之也。

孔子曰："自周公始封于鲁，康叔始封于卫，两国封建之初同为文王之子，武王之弟，原是兄弟之国。当其盛也，一则尊尊而亲亲，一则明德而慎罚。开国规模。其政事相类如兄弟也。至于今日，鲁有僭窃之臣而公室日卑，卫有祢祖之君而人伦乖置，纲纪同一陵替，法度同一纵弛，何其仍然相类如兄弟也？亦可慨也！"

夫盖二国之政虽衰，然典章未泯，遗风犹在，如得孔子而用之，则转乱为治，势同反掌，周公、康叔之政何难再见？惜乎不用，而徒付之浩叹也！

子谓卫公子荆善居室。始有，曰："苟合矣。"少有，曰："苟完矣。"富有，曰："苟美矣。"

此一章书是举公子荆以风当世之有位也。

凡世禄之家，怙侈灭义，鲜克由礼，其势然也。荆为卫之公子，能安分知足，淡于营求，故孔子尝谓卫公子荆之居室可谓善矣。

当其器物用度草草粗具之时，未遂至于足用也，彼则曰："今已苟且聚合矣。”推其心，若将安于始有，而不复进望者焉。

既而渐渐少有，未遂至于尽备也，彼则曰：“今已苟且完备矣。”推其心，若又将安于少有，而不复进求者焉。

及其实用充裕，至于富有之时，未必至于精美也，彼则曰：“今已苟且华美矣。”推其心，若处精美极丰之境，而无以复加者焉。

由始有，少有，而进于富有，既见其循序有节，而无欲速之心。自苟合，苟完，而至于苟美，又见其随分自安，而无贪得之意。公子荆之居室真善矣哉！盖推居室之善以居心，自能淡泊以明志；由居室之善以居国，自能廉静而寡欲，故孔子贤之，所以风有位者深矣！

子适卫，冉有仆。子曰：“庶矣哉！”冉有曰：“既庶矣，又何加焉？”曰：“富之。”曰：“既富矣，又何加焉？”曰：“教之。”

此一章书是因卫民而发王道之全也。

昔孔子适卫，冉有御车而行，见其人民众多，因慨然而叹曰：“庶矣哉！何其生齿之众也？”孔子此言，一是惜其徒庶而不知所以经理之方，一是幸其已庶而可施以教养之道。

冉有问曰：“有国者固欲民之蕃庶，不知既庶之后又何道以加之？”

孔子曰：“庶而不富，则民无以遂其生，必也制田里，使之不饥不寒，薄税敛，使之丰衣足食，而后，庶者可常保其庶也。”

冉有又问曰：“有国者固欲民之富足，不知既富之后，又何道以加之？”

孔子曰：“富而不教，则民无以复其性，必也立学校，使之爱亲敬长，明礼仪义，使之型仁讲让，而后，富者可常保其富也。”

盖庶而富既厚其生，富而教又正其德，王道之大端尽于此矣。要之，富、教二者，为治世不易之常，经圣贤一问答间，施为次第，规模畢具。可见圣贤无念不存乎天下，无事不切于民生。有君师之责者，尚其留意哉！

子曰：“苟有用我者，期月而已可也，三年有成。”

此一章书是孔子自拟用世之效，望世之终其用也。

昔孔子怀济世安民之志，而不得见用于时，故有感而言曰：“当今之世无用我者尔！诚使有人焉，能委我以国政而用我，将见一年之内，大纲小纪次第举行，兴利除弊，拨乱起衰，政治粗立而可观矣。若至三年之久，则治定功成，化下俗美，教养兼至，礼乐聿兴，治道大备而有成矣。然其如无用我者何哉？”

盖圣人过化存神，与天地合德，用之期月即有期月之效，用之三年即有三年之功。惜乎不得少试，而徒托诸空言也！岂非春秋之不幸哉？

子曰：“善人为邦百年，亦可以胜残去杀矣。诚哉是言也！”

此一章书是言善人久道之化也。

孔子曰："古语有云：'善人治国，累世相继，至于百年之久，则盛德所积，和气所蒸，亦可以胜其残暴，使民皆归于善而不用刑杀矣。'自今思之，人生一念醇厚之心，积之又久，其民自化，夫岂严刑峻法之所致哉？是言信有此理也。"

盖善人天资纯粹，存心忠厚，故积累之久，乃能如此。若夫圣人则綏来动和，无俟百年之久而礼明乐备，遍为尔德，岂刑措不用而已哉？

子曰："如有王者，必世而后仁。"

此一章书是言王道无近功也。

孔子曰："治天下者，必使教化浃洽，德意周流，以至四海之内无一人不归于善，方谓之仁。顾非王道不足以成至治，非悠久亦不足以成王道。如有圣人受命而兴，欲纳天下于同仁之域，必渐民以仁，摩民以义，其涵养熏陶之深至三十年之久，而后身仁厚泽，浃于肌肤，沦于骨髓，天下之人皆沐浴于道德之内，而有雍和丕变之风，固非求效旦夕所能致也。"

盖立纲陈纪之权操之在上，故三年有成而不可谓速。渐仁摩义之心化之在下，故必世后仁而不可谓迟。以王道治天下者无欲速之心而可哉，盖欲速之病与惰弛等，均难语于久道之化也。

子曰："苟正其身矣，于从政乎何有？不能正其身，如正人何？"

此一章书是孔子示端本之化也。

孔子曰："为政所以正人也，而其本在于正身。苟居心制行动，遵礼法，不悖纲常，不乖宪度，先自正其身矣。则上行下效，捷于影响，其于从政而正人也何难之有？若立身行己一有未善，不能自正其身，则表仪不端，焉能率下？未有己不正而能正人者也，其如正人何哉？"

从政者惟反求诸身而可矣。

冉有退朝。子曰："何晏也？"对曰："有政。"子曰："其事也。如有政，虽不吾以，吾其与闻之。"

此一章书是孔子讽弟子以警权臣也。

冉有为季氏家臣，一日自季氏私朝而退，来见孔子。

孔子曰："今日何退之晚也？"

冉有对曰："适有国政，相与议之，故退之晏耳。"

孔子讽之曰："此必是季氏私家之事耳，非国政也。若是国政，则吾昔日曾为大夫，今虽致事不用，于礼犹得与闻之。兹既不与闻，则非鲁国之政明矣。"

是时季氏专权，其于国政盖有不与同列议于公朝，而独与家臣谋于私室者，故孔子阳为不知，而言所以正名分、抑权奸之意深矣。

定公问："一言而可以兴邦，有诸？"

孔子对曰："言不可以若是其几也。人之言曰：'为君难，为臣不易。'如知为君之难也，不几乎一言而兴邦乎？"

曰："一言而丧邦，有诸？"

孔子对曰："言不可以若是其几也。人之言曰；'予无乐乎为君，唯其言而莫予违也。'如其善而莫之违也，不亦善乎？如不善而莫之违也，不几乎一言而丧邦乎？"

此一章书是见国家之兴亡，由于君心之敬肆也。

鲁定公问于孔子，曰："为治有要，不在多言。如一言所系，遂可以兴起国家者，果有之乎？"

孔子对曰："一言至微，未可若是。而必期其兴邦之大效也，然亦有之。时人之言曰：'为君难，为臣不易。'盖人君势分崇高，威福由己，若无难为者。不知君之一身，上则天命去留所系，下则人心向背所关。一念不谨，或贻四海之忧。一事不慎，或致无穷之患。为君岂不难乎？人臣职守有常，随分自尽，若可易为者。不知臣之事君，上焉辅之以凝承天命，下焉，辅之以固结人心；致君之道少亏，则有旷官之咎；泽民之方未备，则有溺职之愆。为臣亦岂易乎？时人之言如此。人君惟不知其难，故无望于兴邦耳。如使真知为君之难，而兢业以图之：处己不敢有一念之或肆，治民不敢有一事之或忽。由是以倡率臣工，皆务勤修职业以共尽克艰之责，将见君德日以清明，政事日以修治，天命于是乎眷佑，人心于是乎爱戴，国家之兴盖可必矣。然则'为君难'一言，不几乎为兴邦之明训乎？"

定公又问曰："'一言兴邦'既闻之矣，若一言所系遂可以丧亡其国者，亦有之乎？"

孔子对曰："一言甚小，未可若是。而必期其丧邦之大祸也，然亦有之。时人之言曰：'予不以为君为乐也，惟予凡有所言，臣下即遵奉而行，无敢违背，此乃所乐也。'时人之言如此。夫言亦辨其善不善何如耳，如为君者出其言善，臣下即遵奉而行，不敢违背，则都俞一堂，明良喜起，岂不甚善？如为君者出其言不善，臣下亦皆遵奉而行，不敢违背，则生民必受其祸，社稷必为之危，而国不可以国矣！然则唯言莫违之，一言不可期于丧邦乎？"

夫邦之兴也，取必于心之难，邦之丧也，在恃其心之乐，敬肆之间，兴亡之介也。人君审其所以兴，鉴其所以亡，则可以永保天命，而长守无疆之业矣。

叶公问政。子曰："近者说，远者来。"

此一章书见为政在得民心也。

叶公问政于孔子。孔子曰："政在得民心而已。若能使民之近者被吾之泽，欢欣鼓舞而说，远者闻吾之风，倾心趋赴而来，则为政之道得矣。"

盖无实心实政足以感人，仅以驩虞小补，违道干誉，则四境之内且不能服，况其远者乎？为人上者，宁迩柔远之道诚不可不亟讲也。

子夏为莒父宰，问政。子曰："无欲速，无见小利。欲速则不达，见小利则大事不成。"

此一章书见治道贵以远大为期也。

子夏为鲁国莒父邑宰，问为政之道。孔子示之曰："为政之弊有二：方为其事而遽责其效，是为欲速之弊，尔之为政，必推行有渐，不可欲速以求目前之效；狃于浅近而昧于远大，是为见小之弊，尔之为政，必志量广大，不可见浅近事功便以为得。盖欲速，则求治太急而无次第，未得乎先而欲计乎后，未得乎此而欲行乎彼，将求治愈急而行之愈碍，反不能达矣。见小利则其心已足而无远图，谋及一身而不及天下，谋及一时而不及万世，将至所就小而所遗大。大事必不成矣。"

从来久道而后化成，无欲乃可言至治，所贵以纯王之心行纯王之政也。

叶公语孔子曰："吾党有直躬者，其父攘羊，而子证之。"孔子曰："吾党之直者异于是：父为子隐，子为父隐，直在其中矣。"

此一章书是明直道以示人也。

叶公自言于孔子曰："吾乡党之中有躬行直道无所私曲者，其父盗人之羊，而己为之子，乃从而证明其事。夫父子至亲，尚且不隐，则其直可知矣。"

孔子答之曰："直者，人之生理所谓本心之自然，吾党之直者却异于尔党之直。如子或有过也，父但尽义方之训，以冀其改图，外则隐之而不使杨于人；父或有过也，子但尽几谏之道以望其迁善，外则隐之而不使彰于众。盖父自当爱子，子自当爱父，互相容隐乃顺其本心之自然，而发之于天理，为顺于人情为安，不求为直而直即在相隐中也，奚必证父攘羊而后为直哉？"

可见，道不远于人情，事必求夫当理。凡矫情以沽誉、立异以为高者，皆圣人之所不取也。

樊迟问仁。子曰："居处恭，执事敬，与人忠，虽之夷狄。不可弃也。"

此一章书见仁不外于存心之纯也。

樊迟问求仁之方。

孔子告之曰："所谓仁者存其心而已。时乎居处无动无静，衣冠瞻视无敢惰慢，此心俨然恭庄，而心存于居处。时乎执事无小无大，无敢怠忽，此心肃然敬谨，而心存于执事。时乎与人交接，无众无寡，无敢欺伪，此心恪然忠实，而心存乎与人。盖心无时而不存，在居处则见为严肃而恭，在执事则见为谨畏而敬，在与人则见为恳至而忠。虽之夷狄，亦必确然固守，不可弃失也。”

可见，仁者心之全德，诚能常存此心，不杂不间，将至于全体不息，浑然天理之周流矣，岂非为仁之极功乎？

子贡问曰："何如斯可谓之士矣？"

子曰："行己有耻，使于四方，不辱君命，可谓士矣。"

曰："敢问其次？"

曰："宗族称孝焉，乡党称弟焉。"

曰："敢问其次？"

曰："言必信，行必果。硁硁然小人哉！抑亦可以为次矣。"

曰："今之从政者何如？"曰："噫！斗筲之人，何足算也！"

此一章书见士贵有实行也。

子贡问曰："五爵士居其列，四民士为之先，士之名亦难称矣。必何如然后可以谓之士乎？"

孔子曰："士必自重，而后为国家重。必其行之于己者以道义为大闲，凡非义之事皆耻而不为，是大本既立矣。及其奉君命出使于四方，或以政事，或以应对，皆能奉职无忝，不辱简命，是有高世之节，兼有济世之才，可谓之天下士矣。"

子贡又问曰："全才不易多得，取人不可求备，有次于此而可称为士者乎？"

孔子曰："士固以才行相兼为贵，然与其行之不足，宁可才之不足。今有人焉，善事其亲，而宗族称其孝焉，善事其长，而乡党称其弟焉。此其人，才或不足，而大节无亏，可以为士之次矣。"

子贡又问曰："人之品类不同，一节非无可取，又有次于此而可称为士者乎？"

孔子曰："人之言行本报可以意必，然与其失之恣肆，宁可失之固执。今有人焉，知言贵信，即未必合理而亦必信，知行贵果，即未必合理而亦必果，硁硁然如小石之坚确。盖拘泥固守，小人之见哉！然而非恶也，与诞谩苟贱之人不可同日而语，抑亦可以为士之次矣。"

子贡又问曰："今之从政而为大夫者何如？亦可以为士否？"

孔子乃叹息而鄙之曰："噫！此鄙细猥琐之人，譬如斗筲小器，所容无几，何足算而数之也？"

此可见论士以才行为准，而取人以实行为先，苟有其行，虽硁硁之小人，犹为圣门之所不弃。不然，若市井无行之徒，虽有小才，不过为攫取势利，贪恋禄位之具而已。孔子之所谓“鄙夫”，孟子之所谓“贱丈夫”，皆此类也。国家亦何赖有此人而用之哉？

子曰：“不得中行而与之，必也狂狷乎！狂者进取，狷者有所不为也。”

此一章书见圣人传道之深心也。

孔子曰：“维皇降锡，厥有一中，不偏不倚，纯粹以精，人所受以生者。凡人气拘物，蔽不能修复此中。若中行之士，率其资质之近，无过不及，中道而行，乃传道之器也。今既不得中行之士以心印心与相授受矣，求其下此而可教者，必也狂与狷乎！”

盖流俗之人，识趣凡近而无向上之志，行履卑陋，而鲜特立之操，未可以进于道也。惟夫狂者进而取法于上，动以远大自期，虽其行有所不逮，而迈往之志，则有骎骎乎不可以限量者；狷者自爱其身，非礼之事断然不为，虽其知有所未及，而能守之节，则有皎皎乎不可以少污者。

“吾于是因其志节而激励裁抑之：狂者使之践履笃实，以充其进取之志；狷者使之恢弘通达，以扩其不为之节；则今日之狂狷，固他日之中行也。传道庶几其有望乎！”

以是知同流合污之乡愿最足以害道，有志有守之狂狷，可进于中行。圣贤之教人，帝王之用人，其道一而已。有君师治教之责者，宜留意焉！

子曰：“南人有言曰：‘人而无恒，不可以作巫医。’善夫！不恒其德，或承之羞。”子曰：“不占而已矣。”

此一章书是孔子致思有恒也。

孔子曰：“学者进德修业，贵有恒久不变之心。盖维天之命于穆不已，作圣之功自强不息。是恒者乃天地不贰之真，而生人立命之源也。南国之人有言曰：‘人而无常久之心，即巫医贱技亦不可为。盖巫者为人祈祷，无恒则诚意不聚，不可以交鬼神；医者为人疗病，无恒则术业不精，不可以寄生死。’南人之言如此。此虽常言，实有至理，不亦善乎？然不独南人有此言，《易·恒卦·九三爻辞》有云：‘人而不恒久其德，则内省多疚，外侮将至，人皆得以羞辱进之矣。’”

孔子既引此辞，又曰：“大易之戒明显如此，人但不玩其占卜之辞而已矣。苟玩其占，岂不惕然醒悟哉？”

此可见天下无难为之事，惟贵有纯一之心。君子恒其德则可以为圣贤，圣人久其道则可以化天下。若朝为夕辍，有初鲜终，其于天下之事，务蔑克有济也，可不戒哉？

子曰：“君子和而不同，小人同而不和。”

此一章书是孔子严和、同之辨也。

孔子曰："君子小人心术不同，故其处人亦异。君子之心公，其与人也，同寅协恭，绝无乖戾之心，既不挟势以相倾，亦不争利以相害，何其和也！然虽与人和，而不与人同。事当持正则执朝廷之法，不可屈挠；理有未当，则守圣贤之道不肯迁就，固未尝不问是非而雷同无别也。小人之心私，其与人也，曲意徇物，每怀阿比之意，屈法以合己之党，背道以顺人之情，何其同也！然外若相同，而内实不和。势之所在，则挟势以相倾；利之所在，则则争利以相害，固未尝一德一心而和衷相与也。"

此君子、小人之攸分，而世道污隆之所系。进退人才者，所宜慎辨也。

子贡问曰："乡人皆好之，何如？"

子曰："未可也。"

"乡人皆恶之，何如？"

子曰："未可也。不如乡人之善者好之，其不善者恶之。"

此一章书见观人不以众而以类也。

子贡问曰："公道每出于众论。今有人焉，一乡之人皆爱敬之，果可以无贤乎？"

孔子曰："负至德者固雅重于时。然何至一乡之人皆好之？恐是同流合污者，未可以众好而信其为贤也。"

子贡又问曰："正人多忤于流俗。今有人焉，一乡之人皆憎恶之，抑可以为贤乎？"

孔子曰："抱独知者固不谐于俗。然何至一乡之人皆恶之？恐是恐是诡世戾俗者未可以众恶而信其为贤也。盖好恶之公不在于同，而善恶之分各以其类。与其以乡人皆好为贤，不如以乡人善者好之为得也；与其以乡人皆恶为贤，不如以乡人之不善者，恶之之为得也。"

盖善者徇乎天理，必喜其与己同也；不善者狃于私欲，必嫉其与己异也。既能取信于君子，又不苟同于小人，其为贤也复何疑哉？

可见，观人之法徒取其同，则群情或有所蔽；各稽其类，则实行自不能掩。辨官论才者，当以圣言为准可也。

子曰："君子易事而难说也。说之不以道，不说也。及其使人也，器之。小人难事而易说也。说之虽不以道，说也。及其使人也，求备焉。"

此一章书见君子、小人存心待物之不同也。

孔子曰："为人上者，操喜怒用舍之权。人有求副其任使者，有求得其欢心者，惟君子之人易于服事，而难于取说，何也？君子之心公而恕，公则好尚，必以其正。人或以非礼之事说之，如声色、货利之物，阿徇逢迎之事，彼必拒之而不为之说，是说之不亦难乎？恕则用舍各适其宜。故虽持己方严，而及其使人之际，则又随才任能，惟器是适，虽一才一艺者，皆得进而效用于其前，其事之也不亦易乎？若夫小人则难于服事，而反易以取说，何也？小人之心私而刻，私则好尚不以其正，惟谄谀之是甘，慢游之是好。人以声色货利之物，阿徇逢迎之事，一投其心，彼必欣然而从之矣，是说之不亦易乎？刻则用舍不适其宜，故虽易于亲狎，而及其使人之际，则有责望无已，取必太深，不录其所长，而惟攻其所短，必求其全备而后已，其事之不亦难乎？"

要之，君子说人之顺理，小人说人之顺己。君子爱惜人才，故贤才日众；小人轻弃人才，故士气日沮；天理人欲之间每相反也，而其所关系则甚钜焉！用人者可不辨哉？

子曰："君子泰而不骄，小人骄而不泰。"

此一章书见君子小人处己之不同也。

孔子曰："君子小人存心不同，故其气象亦自有辨。君子戒慎，恐惧性分之事已尽无歉，故道德润身，心广体胖，但见其安舒自得而已，何尝矜己傲物，而或涉于骄乎？小人纵欲灭理，非礼之事无所不为，惟才势自恃，志得意满，但见其矜夸自足而已，何尝从容不迫，而有所谓泰乎？"

盖君子坦荡荡，何骄之有？小人长戚戚，何泰之有？欲知君子小人之分，观诸此而已矣。

子曰："刚毅木讷近仁。"

此一章书是孔子欲人就心体以求仁也。

孔子曰："仁为心德，本人人所固有者。但委靡柔懦，则不胜其物欲之私；巧言令色，则自丧其本心之正；其去仁也远矣。若夫刚者强勇而不挠，毅者坚定而有守，木者质朴而无华，讷者迟钝而不佞，此皆真心之未漓者。刚毅则不屈于物欲，欲之分数少，则理之分数多矣。木讷则不至于外驰，心不驰于外，则能存于内矣，岂不与仁相近乎？"

盖凡人气禀不齐，或有未至于此者，则当加以变化气质之功；其有已至于此者，则当加以自强不息之学。必使人欲尽绝，天理纯全，且将与仁为一矣，岂止于近仁而已哉？

子路问曰："何如斯可谓之士矣？"子曰："切切偲偲，怡怡如也，可谓士矣。朋友切切偲偲，兄弟怡怡。"

此一章书见士贵陶镕其气质而运之以中和也。

子路问曰："士者，人之美称，必如何斯可谓之士矣？"

孔子示之曰："所谓士者，涵泳于诗书礼乐之泽，必有温柔和厚之气，若于行己接人之时，或尽情直行，或率意妄言，或过于严厉，而使人难亲，皆非所以为士也。必也切切焉情意恳到，而竭诚以相与；偲偲焉告诫详勉，而尽言以相正；又且怡怡焉容貌温和，而蔼然其可亲，则恩义兼笃，刚柔不偏，非涵养之有素者不能也，可谓士矣。然此三者皆不可阙，而其所施则不可混。朋友以义合者，则当切切偲偲焉归过劝善，侃然振直谅之风；兄弟以恩合者，则当怡怡焉式好无尤，蔼然笃天亲之爱。所养既善，而所事合宜，益征士品之优矣。"

可见，天下有一定之道，尤贵有各当之用。知其道而不善用之，犹为德之累也。唯兼体而时出之，乃为善与！

子曰："善人教民七年，亦可以即戎矣。"

此一章书是思善人教民之功也。

孔子曰："善人之道笃实无伪，存之内者皆实心，而能使情意之流通；发之外者皆实政，而能使其纲纪之振举。故其于民也，教之以孝弟忠信之行，使之知尊君亲上之义；教之以务农讲武之法，使之知攻守击刺之方。至于七年之久，亦可以即戎而敌忾御侮矣。"

盖善人之教民，不专为兵戎之计，惟是训养有素，则礼仪既明，人心自固，即此休养生息之民，可得其有勇知方之用。然必待七年而仅可即戎，则兵可易言哉？乃知轻谈兵者，非知兵者也。

孔子对卫灵公曰："军旅之事未之学。"可知圣人之用意良深也。

子曰："以不教民战，是谓弃之。"

此一章书见用兵不可不慎也。

孔子曰："民必教而后可用。如或严刑峻法，不教以孝弟忠信之行，居安忘危，不教以务农讲武之方，而徒然好大喜功，先为兵端，以素不教之民行战阵之事，是民既不知有尊君亲上之义，又不知有坐作击刺之方，徒驱其民于锋镝之间，而无益于胜负之数，是乃以卒予敌也，非弃民而何？"

所以古之帝王常于太平之日，时勤不虞之防，练而不弛，备而不用，井田军政合为一事，藏战于守，寓兵于农。《易》曰："地中有水，师。君子以容民畜众。"诚久安长治，万世不易之道也。唐之府兵、明之卫所，庶几近之。

宪问第十四

宪问耻。子曰："邦有道，谷；邦无道，谷。耻也。"

此一章书见人贵有守有为也。

原宪问于孔子曰："天下事何者最可愧耻？"

孔子告之曰："士君子立身天地间，进必有为，退必有守。如邦家有道，圣君子在上，言听计从，可以有为之时也。乃不能有所建明，而但知食禄。至若邦家无道，上无圣主，言不听而计不从，则卷而怀之，独善其身可也。乃犹靦颜居位，而但知食禄。此二者皆可耻也。”

盖君子居其位，则思尽其职，乃可食其禄。若世治而不能有为，世乱而不能引退，乃徒窃位素餐，贪得无厌，则其志行之卑陋甚矣。人之可耻孰大于是？虽然，上有明圣之君，下必有廉隅之士，礼义廉耻，国之四维，苟至于士习颓靡，廉耻扫地，则世道之不幸，而主持风教者，焉能辞其责耶？

“克、伐、怨、欲不行焉，可以为仁矣？”子曰：“可以为难矣，仁则吾不知也。”

此一章书见无私方为仁，制私未即为仁也。

原宪问于孔子曰：“夫人一有自私之心，于是有盛气好胜为克，负能自矜为伐，忿恨不平为怨，贪得无厌为欲。四者皆心之累也。逐念制之，使不得行，则出乎私必入乎理，窃意可以为仁矣。”

孔子告之曰：“圣学工夫易简，直截不尚，苟难也。人以道心为主，人心自然退听。今于克、伐、怨、欲逐念而制之，使不得行，则终日营营百发百制，如捍横流，如御奔马，可以为难矣。若遂以为仁，则吾不知也。”

盖仁者纯乎天理，自无四者之累。今但曰不行，则不过强制其情，暂时不发而已。倘操持少懈，宁无潜滋暗长而不自觉者乎？所以未可即谓之仁也。要之，原宪之问，徒知制其流，孔子之答，是欲澄其源。惟能致力于本源，则天理渐以浑全，私欲自然消灭矣。此求仁者所当知也。

子曰：“士而怀居，不足以为士矣。”

此一章书是孔子因心以征士品也。

孔子曰：“士人立身天地间，任大责重，自有一种经天纬地学问，原无苟安自便之私，故心境异乎常人，而品格超乎庶类。若有怀居一念，非惑于去就取舍之际，即溺于声色货利之间，则志以物移，心为形役，恶足以为士乎？”

可见，圣贤安土乐天，只是随其身之所安，无所执着其乐也，大凡人营私利己，惟狃其身之所，便有所系恋，其累也深，一起念间，便为品行所关。人可不励志以自立乎？

子曰：“邦有道，危言危行；邦无道，危行言孙。”

此一章书是论君子持身处世之法也。

孔子曰：“君子言行一出于正，固不可违俗徇人，而尤须审时度势。如邦有道之时，君臣一德同心，绝无顾忌。则是非邪正之间，持论不阿；去就取与之际，秉正不屈；言人之所不敢言；行人之所不敢行；而直道以彰。若邦无道之时，君臣猜疑携贰，未免瞻徇，过于直遂，谤尤随起。故持己以正，不可少屈以失己之常。至于议论可否，不妨从容巽顺，倍加检点，所谓清其质而浊其文，弱其志而强其骨，危行言孙，方见明哲之学也。”

吾人立躬行己，不因世运为迁移，而善世守身，自有经权之妙用。然为人君者，至使臣下作“危行言孙”之计，则时事已不可问矣，岂国家之福哉？

子曰：“有德者必有言，有言者不必有德。仁者必有勇，勇者不必有仁。”

此一章书是合存发以观人也。

孔子曰：“凡人立品蕴藉，必期其深，渣滓必期其清，不徒以文章气节争胜也。故理得于心谓之德，敷之议论谓之言，心体纯全谓之仁，慷慨激昂谓之勇。四者即其所存，固可以知其所发。据其所发未必可以信其所存，是在观人者知所尚耳。如有德者，内含冲美，虽不藉夫言而英华表著，自然顺理成章，故必有言。若有言者，斐亹可听，或出于便给亦未可知，岂可遽信其有德？如仁者，心怀中正，原为藉乎勇，而当几明决，自然见义必为，故必有勇。若勇者，秉志不回，或出于血气亦未可知，安可遽信其为有仁？”

可见，德可以兼言，言不可以兼德，华不胜实也。仁可以兼勇，勇不可以兼仁，气禀胜理也。圣贤观人、朝廷用人，辨之不可以不严，不然，鲜不有毫厘千里之失也。

南宫适问于孔子曰：“羿善射，奡盪舟，俱不得其死然；禹稷耕稼，而有天下。”夫子不答。南宫适出，子曰：“君子哉若人！尚德哉若人！”

此一章书见圣贤尚德不尚力也。

南宫适问于孔子曰：“从来有天下者，孰得孰失，确有可凭：如有穷之君名羿最善射，寒浞之子名奡能陆地行舟，可谓勇力过人，何难陵压一世，却俱不得善终？若夏禹之尽力沟洫，后稷之教民稼穑，不过务民本业，绝无奇异可矜，而禹则及其身，稷则及其子孙，却皆有天下。夫以羿、奡之强，其亡也如彼；以禹、稷之弱，其兴也如此。得失果安在哉？”

此时夫子默然不答，可否已在意中。南宫适会意而出，领悟已在言外。孔子复赞美之曰：“今观适之所言，进禹、稷而退羿、奡，盖尚德不尚力可知已。其人品之高，诚为君子之人；心术之正，诚为尚德之人也。”

古今尚力者亡，尚德者昌。观周家卜年八百之久，而嬴秦氏不过二世而灭，得失昭然。可见圣贤之评论，不大彰明较著哉？

子曰：“君子而不仁者有矣夫，未有小人而仁者也。”

此一章书是孔子指心术之邪正以衡平也。

孔子曰：“凡人有心即有仁，心有邪正，遂有仁不仁之分；心有诚伪，遂有君子小人之别。则是仁者为君子，不仁者为小人也。君子以天下为念，然或气习未除，间有不仁爱处，却无伤于品，故君子而不仁者容或有之。若小人止知有身，物欲久蔽，天理全无，非侈肆以纵其奸，即矫饰以逞其伪，间有一念之仁，亦乍明而乍灭耳，岂有小人而仁者哉？”

总之，仁者直行，其心立心于仁，则在在皆仁，虽明见其不仁，其仁自在；不仁者曲护其迹，迹或似仁，却事事非仁，纵然依附名理，自附于仁，适所以济其不仁。君子小人之辨如此，人主不可不致辨也。

子曰：“爱之，能勿劳乎？忠焉，能勿诲乎？”

此一章书是孔子立忠、爱之准以示人也。

孔子曰：“天下情之所在，即为理之当然，如不合理，便非至情。如父与子，自襁褓以及成人，唯恐抚鞠勿周。然以姑息为爱，则志佚而骄，爱之适以害之也。惟真能爱子者，必使去其骄佚，而勉以为圣为贤，是劳之者正所以成其爱。爱之能勿劳乎？臣之于君，自公孤以及百僚，分当随事开纳，然以谄谀为忠，则志卑而顺，忠之适以误之也。惟真能忠君者，务使去其卑顺，而勉以为尧为舜，是诲之者正所以全其忠。忠焉，能勿诲乎？”

然则爱之必至于劳，为子者不可惮劳，有一惮劳之念，即非所以自爱。忠焉必至于诲，为君者不可拒诲，有一拒诲之心，非所以劝忠。是在为父与臣者。各尽其道，而为子与君者，亦当各体其情也。

子曰：“为命，裨谌草创之，世叔讨论之，行人子羽修饰之，东里子产润色之。”

此一章书是言辞命得人之效也。裨谌、世叔、子羽、子产，皆郑大夫。

孔子曰：“朝廷量能授官，务期当任；人臣以身许国，要在和衷。郑以小国介强大之间，而你扶绥和睦者，以用贤各得其当耳。即如辞命所以交邻，其为命也，以裨谌善谋，使之规模大意而草创之；然恐意无断据，以世叔博闻，使之考究典故而讨论之；又恐辞未合节，以行人之官子羽善于笔削，使之删繁就简而修饰之；又恐文采未华，以东里子产善于辞藻，使之推陈致新而润色之。此辞命所以独称美善也。”

盖郑，小国也，而诸贤群集，各尽其材，此不形其所短，彼不矜其所长，同心共济，仿佛虞廷师济之风，洵人臣事君之善则也。

或问子产。子曰：“惠人也。”问子西。曰：“彼哉！彼哉！”问管仲。曰：“人也。夺伯氏骈邑三百，饭疏食，没齿无怨言。”

此一章书是孔子就人论品，以昭万世之公也。

春秋时如郑之子产，楚之子西，齐之管仲，皆贤大夫也。子产听郑国之政，宽猛相济，尝著刑书以禁民之非，其迹似乎寡恩，其心实本慈爱。一日，或人问子产为何如人，孔子曰："子产之德泽广被，国人歌颂不衰，盖惠爱之人也。"

子西为楚平王之子，名申，能逊国于昭王，又能改修国政以定楚，行事虽有可采，然不能革楚之僭号称王，亦其短处，故或人又问："子西我何如人?"孔子不置可否，曰："彼哉！彼哉！"外之也。

因又问管仲。管仲相桓公一匡天下，有功于齐甚多。孔子曰："只举一事，便可见其为人。昔桓公夺大夫伯氏所食之骈邑三百户以封管仲，后来伯氏穷，约所饭不过蔬食，至没齿终无怨恨。非心服管仲之功岂能如此?"

继三子一时并著贤名，而优劣则非一律。孔子以一字之褒贬尽其生平，万世之公论由此而定。然则方人岂易易哉?

子曰："贫而无怨，难；富而无骄，易。"

此一章书是就常情事势论处境之难易也。

孔子曰："凡人境遇之来，最易摇撼，非有深心大力，未免境与情迁。如处贫者困顿拂抑，易起怨尤，非真能乐道，悠然自得者，即安义命，难免怨嗟，可见处逆境为最难。若处富者，只谦逊收敛，不存骄肆之念，便能以礼子持，可见处顺境为最易。"

夫人能处逆境者，或能处顺境；能处顺境者，未必能处逆境。所贵操守有素，外遇不累其心，恬淡自安；物欲不移其志，斯可以贫，亦可以富。人何可不勉所难，而又何可忽其所易哉?

子曰："孟公绰为赵、魏老则优，不可以为藤、薛大夫。"

此一章书是论用人者当因才器使也。孟公绰是鲁大夫，赵、魏是晋之世卿。

孔子曰："人之材器各有所宜，用人者尤当量能授职。如孟公绰为人可云廉静寡欲，是宜简而不宜繁者，使为家臣之长，端谨率属，即昭赵、魏大家，亦为之而有余；若夫大夫，则必任一国之政，非有理繁治剧之才者，难以胜任。即如藤、薛小国，征伐朝聘，其政亦繁，恐非公绰之所长也。"

然则人各有能、有不能，用得其当，皆可随事以奏功；用不得其当，必致因循而丛脞。知人善任，是在图治者加之意而已。

子路问成人。子曰："若臧武仲之知，公绰之不欲，卞庄子之勇，冉求之艺，文之以礼乐，亦可以为成人矣。"曰："今之成人者何必然？见利思义，见危授命，久要不忘平生之言，亦可以为成人矣。"

此一章书是孔子告子路以人道之全与人道之难也。

子路问孔子曰："人生天地，兼体三才，必如何可以为成人?"

孔子曰："成人亦难言矣，盖人之气禀不同，全在优于学问，或有一技之材而不能兼，或有各足之材而不能化，皆不可以为成人。必如臧武仲之智，足以穷理；公绰之廉，足以养心；卞庄子之勇，足以力行；冉求之艺，足以应事。四者既已兼备，而又各就所长，节之礼以得其中正，和之乐以去其驳杂，则气质陶镕，化其才智伎俩，而归于德性，虽不可以为圣，而亦可以为成人矣。若夫今之成人，何必如此？果能见利思义而临财毋苟得，见危授命而临难毋苟免，平日期许之言始终践之不踰，有是忠信之实，虽未能得人道之全，而本性无亏，亦可以进入成人之域也。”

盖圣人立教，止论学问，不论质地。质地存乎天，而学问存乎人。子路忠信勇敢，有兼人之才，所少者学问之功耳。故孔子以此勉之。然则变化气质，尤学者之急务哉！

子问公叔文子于公明贾曰：“信乎，夫子不言、不笑、不取乎？”公明贾对曰：“以告者过也。夫子时然后言，人不厌其言；乐然后笑，人不厌其笑；义然后取，人不厌其取。”子曰：“其然，岂其然乎？”

此一章书见随时处中之不易也。公叔文子，卫大夫公孙枝（当为拔）。公明贾，亦卫人。

孔子问公明贾曰：“天下过情之名固不可以居躬，而矫情之事亦非所以垂训。涵养造诣，贵核其真；评论品题，务期于当。当时之人以不言、不笑、不取，称文子，信有之乎？”

公明贾曰：“言、笑、取、予，吾人处己接物之常，岂有全然不言、不笑、不取者？是亦言者之过也。吾夫子非不言，不过言不妄发，发必以时，故人不厌其言，而遂称为不言；夫子非不笑，不过一颦一笑，乐得其正，故人不厌其笑，而遂称为不笑；夫子非不取，不过凡所当取，必揆于义，故人不厌其取，而遂称为不取耳。”

孔子疑而诘之曰：“时言、乐笑、义取，果其然乎？此非义理充溢于中，举动合宜于外者，不能随时合节，汝夫子其信然乎？”

孔子不正言其非，而姑为疑信之词以折之，圣人勉人为善之怀，不大可见哉？

子曰：“臧武仲以防求为后于鲁，虽曰不要君，吾不信也。”

此一章书是诛鲁臣无君之心也。

臧武仲，鲁大夫，名纥。防是鲁封武仲所食之邑。武仲得罪于鲁，出奔邾，既而自邾归防，使人卑辞于鲁君，请立臧氏之后而后去，似乎不忘先祀，又请命于君。后世之人将必以仲为贤矣。

孔子欲为后世人臣戒，而为诛心之论曰：“武仲求后之时身居防邑，则以防而请后矣。窥其隐衷，不过以君不遂其请，将据邑以叛，是要君以不得不从之势耳。在武仲以为父兄之故，欲自讳其要君，而要君之迹昭然，谁能宽其罪而信之哉？”

观孔子断武仲之罪如是之严，诛武仲之德如是之确，春秋一字之贬，为万世不易之经。人臣无将，将则必诛，可不惧哉！可不戒哉！不然，一有无君之心，纵或倖逭国法，漏脱一时，然得罪于名教，得罪于神明，天下万世，人人得而诛之矣！

子曰："晋文公谲而不正，齐桓公正而不谲。"

此一章书是孔子因事证心，以法霸者之隐也。

晋文公，名重耳。齐桓公，名小白。

孔子曰："吾观世运自帝降而王，王降而霸，风愈下则人心愈衰。然于短中取长，亦自有别。故五霸之盛，莫如桓文，论其心术，均非王道之正，而观其心事，亦有优劣之分。文公为人本由正道，每以诈谋取胜，殆诡谲而不正；若桓公行事，仗义执言，不由诡道，较之晋文，则善矣，可谓正而不谲者乎！"

春秋时，文公欲解宋围，必伐曹、卫以致楚，欲与楚战；又复曹、卫以携楚。何等诡秘阴险！桓公声罪伐楚，责包茅之不贡，退师服楚，惟礼律之是遵。何等正大光明！

两人行事大概如此。

圣人一言可为千古定论矣。

子路曰："桓公杀公子纠，召忽死之，管仲不死。"曰："未仁乎？"子曰："桓公九合诸侯，不以兵车，管仲之力也。如其仁！如其仁！"

此一章书是圣人就人论仁也。

子路曰："昔齐桓公出奔莒，其弟子纠奔鲁，争立为君。桓公归国杀其弟公子纠，缚召忽、管仲。召忽为子纠而死，独管仲不死，臣事桓公，所谓忘君事雠，忍心害理，得毋心术之未仁乎？"

孔子曰："稽古者当论其世，论人者难求其全。昔桓公纠合诸侯，不假兵车之力，而用衣裳之会，以大义率之，以大信一之，而诸侯服从，此管仲之力也。济人利物，功莫大焉。以此观之，孰得而如管仲之仁？孰得而如管仲之仁？正不得以不死之故害其为仁也"。

盖孔子特以忽之功无足称，仲之功不可没，固非与仲之生，而贬忽之死也。圣人权衡折中之论大率如此，不然，宋儒程子谓宁可无魏征之事业，而不可无万世君臣之义，抑又何耶？

子贡曰："管仲非仁者与？桓公杀公子纠，不能死，又相之。"子曰："管仲相桓公，霸诸侯，一匡天下，民到于今受其赐。微管仲吾其被发左衽

矣。岂匹夫匹妇之为谅也？自经于沟渎而莫之知也。”

此一章书是圣人衡品不以小过而泯大功也。

子贡复继子路而问曰：“如管仲者，其为人非仁者与？桓公杀公子纠，仲既不能为子纠死，反又为桓公相，心竊疑之。”

孔子曰：“赐疑管仲之不死，而又相桓。不知管仲既能相桓，亦可不死。试即其相桓而言，桓为诸侯长，以定霸天下，由此而正不独当世赖之，至今之民犹享太平之福，皆仲之赐也，则是管仲之功甚大，为利甚溥，即谓管仲至今存可也。使当日无管仲，吾必被发左衽，不能有今日之衣冠文物矣。若不能立功，徒然一死，犹如匹夫匹妇之见，有小信而无远图，即自经于沟渎之中，将令天下后世泯然无闻管仲，岂若是哉？”

可见，豪杰之士，欲建不世之大功，不惜一身之小节；而衡人者，尤当略其所短，录其所长，未可以常情恒理臆断而浅测之。

公叔文子之臣大夫僎与文子同升诸公。子闻之，曰：“可以为‘文’矣”。

此一章书是取人忘分以荐贤也。

公叔文子是卫大夫，其后謚为贞惠文子。大夫僎，先为文子家臣，后因文子荐其贤于卫君，始得与文子同为公朝之大夫，故记者特记之曰“公叔文子之臣”，不没文子忘分之善也；曰“大夫僎”，明乎既荐之后所称也；曰“与文子同升诸公，”见僎之得升公朝而为大夫，皆因文子之荐，故得与文子同也。

然则文子惟有知人之明，故能荐贤；有大公之怀，故能忘己；且忠于事君，故能忘己以荐贤。孔子闻而深嘉之曰：“文者，美謚也。今文子之为文，即荐贤之一事观之，其胸襟何等光明正大！斯可以无愧矣。”

可见荐贤为国，人臣盛事。倘略存妬嫉，稍有嫌疑，便不能大道为公、休休有容，如文子者，庶几有大臣之风乎！

孔子删《书》以《泰誓》终篇，拳拳于一个“臣之有容”，其所以为后世人臣劝，至深远也。而三代以后，媢疾者益多，不亦重负圣人立教之意哉？故人君欲择群臣，必自择大臣始。

子言卫灵公之无道也，康子曰：“夫如是，奚而不丧？”孔子曰：“仲叔圉治宾客，祝鮀治宗庙，王孙贾治军旅。夫如是，奚其丧？”

此一章书见用材贵得其当也。

卫灵公是周时诸侯，孔子以其彝伦不敘，纲纪不张，故尝言其无道。季康子因问曰：“诸侯无道，必至丧失其位，今灵公失德如是，何故能保其位而不丧乎？”

孔子曰："灵公虽云无道，其用人一节尚有可观。如仲叔圉善于言语，即用之接待宾客，应对诸侯，则凡朝聘往来，不至失礼，而无启蒙召祸之事。如祝鮀熟于礼文，即用之专管宗庙，料理祭祀，则凡祀事精虔，神人胥悦，而得系属人心之原。如王孙贾长于武事，即用之任为将帅，练习军士，则凡守御豫备，临事无患，而免敌国窥伺之虞。假使此数人者不能各用其材，此数事者不能各得其理，又何能保守此位哉？"

夫有人不用，与无人同；用人而弃其所长，绳其所短，与不用同。今简任协宜，相济成美，其不丧宜也。

夫以灵公知人善任尚可以保国，况有道之主得天下贤才而善用之，有不享太平而乐万年者哉？

子曰："其言之不怍，则为之也难。"

此一章书是孔子激人勇行也。

孔子曰："士君子斡旋宇宙，必有一种深沉含蓄之气，方能实心图事，不徒以夸众眩听自矜也。凡人之出言最易，力行最难。然行能践言者，唯此羞愧之心可以自励。既知羞愧，唯恐名不称实，便能勇于力行。若一意夸张，全不知耻，是不揣其其能否。言之既出而欲践之，盖亦难矣。所以言之未出，当先勉其所为，为之既力，犹必践其所言，不然，而高自称许，徒怍欺人之词，其为之也，不亦难乎？

孔子非欲人缄口结舌，正欲人竭力有为，故以愧悔之心发其勇行之气。古者"言之不出，耻躬之不逮"，即此意也。

陈成子弑简公。孔子沐浴而朝，告于哀公曰："陈恒弑其君，请讨之。"公曰："告夫三子。"孔子曰："以吾从大夫之后，不敢不告也。君曰'告夫三子'者！"之三子告，不可。孔子曰："以吾从大夫之后，不敢不告也。"

此一章书见孔子请讨罪正君臣之义也。

陈成子，齐大夫，名恒，弑其君简公。孔子尝为鲁司寇，时已致仕家居，闻之，郑重其事，沐浴斋戒，而朝于鲁哀公，曰："君臣为人伦之大节，弑逆实天理所难容。陈恒不道，上弑其君，兴兵讨之。"

时鲁有三家之臣专权擅政，哀公不能自主，对孔子曰："可往告夫三子"。即三家之孟孙、叔孙、季孙也。

孔子退而言曰："弑君之贼，法所当诛。我虽致仕，义难缄默。君乃不自命三子而使我往告！"其感叹之意实有不能出诸口者，因奉君命而往告。三子以为不可，孔子曰："齐有弑君之臣，鲁有讨罪之义。君臣大伦，所系甚重。我从大夫之后，不敢不告，亦吾尽吾心而已。"

盖鲁之三家犹齐之陈恒也。孔子之告哀公，因知哀公之不能自主，孔子之告三子，亦知三子必不允从。其始也，不敢披沥以陈其继也，不过奉命而往；终亦托诸空言，而不得见诸行事。然而未诛不臣之身，已诛不臣之心矣。故曰“《春秋》成而乱臣贼子惧。”

子路问事君。子曰：“不欺也，而犯之。”

此一章书是孔子教子路纯臣之道也。

子路问人臣事君当何如。

孔子曰：“事君之道无他，惟诚与直而已。而欲行其直，必先尽其诚。凡进言宣力，务使实意恳到，内可质诸己，外可质诸人，勿用诈用术，而此中有所欺也。自是而上有明圣之君，下无烦匡救之事，岂非厚幸乎？然或未能无过，则本此勿欺之一念，无谄谀，无畏避，侃侃然尽言谏诤，引以向道，而塞其违心，虽犯君之怒，不恤也。事君之道尽于此矣。”

夫未能无欺而欲犯，则犯由于矫饰；既能勿欺而不犯，则欺中于周全。

孔子岂独告子路？正以立万世事君之极则也。

子曰：“居（当为君）子上达，小人下达。”

此一章书是孔子论君子小人心术之各殊也。

孔子曰：“君子之所以为君子，小人之所以为小人，其初只争一念之公私，而其后遂各底其极，有大相悬者。盖天理本自高明，君子凡事必循天理，而不杂于人欲之私，由是志气清明，知日求其精，行日求其备，势不至为贤为圣不止，其阅历于高明之途，而愈积愈上，盖上达者也。人欲本自污下，小人凡事必徇人欲，而不念夫天理之公，由是志气昏暗，天良日益损，邪行日益多，势不至为狂为愚不止，其沉溺于污下之途，而愈沉愈下，盖下达者也。”

夫人惟一心，心入于正则达向上，心入于邪则达向下，人品之不同只视乎此。故治心之功诚不可不严也。

子曰：“古之学者为己，今之学者为人。”

此一章书是孔子论学者用心之不同也。

孔子曰：“古今同此道即同此学，而学者之心则各有别。古之学者专务求于内，致知以穷乎理之原，力行以蓄乎德之实，所勉者皆真实切近工夫，未能有得于己不已也。既能有得于己尤不已也，此其心惟为己者。然今之学者专务求于外，不必知之至，而止期足以见其知；不必行之尽，而止期足以见其行。所尚者皆修饰名誉之事，苟可以邀人之知，无勿为也。即不可以邀人之知，亦无勿为也。此其心惟为人者然。”

盖为己者终必有以及于人，体全斯用备也。为人者究未能有所得于己，骛末必丧本也。岂古今人之不相及与其用心各殊，而得力亦相反，此孔子所以深勉学者夫？

蘧伯玉使人于孔子，孔子与之坐而问焉，曰："夫子何为？"对曰："夫子欲寡其过而未能也。"时者出，子曰："使乎！使乎！"

此一章书见圣贤相契不在离合之迹，而在学问之心也。

昔卫国有贤大夫蘧瑗字伯玉，孔子至卫，尝主于其家，既而反鲁，伯玉使人来候问孔子，孔子敬其主以及其使，与之坐而问曰："进修之事无穷，夫子今日之所为，当不同于昔日也，不识夫子何为。"

使者对曰："凡人孰能无过？贵有以省察克治之耳。夫子战兢惕厉，此中未尝一日敢弛，一念之失必谨，一事之非必饬，诚欲寡其过耳。而人欲难于尽消，天理难于来复，日期寡过焉，而尝若未能也。"

夫欲寡过，则不自为无过，而克治严；欲寡过而未能，则不自为已能，而功修密。非伯玉之贤不能有此心，非使者之贤不能知伯玉之有此心。是以孔子于使者既出而深赞之曰："其真可谓使乎！其真可谓使乎！"嘉使者愈怀伯玉矣。

盖圣贤为己之学，原无可自足之时，"寡过未能"，乃伯玉日励而不容自己之心也。孔子之素所深信于伯玉者，以此。使者能委曲道之，故不禁重与乎使也。然则圣贤之相契，无非学问之真，岂犹夫世俗往来之末哉？

曾子曰："君子思不出其位。"

此一章书是曾子述艮卦之象辞以示人也。

曾子曰："凡人心所用为思，身所处为位。思适安乎其位，天理之公也；思苟越乎其位，人欲之私也。是以君子即其见在所居之地，求其日用常行之道。如为君臣，则思仁敬；为父子，则思慈孝；为兄弟，则思友恭；貌、言、视、听，则思肃、乂、哲、谋。君子之心惟安于所遇如此。"

盖艮者，止也。君子观艮止之象，而知物各有其分，故思亦止于其分。世之憧憧往来，邪妄胶扰而莫能自制者，其亦未审于慎思之义耳。故宋儒程子曰："人心不可有所系。"又曰："心要在腔子里。"正所以教人慎用其思，善用其心。以全此虚灵不昧之本体耳。乃若二氏之说，非驰于幻妄而溺于有，则沦于空寂而堕于无。岂圣贤操持存养之正道哉？甚矣，心学之不明，圣贤之忧也！

子曰："君子耻其言而过其行。"

此一章书见君子黜浮崇实之心也。

孔子曰："言易放则当耻，行难尽则当过。若使不惧其言之胜于行，而好浮夸；不欲其行之胜于言，而怠于践履。是言之数多而行之数少，求其有所成就，难矣。惟君子心存于慎言，以言为耻而不使有余；心存于敏行，于行必过而不使不足；又安患言不日损而行不日积也？此君子之所以为君子与！”

盖言行原未尝不相因而见，始也，敛言而行益笃；究也，行至而言自从。人能以君子之心为心，斯行可举，而言亦无不可扬矣。虞廷敷奏以言，必明试以功。孔子听其言观其行，职此意也夫。

子曰：“君子道者三，我无能焉：仁者不忧，知者不惑，勇者不惧。”子贡曰：“夫子自道也！”

此一章书见圣人道愈高而心愈歉也。

孔子曰：“道体无穷，非身历之不知其事之有难尽也。君子之所以为道者三，而我则无能焉。三者维何？一在于仁：仁者理胜而私欲尽去，凡穷通得失，举不足以动其心，未尝无可忧也，而不忧。一在于知：知者识胜而事几能晰，凡是非邪正举不足以蔽其心，未尝无可惑也，而不惑。一在于：勇者气胜而刚直常伸，虽当大任、赴大难，举不足以屈其心，未尝无可惧也，而不惧。夫不忧、不惑、不惧，君子仁、知、勇之道然也，而我皆无能，其敢不自勉哉？”

究之道造其极，斯能者益忘其能．维时子贡曰：“此特夫子之自谦如此也。以赐观之，夫子于仁、知、勇之道，岂真有未能者乎？”

盖道至圣人而自视弥歉，学至贤者而所见甚亲。为君子者惟常存此歉然不足之心，则其于道也庶几矣。

子贡方人。子曰：“赐也贤乎哉？夫我则不暇。”

此一章书见学者当以自治为先也。

子贡平时比方人物而较其短长，不可谓穷理之事，然专务为此，则心驰于外而疎于内矣。故夫子婉以警之曰：“赐也，尔能方人，其亦贤乎哉？盖惟自治有余，而后得以暇及于人耳。若以我自审，方虑义理无穷，何暇较量他人乎？”

凡人之为学，终其身无可已时，即终其身无有暇时。以孔子之圣，而犹自谓不暇，则凡有志于学者，其孰有暇时耶？于此知学至圣人，而其功愈专。希圣者可以勉矣。

子曰：“不患人之不己知，患其不能也。”

此一章书是孔子论为学者当反己以自修也。

孔子曰：“凡人往往急于求人而缓于求己，常患名誉之不著，而不患德业之无成，不知知存于人，非己所得而主，其或不知，不足为患也。若夫学焉，而不能穷其理；行焉，而不能践其实。我所见知之处反之于心，而莫可自信，是则所当患耳。”

盖知与不知存乎人，于己何与？能与不能存乎己，于人何与？孔子曰：“遯世不见，知而无悔。”《易》曰：“遯世无闷”，不见，是而无闷。圣贤真切为己之学固如此。彼汲汲于闻达者，重外而轻内也。其能事亦可概见矣。

子曰：“不逆诈，不亿不信，抑亦先觉者，是贤乎？”

此一章书是孔子戒人之用察为明也。

孔子曰：“人之于己，未见其事之欺我也，而设一意以逆之，是谓逆诈。未见其心之疑我也，而设一意以度之，是谓亿不信。有人于此，其居心也以正，其接物也以诚，于凡人之诈者，不逆料其诈，人之不信者，不亿度其不信。然或不逆不亿而受人之诈，与不信以至堕人之奸，非真能鉴物，而物无遁情者矣。乃其视诈与不信，无不有以见其隐，不烦推测之方，而自有洞见之识，抑亦诚能先觉者。是非心体清明，而烛事几晰，义理未易，臻此可不谓贤乎？”

盖不断生于不明，明自无所不断。不明生于不诚，诚自无所不明。然非有诚、正、格、致之功，亦何能本体光莹，先知先觉如此乎？故曰“至诚如神”。又曰“圣人斋戒，以神明其德”。盖万事一理，万人一心，表里始终自然通贯。岂述家射覆恍惚揣摩之说耶？

微生亩谓孔子曰：“丘何为是栖栖者乎与？无乃为佞乎？”孔子曰：“非敢为佞也，疾固也。”

此一章书见圣人以道易天下之心也。

昔孔子欲行其道，周流列国。当时隐士有姓微生名亩者谓孔子曰：“行藏各有其时，人不我知，亦听知已耳。丘于列国何为如是栖栖然依恋而不舍与？世之有干宠者，往往专事口给以希遇合，今无乃习为便佞而取悦乎？”

孔子曰：“君子立身行己，期合于道，必欲以佞为逢时之计，丘则何敢独是守拘滞之见，以隐遁为高尚而果于忘世？此则固执不通而我之所深疾也。其何忍置斯世于度外耶？”

盖凡事以中道为归，佞以悦人与固以守己，皆非中也。若使尽如微生亩者，虽不至于佞，而未免于固，天下亦安赖有圣人哉？

子曰：“骥不称其力，称其德也。”

此一章书是孔子尚德之论也。

人之重君子者以才，而其所以称君子者以德，犹马之为骥者以力，而其所以称骥者以德。是以孔子曰：“马而以骥名，亦知所由得名之故乎！骥之能存乎任重而致远，则力安可少也？然使仅有其力而难于控御，更不免于蹄齧，是无其德矣，何足为骥乎？故称骥者不称其有驰骤之力，而称其有调良之德也。”

即一骥而其重在德有如斯矣！天下之必有赖乎德者，独一骥乎哉？盖君子之才与德原缺一不可，而德为尤要。有德者无才，不如有才；无德者有才，不如无才。无才之德不可为德，无德之才不可为才。所以元凯不失才子之名，而共兜不在俊乂之列。分合轻重之间，用人者不可不审也。

或曰："以德报怨，何如？"子曰："何以报德？以直报怨，以德报德。"

此一章书是孔子论报施之道也。

或人问于孔子曰："人情仇怨相寻，亦安有极哉？若能于人之有怨于我者，竟忘焉，而以德报，毋亦忠厚之道耶，夫子以为何如？"

孔子曰："略怨而报以德，非不厚也，但于我所怨者，而既以德报之，则人之有德于我者，又将何以报之乎？宜若更无可以报德者矣。夫有怨有德，人情所不能忘，而所以报之，自各有道，必也于我所怨者，去其平日之怨，而惟处之以直，当报则报，无过责焉。不当报则不报，无逞忿焉，一准乎理之自然，而不易私意行乎其间，是则虽曰报怨，而未尝害其为公也。至人之有德于我者，则必以德报之，彼之施于我者固重，而我之予乎彼者亦不轻。此报德之道则然也，而岂可漫以报怨哉？"

盖凡事在不失其中，或人矫枉之过，圣人持理之平，必如孔子之言，然后德怨之报各得其当，而无太过不及之差矣。

子曰："莫我知也夫！"子贡曰："何为莫知子也？"子曰："不怨天，不尤人，下学而上达，知我者其天乎！"

此一章书是孔子以心知发子贡也。

孔子道德高厚，其用心得力之处原不求人知，而人亦不易知。故发叹曰："今之人其莫我知也夫！"

子贡问曰："以夫子之圣，宜无有不知者，何为而人皆莫知子也？"

孔子曰："欲人之知者，必先有以异于人，而后可以知于人。若我之所为，其何有异焉？穷通出于天也，用舍出于人也，我无不顺而受之。遭时之穷而不得于天，则责之于己而不怨天，值时之舍而不得于人，则反之于己而不尤人，但知黾勉于天理之常，致力于人事之近。凡所当知者必求其无不知，所当行者必求其无不行，秖日从事于下学而已，乃积累既深，自然知日精，而行日进，渐达于理之上者焉，初何尝甚异于人哉？惟是心存为己，仰不愧天，或者上天于冥冥之中能知我耳。人之所以莫我知者，正在此也。"

盖子贡平日求知于外，未尝从心体切实用功，孔子故为此言，以启其心悟之学。学者诚能反己自修，循序渐进，则自有与天相合之原，虽人不我知，奚足患哉？

公伯寮愬子路于季孙。子服景伯以告，曰："夫子固有惑志于公伯寮，

吾力犹能肆诸市朝。”子曰：“道之将行也与，命也；道之将废也与，命也。公伯寮其如命何？”

此一章书见人当安命，而不必尤人也。

昔子路仕于鲁，为季氏宰。鲁人有公伯寮谗愬子路于季孙，季孙听谗言而疑子路。鲁大夫子服景伯怀不平之心，以其事告于孔子曰：“夫子之于子路，固将因伯寮之愬而不无惑志矣。谗邪安可听其害正？以吾之力犹能诛伯寮而陈其事于市朝，以正其罪而明其诬也。”

孔子闻而晓之曰：“君子岂不欲行其道于天下？而道之或行或废，莫不有天焉。其为道之将行也与，则动与世合，是命之通也。其为道之将废也与，则动与世违，是命之穷也。行与废，皆由于命，则由今日何独非命？使命而得行，寮必不能使之废，其因寮而废者，即命之当废耳。公伯寮其如命何哉？子大夫其听之可也。”

审乎孔子之言，见君子进退，上关天意，凡得失毁誉俱当置之度外。但孔子不言命。而于弥子瑕则曰有命，于公伯寮则曰命也。盖不欲以行、废之权归之谗谄之人尔。

子曰：“贤者辟世，其次辟地，其此辟色，其次辟言。”

此一章书是孔子叹世道之衰也。

孔子曰：“天生贤者本为世用，而贤者亦无不欲行其道于天下，岂乐于辟哉？无如时不可为，则不得不洁身引去，而以辟全其身矣。大约时之所遇不同，而所以为辟之由各异：有见举世无道，则隐居不仕，终其身辟而不出者；其次有见此地无道，则辟而适于他邦者；其次有见其君礼貌既衰而辟色者；其次有与其君议论不合而辟言者。凡此皆因乎时之当然而然者也。”

夫辟岂贤者之心哉？《易》曰：“天地闭，贤人隐辟。”盖有大不得已者也。孔子之在春秋，辙环几遍，而道终不行，宜其海滨老矣。然辟地、辟言、辟色，而卒未尝辟世，盖圣人之于世，固有不忍漠视者尔。

子曰：“作者七人矣。”

此一章书是孔子忧时之意也。

孔子曰：“君子之出处视乎其时，时而盛则在野者常聚而升之于朝，时而衰则在朝者常散而归之于野。我观今日其作而隐去者，盖已七人矣。”

夫七人岂其无用世之思哉？而何以高蹈远举如是其不少也。夫国家之用人惟其贤而已，故尝得一二贤士，遂足以成天下之治，举七人而群隐焉，则世道之降可知。是以有国家者，能使贤士效忠于朝，而不至荒遯于野，则以几于上，治不难矣。

子路宿于石门。晨门曰：“奚自？”子路曰：“自孔氏。”曰：“是知其不

可而为之者与?”

此一章书见圣人视天下无不可为之时也。

昔子路从孔子游，偶宿于石门之地，时有贤人隐于下位，而掌晨启门者问曰：“汝从何来?”

子路曰：“从孔氏而来。”

晨门曰：“君子相时而动，可为则为，不可为即止。彼孔氏者，既知时事之不可为则藏焉已耳，而犹用周流不倦，未尝一日忘情于天下，是非知其不可而必勉强以为之者与！子之从之，其劳甚矣。”

盖贤者视天下有不可为之时，才力有定也。圣人视天下无不可为之时，其道无所不可也。晨门贤而隐于抱关，知世之不可为而遂已，未知道之无不可为而不容已，乃以是讥孔子。圣、贤之相越，岂不甚远哉?

子击磬于卫，有荷蒉而过孔氏之门者，曰：“有心哉，击磬乎！”既而曰：“鄙哉，硁硁乎！莫己知也，斯己而已矣。深则厉，浅则揭。”子曰：“果哉！末之难矣。”

此一章书是圣人不忘天下之心也。

昔孔子思以道济天下，故周流四方，时而在卫，偶然击磬，其忧世之心已寓于磬矣。适有隐士荷草器而过孔氏之门者，闻磬声而知之，曰：“有心于世哉，斯人之击磬乎！”

盖人心之感，往往托之乐音。隐士乃贤者，自能审音而喻其微也。既而讥之曰：“何其鄙哉！识之不达而硁硁然坚确以守乎?君子进退各因乎时，世莫己知，则道与时违，斯洁身引去而已矣。凡徒步涉水者，见水之深，则衣下体之衣而涉之；见水之浅，则摄上体之衣而涉之。当厉而厉，当揭而揭，诚知深浅之宜也。用世者乃不自度量‘人不己知’而不止，毋乃不如涉水者之随遇而能通乎?”

孔子闻其言而叹曰：“斯人之言其果于忘世哉！君子欲行其道于天下，无非为救时之计也。若但独善其身，置天下于度外，则亦无所难矣，而谓我能已乎?”

天下虽当不可为治之时，而圣人不忍听其不治。盖圣人与天地合德，视万物为一体，天地之生物无不欲物之遂其生也。苟视斯民之饥寒沉溺而不急于遂其生，则非天地生物之心，即非圣人之心矣。故圣人之心不能一日忘天下，亦如天地之心不能一日忘万物。彼荷蒉者何足以知之?

子张曰：“《书》云：‘高宗谅阴，三年不言。’何谓也?”子曰：“何必高宗，古之人皆然。君薨，百官总己以听于冢宰三年。”

此一章书见古人居丧，既不废礼，复不废政也。

谅阴，天子居丧之名。子张问于孔子曰：“《商书·说命篇》有云：‘商王高宗武丁当商王小乙薨，居丧于谅阴，三年不亲政事，不发语言。’夫人君三年不言，则臣下安所禀令乎？《书》所云何谓也？”

孔子曰：“父母之丧，不分贵贱，三年不言，何必高宗为然？古之为君者无不皆然。礼君薨，嗣君居庐守丧，庶务难以亲理，而又不容坐废，百官各总摄己职以听命于冢宰，如是者三年，既有冢宰以为裁决，事几则辅相得人命令可守，嗣君虽不言，何忧国之生乱哉？”

大凡人君以孝治天下者也，诚如古居丧之礼，则百官尽臣道以成相道，而嗣君亦得委君道以伸子道矣。后世贤如汉文而犹有短丧之举，其遗讥史册，不亦宜乎？

子曰：“上好礼，则民易使也。”

此一章书是言为国当以礼也。

孔子曰：“居上者常患民之难使，然民之难使，由于不知礼耳。诚使上之于礼心诚好之，修之于身，而视、听、言、动之必谨达于政，而教训号令之，咸当如此，则礼仪以明，等威以辨，为民者莫不安分循理，不待我之驱逼而自乐于使令矣。”

此所谓安上、治民，莫善于礼者也。然必为上之人真心实意以好之而后可，不然，则因循仪节，不过虚文，未足以化民而成俗也。

子路问君子。子曰：“修己以敬。”曰：“如斯而已乎？”曰：“修己以安人。”曰：“如斯而已乎？”曰：“修己以安百姓。修己以安百姓，尧舜其犹病诸！”

此一章书是言修己治人之要也。

子路问为君子之道当何如。

孔子曰：“君子之所以为君子者，以敬修其身而已。盖无事则收敛身心，使天理常存；有事则点检言行，使人欲不作。如此则身修而德成矣，岂不快为君子乎？”

子路又问：“君子之道甚大，岂但如此而已乎？”

孔子曰：“敬者，人己合一之理。诚能修己以敬，则此感而彼通，可以推之而安人矣。

又问：“君子之道甚大，岂但如此而已乎？”

孔子曰：“敬者天下为公之理，诚能修己以敬，则正己而物正，可以推之而安百姓矣。其学问至精，其功用至大，虽尧舜之圣，其心犹歉然不敢自以为足也，而谓未足以尽君子乎？”

盖敬为修己治人之要，而亦学问彻始彻终之道。千圣相传，不外乎此。

近而公私邪正，远而废兴存亡，皆于一念敬肆之几决之。君天下者，诚不可以不审也。

原壤夷俟。子曰：“幼而不孙弟，长而无述焉，老而不死，是为贼！”以杖叩其胫。

此一章书是圣人恶人无礼也。

原壤是孔子故人，素放荡于礼法之外，尝蹲踞以待孔子。孔子责之曰：“汝自卑幼之时则不知孙弟之道，及至长大则无一善可称述，今又老而不死，徒足以伤风败俗，为民之贼而已。”因以所曳之杖微击其胫，盖使之勿蹲踞也。

圣人于败坏礼教之人深恶而痛责之，亦维持世道之一端也。

阙党童子将命。或问之曰：“益者与?”子曰：“吾见其居于位也，见其与先生并行也。非求益者也，欲速成者也。”

此一章书是圣人教小子之道也。

昔阙党之中有童子者，来学于孔子，孔子使之答应宾客，而传往来之命。或人问曰：“此童子殆学有进益，故夫子使之传命以宠异之与?”

孔子曰：“童子之礼当隅坐随行，吾见此童子尝居于长者之位也，又见其尝与先生并行也。夫为童子而不守礼安分如此，则非能求益者，但躐等凌节而欲速进于成人之列耳，故我使之传宾客之命，观少长之序所以裁抑之，而非所以宠异之也。”

故圣门之教，固贵敏求，尤忌凌躐。学者宜知所从事矣。

《日讲四书解义》卷十

论语 下之三

卫灵公第十五

卫灵公问陈于孔子。孔子对曰："俎豆之事则尝闻之矣；军旅之事，未尝学也。"明日遂行。在陈绝粮，从者病，莫能兴。子路愠见，曰："君子亦有穷乎?"子曰："君子固穷，小人穷斯滥矣。"

此一章书见圣人不贬道以苟容，不因穷而失志也。

昔孔子在卫，卫灵公以战阵之道问于孔子。孔子对曰："吾自少学礼，其于陈设俎豆之事则尝闻其说矣，若夫军旅之事则固未之学也。"

夫以孔子之圣，文事武备宜无所不知。盖以卫灵公不留心于治国之道，而汲汲以兵戎之事为问，则其不足与有为可知，是以孔子不对，而明日遂行焉。此圣人之见几而作也。

既去卫而适陈，在陈国时粮食断绝，从者皆饥饿而病，莫能兴起。子路愠怒见于孔子曰："君子之人亦有时而穷困若此乎?"孔子曰："穷通得丧，系于所御，君子盖亦有穷时也。但君子则能以义命自安而固守其穷，小人一遇困穷则不能坚忍顺受，而无所不至矣。"此圣人之处困而亨也。

孔子，大圣人也，乃时君既不能行其道，又不能接以礼，致使一去于卫，一厄于陈，遭遇之穷困如此，则春秋之世运，尚可问耶?

子曰："赐也，女以予为多学而识之者乎?"对曰："然，非与?"曰："非也，予一以贯之。"

此一章书言学贵乎知要也。

子贡之学多而能识矣，而于道之本原尚未能悟，故孔子呼而问之曰："赐也，汝见我于天下事物之理无所不知，将谓我是多学而一一记识之，故能如此乎?"

子贡对曰："以赐观于夫子，诚多学而识之者也，抑别有切要所在，而无事于此者与?"

观子贡方信忽疑之间，可见其力学已久，进道有机，故孔子因而告之曰：

"我非多学而识之者也。盖天下事物虽多，其理则一。惟明乎理之原，则自能尽乎事物之变。我于天下事物之理无不周知者，惟一一贯之而已。"

可见，学问之道以明理为要，而后世学者率皆用力于记诵辞章，以夸多斗靡。故以圣学论之则不精，以王道论之则无用。此皆逐末务外，而不知本实之过也。所以为学图治，必在知本。

子曰："由，知德者鲜矣。"

此一章书是圣人欲学者求自得也。

孔子呼子路而告之曰："义理之得于心者谓之德，非实有是德者，不能知其意味之真也。今之人知德者鲜矣。"

然则欲知德者，其惟躬行实体，而求其自得于心矣乎！

子曰："无为而治者，其舜也与？夫何为哉？恭己正南面而已矣。"

此一章书是孔子赞帝治之盛也。

孔子曰："自古人君致治者多矣，然皆不能无所作为而治也。若无所作为而天下自治者，其舜也与？盖舜承尧之后，礼乐法度皆已具备，在廷诸臣如九官十二牧又皆贤圣之才以分任之，所以为舜者，但见其率由而不改其旧，分命而不尸其功，夫何所作为哉？不过垂衣拱手，端居南面，穆穆然著其敬德之容而已。"

盖舜之德盛，故其化神。然其所以能然者，以其绍尧得人也。可见为人君者必有法祖之心，而后可以遵先王之法；必有求贤之劳，而后可以享任人之逸。试取所谓兢兢业业，一日二日万几，与所"谓恭己无为"云者合而观之，而后知古帝之以君道立人极者，诚度越乎千古也。

子张问行。子曰："言忠信，行笃敬，虽蛮貊之邦行矣；言不忠信，行不笃敬，虽州里行乎哉？立，则见其参于前也；在舆，则见其倚于衡也。夫然后行。"子张书诸绅。

此一章书见立诚为制行之本也。

子张问："人必如何，然后在在皆可通行而无碍乎？"

孔子曰："人唯至诚，乃能感物。诚使所言者皆发于衷，符于事而忠信焉，所行者皆无浮薄，无放肆而笃敬焉。则虽蛮貊之邦素不相知者，一诚之孚无所不格，亦可以行之而无碍矣。若言不忠信，则虚伪轻薄之人也，虽州里之近，其可以行乎哉？然此忠信笃敬非他，乃吾心之诚也。吾心之诚本有炯然不容自欺，昭然不可自昧者，必也时时刻刻警觉提撕，如立在此处，则见此忠信笃敬参于吾之前；或在车上，则见此忠信笃敬倚于车者衡。盖惟其存之也密，故心目之间，如或见之，若此则诚积于心，发于言行之际，以之动天地，格鬼神，无所不可，又何不可行之有哉？"

子张闻孔子之言，即书于大带之上，盖欲时时接于目而省于心也，其佩教诚切矣。夫制行以存诚为要，而存诚意省察为先，念虑之间乃言行之本，省察其念虑之微，以达于言行之际，则真意感孚，表里通贯，虽豚鱼可格，而况于人乎？故曰："至诚而不动者，未之有也；不诚，未有能动者也。"是故君子诚之为贵。

子曰："直哉，史鱼！邦有道，如矢；邦无道，如矢。君子哉，蘧伯玉！邦有道，则仕；邦无道，则卷而怀之。"

此一章书是孔子赞卫大夫以风有位也。

史鱼、蘧伯玉皆卫大夫。

孔子曰："直哉，史鱼之为人也！盖人故有自守以正，而时异势殊，或不能不委曲以随俗者，惟史鱼当邦家有道之时，危言危行，如矢之直；即当邦家无道之时，亦危言危行，如矢之直。是乃忠鲠性成，有死无二者也，岂不可为直乎？君子哉，蘧伯玉之为人也！盖人德有未成，则其出处进退之际，必有不能尽当于理者，惟蘧伯玉则当邦家有道，正君子道长之时也，彼则出而仕焉，以行其志；当邦家无道，是君子道消之时也，彼即卷而怀之，以善其身。卷舒行藏，因时合理，岂不可为君子乎？"

夫人品不同，故臣节有此二者。为国家者，上之当求出处合义之人，其次则骨鲠直行之士，亦不可少也。

子曰："可与言而不与之言，失人；不可与言而与之言，失言。知者不失人，亦不失言。"

此一章书见言语当因人而发也。

孔子曰："人之品诣不能尽同，而我之语默贵当其可有。如其人造诣精深，事理通达，是可与言之人也，而我乃不与之言，则是无知人之明，岂非失人乎？若其人昏愚无识，或造诣未到，是不可与言之人也，而我乃强与之言，则是轻于发言，岂非失言乎？惟智者穷理知人，权衡素定，故可与言，则言不至失人；不可与言则不言，亦不至失言也。"

夫言者，君子所赖以开导乎人者也必以诚而能动，亦必以明而能审。明以审之，则发皆中节；诚以动之，则闻者格心。即至于臣子之感悟君父，亦莫不由乎此。故不可不谨也。

子曰："志士仁人，无求生以害仁，有杀身以成仁。"

此一章书是言仁为固有之良，不可以生死利害而变也。

孔子曰："好生恶死，人之常情。然事有适遭其变者，贪生畏死则失其本心之安，故有志之士与夫成德之人，当义理与躯命不可两全之际，断不可偷生苟免以害吾之仁，宁可致命遂志以成吾之仁。"

盖仁为人立命之根，全之则虽死犹生，失之则虽生犹死也。然求仁必先于去欲，无欲则生命犹可舍，而况于富贵功名之末乎？彼盖自求其心之安，故利有所不计，而患有所不避也。国家欲得临大节而不可夺之人，必于淡泊宁静之中求之。

子贡问为仁。子曰："工欲善其事，必先利其器。居是邦也，事其大夫之贤者，友其士之仁者。"

此一章书是言为仁在于亲师取友也。

子贡问为仁之道当如何。孔子曰："为仁固是一己之事，亦必有所资助而后成。譬如百工技艺之人，将欲精善其所为之事，必先磨利其所用之器。是则百工亦有所资，况于为仁者乎？是以君子居是邦也，于大夫之贤者，则必执弟子之礼以事之，则此心有所严惮而不敢放肆矣；于士之仁者，则必以交游之礼而友之，则此心有所观感而不至怠惰矣。仁不于是成乎？"

夫成仁之道，不独学者有资于师友而已也，人主一日之间亲贤士大夫之时，多相与讲磨道义，熏陶气质，则圣心日纯，圣德日进矣。

颜渊问为邦。子曰："行夏之时，乘殷之辂，服周之冕，乐则《韶》、《舞》，放郑声，远佞人。郑声淫，佞人殆。"

此一章书是论王道而归之慎独也。

颜渊问为邦之道。

孔子曰："治道必斟酌尽善，然后无弊。故以正朔论之，则夏建寅，商建丑，周建子，三代不同也。然钦昊天所以授民时，建寅则于民事为切，故必行夏之时焉。车辂之制不同，然辂宜质也，殷之木辂则质而得中，故必乘殷之辂焉。冠冕之制不同，然冕宜华也，周之冕旒则文而得中，故必服周之冕焉。乐之音容代各不同，然乐以象德，有虞之德最盛大，韶之乐最隆，故乐必用《韶》、《舞》焉。此皆礼乐法度斟酌尽善之道也。然而心术之间尤不可以不谨，如郑国之声则宜放弃之，邪佞之人则宜远绝之。盖郑国之声淫声也，不放则荡人心矣。邪佞之人倾侧危殆，不远，则覆人家邦矣。"

可见王道之要归在于谨独，必使主志清明，君德纯粹，不迩声色，不嬖邪佞，然后可以损益百王，而立无弊之道。孔子告颜渊之言，诚万世帝王之法也。

子曰："人无远虑，必有近忧。"

此一章书言人当思患预防也。

孔子曰："天下之事变无常，事机无定，人不可安于其近而忽乎其远，如几席之间，目前之事，近也；四海之隔，万世之遥，远也。然人虑不周于四海，则患即伏于几席之间；计不及于万年，则祸即藏于目前之地。何则？

事虽未形，几则已动，见几而预为之谋，则永永无患，不然则忧至无日也。”

古帝王不下堂阶而周知天下，制治于未乱，保邦于未危，皆能为远虑者也。然所以能为远虑，必由于见几之明，欲其见几之明，又必由于穷理致知，清心寡欲，察乎天命去留之靡常，人心向背之难保，是以朝乾夕惕，战战兢兢，虽欲不思患预防而不可得也。圣人之言垂戒远矣。

子曰：“已矣乎！吾未见好德如好色者也。”

此一章书是孔子切望人之好德也。

孔子每以好德望人，至此复叹曰：“今人于己之德或始作而终辍，于人或外慕而内疎，好之极其诚而如好色者。已矣乎！吾终不得见其人矣。”

孔子言此，盖深有望于天下，而反为绝望之辞以儆之也。先儒有云：“惟其深喻，是以笃好。故《大学》言‘诚意’，欲其好善如好好色，而必先之以‘格物致知’。苟能于德之在己者，究其当然而进修不懈；于德之在人者，察其本末，而向慕无已。知之既深，则好之自笃。故世之好德者少，以知德者鲜也。

子曰：“臧文仲其竊位者与？知柳下惠之贤，而不与立也。”

此一章书是孔子深责臧文仲之蔽贤也。

臧文仲，鲁国执政之卿。柳下惠，鲁国贤人，为士师者。

孔子曰：“爵位以待贤才，乃朝廷之公器，非一人所得私也。故唐虞之臣更相汲引，不为比周成周之廷，互相推让，不为标榜，即至春秋时齐鲍叔荐管仲，郑子皮荐子产，度德量才，甘居人下，皆从国家起见，不私其身。若我鲁臧文仲，其盗竊爵位而阴居之者与！何也？君子居位不但自求称职，又当与天下之贤才共襄国事。乃文仲明知柳下惠是有德贤人，不肯举之共立于公朝，盖恐柳下惠进用形己之短而夺其位也。揆诸以人，事君之义岂是如此？非竊位而何？”

盖孔子此言所以深警后世，人臣当以荐贤为务，蔽贤为戒。而为人君者，亦宜如古之帝王，使荐贤者蒙上赏，蔽贤者受显罚，则才俊充庭，而国家又安矣。孔子赞公叔文子而讥臧文仲，诚以荐贤为国，大臣之道当然，乃后世娼嫉者多，而休容者，此治道之所以不古与！

子曰：“躬自厚而薄责于人，则远怨矣。”

此一章书是孔子言远怨之道也。

孔子曰：“世人怠于自修，而又畏人好修，故其责己也常轻，其责人也常重，此所以致人之怨恶也。诚能于己身之过痛自咎责，不肯轻恕；于他人之过虽亦竭诚规正，却不失之太苛。厚于责己，则身无不修之行；薄于责人，则人有乐从之意。虽非有意远怨，而人自然无怨矣。”

古之成汤检身若不及，与人不求备。人主诚欲圣德日新，人情悦服，曷可不以此为法？

子曰："不曰'如之何如之何'者，吾未如之何也已矣。"

此一章书是孔子勉人慎思也。

孔子曰："天下凡事皆有义理，必熟思之而其义始精，必审处之而其理始当。使于临事之时不能反复裁度，心口相语曰：'于义理当如之何？当如之何？'是不能熟思而审处之矣。此等人率意妄行，是非利害有所不顾，虽与之言必不见信，吾且奈之何哉？"

是以古之君子穷其理于无事之先，察其几于有事之际，《虞书》所谓'惟几惟康'、《商书》所谓'虑善以动，动惟厥时'者，此也。谋国者其念之哉！

子曰："群居终日，言不及义，好行小慧，难矣哉！"

此一章书是言损友之为害也。

孔子曰："君子讲学以会友，取善以辅仁，然后道明德立，有规过长善之功，无善柔便佞之患。若与众人群聚而居，至于终日之久，口不道《诗》《书》，而惟以游谈谑浪为相亲；语不及道义，而惟以挟数任术为能事。如此，则放辟邪侈之心滋长于中，行险侥幸之机习熟于外，欲求入德而免于患害，岂不难矣哉？"

古之圣王处士于庠序而董以师儒之官，斥去憸邪，不使见恶行，故其教不肃而成其学，不劳而能，而无士习不端之患也。不然，子衿佻达，言伪行坚，日中于士习而莫之救，风俗日漓，人才日坏，其所关系宁浅鲜耶？

子曰："君子义以为质，礼以行之，孙以出之，信以成之。君子哉！"

此一章书见成德之人乃可以成天下之务也。

孔子曰："天下之务有当然之理，有自然之势，苟识见不定，涵养不深，未能期于近善也。所以君子事无论大小，惟要诸义以为质干，一人而具天下之谋，一日而存百世之虑，其择善定见为何如者？而正非徑情而直行也，义之中自有不可紊之节文焉；礼以行之，又未可自私而轻物也，义之中自有不可少之谦让焉；孙以出之，且未可矫于始而怠于终也，义之中自有真实而坚忍之志焉；信以成之，夫既义以为质，原未尝有轻于图功之心，而又众美兼备，并非徒存好义之名，以此处事，何事不宜？以此济人，何人不赖？非成德之君子乌能如此哉？"

有经世宰物之责者，当以是为法矣。

子曰："君子病无能焉，不病人之不己知也。"

此一章书见君子为己之学也。

孔子曰："今之学者每以人不己知为病。君子则不然，其所病者，惟是道德无所成，才器无所取，庸碌无能，斯为切身之患耳。至于人不己知，于己何与？于人何尤？君子不以为病也。"

盖自修之道，原贵实不贵名。有能而求知于人，其心术已坏；况无能而求人之知，其为虚伪可胜道哉！君子反求诸己，惟务闇修，而诚中形外，则终有不可掩者，故学问以求实为要。

子曰："君子疾没世而名不称焉。"

此一章书是孔子以名为教也。

孔子曰："君子为己之学，初非有意于名也。然名者，实之宾，未有道明德立而名誉不彰于天下者。若自少至老尽一生而不见称于人，则其无为善之实可知，此君子之所疾也。君子非疾其无名也，乃疾其无致名之实耳。"

盖三代而前唯恐好名，三代而后唯恐不好名。好名而后自修，人之常情也。圣贤维世之意，帝王御世之权，岂外乎此哉？

子曰："君子求诸己，小人求诸人。"

此一章书见君子小人用心之不同也。

孔子曰："人必有所用其心，而人品即于此分焉。君子凡事皆反求诸己，如学问闇修之功惟求自慊于心，即获上信友之事，必不由他途而进，盖兢兢然恐阙失在己，而未尝自宽也。若小人凡事妄求诸人，德不加修，而违道以干誉，情偶有拂，而任私以推怨，盖戚戚焉责备于人，而未尝自反也。"

夫求诸己，则可以成物；求诸人，适足以丧己；均一求也。而君子小人悬殊如此衡品者，其不可以不致辨也与！

子曰："君子矜而不争，群而不党。"

此一章书是言君子持己处众之得宜也。

孔子曰："人之立品尚严毅者最不易得，然或自视太高，责人太详，每至于乖戾而不觉也。君子则但以礼法自持，唯恐一言一动之偶诡于正，可谓矜矣，而未尝以气陵人，何争之有？人之度量能休容者最不易得，然或包荒是务，瞻徇为心，每至于阿私而不觉也。君子则但以宽厚待人，惟期天下国家之共谐于道，可谓群矣，而未尝以情徇物，何党之有？"

盖矜易陵于争，群易流于党，惟君子性情学问交底于至，所以各得其正而无弊，天下所以赖有君子也。

子曰："君子不以言举人，不以人废言。"

此一章书见君子之听言审而取善弘也。

孔子曰："任天下事者系乎人，议天下事者存乎言。使人与言兼善，岂非君子之至愿哉？而不能尽然也。其言虽有可采，而其人尚未可信。若以敷奏之工，即加以车服之庸，则天下之饰言以求进者多矣。君子则但取其言而已，不以言举人。其人虽无足录，而其言确有可听，若以狂瞽之名，概任其嘉言之伏，则天下之饰貌以求容者多矣。君子则姑置其人而已，不以人废言。总之，君子操用舍进退之权，全无私意存乎其间。为天下得人，不妨详于责实；为天下求言，不妨宽于论过。所以师济在位，而蹇谔成风也。

子贡问曰："有一言可以终身行之者乎？"子曰："其恕乎！己所不欲，勿施于人。"

此一章书是示人以守约之学也。

子贡问曰："天下之理虽无穷，必择其要而后可守，有一言之微为中理所不能外，而可以终身奉行者乎？"

孔子曰："理莫备于一心，执要者亦在乎推心而已，欲求终身可行，其必恕之一言乎？恕者，以己之心度人之心，己所不欲，即勿以施之于人。不求人心之合，而只求自心之安。此即所谓约而可守者，宁不可以终身行之乎？"

可见圣贤学问，先戒偏私；帝王功用，首重挈矩。诚以恕之一言而推行之，则大道为公之世也。岂仅勉赐而已哉？

子曰："吾之于人也，谁毁谁誉？如有所誉者，其有所试矣。斯民也，三代之所以直道而行也。"

此一章书见圣人无私好恶也。

孔子曰："是非者，天下之公也。毁誉者，一人之私也。吾之于人也，非不称人之恶，然人之恶如是，而吾之称之也亦如是，未尝过其实也，于谁而毁乎？非不扬人之善，然人之善如是，而吾之扬之也亦如是，未尝浮于真也，于谁而誉乎？夫毁固不免于刻薄，而誉或不失为忠厚，然即有所誉者，亦必有所试验，而非妄为夸许，务使当之者无愧，闻之者见信尔。誉且不敢轻易，何况于毁乎？凡此者，非吾之私心也，正以斯民也，既禀天理之公，又被先王教化之泽，是则公是，非则公非，三代之所以直道而行，吾焉能枉其是非之实，而容私意于其间哉？"

盖天下有善恶，自不能无好恶。然好恶之过反不足以为惩为劝，不若因物付物者，乃为大公至正也。以此而操赏罚之权，何古道之不可复哉？

子曰："吾犹及史之阙文也，有马者借人乘之。今亡矣夫！"

此一章书见圣人革薄从忠之思也。

孔子曰："世道之污隆，人心为之也。乃人心之变，有日异而岁不同者，试举一二事观之，方我生之初，古道犹存，为史官者或闻见未真，考据未确，即阙之而传疑焉，未尝任私意为笔削也。有马者或彼此相假，有无相通，即借人而共乘焉，未尝挟所有以骄吝也。乃今则不然，果于自用者不求是非之真，专于自私者略无公溥之意，吾不意人心风俗之遽至于是也。”

盖运会之日降，由于教化之不明。有世道之责者，可不思所以挽救之哉？

子曰："巧言乱德，小不忍则乱大谋。"

此一章书是圣人示人以听言处事之法也。

孔子曰："凡言之有理者，不过平正切实而已。乃有巧言焉，或为輭美以取悦，或为新奇以惊世，若误听之，必至是非颠倒，真伪混淆，适足以乱德而已。至于谋大事者，必有忍，其乃有济。乃或以小利而轻动，以小害而辄阻，而不少忍焉，则不世之功或败于一朝之忿，非常之患致牵于姑息之私，适足以乱大谋而已。"

然则有天下国家者，众言当前，取舍动关主术；万几在御，颦笑即系国谋。苟非至明至断，烏能肆应咸宜哉？

子曰："众恶之，必察焉；众好之，必察焉。"

此一章书是孔子示人以好恶之真也。

孔子曰："好善恶恶，人之情也，而偏私附会者正复不少。乃有人焉，众人皆恶之矣！夫何恶之之多也？苟非大奸巨慝之人，即或高世遗俗之累，必进而深察焉。见其真有可恶，方可同恶。不然，何可从众而蔽善也？有人焉，众人皆好之矣，夫何好之之多也？苟非真才实学之士，即或沽名钓誉之流，必进而深察焉。见其确有可好，方可同好。不然，何嫌违众而示恩也？"

盖众论偶然相符，惟公论久而后定，于此加察，则孤立者不患乎无助，而朋比者难逃于洞观。人才之消长悉关于此，可不慎哉？

子曰："人能弘道，非道弘人。"

此一章书是孔子勉人任道也。

孔子曰："道之大原虽出于天，而道之实理则备乎人。人之求道者往往谓我能是，是亦足矣。不知人力不至，而道体亦狭。由穷理尽性以至于参赞位育，虽道之量固然，而实人之功为之也。人能弘道，岂道之自能弘人哉？"

总之，私欲未尽，则本体不完；功用未全，则德量有缺。有斯道之任者，甚不可自诿，以负上天赋畀之意也。

子曰："过而不改，是谓过矣。"

此一章书是圣人望人改过也。

孔子曰："凡人日用之间不能无一言之差、一事之失，若觉而即悔，悔而即改，尚安得谓之过耶？惟夫过而不改，或迹未显而倖人之可欺，或事已彰而遂非以自饰，因循畏惮，究不自新，则无心之差反成怙终之失，偶尔之误遂贻生平之尤，是乃谓之过矣。岂不可惜哉？”

所以古之圣人不骛无过之名，而贵改过之实。舜，圣帝也，而有予违汝弼之戒；汤，明王也，而有改过吧吝之勇。岂非后世人主所当取法者耶？

子曰："吾尝终日不食，终夜不寝，以思，无益，不如学也。"

此一章书是圣人警人徒思之弊也。

孔子曰："精微之理非深思不能入，而徒思亦未可据。吾尝终日不食，终夜不寝，一意于思矣，此时之钻研不可谓不专也，然毕竟徒索于空虚，而于道终无所得，盖甚无益耳。不如好古敏求，致力于实学者，为足以启闻见而益修来也。"

夫思原不可废，但思而不学，则用其心于无用之地矣。此慎思笃行之功所以兼贯而不可偏恃也与！

子曰："君子谋道不谋食。耕也，馁在其中矣；学也，禄在其中矣。君子忧道不忧贫。"

此一章书见求道之不可已也。

孔子曰："人不能无所谋，而知要者必推君子。君子之所谋者，惟在乎道，朝夕敏求，只期有得于身心，至于食之有无，则不暇计也。盖尝观农夫之耕也，本为求食，而或年岁不登，则无所得食，不求馁而馁在其中矣。君子为学，本为谋道，而至道明德立，则见用于时，不求禄而禄在其中矣。可见皇皇求利者，小人之事；皇皇求仁义者，君子之务。君子所以忧道之不得，恐无以成，已而成物，岂忧贫之难安，而仅干禄以速富哉？"

然则朝廷诏禄养贤，原以寓激劝之典，君子程功受禄，方可免尸素之讥。若汲汲于富贵，戚戚于贫贱，断非载道之器也！国家亦何赖有此人而用之哉？

子曰："知及之，仁不能守之，虽得之，必失之。知及之，仁能守之，不庄以涖之，则民不敬。知及之，仁能守之，动之不以礼，未善也。

此一章书是孔子以全德望人也。

孔子曰："天下之理，固自无穷，而君子之学，务求其备。今有人资质明敏，学识渊通，于身心性命之理，修己治人之道，智足以知之矣，由此而服膺勿失，念兹，在兹，亦何至有初鲜终，既得而复失之哉？乃持循不力，遂而私欲间隔，是始而得之者，终必失之，亦何益乎？所以见道既真，体道尤贵力也。若夫知及之，而仁又能守之，德之修于内者既全矣，乃于临民之际，或容不庄而失之慢，貌不庄而失之佻，是在己已无居尊之体，民将谁敬乎？所以在内者既纯，在外者更当谨也。至若知及之，仁能守之，又庄以涖之，是内外之间其德交底于纯矣，然所以鼓舞作兴乎民者，犹未合乎义理之节文，则民徒有作肃之心，而不能臻夫风动之美，亦岂得为善乎？所以学无止境，必至于尽善而后已也。”

可见，道合内外兼本末，一有未纯，即为全德之累，此体道者贵乎日进，岂可以苟有所得而自足耶？

子曰：“君子不可小知，而可大受也；小人不可大受，而可小知也。”

此一章书是言任人之法也。

孔子曰：“天下有君子，即有小人。其人品原自不同，而材器之异更有迥然不侔者。如君子所务者远大，而不屑于细微，若止以一才一艺试之，则将无以见其长，不可也。惟夫大艰难、大利害，则君子之德器足以胜之，才识足以理之，此乃其可任者也。至小人所图者卑近而不知夫高远，若竟以天下国家任之，则必不能胜其任，不可也。惟夫效一官、办一事，则彼之智计足以筹之，奔走足以副之，此乃其可取者也。”

君子小人之不同盖如此。

要之，大受之器多厚重，而小知之才多便捷。若厚重者而以为庸碌之流，便捷者而以为俊杰之士，将恐用违其材，而所关者非小也。此正心穷理，斯为鉴别之良法与！

子曰：“民之于仁也，甚于水火。水火，吾见蹈而死者矣，未见蹈仁而死者也。”

此一章书是言人不可须臾离仁也。

孔子曰：“仁之理与人相亲，水火之功与人甚切。故凡具此生而为民者，但知水火为养生之具有甚于仁，抑知仁为人之本心，乃人之所以为人者更有甚于水火哉！盖水火虽足以养人之生，而亦有时伤人之命，如蹈水而溺，蹈火而焚，吾尝见有死者矣。若仁则统四端兼万善，终食之间可蹈也，造次颠沛亦可蹈也。仁者恒安，仁者必寿，亦安有蹈仁而死者哉？”

夫仁甚切于人过于水火，乃人于水火则不能离，而独于仁则违之者何？居仁人之安宅也旷，安宅而弗居，岂不重可惜哉？

子曰：“当仁不让于师。”

此一章书是勉人勇于为仁也。

孔子曰：“仁乃心之全德，存诸己而无假于人。所以担当是仁者，全在一心，勇往无所退避，则仁始为我有而无摇夺之患。故以常人之情言之，凡弟子于师宜无所不让；若仁为己任，乃无所自有者，而自为之，原未尝争于师，又何必让于师耶？师且不让，他人可知矣。”

盖仁者，人所同具之理，苟能用其力焉，则一日克复，天下归仁，又何所容其退避耶？故曰：君子体仁，足以长人。

子曰："君子贞而不谅。"

此一章书是言君子一心任理而无所私也。

孔子曰："人之为学固贵能守，然亦不可不辨焉。有见理明而守之不易者，贞也，乃天下之公也。亦有执己见而必不可移者，谅也，是一己之私也。惟察理不明，体道未真，故以谅为贞者，往往有之，君子则以精一之学为不拔之操，上而立业建功，下而出言制行，虽万变纷然，要皆合乎时措之宜，而归于至当之则，未尝偏执意见之私，而不达夫权变之理，硁硁然守之而不易也。"

君子之为君子，盖如此。

故欲为君子者，必当于其贞者求之，若以谅为贞，则执一己之小信，而害义理之大公，如王安石之徒非明鉴与！

子曰："事君，敬其事而后其食。"

此一章书是言为臣者当以纯心事君，而不可有异望之私也。

孔子曰："人臣事君，尊卑虽有不同，而分内当尽之职则为事，朝廷分给之禄则为食，事之与食原相因而至者。但人多以食为重，而反以事为轻，于是利禄之念动于中，而朝夕营谋，皆其身家之计，其于职分之所当为，竟付之不问，甚而患得患失，皆由此而起。若纯臣之心则不然，于职任之事，惟一心敬谨以办理之，如上而论道经邦，下而分猷宣力，或官守，或言责，但思修其职而效其忠，国尔忘家，公尔忘私，一念寅清，无所系恋，即国家诏禄有典，直以为后而不遑计矣。"

盖所敬在事，则其心专；所后在食，则其心一。惟专惟一，则事君之外皆无所用其心，以之亮天工而凝庶绩，亦何难之有哉？此诚可以为万世人臣法矣。不然，溺职旷官，素餐竊禄，即幸免谴斥，如清夜何？如清议何？为臣不易所当取而深思之也。

子曰："有教无类。"

此一章书是见圣贤立教之公心也。

孔子曰："人性本无不同，而气质不无或异。故有智即不能无愚，有贤即不能无不肖。然存乎人者，虽有智愚贤不肖之殊，而君子教人惟知大道为公，无一人不在裁成之内，初何尝因其等类而有所分别耶？"

《易》曰："君子以教思无穷，容保民无疆。"故尧帅天下以仁，而于变时雍，遂咸归于甄陶之内，此作君作师，诚无二道也与！

子曰："道不同，不相为谋。"

此一章书是辨道术以正人心之意也。

孔子曰："人之存心制行，纷然不一。有善则必有恶，有正则必有邪，是其所由之道不同也。如人之欲谋议者，或筹划国事，或讲明学术，必得同道之人而士有济，若夫道不同者，心术异尚，意见参差。此以为是者，彼必以为非；此以为可者，彼必以为否。即终日议论，讫无成功甚矣，不可与之相谋也。"

要之，大道著则异端自消，正学明，斯邪说自熄。上无异教，下无异学，其斯为一道同风之盛与！

子曰："辞达而已矣！"

此一章书是示人修辞之则也。

孔子曰："凡人存之于心者则为意，而宣之于言者则有辞，盖辞以达意，非求多于意之外也。"

自夫以富丽为工，浮靡相尚者，或极力铺扬而真意反晦，或过求华藻而本指不明，殊无益也。抑知辞也者，止取达意而已，无余事耶。盖周末文胜，辞命特其一耳。孔子质切言之，其为世道人心计，至深远哉！

师冕见，及阶，子曰："阶也。"及席，子曰："席也"皆坐，子告之曰："某在斯，某在斯。"师冕出，子张问曰："与师言之道与?"子曰："然，固相师之道也。"

此一章书见圣心无往而非仁也。

师是掌乐之官。冕是乐师之名。古者乐师多用瞽者，以其耳能审音也。

昔有师冕来见孔子，孔子迎之，进，方其及阶，遂告之曰："阶也。"盖恐其不知升也。迨至席，又告之曰："席也。"恐其不知坐也。及与众皆坐，复告之曰："某人在斯，某人在斯。"抑恐其不知某某之所在，问答失所向也。当时及门之人，凡于孔子言动之间无弗留心体察于是。师冕出，而子张问于孔子曰："一师耳，夫子乃周旋详悉如此。凡与言者，岂亦道固如是与?"孔子告之曰："然。古者瞽必有相随事告之，使不迷于所从。我之所与言者，固此道也。"

可见，圣人之心无往非仁，况不成人之在前，而有不动其矜恤之意耶。推之而老安少怀，俾万物各得其所，亦犹是而已矣。

季氏第十六

季氏将伐颛臾。冉有、季路见于孔子曰："季氏将有事于颛臾。"孔子曰："求，无乃尔是过与？夫颛臾，昔者先王以为东盟主，且在邦域之中矣，是社稷之臣也，何以伐为?"

此一章书见圣人正名分以维鲁也。

颛臾，伏羲之后，鲁附庸也。季氏贪其土地，欲举兵伐之，以鲁臣而取鲁君之属国，以大夫而操天子之重权，无鲁，实无周矣！

时冉有、季路皆为季氏家臣，因见于孔子曰："季氏将有征伐之事于颛臾。"盖与谋而心有不安，欲探孔子意之可否以为行止也。

是时二子同仕季氏，而冉有则尝为聚敛，能得季氏之心，故孔子独呼其名而责之曰："求！凡当无事之时，而忽起兵端，则与谋之人不能无罪。今颛臾之事得非尔协赞之过与？况欲加兵颛臾，夫亦未知颛臾耳。昔周先王怀柔百神，乃封彼于东蒙山下以为祭祀主，非盗窃名器者比，不可伐也。且在我鲁封疆之内，非敌国外患不必伐也。况附庸于鲁，为公家之臣，不在季氏管辖之内，不当伐也。夫伐人者，须有隙可乘；而师出者，必有言可执。今颛臾之伐将以何者为名乎？"

此孔子欲正名分，故言之严正如此。

冉有曰："夫子欲之，吾二臣皆不欲也。"孔子曰："求！周任于言曰：'陈力就列，不能者止。'危而不持，颠而不扶，则将焉用彼相矣？且尔言过矣。虎兕出于柙，龟玉毁于椟中，是谁之过与？"

此三节书是冉有欲谢己过，而孔子切责之也。

冉有因因孔子责己，知伐颛臾之非，乃因而自解之曰："颛臾之伐，乃出于我夫子季氏之意，吾二臣者皆不愿者，皆不愿有此举也。"

孔子又呼而责之曰："求！尔既身于其事，岂得归咎于人？昔良史周任有言曰：'为人臣者能布其力而无稍靳，则可就其列而无所忝。若无以赞成其美，而又无以匡救其过，是不能陈力矣。即当止而不仕，避而去之可也，岂仍可靦颜就列乎？如瞽者有相，以其能为扶持，得无倾危颠仆之患耳。若危而不能持，颠而不能扶，则有相而与无相同，亦将焉用彼为哉？今汝为季氏之臣，而不能匡救其失，与彼相有何异耶？且尔以颛臾之伐非尔所欲者，此言过矣！譬之虎兕，猛兽也，羁之于柙而不令出；龟玉，重宝也，藏之于椟而无使毁。此典守者之责也。若虎兕出于柙之外，龟玉毁于椟中，则典守者不得辞其责。今汝为季氏用事，犹典物者之不容诿也。既不能谏止其失，而反以不欲为解其罪，将欲谁诿乎？"

孔子之切责又如此。

冉有曰："今夫颛臾，固而近于费。今不取，后世必为子孙忧。"孔子曰："求！君子疾夫舍曰欲之，而必为之辞。丘也闻有国有家者，不患寡而患不均，不患贫而患不安。盖均无贫，和无寡，安无倾。夫如是，故远人不服，则修文德以来之。既来之，则安之。今由与求也，相夫子，远人不服，而不能来也；邦分崩离析，而不能守也；而谋动干戈于邦内。吾恐季孙之忧，

不在颛臾，而在萧蔷之内也。”

此六节书是孔子因冉有之饰辞，既喻之以理，又晓之祸福也。

时冉有不能置辩，乃又强辞以对曰：“季氏之欲伐颛臾非有他故，以其城郭完固，与己之费邑相近耳。夫彼固则难于攻克，而地近则易受侵凌，倘失今不取，则滋蔓难图，后世必为子孙害。盖彼为子孙计，是以欲伐也。”

冉有此言，是不惟自解其责，而且饰季氏之过，故孔子又呼而责之曰：“求！凡人贪得无厌，皆欲心为之。今季氏之伐颛臾，是其欲之也。今却舍其贪得之情，而以子孙为辞，岂非君子所疾哉？夫季氏之患，亦特患寡与贫耳！丘闻之，诸侯之有国，大夫之有家者，不患人民寡少，而患上下之分僭乱而不均；不患财用贫乏，而患上下之心乖离而不安。盖所谓贫者，乃起于不均耳。若上下之间皆得均平，则各收其所入，各享其所有，何贫之有？所谓寡者，亦由于不和耳。若上下均平，共相和睦，则在此不求有所增，在彼不知有所损，何寡之有？惟均与和，则未有不安者。名分既定，而无所疑，嫌隙不起，情谊相属而恒相保，祸乱潜消，又何倾之有哉？夫为国而至无贫、无倾，则内治既修，外患自熄，近者悦而远者自服矣。设有不服，亦不必劳师动众，用武力以迫之也，但当修其文德，广布教化以怀来之，及其来而归也，亦惟不拂其情，不易其俗，使其相安则已耳，亦何尝利其所有耶？丘之所闻者盖如此。今由、求辅相季氏，吾意：平日之所规谏者，必在力求均安；临事之所匡救者，必在增修文德。乃外而远人不服，既不能来；内而邦家分崩，又不能守。舍此不谋而与之谋伐颛臾，是动干戈于邦内也。夫季氏以固而近费，岂非以颛臾为忧也？不知贪远利而忽近防，上下离心，乱将作矣。吾恐季孙之忧不在颛臾，而在萧蔷之内也。可不醒哉？”

按：是时四分鲁国，季氏之不臣甚矣。故孔子责由、求之长恶，反复笃切如此，其所以正君臣之分而杜僭窃之萌者，严矣哉！

孔子曰：“天下有道，则礼乐征伐自天子出；天下无道，则礼乐征伐自诸侯出。自诸侯出，盖十世希不失矣；自大夫出，五世希不失矣；陪臣执国命，三世希不失矣。天下有道，则政不在大夫。天下有道，则庶人不议。”

此一章书乃统论天下之势而见大权宜归于一也。

孔子曰：“天下之治乱视乎天下之大权。权在上则治，权在下则乱，盖不爽也。我思天下有道之时，世际昌明，体统不紊。君主治于上，臣奉行于下，故礼乐以教天下，征伐以威天下，皆操于朝廷，自天子出焉，虽诸侯不得僭也。”

“若夫天下无道，乃时当昏暗，名分不明，政柄皆移于下，而威福不由乎上，则礼乐征伐而自诸侯出焉，虽天子莫能主也。夫礼乐征伐而自诸侯出，则于理逆矣。大抵不过十世，少有不失其柄者。盖诸侯既可以僭天子，则大夫亦可以僭诸侯，势必起而夺之，而权在大夫矣。至自大夫出，则逆理甚矣，大约不越五世，鲜有不失其柄者。盖大夫既可以效诸侯，则陪臣亦可以效大夫，势必起而夺之，而权在陪臣矣。礼乐征伐乃天子之命也，迨自诸侯与大夫出，则竟成侯国之命矣。至是而陪臣执之，其逆理愈甚，不过三世鲜有不失其柄者。盖奸臣贼子，人人得而诛之，势必为他人所夺，而权又不在陪臣矣。”

“总之，天下无道则僭乱纷起，权势不归于一耳。若天下有道，则乾纲独揽，凡政之行于天下者皆出自天子，彼诸侯且不得与，宁有下而在大夫者乎？然大权在上，非徒以势服人也，盖天下有道，则朝政清明，张驰各当，在大小臣工固无弗遵守成宪，即彼庶人亦惟有不识不知顺帝则而已，无有从而非议之者。议且不敢，僭乱者又何自而起乎？”

盖人主大权不可以一日不尊，名分不可以一日不正，积渐陵夷，为患何可胜言？故当时君弱臣强，下陵上替，孔子目击时势，遂穆然兴有道之思，虽以致慨，亦以致望也。后世若汉之阉宦，唐之藩镇，宋之权奸，明之妇寺，皆始于人主优柔姑息，遂养成积重难返之势，乾纲解纽，国祚随之，良可为之浩叹！大《易》之指谓“君德贵刚”，噫，刚之时义大矣哉！

孔子曰：“禄之去公室五世矣，政逮于大夫四世矣，故夫三桓之子孙微矣。”

此一章书是专论鲁事，以见大夫专政五世希不失之意。

孔子曰：“从来盛衰之理相为倚伏，故国赋不可以久侵，而国柄亦不可以久窃，以下陵上，终非长久之道也。如我鲁自文公薨，公子遂杀子赤而立宣公，于时三家始盛，国之赋税皆不入公室，而入于私家。历成、襄、昭、定，凡五世矣。当公室既衰，政遂下逮于大夫，自季武子专政以来，历悼、平、桓，又四世矣，夫彼拥赋税，操政权，岂不以为世世可以安享？乃及今观之，阳货已执桓子，而公山弗扰又以费畔，可见僭窃之事断无不败之理。宜乎三桓之子孙微弱而不振也！所谓自大夫出而五世希不失者，不信然哉？”

孔子虽论鲁事，亦以见权臣之僭乱终归无益后世，乱臣贼子败不旋踵，前后一辙。然则圣人之言诚万世之龟鉴哉！

孔子曰：“益者三友，损者三友。友直、友谅、友多闻，益矣。友便辟、友善柔、友便佞，损矣。”

此一章书见取友之当慎也。

孔子曰：“人之成德虽存于己，而亦资于人。故友道不可不重也。然友之而益我者有三，友之而损我者亦有三。所谓益我者：一曰直，乃言语直切，不事回护者。于此友之，则可以攻吾之过而迁于善。一曰谅，乃诚实无伪，表里如一者。于此友之，则可以消吾之伪而进于诚。一曰多闻，乃博闻广览，多学多识者。于此友之，则可以广吾之知识而进于明。凡此皆益于我者也。”

“所谓损者：一曰便辟，乃习熟仪节，全无直切者。于此友之，则不得闻过而习于浮荡。一曰善柔，乃工于悦媚，略无诚实者。于此友之，则与之亵狎而流于虚伪。一曰便佞，乃口实捷给而中鲜知识者。于此友之，则知识日昏而流于寡陋。凡此皆损我者也。知其损我，则当悉去此三者矣。”

盖人无贵贱，皆须友以成其德，惟详审而慎择之，斯可以有益而无损。况人主前后左右，辅弼疑丞，皆有规劝匡绳，交修一德之任，是乌可不慎选其人也哉？

孔子曰：“益者三乐，损者三乐。乐节礼乐，乐道人之善，乐多贤友，益矣。乐骄乐，乐佚游，乐宴乐，损矣。”

此一章书言人之好尚宜端也。

孔子曰：“人意之所好，则为乐。然乐不同而损益亦异。盖益者有三，而损者亦有三焉。所谓益者：一是好在礼乐，于制度、声容，乐为节制，而合乎中和之则。一是好在人善，于嘉言懿行乐于称道，而致其景仰之诚。一是好在贤友，于直、谅、多闻乐于众多，而广其进修之助。夫乐节礼乐，则身心胥进于中和；乐道人善，则善量无间于人己；乐多贤友，则随在皆切于观型。若此者，岂非有益于我者乎？故曰‘益矣’。所谓损者：一是好在骄乐，而恣情纵欲，侈荡忘返；一是佚游，而偷安流荡，怠弃自安；一是好在宴乐，而宴饮嬉戏，流连无度。夫乐骄乐，则侈肆而不知节，流于狂放；乐佚游，则昏惰而恶闻善，入于怠荒；乐宴乐，则淫溺而狎，小人习于污下。若此者，岂非有损于我者乎？故曰‘损’矣。”

夫人有好乐而损益分，甚矣，乐之不可不慎也。惟时时省察，闲邪存诚，则所乐自皆天理之正，而无人欲之私，斯可以有益而无损。然心之存放，只争己微之介，而后遂有霄壤之分，故存遏之功不可以不加密也。

孔子曰：“侍于君子有三愆：言未及之而言谓之躁，言及之而不言谓之隐，未见颜色而言谓之瞽。”

此一章书是孔子教人以时然后言也。

孔子曰：“人之立言贵于当可，语默应对务因乎时。凡卑幼侍立于尊长之前，其过有三，不可不知也。当君子之言问未及于我，此非可言之时也，而乃率尔便言，则谓之躁妄，是一失也。如言问已及于我，此正可言之时也，乃缄默不言，则谓之深隐，是二失也。至若时虽可言，又须观其颜色，察其意向，然后应对不差，乃不候君子之颜色，而任意肆言，则与无目之人何异？谓之瞽，是三失也。”

盖躁者先时，隐者后时，瞽者不知所谓时，皆由涵养未到，所以语默皆愆。学者必须讲求于平日，审察于临时，庶合乎时中之妙，而动无不宜也。

孔子曰："君子有三戒：少之时，血气未定，戒之在色；及其壮也，血气方刚，戒之在斗；及其老也，血气既衰，戒之在得。"

此一章书是言君子以理御气之功也。

孔子曰："君子一生，无所不至其戒谨，而其加意防闲者有三：人方年少之时，血气未定，易动于欲，所当戒者在于女色，盖好色乃迷心之鸩毒，伐性之斧斤，此而不谨，或以败德，或以伤身，故君子当此不敢有纵欲乱性之事，此一戒也；及其壮也，血气方刚，易动于气，所当戒者在于争斗，盖好刚使气，无非一朝之忿，匹夫之勇，此而不谨，或以酿祸，或以轻生，君子当此，不敢有好勇斗狠之失，此二戒也。及其老也，血气既衰，易生贪心，所当戒者，在于苟得。盖取予辞受，自有礼仪以为之防，廉耻以为之制。此而不谨，或以丧守，或以取怨，故君子当此不敢有晚节不终之事，此三戒也。"

此三者，自少至老，皆所当戒。圣人各指其最甚者以示人，当随时致警，去其嗜欲，养以理义，不使血气之变得以胜其志气之常。常者为主，而变者恒听命焉。所以心无日而不惕，德与年而俱进也。

孔子曰："君子有三畏：畏天命、畏大人、畏圣人之言。小人不知天命而不畏也，狎大人，侮圣人之言。"

此一章书是言君子小人敬肆之不同也。

孔子曰："君子检心修己，观乎天人相与之际，甚可畏也。其所畏有三：天以仁义礼智之性赋界于人，是谓天命。若不能戒慎恐惧，则性体有亏，是曰亵天。君子静存动察，不敢一念稍弛，日用之间常如上帝鉴临者然，此其所畏者一。至若大人，正体备天命之理而行为世之法者也，君子唯恐有悖于大人，即有悖于天命，故尊崇其德位，不敢少有怠慢之意，此其所畏者二。至若圣人之言，正阐扬天命之理，而为世则者也，君子唯恐有违于圣言，即有违于天命，故佩服其谟训，不敢少有违背之失，此其所畏者三。君子之三畏，其切于修身诚己如此者，皆由识得天命流行，无在不有，故小心敬慎，无时不然耳。若小人智识昏迷，不知天命之所存，视以为虚渺而莫之畏也。惟其不畏天命，故于德位之大人本当尊敬也，而反亵狎之；于典谟之圣言本当信从也，而反侮慢之。君子修之吉，小人悖之凶，一念敬肆之间而已。"

盖帝王之学，莫要于主敬，主敬之功莫先于致知，故知天者自能敬天，敬天者自能见天人之一致，幽明之无间，而无之敢忽焉。此受天命者不可不知也。

孔子曰："生而知之者，上也；学而知之者，次也；困而学之，又其次也。困而不学，民斯为下矣。"

此一章书是勉人学问而变化气质也。

孔子曰："人之气质各不相同，概而言之，略有四等：有气禀清明，天资纯粹，不待学问自能知此义理，是谓生而知之者。此等之人所谓不思不勉，从容中道之圣人，乃品之最上者也。然天下上智能有几人？亦有生来未能便知，必待讲求习学而后能通晓义理，是为学而知之者。此等之人虽得于天者，清明纯粹之中不无少有渣滓，然其间易达其疑，易通一经，学问即生，知之次也。亦有资禀愚钝，浊多清少，驳多粹少，却能困心衡虑，发愤向学，是谓困而学之。此等之人，人一己十，人十己千，虽愚必明，虽柔必强，又生知之次也。若资质既锢蔽而不通，又自安于蒙昧而不觉，则甘于自弃，是谓困而不学，如此之民斯为下矣。使其能学，又安在博客进于知哉？"

可见，赋质虽有高下之分，成功终无彼此之别，殊途而同归，百虑而一致，学之为益大矣哉！

孔子曰："君子有九思：视思明，听思聪，色思温，貌思恭，言思忠，事思敬，疑思问，忿思难，见得思义。"

此一章书是言君子思诚之学也。

孔子曰："凡人持己接物，各有当然之则，使未能从容中道，不可不随时随处而各致其思也。君子兢兢业业，存天理，遏人欲，其思大要有九：如目之于视，则思视远惟明，不为物蔽于外，而视诚矣。耳之于听则思听德惟聪，不为物壅于内，而听诚矣。颜色则思温和，暴厉之色不见于面，而色诚矣。容貌则思恭谨，惰慢之气不设于身，而貌诚矣。发言则思忠实，而无一念之或欺；行事则思敬慎，而无一毫之或苟，而言与行诚矣。心中有疑则思，问于师友，以解其惑；与人忿争则思难及身亲，而惩其怒。至于临财之际，又必思其义之当得与否，如义所不当得，断不苟取，而无不诚矣。"

君子各致其思如此。此九者，皆存心治身之要，君子养之于未发之先，持之于方发之际。其存之也精，故其应之也当；其虑之也密，故其处之也周；要不外一心之用而已。

孔子曰："见善如不及，见不善如探汤。吾见其人矣，吾闻其语矣。隐居以求其志，行义以达其道，吾闻其语矣，未见其人也。"

此一章书是见人品不以洁己为高，而以经世为大也。

仅孔子曰："成己成物，原儒者体用合一之学，吾岂不欲尽得？若人与之相遇哉！然正未可一概论也，如见有善事，则欣慕之，如有所追而不及，真知可好而好之极，其诚如此；见有不善则痛绝之，如以手探热汤，真知可恶而恶之极，其诚又如此。此等笃信自修之人，吾见今有此人矣，吾闻古有此语矣。至若士方困穷未遇，隐居伏处之时，则立志卓然不苟，凡致君泽民之事，一一预为讲求，而备其道于一身，及其遭逢知遇，出仕行义之日，则取平日经纶位育之怀，一一见之设施而达其道于天下。此等出处合宜，体用全备之人，吾但闻古有此语矣，未见当世有此人也。虽欲闻见之相符，岂可得哉?"

盖修齐治平，理本一贯，用舍行藏，道有兼该。圣人原欲以独善其身者兼善天下，不徒以避世为贤，而以济世为贵，故有怀夫三代之英而慨然长思也。

齐景公有马千驷，死之日，民无德而称焉。伯夷叔齐饿于首阳之下，民到于今称之。其斯之谓与?

此一章书是言尚德而不尚富也。

孔子尝言人之足以享大名垂后世者，视其生平自立何如耳，至于富贵贫贱，初无与也。昔者齐景公以诸侯之贵，畜马至千驷之多，富贵极矣，然功业不著于时，德泽不加于众，身死之日，民无可称之德焉。其易忘之速如此。

伯夷叔齐仅商之遗老，而以武王伐纣为非义，耻食周粟，至饿死首阳山下，贫困极矣！然而风节著于当时，名闻施于后世，民到于今犹称述不衰。其思慕之久如此。可见，无善可称，身没而名随灭；有善可称，世远而名愈芳。是名之称不称，初不系于富贵贫贱也。《小雅·我行其野》之诗有云："人之所称，诚不以其财之富，而只以其行事之异，"其即景公、夷齐之谓与?

由孔子之言，推之布衣韦带之士，克自树立其道德行谊，犹足传之无穷。声施不朽，若居帝王之位兼圣贤之德，光前烈而裕后昆。其鸿名休誉，有不垂诸天下万世者哉?

陈亢问于伯鱼曰："子亦有异闻乎?"对曰："未也。尝独立，鲤趋而过庭。曰：'学《诗》乎?'对曰：'未也。''不学《诗》，无以言。'鲤退而学《诗》。他日，又独立，鲤趋而过庭。曰；'学礼乎?'对曰：'未也。''不学礼，无以立?'鲤退而学礼。闻斯二者。"陈亢退而喜曰；"问一得三，闻《诗》，闻礼，又闻君子之远其子也。"

此一章书是见圣人大道为公之心也。

陈亢受学有年，未识圣人立教之公，妄以私意窥度圣人，疑必阴厚其子。一日问于伯鱼曰："最亲莫如父子，最近莫如家庭。子亦独得夫子之教而异于群弟子之所闻者乎?"

伯鱼对曰："我未尝有所异闻也。夫子尝一日闲居独立，鲤趋走而过庭，此正可以有闻之时也，夫子但问曰：‘曾学《诗》否乎？’鲤以实对曰：‘未曾学也。’夫子因教之曰：‘《诗》本人情，该物理，学之者事理通达，无昏塞之患，心气和平，无躁急之失，必然长于言语，若不学《诗》，欲言语应对之皆善，不可得也。’鲤于是受教，退而学《诗》，凡风雅三颂，因而究其旨矣。他日，夫子又尝闲居独立，鲤复驱走而过于庭，前此未授，此日可以闻之矣。夫子但问曰：‘曾学礼否乎？’鲤以实对曰：‘未曾学也。’夫子因教之曰：‘礼有三千三百之仪，恭俭庄敬之体，学之者品节详明，义精而不惑，德性坚定，守固而不摇，必卓然有以自立。若不学礼，欲规矩准绳之悉合，不可得也。鲤于是受教，退而学礼。凡礼仪、威仪，因而习其事矣。当独立之时，闻于夫子不过如此而已，亦何尝有异闻哉？”

陈亢闻之，退而喜曰：“吾问伯鱼者一耳，而所得有三，闻学《诗》之可以言，一也；闻学礼之可以立，二也；又闻君子之教推其子而远之，全无偏私之意，三也。不亦深可幸哉！”

要之，圣人固不私其子，亦何尝远其子？当其可而教之，教子与教门人一耳。《诗》、礼、雅言教子如此，教门人如此，教天下后世亦不过如此。此圣人之教所以如日月之经天、江河之行地与！

邦君之妻，君称之曰夫人，夫人自称曰小童；邦人称之曰君夫人；称诸异邦曰寡小君；异邦人称之亦曰君夫人。

此一章书是定名正分之意也。

孔子尝引古礼曰：“夫妇为人伦之始，闺门乃万化之原。”况邦君之妻内有理阴助阳之责，外有母仪四国之尊，其称谓之际非可苟也。故邦君称之曰夫人，言其于己敌体也。夫人自称于君前曰小童，此谦言年幼无知，不敢与君敌体之意。而国中之人不敢轻也，称之曰君夫人，言其相君以主内治者也。称之于邻国曰寡小君，此谦言寡德忝为小君以治内之意。而邻国之人不敢轻也，称之亦曰君夫人，以其为一国之主母，尊称之词与本国同也。

夫以邦君之妻一称谓之间而有定分如此，然则名实之际可不谨哉？盖《诗》始《关雎》，礼本婚姻。福之兴，莫不由乎室家；治之隆，莫不原于阃内。妃匹之名正，然后可以配至尊而为宗庙主，此纲纪之首，王教之端，故孔子及之。

《日讲四书解义》卷十一

论语 下之四

阳货第十七

阳货欲见孔子，孔子不见，归孔子豚。孔子时其亡也，而往拜之，遇诸涂。谓孔子曰："来！予与尔言。"曰："怀其宝而迷其邦，可谓仁乎？"曰："不可。""好从事而亟失时，可谓知乎？"曰："不可。""日月逝矣，岁不我与。"孔子曰："诺，吾将仕矣。"

此一章书见圣人之待小人不恶而严也。

阳货尝因季桓子而专国政，因孔子为鲁国人望，欲其来见己。孔子以货乱臣，义不往见。货遂托大夫赐士之礼，瞰孔子之亡，而归以蒸豚欲致孔子，往拜而见之也。孔子亦时货之往也而往拜之，是恐堕小人之计而处之以权，仍遂其不见之初心耳。

不意与货相遇于涂中，货乃迎而谓孔子曰："来！予与尔言。"曰："道德，治世之宝也。怀宝者必当弘济时艰，措置国家于有道。苟怀藏其宝而不用，坐视国之迷乱，可谓之仁乎？"

孔子曰："仁者，心存救世，使怀宝迷邦，不可谓仁也。"

货又曰："时者有为之资也，有为者必当乘时而出，始能展布其措施之略。苟平日好从济世之事，而数失事机之会，可谓之智乎？"

孔子曰："智者，审乎事机，使从事失时，不可谓智也。"

货又曰："往而不返者，日月之逝不可复追，来而日积者，年岁之增不复为我少留。及今不仕，更待何时？"

孔子应之曰："诺，君子未尝不欲仕，吾将出而仕矣。"

货自为有心之讥，孔子自为无心之答，其不激不随如此。盖圣人之待小人，不恶而严。始也，据礼以待之；继也，据理以答之。虽倨傲狡黠，机警百出，而终无所施其姦，是货虽见孔子，犹之乎未见也。

子曰："性相近也，习相远也。"

此一章书是圣人教人以复性也。

孔子曰："人之善恶相应，不知实由于习，而往往归咎于性，无怪乎言性之纷纷也。盖有生之初，虽气有清浊，质有厚薄之不同，然同禀天地之精，五行之秀，其清而厚者固可以为善，即有浊而薄者未必纯乎为恶，分数相去原不太远，盖相近也。及乎德性以情欲而迁，气质以渐染而变，习为善者日进乎高明，习为恶者，愈流于污下。于是贤不肖之相去，或相十百，或相千万。非性之咎，习使然也。人之善恶系乎习，而不系乎性。如此则克其气禀之偏，以复其天命之本，非学问不为功矣。"

夫孔子曰"性相近"，孟子曰"性善"，其辞虽若各异，其意乃实相成。孟子之言性，指其不杂乎气质者言之也，本然之性也。孔子之言性，以其不杂乎气质者言之也，气质之性也。知有本然之性，则尽性至命者，当无异道矣。知有气质之性，则尽人合天者，当无异教矣。宋儒程子气质之说，盖深得孔子性、习之意，且可发明孟氏性善之说，有功于斯道不小，不然，几何不惑于告子、荀卿、杨雄之纷纷哉？

子曰："唯上知与下愚不移。"

此一章书亦教人变化气质之意也。

孔子曰："人之气质固相近矣，然就其中有一等，气极其清，质极其粹，而为上智者；有一等，气极其浊，质极其驳，而为下愚者。上智之人虽与不善人居，自不肯为恶，然唯上智为人耳。人不皆上智，未有习于恶而不移于恶者也。下愚之人虽与善人居，自不肯为善，然唯下愚为然耳。人不皆下愚，未有习于善而不移于善者也。可见，天下之人习而不移者少，为习所移者多。美恶固非一定，而转移之权诚在乎习，不得诿夫性也。"

《传》曰："习与性成。"又曰："习成自然。"然则习顾可不慎哉？古之人主每致诫于狎习，而加严于近习也。职是故矣。

子之武城，闻弦歌之声。夫子莞尔而笑，曰："割鸡焉用牛刀？"子游对曰："昔者偃也闻诸夫子曰：'君子学道则爱人，小人学道则易使也。'"子曰："二三子，偃之言是也，前言戏之耳。"

此一章书是言为治者当以道化民也。

子游为武城宰，孔子观风闻俗至于其邑，闻弦歌之声遍于下里，其以礼乐为教可知矣。夫上有善治，则下有善俗。孔子一生不得行其道于天下，子游一旦得行其道于武城，故孔子闻之，不觉喜见颜色，遂莞尔而笑，曰："小邑而治以礼乐之大道，犹割鸡而用牛刀也。割鸡之小，焉用此牛刀之大为？"

子游对曰："偃之治武城，盖尊所闻，行所知耳。昔者，偃也尝闻诸夫子曰：'在上之君子而学道，则岂弟之心油然自生，而推以爱人。在下之小人而学道，则尊卑之分肃然知敬，而易于驱使，是礼乐《诗》《书》所以养其中和之德，而化其乖戾之气。在上在下，为大为小，斯须不可或离。今武城虽小，亦有君子小人焉，安敢不以大道治之乎？”

孔子遂乎门弟子而告之曰：“二三子言，偃之言诚为当理，我前‘焉用割鸡’之言特戏之以观其自信何如耳。岂真为邑小而不必以大道治之哉？”

盖孔子之心无非欲以道化天下，故喜子游以道治武城，又坚二三子之信，而望其共尊所闻，共行所知，以登斯世于上理也。

公山弗扰以费畔，召，子欲往。子路不说，曰：“末之也已，何必公山氏之之也？”子曰：“夫召我者，而岂徒哉？如有用我者，吾其为东周乎？”

此一章书是见孔子有振鲁兴周之意也。

公山弗扰是鲁大夫季氏家臣，曾与阳货共执季桓子，遂据费邑以叛，因使人召孔子。孔子愤宫室之不振，思欲堕费久矣，今幸其家臣内叛，衅起私门，拨乱反正在此一举，欲往之心是亦振鲁兴周之机会也。子路不达孔子之意，艴然不悦，曰：“道既不行，无所往也，斯可已矣，何必又往应公山氏之召也？”

孔子晓之曰：“公山弗扰特来召我，岂徒然哉？必将有以用我也。当今之时如有用我而委以国政，必将正名分，讨僭窃，使文武周公之道灿然复兴而后愉快乎！奈何末之而遂已也？”孔子表其用世之志如此。

盖公山弗扰之叛，叛季氏也，非叛鲁也。孔子之欲往，为鲁也，非为公山弗扰氏也。使孔子得行其志，必以政在大夫者还于诸侯，政在诸侯者归于天子。圣人转移之妙用，有非子路所能窥者。故欲往者，以其有是道也，然而终不往者，知其必不能也。不忘世，亦不贬道，非圣人其孰能之？

子张问仁于孔子。孔子曰：“能行五者于天下，为仁矣。”“请问之。”曰：“恭、宽、信、敏、惠。恭则不侮，宽则得众，信则人任焉，敏则有功，惠则足以使人。”

此一章书是言为仁之实功也。

子张问仁道于孔子。孔子曰：“仁者心之理，心存则理得，不可有一刻间断，一毫亏缺，必于五者推行运用，无适不然而至于天下之大，则其心公平，其理周遍，内外合一，体用全备而为仁矣。”

子张请问五者之目。孔子告之曰：“心不慢而恭，心不偏而宽，心不伪而信，心不怠而敏，心不刻而惠。凡此皆理之所在，特患不能行耳。诚能恭以持己，则有可畏之威，人自不敢侮慢矣。宽以待物，则有容忍之量，人自然心悦诚服矣。一于诚信，则人皆倚赖于我，而不我疑矣。勤敏作事，则无因循苟且之病，而事无不济矣。恩泽及人，而人之蒙我惠者皆有感戴之心，而无不乐为我用矣。信能行此五者于天下，则仁岂外是哉？”

盖仁，人心也。理具于心，本非寂灭，无刻不与天下相迎接，无处不与天下相感通，事事物物各得其理，而后心存理得，体全用备，自然邦家无怨，天下归仁。盖由其心体周流，所以物我无间，神圣之理该，而帝王之道备矣。

佛肸召，子欲往。子路曰：“昔者由也闻诸夫子曰：‘亲于其身为不善者，君子不入也。’佛肸以中牟畔，子之往也，如之何？”子曰：“然，有是言也。不曰坚乎，磨而不磷？不曰白乎，涅而不缁？吾岂匏瓜也哉？焉能系而不食？”

此一章书是孔子自明其用世之意也。

佛肸是晋大夫，赵简子之家臣，为中山牟宰。时简子与范中行相攻，佛肸因据中牟以畔。一日，佛肸使人来召孔子，孔子欲往，盖亦犹应公山弗扰之意也。子路不达而阻之曰：“昔者由闻夫子有言，凡人有悖理乱常，亲身为不善者，君子不入其党，恐其浼己也。今佛肸据中牟以畔，而夫子乃欲往应其召，何自背于昔日之言乎？”

孔子曰：“汝谓‘身为不善，君子不入’，此言诚然，我曾有此言也。然人固有可浼者，有不可浼者，譬之物有至坚厚者，虽磨之不能使损而为薄。有至洁白者，虽染之不能使变而为黑。我之志操坚白，彼虽不善，焉能浼我哉？且君子之学贵适于用，我岂若匏瓜然，徒然悬系而不见食于人？则亦弃物而已，何益于世哉？”

盖圣人道大德弘，能化物而不为物所化。若使坚白不足，而自试于磨涅，则已且不免于辱，何能转移一世？君子处世，审己而动可也。

子曰：“由也，女闻六言六蔽矣乎？”对曰：“未也。”“居！吾语女。好仁不好学，其蔽也愚；好知不好学，其蔽也荡；好信不好学，其蔽也贼；好直不好学，其蔽也绞；好勇不好学，其蔽也乱；好刚不好学，其蔽也狂。”

此一章书是孔子教子路好学以成其德也。

孔子呼子路而告之曰：“凡人意所趋向有一善行，即有蔽于一偏之处。由也，女曾闻六言之美而其中有六蔽矣乎？”是时子路方侍坐，因起而对曰：“六言中有六蔽，由未之闻也。”孔子曰：“女复坐而居，吾当一一告女。盖天下事莫不有至当不易之理，人必孜孜好学以穷究乎理，然后所行无弊而德可成。如仁主于爱，固美德也，然徒慕爱人为美，而不好学以明仁之理，则心为爱所蔽，将必有从井救人之事，而人己俱丧矣，岂不为愚？智主于知，亦美德也，然徒慕多知为美，而不好学以明知之理，则心为知所蔽，将必入于异学之流，而放诞无归矣，岂不为荡？言而有信，亦美德也，然徒慕信实为美，而不好学以明信之理，则心为信所蔽，将执己之信，而于人之利害有所不恤矣，岂不为贼？直而无隐，亦美德也，然徒慕直道为美，而不好学以明直之理，则心为直所蔽，将攻发人之阴私，而急切无所容矣，岂不为绞？遇事勇敢亦美德也，然徒慕勇敢为美，而不好学以明勇之理，则心为勇所蔽，将逞其血气之强而肆行无忌矣，岂不为乱？刚强不屈亦美德也，然徒慕刚强为美，而不好学以明刚之理，则心为刚所蔽，将多所轻躁而无沉静之度矣，岂不为狂？”

盖仁、智、信、直、勇、刚六言虽美，而不从事于学，遂有愚、荡、贼、绞、乱、狂之蔽，将美者亦变而为恶矣。此可见学问之功必不可已。古帝王所以不恃其绝世之资，而必勤勤念典，以求合于中正之道也。

子曰："小子何莫学夫《诗》？《诗》，可以兴，可以观，可以群，可以怨；迩之事父，远之事君；多识于鸟兽草木之名。"

此一章书见《诗》之为益甚备，人不可以不学也。

孔子告门弟子曰："自予删《诗》以来，诗教之尊尚矣！尔小子何不于《诗》学之乎？盖《诗》之中善恶具陈，善者可以为劝，恶者可以为惩。吾心感发之机于此，有勃然不能自已者，故可以兴；《诗》之中美刺并列，美者可以考其得，刺者可以考其失，吾身行事之实，于此有惕然感动者，故可以观；其叙述情好，每于和乐之中寓庄敬之节，故可以处群而不至于流；其发舒悲愤，犹于责望之中存忠厚之意，故可以处怨而不伤于激；至于近而家庭，则事父之道备焉，所以教人孝者至矣；远而朝廷，则事君之道备焉，所以教人忠者至矣。其间因物起兴，比类托情，或指鸟兽，或指草木，称名不一，无不具载于中，供我所识者多矣。《诗》之有益于人如此，诚能学之，则性情于是得正焉，伦纪于是得修焉，闻见于是得广焉，尔小子可不学乎哉？"

盖温柔敦厚，诗教也。古者太史采风，上自郊庙，下及里巷，政事之得失，性情之邪正，风化之美恶，习俗之贞淫，皆于此觇之，非若后世比词属句，斗靡夸多，侈扬乎风云月露之盛，徒以娱耳目而荡心志也。

子谓伯鱼曰："女为《周南》、《召南》矣乎？人而不为《周南》、《召南》，其犹正墙面而立也与！"

此一章书是孔子教伯鱼重修齐以端化源也。

孔子呼伯鱼而告之曰："女尝学夫《周南》、《召南》之诗矣乎？盖《周南》自《关雎》以下言文王后妃闺门之化行于南国者也，《召南》自《鹊巢》以下言南国诸侯夫人与大夫之妻皆被文王后妃之化而成其德也。是两篇所言皆修身齐家之事，于人伦日用最为切要，学者不但诵说，必身体力行之，方为有益。人若不学《周南》、《召南》，则无以正性情，笃伦理，身且不之修，家且不知齐矣，又安望推而远之，以移风易俗哉？譬如面墙而立，寸步之外尚不可行，无论其远矣。”

洵乎！二《南》不可以不学也。况人君为万邦之仪型，未有不修身齐家而可以治国平天下者，则二《南》之当习，又不独学者为然矣！

子曰："礼云礼云，玉帛云乎哉？乐云乐云，钟鼓云乎哉？"

此一章书是欲人深思礼乐之本也。

孔子曰："先王制礼未有不用玉帛者，然必先有恭敬之意存于中，而后假玉帛以将之，非特虚文而已。然则所谓'礼云礼云'者，岂特玉帛云乎哉？先王制乐未有不用钟鼓者，然必先有和乐之意蕴于心，而后假钟鼓以宣之，非特虚器而已。然则所谓'乐云乐云'者，岂徒钟鼓云乎哉？"

盖礼以敬为本，使不得所为敬，虽玉帛交错，而礼之本失矣；乐以和为本，使不得所为和，虽钟鼓铿锵，而乐之本失矣。中者，无体之礼；和者，无声之乐。大礼与天地同节，大乐与天地同和。百年而后兴者，亦斯须不可去。然则有制作之任者，何可不亟求其原，而考究其实哉？

子曰："色厉而内荏，譬诸小人，其犹穿窬之盗也与！"

此一章书是孔子为饰貌者警也。

孔子曰："有一等人，观其外貌严厉，似有作为之人，而内实柔弱，全无执持，此其色可令人见，而心不可令人知，譬诸小人中如竊盗穿壁，踰墙取人财物而外饰良善之状，惟恐人知，真无耻之甚也。"

凡外阳而内阴，外健而内顺者，皆穿窬类也。訑訑之声音颜色，拒人于千里之外，而吮痈舐痔，无所不为，昏夜乞哀，白日骄人。孔子所谓难事而易悦者，其斯人之徒与！

若夫外貌和易近人，不以色待物，而其中则有确乎不可夺者，非君子其孰能之？然则君子、小人，可望而知，亦自不难辨也。如吕公著无疾言厉色，而大节所在，则万夫莫当其勇。司马光诸事可对人说，开诚布公，略无城府，其正毅之操，忠直之气可以贯日月而格鬼神！彼小人傀儡面孔，魑魅肺肝，视此何啻天壤哉？

子曰："乡原，德之贼也。"

此一章书是孔子严乱德之防也。

孔子曰："德之患莫甚于似是而非，乡人之中有以愿称者，貌为忠信廉洁，以取悦于世，人遂信之，称其为善。若此似德非德，而反乱乎德，非德之害而何？"

盖德者，人心中正之理，自有其真。今乡愿外貌涂饰，与世逢迎，人以为德在是，而终不知正理所在，以此惑人心，坏风俗，深可恶也。乡愿似近于德，而其实相远；狂狷似远于德，而其实相近。圣贤取狂狷而恶乡愿，有以也夫！

子曰："道听而涂说，德之弃也。"

此一章书是见人当蓄德也。

孔子曰："凡人闻一善言，必存之于心，体之于身，方有实得，而德为我蓄。若有所闻，不能体验力行，徒事侈口谈论，此入耳出口之学。譬在道路，偶有所闻，即于途间与人论说，虽善言日闻，何能有诸己哉？是自弃其德也。"

盖学问之道以默识为功，以主静为要。心存则气静，气静斯言寡。然则谨言为蓄德之方，而存心又谨言之本与！

子曰："鄙夫可与事君也与哉？其未得之也，患得之。既得之，患失之。苟患失之，无所不至矣。"

此一章书是孔子严鄙夫之戒，以立臣道之防也。

孔子曰："为人臣者必忘身尽忠，而后可以事君。有一等鄙夫不知道义，不顾名节，是可使之立朝而与同事君也与哉？盖鄙夫之心止知有势位利禄而已，当禄位未得，则百计营求，皇皇然惟以不得为患，及禄位既得，则又多方为持禄恋位之计，唯恐失之。夫至有患失之心，则凡阿意求容，行私罔上者，将何事不可为乎？小则为卑污之行，大则陷悖逆之恶，皆生于此患失之一念而已。以此人事君，其害可胜言哉？"

盖鄙夫但知富贵，不顾名节，但知身家，不顾君父，一念贪位窃禄之私，扩而充之，至有禽兽之不若者。可见人臣事君当以此为戒，而人君用人之际，亦不可以不加察。倘鄙夫在前，急宜去之，以清有位，励廉耻。其有关于社稷苍生之计，人心世道之防，匪浅鲜也。

自古以来，鄙夫不可枚举，即如唐之李林甫，宋之秦桧，元之王文统，明之严嵩，嫉贤误国，无所不至，而皆始于自私自利之一念，遂成骑虎难下之势。是可不为之鉴哉？

子曰："古者民有三疾，今也或是之亡也。古之狂也肆，今之狂也荡；古之矜也廉，今之矜也忿戾；古之愚也直，今之愚也诈而已矣。"

此一章书是即气质以验风俗之薄也。

孔子曰："人之气禀不皆中和，往往有出于偏驳者。即如身有疾病者，然亦谓之疾。然古之时风气醇厚，其中虽有过中失正之人，要皆质任自然，本真犹未失也。今则习俗之染日趋于甚，即此三疾或亦无之矣。盖人有志愿太高者，是狂之疾。然古之狂也，不过阔略自处，不拘小节，肆焉而已。乃今之狂，则恣情自放，并踰大闲，而流于荡矣。人有持守过严者，是矜之疾。

然古之矜也，不过崖岸峻绝，示人难亲，廉焉而已。乃今之矜，则任意使气，辄与人忤，而流于忿戾矣。人有资识不足者，是愚之疾。然古之愚也，不过径情自遂，率其本来，直焉而已。乃今之愚，则挟私妄作，反用机巧，而流于诈矣。"

夫狂而肆，矜而廉，愚而直，虽气质之偏，若加以学问，其疾痛犹可砭治。至于肆变而荡，廉变而忿戾，直变而诈，则本真尽丧，并其质之偏而失之，譬之沉疴已入膏肓，虽扁卢亦无所用之矣。人可不思勉强学问以变化气质乎哉？

子曰："恶紫之夺朱也，恶郑声之乱雅乐也，恶利口之覆邦家者。"

此一章书是严邪正之防也。

孔子曰："天下之理有邪有正，而邪每足以胜正，如色以朱为正，自紫色一出，其冶艳足以眩目，而朱反为所夺，是故恶紫以其能夺朱也。乐以雅为正，自郑声一出，其淫哇足以悦耳，而雅乐反为所乱，是故恶郑声以其能乱雅乐也。至若事理之是非，人才之贤否，本有定论，乃有一种利口之人，变乱是非，颠倒贤否，便佞足以惑听，人主不察而误信之，必至举动乖方，用舍倒置，而邦家之倾覆不难矣，是则尤可恶之甚者也。"

孔子此言，其意专恶利口，借紫与郑声为喻耳。盖谄佞之徒，日习于侧，则君子退，小人进，国事不可为矣。自古皆然，关系非细，人君不可以不审也。

子曰："予欲无言。"子贡曰："子如不言，则小子何述焉？"子曰："天何言哉？四时行焉，百物生焉。天何言哉？"

此一章书是见学贵心悟也。

孔子示弟子曰："道以有言，而传亦以多言而晦。予自今以后，将欲无言矣。"

圣门子贡正以言语观圣人者，疑而问曰："夫子之道至大，门弟子得以传述者赖有言也。今夫子若不言，则小子何所传而述之乎？"

孔子晓之曰："予之不言非有所秘而不言也，亦以天下之道有不待言而显者。试观夫天高高在上，何尝有言哉？但见运为四时，则春夏秋冬往来递禅，而未尝或息也。发为百物，则飞潜动植蕃育日盛，而未有或止也。是天虽不言，而所以行、所以生，皆有默为之宰者。天又何俟于言哉？"

盖圣人一动一静，莫非至理之发见，就如时行物生，莫非天道之流行，何待言而始明？学者但当随处体认，自能领悟于言外，若徒以言语求之，则虽至理当前，而终不能察。故孔子发为无言之论，欲学者实求诸心得躬行之际，而无徒骛于口耳诵述之末也。不善求之，或舍其中正之理，栖心于虚无幻杳之域，以为无言之妙在是也，则又谬以万里矣。故学者不可不慎思焉。

孺悲欲见孔子，孔子辞以疾。将命者出户，取瑟而歌，使之闻之。

此一章书见圣人不屑之教诲也。

昔鲁人有孺悲者，一日来求见孔子，孔子不与相见，托言有疾以辞之。想其时必有得罪处也，然犹恐其未悟，乃俟传命者出户，遂取瑟鼓之而歌，使孺悲闻而知其非疾焉。

夫始以疾辞，既绝之矣，而又使之知其非疾，则警之也。苟孺悲自反所以见拒之由，而能改其过，则圣人之所以教之者实深矣。圣人之教思无穷，于此可见一端云。

宰我问："三年之丧，期已久矣。君子三年不为礼，礼必坏；三年不为乐，乐必崩。旧谷既没，新谷既升，钻燧改火，期可以已。"子曰："食夫稻，衣夫锦，于女安乎？"曰："安。""女安，则为之！夫君子之居丧，食旨不甘，闻乐不乐，居处不安，故不为也。今女安，则为之！"宰我出，子曰："予之不仁也！子生三年，然后免于父母之怀。夫三年之丧，天下之通丧也。予也有三年之爱于其父母乎？"

此一章书见短丧之甚不可也。

宰我问于孔子曰："古制人子居父母之丧必以三年，以予观之，即短为一年亦已久矣，不可变通其制乎？盖礼乐斯须不可去身者也。乃君子之居丧三年，不习礼则仪节多疏，而礼必坏矣；三年不习乐，则音律皆废，而乐必崩矣。且以期年言之，谷之旧者既尽，新者又登，而物厚变矣。钻木之燧以取火者，阅历四时，四改其火，而气候变矣。则期年之久亦足尽人子之情，而丧至此可以止矣。"

孔子因诘之曰："三年之丧，食必蔬食，衣必衰麻，今女欲改为期年，则期年之后，即食夫稻，衣夫锦，于女之心安乎？"宰我不察而直应曰："安。"孔子遂责之曰："人有所不为，止为心有不安。女既安于食稻衣锦，则任女为之矣。夫君子之居丧也，其哀痛之情最为迫切，虽食美味而不以为甘，闻美音而不以为乐，至寝苫枕块，身之居处不能即安，惟其心有不忍，故不为食稻衣锦之事也。今女既以为安，则期年之丧又何不可为乎？"

宰我既出，孔子恐其真以为可安而行之，又为探其本以斥之，而使之闻之，曰："人子之爱其亲，固自天性，何予爱亲之薄而不仁也？父母之丧所以必三年者，正以子生三年，然后免于父母之怀抱，故丧亦以三年为期，以稍尽报亲之情耳。自天子达于庶人，皆有父母之恩，皆当有三年之服，乃天下通行者也。予亦人子也，宁独无三年怀抱之恩于其父母乎？而乃欲短为期年，何其心之忍也？"

夫论父母无极之恩，虽三年之丧犹未能遽尽其情，何况期年？宰我亦甚昧其本心之良矣！故孔子责之，并以教天下万世也。以此立教，后世尚有以日易月，如汉之文景者，悲夫！

子曰："饱食终日，无所用心，难矣哉！不有博奕者乎？为之，犹贤乎已。"

此一章书是示人当收放心也。

孔子曰："凡人生各有当为之事，则各有当用之心。若终日之间惟知饱食，悠游旷放，一无所用其心，则神志昏惰，百事俱废，欲以进德而成人，岂不难哉？不有博与奕者乎？盖局戏为博，围碁为奕，为此事者虽非得其正，然其心亦有所用，犹胜于悠忽度日，一无所用者也。"

夫孔子非教人博奕，特甚言无所用心之不可尔。况乎人君一心，关乎四海之大，万民之众，一日二日万几，其兢兢业业，有不容稍假者，尤当深省于斯也。

子路曰："君子尚勇乎？"子曰："君子义以为上。君子有勇而无义为乱，小人有勇而无义为盗。"

此一章书是教人以理制气之学也。

昔子路好勇，问于孔子曰："天下事惟勇足以任之，君子为人亦尚勇乎？"

孔子教之曰："君子之人，惟义为上而已。盖义者制事之宜，立身之宰。君子于义所当为，则奋迅直前，毫无退避，知有义不知有勇也。若有位之君子，徒知有勇，而无义以制之，则妄逞其势，以逆理犯分而为乱；若无位之小人，徒知有勇，而无义以制之，则自恃其力，以肆欲妄行而为盗。徒勇之害如此，故君子不上也。"

此可见凡人作事，惟准乎天理之宜，自反而缩，则可以常伸万物之上，此乃勇之大者。若夫血气用事，乃匹夫之徒勇，非圣贤之大勇也。孔子曰："勇者不惧。"又曰："仁者必有勇，勇者不必有仁。"其此意也夫！

子曰："君子亦有恶乎？"子曰："有恶：恶称人之恶者，恶居下流而讪上者，恶勇而无礼者，恶果敢而窒者。"曰："赐也有恶乎？""恶徼以为知者，恶不孙以为勇者，恶讦以为直者。"

此一章书是见圣贤用恶以维世之意也。

子贡为世风民俗起见而问曰："君子心气和平，与人接物声色不形，然亦有所恶者乎？"

孔子曰："好善恶恶，人心之公。君子岂无所恶？如人之有恶，自当容隐，有专喜称人之过恶而扬之者，恶其心之不仁；上下之间，自有定分，有身居污下而谤讪尊长者，恶其心之不敬；好刚使气，当节之以礼文，徒勇者恶其心暴无礼，必至犯上作乱矣；临事果敢，当加之以学问，窒塞者恶其执迷任性，未免率意妄为矣。此人心之公也，故君子恶之。”因问子贡曰：“赐也，汝亦有恶乎？”

子贡对曰：“明觉自然者知也。若无照物之识，专务伺察动静以为能，则恶其托于知；见义必为者勇也。若无兼人之气，悻然傲视凌物以为强，则恶其托于勇；顺理无私者直也。若无正大之心，专好攻讦阴私而不讳，则恶其托于直。”

赐之所恶如此。

由此以观，孔子恶心体之不明者，恐其非理而妄作也；子贡恶心术之不正者，恐其以似而害真也。圣贤以忠厚长者之道望天下，其意岂有歧者？

子曰："唯女子与小人为难养也，近之则不孙，远之则怨。"

此一章书见畜臣妾者当御之有道也。

孔子曰：“从来御人之法贵乎宽严互济，而宽严之用又在因人而施，若宽以待之而而不见恩，严以待之而易丛怨者，其惟女子与小人乎？盖女子、小人最易狎昵，以其情可亲也；亦最难畜养，以其心不测也。故亲近之，则狎恩恃爱，全无恭孙之礼；如疏远之，则失其所望，便生怨恨之心。此其所以为难养也。”

果能庄以涖之，则有以消其狎习之念，而侮慢之端以息；恩以结之，则有以弥其觖望之心，而僭越之事不生。又何难养之足虑乎？

古来英君谊辟，明足以决几，敏足以断事。至于左右瞀御之间，往往处之不当，易于偾事，盖女子每藉小人以揽外权，小人必藉女子以希内宠。人主防闲不密，多以无意而中之。稽之前代，如客魏之类为患甚烈，有国家者其可不审察于几微之际乎？

子曰："年四十而见恶焉，其终也已。"

此一章书是勉人及时进修也。

孔子曰：“吾人励志躬行，须在乘时建业。盖日月易迈，神志易衰。若少壮未能加勉，使贻老大之悲。人年四十，正道明德立之时也。前此年力富强，何难勇于精进？有善者可益进于善，有过者可几于无过。若至此时犹有过恶见恶于人，则是善之未迁终于不迁，过之未改者终于不改矣，岂不可惜哉？”

盖日月易迈，时不再来，学者当时时自警，以日新其德。孔子此言正如清夜晨钟，令人发深省也！

微子第十八

微子去之，箕子为之奴，比干谏而死。孔子曰："殷有三仁焉。"

此一章书是孔子原情之论也。

微子是紂庶兄，箕子、比干是紂诸父。当时紂恶不悛，其国将危，臣下虽有进谏之忠，君上绝无纳谏之美。故微子随事箴规，然谏而不听，则引身而去之。箕子矢心报主，逢紂之怒，囚系为奴，因狂而受辱。比干直言极谏，不惮批鳞，遂至剖心而死。三人或去、或奴、或死，各就一己分量，随地自尽审度一时事势，尽力而行，均之无愧于心者矣。孔子从而断之曰：“殷有三仁焉。”

夫论人者当略迹而原其心，评古者又考时而哀其志。三人之行虽有不同，而其救过图存出于忠爱之诚，则一也。盖去以存祀，非忘君也；奴以俟时，非惧祸也；死以悟主，非沽名也。三子之心可以无愧得孔子一言之断，而臣节益昭然于天下后世矣。

柳下惠为士师，三黜。人曰：“子未可以去乎？”曰：“直道而事人，焉往而不三黜？枉道而事人，何必去父母之邦？”

此一章书见守道不违之意也。

柳下惠，鲁国之贤人。士师，掌刑狱之官。昔柳下惠为鲁之士师，三被黜退而不去，或讽之曰：“吾人抱道匡时，合则留，不合则去。子屡摈若此，尚未可他去以行其志乎？”

柳下惠曰：“立身行己，以道自持。若操不避黜之念，则吾道常伸；有一避黜之心，则吾道必屈。我之所以被黜者，只是直道而行，不肯自屈耳。近日人情，大抵喜枉而恶直，我但守直道事人，到处落落难容，安往而不三黜？苟能阿意顺从枉道而事，自然到处和同，又何必去父母之邦以求合乎？然吾道必不可枉，宗国必不可去，惟有持公秉正，自矢靡他，其黜与否，则听之人而已，于道何损益哉？”

可见，世衰则群邪得志，世治则众正弹冠。今古一辙。柳下惠宁守道而不从时，可谓和而介者矣！诚可以为后世人臣法。

齐景公待孔子曰：“若季氏则吾不能，以季孙之间待之。”曰：“吾老矣，不能用也。”孔子行。

此一章书见圣人以道自重也。

当时列国礼贤虚文日甚，孔子志期行道，难以虚拘。一日适齐，景公素知孔子之贤，思有以尊礼之，因与臣下议曰：“国家待贤之礼，要在丰约得宜。如鲁君之待季氏，礼极其隆，我则有所不能；鲁君之待孟氏，于礼过简，我又以为不可。今斟酌于可否之间，审度于丰约之际，当于季孟二者之间待之，则庶乎其可耳。”

既而又曰：“孔子在齐虽宜礼接，但吾年已老，恐不能用而竟其施行也。”孔子闻之，知景之不可与有为也，遂去齐焉。

夫孔子至齐，思欲移风易俗，转霸为王，以殚其尊周之志，乃忌之者众，嫉之者深，景公已无进用之实意，而徒拟议于礼节之虚文，是岂孔子之心哉？孔子行而齐终不复变矣，岂不甚可惜哉？

齐人归女乐，季桓子受之，三日不朝，孔子行。

此一章书是记孔子见几明决之意也。

季桓子，名斯，是鲁大夫。鲁定公时，孔子曾为司寇三月，而国大治。齐人闻而惧之，乃送女子八十人，彩衣文马，舞康乐，而陈于南门之外。是时桓子擅权于上，定公徒拥虚名，因语鲁君为周道游，往观终日，卒受女乐，是鲁已中齐人之计矣。溺声色而娱耳目，怠政事而慢贤才，三日不复视朝，使君不临，臣不会，简贤弃礼，孔子虽欲谏而无由，于是遂行。

夫列国之君大约有好贤之名而不能用，定公能用矣而又不能终。孔子抱经纶匡济之学，使得时而驾，信任勿疑，唐虞三代之治可以复见。惜乎所遇多艰，莫克大展其志。此诚斯道之厄，而时会之不偶也。

楚狂接舆歌而过孔子曰：“凤兮！凤兮！何德之衰？往者不可谏，来者犹可追。已而，已而，今之从政者殆而。”孔子下，欲与之言。趋而避之，不得与之言。

此一章书见用世之难，当守道以自重也。

接舆是楚之狂士，昔周室寖衰，贤人遯迹，孔子周流至楚，有狂士接舆者唱歌而过孔子之车前曰：“凤凰为希有之瑞，能审时知势，故有道则见，无道则隐，德甚盛也。今际何时犹不藏身敛翼而有高冈翔哕之思？何德之衰而不自重耶？然往昔之日栖身尘埃不可谏止，来者之日功名不遂而可改图，及时而隐，正在此时。可以已矣！可以已矣！试观今之从政者，非惟不能建功立业，亦且危殆而不可保，凤何不自爱而甘蹈此殆乎？”

孔子闻其歌词，知为隐君子也，欲下车与言出处之大义，以明不得已之心。乃楚狂既绝用世之念，不欲闻用世之言，遂取而避之，孔子终不得与之言。

盖避世之意坚，故避言之意更果也。然孔子周流列国，不能一日忘天下之深衷，夫岂忘世之徒所得而窥其意量哉？

长沮、桀溺，耦而耕，孔子过之，使子路问津焉。长沮曰：“夫执舆者为谁？”子路曰：“为孔丘。”曰：“是鲁孔丘与？”曰：“是也。”曰：“是知津矣。”问于桀溺。桀溺曰：“子为谁？”曰：“为仲由。”曰：“是鲁孔丘之徒与？”对曰：“然。”曰：“滔滔者天下皆是也，而谁以易之？且而与其从辟人之士也，岂若从辟世之士哉？”耰而不辍。子路行以告。夫子怃然曰：“鸟兽

不可与同群，吾非斯人之徒而谁与？天下有道，丘不与易也。”

此一章书见圣贤救世之深仁也。

长沮、桀溺二人皆隐者，并耕于野，其避世之心已见于力稼间矣。孔子经过其地，不知渡口，使子路问津，亦是汲引共济之意。

长沮问曰：“在舆执辔者为谁？”

子路曰：“为孔丘。”欲以圣人之名动之也。

沮问曰：“即是鲁国孔丘与？”

子路对曰：“诚是也。”

长沮曰：“彼游遍天下，无处不到，是知津矣。”

又问桀溺，溺曰：“子为谁？”

子路曰：“为仲由。”知同心济世之人也。

因问曰：“是鲁国孔丘之徒与？”

子路对曰：“然。”

桀溺曰：“人贵识时，如今世道滔滔然日流于下，不可复返，若欲易乱为治，将谁与转移乎？且而与其从辟人之士，今日之齐，明日之楚，终无一遇，岂若从辟世之士，离群远俗，长与世辞为乐哉？”遂自治其田，耰而不辍。

子路以二人之言告孔子，孔子怃然叹曰：“高飞远举，遗弃世人，止有鸟兽势不可与同群，若斯人者同一气类，吾非斯人之徒与而谁与？岂可绝人逃世以为洁乎？彼谓天下无道谁与易之，我正为无道耳。若使民安物阜，天下有道，亦愿与击壤之民共观德化之盛，岂乐于多事哉？二人何不谅我也？”

从来圣贤己饥已溺，原有悯时忧世之心，若置理乱于不闻，生民何所托命乎？是殆与石隐者流不可同日而语也。

子路从而后，遇丈人，以杖荷蓧。子路问曰：“子见夫子乎？”丈人曰：“四体不勤，五谷不分，孰为夫子？”植其杖而芸。子路拱而立。止子路宿，杀鸡为黍而食之，见其二子焉。明日，子路行以告。子曰：“隐者也。”使子路反见之，至则行矣。子路曰：“不仕无义。长幼之节不可废也，君臣之义如之何其废之？欲洁其身而乱大伦。君子之仕也，行其义也。道之不行，已知之矣。”

此一章书见圣贤出处之大义也。

昔孔子周流列国，子路随行，偶失在后，遇丈人以杖挑竹器而行，因问曰：“曾见吾夫子否？”丈人遂责之曰：“人皆力耕自食，子于四体则不勤劳，于五谷则不分辨，徒然从师远游，何济于世？孰知为尔夫子乎？遂植其杖而芸田，不复更答。子路默然自失，拱手而立，敬以动之。丈人见子路改容而礼，亦起敬心，遂止宿于其家，且杀鸡为黍而食，以致酬酢之情，呼其二子出见，以致殷勤之谊。观丈人之为，固与草野倨侮者不同矣。明日，子路前行，追及孔子，具以其事告。孔子曰："此贤而隐者也。"使子路往见之，将告以出处之大道，丈人已先行而不得见矣。子路述孔子之意语其二子曰："天地之间人伦为大，五伦之内，君臣为先。若不仕则无君臣之义矣。昨使二子出见，亦知长幼之节，夫长幼之节既不可废，何独于君臣之大义而废之？若以隐遁为高，惟知自洁，不几乱君臣之大伦乎？君子之所以仕者，岂为贪图利禄？只为君令共昭揭于天地间以行此义耳。至于道之不行，非待今日，我蚤已知之矣，何丈人所见之不广哉？

当时隐士相习成风，皆明于保身而昧于行义。赖有孔子以扶世教、正人心为任，其惓惓接引若辈也，意綦深哉！

逸民：伯夷、叔齐、虞仲、夷逸、朱张、柳下惠、少连。子曰："不降其志，不辱其身，伯夷、叔齐与！"谓："柳下惠、少连，降志辱身矣，言中伦，行中虑，其斯而已矣。"谓："虞仲、夷逸，隐居放言，身中清，废中权。我则异于是，无可无不可。"

此一章书见圣人时中之用也。

逸民是自遂其高，自行其志，不为世法所拘之人，可考见者有七人焉，如伯夷、叔齐、虞仲、夷逸、朱张、柳下惠、少连是也。然七人隐遯虽同，而制行各异。孔子从而断之曰："立志高尚，不降志以屈人；持身峻洁，不辱身以徇世，其伯夷、叔齐与。是清而逸者。

若夫柳下惠、少连，游于浊世，而不铮铮以立异，虽降屈其志，卑辱其身，乃所言者必合乎伦理，所行者必当乎人心，但生不逢时，于卑论侪俗中默寓挽回之意，与他人之降辱不同，其可取者在此而已矣。是和而逸者。

至于虞仲、夷逸，则隐居自适，放浪，语言未必中虑、中伦，然其身合于清洁，其废弃合于权宜，盖与害义伤教者不同。

此放而逸者七人，可谓志高行洁矣，而我则异是。世既不能离我，我亦不能离世，在天下或有可不可之遇，而我不设一可不可之心，不过随时制宜，无有偏执，此我之所以异于逸民耳。

可见七人自成其一节之高，孔子则合乎大成之圣。他日孟子清任和时之论，亦此意与！

太师挚适齐，亚饭干适楚，三饭缭适蔡，四饭缺适秦，鼓方叔入于河，播鼗武入于汉，少师阳、击磬襄，入于海。

此一章书记孔子正乐之功也。

大师是乐官之长，少师是乐官之佐。古之国君必作乐以侑食，故有亚饭、三饭、四饭之名。鲁自三家僭越，歌雍舞佾，私家盛而公室衰，音乐已废缺矣。自孔子正月之后，群公知先君之乐不可下移于僭妄之门，于是大师名挚者去而适齐，掌亚饭之乐名干者去而适楚，掌三饭之乐名缭者去而适蔡，掌四饭之乐名缺者去而适秦。虽所适之国不同，而其洁身之志则一也。掌鼓名方叔者入居河内，掌播鼗名武者入于汉中，为乐官之佐名阳者与掌击磬名襄者，入于海岛。虽所适之地各异，而其避乱之心则一也。

盖伶官去而鲁事日非，使非孔子正乐之功，则上替下凌，其何以为国乎？以其人去鲁而乐存，殆犹愈于人在鲁而乐亡也。叙述之间感慨系之矣。

周公谓鲁公曰：“君子不施其亲，不使大臣怨乎不以，故旧无大故，则不弃也；无求备于一人。”

此一章书是周公训子以忠厚开国之道也。

鲁公是周公之子伯禽。昔伯禽受封于鲁，周公训诫之曰：“立国之道，忠厚为先，而忠厚之道不过亲亲、任贤、录旧、用人数者而已。盖亲乃国家之本，恩义不笃，则亲亲之道以乖。君子于一本九族之谊肫挚周详，不使其有遗弃焉。大臣为吾之股肱，信任不专，便生疑贰，必须推心委任，俾之各展其长，不使大臣怨我之不信用也。故旧为吾之世臣，休戚与共，若念旧之意衰，则先世之功德俱泯，必也贤者世官，不贤者亦得世禄，非有恶逆大故，不忍轻于废弃。至于人之才具，各有短长，若欲求全责备，则用才之途既狭，亦非因材器使之意，必也量能授职，使人各尽其能，不可求备于一人。”

周公之训辞如此。此数者皆忠厚之基，培植国家之本。其后周祚八百，鲁亦与周并传，享祚独久，皆德泽殷流之所致。然则，开国承家可不佩古训，而思永图哉！

周有八士：伯达、伯适、仲突、仲忽、叔夜、叔夏、季随、季騧。

此一章书是追思周初人才之盛而纪之也。

记者曰：“贤才之生关乎气运。周昔盛时，太和之元气既翠，而涵濡之德泽尤隆。于时山川钟秀，贤哲笃生，即一家之中有八士焉：曰伯达，明于义理；曰伯适，弘于度量；曰仲突，有御侮之材；曰仲忽，有总理之能；曰叔夜，柔顺不迫，得夜之道；曰叔夏，刚明不屈，得夏之义；曰季随，才能顺应；曰季騧，德比良骥。虽以伯仲叔季为次，第均之为宅俊之彦也。”

此八士者，毓于一母，萃于一门，而又皆有迈轶群伦之德，斯真邦家之光矣。

从来天开圣王，有道之长，必有英贤应运而起，以赞襄盛治。然天能生之，而不能用之，是在人主。敬贤礼士，罗而致之殿廷，则师济满朝。庶务就理，于以奏升平康泰之治，不亦休哉？

《日讲四书解义》卷十二

论语 下之五

子张第十九

子张曰："士见危致命，见得思义，祭思敬，丧思哀，其可已矣。"

此一章书见论人者当观其大节也。

子张曰："士之为士，贵在立身，果于死生利害之关，幽明始终之际，实心勘透，不但可以验学问之纯，亦可以征品行之笃。今之为士者，若能见危难则委命以赴公家之急，绝无瞻顾之心；见财利则思义之当得与否，绝无苟且之念；至于祭祀则思敬以追远，而恪将其如在之诚，居丧则思哀以慎终，而极致其思慕之笃；光明俊伟，外行既极其刚方，仁孝敬诚，内行复极其恺挚，其可谓之士也矣。"

兹数者，为士修己之大闲，可以对明廷而质瘖寐，亦国家取士之大法，将以敦气节而励修能。若务立乎其大，徒拘拘于小，廉曲谨之行，是岂可以衡量天下之士哉？

子张曰："执德不弘，信道不笃，焉能为有？焉能为亡？"

此一章书见为学者存乎量之广而志之坚也。

子张曰："理得乎心谓之德，德必执而后有守，执必弘而后有成。若使既执持其德而轻喜易足，不复加以扩充之功，是能执而不能弘也。理所当然谓之道，道必信而后无惑，信必笃而后不移。若使既信从乎道，而锐始殆终，不复操以坚韧之志，是能信而不能笃也。夫不弘则所执者小，而德无由以新；不笃则所信者虚，而道无由以进。是人也，将终无所成就。有是人不足为当世重，焉能为有？无是人不足为当世轻，又焉能为无乎？"

盖为学之道，知与行而已。有所得而执之太狭，则行未尽；有所闻而信之不笃，则知未深。故学者能始事善于信，终事善于执，则知之真，行之力，卓然为斯世凯有不可无之人，而吾道庶几其有托也。否则，泛泛悠悠，迄无成就，亦何关于得失之数哉？

子夏之门人问交于子张。子张曰："子夏云何？"对曰："子夏曰：'可者

与之，其不可者拒之。'" 子张曰："异乎吾所闻：君子尊贤而容众，嘉善而矜不能。我之大贤与，于人何所不容？我之不贤与，人将拒我，如之何其拒人也？"

此一章书见两贤论交之异也。

昔子夏笃信谨守，而于择交也严。子张才高意广，而于纳交也泛。是以两贤论交，所见遂各不同。

子张之门人问交道于子张。子张曰："汝师子夏云何？"

门人对曰："子夏曰：'其人有益于己，是可者也，则与之交。其人无益于己，是不可者也，则拒绝之。'子夏之说如此"

子张曰："子夏此言异乎吾平日之所闻。吾闻君子之交，于人才之出众者，则尊礼之，至于庸众之人，亦含容而不弃。于人之有善可取者，则嘉奖之。至于不能之人，亦矜悯而不绝。此不特可者为君子之所与，即不可者亦未尝为君子所拒也。且吾反己而观拒之之说，无论我之贤与本贤，皆非可施之与交也。我果大贤与，于人何所不容而何必拒人？我果不贤与，则人将先拒乎我，而如之何其能拒人也？"

盖拒则邻于太迫，容则几于太滥，得拒之意而善用之，使不至于流，交道庶其无弊哉！

子夏曰："虽小道，必有可观者焉，致远恐泥，是以君子不为也。"

此一章书见君子择术之严也。

子夏曰："道之散著于天下者无穷，正心修身以治人，道之大者也。专一家之业而治于人，道之小者也。然虽偏曲之小道，其始皆有圣人之创造，而各有一事一物之理，以之济民生而资世用，未必无可观者焉。独是能于此者，或不能于彼，在百家众技犹未可以相兼，而况圣贤治平之大略乎？苟推而极之天下国家之远，恐有窒而难通者矣，是以君子以正心修身为务，使愈远而愈通，而于此小道有不为也。"

盖有所不为，斯无不可为。君子一身，内而性命之微，外而经纶之业，体全用备，彻始彻终，虽至技能之末，未尝不可偶一试之。然用心于其大者，则大者举，而小者亦不可废也。故凡为君子者，存乎其所用心尔。

子夏曰："日知其所亡，月无忘其所能，可谓好学也已矣。"

此一章书是子夏示人以心学之功也。

子夏曰："凡人之为学，始患其因循而不求所未至，继患其怠弃而不守所已然。若此者，殆鹜乎学而未能好者也。有能于每日之中审乎已所从事，而未有得者，切切焉深以为念，而知其所亡。更于每月之中审乎已所从事，而既有得者，兢兢焉永以自持，而无忘其所能。夫知所亡，则功愈进；而日益无忘所能，则德愈积而日新。此非笃于向进者能之乎？可谓好学也已。”

盖人有生之时皆学时也，诚知日有所进，月有所守，以期无负此时，则心常存而不放，业日广而有功。古人所以务时敏，惜寸阴，不敢有一毫之间息也。

子夏曰：“博学而笃志，切问而近思，仁在其中矣。”

此一章书是子夏示人以求仁之实功也。

子夏曰：“人惟无所用其心，则其心遂放逸而不存耳。诚能于理之散著乎事物者，博以学之，使广其闻见，而且志之必笃，不徒泛骛以求焉；理之著乎日用者，切以问之，使得其周详，而又思之自近，不为旷远之谋焉。之四者，乃为学之事，非求仁之事。然仁人心也，心存于内则为仁，驰于外则非仁。今既用心于学问志思，则心不驰于外矣。不驰于外，则存于内者自熟矣。虽未及乎力行，而仁在其中矣。”

可见，圣贤求仁之道不越乎心学者，从事于仁，亦纯其心以求之可耳。

子夏曰：“百工居肆以成其事，君子学以致其道。”

此一章书是见君子非学无以造道之极也。

子夏曰：“吾人凡有所为，必志向有定，功力克纯，而后可以获效。如百工各执一技，若迁于异物而不专务其业，则事何以成？惟居于官府造作之肆，耳目之所接，心思之所营在是，故得尽巧尽力以成其事焉。君子以道自命，若夺于外诱而不专用其心，则道何以致？惟习乎穷理尽性之学，一事之未知，期于必知；一事之未行，期于必行；故得日积月累以致其道焉。”

盖道不远人，原听人之自致。而天下不皆致道之人，有学、有不学故也。苟欲求尽乎道之全体，非实从事于学，何由哉？

甚矣，人之不可不务学也！

子夏曰：“小人之过也必文。”

此一章书是子夏为文过者戒也。

子夏曰：“人非上圣，孰能无过？知其过而改之，则不至终于过矣。若小人之于过也，明知有悖于理，而徇于私欲，不能迁善以自新，复恐人之知其过，则必曲为文饰，以著其善而匿其非，以为可掩人之耳目，孰知其欲盖而弥彰也！可不以是为戒哉？”

盖君子有过，幸人知之而不敢自欺以欺人，故卒改而为善。小人之过惟恐人知，而徒欺人以欺己，故流而为恶。信乎，过之宜改不宜文也！

子夏曰：“君子有三变：望之俨然，即之也温，听其言也厉。”

此一章书是形容君子中和气象也。

子夏曰："君子盛德在躬，容貌辞气各当其可，故相接之时，其形于身者顷刻变异，计之约略有三：方远而望之，手恭而足重，俨然有威之可畏焉，以貌若此，宜不可得而亲矣；及近而即之，心平而气和，则又见其温焉，以色若此，宜可得而亲矣；及听其言也，义正而词严，是是非非，确乎其不可易，则又见其厉焉。不滞于声色，不偏于刚柔，此其所以为君子乎！"

夫君子岂有心于变哉？自望之、即之、听之者，则以为俨然而又温，温而又厉，在君子实不知然而然也。

盖君子道全德备，履中蹈和，故其著为形容，征诸词气，俱有以协阴阳之极，而备四气之宜，诚中形外，又何疑焉？

子夏曰："君子信而后劳其民；未信，则以为厉己也。信而后谏；未信，则以为谤己也。"

此一章书是子夏示人以事上使下之道也。

子夏曰："君子于君民之际，必诚意交孚，而后可以有为。如劳民之事本非民所乐为，惟平日爱民之意实可质之于民，而民无不信我之爱，然后不得已而劳其民，则民原其平日之爱，皆知其出于不得已而无所怨矣。若使未信于民而劳之，虽事之当劳而民不喻，其心则以为病己也。谏君之言本非君所乐闻，惟平日爱君之意实可通之于君，而君亦以是信我之爱，然后不得已而谏其君，则君谏其平日之爱，深知其出于不得已，而无所嫌矣。若使未信于君而谏之，虽事之当谏而君莫察其隐，则以为谤己也。"

夫必信而后劳，信而后谏。将未信而终不可劳，终不可谏乎？非也。其有待于信者理也，其无待于信者势也。为劳民、谏君者计，则无不当以信为归。若为所劳、为所谏者趋事赴功，乃其常分，听言纳谏，乃其正理，又何容计及于信于信与未信之间也？倘以民情未孚，而公家急迫之役，亦寝而不举；君志未格，而荩臣披沥之言俱匿焉。自古迄今，有是理耶！

子夏曰："大德不踰闲，小德出入可也。"

此一章书言人当先立其大者也。

子夏曰："吾人一身毋论大与小，而莫不尽善者上也。然或不能，必于大德所在，如君臣、父子之伦，进退、出处之节，咸各得其正，而于当然之规矩无少踰焉，则本原立矣。其他动静、语默及凡事物细微，皆小德耳。虽偶有出人，未尽合理，亦无害也。若拘拘于小廉小节，而于大者不无遗憾，斯亦不足观也已。"

盖观人与治身之道不同，观人者务得其大，治身者不遗乎小。《书》曰："不矜细行，终累大德。"正未可谨于大而忽于细也。魏征谏怀鹞，程颐规折柳，皆是此意。盖修身克己，贵乎严密，虽须臾之顷，毫发之微，俱有不容放过处。一或放过，便亏欠本体，缺陷工夫。先儒曰："克勤小物，最难信哉。"

子游曰："子夏之门人小子，当洒扫应对进退，则可矣，抑末也。本之则无，如之何？"子夏闻之，曰："言游过矣！君子之道，孰先传焉，孰后倦焉，譬诸草木，区以别矣。君子之道，焉可诬也？有始有卒者，其惟圣人乎！"

此一章书见施教当有序也。

昔子夏以笃实自守，故其教人先从下学切近处用功。子游不知其意，而讥之曰："学有本有末，务末而失本者，非为学之要也。子夏之门人小子，当洒扫及应对与进退之间，仪节详习，则诚有可观矣。抑此特小学之末节也，其于大学正心、诚意之本务则无有，如之何其可哉？"

子夏闻之而叹曰："噫，言游过矣！君子教人之道孰以为先而传焉，孰以为后而倦焉，在教者之心固无不欲遍物而示之也。但学者所至，自有浅深，譬如草木之有大小，其区类判然各别，是以因材而授，不能无分先后耳。苟不量其造诣之浅深，不问其功夫之生熟，而概以高且远者强而语之，则是诬之而已。君子教人之道焉可诬也？彼洒扫应对，小学之始事也，正心诚意，大学之终事也。合始终而一贯，不俟积渐而遂极其至者，惟圣人为然。若以此责之门人小子，不失其序乎？"

盖事有大小，理无大小。无大小则学不可驰骛而进；有大小则教不可凌躐而施。故洒扫应对，毋论理之所难忽，而亦事之所当先者与！

子夏曰："仕而优则学，学而优则仕。"

此一章书见仕与学当先尽其事而后及其余也。

子夏曰："仕要于称职，学要于进修，二者理实相资，而事期各尽。当仕之时，大君责其报政，小民望其有为，仕则有仕应尽之职。故凡仕者必先夙夜匪懈，求不负乎君民之意，自是而有余力，则益励乃学，以益其闻见，而迪其才能，庶几更有裨于仕也。若仕未优而学，则于仕为旷官矣，虽学亦何为乎？当学之时，致知以穷其原，力行以践其实，学则有学所务尽之功。故凡学者必先黾勉不遑，务深造乎知行之极，自是而有余力，则始出而仕，以措其经纶，而广其利济，庶几得以展所学也。若学未优而仕，则于学为废业矣，虽仕亦奚益乎？"

盖学而后仕，尽人知之，既仕而犹不忘乎学，则人所易忽也。故子夏首为仕者告以"仕而优则学"。夫已仕者尚不可不学，则未仕者必学优而后可仕，明矣。人主任官授职，必得夫学而后仕、仕不废学之人而用之，则道德之真儒，经济之实效，庶几两得矣。

子游曰："丧致乎哀而止。"

此一章书是子游示人以崇本之意也。

子游曰："凡事文质相须，而居丧尤人子之大节，徒尚文而略质，失其实矣。以吾观之，人子执亲之丧，但能于哀痛之诚致之，以至乎其极，如是而止，安事文饰为哉？"

盖哀既有余，则礼虽不足，无伤也。要之，丧固贵于哀，而礼之节文亦不可废。子游特为专事乎文者言耳，岂真欲废文也与？

子游曰："吾友张也，为难能也，然而未仁。"

此一章书见子游规朋友之义也。

子游曰："心驰于外者疎于内，吾友张也有过高之才，人所不能为者而张独为之，是为难能也。然而少诚实则无以全乎心之德，少恻怛则无以全乎爱之理，其于仁则犹未也，曷不反而图乎切近者耶？"

由此知求仁之道，惟专事乎内者乃可有成。若不事乎内而徒骛乎外，虽功名甚盛，文采可观，亦君子之所不许也。故学者以鞭辟近里，为喫紧工夫。

曾子曰："堂堂乎张也，难与并为仁矣。"

此一章书是曾子救子张之失也。

曾子曰："友所以辅仁，然必以笃实为务者，乃可相助有成。若堂堂乎张也，徒用心于威仪容貌之文，而于已无体认密察之功，于人无切偲观感之助，盖难与之共为仁矣。"

夫仁本于心，惟求之至近，而修其在内者，为足以几之。故从事于仁者，宁内有余而外不足，勿外有余而内不足也。孔子曰："刚毅木讷近仁"。则圣人之论仁亦可知矣。

曾子曰："吾闻诸夫子，人未有自致者也，必也亲丧乎！"

此一章书是曾子使人自识其良心之意。

曾子曰："吾尝闻之夫子，人之一心，本自真纯恻怛，苟能随事尽心，则心之所至，力亦随赴，自有不容已者。然人往往情迁物诱，失其本心，未有能自推致者也，必也父母之丧乎！"

盖父母天性之戚，而又当不幸大，故居丧之时哀痛迫切，发乎至情，乃能内尽其诚，外备其礼，不待勉强，无少遗憾，此良心发见，至真至切，固非情迁物诱所能夺也。诚能即此心而推广之，人伦物理之间无一念之不实，无一事之不尽，亲亲仁民爱物，随处触发，随处充满，虽仁育天下，无难也。

曾子曰："吾闻诸夫子：孟庄子之孝也，其他可能也，其不改父之臣与父之政，是难能也。"

此一章书是曾子引言孟庄子，继述之孝也。

庄子，鲁世卿，名速，其父孟献子，相鲁，有贤德。

曾子曰："有家虽与有国不同，然其培养人材，建立法度，以为子孙之计，其道则一。吾尝闻诸夫子：孟庄子之孝也，其他生事死葬，致爱致悫，人犹可能也，惟是献子所用之之臣皆贤臣，所行之政皆善政。庄子于父没之后，继志述事，略无更改，不敢适己自便，树私人以间老成，作聪明以乱旧法，世济其美，不忝前人，是为难能也。庄子之能立身行道，显亲扬名，光缵先业者，以此。"

《书》曰："人惟求旧"。《诗》曰："不愆不忘，率由旧章"。曾子之言岂但为有家训哉？推而广之，治国平天下，不外乎此矣。

孟氏使阳肤为士师，问于曾子。曾子曰："上失其道，民散久矣，如得其情，则哀矜而勿喜。"

此一章书是曾子教人恤刑之意。

阳肤，曾子弟子。士师，治狱官名。

孟氏使阳肤为士师，来问曾子，盖欲得明慎之要，以求情法之平也。

曾子教之曰："先王之世，下之生业厚，上之教化修，民既足于仰事俯育，而又当仁渐义摩之后，亲逊成风，锥刀不競，此所以犯法者寡，渐至刑措不用也。今也，上失其教养之道，一则饥寒所迫，救死而不赡，一则礼仪消亡，捍网而不知。始也，以上之失道，至于民心离散，不相顾恤；继也，以民心离散，至于忿争倾夺，告讦无已，狱讼繁多因之而起。为士师者，苟得其犯法之情实，则当原其所以致此之由，纵不可曲法以庇民，能勿惕然深省，哀矜庶狱之不辜乎？若以发奸摘伏，沾沾自喜，非仁人长者之用心也。"

曾子之告阳肤如此。虽然，阳肤一士师耳，民之生死，科条具在，不得意为出入也。独计为民上者，何以使百姓有迫于不得已，陷于不自知之事，切使治狱之吏虽疾痛惨怛，而束于文法莫可奈何？何如使百姓丰衣足食，从风向善，自不犯法之为愈乎？

子贡曰："紂之不善，不如是之甚也。是以君子恶居下流，天下之恶皆归焉。"

此一章书是子贡借紂以警戒后人之意。

子贡曰："古今言淫虐无道者，莫过于紂。以予观之，紂之不善殆不如言者之甚也。盖因紂当日为恶彰著，故天下不善之名悉归之。譬如地形卑下之处，众水于此钟聚，虽欲却之，其道无由，是以君子知上达之难，下流之易，时时省察，在在制防，诚恐忽不及持，一陷身于下流，则凡天下败名失检、弃理畔义之事，尽以归之。至于独蒙恶声，不可解免，亦其所处污下，有以致之使然也。”

可见，天下善恶两途，如水炭之不相入。苟善小而弗为，以恶小而为之，积而不返，遂成不可复回之势。惟知之明，断之勇，谨小慎微，塞源拔本，以入于尧舜之道，不难矣。

子贡曰：“君子之过也，如日月之食焉；过也，人皆见之；更也，人皆仰之。”

此一章书是子贡劝人改过迁善之意。

子贡曰：“人非圣人，孰能无过？过而能改，善莫大焉。常人惮于改过，一有乖违，便多方掩饰，唯恐人知，是重其过也。君子有过，不妨昭示于人，绝不隐讳，如日月之食焉。分秒亏缺，人皆得而见之，及其知过即改，亦如日月亏而复圆，贞明之体，容光必照，人皆得而仰之也。”

是以君子平时反身克己，常求无过，倘检摄不到而有过，未尝不知，知则必改，以省察刻励为先，以因循隐蔽为戒，如成汤之改过不吝，子路之闻过则喜，圣贤进德修业，未有不由此也。

卫公孙朝问于子贡曰：“仲尼焉学？”子贡曰：“文武之道，未坠于地，在人。贤者识其大者，不贤者识其小者，莫不有文武之道焉。夫子焉不学，而亦何常师之有？”

此一章书是子贡言孔子宪章文武之学。

公孙朝，卫大夫，问于子贡曰：“仲尼于天下事事物物博闻广见，无所不知，果焉从受学而能然乎？”

子贡晓之曰：“帝王之道备于文武，其一代谟烈，文章，礼乐，政教之类，虽去今已远，犹未至坠落于地不可讲求，固在人也。世有识见宏远之贤者，则能佩服考订而识其大纲，其识见浅近而不贤者，亦以传闻习见而识其节目。人之贤不贤虽不同，而识大识小，莫不有文武之道存焉。吾夫子宪章文武，故文武之道所在，即夫子之学所在。贤者识大，即从而学其大者，是谓夫子师贤可也。不贤者识小，则从而学其小者，是谓夫子拜师不贤亦可也。而亦何常师之有哉？此不独绍文武谟烈，且接尧舜以来之心传，较之他人之学有定在、师有常主者，其大小远近不侔矣。”

《书》曰：“德无常师，主善为师。”以孔子生知之圣尚且问礼老聃，问官郯子，征文考献，好古敏求，无非博求义理之无穷，以为折中反约之本。信乎，为万世圣学之模范也与！

叔孙武叔语大夫于朝曰：“子贡贤于仲尼。”子服景伯以告子贡。子贡曰：“譬之宫墙，赐之墙也及肩，窥见室家之好。夫子之墙数仞，不得其门而入，不见宗庙之美，百官之富。得其门者或寡矣。夫子之云，不亦宜乎！”

此一章书是子贡尊圣人之意。

叔孙武叔、子服景伯，皆鲁大夫。

昔孔子道大德全，鲁人莫或窥其底蕴。一日，叔孙武叔语大夫于朝曰："人皆称仲尼为圣人，以我观之，子贡之才辩博达，殆更过于仲尼。"子服景伯闻此以告子贡。

子贡曰："人之浅深，固不可以悬望而决，叔孙之言，非但不知夫子，并不知赐矣。试以人之易晓者喻之，其譬之宫之有墙乎！赐也，造诣未深，才识有限，墙之高不过及肩，凡室中所有一器一物，有目者皆能循览而得之；若夫子之墙，高至于数仞，体势崇峻，莫究莫殚，苟非得其门而入焉，则亦徒为面墙而已。其中宗庙之美，百官之富，礼乐制度损益乎百王，政事文章黼黻乎万世，又孰从而见之哉？是则得夫子之门者或寡矣！见赐易而见夫子难，则必至轻视夫子而重视赐，叔孙所云不亦宜乎？"

子贡深折其儗人之失伦，而更惜其所见之不远也。从来惟圣知圣，若武叔者，又乌足怪哉？

叔孙武叔毁仲尼。子贡曰："无以为也！仲尼不可毁也。他人之贤者，丘陵也，犹可逾也；仲尼，日月也，无得而逾焉。人虽欲自绝，其何伤于乎？多见其不知量也。"

此一章书是子贡深责武叔之毁圣也。

叔孙武叔前言仲尼不及子贡，至是又复毁之。子贡曰："彼无用此为也！人之分量不同，或以流俗之谤毁而轻，或以流俗之谤毁而重，仲尼则非流俗之可得而轻重者，彼其道德高深冠绝千古，固不可得而毁也。盖他人之贤者如丘陵然，自平地观之虽有差殊，然其所至，尚未峻绝，更有高乎此者得而踰之矣。至于仲尼如日月然，万物皆在其照临之下，孰得加于其上而逾越之乎？纵有庸陋无识之人欲自弃绝于圣人之教，然圣人磨而不磷，涅而不缁，日月高明之体必不能抑之使卑，则于圣人曾何亏损？只见其不知分量，于圣凡高下惽然莫辨，徒为庸妄人耳，"

子贡言此，非徒戒其不当毁，正明其毁之无益，可谓晓之深而责之切矣。夫道益高则谤益重，圣人尚不能免，况其他乎？

陈子禽谓子贡曰："子为恭也，仲尼岂贤于子乎？"子贡曰："君子一言以为知，一言以为不知，言不可不慎也。夫子之不可及也，犹天之不可阶而升也。夫子之得邦家者，所谓立之斯立，道之斯行，绥之斯来，动之斯和。其生也荣，其死也哀。如之何其可及也？"

此一章书亦子贡知圣之深、尊圣之至也。

昔孔子道大难名，及门之士如陈子禽者，虽亲炙圣教，尚未能升堂入室，一日谓子贡曰："子于平日每尊崇仲尼，以为不可及，此特推逊其师为恭敬耳。仲尼岂果贤于子乎？"

子贡斥之曰："子何言之过也？夫君子一言而当，即成其为知；一言不当，即成其为不知。知与不知，关系于一言之间，言不可以不慎也。子为此言亦不知之甚矣。子之意岂以夫子为可及乎？吾夫子圣由天纵，道冠百王，大而化圣，而神有非思勉所能至者，殆犹天之轻清成象，不可以阶梯之，具攀跻而升也。惟夫子穷而在下，故有非常之道德而不见其非常之事功，使或得邦家而治之，其过化存神之妙，岂可意量哉？是即所谓立之斯立，爰养方施而民生已遂也；道之斯行，教化未遍而民性已复也；绥之斯来，一为抚循，而远至迩安也；动之斯和，一为鼓励，而时雍于变也。其生也荣，凡有血气，莫不尊亲。其死也哀，遏密八音，如丧考比也。其德化感人之速，入人之深如此，正如天之显仁藏用，万物自生自成于其中而不知所以然也。如之何其可及乎？子之言亦不知之甚矣！"

子贡之语子禽者，虽未然之事，然当时孔子相鲁，三月大治，亦小试行道之端，退而删定六经，修明先圣之道法，凡修身、齐家、治国、平天下之要，莫不备具。后代帝王从之则治，逆之则乱，立、道、绥、动之效，传之万世而无穷。有天下者诚欲体尧蹈舜，驾三代而轶汉唐，舍诵法孔子，其何道之从哉？

尧曰第二十

尧曰："咨！尔舜！天之历数在尔躬，允执其中。四海困穷，天禄永终。"

舜亦以命禹。

此一章书是记者历叙帝王相传之道，以见孔子与门人相授受者，亦不外乎此也。

记者曰：昔唐尧将禅位于虞舜，其戒命之词曰："咨！尔舜！自古天位相传之次第，犹岁时节气之先后，是谓历数。今尔德当天心，天之历数已属尔身矣。然天位维艰，命不易保，必有道以安天下之民，而后克永享禄位。尔宜廓然大公，心无偏倚，凡万几之来，因时顺应，皆以中道处之，自始至终，信能执守而不失焉，则民心悦安，而天禄可常保矣。苟不能执中，而凡事徇一己之偏，则政乖民乱，四海困穷，而怨叛将作，尔所受于天之禄位，亦永终而不可复享矣。可不戒哉？"

其后虞舜禅位于夏禹，亦以"允执厥中"命之，其间虽有"人心道心，惟精惟一"之训、"无稽勿听，弗询勿庸"之词，无非所以发明尧之一言，非有异也。

夫以尧、舜、禹三大圣人其授受之际，叮咛告诫不过如此，则执中也者，岂非万世人君之标准哉？

曰：“予小子履敢用玄牡，敢昭告于皇皇后帝：有罪不敢赦。帝臣不蔽，简在帝心。朕躬有罪，无以万方，万方有罪，罪在朕躬。”

此一节书是述汤告诸侯之辞也。

记者曰：继禹而膺历数者，商汤也。汤既伐桀而作诰以告诸侯，先述其初请命于帝而伐桀之词，曰：“予小子履敢用黑色之牡牲，敢昭告于皇天后土之神：今夏桀有罪，己必讨之而不敢赦；天下贤人皆上帝之臣，己必用之而不蔽。盖其罪其贤，皆简阅在上帝之心，己安敢违之而自任其私意乎？予之初请命者如此。今既为天子矣，其责任尤有重焉者，盖天以万方臣庶付之于我，则朕躬若有过举而得罪，是己不能奉若天道而致之，万方小民何预焉？若万方臣庶得罪犯法，是己所以表率抚驭者未得其道，其罪无可诿矣，尔诸侯其共体之。”此汤告诸侯之词也。

观其请命之词，则伐桀之举出于天；观其告诸侯之词，见天下之责在于己。承天子民，栗栗危惧，视三圣之执中，殆异世而同符也与！

周有大赉，善人是富。

“虽有周亲，不如仁人。百姓有过，在予一人。”

谨权量，审法度，修废官，四方之政行焉。

兴灭国，继绝世，举逸民，天下之民归心焉。

所重：民、食、丧、祭。

此五节书皆述武王之事也。

记者曰：继汤而膺历数者，周武王也。武王初克商时，即反纣之所为，散鹿台之财，发钜桥之粟，大赉于四海，而万姓悦服。然非人人而富之也，惟有功德之善人，则加厚而是富焉，以示激劝。其赏善之公如此。

当其伐纣之初誓师之词有曰：“纣虽有至亲亿万之多，然皆离心离德，不如我周家臣子皆仁厚有德之人，同心同德而可恃也。是伐纣有必尧之理矣。今我既获仁人，若不往正其罪，则百姓嗟怨归罪于我之一身，盖谓百姓畏纣之虐，望周之深，而责武王不拯己于水火之中也。”其以除暴为己任如此。

又纣之时权量无准，法度咸隳，百官不职。武王既定天下，于是取权之轻重，量之大小，皆谨而较之，使归中正之则，而官府不得以侵渔民间，不得以欺诈，若礼乐制度，凡可损、可益、可因、可革者，皆审而定之，使合义理之当然。有官职废坠不举者，则重新修理，使在官百职一时尽举，无复向日颓废之患。由是王章所布，在在遵守，而四方之政无有壅遏而不行者焉。武王之以义正天下如此。

纣之时灭人之国，绝人之世，逸民播弃而不用。武王方有天下，封黄帝、尧、舜、夏商之后于其国土；已灭者则裂茅土以兴之，使享有国邑；世系已绝者，则取支庶以继之，使绵其宗祀；又释箕子之囚，复商容之位，贤人隐逸在下者则举用焉，使野无遗俊，三者皆人心所欲也。武王行之，由是德意所被，人人欣戴，而天下之民无不倾心而归向焉。武王之以仁感天下如此。

至于加意民事，非独一端，而所尤重者，则惟在食以养生、丧以送死、祭以追远之三者，故制田里以厚民生，定为丧祭之礼以教民孝，所以维人心而厚风俗也。

由武王之事观之，德泽周遍，政教修明，无非表建中德，而无负上天宠绥之命也。其接尧舜禹汤之中统，良有以夫！

宽则得众，信则民任焉，敏则有功，公则说。

此一节书是统论帝王之道也。

记者既历叙尧舜禹汤文武之事，因总论之曰：二帝三王因时立政，设施虽不同，而为治之道不外宽、信、敏、公四者。人君以天下为量，惟宽以有容，而包涵无外，则四海度内，万物一体，众莫不归附之矣。

出治以至诚为本，惟信以行政，而内外如一，则上以诚感，下以诚应，而民莫不倚仗之矣。

庶事所以丛脞者，不能励精图治也。惟勤敏而宵旰不遑，则百度振举，所为有功矣。

人心所以乖违者，不能虚衷顺应也。惟大公而好恶不作，则举措合宜，莫不悦服矣。

此四者，帝王所以成唐虞三代之盛治也。夫分言之曰宽信敏公，约言之不过一中而已。有天下者，执此中而不失，以比隆于二帝三王也，何难之有。

子张问于孔子曰："何如斯可以从政矣？"

子曰："尊五美，屏四恶，斯可以从政矣。"

子张曰："何谓五美？"

子曰："君子惠而不费，劳而不怨，欲而不贪，泰而不骄，威而不猛。"

此一章书是记孔子答子张问政之言，以继帝王之统也。

子张问于孔子曰："君子出而用世，当何所作为斯可以居位而从政矣？"

孔子曰："治道不一端，惟在审所取舍而已。政有美而致治者五事，诚能尊而行之，则百姓蒙其福。有恶而害治者四事，诚能屏而绝之，则百姓去其害，斯可以从政矣。"

子张又问曰："何谓五美？"

孔子曰："凡施惠于人者，未免有所费，君子则惠而不费，有益于下而无损于上，其为美一也；劳民之力者，多致民之怨，君子则劳而不怨，既已劳民之力，又不拂民之心，其为美二也；人心有所欲，易至于贪，君子未尝无欲也，而于己有所得，于人无所求，欲而不贪，其为美三也；人志意舒泰，易至于骄，君子虽泰然自得也，而无一毫骄傲之意，其为美四也；人以威临民，易至于猛，君子虽有威可畏也，而不至于猛厉而难堪，其为美五也。”

凡此五美，皆为政者所当尊也。

子张曰：“何谓惠而不费？”

子曰：“因民之所利而利之，斯不亦惠而不费乎？择可劳而劳之，又谁怨？欲仁而得仁，又焉贪？君子无众寡，无小大，无敢慢，斯不亦泰而不骄乎？君子正其衣冠，尊其瞻视，俨然人望而畏之，斯不亦威而不猛乎？”

此一节书是详五美之事也。

子张闻五美之目，而未知其实，因问曰：“何谓惠而不费？”

孔子备举而告之曰：“凡施惠而捐己之财，则费矣。又安得人人而给之？君子因天下之利以利天下之民，制其田里，教之树畜，但就百姓本然之生理为之区划而已，非分吾所有以予民也，斯不亦惠而不费乎？劳民而不量其力，则民必怨，君子用民之力，不夺民之时，不兴不急之务，佚道使民，又何锝而怨之？欲非其当然，则贪矣，若仁覆天下之念，不至兼济万物，其欲不止，则以不忍之心行不忍之政。君子无论人之众寡，事之小大，一惟临之以敬谨，而不敢有慢易之心，则应务皆当，而此心自安舒矣。然本之兢业自持之内，非侈然自放也，斯不亦泰而不骄乎？君子端正，其衣冠尊肃，其瞻视俨然于上，人自望而畏之，非作威以加人也，斯不亦威而不猛乎？”

夫惠不费，劳不怨，施于人者也；欲不贪，泰不骄，威不猛，存于己者也。为政内外始终之道备矣。

子张曰：“何谓四恶？”

子曰：“不教而杀，谓之虐；不戒视成，谓之暴；慢令致期，谓之贼；犹之与人也，出纳之吝谓之有司。”

此一节书是详四恶之事也。

子张又问曰：“何以谓之四恶？”

孔子曰：“为政欲民不为恶，则当素教之，教而不从乃可加刑，苟不教而遽杀其民，则残酷不仁而谓之虐；凡有所兴作，则当先期告戒之，使知奉行，渐次整理，乃可责成其功，苟不戒而遽考其成功，则急遽无渐而谓之暴；凡有所征求，如赋税、兴工聚众之类，必告诫谆切而后民知奉公，若故意慢其令于前，而刻期以急之于后是误民，而必刑之以罔害其民也，则谓之贼；至若有功当赏，则断然赏之而后足以劝，若均之以物与人也，而于出此纳彼之时，迟回顾惜，悭吝而不即予，则是有司为人守财不敢自专之事，而非为政之体，人不竞奋图功矣。”

四恶之实如此，皆为政者所当屏也。记者叙此，以上继帝王执中之治统，孔子之为政从可知矣。

子曰：“不知命，无以为君子也；不知礼，无以立也；不知言，无以知人也。”

此一章书是孔子言圣学之始事也。

孔子曰：“修身处世之道固自多端，然其要有三：知命、知礼、知言而已。盖人之有生，吉凶祸福皆有定命，必知命而信之，尽人事以听天，乃能为君子。若不知命，则不顾义理，而见害必避，见利必趋，徒丧其守，而陷于小人之归矣，何以为君子？此命之不可不知也；至于礼者，可以消非僻之心，振惰慢之气，知之则德性坚定，威仪检摄，而有以自立，若不知礼，则耳目手足惶惑失措，无以持身而自立也，此礼之不可不知也；至于人之邪正，己之取舍系焉，不可不知，而其要在知言。盖人心之动，因言以宣，即其言语之当否，可以知其心术之邪正，若不知言，则邪正何由而辨？无以知人而定取舍也。此言之不可不知也。”

《论语》以是终篇，诚示人以修己处世之要道，必自知入矣。盖惟精之功先于惟一，格致之学先于诚正，故朱子曰：“论轻重，行为重；论先后，知为先。”譬如行路，目光先见而后足履之，庶无冥行倾跌之患，否则，伥伥其何之矣？奈何后之儒者混知行为一途，而不以讲学明理为急务哉？

《日讲四书解义》卷十三

孟子 上之一

孟子，当战国时，悯教化衰微，人心陷溺，于是发明孔子之学，以性善辟端，以王道黜功利，进则告于列国诸侯，退则与及门万章、公孙丑之徒反复论辨，总不离乎仁义者，是其道虽未大行，而其教已被于天下后世。故韩愈曰："求观圣人之道者必自孟子始。"

书凡七篇。

梁惠王章句上

孟子见梁惠王。王曰："叟不远千里而来，亦将有以利吾国乎？"孟子对曰："王何必曰利？亦有仁义而已矣。王曰'何以利吾国'？大夫曰'何以利吾家'？士庶人曰'何以利吾身'？上下交征利而国危矣。万乘之国弑其君者，必千乘之家；千乘之国弑其君者，必百乘之家。万取千焉，千取百焉，不为不多矣。苟为后义而先利，不夺不餍。未有仁而遗其亲者也，未有义而后其君者也。王亦曰仁义而已矣，何必曰利？"

此一章书是言为人君者当躬行仁义也。

梁惠王，名罃，本魏侯，都大梁，僭称王，谥曰惠，因称之曰梁惠王。

昔孟子抱道自重，不见诸侯。梁惠王卑礼厚币以招贤人，孟子因而见之，盖为行道计也。

惠王一见孟子，因问之曰："叟自邹至梁，遥遥千里，乃不惮其远而来者，亦将有奇谋善策可以利寡人之国乎？"惠王此言，但知有利，乃为己之私也。

孟子对曰："王诚有意治国，何必以利为言哉？亦有仁义而已矣。仁以爱人，则可以怀保四境；义以制事，则可以总理万几；此乃求治之要道也。奈何舍此而言利耶？且王亦未知利之为害耳。今王为一国之主，乃大夫士庶人所则效也。如王所重在利，自筹曰'何以利吾国？'此端一开，人皆效尤：彼大夫之有家者，必筹曰'何以利吾家'？士庶人之有身者，亦必筹'何以利吾身'？为上者为利而谋取乎下，为下者为利而谋取乎上，是上下交征也。危亡之祸不从此而起乎？将见万乘之国或有弑其君者，应非他人，必是千乘之家，以彼所利在万，故不得不弑也；千乘之国或有弑其君者，应非他人，必是百乘之家，以彼所利在千亦不得不弑也。夫君有万乘，而臣取千焉；君有千乘，而臣取百焉。以义揆之，不为不多，亦可以相安无事矣。苟以义为后，而以利为先，则不知分谊之可安，而惟贪肆之无已，不至于弑其君而尽夺之，其心固未肯餍足也。利之为害一至于此，岂不甚可畏哉？若所谓仁义似乎无益于国，而其实未尝不利也。尝见不仁之人，存心刻薄，因而遗弃其亲者有之；若所好在仁，则爱亲之诚出乎天性，未有仁而遗弃其亲者也。不义之人，存心僭忒，因而背慢其君者有之；若所好在义，则敬君之念尽其当然，未有，亦惟曰仁义，以使人爱亲敬君而已矣，何必曰利，徒启人弑夺之心哉？”

盖战国之时，王道衰息，因孔子既殁，圣学不明，故也一时游说之徒，皆以功利干进，而当时之君亦习而好之。自孟子愿学孔子，独以仁义勉惠王，而内圣外王之学遂大明于天下，后世诚因此言而绎思之，则天德王道一以贯之矣。

孟子见梁惠王，王立于沼上，顾鸿鴈麋鹿，曰：“贤者亦乐此乎？”

孟子对曰：“贤者而后乐此，不贤者虽有此，不乐也。《诗》云：‘经始灵台，经之营之，庶民攻之，不日成之。经始勿亟，庶民子来。王在灵囿，麀鹿攸伏，麀鹿濯濯，白鸟鹤鹤。王在灵沼，于牣鱼跃。’文王以民力为台为沼，而民欢乐之，谓其台曰灵台，谓其沼曰灵沼，乐其有麋鹿鱼鳖。古之人与民偕乐，故能乐也。”《汤誓》曰：“‘时日害丧？予及女偕亡。’民欲与之偕亡，虽有台池鸟兽，岂能独乐哉？”

此一章书是欲为君者与民同乐之意。

孟子在梁时，往见惠王，适遇王立于沼上，乃顾鸿鴈麋鹿问于孟子，曰：“贤德之君，必勤于正务，宵旦不遑，如此台池鸟兽亦以之为乐乎？”盖惠王有惭愧之心，谓贤者当不乐乎此也。

孟子对曰：“台池鸟兽之乐，人有同心，必贤德之君，使民安物阜，忾息不闻，而后可以常有此乐。若不贤之君，国乱民愁，危亡将至，虽有此，必不能乐也。所谓贤者，如古之文王非乎？《大雅·灵台》之诗曰：‘文王始作灵台之时，方经之以审其位，次营之以正其方向，而庶民即相与攻治，不日之间遂以告成’。文王恐其劳民，虽戒曰‘勿亟’，而庶民之踊跃而来者，则如子之趋父事焉。当台之既成，而其下则有囿。文王时在灵囿，则见麀鹿攸伏而不惊，且濯濯而肥泽焉，复见白鸟鹤鹤而鲜洁焉！囿中有沼，文王时在灵沼，则见鱼之跳跃充满于沼之中焉！《诗》言如此。夫文王用民之力为台为沼，宜乎民劳而怨矣，乃不以为劳，而反欢乐之至，称其台曰灵台，称其沼曰灵沼。若喜其速成而有神灵之助，且乐其台之下有麋鹿，池之中有鱼鳖，又若悦其美备而叹羡之深者，其故何哉？盖由文王平日能爱养斯民，使之饱食暖衣，与民同乐，故民皆爱戴，乃得有此台池鸟兽之乐也。故曰‘贤者而后乐此’。若夫不贤者，则观于夏桀可知矣。《汤誓》曰：‘桀自言吾有天下如天有日，日亡吾乃亡’。至是暴虐之甚，民皆怨之，曰：‘此日何时而亡乎？若亡则我寧与之俱亡。’是盖欲其速亡也。夫民而至欲与之速亡，必平日不恤其民，使之饥寒愁苦而无以自遂，故民皆怨之而欲其速亡也。如此，虽有台池鸟兽，能晏然独乐哉？故曰‘不贤者虽有此不乐也’。王诚与民同乐，则台池鸟兽之乐亦何损于王哉？古圣王游观之事，凡以为民，故文王视民如伤惠鲜懷保，而台池鸟兽愈可以征盛德焉。若桀之琼宫瑶台，亦惟筑愁筑怨耳。乐虽同，而公私仁暴不同，治乱兴亡亦因之各异，可勿辨与？”

梁惠王曰：“寡人之于国也，尽心焉耳矣。河内凶，则移其民于河东，移其粟于河内。河东凶亦然。察邻国之政，无如寡人之用心者。邻国之民不加少，寡人之民不加多，何也？”

孟子对曰：“王好战，请以战喻。填然鼓之，兵刃既接，弃甲曳兵而走。或百步而后止，或五十步而后止，以五十步笑百步，则何如？”

曰：“不可，直不百步耳，是亦走也。”

曰：“王如知此，则无望民之多于邻国也。”

此一章书见人君当尽心王道，不宜以小惠自矜也。

梁惠王语于孟子曰：“人君治国，以民食为先，尤以救荒为急。若寡人之治国，于救荒之策，可谓竭尽其心而无余矣。如河内凶荒，则移其少壮者于河东，使之就食，其老弱不能移者，则移河东之粟于河内以养之。或河东凶荒，其移民移粟亦如河内之事焉。我之尽心固如此。徧察邻国之政，如寡人之委曲周挚而用心者皆无之，宜乎邻国之民尽归于寡人矣。乃邻国之民不加少，寡人之民不加多，其故何哉？”

盖惠王以移民移粟遂自矜尽心，而不知非至善之策也。

孟子乃设喻以晓之曰：“战斗之事王所素好，请以战为喻，可乎？夫战之时，两军对垒，填然鼓之而进，胜负固未分也。及兵刃既接，胜者固胜，而败者则弃其甲胄、曳其兵器而走焉。方其既败而走，固未尝自计其远近也，或有百步而止者，或有五十步而止者，此时五十步者遂笑百步者，而以为怯。彼笑者，王以为宜乎？否乎？”

惠王曰：“不可。五十步而止者，亦但不至于百步耳，远近虽有不同，其为走，一也。何得以近而笑远哉？”

孟子乃因其明而通之，曰：“王既知此，则小惠及民，当无望其加多于邻国矣。盖治国贵乎足民。移粟、移民，皆非足民之计。王之尽心，亦犹五十步之走耳。欲民之多于邻国，不其难哉？苟求其多，惟力行王政而已矣。”

“不违农时，谷不可胜食也；数罟不入洿池，鱼鳖不可胜食也；斧斤以时入山林，材木不可胜用也。谷与鱼鳖不可胜食，材木不可胜用，是使民养生丧死无憾也。养生丧死无憾，王道之始也。五亩之宅，树之以桑，五十者可以衣帛矣；鸡豚狗彘之畜，无失其时，七十者可以食肉矣；百亩之田，勿夺其时，数口之家可以无饥矣；谨庠序之教，申之以孝悌之义，颁白者不负戴于道路矣。七十者衣帛食肉，黎民不饥不寒，然而不王者，未之有也。”

此二节书言治国当以王道为急也。

孟子又曰：“治国以王政为本，而王政以养民为先。养民之物，惟食与用而已。如农时者，五谷所自出也，苟不夺其时，耕耘得以尽力，则谷不可胜食也；洿池者，鱼鳖所聚之处也，如宽为滋息，数罟不入其中，则鱼鳖不可胜食也；山林者，材木所生之地也，如养其萌蘖，斧斤以时而入，则材木不可胜用也。夫谷与鱼鳖材木乃食用之物，以为饮食、宫室，则可以养生；以为祭祀、棺椁，则可以送死。不胜食，不胜用，是使民养生丧死无不足之憾也。夫民至养生丧死皆无所憾，则民心已得，此王道之始事也。而凡所以养之、教之者，可以次第而举矣。每夫有五亩之宅，而墙下则树之以桑，用以供蚕事而出丝帛，则五十之非帛不暖者，可以衣之而暖矣；鸡豚狗彘之畜，无失其孕字之时，用以蕃生育而裕烹飪，则七十之非肉不饱者，可以食之而饱矣；至所授百亩之田，勿夺其耕耘收获之时，则谷有所出，而一家数口之众，可以赡养而无饥矣。凡此皆养民之事，而教民之事亦由是举焉。彼乡学名为庠序，所以教也。而于此益谨饬焉，务使入于正，而弗纳于邪教之中，特重孝弟，各有义也。而于此益申明焉，务令本乎诚，而不出于伪，于是相观而化，无弗爱亲敬长，乐于代劳，颁白之老者必不负戴于道路中矣。此教民之事也。夫教养兼行，至于七十之老者衣帛食肉，少壮之黎民不饥不寒，则熙皞之风无弗归向，有不大一统而王者，未之有也。”

王道之成盖如此，权移小惠，岂可即以为尽心耶？

“狗彘食人食而不知检；涂有饿莩而不知发；人死，则曰：‘非我也，岁也。’是何异于刺人而杀之，曰：‘非我也，兵也。’王无罪岁，斯天下之民至焉。”

此一节书言弊政害民，欲其力行王政以得民也。

孟子又曰：“王不尽心于王道，而徒移民移粟，遂咎夫民之不加多，亦未思平日之所为何如耳。盖王不行王政，则民已无常产，乃反畜养狗彘，使食人之食，而不爱惜检制之，是视民轻于物，有以致民之死也。迨既死，而涂有饿莩，又不知发仓廪而赈救之，是视仓廪重于民，无以救民之死也。至于人死，则曰‘非我不尽心也，岁凶害之也’。夫如是，则与以兵刺人而杀之，乃曰‘非我杀之，而兵刃杀之也’，何以异耶？盖兵虽杀人，而其罪原不在兵。民不加多，而其罪亦不在岁。王诚力行王道，而无归罪于岁，则天下之民方且来归之不遑，岂但加多而已哉？夫尧水汤旱，天灾流行，古圣王未尝无之，但平日力行王政，有备无患耳。若彼权移小惠，不过驩虞之术，而况弗能徧耶！此王霸之所由分，不可不辨也。”

梁惠王曰：“寡人愿安承教。”

孟子对曰：“杀人以梃与刃，有以异乎？”

曰：“无以异也。”

“以刃与政，有以异乎？”

曰：“无以异也。”

曰：“庖有肥肉，厩有肥马，民有饥色，野有饿莩，此率兽而食人也。兽相食，且人恶之，为民父母，行政不免于率兽而食人，恶在其为民父母也？仲尼曰：‘始作俑者，其无后乎！’为其象人而用之也，如之何其使斯民饥而死也？

此一章书言虐政宜急去，仁政宜急行也。

梁惠王因孟子之言有感于心，曰：“小惠原属无益，而王道在所当行，夫子之教我诚至矣。然而善政多端，惟夫子尽言无隐，寡人愿安心受教焉。”

孟子因其诚而设喻以问之，曰：“杀人者或用梃杖，或用兵刃，二者有以异乎？”

王曰：“器虽不同，而致人之死则一，无以异也。”

孟子又曰：“杀人者或以兵刃，或以虐政，二者有以异乎？”

王曰：“事虽不同，而致人之死亦一，无以异也。”

惠王之明，盖已有可教矣。孟子遂直言之曰：“兴一利不如除一害，虐政除然后仁政可举。今王厚敛于民，而使庖有肥肉，厩有肥马，在民则有饥馁之色，在野则有饿死之人，此何异于率兽而食人乎？是虐政之害民，正无异于梃刃之杀人也。王亦知君国子民即为民之父母耶。夫兽与兽相食，人且见而恶之，况人君为民父母，而不免于率兽食人，是有子民之责而为残民之事，恶在其为民父母乎？昔仲尼有言曰：‘始作木俑以从葬者，其人不仁之甚，殆无后乎？’仲尼之恶之也，为其象生人之形用之殉葬，而涉于忍也。夫象人未至于杀人，仲尼犹且恶之，况实以虐政残民，使之饥饿而死，如之何其可哉？”

盖战国之君，奢侈无度。凡厚敛于民者，止供其庖肉厩马之用，而民因以饥饿而死，故孟子以率兽食人为言，正以侈心一启，而遂不免乎此也。《书》曰：“慎乃俭德，惟懷永图。”夫非恤民保邦之本务与？

梁惠王曰：“晋国，天下莫强焉，叟之所知也。及寡人之身，东败于齐，长子死焉；西丧地于秦七百里；南辱于楚。寡人耻之，愿比死者一洒之，如

之何则可？孟子对曰："地方百里而可以王。"

此一章书言王业有可图，私怨不必报也。

梁惠王本魏斯之后，三分晋地，故曰晋。后迁于梁，故曰梁。因丧败之后，志图报复，乃问于孟子，曰："我晋国当先王之时，地广兵众，天下称强，叟之所素知也。及传至寡人之身，东与齐战败绩，长子死焉；西为秦人所侵，丧失河内外之地七百里；南又为楚所辱。是皆寡人不竞，以为我先人羞，寡人窃耻之。今欲为先人一洗其辱，不知如何经画而后可。"

考惠王败于三国，皆其过举，乃犹不能自反，而徒懷忿恨，岂大勇所为哉？孟子因对曰："王以败绩之后，国势已促，难于雪耻乎？诚发奋为雄，虽百里之地亦足致王于天下，况以晋国之大，独不能一图雪耻耶！是在王加之意而已。

"王如施仁政于民，省刑罚，薄税敛，深耕易耨。壮者以暇日修其孝悌忠信，入以事其父兄，出以事其长上，可使制梃以挞秦楚之坚甲利兵矣。彼夺其民时，使不得耕耨以养其父母，父母冻饿，兄弟妻子离散。彼陷溺其民，王往而征之，夫谁与王敌？故曰：'仁者无敌。'王请勿疑！"

此四节书是言仁政足以无敌也。

孟子又曰："臣言百里可王者，乃以仁政决之也。王如施仁爱之政于民，刑罚则省之，用法常寛而不戕民命，税敛则薄之，取民有制而不朘民生，务令春而深耕不妨其耕，夏而易耨不妨其耨，又使民之壮者于闲暇之日，讲明孝悌忠信之理，使入而在家以此理事其父兄，出而在外以此理事其长上，夫民衣食既足，皆知礼义，一旦有事，必能亲上死长，有勇当先，虽秦楚之大，坚甲利兵之莫与敌者，亦可使持梃而挞之，况其它乎？夫秦楚之坚甲利兵，而谓可使制梃以挞之者，盖以彼有可乘之隙也。彼烦刑重敛，行不仁之政，则民务农之时彼夺之矣，欲深耕易耨，尽力农事，以养其父母，岂可得哉？至于父母冻饿而衣食不能给，兄弟妻子离散而室家不相保，是在彼之民殆无异陷于井而溺于水也。如是而王帅其师徒，往正其罪，彼积怨之民必乐归于我，又谁肯出力用命以与王师相敌哉？故古语有云：'仁者无敌。'正言一行仁政，则天下归心而莫与之抗，不在强弱大小也。所谓地方百里而可以王者，盖以此。王请勿疑，于心断然行之，即以梁王可也，何雪耻之足云。"

战国时兵戈相寻，率皆复雠构怨，而民不胜其苦。故以爱民为念，而教养兼施者，则天下无敌焉，以其仁也。观周以积德累仁，而遂有国祚灵长之庆，则创之与守，总在乎仁而已矣。

孟子见梁襄王。出，语人曰："望之不似人君，就之而不见所畏焉。"卒然问曰："天下恶乎定？"吾对曰："定于一。""孰能一之？"对曰："不嗜杀

人者能一之。”

此一章书言一统之业在于仁也。

昔梁惠王之子襄王，孟子尝往见之，以为行道计，因其非有为之君，乃出而语人曰：“凡有为之主，必表见于容貌词气之间，可以一见而决。当吾之见嗣王也，始望之既不似人君之度，及近而就之，又不见有可畏者焉。且卒然问曰：‘今诸侯争战，天下纷然，将何所定？’吾对曰：‘天下分为列国，是以不定必归于一统，则干戈息而天下可定矣。’王又问：‘今诸侯各为雄长，孰能一统？’吾对曰：‘列国攻伐相寻，皆以嗜杀为事，是以不能相一。惟有以不忍为心，而不嗜杀人者，则天下归诚，自能一之矣。’”

是知好生者天地之德，则不嗜杀人，非居中建极、统一万方之要道与？

“孰能与之？”对曰：“天下莫不与也。王知夫苗乎？七八月之间旱，则苗槁矣。天油然作云，沛然下雨，则苗浡然兴之矣。其如是，孰能御之？今夫天下之人牧，未有不嗜杀人者也。有不嗜杀人者，天下之民皆引领而望之矣。诚如是也，民归之，由水之就下，沛然谁能御之？’”

此二节书言人君以好生为心，则天下无不悦而归之也。

王又问曰：“今列国之民，各统于其君，受其禁制，孰能舍彼归此乎？”吾对曰：“天下虽大，盖莫不归于不嗜杀人之主也。王知夫田间之苗乎？至七八月之间，时当亢旱，则苗皆枯槁，此正待雨以润之也，天乃油然作云，沛然下雨，将见苗之枯槁者无不浡然兴起矣。苗之兴也如是，其孰得而止之乎？夫民情犹物理也，今夫天下之君职在牧民，乃皆以争斗为事，驱民于锋镝而不顾，盖未有以仁爱为心，而不嗜杀人者也。斯时也，有一不嗜杀人者，则天下之民皆引领而望，愿以为君，亦如大旱之望雨矣。望之诚切如是，则来归之势自不容已，殆犹水之就下，沛然奔赴，又孰能从而御之哉？”

所谓天下莫不与者，盖以此。要之，杀人之事，不特战斗为然，凡足以害民生者，皆是也。故古帝王仁昭德博，而犹有饥寒，由我之思，夫亦善推此不嗜杀人之心而已矣。

齐宣王问曰：“齐桓、晋文之事可得闻乎？”

孟子对曰：“仲尼之徒无道桓文之事者，是以后世无传焉。臣未之闻也。无以，则王乎？”

曰：“德何如，则可以王矣？”

曰：“保民而王，莫之能御也。”

此一章书是言为人君者当黜霸功而行王道也。

齐宣王，姓田氏，名辟疆。一日问于孟子曰：“在昔五霸迭兴，惟齐桓、晋文名为特盛，心窃慕之，其所行之事亦可得而闻之乎？”

孟子对曰："臣所学者仲尼也，仲尼之徒以称五霸为羞，无有道桓文之事者，是以后世无所传焉。因无所传，故臣亦未之闻，此乃无可言者。若必欲言之，不已，其惟有王天下之道乎？"此孟子欲以王道进齐王也。

王曰："王天下者，必有其德，德何如则可以王天下矣？"

孟子曰："天为民而立之君，舍民而求王，不能也。有能以仁心仁政保安其民，则天下之民莫不爱戴，以之致王，自莫之能御也。"

曰："若寡人者，可以保民乎哉？"

曰："可"。

曰："何由知吾可也？"

曰："臣闻之胡龁曰，王坐于堂上，有牵牛而过堂下者。王见之，曰：'牛何之？'对曰：'将以衅钟。'王曰：'舍之！吾不忍其觳觫，若无罪而就死地。'对曰：'然则废衅钟与？'曰：'何可废也？以羊易之！'不识有诸？"

曰："有之。"

曰："是心足以王矣。百姓皆以王为爱也，臣固知王之不忍也。"

此二节书言保民不外于一心也。

王曰："保民者非大德不能，若寡人者，亦可以保民乎哉？"

孟子对曰："可。"

王曰："何由而知吾可以保民也？"

孟子乃引事以证之曰："王之臣有胡龁者，臣尝闻其言曰，王一日坐于堂上，适有人牵牛而行，过于堂之下。王一见而遂问之，曰：'牛将何所往？'牵牛者对曰：'新铸之钟必用牛血以涂其衅，今有新钟将杀此牛以衅之，故牵以往也。'王曰：'其舍之！吾不忍其恐惧觳觫，若无罪而就死地者然。'牵牛者曰：'王既不忍此牛，则无从取血，然则废寝衅钟之事乎？'王曰：'衅钟亦国之正典，何可废也？但以羊易之，则钟可衅而牛亦全矣。'臣闻胡龁之言如此，不知果有此事乎？"

王见孟子述胡龁之言皆一一相合，因直认之，曰："以羊易牛之事诚有之。"

孟子见王有善心，遂从而开导之，曰："王天下之道不必远求，止此不忍杀牛之心，即可以惠怀万民，覆冒四海，以之致王而无不足矣。但百姓愚昧，见王以羊易牛之事，皆以王惜费而爱财，惟臣则知王之心，乃因牛觳觫之状，触于目而感于心，有所不忍而然也。苟能因是心而扩充之，则保民而王何难哉？"

盖不忍之心，仁之端也。因而充之，则全体大用，自然及于天下者广，入于天下者深，而天下归仁矣。故《易》曰："君子体仁，足以长人。"

王曰："然。诚有百姓者。齐国虽褊小，吾何爱一牛？即不忍其觳觫，

若无罪而就死地，故以羊易之也。”

曰：“王无异于百姓之以王为爱也，以小易大，彼恶知之？王若隐其无罪而就死地，则牛羊何择焉？”

王笑曰：“是诚何心哉？我非爱其财，而易之以羊也，宜乎百姓之谓我爱也。”

曰：“无伤也，是乃仁术也，见牛未见羊也。君子之于禽兽也，见其生，不忍见其死，闻其声，不忍食其肉，是以君子远庖厨也。”

此三节书是孟子以仁术导齐王也。

维时齐王一闻百姓皆以为爱之言，乃曰：“然以羊易牛，形迹之间，似乎吝惜。诚有如百姓之议我者。但我之心，初不如是。齐虽褊小之国，然一牛之费吾何爱焉？止为牛觳觫之状，若无罪而就死地，甚为不忍，故以羊易之耳。此岂百姓之所知哉？”

孟子从而诘之，曰：“百姓以王为爱，王无足怪异也。以羊之小，而易牛之大，其迹涉有可疑。王之心彼恶得而知之？王果隐痛其觳觫，若无罪而就死地，则牛无罪，羊亦无罪，其何所分别乎？”

盖孟子欲王察识，而自得其本心也。而王不能自解，但笑曰：“当日以羊易牛之时，诚何心哉？及今思之，我非爱惜其财。而易之以羊者，果何谓也？自为之而且不能解，况百姓乎？宜乎百姓之议我为爱也。”

孟子乃从而解之曰：“以小易大，虽无解于百姓，而实则无伤也。当王之不忍觳觫者，乃王之仁也。而衅钟之典又不可废，于是不得已而以羊易之，是乃仁之术也。何也？牛已见，而羊未见也。既见牛，则不忍之心已发；未见羊，则不忍之心未形；于难处之中，而为两全之法，此所以谓之仁术也。若君子者，岂非善于行仁者哉？其于禽兽也，见其平日之生，即不忍见其死；闻其哀死之声，即不忍食其肉，是其仁也。至礼不可废，而有不得不用者，则身远庖厨，而不使接于见闻，乃以养此不忍之心也。王以羊易牛，正是仁术，即百姓以王为爱，何伤乎？”

王说曰：“《诗》云：‘他人有心，予忖度之。’夫子之谓也。夫我乃行之，反而求之，不得吾心。夫子言之，于我心有戚戚焉。此心之所以合于王者，何也？”

曰：“有复于王者曰：‘吾力足以举百钧，’而不足以举一羽；‘明足以察秋毫之末’，而不见舆薪，则王许之乎？”

曰：“否。”

“今恩足以及禽兽，而功不至于百姓者，独何与？然则一羽之不举，为不用力焉；舆薪之不见，为不用明焉。百姓之不见保，为不用恩焉。故王之不王，不为也，非不能也。”

曰："不为者与不能者之形何以异？"

曰："挟泰山以超北海，语人曰'我不能'，是诚不能也。为长者折枝，语人曰'我不能'，是不为也，非不能也。故王之不王，非挟泰山以超北海之类也；王之不王，是折枝之类也。"

此三节书是勉齐王奋发为仁之意。

宣王闻孟子之言而说，曰："《诗·小雅·巧言》之篇有云：'他人有心，予忖度而得之'，正夫子今日之谓也。盖以羊易牛之事，乃我所行也，及反而求之而所以易之之心，竟不可得。幸夫子以见牛未见羊之故言之于我，始觉恍然，及今我心犹有戚戚然不忍之意焉。但此心甚微，王道甚大。夫子谓有合于王者，果何在也？"

此宣王虽有得于心，而尚昧夫扩充之义。

孟子乃设喻以难之曰："今有白于王者曰：'以我之力，百钧足以举之'，而一羽则不能举；'以我之明，秋毫之末足以察之'，而舆薪则不能见。在王亦信而许之乎？"

王曰："否。"

夫人既能举重，岂不能举轻？既能见小，岂不能见大？此不可许也。

孟子因而晓之曰："王如知此，又何民之不能保耶？盖人与物迥乎不同，而加恩则有难易之别。今王以羊易牛，恩已足以及禽兽，是能举百钧察秋毫也；而保安之功独不至于百姓，是不举一羽、不见舆薪也。其故何与？然则一羽之不举者，但不用力耳，一用力，则不难也；舆薪之不见，但不用明耳，一用明，则不难也。百姓之不见保，亦但不用恩耳，一用恩则亦不难也。夫既不用恩以保民，何以致王？而不知苟一用恩，初非难事也，故王之不王，乃能为而不为，非欲为而不能也。倘欲为之，亦止此爱牛之心推广之而已。所谓'是心足王'者，盖以此也。"

王又问曰："夫子言不为与不能，似有分别，然其形状果何以异乎？"

孟子曰："不为与不能之形，可易见也。如挟泰山之重，以超北海之广，此乃天下必无之事，苟以此而语人曰'我不能'，是诚不能也，非能为而不为也。至于奉长者之命，而折取草木之枝，此乃天下最易之事。若以此而语人曰'我不能'，是其不为之也，非为之而不能也。不为与不能之形，有如此。今王有不忍于牛之心，即此推之，自可保民而王，然而不王者，非挟泰山以超北海之类，实有不能；是乃折枝之类，亦但不为耳。王可不因而自勉乎！"

"老吾老，以及人之老；幼吾幼，以及人之幼。天下可运于掌。《诗》云：'刑于寡妻，至于兄弟，以御于家邦。'言举斯心加诸彼而已。故推恩足以保四海，不推恩无以保妻子。古之人所以大过人者无他焉，善推其所为而

已矣。今恩足以及禽兽，而功不至于百姓者，独何与？权，然后知轻重；度，然后知长短。物皆然，心为甚。王请度之！”

此二节书言恩当推而心当度也。

孟子曰：“臣谓王之不王，犹如折枝，正以为之甚易耳。如吾有父兄，乃吾之老也，于此尽其孝弟，是老吾老而即推老老之心以及于人，使人皆得老其老；吾有子弟，是吾之幼也，于此尽其慈爱，是幼吾幼而即推幼幼之心以及于人，使人皆得幼其幼。举天下之老老幼幼，不过吾一人之心以推广之，则措诸一世者，止如运于手掌之上，有何难哉？《诗·大雅·思齐》之篇云：‘文王之德能刑法于寡妻，因及于兄弟，以御治于家邦。’盖言文王齐家治国虽若甚难，然不过举斯不忍之心，以加彼寡妻、兄弟以及家邦而已。夫存诸己者，谓之心；而施诸人者，则谓之恩。故为人君者，诚能推此心以施恩于人，则虽四海之大，皆为吾所覆冒，足以保之而无难。苟不推此心以施恩于人，则虽妻子至近，彼必不能得所，亦不足以保之矣！而况四海乎？是故古帝王之丰功伟业所以大过于人者，无他道也，亦但亲亲而及于仁民，仁民而及于爱物，由此心而善推之，其施为之间得其先后之序而已矣。今恩足及禽兽，而功乃不至于百姓，则是先后无序，与古人之善推所为者，大相反矣！独何故与？盖王亦未尝取其心而度之耳。从来物质不同，莫能悬揣，必用权而后知其轻重，用度而后知其长短。凡物皆然，未有任其差谬而不用权度者。至于心，则应事接物，酬酢万端，其所关为尤甚焉。盖心无权度，则是非利害之际，颠倒错乱，非止一物之差谬也。今恩足以及禽兽，而功则不至于百姓，王请度之！不几爱物之心重且长，而仁民之心反轻且短乎？试于轻重长短之间一为较量，则施恩必有序，而百姓自当亟保矣。”

“抑王兴甲兵，危士臣，构怨于诸侯，然后快于心与？”王曰：“否，吾何快于是？将以求吾所大欲也。”

曰：“王之所大欲可得闻与？”

王笑而不言。

曰：“为肥甘不足于口与？轻暖不足于体与？抑为采色不足视于目与？声音不足听于耳与？便嬖不足使令于前与？王之诸臣皆足以供之，而王岂为是哉？”

曰：“否。吾不为是也。”

曰：“然则王之所大欲可知已。欲辟土地、朝秦楚、莅中国而抚四夷也。以若所为，求若所欲，犹缘木而求鱼也。”

此三节书是孟子欲王自度其心，而先代为之度也。

孟子曰：“以王爱物之心甚于爱民，而失其轻重长短者。抑王欲兴甲兵以示威，置战士武臣于危地，因而结雠怨于诸侯，然后快于心与？苟以是为快，是不忍于一牛者，而独忍于万命，何不取而度之也？”

王曰：“否。吾何快此三者？特以有大欲，故不得不以此求之耳。”

孟子闻齐王大欲之言，因探之曰：“王之所谓大欲者，可使臣得而闻之与？”时齐王之大欲有难以语人者，但笑而不言。

孟子乃试之曰：“王之大欲，岂为肥甘之美味不足适于口与？轻暖之美衣不足适于体与？抑为华采之美色不足于目之视与？箛吹之声音不足于耳之听与？近习便嬖之人不足以使令于前与？若止此数者，则王之诸臣皆足以供王之欲而不乏，而王之所求者岂为是哉？”

王曰：“否。吾不为是而求也。”

孟子曰：“王不为此而求，则所谓大欲者可得而知矣，殆欲土地令之开辟，秦楚使之来朝，临莅中国、安抚四夷，成一统之盛，而始遂所欲耳。然有大过人之欲，须有大过人之为。若止以兴兵构怨之为，而求一统无外之欲，是犹缘林木而求水中之鱼也，岂可得哉？王亦可以自审矣。”

王曰：“若是其甚与？”

曰：“殆有甚焉。缘木求鱼，虽不得鱼，无后灾。以若所为，求若所欲，尽心力而为之，后必有灾。”

曰：“可得闻与？”

曰：“邹人与楚人战，则王以为孰胜？”

曰：“楚人胜。”

曰：“然则小固不可以敌大，寡固不可以敌众，弱固不可以敌强。海内之地方千里者九，齐集有其一。以一服八，何以异于邹敌楚哉？盖亦反其本矣？”

此一节书是孟子欲王反本也。

王曰：“兴兵以求大欲，虽未遽得，岂至如缘木求鱼之甚乎？”

孟子曰：“是岂为甚？殆有甚于是者焉。缘木求鱼，不过不得鱼而已，后日尚无灾悔。若以兴兵之为求一统之欲，虽尽心竭力而为之，不惟无功，而且召祸，有必不可免者。”

王曰：“所谓后必有灾者，可得闻之与？”

孟子曰：“后灾之说，亦以天下之势必之耳。今如邹人与楚人交战，以王揆之，则以为孰胜乎？”

王曰：“楚人胜。”

孟子曰：“邹楚之不相敌者，势也。王既知之，则凡胜败之形，夫亦可以预定矣。然则国土之小者，固不可以敌国土之大；人民之寡者，固不可以敌人民之众；兵力之弱者，固不可以敌兵力之强。岂非昭然可见者哉？今计海内之地，为方千里者有九区焉。齐国集合其地，止有九区之一。以九区之一，而欲服海内之八，以大小众寡强弱之势论之，何异于邹之敌楚耶？此臣所谓后必有灾也。王若求遂所欲，慎不可以兴兵构怨为也，盖亦反其本乎？反本，则不论势而论理，不以力而以德，所欲者不求而自遂矣。”

“今王发政施仁，使天下仕者皆欲立于王之朝，耕者皆欲耕于王之野，商贾皆欲藏于王之市，行旅皆欲出于王之涂，天下之欲疾其君者皆欲赴愬于王。其如是，孰能御之？”

此一节书言反本在于行仁也。

孟子曰：“所谓反本者，亦惟此不忍之仁而已。今王发之于政者，皆以施吾不忍之仁，则仁恩所感，皆归心向化，非有以使之而若或使之矣，将见天下之仕者知王之朝可以行道，皆欲立于王之朝；天下之耕者知王之野可以安业，皆欲耕于王之野；为商贾者知王之闤市无征，皆欲藏于王之市；凡行旅者知王之道途不滞，皆欲出于王之涂；天下有苦其君之虐政，而望王之救之者，皆欲来赴王所而愬其苦。是归仁之诚，出于心之同然也。其如是，殆犹水之就下，亦孰得而禁止之乎？至此，则大欲可遂，而无事兴兵构怨为矣。”

王曰：“吾惛，不能进于是矣。愿夫子辅吾志，明以教我。我虽不敏，请尝试之。”

曰：“无恒产而有恒心者，惟士为能。若民，则无恒产，因无恒心。苟无恒心，放辟，邪侈，无不为已。及陷于罪，然后从而刑之，是罔民也。焉有仁人在位，罔民而可为也？是故明君制民之产，必使仰足以事父母，俯足以畜妻子，乐岁终身饱，凶年免于死亡。然后驱而之善，故民之从之也轻。”

此三节书言恒产之不可不制也。

齐王感于发政施仁之言，请教于孟子曰：“致王之道诚不外于仁政，但我智识昏昧，不能遽进于此，愿夫子辅导吾志，凡政之何以发，仁之何以施，明以教我。我虽不敏，未能行之尽善，然请尝试而为之，以副夫子之教焉。”

孟子乃指实之曰：“仁政先于保民，保民先于制产。盖产制而礼义自出，此一定之理也。若不假恒产而自有礼义之恒心者，惟勤学问知礼义之士人为能然，若无知之民，一无恒产无所依藉，则未免为饥寒所迫，而因无礼义之恒心矣。苟无恒心，则将不顾廉耻，出于礼义之外，凡放荡，偏辟，邪枉淫侈之事无不为之矣。及以此而陷于罪戾，为人君者，然后加以刑辟焉，是欺民愚而以法罔之也。焉有保民之仁人，既在位而操得为之势，忍为此罔民之事乎？是故仁人而在位，即明君也。知夫民无恒心，由无恒产，而以制民之产为急焉。度民分地，计口授田，必使仰足以事其父母而不忧贫，俯足以畜其妻子而不苦乏。岁之丰而乐也，用度有余，可以终身饱暖；年之凶歉也，有备无患，可以免于死亡。此可谓有恒产矣。然后驱策之以归于善，则心无苦累，礼义自生，其从善也自轻易而不难矣。此所谓有恒产而有恒心，故明君以制产为急也。”

“今也制民之产，仰不足以事父母，俯不足以畜妻子，乐岁终身苦，凶年不免于死亡。此惟救死而恐不赡，奚暇治礼义哉？王欲行之，则盍反其本矣。五亩之宅，树之以桑，五十者可以衣帛矣；鸡豚狗彘之畜，无失其时，七十者可以食肉矣；百亩之田，勿夺其时，八口之家可以无饥矣；谨庠序之教，申之以孝悌之义，颁白者不负戴于道路矣。老者衣帛食肉，黎民不饥不寒，然而不王者，未之有也？”

此三节书言制民之产当有法，乃可以保民而王也。

孟子又曰：“明君制产，其尽善既若此。而今也，则不然。产非不制也，而古法不存，追呼日迫。为之民者，上既不足以事其父母，下又不足以畜其妻子，虽丰乐之岁，亦终身困苦，一遇凶歉之年，则辗转流离，不免死亡。若此者，虽皇皇救死尚恐不足，安有暇日以讲习礼义哉？无恒产而无恒心所必然也。王若恻然于心，欲行仁政，则何不反求其本，而以制民恒产为急耶？而制产则固有法矣：一夫百亩之外，又授地五亩，以为之宅，使树桑墙下，以供蚕事，则丝帛不缺，而五十者可以衣帛而暖矣；鸡豚狗彘之畜，无失其孕字之时，则七十者可以食肉而饱矣；百亩之田，勿夺其耕耨收获之时，八口之家可以食之而无饥馁矣。此制恒产之法也。于是设为庠序，而谨慎其教，又于教中特重孝弟而申明其义焉。由是人知教化，恒心以生，爱敬之诚皆出于心之不自已，将见尊长之劳，皆乐于代任，颁白之人必无负且戴于道路者矣。夫制产有法，以至老者衣帛食肉，无负戴之劳，黎民不饥不寒，知孝弟之义。此即熙熙皞皞三代盛王之风也，而谓不能王天下者，未之或有。臣所谓保民而王莫之能御者，盖以此也。区区桓文之事何足道哉？战国之君，皆争图霸功而不言王道，盖以王道为难行耳。不知不忍之心人皆有之，但即此一念之微而推恩于百姓，初无难也。孟子反复开导，在齐王虽迷而不悟，然而立言切实，确可施行，非帝王治平之良法与？”

《日讲四书解义》卷十四

孟子 上之二

梁惠王章句下

庄暴见孟子，曰："暴见于王，王语暴以好乐，暴未有以对也。"

曰："好乐何如？"

孟子曰："王之好乐甚，则齐国其庶几乎！"

他日见于王，曰："王尝语莊子以好乐，有诸？"

王变乎色曰："寡人非能好先王之乐也，直好世俗之乐耳。"

曰："王之好乐甚，则齐其庶几乎！今之乐犹古之乐也。"

此一章书是孟子因齐王之好乐，而劝其与民同乐，亦引君当道之意也。

齐臣莊暴一日来见孟子，曰："暴向者进见于王，王语暴以己之所好在于音乐。暴以为人君好尚贵，慎所趋，当时欲对未得其辞，不知好乐何如，果有害于治否？"

孟子曰："声音之道与政相通，特患王好之未甚耳。诚能推广此心，大同于物，则一念悦豫之情，即为一国和平之化，而齐国其庶几于治乎！"

孟子虽与暴言，然恐好乐之旨，暴未必能达之于王，即能达之于王，且未必能曲畅其说，故他日见于王而问曰："王曾语莊子以好乐，有是言乎？"

王乃勃然变色曰："乐固不同，有先王之乐，有世俗之乐。寡人所好，非能如咸英韶濩，古先圣王之所作也。不过新声杂奏，适一时之听闻而已，何足道哉？"此齐王自惭所好之不正也。

孟子遂迎其机而导之，曰："乐论公私，不论今古。诚使王好之之甚，不徒嗜其声音之靡曼，而得其和气之充周，则自上达下，欢然交欣，齐国其庶几于治乎？盖乐备乎文，实生于情，古今之乐文不同而情同。古乐固足以兴化，今乐亦足以致治。吾王欲审其所好，惟在甚与不甚之间耳，岂今乐独异于古耶？"

孟子此言，非谓《雅》《颂》之音与《郑》《卫》等，正以作乐之本，无非生于人心之和，故即齐王之所好而引之于正，此亦格非心之一端也。

曰："可得闻与？"

曰："独乐乐与人乐乐，孰乐？"

曰："不若与人。"

曰："与少乐乐与众乐乐，孰乐？"

曰："不若与众。"

此一节书是即人之常情，以启王与民同乐之意也。

齐王因孟子言声音之道可通于治，故遂问曰："夫子所言'好乐之甚，齐国庶几'之说，可得闻乎？"

孟子欲进王以与民同乐之说，乃先诘王以独乐与人乐之喻，曰："常人之情独自作乐以为乐与人作乐以为乐，二者果孰乐？"

王曰："乐之私何如乐之公，独乐而人不与，情未舒也，不若与人。"

孟子乃复诘王，以与少乐与众乐之喻，曰："常人之情，人少而与之作乐为乐，人众而与之作乐为乐，二者又孰乐？"

王曰："乐之偏隘，何如乐之大同？与少而众不与，情未畅也，不若与众，夫独乐不若与人，与少不若与众。此事理之至明，人情所共晓，为人君者特患未能推广此量耳。诚能克去己私，廓然大公，则万物一体之懐，即为宇宙太和之象。甚矣，同乐之为贵也！"

"臣请为王言乐：今王鼓乐于此，百姓闻王钟鼓之声，管钥之音，举疾首蹙頞而相告曰：'吾王之好鼓乐，夫何使我至于此极也？父子不相见，兄弟妻子离散。'今王田猎于此，百姓闻王车马之音，见羽旄之美，举疾首蹙頞而相告曰：'吾王之好田猎，夫何使我至于此极也？父子不相见，兄弟妻子离散。'此无他，不与民同乐也。今王鼓乐于此，百姓闻王钟鼓之声，管钥之音，举欣欣然有喜色而相告曰：'吾王庶几无疾病与？何以能鼓乐也？'今王田猎于此，百姓闻王车马之音，见羽旄之美，举欣欣然有喜色而相告曰：'吾王庶几无疾病与？何以能田猎也？'此无他，与民同乐也。今王与百姓同乐，则王矣。"

此四节书是孟子言与民同乐及不与民同乐之效，欲齐王知所法戒而行仁政以及民也。

孟子曰："王既知与人与众之乐，则作乐之理亦不外是矣。臣请为王一一陈之可乎？今王为鼓乐之乐于此，百姓闻王钟鼓之声，管钥之音，举皆疾首蹙頞私相告语曰：'吾王之好鼓乐，奈何使我等至此穷困之地，父子不相见，兄弟妻子离散，颠连已极而莫之省忧乎？今王为田猎之乐于此，百姓闻王车马之音，见王羽旄之美，举皆疾首蹙頞，私相告语曰：'吾王之好田猎，奈何使我等至此穷困之地？父子不相见，兄弟妻子离散流离已极，而莫之矜恤乎？'夫鼓乐、田猎，本王适情快意之举，乃百姓触目伤心，怨声载道者，何哉？盖由平日独乐其身，不能推此好乐之心以赡养斯民，故其愁苦之情有所感触，自不能已，此不与民同乐之故也。今王为鼓乐之乐于此，百姓闻王钟鼓之声，管钥之音，举皆欣欣然有喜悦之色共相告语曰：'吾王庶几身其康强而无疾病与？不然，何以能为此鼓乐之乐也？'今王为田猎之乐于此，百姓闻王车马之音，见王羽旄之美，举皆欣欣然有喜悦之色共相告语曰：'吾王庶几身其康强而无疾病与？不然，何以能为此田猎之乐也？'夫同此鼓乐，同此田猎，百姓欣幸之私喜见颜色者何哉？盖由平日能推好乐之心，使民仰事俯育各得其所，故其爱戴之情发于至诚，自不可遏此与民同乐之故也。夫民情之哀乐，系于好乐之公私如此。今王诚能推此好乐之心以及于民，发政施仁，养欲给求，使民安居乐业，愁苦不生，则四海归心，王业可成矣。臣所谓'好乐之甚，则齐国庶几'者如此。"

《乐记》曰："大乐与天地同和。"唐臣魏征之告太宗曰："乐诚在人和。"盖人主抚临兆庶，不可使一夫之不获，一物之失所，必也制田里，教树畜，下宽仁之诏，行赈恤之典，使老安少懷，家给人足，熙熙然如登春台，如安衽席，人心既和，则天地之和亦无不应。此帝王作乐之本，异世同揆，不专求之声音节奏间也。

齐宣王问曰："文王之囿方七十里，有诸？"

孟子对曰："于传有之。"

曰："若是其大乎？"

曰："民犹以为小也。"

曰："寡人之囿方四十里，民犹以为大，何也？"

曰："文王之囿方七十里，刍荛者往焉，雉兔者往焉，与民同之。民以为小，不亦宜乎？臣始至于境，问国之大禁，然后敢入。臣闻郊关之内有囿方四十里，杀其麋鹿者如杀人之罪。则是方四十里，为阱于国中。民以为大，不亦宜乎？"

此一章书是孟子因齐王论囿而引之以同民也。

齐王当日欲广其囿，谀佞之徒必有假文王之事以逢之者，故宣王问孟子曰："尝闻文王之囿周围凡七十里之广，果有之乎？"

孟子对曰："据传记所载，曾有此说。"

王又问曰："文王不过百里之国，为囿如是其大乎？"

孟子曰："当日之民犹以为小也。"

王曰："寡人之囿周围仅四十里，比于文王之囿，规制甚狭，乃百姓犹以为大，何也？"

孟子曰："文王之囿虽有七十里之广，然未尝以为己私。凡民之刍以牧养，荛以采薪者，皆往其中以取焉。民之雉以逐禽，兔以逐兽者，皆往其中以取焉。囿中所有，无一不与民共其利，既与民共其利，则用者多，而出者寡，民以为小，不亦宜乎？若王之囿，则与文王异矣。臣初至于王之境上，羁旅之臣必先问国之大禁，知所避忌然后敢入，因而闻郊关之内，有囿方四十里禁人出入，若有百姓擅杀囿中之麋鹿，即与杀人同罪。夫麋鹿与人贵贱悬殊，乃贱人而贵畜。立令如此之严，为法如此之峻，虽为苑囿，实同陷阱，民以为大，不亦宜乎？夫同一囿耳，在文王则为民利，在王则为民害，是不在规制之大小，而在与物之公私。王当弛其禁令，法文王同民之意可也。"

按《周书·无逸》有云："文王不敢盘于游田，以万民惟正之供。"推此志也，其囿未必如是之大，乃孟子不辨其事之必无，而但言其心之利物，则知古人设立苑囿，不过农隙讲武，非为朝夕从禽，故令宽而民不犯，泽溥而君不私，同民之治尚矣。

齐宣王问曰："交邻国有道乎？"

孟子对曰："有。惟仁者为能以大事小，是故汤事葛，文王事昆夷；惟智者为能以小事大，故太王事獯鬻，句践事吴。以大事小者，乐天者也；以小事大者，畏天者也。乐天者保天下，畏天者保其国。《诗》云：'畏天之威，于时保之。'"

此一章书是孟子欲齐王以仁智交邻，以大勇安天下，而先言事大、事小之道也。

齐宣王问孟子曰："讲信修睦，国之大事。壤地相接之国与我为邻，交之果有其道乎？"

孟子对曰："有。邻国固有大小之殊，交邻亦有仁智之异。大凡为大国者，每多称雄争长，侵陵小国，便为不仁。惟仁者度量宽洪，诚意恻怛，为能忘己之大而事邻之小。古之人有行之者，若成汤之于葛伯，文王之于昆夷，小国虽或不恭，而所以抚字之心自不能已，此成汤、文王之所以为仁也。为小国者多不度德量力，启衅大国，便为不智。惟智者通晓义理，酌量时势，为能安己之小，而事邻之大。古之人有行之者，若太王之于獯鬻，句践之于夫差。大国虽见侵陵，而所以敬事之礼尤不敢废，此太王、句践之所以为智也。然大国之当事，小国之当恤，仁者、智者岂有所勉强于其间哉？凡此莫非天理之当然也。仁者忘其势之在己，而嘉人之善，矜人之恶，是有优容之大度，而自然合理，能乐天者也；智者顺其势之在人，而循理而行，相时而动，是有敬慎之小心而不敢违理，能畏天者也。仁者惟其乐天，故能与天为一，包含徧覆，无物不容，四海皆在怙冒之中，其气象足以容保天下。智者惟其畏天，故能听天所命而制节谨度，无时敢忽，强敌无一可乘之隙，其规模足以保守一国。《诗经·周颂·我将》之篇有云：'人主能畏惧上天之威，不敢违逆，于是可保守天命而不失矣。'此为保天下者言也。而言畏天如此。"

可见畏天、乐天，总不出一敬慎之念。保国保天下，究亦同此谨守之功。交邻之道诚莫善于此矣！

王曰："大哉言矣！寡人有疾，寡人好勇。"

对曰："王请无好小勇。夫抚剑疾视曰，'彼恶敢当我哉！'此匹夫之勇，敌一人者也。王请大之！"

此二节书是齐王以小忿为疾，而孟子进之以大勇也。

齐王闻孟子之言，因叹美之曰："夫子论仁智交邻之道，能保国保天下，可谓大哉言矣！然欲行仁智，必有过人之量，能忍天下之所不能忍者。奈寡人有一疾病，偏好刚勇，遇小国无礼，不能包容；遇大国见侵，不能含忍。如何能成仁智之事？"

孟子对曰："王以为好勇有妨于仁智，臣正以为仁智非勇无以济耳。但勇有大小，王请勿好小勇，若激于一时之怒，抚剑疾视曰，'何人敢与我为敌哉？'此乃凭恃血气，匹夫之勇，仅可以敌一人，不足好也。王何不振其刚健之德，配乎道义之正，发愤为雄，威加海内，则仁之所不能容，智之所不能忍，勇一振焉，乃克有济。此真帝王之大勇也，王何以为病哉？可见不忍区区之小忿，便为血气之强；能伸安天下之大勇，便为义理之刚。人主不可不审所尚也。

"《诗》云：'王赫斯怒，爰整其旅，以遏徂莒，以笃周祜，以对于天下。'此文王之勇也。文王一怒而安天下之民。"

"《书》曰：'天降下民，作之君，作之师。惟曰其助上帝，宠之四方。有罪无罪，惟我在，天下曷敢有越厥志？'一人衡行于天下，武王耻之。此武王之勇也。而武王亦一怒而安天下之民。今王亦一怒而安天下之民，民惟恐王之不好勇也。"

此三节书是孟子引文、武之大勇，欲齐王法之以安天下也。

孟子曰："臣谓王当以大勇为好。盖尝观之于《诗》，而文王之事有足征矣。《大雅·皇矣》之篇有云：'密国违拒王命，侵陵阮国，而往至于共。地王乃赫然奋怒，整顿师旅以，止遏密人往共之众，使之不得至于阮国，抑强扶弱，于以笃厚周家之福，于以慰答天下仰望之心。'《诗》之所言如此，是兴兵伐密，文王之所以为勇也。文王赫然一怒，而天下之民俱赖之以安，其勇何如大哉！"

"抑尝观之于《书》，而武王之事更足征矣。《周书·泰誓》之篇有云：'上天降生下民，立之君以主治，立之师以主教。其意但欲为君师者，代天宣化，辅助上帝之所不及，故使之享有天位，宠异之于四方也。今我既受天之命，而有君师之责，则凡有罪之当诛、无罪之当悯，惟我得以主之，天下何敢有过越其心志，而作乱虐民者乎？'《书》之所言如此。若有一人横行作乱于天下，武王不胜忿耻。是以有伐商之举，此武王之所以为勇也。武王亦惟赫然一怒，而天下之民俱赖以安。其勇又何如其大哉！夫文、武之所以称大勇者，以其能除暴安民耳。王今者诚能法文、武之所为，亦赫然一怒，剪除暴乱，救民水火，以安全天下元元之命，则民之想望同于救焚拯溺，惟恐王之不好勇也，何以好勇为病哉？此臣所谓帝王之大勇，王之当好者也。"

要之，仁虽事小，非以养乱为仁；智虽事大，不以仅守为智。惟殄暴而天下无有阻吾之仁，定乱而天下不能穷吾之智。故事小事大，无不咸宜，岂非大勇之与仁智，乃相成而不相背也哉。宋臣司马光以仁明武，为君德之要，信矣！

齐宣王见孟子于雪宫。王曰："贤者亦有此乐乎？"

孟子对曰："有。人不得，则非其上矣。不得而非其上者，非也；为民上而不与民同乐者，亦非也。乐民之乐者，民亦乐其乐；忧民之忧者，民亦忧其忧。乐以天下，忧以天下，然而不王者，未之有也。"

此一章书是孟子欲齐王君民同乐也。

齐宣王馆孟子于雪宫，一日亲往就见王，夸其礼遇之隆。因曰："贤者从田间来，亦有此安居之乐否？"

孟子对曰："君以此待贤，则贤者宜有此乐也。然此乐非特贤者所有，当与凡人共之。使为人君者独享其乐，而不恤其民，则必有非怨其上之心矣。夫为下者当安为下之分，不得其乐而遂非怨其上，固非在下之所宜有；然为君者当尽为君之道，为民上而独享其乐，致使百姓怨望，亦君人者之过。所以人君当推此乐公之于民，不但当与贤者共之已也。且忧乐同民，民自无不感者。如安居粒食，民之乐也；台池鸟兽，君之乐也。为君者诚能所欲与聚，而乐民之乐，则民一见君有可乐之事，莫不欣然色喜，而亦乐君之乐矣。饥寒穷困，民之忧也；宵衣旰食，君之忧也。诚能所恶勿施，而忧民之忧，则民一见君有可忧之事，莫不戚然动念，而亦忧其忧矣。夫君以民之忧乐为念，则民亦以君之忧乐为心，君民一体，上下同情，是忧乐不以一已，而以天下，其欢忻愉怡、疾痛疴痒，无不相关，如此将见天下之民视之如父，戴之如天，有不成王业者哉？"

宋臣范仲淹有云："先天下之忧而忧，后天下之乐而乐。"惟其先忧也，故闾阎无愁苦之声；惟其后乐也，故朝廷享尊荣之奉。人主亦知所先后可也。

昔者齐景公问于晏子曰："吾欲观于转附、朝儛，遵海而南，放于琅邪。吾何修而可以比于先王观也？"

晏子对曰："善哉问也！天子适诸侯曰巡狩，巡狩者巡所守也；诸侯朝于天子曰述职，述职者述所职也。无非事者，春省耕而补不足，秋省敛而助

不给。夏谚曰：‘吾王不游，吾何以休？吾王不豫，吾何以助？一游一豫，为诸侯度。’”

此二节书是孟子引晏子告君以法古之言，而欲齐王知所以勤民也。

孟子曰：“臣谓同乐可以致王，不必远征诸古，即齐之先君有行之者，昔者景公问于其臣晏子曰：‘吾意欲观于转附、朝儛二山，复遵海滨而南行，至于琅邪之邑，思昔先王游观，当时称颂，后世传述，以为盛事。吾当何所修为而可以比隆往古也？’晏子对曰：‘吾君当游幸之日，而有志于法古。善哉问也！臣请以先王之观言之：天子十二年一适诸侯之国，谓之巡狩。盖巡狩之义，谓巡行诸侯所守之境，而察其政事之治否也。诸侯六年而朝于天子，谓之述职。盖述职之义，谓陈述其所受之职而待王朝之黜陟也。天子诸侯未有无事而空行者，而又每年春秋巡行郊野，时当春和，正百姓播种之候也，察其中有不足者，发仓廪以补之。时当秋成，正百姓收获之候也，察其中有不给者，发仓廪以助之。天子行于畿内，诸侯行于国中，其勤民之心如此之切，故当时之百姓颂声交作，流传至今。夏谚有云：‘吾王若不行游，则谁知吾之不足，而得蒙上之休？吾王若不豫乐，则谁知吾之不给，而得蒙上之助？一游一豫，皆有恩惠以及民，而为四方诸侯之法则焉。’观夏谚所云，则先王之补助，足征游观可法矣。盖上世之君虽有省方问俗之典，然车徒不扰，供应不烦，故每亲履田间，进父老，询疾苦，布德行惠，赈贫恤困，君民之情有如家人父子之相得者。千载而下，犹想见其熙皞之象焉。”

“今也不然：师行而粮食，饥者弗食，劳者弗息。睊睊胥谗，民乃作慝。方命虐民，饮食若流。流连荒亡，为诸侯忧。从流下而忘反谓之流，从流上而忘反谓之连，从兽无厌谓之荒，乐酒无厌谓之亡。先王无流连之乐，荒亡之行。惟君所行也。”

此三节书是晏子言后世游观之弊而欲景公取法先王也。

孟子引晏子之言曰：“今也诸侯之观则不如先王矣：人君一出，则师旅从之，既有师旅，便有粮食，供亿甚烦，所至之地无不骚动，于是民之饥者弗食，劳者弗息。睊睊然侧目相视，谤言交兴，不胜怨恶。上违天子之命，下虐无罪之民，糜费饮食，如水之流，无有穷极，是乃流连荒亡，纵于逸乐，而为所属小国诸侯之累矣。盖从流下而游荡忘反谓之流，从流上而留恋忘反谓之连，从兽无厌至于废时谓之荒，乐酒无厌至于失事谓之亡。同一游观，而恣情快意遂至于此，可不戒哉？若在先王，则非巡狩述职，即省耕省敛，何尝有流连之乐、荒亡之行乎？夫先王如彼，今时如此，得失臧否，判若苍素，惟在君所行何如耳。诚能痛改今时之弊，而不致慢游以病民，则何先王之不可几哉？”

晏子之言如此。

周公之告成王曰：“无皇曰今日耽乐乃非民攸训，非天攸若，时人丕则有愆。”成王为守成令主，而周公犹惓惓告诫者，诚以逸豫之不可长也。

景公说，大戒于国，出舍于郊，于是始兴发补不足，召太师曰：“为我作君臣相说之乐！”盖《征招》《角招》是也。其诗曰：“畜君何尤？”畜君者，好君也。

此一节书是孟子言景公能行晏子之言，亦欲齐王行已之言也。

孟子曰：“景公闻晏子之言，使置而不用，究亦何补于治哉？乃欣然悦从，遂大申命令徧布于国，出而次舍郊外，访问民之疾苦。晏子未言之前，从未举行，于是始兴发仓廪，以补民之不足，而晏子之言一一见之行事。諫行言听，膏泽下究。既乃召乐官太师而命之曰：‘喜起同心，自古为难。我今悦晏大夫之进諫，而晏大夫亦悦我之听言，君臣相悦，如此尔其播之音乐，以志一时之盛。当日所作之乐，即今所传《征招》《角招》是也。盖五声之中，征以为事，角以为民，惟君臣为民事而相悦，故即为民事而作乐。乐以招名，其继美都俞之意乎？其乐章之辞有曰：‘畜君何尤？’言晏子能止畜其君之欲，而不至于招尤取罪也。臣思忠臣之心，惟恐其君之有欲，故畜止其欲，迹虽似乎犯颜，意实出于爱主，又何罪过之有哉？景公能行晏子之言，故遂有事治民安之效。王能行臣之言，自有民安物阜之休。愿王与民同乐，以致王可也。”

按孟子先劝王以君民同乐，复证之以君臣相悦者，何哉？盖民生之休戚，田野之利病，必明良交赞，臣主一心，而后政无不举，恩无不沛，圣主养贤以及民，职是故也。

齐宣王问曰：“人皆谓我毁明堂，毁诸？已乎？”

孟子对曰：“夫明堂者，王者之堂也。王欲行王政，则勿毁之矣。”

王曰：“王政可得闻与？”

对曰：“昔者文王之治岐也，耕者九一，仕者世禄，关市讥而不征，泽梁无禁，罪人不孥。老而无妻曰鳏，老而无夫曰寡，老而无子曰独，幼而无父曰孤。此四者，天下之穷民而无告者。文王发政施仁，必先斯四者。《诗》云：‘哿矣富人，哀此茕独。’”

此一章书是孟子劝齐王当行王政，先正言以导之，复曲诱以进之也。

昔周天子建明堂于泰山之下朝见诸侯，至齐宣王时，周室既衰，人以为天子既不复巡狩，而齐为侯国，非所宜居，理当拆毁。故宣王问孟子曰：“人皆谓我明堂当毁，果毁之乎？抑且止而不毁乎？”

孟子对曰：“明堂非诸侯之堂，乃王者所居，以出政令之所。王若欲行王政，则当存而勿毁之矣。

王曰："王政如何？寡人可得闻与？"

孟子对曰："行王政者，莫善于文王。文王当日虽未尝称王，而所行实皆王政。其治岐也，于耕者之田赋，则行九一之法，而敛从其薄；于仕者之子孙，则有世禄之典，而报从其厚；于关市但稽察非类，而不征其私货；于泽梁则任民取利，而不严为禁令；于犯罪之人，法止及其本身，而不株连其妻子。文王养民之政可谓厚矣。乃其中则尤有加意者：人之老年无妻谓之鳏夫，老年无夫谓之寡妇，老年无子谓之独夫，幼年无父谓之孤子。此四等人，乃最为困苦，天下之穷民而无所告诉者。文王发政施仁，生全爱养，无所不周，而遇此等之人，尤加矜恤，务使得所。《诗经·小雅·正月》之篇有云：'富人犹可，惟茕独之人，情实可怜。'文王所以尤加之意也。文王治岐，虽一国之政，实治天下之规模亦不外是。王若欲行王政，以文王为法可也。"

盖帝王以天下为家，士农工商，平日固当有养之之政。而鳏寡孤独之人，颠连无告，人生之最不幸者，若非加意惠鲜，多方养济，势必转于沟壑，以伤天地之和，此王政之所以独亟也。

王曰："善哉言乎！"

曰："王如善之，则何为不行？"

王曰："寡人有疾，寡人好货。"

对曰："昔者公刘好货，《诗》云：'乃积乃仓，乃裹糇粮，于橐于囊。思戢用光。弓矢斯张，干戈戚扬，爰方启行。'故居者有积仓，行者有裹粮也，然后可以爰方启行。王如好货，与百姓同之，于王何有？"

此一节书是孟子因齐王之好货而欲其推己以及民也。

公刘是后稷之曾孙。孟子既述文王治岐之政，齐王遂叹美之曰："善哉夫子之言！真爱民之良法也。"

孟子曰："闻善贵于能行，王如善之，则何为不见之行事？"

王曰："寡人自揣有一疾病，寡人喜好货财，不能行此王政耳。"

孟子对曰："好货何伤？昔者公刘亦曾好货，《诗经·大雅·公刘》之篇有云：'公刘处西戎之时，乃野有露积，乃家有仓廪，乃裹其糇粮，于橐于囊之中。为迁都计思，和戢其人民，而用以光大其国家。而张我弓矢，与干戈戚扬，于是方以启行，而往迁于豳焉。'诗之所言如是。由此观之，公刘之民，必使之居者皆有积仓，行者皆有裹粮。富足如此，然后可以爰方启行，立国兴业焉。惟其能推好货之心以及民也。王如好货，亦仿公刘之意，与百姓同之，则于王天下也，何难之有？"

盖乐利之心人所同有，仁君在上，必先为之分田制产，使百姓比屋可封，征敛不扰，则府库之财皆为君守，君民一体，公私各足，所以成丰亨豫大之休也。

王曰：“寡人有疾，寡人好色。”

对曰：“昔者太王好色，爱厥妃。《诗》云：‘古公亶父，来朝走马，率西水浒，至于岐下，爰及姜女，聿来胥宇。’当是时也，内无怨女，外无旷夫。王如好色，与百姓同之，于王何有？”

此一节书是孟子因齐王之好色而欲其推己以及民也。

太王是公刘九世之孙，名亶父，号古公。武王即位，始追尊为太王。

齐王又曰：“寡人自揣不但好货，更有一疾病，喜好女色，不能行此王政耳。”

孟子对曰：“好色何伤？昔者太王亦曾好色，而钟爱厥妃。《诗·大雅·绵》之篇有云：‘古公亶父因狄人侵伐，乃来朝走马，率循西水之涯，至于岐山之下，于是及其妃姜女同来，择宇而居。’诗之所言如此。当是时也，百姓内无怨而无家之女，外无旷而无妇之夫，惟其能推好色之心以及民也。王如好色亦仿太王之意，与百姓同之，使室家相庆，婚姻以时，则于王天下也何难之有？”

要之，好货好色，公刘太王非实有此事，孟子特据诗言所及，以见圣王举动无不体念民情，所欲与聚，所恶勿施，坐明堂而行王政，宁有舍此他求者哉？故曰王道本乎人情。

孟子谓齐宣王曰：“王之臣有托其妻子于其友而之楚游者，比其反也，则冻馁其妻子，则如之何？”

王曰：“弃之。”

曰：“士师不能治士，则如之何？”

王曰：“已之。”

曰：“四境之内不治，则如之何？”

王顾左右而言他。

此一章书是孟子责难于君之意也。

一日，孟子设辞以问齐宣王曰：“王之臣有寄托其妻子于所厚之友，而自往游楚国者，及其自楚反也，则其妻子冻馁，而此友未尝周给。王之臣将如何以处其友耶？

王曰：“朋友有通财之义，受其托而负之，友谊已废，不可交也，当弃绝之。”齐王固明于友谊之当尽矣。

孟子又设辞以问之曰：“士师为狱官之长，有乡士遂士之属，为士师者不能统理所属之士，致使刑狱不当，王当如何以处之耶？”

王曰：“人臣有官守之，责任其职而旷之，臣职已失，不可用也，当罢黜之。”齐王又明于臣职之当尽矣。

孟子因问之曰：“人君抚有一国，若政事废弛，民生困苦，而四境之内不治，必有任其责者，将如何以处之耶?”

王乃顾左右以释其愧，言他事以乱其辞，若不闻其说者。是明于责人，而暗于责己矣。夫孟子以齐王可与有为，故旁引曲喻，欲其反已自责，虚心下问，冀幸君之一悟，俗之一改，惓惓入告，三致意焉。不意其耻于闻过，隐忍苟安如此。以人君贵修身立政，纳諫求言，以为久安长治之计也。

孟子见齐宣王曰：“所谓故国者，非谓有乔木之谓也，有世臣之谓也。王无亲臣矣，昔者所进，今日不知其亡也。”

王曰：“吾何以识其不才而舍之?”

曰：“国君进贤如不得已，将使卑踰尊，疏踰戚，可不慎与?”

此一章书见国之所重在于人才，人君当敬慎于任用之时，以合民心，而保国祚也。

孟子进见于齐宣王曰：“人君缵承丕基，累代相传者谓之故国，其历年既已久远，凡高大之乔木与累世之旧臣，皆所宜有，独是世臣与国义同休戚，宗社生民实凭借之，则故国之所以见称者，诚不在有乔木之谓，而惟在有世臣之谓也。然世臣皆由于亲臣，今日之心膂股肱，即他年之老臣勳旧，乃王则已无亲臣矣。昨日所进用而亲信者，今日即亡去而不知。亲臣且无，安望其将来有世臣得以称故国乎?”

齐王自解之曰：“前此亡去者，皆不才之人，我初不知而误用之，故今不以其去为意耳。我今将何术而豫识其不才，遂舍置之，使所用者皆可亲信之贤才乎?”

孟子对曰：“国君用人，与其悔之于后，何如致谨于初？所以进贤之际，迟回详审，其难其慎，一若为势所廹，欲已而不得者然。盖以用之而崇以爵位，所谓尊也。倘尊非其人，势必以贤而卑者易之，是使卑踰尊矣。用之而委以腹心，所谓戚也。倘戚非其人，势必以贤而疏者易之，是使疏踰戚矣。夫尊卑有等，疏戚有序，乃国家大体攸关，安可不慎之于始乎？惟其始进能慎，所以任用皆贤，而无事后之悔也。”

然则求贤若渴，固人君之盛心，而非慎重名器，不能得真才。此辨才论官之典，为用人之要也。

“夫左右皆曰贤，未可也；诸大夫皆曰贤，未可也；国人皆曰贤，然后察之；见贤焉，然后用之。左右皆曰不可，勿听；诸大夫皆曰不可，勿听；国人皆曰不可，然后察之；见不可焉，然后去之。左右皆曰可杀，勿听；诸大夫皆曰可杀，勿听；国人皆曰可杀，然后察之；见可杀焉，然后杀之。故曰，国人杀之也。如此，然后可以为民父母。”

此三节书是言人君用舍刑罚，皆当粂之于众，而察之于独也。

孟子曰："进贤固所当慎而慎之，必有其道。设有人于此，左右近侍皆称其贤，恐出于阿誉，未敢遽信也；举朝大夫皆称其贤，恐出于党同，亦未敢遽信也；至于通国之人皆称其贤，然后从而察之，听其言语，考其素履，必真见其才德之实，然后进而用之。其慎于用贤如此。夫人君用人，不用则舍，舍之之道亦不可不慎也。有人于此，左右近侍皆谓之不贤，恐出于偏毁，未敢遽听也；举朝大夫皆谓之不贤，恐出于私恶，亦未敢遽听也；至于通国之人皆谓之不贤，然后从而察之，核其生平，究其心术，必真见有不贤之实，然后从而去之。其不敢轻去又如此。一用一舍，既采公论，又加灼见，则不才无由幸进，而真才不致遗弃，何至有误用之悔耶？夫用舍刑罚，皆人君之大权。至于用刑，尤不得已之甚者，人主又安可不谨也？有人于此，左右近侍皆谓之可杀，未敢遽听也；举朝大夫皆谓之可杀，未敢遽听也；至于通国之人皆谓之可杀，然后从而察之，验其罪状，审其情迹，必真见其有可杀之实，然后从而杀之。狱虽断于朝廷，而论实孚于通国，故曰，国人杀之也。夫用贤退不肖，以至于刑戮，人君必周详慎重，以求合于舆情。如此，斯诚不私，喜而加爵，以民之所好为好；不私怒而用刑，以民之所恶为恶；可以为民之父母矣。"

人心既得，邦本斯固，此所以国祚久远，等于苞桑盘石也。《书》曰："天命有德"，"天讨有罪。"又曰："天聪明，自我民聪明。天明畏，自我民明威。"盖人君承天意以从事，即在因人心以出政。惟赏不僭，而刑不滥，始可下合百姓之心，上邀维皇之眷。诚保世滋大之要圖也。

齐宣王问曰："汤放桀，武王伐纣，有诸？"

孟子对曰："于传有之。"

曰："臣弑其君，可乎？"

曰："贼仁者谓之贼，贼义者谓之残。残贼之人谓之一夫。闻诛一夫纣矣，未闻弑君也。"

此一章书见为人君者当尽仁义之道也。

齐宣王问孟子曰："自昔相传汤放桀，武王伐纣，果有此事乎？"

孟子对曰："南巢之放，牧野之师，考之经传，诚有其事。"

齐宣王又问曰："汤武以诸侯而放桀伐纣，是臣弑其君也，于理可乎？"

孟子对曰："人君为天下共主，以其能尽仁义之道，立极绥猷也。若害仁之人，存心淫暴，灭絶天理，则谓之贼。害义之人，行事乖乱，伤败彝伦，则谓之残。残贼之人，众叛亲离，天命已去，止可谓之一夫矣。《书经》有云：'独夫纣'，盖纣自絶于天，武王特奉天讨，为四海除残贼，故闻诛一夫纣矣，未闻其为弑君也，汤之放桀，亦犹是耳。"

盖天生民而立之君，必履仁蹈义，斯足以祈天永命，长享禄位。故古之帝王兢兢业业，制治于未乱，保邦于未危也。

孟子见齐宣王曰："为巨室，则必使工师求大木。工师得大木，则王喜，以为能胜其任也。匠人斲而小之，则王怒，以为不胜其任矣。夫人幼而学之，壮而欲行之，王曰，'姑舍女所学而从我，'则何如？今有璞玉于此，虽万镒，必使玉人雕琢之。至于治国家，则曰，'姑舍女所学而从我，'则何以异于教玉人雕琢玉哉？"

此一章书见人君任贤当尽其才也。

孟子一日见齐宣王曰："人君用贤以治国，即如用木以治室，欲为巨室，务需大木，则必命工匠之师多方采取，以充其用。若工师果能得大木，则王欣然喜慰，谓有是美材，斯能胜巨室之任也。倘匠人误加斲削，以致短小，则王艴然作怒，谓其壊是美材，不能胜巨室之任矣。任木则欲其大如此，若贤人者，国家之桢干也。当幼时所讲究服习，皆内圣外王之大道，待至壮年欲得君而事，见诸施行，庶不负其所学。乃王不能用其所长，而谓之曰：'姑且舍置汝之所学以从我所好。'夫贤人所学者，仁义；王之所好者，功利。今欲其舍所学以从王之所好，是不欲其大而欲其小之也。为室则必欲尽一木之材，而治国则不能尽贤人之用，是任贤不如任木矣。王亦比类而思之，否乎？且王不任贤是不爱才，亦不爱国矣。试更为王进论之，今有璞玉于此，其价直虽万镒之多，极其爱重，然璞玉必待雕琢，而雕琢必需良工。则爱玉之甚，未有不付玉人而能成器者也！至于国家之重，甚于璞玉之贵；贤人之治国，甚于玉人之治玉。王当简贤任能，举国以听之可也，乃欲其姑舍所学而从我所好，则何以异于教玉人雕琢玉哉？是爱国不如爱玉矣！王亦比类而思之，否乎？"

盖圣主必待贤臣而成功，俊士亦俟英主以显用。诚能驩然交洽，相得益彰，谏行言听，道合志同，将见化臻上理，垂拱万年，则任贤之道得也。

齐人伐燕，胜之。宣王问曰："或谓寡人勿取，或谓寡人取之。以万乘之国伐万乘之国，五旬而举之，人力不至于此。不取，必有天殃。取之，何如？"

孟子对曰："取之而燕民悦，则取之。古之人有行之者，武王是也。取之而燕民不悦，则勿取。古之人有行之者，文王是也。以万乘之国伐万乘之国，箪食壶浆以迎王师，岂有他哉？避水火也。如水益深，如火益热，亦运而已矣。"

此一章书是言征伐之道当顺民心，以合天意也。

昔燕王哙让国于其相子之，国人大乱，齐人乘衅而伐之，遂大胜燕。宣王乃问于孟子曰："寡人兴兵伐暴，赖宗庙之灵，师徒奏凯，燕国既破，或有谓燕乱已除，利不可贪，而劝寡人勿取者；或有谓燕实无主，机不可失，而劝寡人取之者。自寡人思之，齐与燕皆万乘之国也，以万乘之国伐万乘之国，势均力敌，其胜负正未可决，乃不待旷日持久，以五旬之速而举战胜之功夫，岂强将劲兵人力之所能及乎？天意固有在矣。天既以燕与我，若弃而不取，是违天也。违天者必受其殃。今欲从而取之，夫子以为何如？”

孟子对曰：“王欲知天意，当观民情。设使取之，而燕民喜悦归附于齐，则是人心已离，天命已絶，斯可取之。古之人有行之者，武王是也。当时纣恶贯盈，人心皆已归，周故伐商以有天下。设使取之，而燕民不悦，思恋故主，则是人心未离，天命未絶，即当勿取。古之人有行之者，文王是也。当时纣恶未稔，人心犹未忘商，故服事以终其身。今燕之可取与否，王亦惟决之于民心向背何如耳？且王若欲得民心，又莫先于施仁政矣。今以齐万乘之国伐燕万乘之国，并力固守，势足相当，乃燕之民闻齐师入境，人无鬪志，以箪食壶浆迎犒王师，岂有他故哉？不过因燕用虐政，民不堪命，如在水火之中，故迎齐师而望救耳。王能发政施仁以拯其困苦，则燕人喜慰而中心爱戴矣。倘恃强力更为暴虐，若水益加深，火益加热，则燕民之望救于齐者，又将待救于他人，特一转移之间耳。夫岂伐之既胜而遂可以取之无患哉？王亦顺民心以承天意可也。”

汉光武之勅冯异曰：“征伐非必畧地，屠城要在平定安集之耳。”宋太祖之戒曹彬曰：“切勿暴掠生民，务广威信，使自归顺。”可见帝王得国，必以民情为本，有天地父母之心，然后可以行伐暴救民之事，其坐致太平，享国长久也，宜哉！

齐人伐燕，取之。诸侯将谋救燕。宣王曰：“诸侯多谋伐寡人者，何以待之？”

孟子对曰：“臣闻七十里为政于天下者，汤是也。未闻以千里畏人者也。《书》曰：‘汤一征，自葛始。’天下信之，东面而征，西夷怨；南面而征，北狄怨，曰：‘奚为后我？’民望之，若大旱之望云霓也。归市者不止，耕者不变，诛其君而吊其民，若时雨降。民大悦。《书》曰：‘徯我后，后来其蘇。’”

此一章书是孟子告齐王以弭兵之策也。

齐人前欲取燕，孟子告以当顺民心。齐人不听，竟利其有而取之，于是诸侯将谋伐齐以救燕。齐王闻之，问于孟子曰：“自寡人取燕，诸侯多谋伐寡人者，何计以预待之乎？”

孟子对曰：“臣闻古有以七十里之小国，能行政于天下者，商王成汤是也。今齐国地方千里，乃惧诸侯伐已，是以千里而畏人矣。臣未闻古有以千里畏人者也。汤以七十里为政于天下，于书见之。《书经·仲虺之诰》有云：

‘汤初与葛国为邻，葛伯无道，汤举兵伐之，是汤之征伐自葛国始也。当时天下之人皆信汤之伐葛，原为匹夫匹妇复雠，而无利天下之心。汤东面而征，则西夷之人怨望；汤南面而征，则北狄之人怨望，其言曰：‘王何不先来征我之国乎？’《书》言如此。其时天下之民望王师之来，又恐其不来，如大旱之时望云合而雨，又恐虹见而止也。及王师既至，商贾安于市，交易者不止，农夫安于野，耕耘者不变，但诛戮其有罪之君，而抚慰其无罪之民，如大旱之后甘雨应时而降。民皆欣然大悦。所以《书经》又载百姓之言曰：‘待我君来，我君一来，庶几各得苏息矣。’此所谓七十里而为政于天下也。”

按此二节书孟子言虽未终，而大义已见。其要在“天下信之”四字。信在天下，所以致其信者在一人。又不专在临时，而在于积久，是故仲虺称汤之德有曰：“克宽克仁，彰信兆民。”为人君者所当留意也。

“今燕虐其民，王往而征之，民以为将拯己于水火之中也，箪食壶浆以迎王师。若杀其父兄，系累其子弟，毁其宗庙，迁其重器，如之何其可也？天下固畏齐之强也，今又倍地而不行仁政，是动天下之兵也。王速出令，反其旄倪，止其重器，谋于燕众，置君而后去之，则犹可及止也。”

此二节书是孟子申明上文千里畏人之说，又正答何以待之之问也。

孟子对齐宣王曰：“汤以七十里为政于天下，而齐乃以千里畏人者，何耶？盖燕国之暴虐其民，譬如火焚水溺，王兴师往伐之，时燕之百姓皆以为王将救我于水火之中，故欣然各以箪食壶浆迎犒王师，王必如汤之伐罪吊民，发政施仁，乃可以慰燕民之望。若残杀其父兄，系缚其子弟，拆毁其宗庙，迁取其重器，是如水益深，如火益热，如之何其可也？夫天下诸侯之心，原畏忌齐国之强，欲并力以圖之，特未有可乘之衅耳。今齐并取燕国，增地一倍，而不举行仁政，自示天下诸侯以可乘之衅，是天下之兵王实有以鼓动之也，能不以千里而畏人乎？为今日计，王须急发号令，反其所掠之老少，止其欲迁之重器，谋于燕之羣臣百姓，就燕公子公孙中择一贤者，立以为君，而后引兵去之，如是则燕乱已定，齐不为暴，诸侯无以为名，尚可以及其未发而止之也。王欲求所以待诸侯者，亦惟如是而已。”

夫即伐燕一事，凡孟子所与齐王言者，虽皆随事匡救之说，然亦可以见圣贤之学术与王政之大端。惜乎齐王亲见孟子，而不能实用其言也。

邹与鲁鬨。穆公问曰：“吾有司死者三十三人，而民莫之死也。诛之，则不可胜诛；不诛，则疾视其长上之死而不救，如之何则可也？”

孟子对曰：“凶年饥岁，君之民老弱转乎沟壑，壮者散而之四方者，几千人矣；而君之仓廪实，府库充，有司莫以告，是上慢而残下也。曾子曰：‘戒之戒之！出乎尔者，反乎尔者也。’夫民今而后得反之也。君无尤焉！君行仁政，斯民亲其上死其长矣。”

此一章书见为人君者当行仁政以恤民也。

昔邹国与鲁国战，为鲁所败。邹君穆公问于孟子曰："是役也，吾有司对敌而死者三十三人，而民未有赴救有司而死者，今将诛之，则人众不可胜诛；将不诛之，则民怨恨其长上，视其死而不救。法令何以得行乎？不知当如之何使刑不滥而民亦知罪也？"

孟子对曰："民之疾视长上之死有由然也。盖凶年饥岁，君之民其老弱者，展转死于沟壑之中；其少壮者离散而之四方几千人矣。而君之仓廪有余粟，府库有余财，有司皆不肯陈告于君，使散财发粟以赈救之，是为上者暴慢不仁，而残虐下民也。曾子有言曰，'人之立心制行，当戒之哉！戒之哉！'凡怨雠之出乎尔身者，即反报尔身者也。由此言观之，君与有司视民之死而不救，民怨久矣。至今日乃得反之，所以视有司之死而不救也。然则君无归咎于民，亦反求诸已而可矣。若君能以爱民为心，而举行仁政，则有司不敢不体君之心，亦知爱民；有司既能爱民，为之民者，自然情义相关，居常则亲其上，遇难则死其长，何至疾视而不救哉？"

大抵君民本同一体，民之财既当供之于君，君之财更当散之于民，丰凶散敛，上下相通，故虽水旱灾荒不能为害，而国与民常相保也。虽然，又有说焉。散财发粟，不可废也，不可恃也。未荒之时，别有先圖救灾之方，非专一道，总又必以得人为本，所谓有治人，无治法也。

滕文公问曰："滕，小国也，间于齐、楚。事齐乎？事楚乎？"

孟子对曰："是谋非吾所能及也。无已，则有一焉：凿斯池也，筑斯城也，与民守之，效死而民弗去，则是可为也。"

此一章书见立国之道贵自强也。

滕文公问曰："滕，小国也，介于齐楚二大国之间，不能不事，又不能兼事。将事齐乎？抑事楚乎？"

孟子对曰："凡谋之出于事人者，皆侥幸苟且之谋也。事齐则见怒于楚，事楚则见怒于齐，必不能两全而无害。是谋或有人言之者，然非吾所能及也。君必欲吾言之，而不已，则别有一策焉，惟是自守而已。国有斯池也，则凿之而使深；国有斯城也，则筑之而使高。然又非专恃此城池也，必也为人君者，与斯民同守之，其君自能效死，而斯民亦感其君平时之恩，患难相从而弗去，此为有地利兼有人和，是则可为也。"

按孟子他日之告文公也，一则曰："夫仁政必自经界始。"再则曰："设为庠序学校以教之"此效死而民弗去之本也。圣贤之谋人国，势有强弱，时有难易，始终以帝王大道行之，必不肯出于权谋苟且之说，其道可强可弱，可常可变，似迂远而非迂遠，后世有谓孟子穷于策滕者，非善读孟子者矣。

滕文公问曰："齐人将筑薛，吾甚恐，如之何则可？"

孟子对曰：“昔者太王居邠，狄人侵之，去之岐山之下居焉。非择而取之，不得已也。苟为善，后世子孙必有王者矣。君子创业垂统，为可继也。若夫成功，则天也。君如彼何哉？强为善而己矣。”

此一章书见立国者当为善也。

滕文公问曰：“滕薛相倚，有如唇齿。今齐人取薛地而将筑城，则滕益孤而齐益偪矣。寡人甚恐，当如之何而可免于吞并乎?”

孟子对曰：“敌国外患，从古有之。昔者大王居邠，狄人时来侵扰，大王遂弃去邠地，至于岐山之下居焉。当是时，非择岐山为兴王之地而取之也，盖由迫于狄难不得已也。惟大王能为善于不得已之时，故周家王业由此而起。苟后之为人君者，能如大王之为善，其后世子孙，亦必有应运而王者矣。然君子创基业于前，垂统绪于后，但能为所当为，使后世子孙可继续而行耳。若夫兴起王业成一统之功，则天之所为，非人力所可必，而君子初心未尝计及于是也。今齐强滕弱，君将奈彼何哉？止宜勉强为善，尽其在我，听其在天而已矣。”

夫“强为善”一言，非止为滕君目前之计，实有国家者经久之谋。汉儒董仲舒曰：“强勉学问，则闻见博而智益明。强勉行道，则德日起而大有功。”可谓得孟子之意矣。

滕文公问曰：“滕，小国也；竭力以事大国，则不得免焉，如之何则可?”

孟子对曰：“昔者大王居邠，狄人侵之。事之以皮币，不得免焉；事之以犬马，不得免焉；事之以珠玉，不得免焉。乃属其耆老而告之曰：‘狄人之所欲者，吾土地也。吾闻之也；君子不以其所以养人者害人。二三子何患乎无君？我将去之。’去邠，踰梁山，邑于岐山之下居焉。邠人曰：‘仁人也，不可失也。’从之者如归市。”

“或曰：‘世守也，非身之所能为也。效死勿去。’”

“君请择于斯二者。”

此一章书见立国之道有二说，而滕当以守为主也。

滕文公问曰：“滕，褊小之国也，竭尽财力以事齐楚之大国，则不能免其侵凌之祸焉，如之何则可?”

孟子对曰：“昔者大王始居于邠，狄人时来侵犯，始事之以兽皮币帛，则不得免焉；继事之以走犬良马，则不得免焉；终事之以明珠美玉，则不得免焉。大王乃会集邠民之耆老而告之曰：”狄人之所愿欲者，非皮币犬马珠玉也，乃吾邠之土地也。吾尝闻之，君子以爱人为心，不以土地之生物养人者，至于争地以战，反害乎人。尔二三子莫患我去之后，便无君长，但使有人抚安尔等，是即尔之君长也。我将舍此而迁于他方矣。遂弃去邠地，经过梁山，而作邑于岐山之下以居焉。当其初去之时，邠人相与言曰：‘吾君乃仁人也，我辈赖以为安，何忍舍之?’于是从之迁岐者人众，争先有如归市。以大王之事言之，此乃迁国以圖存，固一说也。或者又曰：‘国家土地，原祖宗贻与子孙，使世世守之，非我身之所得专主也。纵遭患难，但宜效死以守，不可舍而他去。以或人之论言之，此乃守正以徇国。又一说也。为君今日计，请于斯二者之中择取其一，勉强行之而已矣。”

总之立国以仁民为本，为人君者，必先能仁民，而后可以讲随宜处置之法，本末先后，万世不能易也。

鲁平公将出，嬖人臧仓者请曰："他日君出，则必命有司所之。今乘舆已驾矣，有司未知所之。敢请?"

公曰："将见孟子。"

曰："何哉，君所为轻身以先于匹夫者？以为贤乎？礼义由贤者出；而孟子之后丧踰前丧。君无见焉！"

公曰："诺。"

此一章书见人主见贤不可不专听言，不可不审也。

鲁平公因乐正子称孟子之贤，将出而就见孟子。有嬖人臧仓者忌之，乃阳为不知，而请曰："他日君有所出，则必先命有司所之。今乘舆已驾马矣，有司尚未知君将何往，臣敢有请焉。"

平公曰："吾将往见孟子。"

臧仓曰："吾君乃千乘之尊，孟子一匹夫而已，何故吾君不自尊重，而轻身以先加礼于匹夫，无乃以孟子为贤者乎？夫贤者举动必循乎礼，行事必合乎义。礼义原从贤者而出，而孟子之后丧其母过于前丧其父，厚母薄父，是不知礼义，而不得为贤者矣。君勿轻身而往见也。"

于是平公惑于其言，应之曰："诺。"遂止而不往见焉。

按小人之谗君子也，其词近正，其术甚巧，故能转移人主之意，而使之从为人主者，亦惟谋于公朝，博采众议，而无取信于小人之口，斯可矣。

乐正子入见，曰："君奚为不见孟轲也?"

曰："或告寡人曰：'孟子之后丧踰前丧'，是以不往见也。"

曰："何哉君所谓踰者？前以士，后以大夫；前以三鼎，而后以五鼎与?"

曰："否，谓棺椁衣衾之美也。"

曰："非所谓踰也，贫富不同也。"

此一节书见小人之毁易人，而正人之说难行也。

鲁平公既惑于臧仓之言，不见孟子。乐正子乃入见平公而问之曰："君乘舆已驾矣，奚为不往见孟轲也?”

平公曰：“向吾欲见者，为其贤也。今或有告寡人者曰：‘孟子之后丧其母，踰于前丧其父，则失礼义之中正，而不得为贤矣，是以不往见之也。”

乐正子曰：“何哉？君之所谓后丧踰前丧者，岂谓其前葬父用士之礼，后葬母用大夫之礼；前祭父用三鼎，后祭母用五鼎，如此之厚薄不同与?”

平公曰：“吾所谓踰者，非谓此也。谓其葬母之棺椁衣衾，美过其父也。”

乐正子曰：“若此者非所谓踰也。盖孟轲前为士，其家贫，贫则力不能厚，故不免于薄；后为大夫，其家富，富则力能从厚，故不敢俭其亲。丧具厚薄，称家有无，乃所谓礼，非所谓踰也。君以此为非贤，不亦过乎?”

夫乐正子之言辩矣，而不能回平公之听，何也?《洪范》有言：“听曰聪，聪作谋。听之不聪，乱是用。长君人者，其慎诸?”

乐正子见孟子，曰：“克告于君，君为来见也。嬖人有臧仓者沮君，君是以不果来也。”

曰：“行，或使之；止，或尼之。行止，非人所能也。吾之不遇鲁侯，天也。臧氏之子焉能使予不遇哉?”

此一节书见圣贤不怨不尤，乐天知命之学也。

乐正子不能释平公之疑，退而见孟子曰：“克以夫子之贤告于君，君以克之言为然，将欲就见也。嬖人有臧仓者，进后丧踰前丧之言以沮君，是以中止而不果于来也。此固君听之不聪，而谗人之言亦可畏矣。”

孟子晓之曰：“君子之道其遇而行也，或有人先容以使之其不遇而止也；或有人中沮以尼之，是行止似系乎人矣。然所以行、所以止，非人之所能也。有天存焉。吾今日不遇鲁侯以行吾道，是气数之厄，天之未欲平治天下也。彼臧氏之子，一嬖人耳，安能以人力害我，而使我不遇于鲁侯哉？但安之可也。”

夫乐天知命，圣贤之学也。敬天用贤，则帝王之事也。君子小人之消长，为天命去留所由分。《中庸》去谗劝贤之说，人君可勿深思与?

《日讲四书解义》卷十五

孟子 上之三

公孙丑章句上

公孙丑问曰："夫子当路于齐，管仲、晏子之功，可复许乎？"

孟子曰："子诚齐人也，知管仲、晏子而已矣。或问乎曾西曰：'吾子与子路孰贤？'曾西蹵然曰：'吾先子之所畏也。'曰：'然则吾子与管仲孰贤？'曾西艴然不悦，曰：'尔何曾比予于管仲？管仲得君，如彼其专也；行乎国政，如彼其久也；功烈，如彼其卑也；尔何曾比予于是？'"曰："管仲，曾西之所不为也，而子为我愿之乎？"

曰："管仲以其君霸，晏子以其君显。管仲、晏子犹不足为与？"

曰："以齐王，由反手也。"

此一章书见为治当以王道，而不当以霸术也。

公孙丑问于孟子曰："昔者齐国贤相，桓公时有管仲，景公时有晏子，二人功业显着，后来未有能继之者。设若夫子当路于齐，而居管晏之位，其取威定霸之功业，可使复见于今日乎？"

孟子曰："齐人识见止囿于齐，今子诚齐人也，亦惟知管仲、晏子而已矣。外此而学术事功，光明俊伟，高出管晏之上者，皆所不知也。子独不闻曾西之言乎？昔者或人问曾西曰：'吾子自视人品与子路孰贤？'曾西蹵然不安曰：'子路在圣门，乃吾先祖曾子所敬畏者也，我何敢与之比方乎？'或人又问曰：'子既不敢比子路，然则吾子自视人品与管仲孰贤？'曾西乃艴然不悦曰：'尔何乃比我于管仲？管仲相齐桓公，委心信任，如彼其专也；行乎国政四十余年，如彼其久也；其所立功业，皆以机权变诈得之，殊无有光明正大可言者，如彼其卑也；尔何乃比我于此人乎？'由曾西与或人问答观之管仲者，曾西之所不屑为也，而子乃为我愿之乎？其待我亦浅矣。"

公孙丑曰："夫子薄管晏而不为，胡不以其功观之？管仲以其君桓公为诸侯盟主，而称霸于当时；晏子以其君景公行先王善政，而显名于天下。人能为二子是亦足矣，夫子犹以为不足为与？"

孟子曰："设使我当路于齐，而得君行道，则将使天下之民举安，以齐王于天下如转手之易耳，岂特以其君霸显而已哉！此吾所以薄管晏不为也。”

宋儒杨时有言：“譬之御者，子路则范我驰驱而不获一禽者也，管仲之功诡遇而获禽耳。”其论确矣。是故学者必能以诡遇为羞，始可以几皋夔伊傅之为臣，为君者必能使诡遇者不得进，始可以几禹汤文武之为君，亦在乎慎辨之而已矣。

曰：“若是，则弟子之惑滋甚，且以文王之德，百年而后崩，犹未洽于天下；武王、周公继之，然后大行。今言王若易然，则文王不足法与?”

曰：“文王何可当也？由汤至于武丁，贤圣之君六七作，天下归殷久矣，久则难变也。武丁朝诸侯，有天下，犹运之掌也。纣之去武丁未久也，其故家遗俗，流风善政，犹有存者；又有微子、微仲、王子比干、箕子、胶鬲，皆贤人也，相与辅相之，故久而后失之也。尺地莫非其有也，一民莫非其臣也，然而文王犹方百里起，是以难也。”

此二节书见文王之难于大行，由商多贤圣之君也。

公孙丑曰：“夫子以管、晏为不足为，弟子固已惑矣。今言以齐王犹反手，则弟子之惑滋甚，且以文王惠鲜怀保之德，其及于人者盛矣，又享寿百年而后崩，德之施者远矣。然而教化仅及于西土，犹未浃洽于天下，至武王继之，而缵绪克商；周公继之，而制礼作乐；然后教化大行于天下。文王王天下之难如此，今言王齐犹反手之易，然则非惟管、晏不足为，即文王亦不足法与?”

孟子曰：“文王盛德何可当也？其所以致王之难者，所值之时势难耳。盖商之天下始于成汤之创业，以至于武丁之中兴，其间太甲、太戊、祖乙、盘庚贤圣之君凡六七作，其深仁厚泽浸灌民心；天下之归殷久矣，久则民心爱戴既深，难变而之他也。当武丁之时，国运虽衰，王业未改，一加振作，遂能朝诸侯而有天下，犹运掌之易也。纣虽稔恶，去武丁之世未久也，其在下，则旧臣老成之家，与夫旧民仁厚之俗；其在上则修齐教化之流风，与夫纪纲法度之善政，犹有存而未亡者。又贵戚之卿，则有微子、微仲、王子比干、箕子，异姓之卿则有胶鬲，此五人者，皆贤人也，相与后先而辅相之。故纣虽无道，必久而后失之也。当是时无有尺地而非商之土也，无有一民而非商之臣也，然而文王由地方百里之岐周而兴起，其大小固悬绝矣。是以文王虽有莫当之盛德，而致王若斯之难也！岂可谓文王不足法哉?”

历考创业之主，未有不出于艰难者。至子孙蒙业而安，其知之者鲜矣。周公大雅诸篇，多歌咏王业艰难，成王能知之，遂为周家一代令主。后世人主法成王焉可也?

齐人有言曰：“虽有智慧，不如乘势；虽有镃基，不如待时。”今时则易然也：夏后、殷、周之盛，地未有过千里者也，而齐有其地矣；鸡鸣狗吠相

闻，而达乎四境，而齐有其民矣。地不改辟矣，民不改聚矣，行仁政而王，莫之能御也。

此二节书见齐之易王，以其时势可乘也。

孟子又告公孙丑曰："知文王当日王天下之所以难，则知今日王天下之所以易矣，齐人尝有言曰：'凡人之作事，虽有智慧之巧，不如乘其可为之势，乃可以济其事。凡农之治田，虽有镃基之备，不如待其可耕之时，乃可以利其用。'观齐人之言，则知王天下者，必有资于时势矣。吾之言以齐王犹反手者，正以齐有可乘之时势，真有至易而无难者也。昔夏后、殷、周之盛时，王畿之地不过千里，今齐地亦方千里，固已有其地矣。且民居稠密，鸡鸣犬吠之声，自国都以至四境，处处相闻，又已有其民矣。有其地是地不待更，为开拓而已辟矣；有其民是民不待更，为招集而已聚矣。土广民稠如此，视彼尺地、一民，莫非商家所有者，不亦异哉？乘此国势而行仁政，则人民之归附益众，土地之开辟益广，其一统而王天下，谁得而禁止之哉？"

夫齐以土广民稠，孟子遂许其易王。若夫四海一统，天下一家，无为而治，不尤易易乎？虽然知其易，尤当圖其难，必也勑天之命，惟时惟几，务使深仁厚泽，周浃天下，而不敢以已安已治为心，然后国家全盛之势，可以历万年而无替矣。

且王者之不作，未有疏于此时者也；民之憔悴于虐政，未有甚于此时者也。饥者易为食，渴者易为饮。孔子曰：'德之流行，速于置邮而传命。'当今之时，万乘之国行仁政，民之悦之，犹解倒悬也。故事半古之人，功必倍之，惟此时为然。

此三节书见齐当易为之时，故能事半而功倍也。

孟子又告公孙丑曰："齐之土广民稠，固有可乘之势矣，然不止此也，盖自文武造周以来，至今七百余年，无有能继文武而兴者。王者不作，未有稀阔于此时者也，与商之贤圣继作异矣；干戈赋敛，无时休息，民之憔悴于暴虐之政，未有甚于此时者也，与商之犹有善政异矣。当此之时能行仁政，如饥者但得食即以为美，而易为食；如渴者但得饮即以为甘，而易为饮；是恩不必深而感恩者自众也。孔子尝有言曰：'德化之流行，心相感通，其机不疾而速，不行而至，殆速于置邮而传王命焉。'使当今日饥渴之时，乘万乘大国之势，而行悦民之仁政，举其憔悴而苏之，吾知流行必速，民之悦之，犹解倒悬之困苦也。故所施仁政之事，虽仅半于古人，而不必百年，不必继世，致王之功必反倍于古人，正惟此时为能然也。所谓'以齐王犹反手，'岂虚语哉？"

夫事半功倍之说，三代而下其得天下也，往往如是。然其取之也易，故其失之也亦不难。则是说也，可以进于应运开创之时，而不可进于继世守成之日。率作兴事，皋陶所以告大舜也；所其无逸，周公所以告成王也。后世为人君者，法古人所为而力行之，勿惮其难，亦勿狃于易焉，可也。

公孙丑问曰："夫子加齐之卿相，得行道焉，虽由此霸王，不异矣。如此，则动心否乎？"

孟子曰："否；我四十不动心。"

曰："若是，则夫子过孟贲远矣。"

曰："是不难，告子先我不动心。"

此一章书见圣贤治心之学也。

公孙丑问于孟子曰："夫子一旦加齐卿相之大位，得行其所学之道焉，虽由此为管晏而成霸功，为伊周而成王业，固夫子之所优为，亦不足为怪矣。但任大责重如此，不知亦有所摇动于心否乎？"

孟子曰："谓我当大任，而于心有所动者，否也。我自四十之时，心已不动矣，况今日乎？"

公孙丑曰："吾闻古有勇士孟贲，力能生拔牛角，于世畧无畏惧。今夫子当大任而能不动心，若是，则夫子之勇过孟贲远矣。"

孟子曰："如但以无所畏惧为不动心，而不必深论其事，此亦何足为难求之？世间往往有其人焉，如告子者，盖能先我而不动心，不必至四十时矣。"

夫不动心之学，孟子四十始能，而告子反能先之者，何也？先也者，即所谓助长也，非徒无益而又害之者也。是故善为学者，必循序而渐进；善为治者，必久道而化成。

曰："不动心有道乎？"

曰："有。北宫黝之养勇也，不肤挠，不目逃，思以一毫挫于人，若挞之于市朝。不受于褐宽博，亦不受于万乘之君。视刺万乘之君，若刺褐夫。无严诸侯，恶声至，必反之。孟施舍之所养勇也，曰：'视不胜犹胜也。量敌而后进，虑胜而后会，是畏三军者也。舍岂能为必胜哉？能无惧而已矣。'孟施舍似曾子，北宫黝似子夏。夫二子之勇，未知其孰贤，然而孟施舍守约也。"

此四节书见不动心各有其道也。

公孙丑问曰："夫子言是不难，告子先我不动心，敢问人之不动心者，亦必有所以不动之道乎？"

孟子曰："凡人之不动心者，真似浅深不可一概而论，然皆各有所以不动之道也。古有勇士北宫黝，彼所以养其勇也，肌肤挺然而不挠，目睛凝然而不逃，推其必胜之心，思以一毫小挫于人，如挞之于市朝之中，必不肯以其小而受之，不惟不受于褐寬博之贱夫，亦不受于万乘之君。视刺万乘之君与刺褐寬博之贱夫相等，殊不见世间有可以畏惮之。诸侯如以恶声加之，则必以恶声报之，此其人身可杀而志不可夺，盖以必胜为主者也。吾所谓不动心有道者，此其一也。古又有勇士孟施舍，彼所以养其勇也，尝自言曰：‘我当未战之时，虽其势难于取胜，而我视之，与可以胜无殊，惟知勇往直前而已。若量敌之势弱于我，而后进兵；虑我之必胜于敌，而后会战，是无勇而畏惧三军之事者也。我所不能为也。’观舍此言，彼岂有百战百克之勇能为必胜者哉？但胆气素定，视不胜犹胜，能无畏惧而已矣。此其人盖以无惧为主者也。吾所谓不动心有道者，又其一也。孟施舍以无惧为主，是专务守己者，于儒者中畧似曾子。曾子平日凡事反求诸已者也。北宫黝以必胜为主，是専务敌人者，于儒者中畧似子夏。子夏天性狷介，不轻下人者也。夫孟施舍、北宫黝此二子者，皆匹夫血气之勇，亦难定其孰贤。然而就中较量，则孟施舍之所守为得其要焉。盖黝务敌人是求在人者也，求在人则有时而不可必；舍専守己是求在己者也，求在己则无往而不自由。此舍之所守为得其要，而非黝之所能及也。夫黝、舍者，孟贲之类也。彼告子者，孟贲、黝、舍之类也。”

凡有志于学者，将以学为圣贤也，而反流于匹夫之勇而不觉，可乎？圣贤之学本无二道，而异端之说乃有千岐。始于择焉不精，终至劳而罔获，可不慎与？

昔者曾子谓子襄曰：“子好勇乎？吾尝闻大勇于夫子矣：自反而不缩，虽褐寬博，吾不惴焉；自反而缩，虽千万人，吾往矣。”孟施舍之守气，又不如曾子之守约也。

此二节书见圣贤相传不动心之正道也。

孟子又告公孙丑曰：“吾言孟施舍似曾子，而曾子不动心之道果何如？昔者曾子谓其弟子子襄曰：‘子好勇乎？夫勇有大小，彼血气之小勇不足好也，吾尝闻义理之大勇于吾夫子仲尼矣。夫子以天下惟理为可恃，苟反之于自，而理有不直，则其气自馁，所敌者虽褐寬博之贱，吾安得而不惴焉；苟反之于自，而理无不直，则其气自壮，所敌者虽千万人之众，吾奋然而往与之相抗而不惧矣。’由曾子之言观之，孟施舍之所守，虽视北宫黝为约，然仅在于气耳，又不如曾子反身循理，其所守者尤得其要也。吾言不动心有道，此则曾子不动心之道也。”

按孟子不动心之学，其原盖出于此。所谓缩者，即以直养而无害也。所谓千万人吾往者，即浩然之气也。孟子愿学孔子，以此求之，思过半矣。惜乎孔孟之言炳如日星，而后世犹有好高之徒，阴入于告子之流而不自知者！

曰：“敢问夫子之不动心与告子之不动心，可得闻与？”

“告子曰：‘不得于言，勿求于心；不得于心，勿求于气。’不得于心，勿求于气，可；不得于言，勿求于心，不可。夫志，气之帅也；气，体之充也。夫志至焉，气次焉，故曰：‘持其志，无暴其气。’”

“既曰：‘志至焉，气次焉。’又曰：‘持其志，无暴其气’者，何也？”

曰：“志壹则动气，气壹则动志也，今夫蹶者趋者，是气也，而反动其心。”

此二节书见不动心之道当内外交相养也。

公孙丑又问曰：“黝、舍、曾子之不动心，吾知其各有道矣。敢问夫子之四十不动心，与告子之先夫子不动心，其道可得闻与？”

孟子曰：“欲知告子之不动心，当观其言。告子之言曰：‘言以明理，为達所言，而于理不达，是不得于言也。’则当舍置其言，而勿求其理，于心恐以求心之故而动其心也。心以顺理为安，所为而于心不安，则当力制其心，而勿求其助于气，恐以求气之故而动其心也。此告子不动心之指也。就其言而论之，不得于心，勿求于气，似乎不以所重徇其所轻，犹云可耳；若夫不得于言，勿求于心，则一身宴然无主，其不可也必矣。然所谓可者，犹有说焉：夫心之有志，所以主宰乎身，而役使乎气，是气之将帅也。气以充满乎一身而听命于志，是志之卒徒也。志固为至极，而气即次之。我故曰人当持其志，使帅有常尊，而又当无暴其气，使体有常充可也。彼谓不得于心，勿求于气者，但知强持其志，岂能无暴其气乎？其为不可，则一而已。”

公孙丑未達志至气次之义，又问曰：“夫子既曰志为至极，气为次之，则志重于气。人但当守其志可矣，乃又曰‘无暴其气，而气亦在所当养者’，何也？”

孟子曰：“志气本不相离，持养不可偏废。如志之所在専一，则四肢百骸皆随其运用，固足以动乎气。然使气之所在専一，则心思意念或不及管摄，而志亦反为其所动矣。今夫人之步履，至于倾跌而蹶者；奔走，至于急遽而趋者；是皆猝然之间，气失其平也，而反能震动其心，使之惊惕而不寧，岂非气壹动志之验乎？夫志壹能动气，可见志为至极。气壹能动志，可见气即次之。此所以既持其志，又必无暴其气也，子何以此为疑哉？”

按“持其志，无暴其气”者，内外交养之学也。《诗》曰：“抑抑威仪，维德之隅。”又曰：“慎尔威仪，无暴其气”者，慎威仪之谓也。孟子蹶趋之说盖本诸此。由蹶趋推之，凡盘于游畋，躭于声色，可以动志之类，皆蹶趋也。圣明之主可不以此为戒与？

“敢问夫子恶乎长？”

曰：“我知言，我善养吾浩然之气。”

“敢问何谓浩然之气？”

曰："难言也。其为气也，至大至刚，以直养而无害，则塞于天地之间。其为气也，配义与道；无是，馁也。是集义所生者，非义袭而取之也。行有不慊于心，则馁矣。我故曰告子未尝知义，以其外之也。"

此五节书见不动心之学贵于知言养气，而养气贵于集义也。

公孙丑问曰："告子之不动心，固出于强制矣。敢问夫子之不动心，何所长于告子而能然也？"

孟子曰："我之异于告子者，有二端焉：我于天下之言究极其理，而知其是非得失之故，则与告子之不得于言，勿求于心者异矣。我于吾所固有浩然之气能善养之，而全其盛大流行之本，则与告子之不得于心，勿求于气者异矣。此则吾所以不动心之道也。"

丑又问曰："气，则一也，而夫子曰浩然，必有说矣。敢问何谓浩然之气？"

孟子曰："浩然之气惟人自养之，自知之，未易言也。试以其本体言之，其为气也，至大而不可限量，至刚而不可屈挠，但恐人不能善养之耳。诚能自反常直，顺其自然以养之，而不至有所害焉。使其至大者，犹夫初也；至刚者，犹夫初也。则其气自然充塞于天地之间矣。又试以其用言之，盖天地间皆道义也。惟能养吾浩然之气，则其为气也，配合乎吾心，裁制之义；义所当为者，气即助之，以有为配合乎吾心自然之道；道所当行者气，即助之以有行，是天地间不可一日无道义，则不可一日无浩然之气。苟无是气，即道义所当为，而无气为助，亦委靡退缩而馁矣。然气之养成也，固足配道义；而其始养也，实有资乎道义。必由平日工夫，事事合义，久之则心无愧怍，此气自然发生。是乃集义所生者，非一事偶尔合义，便可感激奋励，掩袭于外而取之也。若无集义之功，则所行必有不合于义，而不能慊然快足于心者。心既不慊，则气亦从此不振而馁矣。夫心之慊与不慊，由于义之集与不集，则义本心中自有之理，而不在于外，明矣。我故曰告子未尝知义，正以彼言义在于外而不在于心故也。既以义为外，则必不能集义以生气。其先我不动心者，不过悍然不顾袭取之而已，岂真能不动心者哉？"

夫孟子言气，必本于集义；言义必归于慊心。此即《大学》诚意自慊之学也。能于此求之，修齐治平之道，思过半矣。

"必有事焉，而勿正，心勿忘，勿助长也。无若宋人然。宋人有闵其苗之不长而揠之者，芒芒然归，谓其人曰：'今日病矣！予助苗长矣！'其子趋而往视之，苗则槁矣。天下之不助苗长者寡矣，以为无益而舍之者，不芸苗者也；助之长者，揠苗者也。非徒无益，而又害之。"

此一节书见集义者贵于有事，而有事者贵于纯全其功也。

孟子告公孙丑曰："气既由集义而生，非由义袭而取。欲集义者，必须有事于义，孜孜汲汲，使所行皆得其宜焉。而又不可预为期，必使进修之志，或杂于谋利之私也。常须存此有事之心，不可一时或忘，而又不可躁进欲速，有所作为以助其长也。慎无若宋人然。宋人有忧闵其苗之不长，而揠之以助其长者，芒芒然归，谓其家人曰：'今日吾疲甚矣！苗之不长者吾助之长矣！'其子趋而往视之，则苗已槁而死矣。今天下养气者，始之以期必之心，继之以助长之念，其不为宋人之助苗长者，盖亦寡矣。以养气为无益而舍之不事者，不耘苗者也；知气当养而助之长者，揠苗者也。非徒无益于气，而又从而害之。是故直养而无害之功，则为我所长耳。"

按告子之学，失在助长。而后世学者，失在不知有事。夫助长者，知有事而误焉者也。使一无所事，其失不尤甚乎？是故学莫患于自弃，而志不可以不立也。

"何谓知言？"

曰："诐辞知其所蔽，淫辞知其所陷，邪辞知其所离，遁辞知其所穷。生于其心，害于其政；发于其政，害于其事。圣人复起，必从吾言矣。"

此一节书见不动心之学必贵于知言也。

公孙丑又问曰："夫子之善养气，既得闻命矣，而又曰：'我知言'，此谓何也？"

孟子曰："凡人言语皆本于心，吾因其辞之顾此失彼，一偏而诐，则知其心见理未明，为私欲之所障蔽故也。因其辞之高谈阔论，泛滥而淫，则知其心蔽锢已深，为私欲之所迷陷故也。因其辞之违背正论，奇僻而邪，则知其心惑于他岐，与正理判然离异故也。因其辞之支吾无定，屡变而遁，则知其心屈于正理，自觉穷极而难通故也。夫蔽、陷、离、穷，生于其心，岂惟言受其病，则将害于其政而大纲不举矣？发于其政，则亦害于其事，而万目不修矣。心术一谬，纲纪皆差。理固有必然者，虽后有圣人复起，能以一言定天下之是非，亦必从吾害政害事之言而不可易矣。吾所谓'知言'者，如此。若告子'不得于言，勿求于心'，何足以语此哉？此我之不动心所以异于告子也。"

宋臣欧阳修曰："自古毁誉之言，未尝不并进于前，而听纳之际，人主所难。盖左右之人朝夕出入其所，谗谀能使人主不觉其渐，惟在抑左右阴荐之言，采缙绅公正之论，若修者诚善发孟子知言之蕴者与！"

"宰我、子贡善为说辞，冉牛、闵子、颜渊善言德行。孔子兼之，曰：'我于辞命，则不能也'，然则夫子既圣矣乎？"

曰："恶！是何言也？昔者子贡问于孔子曰：'夫子圣矣乎？'孔子曰：'圣则吾不能，我学不厌而教不倦也。'子贡曰：'学不厌，智也；教不倦，仁也。仁且智，夫子既圣矣。'夫圣，孔子不居，是何言也？"

此二节书是公孙丑以圣人推尊孟子而孟子不敢居也。

公孙丑曰："昔孔门弟子宰我、子贡列言语之科，皆善为说辞，冉牛、闵子、颜渊列德行之科，皆善言已身素有之德行。孔子兼此二者，然犹不敢全任，曰：'我于辞命则不能也。今夫子既知言，则洞晰乎辞命之理；又善养气，则体备乎德行之实。兼众贤之所不能兼，任孔子之所不敢任，夫子岂不既圣矣乎？"

孟子闻而惊叹曰："恶以我为圣是何言也？昔者子贡问于孔子：曰：'夫子圣矣乎？'孔子曰：'圣者极至之称，此岂吾所能哉？我但以圣人之道学诸已而不厌，又以圣人之道教诸人而不倦，如斯而已。'子贡曰：'学而不厌，必深知义理之无穷，故融会贯通，始终无斁，乃所谓智也。教而不倦，必不见人我之有间，故涵育熏陶，乐与同善，乃所谓仁也。仁而且智，则体用兼备，夫子业已圣矣！虽欲辞其名，岂可得乎？"

子贡孔子问答之言如此。

由此观之，圣之名，孔子尚不敢居，子乃以我为圣，是何言也？"

总之圣贤为学，当仁不让者，任道之勇；日见不足者，求道之心。孔子孟子虽造诣微有不同，其于为学则一而已矣。

"昔者窃闻之：子夏、子游、子张皆有圣人之一体，冉牛、闵子、颜渊则具体而微，敢问所安。"

曰："姑舍是。"

曰："伯夷、伊尹何如？"

曰："不同道。非其君不事，非其民不使；治则进，乱则退，伯夷也。何事非君，何使非民；治亦进，乱亦进，伊尹也。可以仕则仕，可以止则止，可以久则久，可以速则速，孔子也。皆古圣人也，吾未能有行焉；乃所愿，则学孔子也。"

此三节书是孟子因公孙丑之问而明其志独宗孔子也。

公孙丑问曰："昔者窃闻之圣人之道，备诸已虽大而无遗，传之人则分而各得：如子夏、子游、子张或得圣人之文学，或得圣人之威仪，皆有其一体；如冉牛、闵子、颜渊气质不偏，理义完备，具有圣人之全体，但不能如圣人大而化之，不可限量耳。夫子既不敢比孔子，敢问：于此数子何所处乎？"

孟子曰："凡人立志，须取法乎？上数子虽贤，且姑置之，吾未肯以之自处也。"

公孙丑又问曰："数子既非所处，若伯夷、伊尹二人，夫子于此何如？"

孟子曰："伯夷、伊尹之道与我不同，即以出处一节论之，非可事之君，则不事；非可使之民，则不使。世治则进而仕，世乱则退而隐，是以清为其道者也，伯夷是也。得君则仕，何所事而非君；得民则使，何所使而非民；世治固进而仕，世乱亦进而仕；是以任为其道者也；伊尹是也。若夫可以仕则进而仕，可以止则退而止，可以久则久而留，可以速则速而去，在已无意，必固我之私于世合，用行舍藏之妙是得时中之道者也，孔子是也。此三等造诣各极其至，皆古之圣人。吾所行一未有能焉，但此心则惟愿学孔子，因时制宜，揆义理之自然，审事几之至当而已。我与孔子同道，而夷、尹不同也。”

可见孟子不敢自居圣人，固存心之至虚，而必愿学孔子。又立志之至确，凡人立志，必以最上者定其趋向，斯取法不偏，用力不懈。孟子事君，则言称尧舜；自任，则愿学孔子。诚不敢以次焉者自安也。

“伯夷、伊尹于孔子，若是班乎？”

曰：“否；自有生民以来，未有孔子也。”

曰：“然则有同与？”

曰：“有。得百里之地而君之，皆能以朝诸侯，有天下；行一不义，杀一不辜，而得天下，皆不为也。是则同。”

此二节书言圣人之道虽不同，而其根本节目之大者，则无不同也。

公孙丑问曰：“伯夷、伊尹、孔子，夫子以为皆古圣人，是夷、尹二人于孔子无可优劣、若是其班乎？”

孟子曰：“否；不但伯夷、伊尹自生民以来，圣人非一，求其道德事功之盛如孔子者，未之有也。”

公孙丑又问曰：“伯夷、伊尹固不能与孔子并，然既俱为圣人，亦有相同之处与？”

孟子曰：“相同之处乌得无有？假如得百里之地而为之君，土虽不广，彼三圣人之德，皆足以慰四方悦服之心，副兆庶尊亲之望，朝诸侯，有天下，坐致无难。若使行一不义之事，杀一不辜之人，在他人虽觉甚小，彼三圣人之心，义精仁熟，无一毫人欲之私、功利之念，即可以得天下亦不为也。圣人之所以为圣人，德极其盛，心极其正，根本节目之大，惟在于此，是则其所同也。”

可见圣人作用虽有各别，本体则无少异。然三圣之中独尊孔子者，则以其本末一贯，小大兼该，圣人至此无有几微之遗憾。观其同，益知其所以异。孟子之论圣，精矣！

曰：“敢问其所以异。”

曰：“宰我、子贡、有若，智足以知圣人，污不至阿其所好。宰我曰：‘以予观于夫子，贤于尧舜远矣。’子贡曰：‘见其礼而知其政，闻其乐而知其德，由百世之后，等百世之王，莫之能违也。自生民以来，未有夫子也。’

有若曰：'岂惟民哉？麒麟之于走兽，凤凰之于飞鸟，泰山之于丘垤，河海之于行潦，类也。圣人之于民，亦类也。出于其类，拔乎其萃，自生民以来，未有盛于孔子也。'"

此四节书是言孔子之不同辈圣，人以明愿学之意也。

公孙丑问曰："夫子谓生民以来，未有孔子。敢问其异于夷尹者若何？"

孟子曰："此非独吾言之，孔门弟子已先言之矣。圣人原不易知，宰我、子贡、有若智识高明，皆足以知圣人，即使自处污下，欲推崇其师，亦决不至阿私所好，而空誉之，则其言之可信，明矣！宰我之言曰：'自古圣人首称尧舜，然尧舜以道治天下，勲业在一时。夫子推尧舜之道以教万世之天下，勲业在万世。以予观之，贤于尧舜远矣。'子贡之言曰：'古来圣人不一，要皆可考而知。如礼所以饬政，见其所制之礼，或烦、或简，则当日之政尚质、尚文可知。乐所以象德，闻其所作之乐，或善、或美，则当日之德性之反之可知。由百世之后，差等百世之王，莫有能违我之鉴别者。但见自生民以来，未有如吾夫子，以一身备帝王之政，以一心兼神圣之德者也。'有若之言曰：'我尝旷观天下，岂惟民哉？即如麒麟之于走兽，凤凰之于飞鸟，泰山之于丘垤，河海之于行潦，为飞、为走、为山、为水，不可谓之非类也。圣人之于民，有形、有性，俱受之于天，亦同类而已。但圣人能践其形，能复其性，虽与众共生，而夐然出于其类，拔乎其萃耳。以我观之，自生民以来，出类拔萃之圣人，非一未有如孔子之盛者也。'三子之言如此，则孔子之为圣，自古莫及，岂独伯夷、伊尹乎？此吾所以愿学也。"

按战国时邪说横行，人皆溺于功利，孔子之道不明，故孟子因公孙丑之问，既自言知言、养气之功，复言愿学孔子，以见其渊源有本，后世始知孔子之道真可以治天下国家，无不尊王黜霸，则皆孟子之言发之也。其有功于圣道，岂不大哉？"

孟子曰："以力假仁者霸，霸必有大国；以德行仁者王，王不待大。汤以七十里，文王以百里。以力服人者，非心服也，力不赡也；以德服人者，中心悦而诚服也，如七十子之服孔子也。《诗》云：'自西自东，自南自北，无思不服。'此之谓也。"

此一章书是论王、霸之公私不同，而人心之感应亦异也。

孟子曰："世之论治者，率以王、霸并称，而不知其公私之辨。以土地甲兵之力，假仁之名以济其私，则谓之霸。霸者，必有大国，乃可以成一匡九合之业。若以大公至正之德，行救世安民之仁，则谓之王。王者，不待有大国，自可以朝诸侯、王天下。故汤之王以七十里之亳，文王之王以百里之岐周，此其明验也。王与霸既不同，故人之应之者亦各异。彼霸者之以力假仁，亦足以服人矣，然非真心爱戴，特迫于强大，力不能抗，不得已而服之耳。若王者之以德行仁，人之服者，中心爱慕喜悦，发于至诚，无所勉强，即如七十子之于孔子，初无势力位号之聯属，而周流穷困，相从不舍，无有异也。《大雅·文王》之诗曰：'王者之化，自西自东，自南自北，无所思而不服。'此正王者以德服人，而天下皆心悦诚服之谓也。彼霸者何足以语此哉？"

从来王霸之论，未有若孟子此章之明切者。可见得天下全在仁，不在力。三代而下，如汉唐宋之贤君，以寛代虐，务爱惜百姓，与天下休养生息，皆享国长久，彼行事之近于王者且然，况实以德行仁之王者乎？

孟子曰："仁则荣，不仁则辱。今恶辱而居不仁，是犹恶湿而居下也。如恶之，莫如贵德而尊士，贤者在位，能者在职。国家闲暇，及是时明其政刑。虽大国，必畏之矣。"

此一章书是言有国者，荣辱皆由于已，不可不自勉于仁。而此二节，先即恶辱之情，勉以强仁之事也。

孟子曰："好荣恶辱者，人之常情。不知榮辱無常，惟人自取。人君能奮发為仁，則身尊國顯，不期榮而自榮矣。若安於不仁，則身危國亂，不期辱而自辱矣。夫不仁既足以致辱，今惡辱而反居不仁，是必不能免于辱，猶惡濕而反居窪下之地，必不能免於濕也。人君如誠惡之，則莫如去不仁而為仁。不自挾其貴而貴者，惟德；不自恃其尊而尊者，惟士。賢者使在輔弼之位，而匡君正俗；能者使在百司之職，而趨事赴功。幸而國家閒暇，無敵國外患之忧，及是時，君臣上下，益加兢惕，脩明其政。凡大綱小紀，秩然不亂，脩明其刑。凡五刑五罰，咸得其平。如此則用人行政，孜孜汲汲，惟務脩德以自強。根本既立，威命自振，雖有強大之國，必且翕然畏服，拱手而聽命矣。何榮如之！"

由此觀之，治天下國家，不可一日不從事於仁。賢能即行仁之人，政刑即行仁之具，閒暇即行仁之時。然三者之中，時尤難得易失。人但欲坐享太平，偷安無事。不知在上者既厭倦萬幾，在下者即養交持祿。人才銷歇，紀綱隳壞，禍患無不從此而起。昔人以晏安比之鴆毒，豈虚語哉？

"《詩》云：'迨天之未陰雨，徹彼桑土，綢繆牖户。今此下民，或敢侮予？'孔子曰：'為此詩者，其知道乎？能治其國家，誰敢侮之？'今國家閒暇，及是時般樂怠敖，是自求禍也。禍福無不自已求之者。詩云：'永言配命，自求多福。'《太甲》曰：'天作孽，犹可违；自作孽，不可活。'此之谓也。"

此四节书申言荣辱之所由致，无不本诸已也。

孟子曰："人君欲强仁以求荣，则当及时以圖治。昔周公作《鴟鴞》之诗，托为鸟言曰：‘及天未阴雨之时，往取彼桑根之皮，以补葺巢之牖户，使之坚固以避阴雨之患。’今此在下之民，其或有击射而侮予者乎？’孔子读诗而赞之曰：‘为此诗者，其知制治于未乱，保邦于未危之道乎？夫人君能及时而治其国家，如鸟之及时而为巢，则无隙可乘，谁敢侮之？’诗与孔子之言如此，‘仁则荣’之说，不益信哉？今之为国者，不知深谋远虑，思患预防，国家闲暇，及是时般乐以纵欲，怠傲以偷安，君臣上下政荒而不问，刑虐而不恤，其不仁如此，则国非其国，而侮之者至矣！是自求祸也，何辱如之乎？观仁之荣，知福所由臻；观不仁之辱，知祸所由集。仁不仁由已，则荣辱岂自外至？可见祸福无不自已求之者！《大雅·文王》之诗曰：‘为人君者，知天命不易承，而反身克已，长思与之配合，则天心丕佑，盛大之福皆其所自致矣。《商书·太甲》之篇曰：‘已无罪而天降之灾或犹可避，自为不善而陷于祸，则决不可得生。’《诗》之言，即福自已求之谓；《书》之言即祸自已求之谓也。”

好荣恶辱者，可不醒哉？可见天命不常，常于有德，降祥降殃，皆人事所感召，断断不可委之气数，以自宽其责，昔唐臣李泌告君曰：“天下人皆可言命，惟人君不可言命。若一言命，则政事皆无用矣。”此诚千古至言也。

孟子曰：“尊贤使能，俊杰在位，则天下之士皆悦而愿立于其朝矣。市廛而不征，法而不廛，则天下之商皆悦而愿藏于其市矣。关讥而不征，则天下之旅皆悦而愿出于其路矣。耕者助而不税，则天下之农皆悦而愿耕于其野矣。廛无夫里之布，则天下之民皆悦而愿为之氓矣。

此一章书是以实行王政望时君而先举，王政之当行者详列之也。

孟子曰：“天下之大，势在人心。而人心之向背，则惟在其君之行政。如贤能之士，君所赖以共治其国者也，于贤则尊礼之，使有德者尽其匡弼；于能则器使之，使有才者展其猷为，如是则俊杰济济，莫不在位，天下之士，皆悦我用人有道而愿立于其朝矣。至于交易有无，有市区焉，所以为国通财货。若逐末者多，则使各出市宅之租以抑之，而不更征其货；若逐末者少，则但治以市官之法而已，并不税其廛，则天下之商皆悦吾立法之便，而愿藏于其市矣。道路出人有关焉，所以为国备非常，不过设此以稽察往来之传节，防杜奸宄而已。不征其货税，则天下之旅皆悦吾柔远之义，而愿出于其路矣。农为国之本，耕者终岁勤动，最宜轸念，但修井田之法，使八家合作助耕公田，而不税其私田之入，则天下之农皆悦吾薄敛之政，而愿耕于其野矣。居民所以实其国，其民既有恒业，则非游民。其所居既为积货之廛，则非旷土。诸如夫家之征一里之布，本以惩游民旷土者，概不征之，则天下之民皆悦吾厚下之仁而愿为之氓矣。”

王政行而人心附，有如此者！总之天下虽大，不外此五者之人。而五者之中，士为尤急。盖佐人君创制立法，使商贾行旅耕农居民各得其所者，全在贤能俊杰。故行政乃得人心之本，而用人又行政之本也。

“信能行此五者，则邻国之民仰之若父母矣。率其子弟，攻其父母，自生民以来，未有能济者也。如此，则无敌于天下。无敌于天下者，天吏也。然而不王者，未之有也。”

此一节书是言行王政之必王也。

孟子曰：“王者之政，能使士农商贾居民行旅无不归心。如此，特患今之人君不肯实心举行耳。果能行此五者，则政事修明，恩德旁浃，其所感被，岂但本国之民欢忻爱戴，尊之、亲之，凡邻国之民，无不懷乐土之思，切来苏之望，皆仰之若父母矣。既仰之若父母，则邻国之民无异我之子弟。假如邻国之君欲率其民以攻我，是率其子弟以攻其父母。自生民以来，无此悖逆之理，其断乎无济可知。如此则天下之大，安有与我为敌者夫？至无敌于天下，则是膺天命而为天吏，凡逆天害民之国，皆得而征讨之。兼弱攻昧取，乱侮亡，无非恭行天罚，东西朔南，何向不服？然而不王者，未之有也。”

夫王天下在得人心，得人心在行王政。孟子既屡言之，此又决言行王政之必王，以见其必不可不行。然人心得之甚难，失之甚易。有一政不举，即有一民不附。未有天下，当思人心得之之难；既有天下，当思人心失之之易。则久安长治千万年，丕基不拔矣。

孟子曰：“人皆有不忍人之心。先王有不忍人之心，斯有不忍人之政矣。以不忍人之心，行不忍人之政，治天下可运之掌上。所以谓人皆有不忍人之心者，今人乍见孺子将入于井，皆有怵惕恻隐之心。非所以内交于孺子之父母也，非所以要誉于乡党朋友也，非恶其声而然也。

此一章书是勉人君法先王，行不忍人之政也。

孟子曰：“人受天地之气以为形，即禀天地生物之理以为心。凡见人不得其所，即有一不忍之心萌动于中，此固不分圣凡，无不同具。但人虽有是心，率为物欲所蔽，不能推而達诸行事。惟先王则全体流通，触处周徧，不忍人之失养，则制田里，教树畜，即有政以厚其生，不忍人之失。教则设学校明礼义，即有政以复其性。以不忍人之心行不忍人之政，随感随应，随应随足，天下虽大，其治之也不犹运诸掌上之易乎？先王能全其皆有之心如此。夫天下之人至不齐矣，天下人之与先王，甚悬絶矣，而谓其皆有不忍人之心者，于何见之？是当于猝然发露之顷，观其自然，莫强之意，有如今之人乍见一无知之孺子将入于井，无论贤愚，必为之怵惕而惊惧，不寧恻隐而伤痛甚切，此其心初非为内交于孺子之父母而结好也，非为要誉于乡党朋友而掠美也，并非恶居不仁之名而惧人之谤议也，动于不容已而发于不及觉，不知其然而然，亦不期其同然而无不然，此所以谓人皆有不忍人之心也。”

人人有是心，先王亦不过有是心。先王有是心，遂成其为先王。凡人有是心，仅成其为凡人。但以先王能行、凡人不能行耳。然则人主欲法先王，苟非以实心行实政，使天下之民无不实被其泽，虽有仁心仁闻，亦何益哉？

“由是观之，无恻隐之心，非人也；无羞恶之心，非人也；无辞让之心，非人也；无是非之心，非人也。恻隐之心，仁之端也；羞恶之心，义之端也；辞让之心，礼之端也；是非之心，智之端也。人之有是四端也，犹其有四体也。有是四端而自谓不能者，自贼者也；谓其君不能者，贼其君者也。凡有四端于我者，知皆扩而充之矣。若火之始然，泉之始達。苟能充之，足以保四海；苟不充之，不足以事父母。”

此四节书是推言四端之心皆人性所固有，而见扩充之功不容已也。

孟子曰：“由乍见孺子入井一事观之，可见无恻隐之心，天下必无是人。人皆有恻隐之心可知。推之羞恶辞让是非之心，或有所感而即动，或因所触而即形。无羞恶辞让是非之心，天下亦必无是人，人皆有羞恶辞让是非之心可知矣。然是四者之心，所以感即动，触即形者，其故为何？盖恻隐非他，吾性中固有是慈爱之真，肫然不容已，仁之端也。羞恶非他，吾性中固有是裁制之宜，截然不可紊，义之端也。辞让非他，吾性中固有是谦恭逊顺自然之品节，礼之端也。是非非他，吾性中固有是分别去取不爽之鉴衡，智之端也。有是性即有是情，是四端为人人之所共有，即为人人之所皆能。人心之有四端，犹人身之有四体也。乃或自谓不能，而不反求诸已，是自贼而已；或谓其君不能，而不责难于君，是贼其君而已。夫人而可自贼乎哉？事君而可贼其君乎哉？诚使凡有是四端者，果能自加察识，即从一念之感动，一时之发露，推而扩之，使其无念不然，无时不然，以充满其全量，将见四者之心若火之始然，泉之始達，沛然，勃然，有不可遏塞者矣。苟至于能充之，则仁义礼智之用，自然推行各当，暨讫无外。四海虽大，足以保之而无难。苟不充之，则性分既亏，彝伦日斁，虽至亲若父母且不足以事之，况四海乎？是知人君有是心，始则患在不能察识，既察识则又患在不能扩充。”

孟子告梁惠王，即不忍民饥一事引之。以王道告齐宣王，即不忍觳觫一念引之，以发政施仁，无非欲其察识此心，以尽扩充之功用。而梁齐之君虽知之，而不能行。故孟子至此又痛切言之，其词愈危，而其意愈切矣。

孟子曰：“矢人岂不仁于函人哉？矢人惟恐不伤人，函人惟恐伤人。巫匠亦然。故术不可不慎也。孔子曰：‘里仁为美。择不处仁，焉得智？’夫仁，天之尊爵也，人之安宅也。莫之御而不仁，是不智也。”

此一章书是勉人择仁而处，尽反求诸已之功，而先即其不可不择者言之也。

孟子曰："天下之人同此心，即同此理，及其习尚一殊，而善恶遂至悬絶。即以一技言之，彼矢人之心岂不仁于函人之心哉？乃矢人以矢为业，则专精于矢。惟恐矢之不利而不伤人；函人以甲为业，则专精于甲，惟恐甲之不坚而伤人。巫利人生，匠利人死，亦复如是。可见术之于人，所系甚大。习于仁则仁，习于不仁则不仁，故不可不慎也。孔子有言曰：'习俗移人，贤者不免。里有仁厚之俗，择居者尚以为美，人若择术而不于仁，是不知美恶之别焉，得为智乎？'"

由孔子之言思之，仁之为道自天所与而言，则天地生物之心得之为最先。所以统四德该万善而为良贵之首，乃天之尊爵也。自其在人而言，则有天理自然之安，无人欲陷溺之危，为日用所当处，而不可暂离者，人之安宅也。莫为之御而自不处仁，是有尊爵而弃之；有安宅而舍之，是非颠倒，不明已极，虽欲不谓之不智，岂可得哉？盖性相近，习相远。人若随俗习，非不知其恶而自陷于恶。所以古之圣王兢兢业业，屏奇技淫，巧远宦官宫妾，日求谠言，日亲正士，惟恐稍一狎近不义，即为外物蛊惑。为圣、为狂，所分在此而已。

不仁、不智，无礼、无义，人役也。人役而耻为役，由弓人而耻为弓，矢人而耻为矢也。如耻之，莫如为仁。仁者如射：射者正已而后发；发而不中，不怨胜已者，反求诸已而已矣。

此三节书是勉人之自力乎仁也。

孟子曰："夫不智，则不能择仁而处，即为不仁之人矣。不仁之人自然嗜欲锢蔽，私累蒙惑，益以不智。至于不智，而礼之孰合？孰违？义之孰当？孰否？皆不能察，亦遂无礼无义。四者俱无，则人道已丧，自置其身于卑贱之地，天下之有德无德者，皆可以役使之，是为人役而已。既为人役，虽有愧耻之心，终不能免。譬如弓人而耻为弓，矢人而耻为矢，即欲不为弓矢，岂可得哉？如耻为人役，而必求所以免之，亦无他术，莫如反其不仁而为仁耳。盖仁者之于仁，犹射者之于射，必内正已之志，外正已之体，极其审固而后发矢，发而不能中，则不怨人之能中而胜已者，惟反求诸已，内外之体有不正而已矣。为仁由已而不由於人，何以異？此一為仁，而智與禮義無不畢具，天下方宗而仰之，又奚人役之足忧乎？"

盖天下之道二：出乎仁，则入乎不仁。仁则有安富尊荣之乐，不仁则有败亡僇辱之苦。然仁初不待外求，能发愤自强，反诸已而具足，特患人不肯立志耳。故孟子危言以激之，复正言以勉之，无非欲其立志以自强而已矣。

孟子曰："子路，人告之以有过，则喜。禹闻善言，则拜。大舜有大焉，善与人同，舍已从人，乐取于人以为善。自耕稼、陶、渔以至为帝，无非取

于人者。取诸人以为善，是与人为善者也。故君子莫大乎与人为善。”

此一章书是言取善不可不极其量也。

孟子曰：“古昔圣贤不一，而好善之心则同。圣门子路人告之以过，则喜得闻而改之。其乐于迁善如此。夏王大禹闻人之善言，则屈已拜而受之，其乐于受善如此。若夫有虞、大舜规模气象视由、禹，更有大焉。舜视此善本天下大共之理，故以天下之善，公之天下之人，而与同之，不存一已之见于心，而虚心以从人，不知善之在已也；不存一人之见于心，而见人之善则乐取之，不知善之在人也。形迹俱泯，物我两化，融融然同处一善之内，自耕于历山，陶于河滨，渔于雷泽，以至登庸而为天子，无在非取于人以为善。其乐善之至，穷达不移，终始无间又如此。由今思之，舜取人之善以为已善，虽未暇代为人计，然天下有善者以见取为荣，益日进于善；未有善者以不见取为辱，亦思共勉于善。是与人为善者也。至于与人为善，则是成已，而即成物，独善而备兼善。有如天覆地载，无不生成长育，君子之善莫大于此，取善之量必如是而始尽哉！”

葢尝论之，人君如天，上天之载，无声无臭。然日月、雨露、雷霆、霜雪各司其职，惟成一天之善。人君之道，渊默无为，然兵农礼乐工虞水火各效其能，亦惟成一君之善。若稍吝容纳，或疑其沽名市美，则人皆消沮伏匿，不敢自献其善。人君虽欲为善，从何取之？故孟子从由、禹上溯大舜，以见善不可不取，取善又不可不极其量也。

孟子曰：“伯夷，非其君不事；非其友，不友。不立于恶人之朝，不与恶人言；立于恶人之朝，与恶人言；如以朝衣朝冠坐于涂炭。推恶恶之心，思与乡人立，其冠不正，望望然去之，若将浼焉。是故诸侯虽有善其辞命而至者，不受也。不受也者，是亦不屑就已。”

此一章书是言君子处世，贵乎中正，无取一偏之行；而此先言伯夷之偏于清也。

孟子曰：“商周之间有伯夷者，其生平制行，惟一于清：非可事之君，则弗事；非可交之友，则弗友。故其时国君有不善者，必不肯立于其朝；国人有不善者，必不肯与之言。使其立恶人之朝，与恶人言，则一息不能自安，如衣朝衣，冠朝冠，坐涂炭之内。其疾恶之严如此。推其心，非独不与恶人言而已，虽与乡人并立，其冠不正，不过偶然之小失，必望望然急去之，若将污累及已。又非独不立恶人之朝而已，虽诸侯卑躬折节，善其辞命，以交接之礼至，亦必拒之不受，其所以然者，以就之即不洁，必至降吾志而辱我身，故断断然弗屑已。”

吁！观夷之处世，无一可与之人。然则非黄、农、虞、夏，果无托足之地哉！惟其若此，所以为伯夷与！

“柳下惠不羞污君，不卑小官，进不隐贤，必以其道；遗佚而不怨，阨穷而不悯。故曰，‘尔为尔，我为我，虽袒裼裸裎于我侧，尔焉能浼我哉？’故由由然与之偕而不自失焉，援而止之而止，援而止之而止者，是亦不屑去已。”

此一节书是言柳下惠之偏于和也。

孟子曰：“鲁之大夫有柳下惠者，其生平制行，惟一于和。有君则事之，虽污君不以为羞；有官则居之，虽小官不以为卑。其进而仕也，不自隐其贤，而事人必以其道；其不用而遗弃，无怨尤之色，甚至于阨穷亦无悲闵之意。常自言曰，‘凡人立身，各有本末。尔自为尔，我自为我，即使袒裼裸裎，露其形体在于我侧，尔自无礼耳！安能污及我哉？是以由由然不见一毫圭角。日与众人偕处，惟期自不失其正而已。虽当欲去之时，有留而止之者，即从之而止。其所以然者，视天下无一不可事之君，无一不可居之官，并无一不可并处之众。何所区别较量于其间，正不必以去为洁，而屑屑自明其是己。”

吁！观惠之处世，超然进退，穷達之外，主于和光同尘，虽辱身降志不以为屈。惟其若此，所以为柳下惠与！

孟子曰：“伯夷隘，柳下惠不恭。隘与不恭，君子不由也。”

此一节书是论古人制行未免一偏，不可为处世中正之準也。

孟子曰：“吾由伯夷观之，其严洁难犯，虽纖微细过，不肯包容，可谓清之至矣。然以自律其躬则可，若以概责天下，则失于太苛。孰非斯人之徒而忍，孑孑焉概摈絶之乎？谓之为隘所不免矣。吾由柳下惠观之，其平易谐俗，无人不可交接，可谓和之至矣。然应世固贵通融，而廉隅礼度岂可尽废？但云已不失正，人之是非可否一概听其自然？不几以世为玩乎？谓之不恭所不免矣。夫君子处世，自有大中至正之道，清而不刻，和而不流，故人人皆可率循。就夷、惠所造，非不自成独至之诣。然有意为夷，则欲效其清，适得其隘，不至矫世违俗不止，有意为惠，则欲效其和，适得其不恭，不至同流合污不止。故曰君子不为也。孟子生平仕止久速，一以孔子为準。此论夷、惠之偏，而愿学之意隐然言外。观其在当时，宋薛之馈则受，齐之馈则不受，季任储子之交则不废，而与王驩同使，则未尝交一言。斯诚处之各得其道，后世所当取法也。

《日讲四书解义》卷十六

孟子 上之四

公孙丑章句下

孟子曰："天时不如地利，地利不如人和。三里之城，七里之郭，环而攻之而不胜。夫环而攻之，必有得天时者矣；然而不胜者，是天时不如地利也。城非不高也，池非不深也，兵革非不坚利也，米粟非不多也；委而去之，是地利不如人和也。

此一章书是言有国者以得人心为本，而先举天时地利之不足恃者言之也。

孟子曰："自古人君保邦制胜，不可少者其术有三：一曰天时，干支时日占候吉凶是也；一曰地利，山川城隍设险守国是也；一曰人和，上下相亲，民人爱戴是也。自我论之，天时乃适值之会，地利有可据之形，天时不如地利；地利犹虚设之形，人心乃固结之本，地利又不如人和。何以见天时不如地利？有如三里之城，七里之郭，地虽至小，然或敌人环向而攻不能胜者有之，夫以环而攻之之久，岂无值天时旺相之日而卒不能胜者，则气数难尽凭，而形势为有据也，是天时不如地利也。何以见地利不如人和？有如强敌来攻我之城，非不高，池非不深，且城池中之兵甲非不坚利，米粟非不饶足，然众叛亲离，一民不肯效死。举此四者，弃之而去，险固虽在，孰与君共守者？则民心既涣散，而地势无常险也，是地利不如人和也。是知失人和，非独天时无用，地利亦无用。得人和，则天有时，人即乘之；地有利，人即据之。二者又俱兴，王之藉矣。况时不时在天，利不利在地，人之和不和则在我。奈何舍其可必，而反求其不可必者乎？"

故曰："域民不以封疆之界，固国不以山溪之险，威天下不以兵革之利。得道者多助，失道者寡助。寡助之至，亲戚畔之；多助之至，天下顺之。以天下之所顺，攻亲戚之所畔；故君子有不战，战必胜矣。"

此二节书是极言人和之效，以见得人心不可无道也。

孟子曰："天时、地利不如人和，然则有国者所急，孰如人心哉？故曰封疆所以域民，然域民实不在封疆之界；山溪所以固国，然固国实不在山溪之险；兵革所以威天下，然威天下实不在兵革之利。所视者，人心去就何如耳？果能得其道，则羣情爱戴，自然亲上死长，争先效力，而助之者多矣。若一失其道，则众志乖违，自然上下携贰，各不相顾，而助之者寡矣。极寡助之所至，虽其亲戚无不离心离德，相率叛之，况其远者乎？极多助之所至，虽天下至广，无不闻风慕义，翕然顺之，况其迩者乎？如此，而有时用兵以行攻讨之事，则是以天下所顺之君，攻亲戚所叛之国，不战则已，战则安有不胜者？又何待乎天时地利哉？”

盖民心之去就，国家之胜败存亡，即决于此。孟子此言虽为战国时君发，实万世有天下者之龟鉴。取天下固在得人心，守天下尤在得人心，然人心不可以美言市，不可以小数结，确有其得之之道。民之所好，好之；民之所恶，恶之，所欲与聚，所恶勿施，用人行政总不出乎此而已。

孟子将朝王，王使人来曰：“寡人如就见者也，有寒疾，不可以风。朝，将视朝，不识可使寡人得见乎？”

对曰：“不幸而有疾，不能造朝。”

明日，出吊于东郭氏。公孙丑曰：“昔者辞以病，今日吊，或者不可乎？”

曰：“昔者疾，今日愈，如之何不吊？”

王使人问疾，医来。

孟仲子对曰：“昔者有王命，有采薪之忧，不能造朝。今病小愈，趋造于朝，我不识能至否乎？”

使数人要于路，曰：“请必无归，而造于朝！”

此一章书见孟子守礼自重之意，而其门人子弟皆不喻也。

孟子在齐国居宾师之位，未尝食禄为臣。齐王待孟子与孟子自待，其礼自与臣下不同。一日将朝齐王，齐王不知，使人来曰：“寡人欲就见夫子，偶有寒疾，不可以风诘。朝，将视朝，不识夫子惠然肯来，使寡人一见乎？”

齐王不肯就见孟子，使人相召，直欲以臣礼屈之矣。

孟子不欲应其召，复不欲斥言其非，故权辞应之曰：“不幸亦有疾，不能造朝。”又恐齐王不悟，以为真疾，次日遂出吊于齐大夫东郭氏之家。公孙丑疑而问曰：“夫子昨以疾辞，今日出吊，毋乃不可乎？”

孟子曰：“昨日有疾，故不能造朝。今日疾愈，故可以出吊。如之何不往哉？”

孟子出吊之后，齐王使人问疾。医来诊视。孟子之弟仲子自以已意对曰：“昨者，王召夫子，适有采薪之忧，不能造朝。今疾小愈，恐违王命，趋造于朝，不审已至否乎？”孟仲子既以此言复使者，乃使数人要孟子于路，曰：“请必无归，而造于朝。”

夫孟子为宾师，礼不可召，有难于自言者。故借出吊一事微露其意，庶几齐王闻之翻然觉悟，悔其来召之非，乃一不喻；于公孙丑再不喻，于孟仲子及门子弟尚且如此，何况齐王哉？总之，上之待下与下之事上，皆不可不各尽其礼。后世有臣，无宾师。君日尊，臣日卑。臣下之能如孟子守礼者，益少。故必君以礼待其臣，然后臣能以礼自待。此孔子之告鲁公，必君使臣以礼，而后臣事君以忠也。

不得已而之景丑氏宿焉。

景子曰："内则父子，外则君臣，人之大伦也。父子主恩，君臣主敬。丑见王之敬子也，未见所以敬王也。"

曰："恶！是何言也！齐人无以仁义与王言者，岂以仁义为不美也？其心曰，'是何足与言仁义也'云尔，则不敬莫大乎是。我非尧舜之道，不敢以陈于王前，故齐人莫如我敬王也。"

此一节书是孟子自言敬王之大以晓齐臣也。

景丑氏，齐大夫。孟子辞疾出吊，正欲使齐王知其非真疾耳。乃孟仲子不以实对，而要其必朝，则失孟子之本意矣。庶几犹可藉景丑氏以达之齐王也，不得已而之景丑氏宿焉。景子不喻其意，而责孟子曰："内而家庭，则有父子；外而朝廷，则有君臣，人道之大伦也。父子情亲，则以恩为主；至于君臣分，严则以敬为主。丑见王之致敬于子也，未见子之所以敬王也。"

孟子因晓之曰："恶！子以我为不敬王，是何言也？敬不在趋承之小节，而在陈纳之大端。今齐人无以仁义与王言者，非不知仁义之为美，其心以为'是何足与言仁义也'云尔，诚不敬之大者矣夫！所谓仁义者，即尧舜之道也。我平日所进说于王者，皆尧舜修已治人之道，一切权谋功利与尧舜之道相戾者，不敢以陈于王前，盖望王之为尧为舜，而不欲王苟且以图治也。齐人孰有如我敬王者乎？而奈何以不敬加我哉？"

景子曰："否，非此之谓也。礼曰：'父召，无诺；君命召，不俟驾。'固将朝也，闻王命而遂不果，宜与夫礼若不相似然。"

曰："岂谓是与？曾子曰：'晋楚之富，不可及也。彼以其富，我以吾仁；彼以其爵，我以吾义，吾何慊乎哉？'夫岂不义而曾子言之？是或一道也。天下有达尊三：爵一，齿一，德一。朝廷莫如爵，乡党莫如齿，辅世长民莫如德。恶得有其一，以慢其二哉？"

此二节书是因齐臣疑不赴召之非，而言召见者之慢德也。

孟子于齐处宾师之位，故不以趋命为敬，而以陈善为敬。景子不知，而终以臣礼责之，曰："否，吾谓子之不敬王，非不与言仁义之谓也，谓于礼有未尽耳。礼曰：'人子承父之召，则唯而无诺；人臣当君命来召，则不俟驾而行。今子固已将朝也，闻王命来召而遂不果朝，宜与夫不俟驾之礼，若不相似然。以是为不敬也。

孟子晓之曰："我之意，岂如子之为是言与？曾子尝曰：'晋楚大国之富不可及也，彼以其富，我以吾仁当之，非有加于仁也；彼以其爵，我以吾义当之，非有加于义也，吾于彼，更何慊然未足乎哉？'曾子之言如此，夫岂不合于义？而曾子言之，是或有一种道理也。盖通天下之人皆以为尊者有三：爵位显荣，其一也；年齿高大，其一也；道德隆盛，其一也。朝廷之上，以贵治贱，莫如爵；乡党之中，以少事长，莫如齿；至于辅理一世，而致乂安，长率万民以起教化，则莫如德。夫所谓德者，即曾子所谓仁义也，所无慊于晋楚之君者也，恶得有其爵之一，以慢其齿德之二哉？王之召我，宜耶？否耶？"

"故将大有为之君，必有所不召之臣；欲有谋焉，则就之。其尊德乐道不如是，不足与有为也。故汤之于伊尹学焉，而后臣之，故不劳而王；桓公之于管仲学焉，而后臣之，故不劳而霸。"

此二节书是举古君臣以明不召见之义也。

孟子曰："我谓王之不当召我者，岂自为尊大乎？盖审乎人臣以身辅主之原，非徒恃势位者之可与图治耳。故从来将大有作为之君，必虚己下士，而有所不召之臣。如于朝野大事，欲有所商确，则枉驾而就之。何古之人臣必欲其君之致敬尽礼如是哉？诚以其君尊奉其德，爱乐其道如是，而后求治之志切，任贤之心诚，乃可与有为。不如是尊德乐道，则不足与有为也。自古大有为之君成王业者，莫如汤；成霸业者，莫如桓公。而其所不召之臣，则伊尹与管仲是也。汤之于伊尹，能尊尹之德，乐尹之道，从受学焉，然后用以为相而臣之，故伐夏救民之事，伊尹身任而与汤为之，遂不劳而王。桓公之于管仲，能尊仲之德，乐仲之道，从受学焉，然后用以为相而臣之，故九合一匡之事，管仲身任而与桓公为之，遂不劳而霸。然则欲致王霸之业者，舍尊德乐道，其安从哉？"

"今天下地丑德齐，莫能相尚。无他，好臣其所教，而不好臣其所受教。汤之于伊尹，桓公之于管仲，则不敢召。管仲且犹不可召，而况不为管仲者乎？"

此二节书是言时君不足有为，而处宾师之位者必不可召也。

孟子曰："汤与桓公所由成王霸之业，皆以尊德乐道之故。今天下土地相类，德教相等，莫有能创建非常，而超出乎时君之上者，此其故，可知矣。无他，列国之君大都以富贵骄人，而不能屈己下士，彼奔走顺承，为我所教诲者，则好以为臣焉；彼道德自重，为我所受其教诲者，则不好以为臣焉。

此所以无不召之臣而不得兴王致霸，以至终莫能相尚也。然则，君之于臣，独奈何以召为其事耶？汤之于伊尹，桓公之于管仲，一皆学焉。而臣不敢召之来见。夫所以不敢召者，以其不可召也。伊尹为元圣，其不可召，宜矣。若夫管仲，一霸者之佐耳，且犹不可召，而况其德、其道，更不屑为管仲者乎？可无惑乎？"

不赴王之召也，孟子在齐宾道也，非臣道也。齐王但可就见，而不可以召见，故孟子始而辞疾，继而出吊，继而宿景丑氏，反复论辩，无非明不可召之意。信乎，人君不以崇高富贵为重，而以贵德尊士为贤也。

陈臻问曰："前日于齐，王馈兼金一百而不受；于宋，馈七十镒而受；于薛，馈五十镒而受。前日之不受是，则今日之受非也；今日之受是，则前日之不受非也。夫子必居一于此矣。"

孟子曰："皆是也。"

此一章书见君子之辞受各当于理也。

陈臻，孟子弟子。兼金，价兼倍于常者。镒，二十四两。

陈臻问于孟子曰："大凡馈同，则辞受宜无不同。前日夫子在齐，王馈兼金一百镒而不受，及在宋馈七十镒，而夫子受之；及在薛，馈五十镒，而夫子又受之。若以前日不受齐之馈为是，则今日受宋、薛之馈，非也。若以今日受宋薛之馈为是，则前日不受齐之馈，非也。均之一馈也，而受不受既殊，则是与非存焉。窃以为夫子必居一非于此矣。"

孟子曰："辞受何常？在审乎理而已。理所当辞，是以辞齐之馈而不受；理所当受，是以受宋、薛之馈而不辞。要之，皆不失为是者也，子何以异同为疑耶？"

"当在宋也，予将有远行，行者必以赆；辞曰：'馈赆予，何为不受？'当在薛也，予有戒心；辞曰：'闻戒，故为兵馈之。'予何为不受？若于齐，则未有处也，无处而馈之，是货之也，焉有君子而可以货取乎？"

此三节书言在齐、宋、薛所处不同，故辞受各异也。

孟子曰："我谓辞受皆是，何以言之？当在宋时，予将有远方之行，凡交际之礼，远行者，必有赆以资道途之费，宋君致馈之，辞曰：'馈我以赆。'则是馈为远行而设也，予何为却之而不受？当在薛时，予适有戒备之心，凡贤者居人国，则国君保护而周给之，使无不虞之患，薛君致馈之，辞曰：'闻有戒心。'故其时为兵馈此金，则是馈又为戒心而设也，予何为却之而不受？若于齐，则于远行、戒心之事，皆未有所处也，无所处而馈之，是以财货结之也，众人动于利欲，不免为货所取致，焉有守义之君子，而可以为货所取致乎？然则受者固不可为非，而不受者又安可为非是哉？"

孟子于辞受之间一无所苟，如此，则凡君子立身之大节，可槩见矣。

孟子之平陆，谓其大夫曰："子之持戟之士，一日而三失伍，则去之否乎？"曰："不待三。"

"然则子之失伍也亦多矣。凶年饥岁，子之民，老羸转于沟壑，壮者散而之四方者，几千人矣。"

曰："此非距心之所得为也。"

此一章书见君臣当各尽其职也。

孟子在齐，适往平陆邑中，见年岁饥荒，百姓多死亡流散，因谓其治邑之大夫孔距心曰："凡事各有职守，假若子之执戟而出之士，当行师之时，一日间三次离失其行伍，则以兵法诛之否乎？"

距心曰："失伍之诛，法所不宥，何待于三？"

孟子直责之曰："官之有职，犹士之有伍。然则子之失职，一如士之失伍也。亦多矣！朝廷设官分治，必使民得遂其生，得安其业，而后可以告无罪于君焉。今凶年，而水旱疾疫之交作；饥岁，而稻粱黍稷之不登。子之民，老羸展转于沟壑，而死壮者散而之四方以谋食者，不知其几千人矣！为民牧者，不能恤民，而使一至于此，其旷废职守与失伍，何以异乎？"

乃距心犹不知，而自诿曰："夫身为民牧，岂不以轸恤民艰为事，无如欲发仓廪有发之者，欲缓征输有缓之者。此其事，非距心之所得专为也，何独以为距心罪耶？"

曰："今有受人之牛羊而为之牧之者，则必为之求牧与刍矣。求牧与刍而不得，则反诸其人乎？抑亦立而视其死与？"

曰："此则距心之罪也。"

他日见于王，曰："王之为都者，臣知五人焉。知其罪者，惟孔距心。"为王诵之。

王曰："此则寡人之罪也。"

此二节书见孟子一言，能使齐君臣皆自知其罪也。

孟子因孔距心之诿罪，而更责之曰："子以事由君上不得自专，遂以此诿罪，岂受托之道乎？今设有受人之牛羊，而为人牧养者，则必向彼求畜牧之地与餧饲之刍，然后可身任其事。其或求牧与刍而不得，则将以此牛羊反诸其人乎？抑亦立视其死，而悍然不顾与？子之为王，牧民亦犹是也。殆有不得辞其咎者矣。"

由是距心晓然曰："始而不求所以养之，继而不知以身去之，此则距心之罪也。"

孟子欲以警醒齐王，故他日见于王曰："凡人之失其职而不知者，比比也。王之为治于都邑者，臣素所识知有五人焉。五人之中能知其失职之罪者，惟孔距心一人而已。”于是即所以责距心、与距心所以自责者，悉为王诵述之，亦庶几冀王之觉悟耳。王果自任其罪曰：“人君能爱养斯民，则臣下之奉行自力。今百姓不得其所，有司不得其职，皆由寡人之罪也。”

齐君臣闻孟子之言而无不知罪，如此，宜可以兴道致治矣。然终不能改，惜哉！

孟子谓蚳鼃曰：“子之辞灵丘而请士师，似也为其可以言也。今既数月矣，未可以言与？”

蚳鼃谏于王而不用，致为臣而去。

齐人曰：“所以为蚳鼃则善矣；所以自为，则吾不知也。”

公都子以告。

曰：“吾闻之也：有官守者，不得其职则去，有言责者，不得其言则去。我无官守，我无言责也，则吾进退，岂不绰绰然有余裕哉？”

此一章书见君子之进退久速各有其道也。

蚳鼃，齐大夫。灵丘，齐下邑。士师，掌刑之官。

孟子谓蚳鼃曰：“人臣处疎远之地，则嘉言难于上达，子之辞灵丘而请为士师，实于理近似也。为其为近臣，而可以谏刑罚之不中也。推是心也，宜其即有所建白，而不待于迟久。今在位既数月矣，其于刑罚之得失，当亦闻之熟矣，岂其一一皆中而未可以言与？”

蚳鼃激于孟子之言，乃进谏于王，而王不能用，遂致其为臣之职事而去。

齐人有讥孟子者曰：“当言而使之言，当去而决于去，所以为蚳鼃，则善矣。至于道既不行，去又不决，所以自为，则吾不知也。何其明于为人而闇于自为乎？”

孟子弟子有公都子者，述齐人之言以告孟子，曰：“进退之间，自有当然之理。吾闻之也，人臣于兵刑礼乐各有专司，是谓有官守者，惟尽其职，乃可居其官。若受制于君，而不得尽其职则去。人臣于利害得失皆许入告，是谓有言责者。惟行其言乃可任其责，若见阻于君，而不得行其言则去。蚳鼃有官守言责者，谏而不用，其去宜矣。我于齐，既非以官为守，又非以言为责者也，可以进而进，可以退而退，岂不绰绰然宽舒而有余裕哉！安得以蚳鼃之去，而遂议我之不去也？”

孟子于齐，居宾师之位，而未尝受禄，故其言如此。盖于去就之间，审之有素，岂齐人所可妄议哉？

孟子为卿于齐，出吊于滕。王使盖大夫王驩为辅行。王驩朝暮见，反齐滕之路，未尝与之言行事也。

公孙丑曰：“齐卿之位，不为小矣。齐滕之路，不为近矣，反之而未尝

与言行事，何也?”

曰：“夫既或治之，予何言哉?”

此一章书见君子待小人之道也。

盖，齐下邑。王驩，齐之嬖臣。孟子于齐虽不受禄，而尝受客卿之职。适当滕国有丧，齐王使孟子往吊，又使盖邑大夫王驩为副使，以辅其行。宜于礼仪之事不能无，两相计议矣。乃王驩朝暮进见，由齐至滕之路，去而复反，终未尝与言所行之事也。其待之之严如此，岂不以王驩非可与言之人而拒之哉?

公孙丑不知，而问曰：“凡人势分相悬，或周旋未久，则两情未洽，而言有难尽。大夫而摄齐卿之位，其位不为小矣；自齐以适于滕之路，其路不为近矣。卒之从往以及于反，而未尝与言行事，何也?”

孟子有难以显言者，乃婉辞答之曰：“使事有失，不能不与之言。夫彼从行之有司，既或治之而得其宜矣，予尚何复与言哉?”

《易》曰：“君子远小人，不恶而严。”观孟子所以待王驩者，其即孔子之所以待阳货者与?

孟子自齐葬于鲁，反于齐，止于嬴。

充虞请曰：“前日不知虞之不肖，使虞敦匠事。严，虞不敢请。今愿窃有请也：木若以美然。”

曰：“古者棺椁无度，中古棺七寸，椁称之。自天子达于庶人，非直为观美也，然后尽于人心。”

此一章书见人子当自尽其心也。

嬴，齐南邑。充虞，孟子弟子。孟子在齐，有母之丧，从齐归葬于鲁，仍反于齐，而止宿于齐之嬴邑。

充虞问曰：“前日夫子有母之丧，不知虞之不肖，使虞董治作棺之事。其时丧事严迫，虞有疑而不敢请问，今愿窃有请也。所用之木，若似乎太美，然未知夫子何心，而如是其过厚也?”

孟子曰：“丧葬之从厚，本之先王之制，非自今日始也。上古法制未备，凡为棺椁，无一定厚薄尺寸之度，中古时周公制礼，棺木以七寸为准，棺外之椁亦与相称。自天子至于庶人共之，非直为观视之美也。必如是坚厚，而可以历久远，然后于人子之心为稍尽耳，何疑于木之美也?”

“不得，不可以为悦；无财，不可以为悦。得之为有财，古之人皆用之，吾何为独不然?且比化者无使土亲肤，于人心独无恔乎?吾闻之也：君子不以天下俭其亲。”

此三节书申言送终之礼宜从厚也。

孟子曰："吾之所以美其木者何哉？人子于丧葬之礼，孰不欲厚于其亲？使此心愉悦而靡有遗恨。然有分所不得尽，则限于法制，而不可以为悦；力所不能强，则屈于财物，而不可以为悦。若使法制之所当得，而又财物之所优为，古之人皆用以厚葬其亲，吾非人情乎？何为其独不然？且为死者与土相接，求其附于身者坚厚久远，无使土得亲近其肌肤，于人子之心独不快然无所憾乎？苟得尽其心而不期自尽，是为天下爱惜物力而薄于吾亲也。吾闻之也，君子不为惜此天下之物，而俭于其亲。然则吾之美于其木，盖考之古制，度之人心，合之君子所以待亲之道，而有不能自已者，而非为过举也。"

可见人子于丧葬之际，设不能自尽其心，即有抱恨无穷者而忍云俭与？

沈同以其私问曰："燕可伐与？"

孟子曰："可：子哙不得与人燕，子之不得受燕于子哙。有仕于此，而子悦之，不告于王而私与之吾子之禄爵；夫士也，亦无王命而私受之于子，则可乎？何以异于是？"

此一章书见人君当以义兴师也。

燕王子哙让国于其相子之，燕国大乱。齐君臣欲乘其乱而伐之，于是沈同遂以其私意问于孟子，曰："以燕之乱，可举兵伐之与？"

孟子据理断之曰："可：诸侯土地人民虽传之先君，实受之天子，非奉天子之命，子哙不得以燕擅与诸人；子之亦不得遽受燕于子哙。与者、受者，俱不为无罪也。譬如有仕宦者于此，而子悦之，不请命于王，而私与以吾子所食之禄、所居之爵，夫彼从仕之，士亦未膺王命而私受禄爵于子，揆之于理，其可乎？燕君臣私相授受，何以异于是？以彼无道之国而兴兵问罪，谁曰不宜？"

齐人伐燕。

或问曰："劝齐伐燕，有诸？"

曰："未也。沈同问'燕可伐与？'吾应之曰'可，'彼然而伐之也。彼如曰'孰可以伐之？'则将应之曰：'为天吏，则可以伐之。'今有杀人者，或问之曰'人可杀与？'则将应之曰'可'。彼如曰'孰可以杀之'？则将应之曰：'为士师，则可以杀之。'今以燕伐燕，何为劝之哉？"

此一节书见伐国者宜奉行天讨也。

孟子答沈同之问，亦就燕论燕，而非劝齐伐燕也。及齐人伐燕，或人以计出孟子，乃问曰："齐之伐燕，闻夫子实劝之，有诸？"

孟子曰："未也。其谓我劝者，亦有由也。沈同问'燕可伐与'？吾应之曰'可'。君臣私相授受，乱常已甚，伐之何疑？彼遂以吾言为然而伐之也。彼如复问曰'孰可以伐之'？则将应之曰：'奉行天讨，而为天吏者，则可以伐之。’譬如今有杀人者，或问之曰‘杀人之人可杀与？’则将应之曰：‘可。杀人者死，杀之何疑？’彼如复问曰‘孰可以杀之’？则将应之曰：‘奉行国法而为士师者则可以杀之。’今燕有可伐之罪，而齐非伐燕之人，以齐伐燕犹以燕伐燕也，何为劝之哉？”

由此观之，征伐之道，在顺乎人心以合乎天意，则正矣。

燕人畔。王曰：“吾甚惭于孟子。”

陈贾曰：“王无患焉。王自以为与周公孰仁且智？”

王曰：“恶！是何言也！”

曰：“周公使管叔监殷，管叔以殷畔。知而使之，是不仁也；不知而使之，是不智也。仁智，周公未之尽也，而况于王乎？贾请见而解之。”

见孟子，问曰：“周公何人也？”

曰：“古圣人也。”

曰：“使管叔监殷，管叔以殷畔也，有诸？”

曰：“然。”

曰：“周公知其将畔而使之与？”

曰：“不知也。”

“然则圣人且有过与？”

曰：“周公，弟也；管叔，兄也。周公之过，不亦宜乎？”

此一章书见人臣当勉其君以迁善改过也。

齐取燕之后，燕人共立太子平为王，由是乃畔。

齐王曰：“吾于燕人之畔，始信昔日孟子之言，果为不谬，今殊觉见之而有愧焉。”此固齐王悔悟之心，正可与为善之机也。齐大夫有陈贾者，乃为逢迎之说，曰：“王无以此为患焉！请问，王自以为与古周公，孰仁且孰智？”

齐王曰：“恶！我安得与周公较！是何言也？”

陈贾曰：“王之重视乎？周公重视乎？其仁智耳！武王克商，立纣子武庚于殷，周公使管叔监守殷国。成王初年，管叔与武庚同谋畔周。假使知管叔之畔，而使之是陷管叔于死，而不仁也；假使不知管叔之畔，而使之是无先几之哲，而不智也。仁、智，周公犹未之能尽也，而况于王乎？”

贾请见孟子，而为王解之，王何惭之有？

陈贾见孟子，问曰：“周公何如人也？”

孟子曰：“古之大圣人也。”

陈贾曰：“周公使管叔监守殷国，管叔与殷武庚畔周，有是事否？”

孟子曰：“然。”

陈贾曰：“周公先知管叔之将畔，而故使之与？”

孟子曰："以理断之，必不知也。"

陈贾曰："周公为大圣人，宜其于仁智兼尽，而无有过矣。乃犹不知而误使管叔，然则圣人且未尽善而有过与！"

陈贾言此，盖特为齐王解耳。

孟子曰："圣人虽若有过，不知其为天理人情所自至，而非犹夫人之过也。周公于管叔，为弟；管叔于周公，为兄。以爱兄之心为任使之事，讵忍逆探其兄之奸而弃之耶？周公之过，不亦所当得者乎？"

"且古之君子，过则改之；今之君子，过则顺之。古之君子，其过也，如日月之食，民皆见之；及其更也，民皆仰之。今之君子，岂徒顺之，又从为之辞。"

此一节书责陈贾导王文过之非也。

孟子责陈贾曰："人孰能无过？而所以处过者，古今人不相若也。古之君子，设或有过则改之，以即于善；今之君子，设或有过则顺之，以遂其非。古之君子，当其有过不事掩饰，如日月之方食，而民无不见之，及其改图复于无过，如日月之复明，而民无不仰之；今之君子，岂徒顺之而已，又从而为之说辞，以着其有余，而掩其不及，此古之君子所以虽有过而不害于过，今之君子所以一有过而终溺于过也。"

然则爱人者可不以古人期之，而乃教以今人之所为哉。盖人臣事君，当以陈善闭邪为心。彼陈贾者，为君文过，适陷君于有过耳。岂爱其君者乎？

孟子致为臣而归。王就见孟子，曰："前日愿见而不可得，得侍同朝，甚喜；今又弃寡人而归，不识可以继此而得见乎？"

对曰："不敢请耳，固所愿也。"

他日，王谓时子曰："我欲中国而授孟子室，养弟子以万钟，使诸大夫国人皆有所矜式。子盍为我言之！"

此一章书见君子不以利为去就也。

孟子为齐卿，久之而道不行，乃致其卿位而归。齐王就见孟子曰："前日夫子未至吾国之时，愿一见而不可得，及既至吾国，得侍高贤之侧，非特为寡人所心喜，凡同朝诸臣莫不甚喜。今又以寡人不能有为，弃之而归。此别之后，不识尚可继此而来，使得复见否乎？"

孟子对曰："继见之期不敢请于王耳。然固所愿也。"

孟子之去志已决，王意以为犹可复留，故他日王谓齐臣时子曰："孟子之决于去，毋亦谓我恩意之未至乎？我今欲于当国之中，而授孟子以居室，其从游之弟子养以万钟之禄，使上而在廷诸大夫，下而在国之民人得亲炙其辉，皆有所尊敬而以为法，则子盍为我言于孟子，备悉予怀，未必不可以复留也。”

时子因陈子而以告孟子，陈子以时子之言告孟子。

孟子曰：“然。夫时子恶知其不可也？如使予欲富，辞十万而受万，是为欲富乎？”

此二节书以意不在禄养晓门人也。

时子奉齐王之命，乃因孟子弟子陈臻以转告孟子，陈臻遂述时子之言告孟子，孟子以义不可留而又难于显言，乃姑答陈臻曰：“时子言王之所以留我者，诚有如是。然时子恶知我之不可以复留耶？王之留我以万钟，殆欲留之，而因以富之也。如使予欲富，向者为卿时，辞十万之禄，而今受此万钟之养，何其不权于多寡之数也？是为欲富者之心乎？”

“季孙曰：‘异哉子叔疑！使己为政，不用，则亦已矣，又使其子弟为卿。人亦孰不欲富贵？而独于富贵之中，有私龙断焉。’古之为市者，以其所有，易其所无者，有司者治之耳。有贱丈夫焉，必求龙断而登之，以左右望，而罔市利。人皆以为贱，故从而征之。征商自此贱丈夫始矣。”

此二节书喻言道不行而受馈者，近于趋利也。

孟子曰：“若使既辞其禄，复受其馈，是不得于彼，而又求得于此，诚有如季孙之所讥矣。昔者季孙尝曰：‘异哉子叔疑！使己居位为政，至不用于君，则亦退而已矣；又必多方使其子弟为卿，此其心未尝一日忘情于富贵也。人亦孰不欲富贵？而子叔疑独于富贵之中失诸己，复求得诸子弟，一若有独擅之龙断而尽其营谋者焉。’其讥子叔疑如此。我今不当以此为鉴乎？所谓龙断者，何也？古之为市者，百货交集，彼此互市，以有易无。有司之官不过平其物价，息其争讼，以法治之耳。有贱丈夫焉，贪得无厌，必求冈龙之高处而登之，以左右顾盼，既欲得此，又欲取彼，罔罗市中之财利，人皆恶其专利而以为贱，故从而征其税。后世征取商人之制自此贱丈夫始矣。此季孙龙断之说也。我苟辞十万之禄而受万钟之养，几与龙断无异，其为贻讥后世，当不独一子叔疑矣。盖君子之用世，为行道计，非利之可诱也。齐王以万钟留孟子，岂所以留之之道乎？”

孟子去齐，宿于昼。有欲为王留行者，坐而言。不应，隐几而卧。

客不悦曰：“弟子齐宿而后敢言，夫子卧而不听，请勿复敢见矣。”

曰：“坐！我明语子。昔者鲁穆公无人乎子思之侧，则不能安子思；泄柳、申详无人乎缪公之侧，则不能安其身。子为长者虑，而不及子思，子绝长者乎？长者绝子乎？”

此一章书见留贤在得其道也。

孟子以道不行而去齐，止宿于齐西南之昼邑。

其时有不奉王命，而自以其意为王留孟子之行者，坐而言其留之之意。孟子不应其言，且凭几而卧，一若无所听闻者。

于是留行之客不悦，曰："弟子齐戒越宿，而后敢进言，夫子卧而不听，拒人如此，请从此辞，勿复敢再见矣。"

孟子曰："坐！我明以告子：凡贤者之去就，视人君所以待之者若何耳。昔者鲁君缪公深知子思之贤，尊礼子思，常使人道达诚意于其侧，此所以能安子思也。若使无人乎子思之侧，将诚意无由而达，则何以安子思？至泄柳与申详皆贤者也，缪公尊之，不如子思；然常有推贤荐士之人，为之维持调护于君侧，此所以能安其身也。若使无人乎缪公之侧，将礼意有时而衰，则何以安其身？今子之留我，果其出自王之命无异缪公之所以待子思，我安敢不应？子乃自欲为王留我，所以为长者虑，不及缪公留子思之事，是子先绝长者乎？是长者先绝子乎？何其不一审于古来留贤之道耶？我之卧而不应，实子之使然耳。"

盖孟子之德无愧子思，齐王之待孟子，既不能如缪公之待子思，而又无齐之贤臣维持调护于王之侧，则孟子岂能久于其国哉？故好贤之思，君臣所当各尽也。

孟子去齐。尹士语人曰："不识王之不可以为汤武，则是不明也；识其不可，然且至，则是干泽也。千里而见王，不遇故去，三宿而后出昼，是何濡滞也？士则兹不悦。

高子以告。

曰："夫尹士恶知予哉？千里而见王，是予所欲也，不遇故去，岂予所欲哉？予不得已也。"

此一章书见孟子欲行道以安天下之意，其惓惓不忍去齐者，非世人之所得知也。

孟子因道不行而去齐，齐人有尹士者，向人讥孟子曰："士君子去就之间最宜明决，今孟子之至齐，若不识王之不能为汤武，则是无知人之明也；知其不可有为犹且至于齐国，则是志在利禄、干求恩泽也。千里而来见王，不遇而去，则宜见几而作，不俟终日矣。乃迟迟其行，三宿而后出昼，是何依违于进退之间，而濡滞不决也？"

尹士诚有不悦于此者矣。孟子弟子有高子者，以尹士之言告孟子。孟子曰："人之去就，各有深心，夫尹士焉能知予之心哉？千里而来见王，志在行道，若王能用我，而成济世安民之业，是予所深愿也。至不遇而去，岂予之初心哉？道既不行，位不可苟，不得已而后去耳。"

盖圣贤处世，上而忧天，下而悯人，皆出于不得已之心。虽明决乃去就之理，而委曲实行道之心，岂世人所易识者哉？

“予三宿而出昼，于予心犹以为速，王庶几改之！王如改诸，则必反予。夫出昼，而王不予追也，予然后浩然有归志。予虽然，岂舍王哉！王由足用为善；王如用予，则岂徒齐民安，天下之民举安。王庶几改之！予日望之！予岂若是小丈夫然哉？谏于其君而不受，则怒，悻悻然见于其面，去则穷日之力而后宿哉？”

尹士闻之，曰：”士诚小人也。”

此四节书见孟子惓惓济世之心也。

孟子曰：“夫尹士之讥予者，以三宿而后出昼，谓之濡滞，然予之心犹以为速。盖予之望于王者，犹庶几其从容悔悟，而改之也。王如悔悟，则将以王道为可行，以予言为可信，必将追予而反之矣。至出昼而王不予追，是王之心终不悟矣。予然后归志始决，浩然长往。然予虽决去，终岂能舍王哉？盖由王之天资朴实，可以引而为善。若能用我，使大行其道，岂徒齐国之民安，天下之民皆藉以治安，王庶几其能改而悔过乎？予方日望之，而岂能终舍王也？盖我为世道生民计，必圖其大者、遠者。世有规模狭隘之小丈夫，一谏于其君而不听，则怒，悻悻然不平之气见于颜面，去必穷尽一日之力，而后止宿。此等之人，但知一已去就，全无爱君忧国之意，予岂肯以此自处哉？”

尹士闻孟子之言，始悟其失，曰：“士诚小人，于君子用世之心未之知也。”

盖有为之主不世出，孟子之所以惓惓于齐者，以王之天资高、可与为善。齐大国，可藉以安天下之民。诚用孟子，则王道可行，王业可致当日，所以属望之深也。

孟子去齐，充虞路问曰：“夫子若有不豫色然。前日虞闻诸夫子曰：‘君子不怨天，不尤人。’”

曰：“彼一时，此一时也。五百年必有王者兴，其间必有名世者。由周而来，七百有余岁矣。以其数，则过矣；以其时考之，则可矣。夫天未欲平治天下也；如欲平治天下，当今之世，舍我其谁也？吾何为不豫哉？”

此一章书是孟子欲乘时行道，以道不行而忧也。

孟子不遇于齐而去，其忧世之心有不觉见于颜面者。弟子充虞途间问于孟子曰：“夫子之颜色，若有不悦者然。昔日虞尝闻夫子之言曰：‘君子处世，虽不得于天，亦不怨天；虽不合于人，亦不尤人。今何为而不豫也？”

孟子曰：“我今日之不豫，所以异于前日者，盖彼乃讲德论学之时，以乐天为要，彼一时也；此乃忧天悯人之时，以济世为心，此一时也。尝历览前代，大约五百年天运循环，必有继天立极之圣人受命，而兴然大业不能独成，必有德业闻望可名于一世之人，为之辅佐，由尧舜至于汤，由汤至于文武，皆是。如此，今由周文武以来，七百有余岁，以五百年之期揆之，则已过矣。以乱极思治之时考之，拨乱返治，其亦可矣。此时而不能有为，何能免于不豫哉？然世之治乱在天，我之不遇天，或者未欲平治天下也；如欲平治天下，当今之世懷名世之具者，舍我其谁？不可知者，听之于天；有可恃者，信其在我。亦何为而不豫哉？"

盖天为斯民而生，圣贤其欲治安之念，不能一日而忘。然忧世之心虽深，而乐天之诚，未尝不自得也。终其身，惟斯道、斯民、是念而已。

孟子去齐，居休。公孙丑问曰："仕而不受禄，古之道乎？"

曰："非也；于崇，吾得见王，退而有去志，不欲变，故不受也。继而有师命，不可以请。夂于齐，非我志也。"

此一章书见孟子不受齐禄之意。

孟子在齐，虽居卿位，而未尝受禄。盖志在行道，而非利其禄也。去齐之日，至于休地，公孙丑问于孟子曰："君子居其位则食其禄，今但仕而不受禄，古道为然乎？"

孟子曰："仕不受禄，非古道也。我之所以不受禄者，盖自有故。当日初见齐王于崇，言论之间，已知其不能行吾道，退时即有去志，不欲自变初心，故不受其禄，为实不欲留也。然所以不能即去者，适遇齐国有师旅之命，国方被兵，难于请去，不得已而夂留于齐，非我之初心也。我之不受禄之故如此。"

盖孟子志行王道，而齐王意在富强，故始见即不能合。后虽惓惓于齐，而去就之见，未尝不早决也。

《日讲四书解义》卷十七

孟子 上之五

滕文公章句上

滕文公为世子，将之楚，过宋而见孟子。孟子道性善，言必称尧舜。

此一章书是孟子阐明性善以见尧舜人人可为也。

滕文公为世子之时，奉君命而使于楚，时闻孟子在宋，先过宋而见孟子。其急于见贤如此。

孟子与之言论，惟发明性善之旨。盖性者，人所得于天之理，至精至纯，本有善而无恶，在圣贤不加益，在凡庸不加损。当时性学不明，遂疑圣贤难至，故孟子从源头上阐发，特举以告世子，以励其希圣希贤之志，而又必举尧舜以实之。尧舜虽千古至圣，亦不过充极其性善之本然，非于性之外有所加也。知性善，则尧舜人人可为之说，益信矣；知尧舜人人可为，则性善之旨，益明矣。门人不能详记其言，而约略其大旨如此。

世子自楚反，复见孟子。孟子曰："世子疑吾言乎？夫道一而已矣。成覸谓齐景公曰：'彼丈夫也，我丈夫也，吾何畏彼哉？'颜渊曰：'舜何人也？予何人也？有为者亦若是。'公明仪曰：'文王我师也，周公岂欺我哉？'今滕，绝长补短，将五十里也，犹可以为善国。《书》曰：'若药不瞑眩，厥疾不瘳。'"

此三节书是言道无二致，勉世子以有为也。

世子自楚反，复见孟子者，盖当时不明性善之旨，皆疑圣贤为不可企及。世子闻孟子之言，未能无疑，故反而求见也。

孟子曰："世子疑吾性善之言乎？夫率于性而为道，尧舜此道，凡人亦此道，无分于贤愚，无殊于今古，道一而已，岂外此而别有卑近易行之说乎？试以古人之言观之，成覸谓齐景公曰：'今人一言圣贤，便以为难及，不知彼丈夫也，我丈夫也，性本无殊，但能奋发，则可以齐量，吾何畏于彼哉？'颜渊曰：'称至圣者，莫如舜舜，何人也？予何人也？同赋此性，但能孜孜有为，则帝舜亦非难至。公明仪曰：'周公有言，吾事事取法文王，文王即我师也。盖性分相同，则师法不远，周公之言岂欺我哉？’可见古今更无二道，圣贤止在力行。世子可无疑吾言矣！勿谓滕小而不足为也。今滕国之土地絶长补短，将五十里，若能有为，尚可以为治安之国，但顾其励精何如耳。《书经·说命》之篇有曰：‘苦口之药，非瞑眩不可以攻疾。’喻人君非自强不足以圖治，岂可以弱小自诿，而不以圣贤为法哉？孟子道性善，溯圣贤之原也；称尧舜，立圣贤之准也。而求至于圣贤之域者，则莫大于有为。盖能有为，则尧舜可至；不能有为，则不免于庸人；总在力行与不力行之间而已。

滕定公薨。世子谓然友曰："昔者孟子尝与我言于宋，于心终不忘。今也不幸至于大故，吾欲使子问于孟子，然后行事。"然友之邹问于孟子。孟子曰："不亦善乎！亲丧固所自尽也。曾子曰：'生，事之以礼；死，葬之以礼，祭之以礼，可谓孝矣。'诸侯之礼，吾未之学也；虽然，吾尝闻之矣。三年之丧，齐疏之服，飦粥之食，自天子達于庶人，三代共之。"

此一章书见亲丧之贵于自尽也。

滕文公为世子时，闻孟子之言有所开悟。一旦遭父定公之丧，谓其傅然友曰："昔者我于宋见孟子，闻其性善、尧舜之言，至今不能忘于心。不幸有亲丧大故，正人子至情所发，人生大节所关。吾欲使子问于孟子，求其指示，然后行事庶免悖礼之失也。"

是时孟子在邹，然友之邹问于孟子。

孟子曰：今者丧礼久湮，诸侯莫能复古，世子独以此为问，不亦善乎！夫执亲之丧，乃人子之至情悲哀真切，非自外至，但期竭尽己心，无使亏欠而已。曾子曾有言曰：‘人子之于父母，生则服劳奉养，事之尽其礼；殁则棺衾含殓，葬之尽其礼；禴祀烝尝，祭之尽其礼。可谓孝矣。’此泛论人子当尽之礼如此。若诸侯居丧之礼，吾未之学也。然礼之大经所在，千古不易者，亦尝闻之矣。子生三年，然后免于父母之懷，故所行者三年之丧，所服者齐衰粗布之服，所食者飦粥之食，此自天子以至于庶人皆所当行，无贵贱之分也。三代共由，无古今之异也。世子亦遵此而行之可也。"

然友反命，定为三年之丧。父兄百官皆不欲，曰："吾宗国鲁先君莫之行，吾先君亦莫之行也，至于子之身而反之，不可。且《志》曰：'丧祭从先祖。'"曰："吾有所受之也。"谓然友曰："吾他日未尝学问，好驰马试剑。今也父兄百官不我足也，恐其不能尽于大事，子为我问孟子。"然友复之邹问孟子。孟子曰："然。不可以他求者也。孔子曰：'君薨，聽于冢宰。歠粥，面深墨。即位而哭，百官有司，莫敢不哀，先之也。'上有好者，下必有甚焉者矣。'君子之德，风也；小人之德，草也。草尚之风必偃。'是在世子。"

此二节书是滕诸臣不能从古礼，而孟子勉世子以自尽也。

然友以孟子之言复命于世子，于是欲定行三年之丧。是时古礼久湮，难于遽复，滕之父兄百官皆不欲行，曰："滕与鲁皆为姬姓，鲁滕之宗国也，宗国先君未尝行此，滕之先君亦未尝行此，至世子之身而复行古礼，毋乃不可乎！且《志》书有云：'丧祭之礼皆当遵从先祖。'"其意以为先祖所行之礼传受已久，不可改也。滕之父兄百官，不能遠追周公制礼之意，而但举后世失礼者以为言，可见当时囿于习俗之深，而不能复古如此。世子不以咎人而止，以自责谓然友曰："吾昔者未尝勤学好问，但驰马试剑，平生不足取信于人。今也欲行古礼，而父兄百官皆不以我为是，众志未孚，恐不能尽送终之大事，子为我复问孟子，如何可以服人心而成大礼也。"然友复之邹问于孟子。孟子曰："古礼骤复，人心未信，是则诚然亲丧大事，惟在自尽其心，以感动乎人，是不可以他求者也。孔子有言曰：'君薨，则为嗣君者，以百官政事聽命于冢宰，自食飦粥，哀戚之容见于颜面，而其色深墨，即丧次之位，朝夕哭泣。是时百官有司莫不感动而哀痛者，人君先以至情动之也。盖在上之人意有所好，而下人之效法必有甚于在上者。君子之德譬之于风，主乎倡者也；小人之德譬之于草，主乎应者也。草上加之以风，无不偃仆；小人而被君子之化，无不顺从。理固然也。以孔子之言观之，亦在世子之自尽其哀，以感动乎国人而已，岂以人言为可否耶?"

然友反命。世子曰："然。是诚在我。"五月居庐，未有命戒。百官族人可谓曰知。及至葬，四方来观之，颜色之戚，哭泣之哀，吊者大悦。

此一节书见世子能尽礼以服人也。

然友复以孟子之言，反命于世子。世子闻之曰："孟子之言诚然。送终之礼，惟在自尽其心，而后能感发乎人，于是断然行三年之丧。"五月居庐，于中门之外不发命令。是时百官族人皆已感悟，咸称知礼。及至葬时，四方之人皆来观瞻。世子颜色忧戚，哭泣哀痛，凡诸侯来吊问于滕者，莫不悦其尽礼，相与叹服焉。

世子之能自尽亲丧如此，可见天下无不可复行之古礼，无不可感动之人心。始疑之而终信之，是即性善之一征与。

滕文公问为国。孟子曰："民事不可缓也，《诗》云：'昼尔于茅，宵尔索绹；亟其乘屋，其始播百谷。'民之为道也，有恒产者有恒心，无恒产者无恒心。苟无恒心，放辟邪侈，无不为已。及陷乎罪，然后从而刑之，是罔民也。焉有仁人在位，罔民而可为也?"

此一章书是孟子言民事乃国之根本，宜法古井田之制，以为养民之善经也。

滕文公以礼聘孟子至滕，因问以为国之道。孟子曰："国以民为本，民以食为天。小民农田耕种之事，乃国家之本计所关，不可视为缓图，而不为之经理区画也。《诗·豳风·七月》之篇有云：'田家勤苦，常无暇日，昼也则取覆屋之茅，宵也则制绳索之具，急升屋而治之，来春则始事南畝，播厥百谷，无暇治屋矣。'可见小民终岁勤动，无一时不念及于稼穑。如此，人君可不以百姓之心为心乎？以百姓之心为心，是莫先于制民之产。盖民之为道也，衣食足而后知礼义。故有恒产，则仰事俯育有所藉，而善心以存；无恒产，则仰事俯育无所资，而善心以亡；善心既亡，则放荡淫辟、邪妄侈肆，无所不至，而不能免于为非之罪矣。及陷于罪而后加以刑罚，既不予以为善之资，而又重之以为非之罪，是犹张设网罗，驱之使入其中也。非罔民而何焉？有仁人在上，作民父母，以爱养斯民为心，而可以行罔民之事乎？则制恒产以阜民生，洵为国之要务矣。"

"是故贤君必恭俭礼下，取于民有制。阳虎曰：'为富不仁矣，为仁不富矣。'夏后氏五十而贡，殷人七十而助，周人百亩而彻，其实皆什一也。彻者，彻也；助者，藉也。"

此三节书见取民宜定制，而因以三代制产之法告滕君也。

孟子曰："为国莫先于爱民，爱民莫先于制产。是以自古贤哲之君，必恭以待人，俭以制用。能恭，则接下有礼，而以股肱心腹待其臣，忠信重禄自不能已矣；能俭，则取民有制，而以家人一体视其民，横征厚敛自不敢作矣。盖爱民则不得不寡取，多取则必至于伤民，其势有不两立者。昔者季氏家臣阳虎有言曰：'专心为富，则必重赋朘民而不能行仁；专心为仁，则必损上益下而不能致富。'阳虎本不仁之人，意在于为富。但就此言观之，而天理人欲之难并存，断然矣！然则行仁之主，其可不讲制民之产与取民之规乎？良法美意莫详于三代，夏后氏一夫受田五十亩，而贡其五亩之租，谓之贡法。殷人始制井田，画为九区，各七十畝，中为公田，八家各分一区，使之同治公田，以给国用，而不复税其私田，谓之助法。周制一夫受田百亩，近郊乡遂之地十夫共为一沟，行夏之贡法，遂乡都鄙之地八家同为一井，行殷之助法，耕种之时则通八家十家之力而合作，收获之时则计一井一沟之入而均分，谓之彻法。名虽各异，总是于十分中取一也。贡乃以下贡上之义，其名易晓。所谓彻者，当其合作，则彼此通融，及其收敛，则公私均一，故谓之彻。所谓助者，借私家之力以耕公家之田，故谓之助。三代之田制如此。古之取民无过于什一之征。汉之文景力行恭俭，而府藏充实时，免天下田租之半，至于三十而税一。厚泽深仁，志美史册，诚为人主者所当师法也。"

龙子曰："治地莫善于助，莫不善于贡。贡者校数岁之中以为常。乐岁，粒米狼戾，多取之而不为虐，则寡取之；凶年，粪其田而不足，则必取盈焉。

为民父母，使民盻盻然，将终岁勤动，不得以养其父母，又称贷而益之。使老稚转乎沟壑，恶在其为民父母也？”

此一节书言贡法之有弊，以见助法之当行也。

孟子曰：“三代什一之征虽同，而取民之制则当从其尤善者。古人龙子有言曰：‘治地之法，莫善于助，莫不善于贡。何以言之？盖年岁有丰歉，斯所入有多寡。贡法较数岁丰歉之中，而立一定额取之制，如遇丰年，所入甚多，而粒米狼籍，此时虽多取尚未病民，乃但取其常数；一遇凶年，所入甚寡，虽供一岁壅田之资尚且不足，而必取盈其常数粒米狼籍之时，不足见恩。半菽不饱之时，病民实甚。为民父母之人，以取盈之故，致使小民怨恨愁苦，将终岁水耕火耨，胼手胝足之所得者，不能养其父母，尽入于公家而犹不足，又加息称贷以盈其数，上迫于追呼，下穷于债负。老者幼者无以自给，转死于沟壑之中而莫之恤，为民父母之谓何哉？可见贡法之病民，而助法宜急讲也。贡法之初非不善，行之久而弊生。汉唐以来，井田久废，而贡法独沿。所贵为民上者时其丰歉，而斟酌损益于其间，若必取盈于定额，则民间之疾苦，几何不如龙子之所言哉？

“夫世禄，滕固行之矣。《诗》云：‘雨我公田，遂及我私。’惟助为有公田。由此观之，虽周亦助也。”

此二节书见世禄与井田宜并行也。

孟子曰：“助法之善，公田以颁。世禄所以养君子，私田以分百姓，所以惠野人。是世禄、井田，原相表里者也。今滕于有功之臣，子孙世世食禄，是世禄之制，滕固已行之矣。助法其可不仿而行之乎？勿谓助为商之制，而非我周之制也。《诗经·小雅·大田》之篇有云：‘田待泽于天，天其先降雨于公田，而遂及于我之私田乎？’小民之咏歌恩泽，而先公后私者如此。夫公田之名，惟行助法始有之。《大田》之诗，周诗也，而亦言公田。由此观之，我周盛时实兼行助法而遵乎商之旧制矣。君其可不以昭代为法哉？”

设为庠序学校以教之：庠者，养也；校者，教也；序者，射也。夏曰校，殷曰序，周曰庠，学则三代共之。皆所以明人伦也。人伦明于上，小民亲于下。有王者起，必来取法，是为王者师也。《诗》云：‘周虽旧邦，其命维新’，文王之谓也。子力行之，亦以新子之国。

此三节书言教化继养而兴，即可以成王业也。

孟子曰：“有国者能制民之产，则民生遂而教化可兴。葢养民、教民，不可偏废，当设为庠序学校以教之。庠序，学校之名，义维何？教莫先于敬老，谓之庠者，取养老于学之义也：教以纳民于善，谓之校者，取教民为善之义也；古者射以观德，谓之序者，取习射于学之义也。三代相继，各举一事以为名。在夏则谓之校，在殷则谓之序，在周则谓之庠。此皆乡学之名也。惟建于国中者谓之学，王畿首善之地，教育天下之人材，三代无异名焉。乡学、国学之设，皆所以讲明人伦之理，以化民成俗而已。五常之理明于上，则百姓自然恩义相维，亲逊成风，而俗美于下矣。养民则师商周之制，教民则兼三代之规，此皆王政也。滕国苟能行此，一旦有王者兴，欲修王政，必取滕之已试者仿而行之，是为王者师矣，岂不泽被天下哉？况乎王业亦可自此成矣。《诗经·大雅·文王》之篇有曰：'周虽创基已久，受上帝之命而有天下，则维新也'，此谓文王能行王政以新其国也。"

可见国无大小，行仁则昌。子能强勉而力行之，亦可以新子之国而成王业矣。可不自勉乎哉？

使毕战问井地。孟子曰："子之君将行仁政，选择而使子，子必勉之！夫仁政，必自经界始。经界不正，井地不均，谷禄不平。是故暴君污吏必慢其经界。经界既正，分田制禄可坐而定也。"

此一节书见行井田在正经界也。

滕文公闻孟子之言，知助法之当行，乃使其臣毕战问井地之详而欲行之。孟子曰："子之君将行井田之仁政，选择于羣臣之中，而使子董其事，任亦重矣。子必勉力而为之！夫井田之善，以其疆界详明、不可混淆也。故欲行仁政者，必自经理其疆界，始如田间之沟洫以通水道，田畔之道涂以正阡陌，又有所封之土，所植之树以定疆界，此皆田之界限，必先一一经画之。若经界不正，则田之在民者无一定之分业，豪强者得以兼并于下，而井地不均矣。赋之出于田者，无一定之额数，贪暴者得以多取于上，而谷禄不平矣。是以暴虐之君、贪墨之吏，欲自便其私，必慢其经界而不加整理，贤君则必以此为急务焉。田之经界既正，则分田以养野人，无井地不均之患；制禄以养君子，无谷禄不平之忧；可不劳而定矣。但在君与子举行之耳！

"夫滕，壤地褊小，将为君子焉，将为野人焉。无君子，莫治野人；无野人，莫养君子。请野九一而助，国中什一使自赋。卿以下必有圭田，圭田五十亩；余夫二十五亩。"

此四节书是详分田制禄之法也。

孟子曰："分田制禄之常法，乃安上全下之良模也。滕国壤地虽然褊小，必有仕而为君子者焉，必有耕而为野人者焉。施政教以治人者，君子之责也；使无君子，则谁为劳心以治野人？力稼穑以奉上者，野人之分也；使无野人，则谁为劳力以养君子？君子、野人不可相无，故分田、制禄不可偏废。今请于野外都鄙之地，土壤平衍，可为井田，则画为九区，以一为公田，使八家耕之，而行殷之助法焉；于国中乡遂之内，比间相错，难于为井，则一夫受田百亩，使自贡其什分之一于上，而行夏之贡法，以济助法之穷。分其田里以惠野人，收其赋入以养君子，良法行而上下各得其所矣。然分田制禄，国有常经；而加惠推恩，尤有当厚仕于朝者。自卿以下，则位渐卑而禄愈薄，恐其不足以养廉也，必与以奉祭祀之圭田，以五十畮为额，此世禄常制之外，所以厚君子者如此。耕于野者，一夫之外有未授室之余夫，恐其不能相赡也，必与以余夫之田各二十五亩，此分田常制之外，所以厚野人者如此。经制以定其常，而恩泽以厚其下，是所望于行仁政者矣。"

"死徙无出乡，乡田同井，出入相友，守望相助，疾病相扶持，则百姓亲睦。方里而井，井九百亩，其中为公田。八家皆私百亩，同养公田；公事毕，然后敢治私事，所以别野人也。此其大畧也；若夫润泽之，则在君与子矣。"

此三节书是推言行井田之善，而复详其规制，以勉滕君臣也。

孟子曰："井田之法立，不止于遂民生，而亦可以厚民俗。盖井制既定，则民之死而葬者，与徙而居者，皆不出其乡。一乡之田八家同井，习熟既久而恩义相孚，道路出入之间相与友让，可无行旅之忧；昼夜防守之时，相与辅助，可无盗贼之患。有疾病，则相与维持扶救，可无困乏之虑，闾阎之间有不雍然和睦者乎？至井田之形制，则又有约畧可言者：方正一里而为一井，一井之田共九百亩，画为九区，中一区百亩谓之公田，八家各私百亩，谓之私田。八家各出其力以治公田。凡耕耘收获之时，必公田既毕而后敢治其私田，于通力合作之中亦寓先公后私之意，所以别君子野人之分，使明于尊卑上下之义也。然井法久湮，凡我所言分田、制禄之规，特其大畧而已。若夫其中斟酌损益，揆之人情，而无不顺合之土俗，而无不宜使行于古者，复可行于今，无拘牵之迹，而仍不失乎先王立法之意，则在君与子之变通而已矣。"

此章论为国之本计。始言恒产之宜制，中言贡助之得失，定君子野人之分，详养民教民之规，末复勉之以酌量时宜，润泽古法，民情国计无不毕具，诚君国子民者所当究心哉。

有为神农之言者许行，自楚之滕，踵门而告文公曰："远方之人闻君行仁政，愿受一廛而为氓。"

文公与之处。

其徒数十人，皆衣褐，捆屦织席以为食。

陈良之徒陈相与其弟辛负耒耜而自宋之滕，曰："闻君行圣人之政，是亦圣人也，愿为圣人氓。"

此一章书是举古帝王劳心之事，以辟异端，并耕之说也。

滕文公因孟子之言，欲行三代井田之制。时有许行者，托为称述神农之言，以欺世盗名，欲阻孟子之良法，而售其异端之学，自楚之滕，踵门而告文公曰：“远方之人，闻君行井田之仁政，愿受廛之地而为滕国之民。”

文公因其慕化而来，使之处于其国。许行之徒凡数十人，皆衣贱者之服，捆屦织席，以自供其食，以为非其力则不食也。其衣服、举动之间，已异于圣贤之道矣。有楚之儒者陈相与其弟辛，负田器而自宋之滕，告文公曰：“闻君行圣人井田之政，是亦当今之圣人也，愿为圣人之民而得沾王化焉。”

陈相本诚心慕化，非与许行等，惜乎其终为邪说所惑耳。当日一行仁政，而四方之归往如此，亦可见人情之悦服矣。

陈相见许行而大悦，尽弃其学而学焉。

陈相见孟子，道许行之言曰：“滕君则诚贤君也；虽然，未闻道也。贤者与民并耕而食，饔飧而治。今也滕有仓廪府库，则是厉民而以自养也，恶得贤？”

此一节书见邪说之易于惑人也。

陈相学陈良之学，慕化而来，乃中无定见，而惑于异端，盖由许行托为神农之言，足以欺世骇俗，故陈相见而大悦，尽弃其学于陈良者，而从许行之学焉，意欲阻孟子分田制禄之法。因见孟子而述许行之言曰：“滕君在战国之时能修复古制，诚贤君也。然未闻古圣人之大道。盖贤哲之君，不以人奉己，不以贵役贱，与民并耕而自食其力，既不废耕，自为饔飧而治，百姓复不废事，如此始可谓之贤君。今滕之仓廪府库皆取给于百姓，是病民以自养也，安得谓之贤君哉？”

许行既不明于治天下之大道，陈相又从而述之，并耕而食，乱贵贱上下之等，盖亦不自知其言之陋也。

孟子曰：“许子必种粟而后食乎？”

曰：“然。”

“许子必织布而后衣乎？”

曰：“否；许子衣褐。”

“许子冠乎？”

曰：“冠。”

曰：“奚冠？”

曰：“冠素。”

曰：“自织之与？”

曰：“否；以粟易之。”

曰：“许子奚为不自织？”

曰：“害于耕。”

曰："许子以釜甑爨，以鐵耕乎？"

曰："然。"

"自为之与？"

曰："否；以粟易之。"

此一节书是详诘异端之说以为致辩之地也。

许行之言，以为人君当以耕而兼治，此理之必不可行者。孟子欲辩其非，而先就许行诘之曰："许子必种粟而后食乎？"

陈相答曰："然。"

孟子又诘之曰："许子必织布而后衣乎？"

陈相答曰："不然；许子所衣者褐也。"

孟子又诘之曰："许子冠乎？"

陈相答曰："冠。"

孟子问曰："所服者何冠？"

陈相答曰："冠素。"

孟子问曰："所服之冠乃自织之者与？"

陈相答曰："不然，许子不能自织，以所种之粟易之。"

观陈相之对，则耕之不可兼织也，明矣！

孟子又诘之曰："许子何为不自织乎？"

陈相答曰："织则害耕，故不为也。"

观陈相之对，则织之妨于耕也，又明矣。

此时孟子姑置勿辩，再穷之曰："许子之爨也，必用釜甑；耕也，必资鐵器乎？"

陈相答曰："然。"

又问曰："器物皆自制者与？"

陈相答曰："许子不能自为，以所种之粟易之。"

观以粟易之及害于耕之言，则耕之不可兼治。陈相虽自讳而不能也，奈何欲举以治天下国家哉？

"以粟易械器者，不为厉陶冶；陶冶亦以其械器易粟者，岂为厉农夫哉？且许子何不为陶冶，舍皆取诸其宫中而用之？何为纷纷然与百工交易？何许子之不惮烦？"

曰："百工之事固不可耕且为也。"

此一节书是就陈相之言复诘之也。

孟子曰："许子以滕有仓廪府库为厉民自养，今就许子言之，则通工易事许子尚不能免也。然则农夫与陶冶各治一事，有无相通，农夫以其所生之粟易陶冶之械器，正以济陶冶之所无而不为害陶冶，陶冶亦以其所成之械器易农夫之粟，又以济农夫之所无，而岂为害农夫哉？倘以相易为厉，则许子于种粟之外，何不并为陶冶，如釜甑耒耜之类，止皆取诸其宫中而用之？何为纷纷然与百工技艺之人交相贸易？何许子之不惮烦若此耶？”

陈相对曰：“许子既已种粟而食，则百工之事皆有妨于农务，固不可耕且为也。”

陈相至此，其词已穷。许行并耕之说，固已不攻而自破矣。

“然则治天下独可耕且为与？有大人之事，有小人之事。且一人之身而百工之所为备，如必自为而后用之，是率天下而路也。故曰：或劳心，或劳力；劳心者治人，劳力者治于人；治于人者食人，治人者食于人，天下之通义也。”

此一节书是举大义以折异端也。

孟子曰：“子既知农工之相济，而不可相兼，然则治天下独可与民并耕，且以为治与？此势之必不可得兼者也。盖天下大人则有大人之事，小人则有小人之事。名号既殊，职业亦异，且就一人之身计之，凡服食居处，必百工之所为，无不备足然后利用，厚生俯仰无憾。如必自为而后用之，则为农者必兼为械器，为工者必兼为播植，是率天下之人奔走道路终无休息之期也。小人尚不能兼小人之事，况大人身任天下之重，一日万几，而谓能兼小人之事乎？所以古语有曰：天下人各不同，或在上而劳心，或在下而劳力；劳心者立纲陈纪以治人，劳力者则受治于上之人焉。受治于人者输租纳税以食人，治人者则食于下之人焉。盖大人不能自为养，小人不能自为治，上下相资，此自有天下以来通行之义。”

许子乃欲一旦而废之乎？若知大人劳心之义，则滕君之有仓廪府库，信乎不为厉民矣。

“当尧之时，天下犹未平，洪水横流氾滥于天下，草木畅茂，禽兽繁殖，五谷不登，禽兽偪人，兽蹄鸟迹之道交于中国。尧独忧之，举舜而敷治焉。舜使益掌火，益烈山泽而焚之，禽兽逃匿。禹疏九河，瀹济漯而注诸海，决汝汉，排淮泗而注之江，然后中国可得而食也。当是时也，禹八年于外，三过其门而不入，虽欲耕，得乎？”

此一节书是举圣人治水火之功，以见不可并耕也。

孟子曰：“自古圣君贤相，历历可数，从未有与民并耕者。当尧之时，天下犹未平，盖以其时洪水方割，怀山襄陵，泛滥于天下。于是草木得水以滋长而日益畅茂，禽兽得草木为薮穴而日益繁殖，因此五谷不登，而民艰于食；禽兽偪人，而民更蹙于生；以至兽蹄鸟迹之道路交遍中国，天下之未平如此。当是时，尧为天子，谨天戒而悲人穷，心独忧之，以为天下之患非可以一人理，于是劳心于择相，举舜而敷治焉。舜遂以尧之忧为忧，而劳心于任人。舜以为欲施治水之功，必相度地势高下，辨水之源流分合，而草木障蔽，禽兽纵横，未可用力。乃先命益使掌火政，益于山林薮泽草木所生之处，烈而焚之。于是禽兽失其所依，皆逃匿而不为人害，然后命大禹为司空，使之治水，禹则以西北之水莫大于黄河，堤防障塞皆非至计，乃于大河之下流，疏为九河，以分其势。又疏通济水、漯水与九河皆注诸海，而北条之水始得所归矣。于东南则决汝水、汉水，排淮水、泗水以注之江，而南条之水始得所归矣。南北之水皆有所归，然后不至于泛滥，而中国之地可得耕而食也。当是时也，禹勤事于外者，凡八年之中，三过其家门而不入，盖无一暇日也。虽欲耕，得乎？”

观于禹而尧舜之不暇耕，又可知矣。甚矣，许行之妄也！

“后稷教民稼穑，树艺五谷，五谷熟而民人育。人之有道也，饱食、暖衣、逸居而无教，则近于禽兽。圣人有忧之，使契为司徒，教以人伦——父子有亲，君臣有义，夫妇有别，长幼有序，朋友有信。放勲曰：‘劳之来之，匡之直之，辅之翼之，使自得之，又从而振德之。’圣人之忧民如此，而暇耕乎？”

此一节书是举圣人教养之功，以见不可并耕也。

孟子复叙尧舜忧民之事，曰：“水土既平，地可耕矣。于是舜知民之患于阻饥也，又命弃为后稷之官，使之教民稼穑，以种植五谷。由是民皆习知耕耘收获之事，而五谷成熟，天下之民皆相生相养，而无复阻饥之患矣。然秉彝之性，人皆有之。若使衣食饱暖、居处安逸而无以为教，又将躭于佚乐，习为淫侈而其去禽兽不远矣。圣人于是又忧之，使契为司徒教以人伦——使天下之人，父止于慈、子止于孝，而有亲；君使臣以礼，臣事君以忠，而有义；夫正位乎外，妇正位乎内，而有别；长者念厥弟，幼者恭厥兄，而有序；至于朋友之交，则久要不忘，而有信。此五者，人所共由之道，教之以此，然后百姓亲而五品逊也。放勲又告戒之曰：‘民之用力于人伦，而劳者则当奬劝；以劳之归向于人伦，而来者则当诱掖以来之。若其立心背乎人伦而邪者，则匡之使归于正；所行戾乎人伦而枉者，则矫之使归于直。先之劳来以策其进，继之匡直以救其失，正以人性虽同，或不能自立，不可不扶助而辅之；或进修不前，不可不利导而翼之。盖将使优游厌饫皆自得其本然之性也。犹恐其勤于始者偶怠于终，又必提撕警觉，时时加以曲成之德焉’。此放勲戒契之言，盖圣人命官敷教，叮咛烦悉，忧民之切如此，而暇于耕乎？观乎此，益以知治天下之不可耕且为也。”

“尧以不得舜为己忧，舜以不得禹、皋陶为己忧。夫以百亩之不易为己忧者，农夫也。分人以财谓之惠，教人以善谓之忠，为天下得人者谓之仁。

是故以天下与人易，为天下得人难。”

此二节书见圣人之忧民，以得人为重也。

孟子曰：“尧舜之忧民，虽欲耕而有所不暇，盖其所以为民者，正不必事事而忧之也。在尧，则以天下未平，任相为要，以不得舜为己忧耳；在舜，则以分猷、课绩、任贤为急，以不得禹、皋陶为己忧耳。故尧得舜，则尧之忧，舜代之矣；舜得禹、皋陶，则舜之忧，禹、皋陶代之矣。皆务乎其大，而未尝屑屑于其小也。若夫以百亩之不治，而闵闵然忧之者，惟农夫则然耳，岂君相之事哉？是故忧人之不足于财，而分以与之，止谓之惠。忧人之不进于善，而尽心以教之，止谓之忠。此其与农夫之忧已大不同矣。然止谓之惠，谓之忠者，盖天下至大，百姓至众，分财教善，不得人人而徧也。惟为天下得人，若尧之得舜，舜之得禹、皋陶。厚生正德，渐被无穷，始谓之仁，不止于小惠、小忠而已。是故后世之称尧舜以为天下大器，尧舜能推以与人，其事极难而不知。自圣人观之，正复易易也；惟是为天下得人，择之当，选之公，可以付托天下是为难耳。”

惟得人之难，此尧舜所以独劳心于是，而以为忧也，岂若许行之说哉？

“孔子曰：‘大哉尧之为君！惟天为大，惟尧则之，荡荡乎民无能名焉！君哉舜也！巍巍乎有天下而不与焉！’尧舜之治天下，岂无所用其心哉？亦不用于耕耳。”

此一节书是以尧舜用心之大，辟许行并耕之说也。

孟子曰：“孔子之言曰：‘大哉尧之为君，以天道之至大，而尧能同之，天不言而成化，尧无为而成治，若与之准则焉！且荡荡乎广远，当时之民耕田而食，凿井而饮，相忘于帝力之何有，无得而名焉！’又称帝舜曰：‘君哉舜也！其德巍巍乎高大，虽富有天下而不以位为乐，若与己不相关涉者然！’孔子之言如此，夫尧舜之治天下也，荡荡巍巍，德业既极其盛，乃孔子一则称其则天无名，一则称其有天下而不与，岂仅端居拱无所用其心哉？盖其时水土未平，教养未遂，皆必得人以任之，忧勤侧席，惟日不遑，此则其用心之所在也。但不用心于耕，若农夫之以百亩不易为忧耳。”

使尧舜亦用心于耕，孰与得人任职，成此平地成天播谷敷教之事哉？观此，则许行之妄，不待辟而自明矣。

“吾闻用夏变夷者，未闻变于夷者也。陈良，楚产也，悦周公、仲尼之道，北学于中国。北方之学者，未能或之先也。彼所谓豪杰之士也。子之兄弟事之数十年，师死而遂倍之！”

此一节书是斥陈相之倍其师也。

孟子既辟许行并耕之妄，至此乃责陈相，曰：“许行之学诞妄如此，而子乃弃其所学于陈良者而学焉，亦异乎吾所闻矣。夫中国之所以异于蛮夷者，以其有圣人礼义之教，辨名分，正体统，尊卑相承，贵贱有序耳。故吾闻之：盖有用中国之教以变蛮夷，使之向风慕化者；未闻有学于中国之人，而反从蛮夷之教，以变于夷者也。即就子之师陈良言之，陈良，楚产，固生长蛮夷者也，闻中国有周公、仲尼之道，心悦而好之，乃北游中国，学圣人之道焉。凡周公制作之精意，孔子删述之微言，皆心传而身受之。即北方之学者，素志周孔，其造诣所至亦未有出于陈良之上而先之者也，彼所谓能自振拔于流俗，豪杰之士也。子之兄弟事之既数十年矣，周孔之道亦且与闻之矣，乃于师死之后，忽闻许行之邪说而遂倍焉，弃前此师承之正，而转从荒诞不经之许行，是变于夷也。子其甘之乎？"

孟子以此责陈相，其词切矣！

"昔者孔子没，三年之外，门人治任将归，入揖于子贡，相向而哭，皆失声，然后归。子贡反，筑室于场，独居三年，然后归。他日，子夏、子张、子游以有若似圣人，欲以所事孔子事之，强曾子。曾子曰：'不可；江汉以濯之，秋阳以暴之，皓皓乎不可尚已。'"

此一节书是述孔门弟子之尊师者，以责陈相也。

孟子曰："子忍于倍师，殆非圣人之徒矣。昔者孔子既没，门人从游者皆服心丧三年，三年之外，整治行装将散归列国，入揖于子贡，与之辞别，相向痛哭，皆至于失声，然后归。其追慕不已如此。子贡尚未忍遽去，又反，而筑室墓傍坛场之上。独居三年，然后归。子贡之追慕其师又如此。他日，子夏、子张、子游又以孔子既往，想望其音容而不可复见，以有若言行气象有似乎孔子，欲以前日之所以事孔子者事有若，因曾子不从而强之。曾子曰：'不可；师当论道德，不当论言貌。吾夫子道德纯粹，如濯之以江汉之水，而一尘不染；其昭融朗洁如暴之以秋阳之日，而一毫无累；皜皜乎莹粹之至，天下莫能尚已。今乃欲以事夫子者事有若，意在尊夫子；而拟非其伦，反以卑夫子矣。"

曾子之尊信其师，而不忍倍，又如此。

孟子述此，而陈相之倍师畔道，得罪于名教，可知矣。

"今也南蛮鴃舌之人，非先王之道，子倍子之师而学之，亦异于曾子矣。吾闻出于幽谷迁于乔木者，未闻下乔木而入于幽谷者。《鲁颂》曰：'戎狄是膺，荆舒是惩。'周公方且膺之，子是之学，亦为不善变矣。"

此三节书皆责陈相之倍正入邪也。

孟子曰："有若似圣人，曾子尚不肯以事孔子者事之。今许行以南蛮鴃舌之人，假托神农，诬民惑世，本非先王垂教万世一脉相传之道，与陈良之诵法周孔者，大相悬绝也。子乃倍子之师而学之，比之曾子之尊信孔子为何如哉？趋舍混淆，人而不如鸟矣。吾闻《诗》云：‘伐木丁丁，鸟鸣嘤嘤，出自幽谷，迁于乔木。’夫以鸟之无知，犹能出于幽谷之卑暗，迁于乔木之高明；人若舍高就卑，舍明就暗，是人之择术，反不如鸟之择木也。吾未之闻也。今陈良诵法周孔，许行溺于邪说，其为高明卑暗，不辩可知。倍陈良而从许行，毋乃下乔木而入于幽谷耶！《鲁颂》有之曰：‘周公辅相王室，于戎狄则膺而逐之，于荆舒则伐而惩之。戎狄之人，周公方且膺之，今许行蛮夷鴃舌，叛于圣道，子是之学，以中国而反变于蛮夷，亦为不善变矣！”

孟子前辟许行并耕之谬，后责陈相倍师之非，词严义正，所以闲先圣之道者，即此可见矣。

“从许子之道，则市贾不贰，国中无伪，虽使五尺之童适市，莫之或欺。布帛长短同，则贾相若；麻缕丝絮轻重同，则贾相若；五谷多寡同，则贾相若；屦大小同，则贾相若。”

曰：“夫物之不齐，物之情也；或相倍蓰，或相什伯，或相千万。子比而同之，是乱天下也。巨屦小屦同贾，人岂为之哉？从许子之道，相率而为伪者也，恶能治国家？”

此二节书是因陈相称许行之治市，而辟其背理乱治也。

陈相闻孟子之言，既已无可置辩，乃又称许行治市之说曰：“并耕而治，固不可从矣。然其言亦有可采者：从许子之道，则市无贰贾，国中之人，不相诈伪，虽使五尺之童适市贸易，莫或以之幼小而欺之。盖天下之物，因有贵贱之分，故价直可以增减而争端易起。今不论精粗美恶，其价一定，如布帛但论其丈尺，苟长短同，则价相若；麻缕丝絮，但论其斤两，苟轻重同，则价相若五；谷但论其斗斛，苟多寡同，则价相若；屦但论其大小，苟大小同，则价相若。物价定，人情安，此其善可知矣。”

孟子辟之曰：“许行欲市价不贰，乃混精粗美恶而一之，不知天下之物质有好丑，工有难易，其不可强而齐者，固物之情理然也。故其价之不同，或相去一倍、五倍，或相去什倍、伯倍，或相去千倍、万倍。子乃欲比合而同之，是徒使天下纷纷扰乱而已。何也？彼物之有精粗美恶，犹屦之有巨小也。若巨屦与小屦同价，则人岂肯为其巨者哉？然则精者与粗者同价，则人岂肯为其精者哉？从许子之道，是率天下竞为滥恶之物，以相欺伪不可除，而奸风大长，何以治国家乎？许子之道无一而可也。”

盖许行以神农始教稼穑，日中为市，故假托其名以阴坏三代之法，非孟子辟之，其为害于天下后世者，将不可言矣！后世治天下者，惟取法唐虞三代而已，其余皆不足信也。

墨者夷之，因徐辟而求见孟子。孟子曰：“吾固愿见，今吾尚病，病愈，

我且往见，夷子不来！”

他日，又求见孟子。孟子曰：“吾今则可以见矣。不直，则道不见；我且直之。吾闻夷子墨者，墨之治丧也，以薄为其道也；夷子思以易天下，岂以为非是而不贵也；然而夷子葬其亲厚，则是以所贱事亲也。”

此一章书是孟子辟墨氏之学也。

战国时，杨朱、墨翟之言满天下，异端害正，故孟子距而辟之，以闲先圣之道。彼时有为墨氏之学者曰夷之，因孟子弟子徐辟介绍求见孟子，此其向慕正道，有逃墨归儒之机。

孟子曰：“吾固愿见夷子，奈吾尚病，俟病愈，吾且往见之，夷子不必来也。”

他日，又因徐辟求见孟子。孟子曰：“吾今病愈，可以见矣。但吾儒之道与墨氏不同，若不直言以相规正，则吾儒之道不见，吾且直之。吾闻夷子乃为墨氏之学者，墨氏之治丧，其为道贵薄而不贵厚，以天下之故，而俭其亲者也。夷子既为墨氏之学，则思以墨氏之道移易天下之风俗，岂以其道为非是而不贵也？贵薄则当从其所贵，贱厚则不宜从其所贱。然而夷子之葬其亲，于礼独厚，则是以所贱事亲也。若以墨道为是，而夷子何以厚葬其亲？若以厚其亲为是，而夷子又何以从墨翟之道？学其术而不用其教，是诚何心哉？”

盖人子无不欲厚其亲。夷子虽从墨氏而不肯薄其亲，是其心必有不安于薄者，故孟子因而诘之，以开发其本然之良心也。

徐子以告夷子。

夷子曰：“儒者之道，古之人若保赤子，此言何谓也？之则以为爱无差等，施由亲始。”

徐子以告孟子。

孟子曰：“夫夷子信以为人之亲其兄之子，为若亲其邻之赤子乎？彼有取尔也。赤子匍匐将入井，非赤子之罪也。且天之生物也，使之一本，而夷子二本故也。”

此一节书是因夷子之遁辞，而辟墨氏之忘本也。

徐子以孟子之言告夷子，夷子尚未开悟，乃对徐子曰：“墨氏之道虽主兼爱，其实与儒道不相悖谬。盖儒者之道未尝不兼爱也。《周书》有之曰：‘若保赤子。’夫古之人保民不啻若己之赤子，此非言兼爱而何谓哉？之之意，则以为天下之人皆所当爱，原无厚薄隆杀之差等，但施之有次第，由亲而始耳。我之厚葬，亦欲推厚其亲者以厚，天下而非以所贱事亲也。”

徐子以告孟子。

孟子曰：“夷子因《康诰》之语，遂欲援儒墨而一之，将信以为人之亲爱其兄之子，就如亲爱邻家之赤子，而无有差等乎？若《周书》之言，彼固别有取意尔也。《书》盖谓小民无知犯法，皆因上之人失于教养，犹赤子匍匐将入井，皆因父母失于顾恤，而非赤子之罪也。故谓保民当如保赤子。其或不幸而罹于法网，则当推原其所以然而哀矜勿喜。夷子乃谓儒者之道无异于墨之兼爱，不已过乎？且天之生物也，受气成形，俱本于父母，惟从一本发生。故爱亲之心得于天性，自有不可解者。如夷子之言，则视父母与路人略无差等，是有二本矣。以故溺于兼爱之说，而不自知其谬也。"

孟子以此晓夷之，可谓深切着明矣！

"盖上世尝有不葬其亲者，其亲死，则举而委之于壑。他日过之，狐狸食之，蝇蚋姑嘬之。其颡有泚，睨而不视。夫泚也，非为人泚，中心达于面目，盖归反虆梩而掩之。掩之诚是也，则孝子仁人之掩其亲，亦必有道矣。"

徐子以告夷子。夷子怃然为间曰："命之矣。"

此二节书是申明一本之义，以感悟夷子也。

孟子复谓徐子曰："夷子知厚葬之为是，而不知二本之为非，岂亦未尝反而求之耶？夫人惟一本，故爱其亲；惟爱其亲，故有死葬之礼。试以制礼之始言之，盖时在上世，礼制未备，尝有不葬其亲者。其亲死，则举而委弃之于沟壑，他日往过其处，见狐狸食亲之肉，蝇蚋姑嘬其亲之肤，于是颡上泚然汗出，但睨视而不忍正视。夫此泚也，非为他人见之而然也，哀痛惨怛，本之中心而达乎面目，有不能自已者也。于是悔前日委弃之非，而思后日保全之计，盖归取虆梩反土于其上而掩之，使不至为物所残。此后世葬礼所由起也。夫此掩覆其亲者，若以为在所当然，则孝子仁人之掩覆其亲，必有从厚之道，而不以薄为贵矣。若使当日所见者非其亲之体肤，虽有不忍之念，亦不能若是之中心达于面目也。岂非以一本之故乎？夷子盍反而求之？"

徐子以告夷子。夷子闻之，怃然自失，有间曰："孟子教我矣，天性果无二本，葬亲果当从厚。墨氏兼爱之说果不可以为训也。"

盖夷子虽学于墨氏，而仍以厚葬其亲。其衷必有不安于此者，故孟子从良心真切处感悟而触发之。宜其闻言而悔悟也！

《日讲四书解义》卷十八

孟子 上之六

滕文公章句下

陈代曰："不见诸侯，宜若小然；今一见之，大则以王，小则以霸。且志曰：'枉尺而直寻，'宜若可为也。"

孟子曰："昔齐景公田，招虞人以旌，不至，将杀之。志士不忘在沟壑，勇士不忘丧其元。孔子奚取焉？取非其招不往也。如不待其招而往，何哉？且夫枉尺而直寻者，以利言也。如以利，则枉寻直尺而利，亦可为与？

此一章书是言君子无枉已见诸侯之义也。

昔战国游说之士，多干谒诸侯，而孟子抱道自重，落落不偶。弟子陈代疑而问曰："士君子进礼退义，固是守身常法。然行道济时，乃其素志。今夫子不见诸侯于守身则得矣，然似小节可无拘也。今若一往而见之，得行其道，大则拨乱反正，王道可兴；小则讲信修睦，霸业可继。功建名立，祗在一贬节之间。夫子独不能稍为抑损乎？且志有之曰：'枉尺而直寻。'盖言所失者小，而所得者大。然则往见诸侯，而成王霸之业，舍小就大，宜若可为也。"

孟子答之曰："我非不欲行道济时，但揆之于义，不当往耳。昔者齐景公田猎，虞人当有职事，使人持旌以招之。当时人君召见臣下，各有其物以为信，若招虞人当以皮冠，虞人因招之以旌，非其职守，不肯往见。景公怒，将杀之。孔子赞美虞人曰：'志士固穷，不忘死于沟壑之中以完其节；勇士徇义，不忘捐躯而死丧其首领以全其气。'正此虞人之谓也。孔子何取于虞人而赞美之？取招之不以其物而守死不往也。如不待诸侯之招而往，是义不及虞人矣。谓之何哉？是故君子出处进退，有断然不可苟者，岂以霸王之业动其心哉？且夫志所云枉尺而直寻者，谓所失少而所得多，以利而言也。如其以利则纷营，苟得无所不至，虽败名丧节，至于枉寻直尺，亦以为利之所在，将不顾而为之与！是大不可也。"

信乎，君子之出处，较义之屈伸，而未尝较利之多寡也。

“昔者赵简子使王良与嬖奚乘，终日而不获一禽。嬖奚反命曰：‘天下之贱工也。’或以告王良。良曰：‘请复之。’强而后可，一朝而获十禽。嬖奚反命曰：‘天下之良工也。’简子曰：‘我使掌与女乘。’谓王良，良不可，曰：‘吾为之范我驰驱，终日不获一；为之诡遇，一朝而获十。《诗》云：“不失其驰，舍矢如破。”我不贯与小人乘，请辞。’御者且羞与射者比；比而得禽兽，虽若丘陵，弗为也。如枉道而从彼，何也？且子过矣，枉己者，未有能直人者也。”

此二节书借射御之事，以明道之必不可枉也。

孟子又晓陈代曰：“计利忘义，不独非士君子之道，即一艺之士，亦有所不屑者。昔晋大夫赵简子，使其幸臣嬖奚出猎，而王良为之御车，至终日之久不获一禽。嬖奚复命于简子曰：‘王良不善御车，所以不获，乃天下之贱工也。’或以此言告王良。良乃请复为乘，以试其能。嬖奚不可，强之而后往，一朝而遂获十禽。嬖奚又复命于简子，曰：‘王良善御，所以多获，乃天下之良工也。’简子曰：‘吾使王良掌与汝乘，遂命王良，良不可，曰：‘御者之法度与射者之巧力，原两不相谋。前日吾为之范我驰驱之法，嬖奚不能左右迎射，至于终日不获一禽；今我不由正法，禽所从来，则诡道而遇之，遂一朝而获十禽。是必御者不由法度，而后射者始得用其技也。《车攻》之诗有之曰：‘不失其驰，舍矢如破。’言御者范其驰驱之法，而射者发矢必中也。今必为之诡遇而后获禽，乃小人之所为耳。我不惯与小人乘，请辞。’夫王良不过御车末技，即使与射者私相比合，诡遇获禽，似无不可，然且羞之而不肯为，其心谓屈意废法，以阿比而得禽兽，虽积之若丘陵之多，决不为也。御者尚能如此，况士君子怀仁抱义，乃欲枉己之道，不待招而往以从彼，何也？不独义不及虞人，并御者之不若矣。且子之言枉尺直寻，亦已过矣。夫君子所以正天下者，止此守道之已耳。苟枉己从人，则先失其所以正人之具，更以何者正人哉？故枉己者未有能直人者也。”

由此观之，不见诸侯，正士君子立身大节，不可以为小也。

夫天下无委曲逢时之君子，亦无敝屣禄位之小人，即进退难易之际，人之贤不肖从此而分。孟子言此，其所以垂训后世者，深矣。

景春曰：“公孙衍、张仪岂不诚大丈夫哉？一怒而诸侯惧，安居而天下熄。”

孟子曰：“是焉得为大丈夫乎？子未学礼乎？丈夫之冠也，父命之；女子之嫁也，母命之，往送之门，戒之曰：‘往之女家，必敬必戒，无违夫子！’以顺为正者，妾妇之道也。

此一章书是以正道辟纵横之术也。

战国游说之士，往往以纵横之术窃取权势，而公孙衍、张仪尤其着称者。

故景春有慕而问曰："公孙衍、张仪岂不诚大丈夫哉？方今列国兵争，天下多故，操纵之权大抵出于二子之手，彼若一怒，则连兵结援使相攻伐，而诸侯之弱小者无不恐惧。若其安居无事，则兵休祸解，天下寧息。以一人之喜怒，为一世之安危，大丈夫当如此矣。"

孟子曰："仪、衍所为如此，又安得谓之大丈夫乎？子岂未尝学礼乎？《礼经》有云：'丈夫行冠礼，其父训戒而命之；女子出嫁，其母亦训戒而命之。'嫁时徃而送之于门，其命戒之词曰：'此去徃之女家，必敬慎，必戒谨，无违尔夫子之命！'《礼》言如此。可见以顺从为正者，乃妾妇之道所当然也。今衍、仪虽权势赫奕，其实以得地广利之说阴中诸侯之欲，彼其喜怒，原未尝自主，不过阿合君意，乃妾妇顺从之道耳，未得谓之大丈夫也。"

盖二子揣摩情事，假窃诸侯之权力以震耀一时，岂若圣贤懐道秉德，主持自我，不与时为俯仰者乎？此圣贤之取舍所由，与策士异也。

"居天下之广居，立天下之正位，行天下之大道；得志，与民由之；不得志，独行其道。富贵不能淫，贫贱不能移，威武不能屈，此之谓大丈夫。"

此一节书是明大丈夫之实，以晓时人也。

孟子又谓景春曰："衍、仪碌碌，不足道矣。若所谓大丈夫者，当何如？盖仁者，吾性之元善，统贯四端，乃天下之广居也，彼则以仁存心，廓然大公，而无一毫之狭隘，是居天下之广居矣；礼者，吾性之节文，小大必由，乃天下之正位也，彼则以礼持身，守正不回，而无一毫之偏党，是立天下之正位矣；义者，吾性之裁制，知宜知权，乃天下之大道也，彼则以义制事，正谊明道，而无一毫之邪曲，是行天下之大道矣。由是得志而用世，则出而推此仁礼义于民，而与之共由；不得志而隐居，则守此仁礼义于己，而独行其道。时而处富贵，虽载高食厚，不以纷华靡丽而淫荡其心；时而处贫贱，虽箪瓢蔬水，不以居穷守约而移易其节；时而遇威武，虽刀锯鼎镬，不以死生存亡而挫屈其志。此其人学术正大，不屑于一切之权谋功利，而举动光明，视彼伏轼结靷，曳长裾而市恩宠者，相去殆不可以数计矣。所谓大丈夫者，如此。衍、仪何人？乃以此名归之哉？"

盖孟子之所谓大丈夫者，在乎道德，返之已而自有余；景春之所谓大丈夫者，在乎权力，取之人而不可恃。此义利之别，君子小人之辨也。

周霄问曰："古之君子仕乎？"

孟子曰："仕。《传》曰：'孔子三月无君，则皇皇如也，出疆必载质。'公明仪曰：'古之人三月无君，则吊。'"

"三月无君则吊，不以急乎？"

曰："士之失位也，犹诸侯之失国家也。《礼》曰：'诸侯耕助'，以供粢盛；夫人蚕缫，以为衣服。牺牲不成，粢盛不洁，衣服不备，不敢以祭。惟

士无田，则亦不祭。'牲杀、器皿、衣服不备，不敢以祭。则不敢以宴，亦不足吊乎？"

此一章书见君子仕以行道而不可枉道以求仕也。

昔孟子抱道自重，不见诸侯。魏人周霄意欲讽使出仕，乃设问曰："古之君子仕乎？"

孟子曰："君子志在行道，岂不欲得君而仕？《传》有之曰：'孔子当时若三月失位无君，即皇皇然，如有求而弗得。及出疆而之他国，必载贽以往，以为见君之礼。'又鲁贤人公明仪有言曰：'古之人，但三月无君，则人皆来吊而慰安之。'即此以观，而君子之仕可见矣。"

周霄又问曰："三月无君，歷时未久，乃遂至于相吊，是不已急乎？"

孟子曰："士之有位，犹诸侯之有国家。士之有位而失位，犹诸侯之有国家而失国家。其所系甚重，岂独急于功名哉？盖古人最重祭祀，而祭祀必有田禄之人方能尽礼。《礼》有之曰：'诸侯亲耕耤田，庶人助之。'终亩以奉其黍稷、粢盛；诸侯之夫人亲蚕受茧缫丝，使世妇为黼黻文章，以供祭祀之衣服。《礼》言如此。假使诸侯而失国家，则不得行耕助亲蚕之礼，而牺牲不成，肥腯粢盛无以致洁，衣服又无以致备，则不敢以祭矣。《礼》又曰：'惟士无田，则亦不祭。'盖士既失位，则无祭田；无田则牲不能特杀，与夫器皿之用，祭祀之服，皆不能全备，则亦不敢以祭。夫不敢以祭，则无以遂其孝亲之心，为人子者必不能一息自安。故三月无君，一年四时之飨已废其一，于奉先之孝大有亏矣。失位可无吊，失祭亦可无吊乎？"

由孟子此言观之，可见得君行道，固士君子素志。而孟子之不见诸侯，盖有甚不得已者矣。

"出疆必载质，何也？"

曰："士之仕也，犹农夫之耕也；农夫岂为出疆舍其耒耜哉？"

曰："晋国亦仕国也，未尝闻仕如此其急。仕如此其急也，君子之难仕，何也？"

曰："丈夫生而愿为之有室，女子生而愿为之有家；父母之心，人皆有之。不待父母之命、媒妁之言，钻穴隙相窥，踰墙相从，则父母国人皆贱之。古之人未尝不欲仕也，又恶不由其道。不由其道而往者，与钻穴隙之类也。"

此三节书见君子之急仕与难仕，各有道也。

周霄又问曰："三月无君，是诚可吊矣。若出疆必载质，则又何也？"

孟子曰："仕以行道，犹夫耕以谋食。农夫虽离本土，亦不能不耕，岂为出疆之故舍其耒耜哉？士至他国，进退之际，亦必有礼，岂有不载贽以为见君之地者乎？"

周霄设辞探问，已得君子欲仕之情，乃隐讽孟子曰："吾晋国游宦往来，亦士君子出仕之国也。未尝闻无君则吊，出疆载贽，如此之急。仕既如此其急，君子宜易于仕矣，乃又不见诸侯，甘心高蹈，何也？”

孟子曰：“君子岂不欲得位而仕？但出处进退不可苟且。即如男女居室，人之大伦。故丈夫生而愿为娶妻，使之有室；女子生而愿为择配，使之有家；此是父母之心，人所皆有也。然婚姻之礼又为最重，必待父母有命、媒妁往来、六礼既备，而后始成室家。若不待父母之命、媒妁之言，至于钻穴隙以相窥，踰墙垣以相从，寡廉鲜耻，无赖苟合，则内而父母、外而国人，莫不贱而恶之。是以古之人未尝不欲仕，犹之男有室、女有家，固父母之心也。又恶去就无义，进退无礼，而不由其道。彼不由其道而往者，是与钻穴隙相窥同类也。”

盖君臣大义，无所逃于天地之间；而出处大节，又君子立品邪正所系。苟以致君泽民之心，而蒙钻穴踰墙之诮，君子所不屑、所不忍也。故君子之急仕与君子之难仕，其迹似相悖。要之同归于道而已矣。

孟子以此晓周霄，知懷寶迷邦，与枉道求合，皆有所不可也。

彭更问曰：“后车数十乘，从者数百人，以传食于诸侯，不以泰乎？”

孟子曰：“非其道，则一箪食不可受于人；如其道，则舜受尧之天下，不以为泰。子以为泰乎？”

此一章书是言辞受皆凖于道也。

孟子在当时，历聘诸邦，车徒甚众，所至之国，廪饩极丰，弟子彭更者疑其太过，问曰：“今以一介之士，而后车多至数十乘，从者多至数百人，乘传往来，游食诸侯，岂不过于侈泰乎？”

孟子曰：“君子于天下辞受取予皆有道焉，如非其道之所当得，则一箪之食似无关于生平大节，然为物虽至微，而揆之于道，则断然有所不可受者；况舆从杂沓，传食诸侯，而敢以为安乎？如其道之所当得，则虽虞舜以匹夫登庸，受尧之禅而有天下，当时四岳、百揆、九官、十二牧，以及光天之下至于海隅苍生，皆帖然从之，舜亦处之若所固有，不以为泰。子岂以舜为泰乎？”

夫尧舜之禅让，事出非常，与士君子之辞受取与，未可同日而论。然以言乎事之大者，当莫过乎此矣。道之所在，即与之以天下且不可郄，况传食诸侯，特其小小者乎？故君子亦观乎道之当否而已矣。若其他，固非所计也。

曰：“否；士无事而食，不可也。”

曰：“子不通功易事，以羡补不足，则农有余粟，女有余布；子如通之，则梓匠轮舆皆得食于子。于此有人焉，入则孝，出则悌，守先王之道，以待后之学者，而不得食于子；子何尊梓匠轮舆而轻为仁义者哉？”

曰：“梓匠轮舆，其志将以求食也；君子之为道也，其志亦将以求食与？”

曰：“子何以其志为哉？其有功于子，可食而食之矣。且子食志乎？食

功乎？”

曰：“食志。”

曰：“有人于此，毁瓦画墁，其志将以求食也，则子食之乎？”

曰：“否。”

曰：“然则子非食志也，食功也。”

此四节书见士有任道之功，非无事而食也。

彭更闻孟子之言，因而对曰：“舜代尧之天下，原是天与人归，乃所当受。吾非以舜为泰也。但以一介之，士未仕诸侯，于人之国一无所事，而晏然食其食，似非道之所宜，为不可耳。”

孟子晓之曰：“子以士为无功，亦未知士之功为何如耳？试以农工之事观之，如农人种粟，女子织布，各有其事，亦各有其功，不能相兼。使子不有无通融，彼此交易，以有余者补夫不足，则农有余粟而不能有布，女有余布而不能有粟，必皆积于无用矣。子如通之，使不能相兼者皆有以相济，岂但农得衣、女得食哉？凡造室之梓人、匠人，造车之轮人、舆人，皆得以一艺之能而易食于子，况士之功为何功、而事为何事乎？今有士人于此，学先王仁义之道，而以孝悌为仁义之实，入则尽孝于亲，出则尽弟于长，遵守先王仁义之道，使邪说不得作，而异端不得乱，以此待后世学者而为所师，其有功于世道人心，诚为不浅，洵非曲艺之可比也；乃反谓无功，而不得食于子。子何尊梓匠轮舆之人，而轻为仁为义之士哉？”

彭更复变其说以应曰：“梓匠轮舆，吾未尝尊；仁义之士，亦未敢轻也。但梓匠轮舆之人，不过以技艺求食，其志则然耳！若夫君子而为道自重，则居仁由义，自负不轻，而自命亦不苟，岂其志亦将以求食于人哉？”

孟子于是折之曰：“君子之志固不同于凡流，然以食与人，又何必以志为言哉？但当计其功之多寡，理所当食则食之而已。且子平日之食人也，果因人之志而食之乎？抑因人之功而食之乎？”

彭更又强为之言曰：“食志。”而功非所论也。

孟子复诘之曰：“子固食志非食功矣。设使有人于此，覆屋之瓦，彼则毁而败之；饰壁之墁，彼又画而壞之。是无功而且有害也。然其志亦将以此求食，则子亦因其志而食之乎？”

曰：“否；无功有害，不可食也。”

孟子遂折之曰：“子既食志，又不食无功之志，然则子所云食志，非食志也，食功也。既为食功，则有功于世道人心者，正所当食；乃反以为无事而食，子非尊梓匠轮舆而轻为仁义者乎？”

盖孟子抱道自处，懷致君泽民之志，有继往开来之功，宜当时之君尊礼而任用之矣。乃道终不行，而犹以传食为泰，甚矣！圣贤之穷也，而世道亦从可知矣。

万章问曰：“宋，小国也。今将行王政，齐楚恶而伐之，则如之何？”

孟子曰：“汤居亳，与葛为邻，葛伯放而不祀。汤使人问之曰：‘何为不祀？’曰：‘无以供牺牲也。’汤使遗之牛羊。葛伯食之又不以祀。汤又使人问之曰：‘何为不祀？’曰：‘无以供粢盛也。’汤使亳众往为之耕，老弱馈食。葛伯率其民，要其有酒食黍稻者夺之，不授者杀之。有童子以黍肉饷，杀而夺之。《书》曰：‘葛伯仇饷。’此之谓也。为其杀是童子而征之，四海之内皆曰：‘非富天下也，为匹夫匹妇复雠也。’”

此三节书见王政本于实心也。

昔宋王偃有图霸之志，尝灭滕、伐薛、败齐楚魏之兵，是以诸侯恶而欲伐之。万章因问于孟子曰：“宋，小国也。今将兴师问罪，伐暴安民，欲行王政于天下。此其志诚善矣，奈齐楚之君恶其行王政不利于己，而欲伐之，是以王政致伐也。但众寡强弱之间，实不得不为宋虑。必如之何而后，可以免人之伐乎？”

孟子曰：“子以宋为小国而王政难行，不知行王政不在国之大小也。试以成汤之事观之：昔汤居于亳邑，地仅七十里，可谓小矣。与葛国为邻，葛伯放纵无道，不祀先祖。汤使人问之曰：‘国之大事，惟祀尔！何为而不祀也？’彼乃托辞以对曰：‘祭必外备其物，所以不祀者，无以供牺牲也。’汤因使人遗之牛羊，乃葛伯食之又不以祀。汤又使人问之曰：‘牺牲既备，何为不祀？’又托辞以对曰：‘祭以黍稷为馨，所以不祀者，为无以供粢盛也。’汤又使亳邑之众，往为之耕，以备粢盛；又使其老弱者，往为耕者馈食。可谓存心仁而交邻厚矣。乃葛伯复率其民要于道路，有馈酒食黍稻者，则攘而夺之；不与者，则从而杀之。惟时亳众有一童子，以黍肉馈饷耕者，葛伯杀而夺之。此不仁甚矣！故《商书·仲虺之诰》曰：‘葛伯仇饷。’即此杀是童子之谓也，夫汤待葛伯如此其厚，乃反杀其童子，则暴虐已极，此吊伐之师所不能已，于是为此举兵而征之。时四海之内皆谅汤之心，曰：‘汤之举兵，非以天下为利而欲富也，惟因童子无辜见杀，父母含冤莫伸，其往征也，乃为匹夫匹妇复仇耳。’”

夫汤以不忍之心，而行吊伐之举，非得已也，故天下信之有如此。

‘汤始征，自葛载，’十一征而无敌于天下。东面而征，西夷怨；南面而征，北狄怨，曰：‘奚为后我？’民之望之，若大旱之望雨也。归市者弗止，芸者不变，诛其君，吊其民，如时雨降。民大悦。《书》曰：‘徯我后，后来其无罚！’‘有攸不惟臣，东征，绥厥士女，匪厥玄黄，绍我周王见休，惟臣附于大邑周。’其君子实玄黄于匪以迎其君子，其小人箪食壶浆以迎其小人；救民于水火之中，取其残而已矣。《太誓》曰：‘我武惟扬，侵于之疆，则取

于残，杀伐用张，于汤有光。'不行王政云尔；苟行王政，四海之内皆举首而望之，欲以为君；齐楚虽大，何畏焉？"

此四节书言行王政则无敌于天下也。

孟子曰："汤惟非富天下，故初征无道，则自葛伯始。从此伐暴救民，凡十一征，而皆无敌于天下。但见东面而征，则西夷怨之；南面而征，则北狄怨之。皆曰：'我与彼同苦虐政，奚独以我为后乎？'盖民之望汤，如大旱望雨，惟恐其不即至也。及其既至，则商安于市，而归市者不止；农安于野，而芸者不变。民之所以庆幸其来而相安于无事者，盖由汤止诛其有罪之君，而于无辜之民则吊之，如时雨降于大旱之后，皆乐其复苏而大悦也。故《商书·仲虺之诰》有曰：'吾侪小人，徯待我之君后久矣，我后既来，其庶无虐政之罚乎？'是汤之行王政而民心悦之如此。再以武王之事观之，武王当纣残暴之后，三分有二，八百来归，王业盛矣。然其中犹有助纣为恶而不为周臣者，武王因其害及士女，于是东征以绥安之。但见士女皆以筐篚盛玄黄之币以迎武王之师，曰：'吾等向事纣王，苦其虐政久矣。今得继事我周王，庶蒙恩泽而见休乎！'遂皆心悦诚服，而尽归附于大邑周焉。于是有位之君子实玄黄于篚以迎王师之君子，无位之小人则箪食壶浆以迎王师之小人。从来军旅所至，未有不避而逺之者，今商之臣庶皆以类相迎，盖因武王惟救民于水火之中，取其残民者以诛之而已，于除残之外，一无所利。故民之感恩懷德，一如汤耳。所以《周书·太誓》之词曰：'我之威武奋扬，侵于暴纣之疆，则取于残民者而诛之，虽罪止一人，而威加四海，杀伐之功因以张大，比于汤之伐桀救民，其心同，其事一也。岂不于汤有光乎？'此武王以不忍之心而行吊伐之举，人心悦之又如此。夫汤武之君皆行王政，遂皆天下无敌，未闻当时有恶而伐之者。今宋惟不行王政，欲以霸术欺人，故见忌于大国云尔。苟能诚心为民以行王政，是即成汤吊民于大旱之后，武王救民于水火之中也。将四海之内皆举首而望之，愿奉为君，彼齐楚虽大，何足畏乎？'则宋之致伐，不可归咎于王政也，明矣！"

总之，王政贵于力行，不在国之大小。苟以除残去暴之心，为应天顺人之举，自然徯后迎师，而无敌于天下。何至有受制于人之事乎？故曰："王道以得民心为本。"

孟子谓戴不胜曰："子欲子之王之善与？我明告子。有楚大夫于此，欲其子之齐语也，则使齐人傅诸？使楚人傅诸？"

曰："使齐人傅之。"

曰："一齐人傅之，众楚人咻之，虽日挞而求其齐也，不可得矣；引而置之庄岳之间数年，虽日挞而求其楚，亦不可得矣。子谓薛居州，善士也，使之居于王所。在于王所者，长幼卑尊皆薛居州也，王谁与为不善？在王所

者，长幼卑尊皆非薛居州也，王谁与为善？一薛居州，独如宋王何？”

此一章书见为人臣者，当广进善类，以成正君之功也。

昔宋臣有戴不胜者，有志正君而不能广进善类，故孟子谓之曰：“人臣引君当道，乃分所宜。然然为之，非旦夕之功而辅之，亦非一人之力也。今子之心亦欲子之王之进于善与？我明告子。以致君之道，有可罕譬而喻焉。有楚大夫于此，欲其子变楚之方言而学齐国之正音，则使齐人傅之乎？使楚人傅之乎？”

不胜对曰：“齐人，乃能齐语，必使齐人傅之。”

孟子曰：“欲学齐语，使齐人傅之。诚是矣！设使一齐人傅之，而众楚人于旁咻之，则听闻不端，积习难变，虽日鞭挞，求其子为齐语也，不可得矣。若引其子置于齐地庄岳之间，其地既端，且加以数年之久，所见所闻，莫非齐人齐语，则熏陶渐染，久而自化，虽日加鞭挞，求其子为楚语也，亦不可得矣。夫学为言语尚在精端，况正君之功岂不在于多助乎？今子谓薛居州，宋之善士也，荐举于王，使之居于左右，可谓心乎爱君，而得事君之谊矣。然使在王所者，长而老成，幼而后进，卑而执事，尊而秉钧者，皆如居州之贤，则善言善行日接于前王，虽欲为不善，谁其与之乎？若在王所者，长幼卑尊皆不能如居州之贤，则耳无善言可听，目无善行可觌，王虽欲为善，又谁其与之乎？今子所举者，止一薛居州耳，其余左右之人，皆非居州之匹俦也。一君子终不胜众小人，将见羣邪害正，孤忠无与，虽欲进君于善，其如宋王何哉？”

是以古大臣之欲正其君者，集思广益，使端人正士布在班聯，然后忠佞不致同朝，贤奸不得共柄，而君德乃日进于高明，此以人事君，人臣第一义也。

公孙丑问曰：“不见诸侯何义？”

孟子曰：“古者不为臣不见。段干木踰垣而辟之，泄柳闭门而不内，是皆已甚；迫，斯可以见矣。阳货欲见孔子而恶无礼，大夫有赐于士，不得受于其家，则往拜其门。阳货矙孔子之亡也，而馈孔子蒸豚；孔子亦矙其亡也，而往拜之。当是时，阳货先，岂得不见？曾子曰：‘胁肩谄笑，病于夏畦。’子路曰：‘未同而言，观其色赧赧然，非由之所知也。’由是观之，则君子之所养，可知已矣。”

此一章书是明不见之义，以见君子之所养也。

昔孟子抱道自重，不肯往见诸侯，故公孙丑问曰：“君子一身出处，必凖乎义。然有抱济世安民之畧，而不先往见诸侯者，敢问果何义乎？”

孟子曰：“古者君子处世，已仕，则以尽职为恭；未仕，则以守身为正。若未委贽为臣，则君臣之分未定，无先往见之礼，故自重其身而不轻见也。然所谓不见者，非过于矫激而终不见也。如昔魏文侯之往见段干木也，彼以未尝为臣，遂踰墙而避，不与之见。鲁缪公之往见泄柳也，亦以未尝为臣，遂闭门而不纳，不与之见。此二子者，虽守不见之节，然皆立已太峻，而絶人过严，未免已甚。如君既有下贤之心，诚意迫切，斯可出而见之，不为枉道，何必踰垣闭门为哉？出处去就合乎义礼之中者，必推孔子。昔孔子道高德备，阳货亦尝闻之，然不肯折节下贤；而欲召孔子来见，又恐无下贤之礼，恶人议已。于是用术以致之礼。大夫有赐于士，士苟不得拜受于家，则必往拜谢于大夫之门。其时阳货方以大夫自僭，而孔子为士，因令人窥孔子之出于外也，而馈以蒸豚，其意欲使孔子往拜其门，可借此以相见也。然孔子因物付物，自不堕其术中，遂亦窥阳货之出于外也，而往拜以谢之。既已答人之礼，而又不屈己之节，可谓情理两全矣。当是时也，使阳货不用术以致孔子之见，而以礼先之，则货虽非可见之人，而亦有愿见之意。孔子于此，岂得如干木、泄柳之已甚，而终于不见耶？盖孔子之合乎中道，如此而得孔子之家法者莫如曾子、子路。曾子尝曰：‘每见有求媚乎人者，耸胁其肩而强为欢笑，其劳苦不可胜言，比于夏月治畦之人为更甚也。’子路亦尝曰：‘未与人合而强与之言，其心惭面赤，赧赧然若无所容。如此人品，非由之所知也。’由二子之言观之，凡如是之人乃其所深鄙而痛恶也。则其平日之所养者，必光明正大，不激不随，而不枉道以求合也，可知已矣。”

所谓不为臣不见者，岂非守身之正乎？要之，儒者以行道为心，而必以枉道为耻，絶人太甚，固不可也；强颜求合，尤不可也。权衡义礼之中，亦惟以孔子为法而已矣。

戴盈之曰：“什一，去关市之征，今兹未能，请轻之，以待来年，然后已，何如？”

孟子曰：“今有人日攘其邻之鸡者，或告之曰：‘是非君子之道。’曰：‘请损之，月攘一鸡，以待来年，然后已。’如知其非义，斯速已矣，何待来年？”

此一章书见革弊之贵断也。

昔宋大夫戴盈之，目击时弊而慨然复古，然有其意而不能决，乃问于孟子，曰：“什一而赋，关市不征，古先王之仁政也。今则不然，赋则厚敛，使农困于野；关市则并征其货，使商困于途。先王之良法美意不存，而斯民之困苦日甚。今欲复什一之制，去关市之征，使农有余粟，而商有余财，岂非吾之至愿？但相沿已久，而更张不可不渐，请先去其重且甚者而轻之，以待来年，然后尽革其弊而复古之制，夫子以为何如？”

孟子设喻以告之曰：“为政之道，成于断而败于需。有意去弊，亦在乎勇以决之而已。试为罕譬而喻：今有人于此，日攘其邻家之鸡。或告之曰：‘攘鸡之事非君子之道。’其意欲其立止也。乃攘鸡者不能即改，但曰：‘请减损其日攘者，而月攘之，以待来年，然后已而不攘。’以视子之革弊，而欲待来年者，何以异乎？攘鸡与攘民，小大不同，同归不义。若未曾知之，犹可恕也；既已知之，不可缓也。子今既知弊政当除，即当瞬息难安，刻不容缓，斯速已之，即民蚤蒙休养之福可耳，何必又为来年之待哉？”

要之，兴利除弊，乃为政之要务。若明知其弊而犹苟且因循，日复一日，究之弊终不能除，而害愈甚，岂善治之道耶？语云：“为政不在多言，顾力行何如耳？”谅哉！

公都子曰：“外人皆称夫子好辩，敢问何也？”

孟子曰：“子岂好辩哉？予不得已也。天下之生久矣，一治一乱。当尧之时，水逆行，泛滥于中国，蛇龙居之，民无所定；下者为巢，上者为营窟。《书》曰：‘洚水警余。’洚水者，洪水也。使禹治之。禹掘地而注之海，驱蛇龙而放之菹；水由地中行，江、淮、河、汉是也。险阻既远，鸟兽之害人者消，然后人得平土而居之。”

“尧舜既没，圣人之道衰，暴君代作，坏宫室以为污池，民无所安息；弃田以为园囿，使民不得衣食。邪说暴行又作，园囿、污池、沛泽多而禽兽至。及纣之身，天下又大乱。周公相武王诛纣，伐奄三年讨其君，驱飞廉于海隅而戮之，灭国者五十，驱虎、豹、犀、象而远之，天下大悦。《书》曰：‘丕显哉，文王谟！丕承哉，武王烈！佑启我后人，咸以正无缺。’”

此一章书见圣贤维世之心，皆出于不得已也。

昔战国之时，邪说横行，异端蠭起。孟子为世道人心虑，恒以言辟之，而人皆不知其故，遂有疑其好辩者，故公都子问曰：“辞以達意，原非多言。但今在外之人，皆称夫子好为辩论以取胜于人，敢问何也？”

孟子曰：“处世之道，岂可以言论胜人？但有关于世道人心者，故不能嘿嘿而已。今外人谓我为辩，亦不能辞。但居今之世，度予之心，岂好为辩论以取胜哉？盖有所不得已者耳。而所为不得已者，非自予始也。自上古以至今日，天下之有生民业已久矣，其间气化固有盛衰，人事不无得失。一治一乱，相为循环。故有治而不能无乱者，其势然也。吾人生当其时，欲拨乱反正，安可缄嘿而已乎？从来治乱不一，试以其大者言之：当尧之时，洪荒初辟，水无常经，皆倒流逆行，以致氾滥于中国之内，凡平陆之地皆蛇龙所居，天下之民俱无定止，于是地之卑下者则架木为巢，高上者则掘地为窟，生民之苦至此已极。《虞书》有曰：‘洚水警余。’言余不德，故天降灾异以警之。所云洚水者，即此逆行泛滥之洪水也。是时气化乖沴，生民罹害，非一乱乎？于是尧独忧之，举舜敷治。舜承尧命，遂使禹治之。禹顺水之性，掘地之壅塞者而注之海，泛滥之水有所归矣；驱蛇龙而放于菹泽之地，蛇龙之物有所居矣。因而水循正道，由地中以行，即今之江、淮、河、是也。夫水不为灾，则险阻既远，不特无蛇龙之害，而凡鸟兽之害人者咸已消除，然后中国之人始得平土安居，以遂其乐生之愿焉。岂非天下之一治乎？迨尧舜既没，圣人仁民爱物之道寖以衰微；历夏及商，暴虐之君相继而起；彼皆奢侈无度，不念民生。民有宫室，其所居之处也，乃坏之以为已之池沼，使无所安息焉；民有田地，其养生之资也，乃弃之以为己之园囿，使不得衣食焉。虐政既行，而乘机以为乱者无所不至。于是邪僻之说，暴慢之行，又因之而作，是人害日深矣。且弃田土以为园囿，弃宫室以为污池，则沛泽愈以多，而禽兽自至，是物害愈甚矣。夫自尧舜以降，虽治乱不常，浸淫而及纣之身，愈为不道，天下又复大乱。若非周公、武王，孰能挽回气运，而辑安天下乎？于是武王受命而起，周公辅之，随奉行天讨，以诛独夫之纣；又以奄国为纣之外助，因兴师伐之，至三年之久，始讨其君而诛之焉。其幸臣飞廉，乃纣之内助也，则驱于海隅之地而戮之，其他助纣为虐者五十国，悉皆殄灭，而人害以息；又驱虎、豹、犀、象，使之遠遁，而物害以消。当时天下之民被新王之化，而蒙赡养之泽，莫不大悦，而欢欣鼓舞，以共享太平之福焉。故《周书·君牙》之篇有曰：‘丕显哉，文王创业之谟！丕承哉，武王致治之烈！所以佑助启廸我后人者，无一事不光明正大，美善兼尽而无缺。’”

盖以周公为相，能制礼作乐，以光文武之道也。此又非世之一治乎？”

“世衰道微，邪说暴行有作，臣弑其君者有之，子弑其父者有之。孔子惧，作《春秋》。《春秋》，天子之事也；是故孔子曰：‘知我者，其惟《春秋》乎！罪我者，其惟《春秋》乎！’”

“圣王不作，诸侯放恣，处士横议，杨朱、墨翟之言盈天下。天下之言不归杨，则归墨。杨氏为我，是无君也；墨氏兼爱，是无父也。无父无君，是禽兽也。公明仪曰：‘庖有肥肉，厩有肥马，民有饥色，野有饿莩，此率兽而食人也。’杨墨之道不息，孔子之道不着，是邪说诬民，充塞仁义也。仁义充塞，则率兽食人，人将相食。吾为此惧，闲先圣之道，距杨墨，放淫辞，邪说者不得作。作于其心，害于其事；作于其事，害于其政。圣人复起，不易吾言矣。”

此四节书是明圣贤维世之深心，皆以卫道自任也。

孟子曰：“周自文武周公以来，天下固已大治，及历世既久，至平王东迁之后，国运渐衰，而文武经世之道遂微而不明矣。于是三纲沉，五伦壞，邪说暴行又乘之而作。其大逆无道者，则以臣而弑君者有之，以子而弑父者有之。忍心害理，伦常攸斁，一至于此！此又一乱也。孔子生当其时，观风俗之凌夷，恶人心之僭乱，虽不得君相之位以施拨乱之权，然深以为惧，遂因《鲁史》而作《春秋》焉。《春秋》所载，褒贬赏罚，乃天子之事也；所以孔子尝曰：‘世有知我者，谓以片言而伸一王之大法，使后世知所劝惩，其惟此《春秋》乎！或有罪我者，谓以匹夫而假天子之大权，借空言以行彰獐，其惟此《春秋》乎！'”

孔子之言如此。然或知或罪，虽有不同，而在孔子之心，不过勉人为善，戒人为恶，以警当世而示来兹也，岂得已哉？孔子之作《春秋》，是亦世之一治也。

“由孔子而至于今，贤圣之君久不作矣，列国诸侯皆争战相寻，放恣于法纪之外；而不顾其无德无位而名为处士者，复摇唇鼓舌，而横议于其间，至如杨朱、墨翟，更异端之尤也，各以邪辟之说布满天下。天下之言学术者，不归杨，则归墨，而圣人之道不明矣在。彼信而从之者，虽未之详察，而不知杨氏之言，但知为我，于一身之外漠不相關，不复知有致身之义，是无君也；墨氏之言惟知兼爱，视天下之人更无差等，不复知有亲亲之仁，是无父也。夫人之一身，惟此君父之伦为不可泯耳。今无父无君，人道既已灭絶，其与禽兽何异耶？横议之害一至于此！昔公明仪有言曰：‘庖之中有肥肉，廐之中有肥马，乃使民有饥色，野有饿莩，此所谓率兽而食人也。’今彼杨墨之害，实有甚于此者！盖事亲以仁，事君以义，由尧舜以来传之孔子者也。彼“为我”“兼爱”之道，流而不息，则孔子仁义之道蔽而不明，是邪说诬惑乎民心，而仁义之道遂为邪说蔽塞也。仁义既已蔽塞，则人皆无君父之伦，而与禽兽无异，是杨墨之教使人皆为禽兽，即所谓率兽食人也。其势一倡不能止遏，则人将相残相食，而乱臣贼子不可胜诛，其为乱也，又甚于孔子时矣。吾生当斯际，盖为此而惧焉，岂能坐视异端之昌炽，使圣道不传，而嘿嘿已乎？故欲防闲先圣仁义之道，使之昭明而不为所塞，则于杨墨之学必深加距絶，于淫荡之辞必力为放斥，务使无父无君之邪说不得复起而惑民焉。此者皆以卫道也，盖彼邪说之作虽属论说，实本于人心，既作于其心，则必日用举止俱悖乎理而害及于事；既害于其事，则必纪纲法度尽失其常，而害及于政。此理之必然也。虽有圣人复起，岂能易吾害事害政之言耶！此吾所以距之严、放之切，以卫先圣之道于不坠也。不然横议日滋，浸淫不已，异端之害将何所底止乎？此吾之所以不得已也！”

“昔者禹抑洪水而天下平，周公兼夷狄、驱猛兽而百姓宁，孔子成《春秋》而乱臣贼子惧。《诗》云：‘戎狄是膺，荆舒是惩，则莫我敢承。’无父无君，是周公所膺也。我亦欲正人心，息邪说，距诐行，放淫辞，以承三圣者；岂好辩哉？予不得已也。能言距杨墨者，圣人之徒也。”

此四节书是孟子总论诸圣之功，以见已辟邪卫正之非得已也。

孟子曰：“古今之治乱，虽有气化人事之不同，而主持维挽，则存乎人者有不得辞也。昔者洪水为灾，惟禹排抑之而天下平治，至周公兼并夷狄、驱逐猛兽，除民之害而百姓乃得安寧。若孔子成《春秋》，明大义于天下后世，而乱臣贼子乃有所畏惧，而不敢恣肆以行其恶，是自古至今所以乱而复治，皆诸圣维持之力也。况今杨墨之害有甚于此者乎！昔《鲁颂》之诗有云：‘戎狄是膺，荆舒是惩，则莫我敢承。’盖言周公于戎狄之国则膺击之而不稍宽，于荆舒之人则惩创之而不稍恕。斯无弗畏服而莫敢有违拒者焉，是中外之防固如是之严也。今杨墨无父无君，与戎狄无异，正周公之所必膺也，而岂得漫然视之乎？故我处今日，亦欲明仁义之道，正人心于陷溺之后，声杨墨之罪，息邪说于方炽之时。其偏僻之行则距绝之，而无使猖狂；其淫荡之辞则放斥之，而不令鼓惑。正以仰承三圣之功，欲由乱而返于治也。然则予之谆谆反复者，岂好辩哉？诚以继三圣之后，畏天命、悯人穷，忧之深，遂不觉其言之切，乃有所不得已耳。况此杨墨之当距，非独予一人之责也。使人能发为言论，以斥其‘为我、兼爱‘之非，是其学虽未及三圣，然已得其道法，而绍其心传，即禹、周孔子之徒也；是知辟邪卫正，人人皆有其责，何疑于予之好辩哉？甚矣，外人之不谅也！”

盖异端之害圣道者，杨墨为甚。以其无父无君，害人心术，所关最大也。使非孟子深恶而痛绝之，则为祸于后世者，尚可言耶！自有此辩，而邪正之分遂不可掩；以此主持世教，则致治无难，而可以媲美于三圣矣。

匡章曰："陈仲子岂不诚廉士哉？居于陵，三日不食，耳无闻，目无见也。井上有李，螬食实者过半矣，匍匐往，将食之，三咽，然后耳有闻，目有见。"

孟子曰："于齐国之士，吾必以仲子为巨擘焉。虽然，仲子恶能廉？充仲子之操，则蚓而后可者也。夫蚓，上食槁壤，下饮黄泉。仲子所居之室，伯夷之所筑与？抑亦盗跖之所筑与？所食之粟，伯夷之所树与？抑亦盗跖之所树与？是未可知也。"

此一章书见矫俗不可以为廉也。

齐人有匡章者，问于孟子曰："论人之品，以廉为贵。然今世之人，或饰其名而无其实，或勉强一时而不能持久，此皆不可谓之廉也。如我齐国之有陈仲子者，岂不真为廉洁之士哉？夫仲子生于富贵之家，乃能以淡薄自守。其所居者，则于陵乡僻之地也。尝至于三日不食，而耳不能闻，目不能见焉。其穷困如此，然未尝求食于人也。适井上有李，螬食其实者业已过半，在他人视之，亦惟遗弃之耳，而仲子乃匍匐而往，取而食之。彼当饥疲之后，凡三咽，而后耳复有闻，目复有见，此其所居所食，乃人之所不能堪也，而其心不为稍易，非真廉其孰能之哉？"

孟子因而晓之曰："当今齐国之士，大约皆富贵功利中人耳。仲子处污浊之世而竟不为流俗所染，如手小指之中有一大指，吾必以仲子为齐国之巨擘焉。虽然，仲子所处固人所难然，亦不必为此不近人情之事，以失圣贤中正之道也。我思仲子亦恶能遂其廉哉？若充仲子之操，其矫情绝俗，亦必室碍难行，必如蚯蚓之无求于人而后可。然仲子亦人耳，岂能如蚯蚓耶？夫蚓之上而食者，非犹夫人之食也，惟槁壤之土；下而饮者，非犹夫人之饮也，惟黄泉之水。今仲子居必以室，而食必以粟，则不能不有资于人也可知矣。此其所自来，亦安能计其义与否耶？从来最廉者莫如伯夷，最贪者莫如盗跖。今仲子所居之室，果廉如伯夷之所筑与？抑贪如盗跖之所筑与？所食之粟，果廉如伯夷之所种与？抑贪如盗跖之所种与？是义与不义总不可知也。今仲子既不能无居无室，而所居所食者又不能必其所自来，若仲子者，亦恶能自成其廉哉？如欲成仲子之廉，殆必如蚓而后可也。"

曰："是何伤哉？彼身织屦，妻辟纑，以易之也。"

曰："仲子，齐之世家也；兄戴，盖禄万钟；以兄之禄为不义之禄而不食也，以兄之室为不义之室而不居也，辟兄离母，处于于陵。他日归，则有馈其兄生鹅者，已频顣曰：'恶用是鶃鶃者为哉？'他日，其母杀是鹅也，与之食之。其兄自外至，曰：'是鶃鶃之肉也，'出而哇之。以母则不食，以妻则食之；以兄之室则弗居，以于陵则居之，是尚为能充其类也乎？若仲子者，蚓而后充其操者也。"

此三节书是言人不可以小节妨大伦也。

匡章曰："仲子之居与食，虽不必尽出于伯夷，然亦何伤其为廉哉？今仲子之居食，乃亲身织屦、其妻辟纑以易之者，夫岂不义而取诸人者耶？"

孟子因晓之曰："吾谓仲子之恶能廉，正以仲子不必如此耳。盖仲子非素贫贱，乃齐国之簪缨世家也。其兄名戴者，食采地于盖邑，其禄万钟，即与其兄同居而食，非不义也。乃仲子以兄之禄为不义之禄而不食，以兄之室为不义之室而不居，因远避其兄，以致离失其母，居于于陵。彼亦谓以义自处，而不知母子兄弟之大伦已失矣。尝闻其他日归也，偶有馈其兄生鹅者，亦不过交际之常礼，乃仲子则频顣而不悦，曰：'恶用是鶃鶃不义之物为哉？'及他日又归，其母以爱子之心，杀是鹅以食之，适其兄自外至，因与之言曰：'尔之所食者，即向所谓鶃鶃之肉也。'仲子闻兄之言，竟出而哇之。其矫情如此。较之圣贤之道，不违亲不绝俗者为何如乎？且就其居与食而言之，以母食为不义而不食，是天下无复可食者，乃于妻辟纑以易者则食之。以兄之居为不义而不居，是天下无复可居者，乃于于陵则居之。一身而清浊互杂，一家而弃取靡定，是尚为能充其不居不食之类乎？不能充其类，又焉能充其操？殆必如蚓之无求自足，而后能充满其不居不食之操也。彼仲子亦人耳，岂能遂如蚓也哉？吾之所谓恶能廉者，盖以此也。"

可见君子处世，自有中道，惟义所在而已。若欲成一己之小节，而弃天下之大伦，则凡灭理害义、欺世盗名者，将无所不至。此主持风教者，不可不辨也。

《日讲四书解义》卷十九

孟子 下之一

离娄章句上

孟子曰："离娄之明、公输子之巧，不以规矩，不能成方圆；师旷之聪，不以六律，不能正五音；尧舜之道，不以仁政，不能平治天下。今有仁心仁闻而民不被其泽，不可法于后世者，不行先王之道也。故曰：徒善不足以为政，徒法不能以自行。《诗》云：'不愆不忘，率由旧章。'遵先王之法而过者，未之有也。"

此一章书见为治当实行先王之仁政也。

孟子曰："为治必本于心，而心之所运即为法，欲图治者必不可以无法也。犹之制器者，欲为方员必以规矩，即以离娄之明、公输子之巧，苟舍此规矩，则明巧无所施、而方员不能成矣；犹之审乐者，欲定五音必以六律，即以师旷之聪，苟舍此六律，则其聪亦无所用，而五音不能正矣，况治天下乎？治天下必以仁政，即尧舜亦有所不能外。如精一执中，尧舜之道也，其所以治天下者，必有百工庶绩，六府三事，以其如天好生之仁，而发之为政焉。苟不以仁政，则纪纲不立，制度未详，而天下亦不能平治矣。观于尧舜，而求治者之不可无仁政也，明矣。如今之人君，求其爱民之意发于中，与夫爱民之声闻于外者，盖亦有之，然而在乎当日不见有德泽被于民，而施于后世亦不可奉之以为法，岂其心未欲求治耶？盖由不能以仁心而发为仁政，实行先王之道耳！苟能行之，则美意蕴于中，良法溢于外，治平有何难哉？是知仁心、仁政，诚无一之可缺者。故古语曰：'徒有仁心，而不达之于政，则慈祥之意无以推广，不足以为政；徒有仁政，而不本之于心，则条教之设祇属虚文，亦不能以自行，其何以泽当时、传后世耶？'诚能效法先王，则可以无患矣。《假乐》之诗曰：'不愆不忘，率由旧章。'盖言为政者无有差忒、无有遗忘，皆由率行旧日之典章故也。以此观之，不愈知先王之法之尽善，而遵之者之不可以或缓哉！盖先王之法，本于一心，合诸庶务，在当时共被其泽，在后世实可遵行，使遵先王之法而犹有愆过遗忘，不足以泽被当时而为法后世者，无是理也。"

信乎，法者政之所由传，仁之所自溥，而先王所以平治天下者，断断必出于此。不是之遵，岂可漫言平治耶？

“圣人既竭目力焉，继之以规矩准绳，以为方员平直，不可胜用也；既竭耳力焉，继之以六律正五音，不可胜用也；既竭心思焉，继之以不忍人之政，而仁覆天下矣。故曰，为高必因丘陵，为下必因川泽，为政不因先王之道，可谓智乎？”

此二节书言圣人立法之善要以能遵为智也。

孟子曰：“吾所谓先王者，即古之圣人也。圣人之聪明智虑，原为后人之所不可及，故创制立法，即有以利赖天下于不穷。如圣人制器以利天下之用，既竭其目力，以为方员平直矣。然无法以继之，则目力或有时而穷，于是又继之以规矩，以为方员；继之以准绳，以为平直，使后人皆有所据而取法焉。是制器之法不可胜用也，如圣人作乐以宣天地之和，既竭其耳力以正五音矣，然无法以继之，则耳力或有时而穷，于是又继之以阴阳之六律，以正宫商角征羽之五音，使后人皆有所据而考验焉。是作乐之法不可胜用也。至圣人之不忍于民，而欲使各得其所，亦既竭其心思，图维区画，凡所以仁民者无弗至矣。然使不继之以法则，心思亦有时而穷，于是以不忍人之政继之厚其生，则为之制田里、教树畜，正其德，则为之设学校，明人伦，是其不忍之心赖政以不匮，而仁覆于天下后世矣。然则圣人之治，以有仁政而然也；后之图治者，岂可舍此而他求耶？故古语曰：‘为高必因丘陵，为下必因川泽。’盖言丘陵川泽之势自高自下，因而为之甚易也。以仁心而行仁政，即先王之道也。尽善尽美，确有可遵，即与为高下者之丘陵川泽无以异。苟为政者不因乎此，是犹舍丘陵以为高，舍川泽以为下，徒劳罔功，其亦不明之甚矣。曾可谓之智乎？”

要之，为人君者不可不行先王之道也。苟能行，则皆被其仁而所及者广；不能行，则并失其智而所施者穷。以尧舜为法者，可以决计矣。

“是以惟仁者宜在高位。不仁而在高位，是播其恶于众也。上无道揆也，下无法守也，朝不信道，工不信度，君子犯义，小人犯刑，国之所存者幸也。故曰，城郭不完，兵甲不多，非国之灾也；田野不辟，货财不聚，非国之害也。上无礼，下无学，贼民兴，丧无日矣。

此三节书是言为人君者，当行仁而戒不仁也。

孟子曰：“为政而不因先王之道，不可谓智。盖以其不仁而然也。苟能因之，则必推仁者矣。是以惟仁者以仁心行仁政，则泽及生民而法传后世所必然也。如是而在高位，代天理物，谁曰不宜？若不仁而在高位，则必以先王为不足法，以仁政为不足行，纵其情之所至，止以为祸于天下，是播恶于臣民之众也。其贻患可胜言哉！盖君之一身，臣民之表帅也。使自作聪明，任其私意，凡施于政事者，皆不以理道相揆度，则为之下者，阿谀顺从，自无法度之可守。夫朝廷之上既无道揆，则政令惟事纷更，而规制不能画一，是道不信于朝廷矣。百官之众既无法守，则智巧者欺罔以行私，愚钝者偷惰以藏拙，是度不信于百官矣。朝不信道，则君子之在上者，必至肆意妄行，干犯名义而不知；工不信度，则小人之在下者，必至放辟邪侈，干犯典刑而不顾。盖不仁在位，而臣与民之作奸作慝以至于此，岂非播恶于众乎？如是而国之不亡特侥幸而已矣，岂不深可畏哉？是知国之治乱，止在仁与不仁，而其他非所计也。故古语曰：'凡为国者，城郭虽不完固，兵甲虽不众多，其国势似乎不强，然于根本无伤，不足以为灾也；田野虽不开辟，货财虽不积聚，其国储似乎不富，然于元气亦无损，不足以为害也。惟上无道揆而不知礼，则下无法守而不知学，由是贼恶之民因之而起，乱常败纪，相习成风，斯国无以立，而丧亡无日矣！其为祸岂小哉？"

可见为人君者，当以不仁为戒，而惟行仁政之是亟也。

《诗》曰："'天之方蹶，无然泄泄。'泄泄，犹沓沓也。事君无义，进退无礼，言则非先王之道者，犹沓沓也。故曰，责难于君谓之恭，陈善闭邪谓之敬，吾君不能谓之贼。"

此四节书是言仁政当行，固人君之责；而为之臣者，尤宜引君于道，以尽其职也。

孟子曰："不仁而致祸，岂独君之罪哉？良由为之臣者不乘机匡救，有以酿之耳。《诗·大雅·板》之篇云：'天之将覆，周室正宜上下交儆，尔群臣不可泄泄然怠缓悦从，苟安旦夕，不思所以救正也。'《诗》言如此，可见为臣者当以此自责，克尽厥职，庶天意可回；苟当天谴之时，而惟坐视不救，正《诗》辞泄泄之谓也。夫所谓泄泄者，实时俗之所谓沓沓也，岂人臣之所宜有哉？盖人臣有事君当尽之义，有进退当守之礼。今但以逢迎为悦，不辅其君以行仁，是事君无义矣。阿谀承顺，进不能陈力就列，退不能洁己守身，是进退无礼矣。且人臣入告于君，必当以尧舜为法。今虽多所谋画，皆出于寻常功利之私，至于先王之道则诋毁而非之，以为不足行。有臣如此，岂非沓沓之谓乎？是亦未知人臣事君之道耳。故古语曰：'人臣于君，凡奔走承顺，特恭谨之小节而不可谓之恭也；惟是竭诚匡赞，不欲其主安于守文蒙业之君，而责望以高远难尽之事；觉靖献之间，一如尧舜在上，此尊君之至也。始谓之恭，抑唯诺悦从，此敬畏之仪文，而不可谓之敬也。惟是尽言规谏，敷陈先王之善道，而遏止非辟之邪心，其夙夜所矢，惟愿君德之清明，此忠爱之至也。始谓之敬，若谓先王之道非吾君所能也，常以为难而不敢责，虽知其善而不能陈，玩愒苟安，致君日趋于有过之地，非贼害其君而何哉？为臣者苟无恭敬之实，则必至贼害其君，其何以平治天下，共成上理耶？"

为人臣者，诚不可不任其责矣。要之，此章之旨，在以仁心行仁政，而末乃归重于君臣之各任其责。盖以君臣同心，而后治可成也。所以《易》之于"泰"，深庆其上下之交，而尧舜之世，都俞一堂，斯以成勲华之治也与！

孟子曰："规矩，方员之至也；圣人，人伦之至也。欲为君，尽君道；欲为臣，尽臣道。二者皆法尧舜而已矣。不以舜之所以事尧事君，不敬其君者也；不以尧之所以治民治民，贼其民者也。孔子曰：'道二，仁与不仁而已矣。'暴其民甚，则身弑国亡；不甚，则身危国削，名之曰'幽'、'厉'，虽孝子慈孙，百世不能改也。《诗》云：'殷鉴不远，在夏后之世。'此之谓也。"

此一章书是言为治者当法尧舜以仁民也。

孟子曰："凡天下事物皆有至当不易之则，使后人遵而用之。如制器者，员取诸规，方取诸矩，规矩乃方员之至也。若夫人之大伦，皆有一定之理，但众人不能由，而贤人亦不能尽，惟圣人以生知之质，安而行之，察之极其精，而处之极其当，遂合乎天理人情之极，圣人乃人伦之至也。惟圣人为人伦之至，则凡在人伦之中，宜以圣人为法矣。而人伦则以君臣为大，如欲为君，而尽为君之道；欲为臣，而尽为臣之道。斯二者岂俟乎他求哉？亦皆法尧之为君，舜之为臣而已矣。盖自古非无明君，而惟尧为为君之至；非无贤臣，而惟舜为为臣之至也。使不以舜之所以事尧者事其君，即他有所法，皆趋承之末节耳，止谓之不敬其君；不以尧之所以治民者治其民，即他有所法，不过粉饰之虚文耳，亦止谓贼害其民。夫不法尧舜，而慢君贼民若此。此皆暗于大道，未闻孔子之言也。昔孔子曰：'天下之道，止仁不仁两端尽之。'盖道心之外，即人心；天理之外，即人欲也。可见能法尧舜即为仁，而不法尧舜即为不仁。止此一念之微，而遂有天壤之别，可不慎耶！故为君者以尧为法，则身安而国家可保，以其仁也。若夫不仁者，横征厚敛以穷民财，严刑峻罚以残民命，举凡虐民之事无弗至，而祸患随之矣。其虐之甚者，则必身弑国亡，求存而不得；其不甚者，则亦身危国削，自振而不能；且于身没之后，加以恶谥；或以昏而不明名之曰幽，或以残而无道名之曰厉。定于一时，传之百世，虽孝子慈孙欲盖其祖父之愆，而亦不能改也。不仁之祸一至于此，则欲尽君道者可不知所鉴戒耶？《诗·大雅·荡》之篇云：'殷鉴不远，在夏后之世'。盖欲纣以桀为鉴耳。夫诗人之意，欲纣以桀为鉴，即此当以幽厉为鉴之谓也，岂可忽哉？"

盖幽厉之当鉴，以其不仁；而尧舜之当法，以其仁也。幽厉之与尧舜，迥乎不同，而止以仁不仁别之，则出此入彼之几，更宜为之凛凛矣。

孟子曰："三代之得天下也以仁，其失天下也以不仁。国之所以废兴存

亡者亦然。天子不仁，不保四海；诸侯不仁，不保社稷；卿大夫不仁，不保宗庙；士庶人不仁，不保四体。今恶死亡而乐不仁，是犹恶醉而强酒。”

此一章书是深儆当时之诸侯宜行仁以保其国也。

孟子曰：“前代之兴亡，即后世之法戒，惟详加考究，而所以保国者在是矣。试以夏商周三代观之，当禹汤文武之得天下也，皆以不忍之心行不忍之政，于是人心悦而天命归，盖以仁也。及桀、纣、幽、厉之失天下也，皆以残忍之心行暴虐之事，于是民心离而天命改，以其不仁也。夫仁不仁之關乎得失，岂独天下哉？即以一国论之，如国君而仁，则国以兴而存；国君不仁，则国以废而亡。亦莫不然然。则自天子以至庶人，皆当以仁为要矣。天子为四海之主，倘或不仁，则播恶于众，亿兆离心，而四海不保矣；诸侯为社稷之主，如其不仁，则陷溺其民，危亡立至，而社稷不保矣；卿大夫有宗庙，不仁则干犯典刑，覆绝宗嗣，而宗庙不保矣；士庶人有四体，不仁则悖理罔行，身被杀戮，而四体不保矣。夫自贵至贱，皆以不仁之故而死亡随之，岂不甚可畏哉？今人之于死亡，未有不恶而思避者；乃既恶死亡，而乐为不仁之事，是犹恶醉而强于饮酒也。”

盖强酒者必醉，而乐不仁者必至死亡，此保治之道，断断必出于仁也。

孟子曰：“爱人不亲，反其仁；治人不治，反其智；礼人不答，反其敬——行有不得者皆反求诸己，其身正而天下归之。《诗》云：‘永言配命，自求多福。’”

此一章书是勉人自修之实学也。

孟子曰：“人之处世，但当尽其在己，不可责之于人。如仁者切于爱人，谁不亲附？其或爱人，而人不我亲者，必我之仁仍未至也，即当自反其仁；倘仁有弗纯，不敢安也。智者明于治人，谁不顺从？其或治人，而人不我治者，必我之智仍未至也，即当自反其智；倘智有弗周，难自已也。有礼者敬人，敬人者人恒敬之；其或不我答者，必我之礼仍未尽也，即当自反其敬；倘敬有弗笃，不容懈也。且不特此也，凡有所行，或不能适得其所欲，是乃自治之功疎，而有以致之也。惟皆反求诸己，务使归于尽善而后已焉。如是，则修其身者极其严密，而一身之中无有不正矣。身既正，则当乎天理者自合乎人心，即以天下之大，当无不敬信而归服矣。寧犹有不亲、不治、不答者哉？《大雅·文王》之诗曰：‘永言配命，自求多福。’言人能常作思维，务合天理。于是天心佑助，多福聿臻，是乃自求以致之耳。”

详绎《诗》言，非即其身正而天下归之之谓与？要之，反求之说，非特与人为然，帝王之出身加民，慎修思永，已治而益求其治，已安而益求其安，职此道也。故《书》言‘敛时五福，用敷锡厥庶民，而必归本。于皇建其有极。’其即自求多福之旨哉！

孟子曰：“人有恒言，皆曰，‘天下国家。’天下之本在国，国之本在家，家之本在身。”

此一章书是示人知本之意也。

孟子曰：“凡浅近之言，皆有至理，苟参详其义，则切要之旨，可以引伸之而得焉。如人之恒言，皆曰，‘天下国家。‘人但不加研审，亦以常言忽之耳。试思言天下而继以国者，盖以远由乎近，四海同风，必以邦畿为起化之源也。天下之本在国，言国而继以家者，盖以外由于内，郊圻向化，必以宫闱为则效之准也。国之本在家，至于家岂无所本乎？治人者必先于治己，刑于之化聿，惟其仪之不忒也。家之本在身，若是者，分而言之各有其本，而合而计之则止有一本，即谓天下国家惟本于身可也。孰谓恒言可忽哉？”

大学三纲为八条之本，‘明明德’又三纲之本，敬之一言又明明德之本。然则敬者乃本中之本也。诚知本中之本，可以言学矣，可以言治矣。

孟子曰：“为政不难，不得罪于巨室。巨室之所慕，一国慕之；一国之所慕，天下慕之；故沛然德教溢乎四海。”

此一章书是言为政者当正身修德以服人也。

孟子曰：“今之为政者，恃其权力，不务以德感人，因而人心多不悦服，乃谓为政甚难，而实不难也，何也？政不外于一身，倘不能反身修德，举动乖方，即国人未必知，而国中之勲旧世臣，名为巨室者已先知之，而心懷怨怒矣。夫彼秉政用事，乃众庶之所观瞻；彼既怨怒，亦安望一国之倾服耶？于是政教之行多有阻滞，所必然者。自我思之，亦惟不得罪于巨室而已。若为政者自处以正，凡一言一动，以及发令行政，皆出于天理人情之至，而无纖微之可议，此在国人未之知，而巨室近在左右，已无弗心悦诚服而欣欣向慕之矣。夫巨室既慕，乃一国之所趋向也。其诚心爱戴，必无异于巨室可知；至一国既慕，又天下之所依归也。其倾心向化，亦无异于一国可知。夫如是，故德教大行，即如水之沛然奔放，充溢于四海而莫之御，岂复有阻其声教者哉？此所以谓为政不难也。

盖不得罪于巨室者，乃正身循理，使之无可訾议也。若曲法狥情，使之慕悦，在巨室则得矣，如一国何？如天下何？况巨室之贤者，悦之不以其道，不悦也；巨室之不贤者悦之，不以其道，悦也。违道以得巨室之欢心，天下事尚忍言哉？此又不可不致辨者也。

孟子曰：“天下有道，小德役大德，小贤役大贤；天下无道，小役大，弱役强。斯二者，天也。顺天者存，逆天者亡。齐景公曰：‘既不能令，又不受命，是绝物也。’涕出而女于吴。今也小国师大国而耻受命焉，是犹弟子而耻受命于先师也。如耻之，莫若师文王。师文王，大国五年，小国七年，

必为政于天下矣。《诗》云：'商之孙子，其丽不亿。上帝既命，侯于周服。侯服于周，天命靡常。殷士肤敏，裸将于京。'孔子曰：'仁不可为众也。夫国君好仁，天下无敌。'今也欲无敌于天下而不以仁，是犹执热而不以濯也。《诗》云：'谁能执热，逝不以濯。'"

此一章书是勉当时诸侯修德自强以顺天也。

孟子曰："世道之升降系乎天运，乃理势之自然也。尝观天下有道之时，人皆修德，德有大小，而位之贵贱因之。故小德者则见役于大德，小贤者则见役于大贤，此盖服于德而无所勉强，故为有道；至天下无道，则人不修德，惟以力相尚，力小者则见役于大，力弱者则见役于强，此乃屈于力而不敢抗衡，故为无道。夫世道不同，所尚各异。斯二者，乃理势之自然，皆天也。人能审己量力，听其当然而不悖，便为顺天。顺天者社稷人民可保长存，若不听其当然，而般乐怠傲，便为逆天，逆天则未有不亡者。一顺一逆，存亡系焉，可不审哉？然尚德之风已不可见，而小役大、弱役强，庶几能顺天者，则齐景公有足取焉。昔齐国衰弱，而吴则强大，非齐所敌也。于是与羣臣谋，曰：'有国家者，非发号出令而使人从我，则卑身戢志而以我从人。若既不能出令以使人取威定霸，又不能事人以聽命，屈己图存，是徒见绝于人，惟有挑衅致祸，自取灭亡而已，何益哉？'于是涕出而以女嫁于吴，其能顺天以保国有如此？若今之诸侯，国势处于衰弱，不能修德自强，乃般乐怠傲，皆效大国之所为，而独以受命大国为耻，曾不屈己从之。是犹既为弟子之职，而耻受教命于先师也，奚其可哉？如诚以受命为耻，则莫若取法文王矣。昔文王以岐周百里之地，发政施仁，人心归服而创成周之业。若能以文王为法，修德行仁。在大国，因其可为之基，即不出五年；在小国，奋其自强之志，亦不出七年，必统一寰宇而为政于天下矣。即国之大者且为吾役，亦安有受命之耻耶？此徒耻无益，而文王不可不师也。试以《大雅・文王》之诗观之，《诗》：云'商之子孙，其数众多，不止十万，然上帝之命既已归周，奄有天下，则凡商之子孙，皆于我周臣服矣。然臣服于我周者，以天命靡常，归于有德故也。是以殷士之肤大而敏达者，皆执裸献之礼，以助祭周之京师焉。'是言商虽强大，而易姓之后则无不为周所役也。故孔子读之而叹曰：'商之子孙，其丽不亿，亦不为不众矣。然以我周之仁，遂得天下而莫与之抗，是众而不可为众也。为国君者，诚能以仁为好施懷保之心，而除暴虐之政，则天下之民自莫不尊亲，亦如商之归周而无与为敌也。欲无敌于天下者，不于《诗》与孔子之言而益信哉？乃今之欲无敌于天下者则异是，徒师大国之所为，而不师文王之仁政，是盖以见役为耻而终无免耻之法，殆犹执持热物而不以水先自濯其手也。其糜烂岂能免耶？《桑柔》之诗曰：'谁能执热，逝不以濯。'言执热者必先以水自濯，而后可以解热。则立国者必先行仁政，而后可以无敌。若不务行仁而欲无敌于天下，亦惑之甚矣！”

盖战国之君皆欲无敌者也，而所行者乃皆不仁之事，故孟子深警之。要之，积德行仁，创与守皆不能外，观文王以行仁，肇统而遂以有卜世卜年之庆，则所以长治久安者，可思矣。

孟子曰：“不仁者可与言哉？安其危而利其菑，乐其所以亡者。不仁而可与言，则何亡国败家之有？有孺子歌曰：‘沧浪之水清兮，可以濯我缨；沧浪之水浊兮，可以濯我足。’孔子曰：‘小子听之！清斯濯缨，浊斯濯足矣。自取之也。’夫人必自侮，然后人侮之；家必自毁，而后人毁之；国必自伐，而后人伐之。《太甲》曰：‘天作孽，犹可违；自作孽，不可活。’此之谓也。”

此一章书是戒诸侯之不仁以取祸也。

孟子曰：“人君欲享国长久，必须聽纳忠言。若不仁之人私欲锢蔽，丧其本心，虽有谠论，必拒而不从，尚可与之言哉？盖彼当国势既危，本不可安也，而反安之；灾害将至，本不可利也，而反利之；至荒淫暴虐，皆所以致亡者，本不可乐也而反乐之；颠倒错乱，迷而不悟，岂不终于败亡耶？不可与言者，盖以此。设使彼虽不仁而尚可与言，则必翻然悔悟。凡其安、危、利、菑、乐，所以亡之事自能尽改，即濒于败亡而可以维挽，又何亡国败家之有哉？可见不仁之人至于败亡，皆其自致。观孺子之歌与孔子之言，可知矣。昔有孺子游于沧浪，矢口而歌曰：‘沧浪之水清兮，可以濯我之缨；沧浪之水浊兮，可以濯我之足。’言虽浅近，却有至理。孔子闻之而呼弟子曰：‘孺子之歌虽属无心，然其中有感应一定之理，尔小子所当审聽也。盖缨者，人之首服，惟水之清者乃可以致其洁；足者，身之下体，即水之浊者亦可以去其污。因水有清浊之分，而濯者始有缨足之别，乃自取之也。可见此感彼应，断无差爽，凡天下之事寧有不由于自取者乎？’如人自处端莊，则人不敢加侮，惟出言行事，轻佻亵狎，以致败名荡检，是己自侮其身，然后人得而侮慢之，非自取其侮乎？如一家中情谊聯属，则人不敢加毁，惟宗族至亲相戕相害，以致灭伦伤化，是己自毁其家，而后人得而戕害之，非自取其毁乎？如一国中政教修明，则人不敢致伐，惟用人行政不纲不纪，以致众叛亲离，是己自伐其国，而后人得而侵伐之，非自取其伐乎？盖祸患之来，皆有以致之。此孔子之所谓自取也。甞观《太甲》之篇曰：‘孽由天降，尚可修德以违避之；若孽由自作，则祸随其身不可存活。’正此自侮、自毁自伐之谓也。”

败亡之祸，孰非不仁之自取乎？盖有国者以行仁为本，则嘉言罔伏，而国祚其延。此乃必致之理也。惟明于自取之义而凛凛焉，则庶乎其不悖矣。

孟子曰：“桀纣之失天下也，失其民也；失其民者，失其心也。得天下

有道：得其民，斯得天下矣；得其民有道：得其心，斯得民矣；得其心有道：所欲与之聚之，所恶勿施，尔也。民之归仁也，犹水之就下，兽之走圹也。故为渊驱鱼者，獭也；为丛驱爵者，鹯也；为汤武驱民者，桀与纣也。”

此三节书见惟仁足以得民心也。

孟子曰：“民心之向背，兴亡系焉。甚矣，民心之不可失也！昔夏桀商纣承禹汤之业，原有天下，其有而失之者无他故也，由于众叛亲离而失其民也；所以失其民者，由于暴虐不仁，人心怨怒而失其心也。由此观之，可见得天下必有道：非可以权势控制也，惟得其民，则四海向风，有人有土，斯得天下矣；得其民亦有道：非可以智术笼络也，惟得其心，则诚意归附，近悦逺来，斯得民矣；得其心亦有道：非可以力取而势迫也，惟于民心之欲恶求之而已，如饱暖安逸，民之所欲，而不能自致，上之人则多方以致之，凡其所欲务为聚焉，令获生养安全之乐，饥寒困苦，民之所恶而不能自去，上之人则竭力以去之，凡其所恶断勿施焉，使无阽危冻馁之忧，如此则上下同心，君民一体，所谓得心之有道者不过如是而已。夫知其欲恶而与聚勿施，是乃曲体民情，而行其不忍，即所谓仁也。凡民之求，遂所欲而免所恶者，自然望仁以趋，无所等待，其欢欣鼓舞而不容已者，即与水之就于卑下，莫之能御；兽之走于旷野，莫之能遏者无异。乃必至之势也。夫民之归仁，原非驱之使然，而况又有不仁者以为之驱乎？甞观鱼之游也必于渊，因其畏为獭所食，故皆趋于渊，是鱼之必趋于渊者獭为之驱也。爵之栖也必于丛，因其畏为鹯所食，故皆趋于丛，是爵之必趋于丛者，鹯为之驱也。若夫汤武之时，而民皆趋之者，虽乐汤武之仁，实畏桀纣之暴耳。是民之必归于汤武者，桀与纣为之驱也。”

盖汤武之得民以其仁也，桀纣之驱民以不仁也。则知得天下者在乎得民，而得其民者，亦在仁以得其心而已矣。

“今天下之君有好仁者，则诸侯皆为之驱矣。虽欲无王，不可得已。今之欲王者，犹七年之病求三年之艾也。苟为不畜，终身不得。苟不志于仁，终身忧辱，以陷于死亡。《诗》云：“其何能淑，载胥及溺。’此之谓也。”

此三节书言诸侯当及时以行仁也。

孟子曰：“汤武为民之所归，而桀纣又驱之使归。是民之归仁，昭然可见矣。但今天下之君，特无好仁者耳。诚所好在仁，而以爱民为念，凡饱暖安逸‘务与之聚；凡饥寒困苦，勿之施焉。在天下之苦其君者方无所逃避，一闻好仁之主，孰不来归？则是诸侯之暴虐皆为好仁者驱其民也。夫既得民，则得天下，虽欲不统一寰宇而王也，亦不可得已。好仁之效如此，欲王者可弗加之意乎？但今欲王者，逞己之私而拂民之性，积患已久，骤难挽回，须及早省改，行仁政以收人心，庶王业可致。是犹有七年沉痼之病，欲求三年干久之艾以疗治之也。若欲病愈，须自今畜艾或犹可及；苟为不畜，则迁延岁月，即至终身亦不能得艾，而其病弗能捄矣。今之诸侯不能立志行仁，即与受病而不畜艾者无异，因循苟且以至终身则忧辱相寻，惟以陷于死亡而已，宁望其复得生存乎？《诗·大雅·桑柔》之篇曰：‘其何能淑，载胥及溺。’言人不能为善，则相引以及于沉溺，即不志于仁以陷于死亡之谓也。”

苟鉴于此，亦何惮而不以志仁为亟耶？可见图王者惟在乎行仁，诚以爱民为心，不自暇逸，则人心收而王业成，无难矣！

孟子曰：“自暴者，不可与有言也；自弃者，不可与有为也。言非礼义，谓之自暴也；吾身不能居仁由义，谓之自弃也。仁，人之安宅也；义，人之正路也。旷安宅而弗居，舍正路而不由，哀哉！”

此一章书是慨人自绝于道也。

孟子曰：“凡人皆可为善，而惟能信而能勉者，乃有受益之地。此盖系乎己，而不系乎人也。而乃有不自爱而自暴者，执迷不悟，自以为是，虽喻以好言而弗之信，不可与有言也；又有不自重而自弃者，安于怠惰，甘为下流，虽劝以当为而弗加勉，不可与有为也。何谓自暴？盖人性中原有礼义所当深嗜而笃好者，彼乃恃偏诐之见，以倡其谬诞之词，蔑视理道，肆其非毁，是本性之懿美自加戕害，非自暴而何？所以谓之自暴也。何谓自弃？盖人性中原有仁义所当身体而力行者，彼乃以委靡之姿，而狃于因循之习，反菲薄己身谓为不能居，由是本性所固有自甘废置，非自弃而何？所以谓之自弃也。自暴自弃，亦未知仁义之切于人为何如耳？凡人一有私欲，则所以居心者即不能安舒，惟仁乃天理之公，万善之长，人若所处在此，则身心泰然，真与安宅无异，岂有从欲之危乎？凡人一有邪曲，则所以处事者即不能正直，惟义乃事理之宜，裁制之准，人若所行在此，则举动光明，真与正路无异，岂有错履之咎乎？夫此安宅正路，本人所同具，而宜居宜行者乃自暴自弃之人，驰骛而失其本心，冒昧而违其懿则。非无安宅也，乃旷之而弗居；非无正路也，乃舍之而不由。其颠倒错乱难以捄正，岂不真可哀哉？”

甚矣，人之不可暴弃也。盖天下无不可为之善，亦无不可化之人。孟子欲救陷溺之人心，而振衰颓之志气，故谆切言之。人但一为猛省，则知为圣为贤，亦由乎我而已，何以畏难苟安为哉？

孟子曰：“道在尔而求诸远，事在易而求诸难：人人亲其亲，长其长，而天下平。”

此一章书是明道之所在，欲人知所求也。

孟子曰：“治术之不明，乃道术之不明也。道术明，则治术亦在其中矣。如率性谓道是人与己所共由者，本至尔也。乃有人以为卑近而反驰骛于遐渺，是以在尔者而求诸远矣。行道谓事，是人与己所共能者，本至易也。乃有人以为肤浅而反攻治乎艰深，是以在易者而求诸难矣。夫彼以新奇诡异之术诬惑人心，天下何由平治乎？是亦未知尔与易者为何如耳。人各有亲，人各有长，是尔莫尔于此也。人亲其亲，人长其长，又易莫易于此也。一人行之，固为家庭之聚顺；人人行之，则为四海之雍和。斯固兵革无所施，而刑法亦不必用，但见家皆孝弟，俗皆仁义，天下之大，已不期平而自无不平矣。岂非至尔至易之所致耶？"

然则欲端治术者，当先端道术而已。尝观时雍风动，止在于一家仁让之中，故曰王道约而易操也。

孟子曰："居下位而不获于上，民不可得而治也。获于上有道，不信于友，弗获于上矣。信于友有道，事亲弗悦，弗信于友矣。悦亲有道，反身不诚，不悦于亲矣。诚身有道，不明乎善，不诚其身矣。是故诚者，天之道也；思诚者，人之道也。至诚而不动者，未之有也；不诚，未有能动者也。"

此一章书是言诚身贵于明善也。

孟子曰："吾人处世，与吾相接者在内则有亲，在外则有友，在上则有君，在下则有民，酬酢其间，必有感通之实，非可舍身而求之也。如居下位治民，则在乎获上，必上有忱恂而后下无疑贰焉。若君不加信任，则民必不悦从，民不可得而治也。获上有道，在乎信友必见谅于友，始可受知于君焉；若在友素无许可之心，则在君必无付托之意，弗获乎上矣。信友有道，在乎悦亲必承欢于亲，始可取信于友焉；若事亲不能豫悦，则交友无以感孚，弗信于友矣。悦亲有道，在于诚身必在身无所虚伪，而后可以得亲之欢焉；苟反身未尝真实，则事亲安得恬愉？不悦于亲矣。诚身有道，在乎明善必于善无所茫昧，而后可以得身之诚焉；若择善无察识之功，则反身岂得无妄之至？不诚乎身矣。可见，身一诚则悦亲、信友、获上，治民皆在于此人，可不明善以诚身乎？盖诚虽具于人，而实原于天，所当尽人以合天矣。是故诚者真实无妄，性所同具，乃天道之本然，所谓天之道也。但在天之理原无不实，而在人之心不能无伪，惟思诚者明善以复其初，使天之予我者无少亏欠，此乃人道之当然，所谓人之道也。夫思诚而尽人道之当然，则无一念之不诚，无一时之不诚，而可以谓之至诚矣。诚既至，则人之所同者皆备于己，而己之所独者自无间于人，以诚感者以诚应，凡悦亲、信友、获上、治民曾有不动者乎？若谓至诚而犹有不动者，无是理也。倘诚有未至，则亦不诚。而己一念之起，即真伪相参，一时之暂亦断续不定，无以成己，何以感人？以此而施于内外上下之间，欲有以动之，未之能也。即诚不诚之分，而动与不动判焉。人可不以思诚自勉乎？"

按此章之旨，本于中庸，乃道统渊源之所在也。而独从伦物之间推其原本，尤为切实。虽尽人尽物，以至参赞、位育，隐而未言，而要之至诚能动，则亦不外乎此矣。

孟子曰："伯夷辟纣，居北海之滨，闻文王作，兴曰：'盍归乎来！吾闻西伯善养老者。'太公辟纣，居东海之滨，闻文王作，兴曰：'盍归乎来！吾闻西伯善养老者'。二老者，天下之大老也，而归之，是天下之父归之也。天下之父归之，其子焉往？诸侯有行文王之政者，七年之内，必为政于天下矣。"

此一章书是言行王道之效也。

孟子曰："世皆以王道为迂，多不肯行，夫亦未知其效为何如耳。试以文王观之：昔纣毒痡四海，播弃老成。有伯夷者，遂辟其乱而居于北海之滨，盖已隐而不欲见矣。及闻文王起为西伯，乃奋然而兴起，曰：'何不归来乎！吾闻西伯发政施仁，善养老者，吾可归之以就其养矣。'于是自北海之远而往焉。又有太公者，亦辟纣乱，居于东海之滨，及闻文王起为西伯，乃奋然而兴起曰：'何不归来乎！吾闻西伯发政施仁，善养老者，吾可归之以就其养矣。'于是自东海之远而往焉。夫文王一行仁政，而伯夷、太公遂接踵来归，不辞险远，是王道之效有如此。况此二老者，初非寻常之人，齿德俱尊，乃天下之大老也。既曰大老，则负重望而繫人，天下皆仰之如父，而天下之人皆其子矣。今乃慕文王之政，自海滨来归，是天下之父归之也。天下之父既归，其子焉有舍其父而他往者哉？可见贤者之所趋向，则天下随之；而文王之政，诚不可不行也。今之诸侯，特患视为迂远而不行耳。有能法文王之政，制田里，教树畜，使民安居乐业，至于茕独者而皆蒙其养，则仁风远播，老成耆硕之士必相率而来，人心之所向即天命之所归，虽国有大小不同，大约不过七年之内，得人望以收人心，必统一海内而为政于天下矣。"

王道岂迂阔而难行耶？此文王之政所以不可不行也。要之，为政以得民心为本，而仁政乃所以得之也。不特创业为然，凡所以久安长治者，俱不外此。然则力行王道，岂非祈天永命之善策与？

孟子曰："求也为季氏宰，无能改于其德，而赋粟倍他日。孔子曰：'求非我徒也，小子鸣鼓而攻之可也。'由此观之，君不行仁政而富之，皆弃于孔子者也，况于为之强战？争地以战，杀人盈野；争城以战，杀人盈城，此所谓率土地而食人肉，罪不容于死。故善战者服上刑，连诸侯者次之，辟草莱、任土地者次之。"

此一章书言仁政当行，而不可力图富强也。

孟子曰："列国之君皆以富国强兵为务，而不知剥民之财、残民之命乃大圣人之所深责，而王法之所不赦也。昔孔子弟子有冉求者，为鲁大夫季氏家臣，时季氏专鲁，富过公家，乃求不能匡捄以改其恶德，而反为之设法催科、勤行聚敛，其征取之粟，较之往昔者更加倍焉。此盖剥民以媚上，负其所学多矣。孔子于是对诸弟子责之曰：‘求在吾门，习闻吾教久矣，乃不能以道事人，而反损下益上，岂吾之所以为教耶？非我徒也！尔小子当鸣鼓而攻，声其罪而责之，使之省而改焉可也。’孔子责求之言如此。由此观之，为人臣者惟当赞助其君，使以爱民为心而力行仁政，不宜以利导之也。若君不行仁政，而为之臣者乃敛民以富之，此乃背其师传，得罪名教，见絶于孔子者也。可不戒欤！夫富国犹且不可，而况于为君强战者，当有更甚于此者矣！盖富国虽属夺民之财，而强战则至戕民之命。如争地以战，则止欲疆宇开广，而不顾民命之死伤，其杀人常至于盈野；争城以战，则惟图战胜攻取，而必致生民之屠戮，其杀人每至于盈城。夫为土地之故而其惨至此，则是率土地而食人之肉，其罪之大，虽死犹不足以容之也。但相习成风，未尝明正其罪耳！所以上之求于下与下之效用于上者，首惟善于战阵，再则连结诸侯，再则垦田富国，此三者虽若有功而以王法论之，则皆有必诛之罪也。故善战者荼毒生灵，残伤民命，此首恶也，宜加诛戮以服极重之典刑；若连结诸侯，兴兵构怨，身虽未膺攻战之事，而心则全属智巧之私，比于善战者，罪其次也；至开辟草莱，变乱古制，竭尽地力掊克小民，是虽以生财为名，而实以剥民为事，比于善战之罪，又其次也。三者之罪昭然若此，乃列国之诸侯不以为罪，而反以为功，宜其祸乱相寻无已时也。”

要之，财贼虽關国用，然藏富于国不如藏富于民；用兵原戡祸乱，然止可示威而不可以嗜杀。此王霸之辨也，即治乱之所由分也。

孟子曰：“存乎人者，莫良于眸子。眸子不能掩其恶。胸中正，则眸子瞭焉；胸中不正，则眸子眊焉。听其言也，观其眸子，人焉廋哉?”

此一章书是着观人之法也。

孟子曰：“欲求知人之明，必有观人之法，而法则有至简而至易者焉。盖存乎人者，形，或可以假饰；而神不可以伪为。一身之神存乎眸子，盖莫良于眸子焉。何也？以凡人之情言之，莫不欲着其善而掩其恶。而所谓眸子者，非特不能着善，亦不能掩恶，此所以谓之至良也。如人之善而胷中正者，其所存光明正大，则见乎眸子者了然而精明；若人之不善而胷中不正者，其所存邪曲偏私则见乎眸子者，必眊然而昏暗。夫胷中之正与不正，而眸子之明暗顿易，则世之观人者岂可止以言为断乎？使既聽其言，以得其心之所发；复观其眸子，以审其心之所存。如言善而眸子明者，可无疑为君子；言不善而眸子暗者，即不免为小人。合是二者，人亦焉得而匿之哉?”

此所谓莫良于眸子也。

盖观人之法虽不一端，必得其性情心术之微，而后可称知人之哲；惟一观其眸子，而人之存于中者遂昭然莫掩，岂非知人之良法与？

孟子曰："恭者不侮人，俭者不夺人。侮夺人之君，惟恐不顺焉，恶得为恭俭？恭俭岂可以声音笑貌为哉？"

此一章书见人主当尽恭俭之实也。

孟子曰："恭俭者，人主之美德，然有真伪之辨，无容饰也。大凡恭敬之主必实心谦让，不肯侮慢臣下；俭约之主必实心撙节，不肯侵夺民财。是侮夺者，恭俭之反；不侮不夺者，正恭俭之实也。若侮人夺人之君，心骄志奢，惟恐人不能曲意承顺，快所欲为；平日虽徒慕恭俭之名而已，大违恭俭之实，恶得谓之恭俭？然则所谓恭俭者，不过声音笑貌伪为于外而已，恭俭美德岂容伪为者哉？"

盖战国之君，有致饰于容仪度数之间，自为恭俭者，故孟子警之如此。《书》曰："恭俭惟德，无载尔伪。"可见人主有是实德，必以实心行之。故恭为允，恭俭为克俭。三代而下，汉之文帝号称恭俭之主，其庶几哉！

淳于髡曰："男女授受不亲，礼与？"

孟子曰："礼也。"

曰："嫂溺，则援之以手乎？"

曰："嫂溺不援，是豺狼也。男女授受不亲，礼也；嫂溺，援之以手者，权也。"

曰："今天下溺矣，夫子之不援，何也？"

曰："天下溺，援之以道；嫂溺，援之以手。子欲手援天下乎？"

此一章书见济世者必不可枉道也。

孟子当日守道自重，义不往见诸侯。淳于髡，齐之辩士，因设辞以讽之曰："吾闻男女有别，授受之际不得亲手相接，果礼与？"

孟子答曰："授受不亲，正男女别嫌疑、遵矩度，乃礼之当然也。"

淳于髡曰："授受不亲，固为礼矣。设使变起仓卒，嫂溺于水，为之叔者将引手以救之乎？抑拘守常礼而不救乎？"

孟子答曰："嫂至溺水而袖手旁观，则忍心害理非人类矣！盖时有常变，事有经权，授受不亲者礼之常经，固不可越；嫂溺手援者，权以处变，正以相济。若但知有礼而不知有权，则所全者小，所失者大，何以揆轻重缓急之宜，合天理人心之正耶？"

髡闻孟子从权之论，因曰："嫂溺则当从权，而不必拘礼，如此。至若圣贤出处，关乎国运之安危、民生之休戚，岂宜拘执小节？方今天下纷争，等于陷溺，夫子念切如伤，何不从权应变，出其身以为天下，乃守不见诸侯之义，坐视莫救何也？"

孟子答曰："天下之溺与嫂之溺虽同，所以援天下与援嫂者自异。吾儒拨乱反正，济世安民，以有道也。天下至大，亿兆至众，使出陷溺而登衽席，必能以道自重，乃可出而有为，不比嫂溺徒援以手也。今子欲援天下，而使我枉道求合，则先失其所援之具，何以济溺？子欲我以徒手援天下乎？"

可见圣贤救世之具，止有一道。而识时达变，不废行权，权者，正所以善道之用也。若谓枉道从权，是战国之士一切权宜、苟且、侥幸功名之习，而非君子守正不阿、行义达道之心。然则离道又安得有权哉？

公孙丑曰："君子之不教子，何也？"

孟子曰："势不行也。教者必以正；以正不行，继之以怒。继之以怒，则反夷矣。'夫子教我以正，夫子未出于正也。'则是父子相夷也。父子相夷，则恶矣。古者易子而教之，父子之间不责善。责善则离，离则不祥莫大焉。"

此一章书见君子之善成其子也。

公孙丑问曰："大凡父之于子，爱之必当教之，教之莫若躬亲。乃君子不亲教其子，何故？"

孟子答曰："父之于子，心非不欲教也，乃势不得行也。盖为父者，必教其子以义方，勿纳于邪；为子者能一一聽从，固大幸矣。若教之以正，而或不能聽从；则必痛加督责，而继之以怒。原其教子之心，本为爱子；至于动怒，则反伤其子矣。为父者既伤其子，子之心反责其父，曰：'夫子徒知教我以正道，而夫子之身未必尽出于正。'既不率教，且有后言，是子又伤其父矣。父子主恩而至于相伤，则贼恩甚矣，乌得为美？所谓势不行者，以此。夫亲教则至于伤恩，不教则至于废业，所以古人务求两全之道，易子而教，既全其恩又成其材，有类彼此相易者然。所以然者为何？盖有过相规，是处朋友之道。惟父子之间贵乎恩意浃洽，和气充周，故父乐得有孝子，子亦乐得有慈父，切不可强其所难而互相责望也。若使至于责善，则父怒其子，子怼其父，而情意乖离矣。家庭之间和则致祥，苟或乖离，其为不祥孰大于是？"

古人易子而教，盖为此也。

要之，孟子此言为天下之中人而发，非为上智而言。《孝经》云："父子之道天性也，君臣之义也。使子有严父，父有诤子，则恩义交尽，慈孝两全，其为休祥又孰大焉？

孟子曰："事，孰为大？事亲为大；守，孰为大？守身为大。不失其身而能事其亲者，吾闻之矣；失其身而能事其亲者，吾未之闻也。孰不为事？事亲，事之本也；孰不为守？守身，守之本也。曾子养曾皙，必有酒肉；将彻，必请所与；问有余，必曰，'有。'曾皙死，曾元养曾子，必有酒肉；将

彻，不请所与；问有余，曰，‘亡矣。’——将以复进也。此所谓养口体者也。若曾子，则可谓养志也。事亲若曾子者，可也。”

此一章书是孟子教人守身以事亲也。

孟子曰：“凡分之所属，而我所当祗承者，谓之事。事果以何为大？惟服劳奉养，善事其亲，斯谓之大。凡责之所归，而我所当谨持者，谓之守。守果以何为大？惟执玉捧盈，善守其身，斯谓之大。然事亲、守身，初无二理。亲者，身之自；身者，亲所生也。诚能全受全归，不失其身，则显亲扬名，可传于后，如此而谓能事其亲。吾所闻也，如或一失，其身陷于不义，则亏体辱亲，乃不孝之大者；如此而谓能事其亲，吾未之闻也。事亲之当守身，不綦重哉？然事亲、守身，何以见其大也？事君、事长，孰不为事？而教孝为百行之原，惟事亲能孝则可以作忠，可以昭顺，非事之本而何？守国、守官，孰不为守？而躬修为万化之原，惟守身不失，则以之齐治，以之均平，非守之本而何？惟其为本，故事之大，必归事亲；守之大，必归守身也。我观古之能守身以事亲者，无如曾子。曾子奉养其亲曾皙，每次进食必有酒肉，及食毕将彻，必请命所与；或父问尚有余否？必以‘有‘为对，恐亲意更欲与人，而曲为承顺如此。曾皙既没，曾元奉养曾子，每次进食亦有酒肉，至食毕将彻，则不请所与，设父问‘有余’，则以‘亡’为对。其意将欲更进于亲，恐物不继也。此所谓甘旨为供，特以养口体者也。若曾子迎亲意于未形之前，而又承亲意于已形之后，则可谓之养志者也。夫养父母之口体者，其事浅；顺父母之心者，其意深。事亲若曾子之养志，乃可谓之尽事亲之道也。”

观曾子之事亲，即一饮食间尚体承亲志，惟恐一毫有拂如此。则凡立身行己间，自能夙兴夜寐，无忝所生可知矣。古来忠如周召，孝如曾闵，不过克尽臣子当为之事，而初非有加于本分之外。诚以君亲之恩罔极，而臣子之分靡穷也。

孟子曰：“人不足与适也，政不足间也；惟大人为能格君心之非。君仁，莫不仁；君义，莫不义；君正，莫不正。一正君而国定矣。”

此一章书见辅相之职在乎以道事君也。

孟子曰：“今之论治者，莫不以用人行政为急。忠智之士，见人君于此二者一有差失，即犯颜谏诤，心非不善，然而不得其要，何补于治？用人不当，岂其无过可指，然欲人人为之辨论，不胜其烦，是用人之惧不足与之过适也。行政未善，岂其无隙可议？然欲事事为之补救，不胜其扰，是行政之失不足与之非间也。盖人主用人行政，其原皆由一心为之，惟盛德之大人，至诚足以感孚，大道足以匡救，为能格正其君心之非，使之潜消于未萌，默移于将发，归于仁义之正而不自知。盖君心仁，则能好能恶，用人行政皆出于无私而莫不仁；君心义，则无偏无党，用人行政皆行之得宜而莫不义；君心既正，则忠邪之鉴别自明，是非之权衡不爽，百凡举动何往不出于正？乃知一正其君，而国自定，操术甚简，取效甚大，大人所以用力不劳而致君尧舜也。”

宋儒真德秀有曰：“朝廷者，天下之本；人君者，朝廷之本；而心者，又人君之本。”人君能正其心，湛然清明，莫能惑，则发号施令，罔有不臧，贤不肖有别，君子小人不相易位，信乎，君心为万化之原，而格心为致主之要，古大臣纳诲辅德，绳愆纠缪，良有见于此也。

孟子曰：“有不虞之誉，有求全之毁。”

此一章书为毁誉失真，而发见修己者须自尽，观人者当责实也。

孟子曰：“是非者天下之公，好恶者人心之私。世间毁誉多有不足凭者。如有善而人誉之，此其常也；然亦有立心制行，本无可称，而滥叨美誉者，此乃一时过情之誉，于其人之本心初不料其有此，是为不虞之誉。有不善而人毁之，此其常也；然亦有刻意励行，求为完人而不免诋毁者，此乃一时无根之谤，于其人之素履实不足为病，是为求全之毁。毁誉之不足凭如此。所以修己者当尽其在我，若遽以是为忧喜，则德业不进，动思侥幸；观人者当观其所由，若轻以是为进退，则衡鉴失真，遂致混淆。人亦求其毁誉之实而可哉！从来公是公，非如黑白较然。而其似是而非，似非而是，则常情之所易惑，况人主照临百官，正邪忠佞杂然。吾前若不原情于疑似之中，考实于暧昧之际，未有不因浮议而乱真者。”

故众恶众好，人主不可以不察也。

孟子曰：“人之易其言也，无责耳矣。”

此一章书是为易言者警也。

孟子曰：“君子出身加民，感动天地，皆在乎言，安可忽也？世有出言轻易之人，或于人之善恶妄加褒贬，事之得失率意论断，遂至偾事失人，皆因未遭失言之责，而无所惩创于前耳矣。使前有所惩创，则必后有所警戒，翻然悔悟，而不敢轻出诸口矣。岂其易言如斯哉？”

《易》曰：“君子居其室，出其言善，则千里之外应之；出其言不善，则千里之外违之”。《书》曰：“惟口出好兴戎”。又曰：“惟口起羞”。可见言之善否，仅出于一室之间；一念之细，而人之从违，遂见于千里之外，事之荣辱，遂应如影响之捷。所以君子敬小慎微，务涵养于平时，审量于将发，而不敢使有失言之过也。

孟子曰：“人之患在好为人师。”

此一章书是戒人自足之意。

孟子曰："凡人学问有余，闻见足以待问，道德可以为法，无意为师。而人自师之，何尝不可？若在己之学问，未造于纯粹至善之地，而遂居之不疑，好为人之师范，无论受教者未必心悦诚服，即此一念自足，安能谦以受益、勤以修业哉？是以之自学犹且不足，而况为人师乎？人之大患，实在于此。"

夫文王望道未见，孔子圣仁不居，然卒为千古道法之宗者。惟其心未尝自足，所以优入圣域而作君作师也与！

乐正子从于子敖之齐。

乐正子见孟子。孟子曰："子亦来见我乎？"

曰："先生何为出此言也？"

曰："子来几日矣？"

曰："昔者。"

曰："昔者，则我出此言也，不亦宜乎？"

曰："舍馆未定。"

曰："子闻之也，舍馆定，然后求见长者乎？"

曰："克有罪。"

此一章书见君子所与不可不谨也。

王驩，齐之幸臣，孟子所深鄙而不与言者。乐正子，孟门高弟，乃从之至齐，失身匪人，其罪奚辞？孟子因其初至，故为绝之之辞，曰："吾以子之至齐，不我见也！子今日亦来见我乎？"

正子不知，而惊问曰："先生何为出此言也？"

孟子曰："子至齐国，今已几日矣？"

正子对曰："前日方至。"自以其来未久也。

孟子曰："子前日已至，今日始来见，则我出此言也。不亦宜乎？"

正子自解曰："克来自远方，舍馆未定，故来见，稍迟耳。"

孟子因责之曰："子闻之也，为弟子者，必待舍馆既定，然后求见师长乎？是何急于舍馆而缓于师长也？"

正子爽然自失曰："克诚有罪。"亦可谓勇于受责矣。

盖正子从子敖而来，既已因失其亲，即使是日至齐，是日来见，亦无解于失身之罪，况又来见不早，罪滋甚矣。孟子姑先以见迟责之者，一则令其自警，再则令其自悟耳。

孟子谓乐正子曰："子之从于子敖来，徒餔啜也。我不意子学古之道而以餔啜也。"

此一章书是孟子明责乐正子所从之非也。

乐正子虽知见师迟缓之罪，然或未悟其所从之非。孟子乃正言以责之曰：“君子立身处世，自有法度，岂可妄从匪类？子敖品行是何等之人，尔乃不择所与，从之而来，想为口腹之奉，徒以餔啜计也。以子平日学古之道，宜识见高明，志趣远大，我不意子徒事餔啜！纵不惜身，如古道何？”

合二章之言观之，君子处已不可不严，与人不可不谨。惟于权幸奸佞之辈，未尝少假辞色，畧通往来。故出处交游，光明磊落，风节凛然，炳耀千古。唐李德裕有云：“正人如松柏，特立不倚。”信哉！

孟子曰：”不孝有三，无后为大。舜不告而娶，为无后也，君子以为犹告也。”

此一章书见大舜曲以全孝，权而得中也。

孟子曰：“古礼云：‘子有不孝者三：一阿意曲从，陷亲不义；一家贫亲老，不为禄仕一；不娶无子，絶先祖祀。’然就三者之中，为人子而不能几谏、不能奉养、其罪未为大也。至于无后，则宗祀无主，支派已絶，其为不孝孰大于是？古之圣人处人伦之变，酌轻重之宜，而能从权以行之者，其惟虞舜乎？昔虞舜有鳏在下，帝尧妻以二女，舜不告于父母而娶之，以常情而论，宜于礼有未合，然原其用心，恐告则不得娶，为无后也。盖告而娶，所以禀命于父母，不敢自专，礼之经也，孝也；不告而娶，所以继承其宗祀，不至于无后，礼之权也，亦同归于孝也。君子曰：‘权不离正’，此亦犹夫告也。既变通以成已之孝，又委曲以成亲之慈，非犹告而何？”

要之，圣人体道之至，乃能权而得中。若未能，然而欲引以借口，则诚得罪于天下万世矣。故守经者，理道之常；权，非圣人不能也。

孟子曰：“仁之实，事亲是也；义之实，从兄是也；智之实，知斯二者弗去是也；礼之实，节文斯二者是也；乐之实，乐斯二者，乐则生矣；生则恶可已也，恶可已，则不知足之蹈之手之舞之。”

此一章书是孟子教人从孝弟，识性也。

孟子曰：“世之言道者众矣，使徒骛乎华采繁缛，而不求之良心真切之处，吾见其愈逺而无当也。夫道莫大于仁，济人利物，何莫非仁？而仁之实不在是，必也孝以事亲乎！吾有亲而不爱，何以言能爱？诚以天性之爱自有欢然不可解之情，一念真爱何等切实！即至泽被苍生，功施万物，不过从此扩充而出。仁之实，事亲是也。道莫大于义，事君尊贤，何莫非义？而义之实不在是，必也弟以事兄乎！吾有兄而不敬，何以言能敬？诚以天伦之敬，自有秩然不可踰之序，一念真敬，何等切实！即至因时达变，善俗宜民，不过从此推广而出。义之实，从兄是也。岂惟仁义，即智、礼、乐莫不皆然。盖智以明通为用，明物察伦，何莫非智？而智之实不在是，惟于事亲从兄处见之，明守之固，便是本然之良知，极其真切，推之穷神知化，亦不外是。此所谓智之实也。礼以秩叙为体，三百三千何莫非礼？而礼之实不在是，惟于事亲从兄处品节相维，仪文相洽，便是自然之良能，极其真切，推之安上治民，亦不外是，此所谓礼之实也。乐以平情宣化，功用甚博，然究其实，亦止在事亲从兄处有从容安适之意，无勉强矫拂之私，而乐以行之也。既至于乐，则爱亲敬长之心油然自生，既有生意，便敷畅条达，自然欲罢不能而恶可已也。恶可已，则不待安排，不假言说，随处发见，莫非性真动容周旋，莫非盛德手舞足蹈，皆是孝弟，有不知其然而然者。此吾心自然之和，推之动天地、感鬼神，莫不由是，此之谓乐之实也。"

可见孝弟为百行之原，众善之宗，仁义之实，皆根于此。而智以知此，礼以履此，乐以和此，总不越此一念真切之地。求道者宁事高远乎哉？

孟子曰："天下大悦而将归己，视天下悦而归己，犹草芥也，惟舜为然。不得乎亲，不可以为人；不顺乎亲，不可以为子。舜尽事亲之道而瞽瞍底豫，瞽瞍底豫而天下化，瞽瞍底豫而天下之为父子者定，此之谓大孝。"

此一章书是表虞帝锡类之孝，以立子道之准也。

孟子曰："世人从势分上起见，圣人从性分上立极。如以天下之大，皆欣然归顺于我，载以为君，此富贵之极，人情所深愿而不可得者。乃毫不动念，视天下悦而归己，等于草芥之至轻。自古以来，惟舜为然。推舜之心，但知有亲而不以天下为乐。当日父顽母嚚，处人伦之变，舜但欲得亲之欢，谕亲于道，以为人生而不能曲意承顺，得亲欢心，便于人道有亏；人子而不能先意承志，顺亲于道，便于子道有缺。汲汲焉，惟负罪引慝之不暇，故举天下，无足以解其忧也。舜事亲之心如此，所以承颜谕志无所，又能顺亲，而瞽瞍底豫矣。夫以瞽瞍之顽，而至底豫于是，天下之为子者，知无不可事之亲，莫不勉而为孝。天下之为父者，因其子之孝，亦底豫焉而莫不慈。举天下之人而皆化矣。子孝父慈，伦理本自一定。子化于孝，则子止其所，而天下之为子者定；父化为慈，则父止其所，而天下之为父者定。是舜不以一身一家为孝，而合天下后世以为孝。此所以为大孝乎！"

《孝经》曰："夫孝，德之本也，教之所由生也。"又曰："孝敬，尽于事亲；而德教，加于百姓，刑于四海。"此天子之孝。信乎！千古帝王至德要道，无踰于孝也。

《日讲四书解义》卷二十

孟子 下之二

离娄章句下

孟子曰："舜生于诸冯，迁于负夏，卒于鸣条，东夷之人也。文王生于岐周，卒于毕郢，西夷之人也。地之相去也，千有余里；世之相后也，千有余岁。得志行乎中国，若合符节，先圣后圣，其揆一也。"

此一章书是见古今圣道之同，特举舜文以类其余也。

孟子曰："世统于道，道统于圣。自古圣人未易悉数，试以虞舜文王论之，舜始生之地则曰诸冯，其后迁居于负夏，而卒于鸣条，皆东方之地，是东夷之人也。文王始生之地则曰岐周，其后卒于毕郢，皆西方之地，是西夷之人也。以地世之异论之，一在极东，一在极西。地之相去，千有余里，疑若有风气之不一矣。一在千余年之前，一在千余年之后。世之相后，千有余岁，疑若有今古之不一矣。然舜以匹夫而为天子，文以诸侯而为方伯，其得志行乎中国，皆能泽被生民，仁覆万物，彼此相较，若合符节，何其毫髪之不爽也！由此推之，可见千百世之先有圣人出焉，其所揆度，此心、此理同也；千百世之后有圣人出焉，其所揆度，此心、此理同也。有不如舜、文之相合者哉?"

要之，天生圣人，任百王之道统，开万世之太平，旷世一见，皆非偶然。而其精一危微之传，建中立极之本，则异地同心，异代同道，故曰考诸三王而不谬，百世以俟，圣人而不惑。

子产听郑国之政，以其乘舆济人于溱洧。孟子曰："惠而不知为政。岁十一月，徒杠成；十二月，舆梁成，民未病涉也。君子平其政，行辟人可也，焉得人人而济之？故为政者，每人而悦之，日亦不足矣。"

此一章书是论为政者当知大体，而不在行小惠也。

子产是郑大夫公孙侨，当时子产辅佐郑君，既听理一国之政，位尊任重，则凡纪纲法度，皆得设施。乃一日出行溱洧之水滨，见人徒涉，而以自己所乘之车载而渡之，一时百姓感其恩泽，称为盛事。孟子从而断之曰："君子临民出治，自有大体。子产乘舆济人，惠则惠矣，然于为政之道，未之知也。夫先王之政，至周至备，凡可以安全斯民者，无不毕。即以济人一事言之，亦必先事豫备，每岁农事已毕，民力有暇，至十一月间，凡可通行人之徒杠便已早成，及十二月间，凡可通车行之舆梁无不修造。盖十一月即夏正九月，十二月即夏正十月。是当未寒之时，而已念徒行之苦；在初寒之候，而已忧车行之艰。因时度事，役力便民，民未尝至于病涉也，何以乘舆为哉？然则为政之君子，但能正纪纲，明法度，一切兴利除害补偏救弊之事，均平周徧，使人人各得其所，则恩之所及者广，虽出入之际，辟除行人，亦尊卑之体宜然也。焉得曲意行，私使人人之众咸以乘舆济渡耶？使为政者而必欲每人曲意求悦，无论非大公至正之体，且恐以有限之力应无已之求，日亦不足，势岂可久哉？”

从来帝王之政，其体正大，均平其法，精密详尽，而利泽及人如天覆地载，万物各足其分，而莫知其功。杀之不怨，利之不庸，熙熙皞皞，不以煦濡姑息废公道以市私恩，违正理而干虚誉，此王政霸术、大小公私之辨也。

孟子告齐宣王曰：“君之视臣如手足，则臣视君如腹心；君之视臣如犬马，则臣视君如国人；君之视臣如土芥，则臣视君如寇雠。”

王曰：“礼，为旧君有服，何如斯可为服矣？”

曰：“谏行言听，膏泽下于民；有故而去，则君使人导之出疆，又先于其所往；去三年不反，然后收其田里。此之谓三有礼焉。如此，则为之服矣。今也为臣，谏则不行，言则不听，膏泽不下于民；有故而去，则君搏执之。又极之于其所往；去之日，遂收其田里。此之谓寇雠。寇雠，何服之有？”

此一章书是言为人君者，当待臣下以礼也。

孟子告齐宣王曰：“王亦知君臣相与之际乎？盖君臣之义，本同一体。如君之视臣，推以至诚，隆以礼貌，与手足无异，则臣之视君自然感恩图报，矢志竭忠，亦与腹心无异，所谓恩义兼隆，明良一德，其盛如此。若人君轻贱其臣如犬马，徒加豢养而礼意不存，则臣视其君如国人者或有之矣；甚至人君贱恶其臣如土芥，恣意践踏，而极其少恩，则臣视其君如寇雠者，或有之矣；下之报上，亦视上之待下何如耳。”

齐王闻孟子寇雠之言，疑其太甚，因问曰：“仪礼有云：‘去国之臣，恩礼未绝者，尚为旧君有服，不知旧君何如视之斯可为之服矣？”

孟子对曰：“旧君有服，非无谓也。方其在国服官之时，凡弊所当革，谏则必行；利所当兴，言则必听。从此德化沛然，膏泽下及于民，其平日得行其志如此。及或有他故而去，则君使人导引出疆，以尽其防卫之道，又先称扬于所往之国，以为禄仕之地；既去之后，三年不反，然后收其田禄里居，以示其拳拳属望之深。夫导出疆，一也；先于所往，二也；不遽收田里，三也。此之谓三有礼焉。在国既行其道，去国又隆以礼，如此则手足之谊久而不衰；故臣于旧君亦不忘腹心之谊，而为之服矣。今之为臣者，其在国也，谏则不行，言则不听，膏泽不下于民，及其有故而去，则君搏执之，不使脱然出疆，则与导之出疆者异矣；又穷极之于其所往，使之不得仕进，则与先所往者异矣；去之日，即收其田禄里居，则与不遽收者异矣。此等行事，未免近于寇雠。寇雠何服之有?”

信乎，君之于臣当一体视也！要之，孟子此言！盖欲为人君者，当待臣下以礼，养臣下以恩，故为危言以警醒之。若夫人臣之分，视如手足，固当尽惓惓忠爱之谊。即至视如犬马、土芥，益当致蹇蹇匪躬之节，岂因所视之厚薄，为报施之轻重哉？故孔子以礼以忠之说，乃为千古不易之经也。

孟子曰：“无罪而杀士，则大夫可以去；无罪而戮民，则士可以徙。”

此一章书见君子当有见几之哲，有国者当存慎刑之心也。

孟子曰：“国家有士，人君所当忠信重禄而视如一体者也。即陷于罪，犹有情可矜者；若无罪而轻杀焉，此淫刑之渐祸，将及于大夫；为大夫者，亦可见几而先去矣。国家有民，人君所当生全爱养，而如保赤子者也。即罹于罪，犹有法可宥者；若无罪而轻杀焉，此滥杀之渐，祸将及于士；为士者，亦可见几而先徙矣。”

可见为人君者，当尚德而缓刑，慎法以行仁，诚能体上帝好生之心，法古圣钦恤之意，则百官万民戴之如天，自有久安长治之效也。

孟子曰：“君仁，莫不仁；君义，莫不义。”

此一章书见人君当正己以作则也。

孟子曰：“君身者，万化之源，臣民之倡。为人君者，诚能慈祥恺悌，所为一出于仁，则其下化之，莫不同归于仁矣；诚能正大光明，所为一合于义，则其下化之，莫不同归于义矣。”

夫君身一仁义，而百官万民奉行德意，遵守成式，莫不兴起，不令而行，不言而喻，岂在文告之烦，法令之严哉?《书》曰：“一人元良，万邦以贞。”《诗》曰：“有觉德行，四国顺之。”此皆端本澄源之论也。

孟子曰：“非礼之礼，非义之义，大人弗为。”

此一章书是见大人察理之精也。

孟子曰：“礼义者，固立身之大闲，经世之正术。然道以至当为归，学以析非为要。疑似之间，不可不辨也。如礼本尚敬，而足恭则涉于谄；礼贵有文，而文胜则疑于伪；名虽为礼，其实非礼之正也。以执持为义，而止其所不当；止以奋激为义，而行其所不必行；名虽为义，其实非义之正也。惟其察理不精，是以行之有蔽。大人道全识周，故其所审察既极精明，体行又极纯熟，随事顺理，礼之中正，全乎当体，固时处宜义之变化，从乎一心，又何有似是而非之礼义足以惑乱其心，而漫然以为之哉？”

故大人者，礼义之所自出，行之天下而可则，垂之万世而无弊者也。然非穷理尽性之功不至此。

孟子曰：“中也养不中，才也养不才，故人乐有贤父兄也。如中也弃不中，才也弃不才，则贤不肖之相去，其间不能以寸。”

此一章书是言父兄之教子弟，当从容化诲之也。

孟子曰：“凡人父兄之于子弟，未免望之极切，而反责之过深。不知善教子弟者，亦在乎化之有方而已。如父兄有中和之德，而子弟或有不中者，则当从容以养之，抑其过引其不及，使之自至于中；父兄有干济之才，而子弟或有不才者，亦当从容以养之，发其蒙，警其惰，使之自成其才。此施教者不见有督责之劳，而受教者相忘于变化之内，熏陶涵养，宽裕不迫，故为子弟者乐得有此贤父兄也。若为父足者，急欲其子弟之中，而其不中者即弃之而不顾；急欲其子弟之才，而其不才者即弃之而不惜；则施教者既失其善诱之方，而受教者不被其曲成之益。父兄之贤与子弟之不肖，其相去也能几何哉？”

甚矣，为子弟者，固当体父兄之教；而为父兄者，亦不可不尽所以善教之道也。《书》曰：“敬敷五教在宽。”又曰：“宽而有制，从容以和。”可见朝廷之教育人才与夫教养万民，亦不在严厉以责之，而在优裕以化之也。

孟子曰：“人有不为也，而后可以有为。”

此一章书是教人必先有守，以为有为之本也。

孟子曰：“凡人任天下之重，致天下之远，岂不贵乎有为？然见之不明，则守之不确；择之不审，则行之不果。必须平日有主张、有分辨，不为利诱，不为势夺，然后一遇当为之事，便奋发有为。”

凡重大艰难之任，毅然行之而不顾；祸福利害之关，慨然赴之而不惧；庸人之所畏懦观望而不敢为者，独能为之。是其能有为者，乃先于不为养之也。若无所不为，则识见甚浅，操术甚狭，安能有所为耶？人亦先择所守而可哉。夫孔子论士则曰行已有耻，在陈则思狷狂，皆取其志趣高明，有所不屑为也。

孟子曰：“言人之不善，当如后患何？”

此一章书是教人存心忠厚之意。

孟子曰：“君子成人之美，不扬人之恶。如人有不善，或规诲之而勉其改过，或隐覆之而不使播扬。此忠厚之心，亦远害之道也。若人有过失，轻肆妄言，取快一时，固非君子长者之所为，抑且攻发阴私，招尤启衅，尤为取祸之道。如后患何哉？”

甚矣，人之不可轻毁也！大舜隐恶而扬善，孔门恶讦以为直，职此意夫！

孟子曰：“仲尼不为已甚者。”

此一章书见圣人之依乎中庸，可为万世法也。

孟子曰：“自古圣人，至于仲尼，所谓为天地立心，为生民立命，绍往圣开来学，天下后世所仰望而不可及者。然其所为，不过因乎天理之自然，合乎人情之各当，未尝有惊世絶俗之言，甚高难行之事，而岂至为已甚之举哉？使一有太甚，则是求加于性分之外，而不合乎中庸之大道矣。”

后世学者，或索隐行怪，或驰骛高远，如杨墨佛老之徒舍大中至正之道，而求之空虚窅渺之域，所以叛道愈甚而为圣人之罪人也。

孟子曰：“大人者，言不必信，行不必果，惟义所在。”

此一章书是大人精义之学也。

孟子曰：“凡人言固贵信，然先执一必信之念，则拘泥而不通；行固贵果，然先存一必果之意，则胶执而不化。大人则不然，言非不信，而未尝有心于信；行非不果，而未尝有意于果；惟视义之所在何如耳。”

义所当信，自然久要不忘，岂不论是非而必期于信？义所当果，自然勇往直任，岂不量可否而必期于果？所以随事顺理，因时制宜，惟义是视，而无所容心也。可见一于信果者，言行未必合义，而或致硁谅之失。一于义者，信果原在义中，而自有通变之宜。故人之言行，当以大人为准也。

孟子曰：“大人者，不失其赤子之心者也。”

此一章书是欲人完其本然之心体也。

孟子曰：“世之称大人者，以其通达万变，无所不知，无所不能，非人之所可及。不知大人之所以为大人者，不失其赤子之初心而已。”

盖赤子之心纯一无伪，其知良知，其能良能，纯乎天理，毫无人欲。常人自知诱，物化以后便失其本然之体，惟大人操持既密，不杂乎形气之私，涵养益纯，克全乎义理之正，最初一念，始终不渝。是以充其良知，可以智周万物；充其良能，可以道济羣生。岂有机变之巧、术数之学加于心体之外乎？不过无失其赤子之心而已。盖心具众理、应万事，不外一诚，赤子全有此体，大人兼有是用。要之，穷神达化，参赞天地，依然从孩提知能中扩充而出，此即所谓道心，即所谓性体，故曰诚者圣人之本。

孟子曰：“养生者不足以当大事，惟送死可以当大事。”

此一章书是教人子慎终之意。

孟子曰：“凡人子事亲，自始至终，孰非所当自尽？然养生者人道之常，甘旨必备，爱敬无亏，随其分量可以自致，皆出于从容暇豫之时，不足以当大事。至于送终，则人道之大变，人子事亲，至此已毕，一有不尽，虽悔莫追，此真一生莫大之事，当必诚必信，而不使少有遗恨者也。”

孟子此言非谓养生可轻，盖见当时墨翟薄葬之非，故以此警之。《孝经》曰：“居则致其敬，养则致其乐，病则致其忧，丧则致其哀，祭则致其严。五者备矣然后能事亲。”真可为万世为人子者法。

孟子曰：“君子深造之以道，欲其自得之也。自得之，则居之安；居之安，则资之深；资之深，则取之左右逢其原，故君子欲其自得之也。”

此一章书是示人以心得之学也。

孟子曰：“理具于心，本自各足。然使责效于旦暮之间，从事于虚无之域，吾见其徒劳而罔得也。君子于此循循勉勉，多致其力而不急其功，必务其方而不躐其等。若是之深造，而必以道者何也？盖欲真积力久，默识心通，不待勉强，自然而得之于己也。夫学非自得，则心与理不相融洽，居之未必安也。惟既已自得，则见之明者，守之自固，万变不可得而摇，外物不可得而夺，居之不亦安乎？居之不安者，此理或有时而出入，未可资之以为用也。惟居之既安，则守之固者，养之自裕，处寂而全乎感之理，处独而充乎众之用，资之不亦深乎？资之不深者，中有不足，随所往而未必皆有所值也；惟资之既深，则养之裕者用之各足，将见事感于外，理应于中，本原充满，随处发见，无往不值其所资之本也。自得之妙至于如此，故君子欲其自得之也。”

盖未得以前，精察力行，孜孜不已，下学之事，求之之功也；自得以后，豁然贯通，万殊一本，上达之事，得之之验也。有求之之功，然后有得之之验，可见上达必由乎下学也。商傅说之告高宗曰：“惟学逊志，务时敏，厥修乃来，允怀于兹，道积于厥躬。”斯言也，可以为自得之证。

孟子曰：“博学而详说之，将以反说约也。”

此一章书是教人为学当知要也。

孟子曰：“凡人为学，徒博则汗漫而无归径，约则空虚而不实。故君子于此必先之以博学，凡古今事物之赜，《诗》《书》六艺之文，无不多闻多见，旁搜远揽，极其博矣；又即其所学之博者精研之，而别其原委；明辨之而察其深浅；说之又加详焉。此岂欲夸多而斗靡哉？盖以天下之理，原为吾心之所固有，至简至要，故必融会贯通，讨论其指归，穷究其本源，就至博之中，反而归于至约之地耳。岂徒口耳之末、记诵之功哉？”

从来理本无二，自一而万，万复合一，如《诗》之约在“思无邪”，礼之约在“无不敬”。至于《易》之时，《书》之中，《春秋》之义，可一以贯之也。

孟子曰："以善服人者，未有能服人者也；以善养人，然后能服天下。天下不心服而王者，未之有也。"

此一章书见王政霸术公私之不同也。

孟子曰："人君首出庶物，固当为善以先天下。然其用心有公私之别，则人心亦有向背之殊。如己有一善，便欲矜夸胜人，使之服从于我，是有意服人，本非诚心为善，未有能服人之心者也。惟在己先尽其善，而推以养人，涵育熏陶，曲成万物而不遗，兼善天下而无外，则至诚感人，人谁不动？如是乃可使天下之人皆心悦诚服，无不归戴也。若非以善养人之君，天下不心悦诚服而能致王者，宁有是理哉？"

古圣王与人为善，欲天下举在化育之中，如春风被物，物蒙其养，太和元气充塞宇宙，未尝有。

孟子曰："言无实不祥。不祥之实，蔽贤者当之。"

此一章书是为妬贤病国者发，欲人主审于听言也。

孟子曰："凡人之言足以招尤召祸者，槩谓之不祥。然害止于一身，无关于天下，犹未可确然谓其不祥也。若论确然不祥之言，惟是娼嫉之人造谗说以诬君子，肆莠言而谤正人，上惑君志，下违公论，乱德覆邦，流毒深远。言之不祥，孰大于是？蔽贤之害如此。"

为人君者，诚能明以察之，断以除之，则昌言入告，野无遗贤，而邦其永孚于休矣。

徐子曰："仲尼亟称于水，曰'水哉，水哉！'何取于水也？"

孟子曰："原泉混混，不舍昼夜，盈科而后进，放乎四海。有本者如是，是之取尔。苟为无本，七八月之间雨集，沟浍皆盈；其涸也，可立而待也。故声闻过情，君子耻之。"

此一章书见实行之当务，而虚名之难久也。

徐子问曰："昔仲尼观水，必数数称之，一则曰'水哉！'再则曰'水哉！'不知仲尼果何所取于水，而亟称之也？

孟子曰："仲尼之取水，非无谓也。盖水有初出之泉，其涌出也，常混混然。由是昼夜之间，未始少止，足乎此，通乎彼，盈一科，复进一科，而后沛然莫御，至乎四海以为归焉。水惟以原泉为本，故能久而益大如是。仲尼，重本者也；以水之本触圣心之本，故不觉数数称之耳。苟为无本之水，如七八月之间，雨一集焉，则沟浍之间倏然皆盈；及雨一止，而沟浍之涸可竚立而待也。仲尼又何取哉？故知名者实之宾，实者名之主；声闻过乎情，实不殊。易涸之水，君子必深以为耻，而不敢居之。本其可不务哉？"

按务本之学，通乎帝王。《中庸》称舜曰："德，为圣人必得其名；德者，舜之本也。"《大雅》称文王曰："亹亹文王，令闻不已。"亹亹者，文王之本也。欲为舜文之君，亦加意于本而已。

孟子曰："人之所以异于禽兽者几希，庶民去之，君子存之。舜明于庶物，察于人伦，由仁义行，非行仁义也。"

此一章书见人禽辨于一心，而治统本于道统也。

孟子曰："人与禽兽固迥然不同，然其所以异者，止在一念初动，出此入彼，隐微之间耳。庶民悖而去之，于是人而禽兽矣；必君子之人始能存而勿失焉。若夫为天下后世君子之法，使人类不胥沦于禽兽者，其惟圣人乎！如舜是已。舜当洪荒初辟，庶物未得其所，如授时齐政，敷土浚川，亮采惠畴，处之一一周详，何其明也！且穷达异遇人伦，悉遭其变。如父顽、母嚚、弟傲。娶帝女、统百官，处之一一安和，何其察也！凡其尽物尽伦之中，蔼然有恩者为仁，秩然有制者为义。皆根心而发，由仁义而行；非有心而行仁义也。以圣人而为天子，使人类常存，君子小人皆蒙其泽，舜之功大矣！"

按孟子之言"几希"，即舜之危微、曾子子思之独也。人心邪正，世道污隆，皆从此出。帝王之治，圣贤之学，此为大关，宜致思焉。

孟子曰："禹恶旨酒而好善言。汤执中，立贤无方。文王视民如伤，望道而未之见。武王不泄迩，不忘远。周公思兼三王，以施四事；其有不合者，仰而思之，夜以继日；幸而得之，坐以待旦。"

此一章书见治法、道法无二，而群圣相传如一也。

孟子曰："舜以危微开心学之传，此道统所由肇也。在夏商周之世，其禹汤文武周公乎？禹于旨酒则恶之，恐其溺也；而于善言则好之，取其资也。汤承舜禹之后，依然执中之传；其立贤也，惟其贤，不拘其类，岂非用人之中哉？若夫文王，其爱民无已，无伤也，视之如有伤焉；其求道无穷，已见也，望之如未见焉。若夫武王，敬先于所易狎，不敢泄其近也；念悉于所易疎，不敢忘其远也。至于周公之相天下也，思兼夏商周之三王，以施禹汤文武之四事，大本大原，固无不合其中；有几微不合者，则仰而思之，夜以继日，何其思之深也！幸而得之，则坐以待旦，又何其行之勇也！由夏而周，世历三代；由禹汤而周公，人更五圣。然忧勤惕厉之心，合诸舜如一人也。后之继数圣人而起者，其弗有同然者与！"

按孟子历叙群圣发明内圣外王之学，其功甚伟，而朱子以为各举其一事，以见其忧勤惕厉之意。大义愈显，盖忧勤惕厉者敬也。敬，乃圣学始终之要；敬则为圣人；不敬则为凡人。《书》曰："惟圣罔念作狂，惟狂克念作圣。"希圣者，宜绎思焉。

孟子曰:”王者之迹熄而《诗》亡，《诗》亡然后《春秋》作。晋之《乘》，楚之《梼杌》，鲁之《春秋》，一也；其事则齐桓、晋文，其文则史。孔子曰：‘其义则丘窃取之矣。”

此一章书见君父大义宜明，而《春秋》圣经当重也。

孟子曰：“道统之传，禹汤文武周公而后，其孔子乎！孔子之功莫大于《春秋》，《春秋》何为而作也？盖自周室东迁，政教号令不及于天下，王者之迹熄矣。王迹熄，而礼乐征伐不自天子出，于是《天保》以上，《采薇》以下诸诗俱亡，诗亡而邪说暴行，炽然于天下。孔子惧，《春秋》乃作焉。其先晋之史曰《乘》，取载当时行事也；楚之史曰《梼杌》，取记恶惩戒也；鲁之史曰《春秋》。《春秋》者，史官记事必表年以首事，年有四时，故错举以为所记之名也。未经圣笔，《春秋》亦《乘》与《梼杌》之类而已，其为记事之书，一也。盖其事则齐桓晋文等会盟征伐之事，其文则当日史官记事之文。若夫因史官之文加以笔削，使君臣父子之大伦昭如日月，而乱臣贼子莫不惧而自返，遏人欲于横流，存天理于既灭，此则《春秋》之义也。孔子曰：‘其义则丘窃取而裁定之矣。’孔子非君非相，当禹汤文武周公之后，而续道统之传，其势尤难，其功尤伟，匹夫而为万世师，岂偶然哉?”

按孔子于六经或删或赞，皆述也，惟《春秋》言作，为史外传心之典。而后世乃有诋为断烂朝报，经筵不以进讲者，其得罪圣门可知已。

孟子曰：“君子之泽五世而斩，小人之泽五世而斩。予未得为孔子徒也，予私淑诸人也。”

此一章书见大贤以道统自任也。

孟子曰：“凡人道德在当时，其流风余韵之泽在后世。有位之君子，其泽须至五世而后斩焉；无位之小人，其泽亦至五世而后斩焉；固其常也。予生也晚，即未得亲受业于孔子之门墙，而为孔子徒也。然泽未斩于五世，学犹传于后人，故我得窃取于其人以所传之道善我之身矣。今杨朱墨翟之言盈天下，将使人类皆化而为无父无君之禽兽。予之好辩，亦犹孔子之志在《春秋》而已。”

按孔子集群圣之大成，而孟子愿学孔子。后之继孟子者谁乎？由周、程、张、朱诸儒而学孔孟；由孔孟而学尧舜禹汤诸圣人；是在后之君子矣。

孟子曰：“可以取，可以无取，取伤廉；可以与，可以无与，与伤惠；可以死，可以无死，死伤勇。”

此一章书是示人以精义之学也。

孟子曰：“取、与、生、死之际，必至是无非焉而后可。若可以取，可以无取，则断不宜取矣；取无乃伤廉乎！可以与，可以无与，则断不宜与矣；

与无乃伤惠乎！可以死，可以无死，则断不宜死矣；死无乃伤勇乎！”

盖全是全非，人皆知之。而是中之非，则不可不严也。按孟子所论其事，皆在两可之间，似可不必深责，而君子不敢宽者，以取与生死之际，人之大节所关，苟非读书明理，不能不惑于几微之介；则讲习讨论，身体力行，其功可偏废与？

逄蒙学射于羿，尽羿之道，思天下惟羿为愈己，于是杀羿。孟子曰：“是亦羿有罪焉。公明仪曰：‘宜若无罪焉’。”

曰：“薄乎云尔，恶得无罪？郑人使子濯孺子侵卫，卫使庾公之斯追之。子濯孺子曰：‘今日我疾作，不可以执弓，吾死矣夫！’问其仆曰：‘追我者谁也？’其仆曰：‘庾公之斯也。’曰：‘吾生矣。’其仆曰：‘庾公之斯，卫之善射者也；夫子曰吾生，何谓也？’曰：‘庾公之斯学射于尹公之他，尹公之他学射于我。夫尹公之他，端人也，其取友必端矣。’庾公之斯至，曰：‘夫子何为不执弓？’曰：‘今日我疾作，不可以执弓。’曰：‘小人学射于尹公之他，尹公之他学射于夫子，我不忍以夫子之道反害夫子。虽然，今日之事，君事也，我不敢废。’抽矢，扣轮，去其金，发乘矢而后反。”

此一章书见人品以类相从，得报皆其自取也。

昔羿之家臣有逄蒙者，尝学射于羿，尽得羿善射之道，自思天下之人，惟羿善射，出己之上。于是乘羿射猎既归，从而杀之。孟子述其事而断之曰：“逄蒙以弟子而害师，罪固不容诛矣。羿以射教，则羿宜若无罪焉。’夫仪不谓之无罪，而谓之‘宜若无罪’，盖曰羿之罪比于逄蒙为少轻耳，恶得谓之无罪哉？试以子濯孺子之事观之，当春秋之时，郑国之人使子濯孺子潜师侵卫，卫国之人使庾公之斯追逐出境。子濯孺子曰：‘今日我偶然疾作，不能执弓而射。追兵若至，吾死矣夫！’因问其御车之仆曰：‘卫将之追我者。’其仆疑曰：‘庾公之斯者，卫国之善射者也。夫子既遇疾作，不能执弓，不畏其射，反曰吾生，此何谓也？’子濯孺子曰：‘彼庾公之斯所从而学射者，尹公之他也，尹公之他所从而学射者，我也。夫尹公之他，吾知其人盖端正之人，而非残忍之人也。其所取友，亦必端正之人矣，岂肯背本邀功而害我哉？’及庾公之斯追逐既至，问孺子曰：‘夫子今日何为不执弓迎敌？’子濯孺子以情告之曰：‘今日偶然疾作，因此不能执弓。’庾公之斯曰：‘向者小人学射于尹公之他，尹公之他实学射于夫子。我不忍以夫子相传善射之道反害夫子。虽然，今日之事奉君命而来，乃君事也，我何敢废而不遵？’乃抽矢于服中，击于车轮之上，去其金镞，使不伤人。用礼射之法发四矢而后反，则既不废君上之命，又得全师友之情矣。”

是子濯孺子以取友而免祸如此。

向使羿之教射亦如孺子，何至于杀身哉？此羿之所以不能无罪也。

按孟子罪羿曰“亦有”、曰“薄”，此对逄蒙言之耳。若但以羿论，太康畋于有洛之表，羿距于河，遂篡其位；彼固夏之乱贼，人人得诛者也。自古乱臣不死于他人，而死于其党，比比皆然。假手逄蒙，尤天道之至巧者与！太康既不得反，厥弟五人述大禹之戒，作歌五章，其二曰：“训有之：内作色荒，外作禽荒；甘酒嗜音，峻宇雕墙。有一于此，未或不亡。”此又万世为人君者之炯戒也。

孟子曰：“西子蒙不洁，则人皆掩鼻而过之；虽有恶人，齐戒沐浴，则可以祀上帝。”

此一章书是戒人之丧善，而勉人以自新也。

孟子曰：“西子，美妇人也，人莫不知其美矣。使蒙被不洁之污，则人见恶臭之可恶，不见好色之可好，皆掩鼻而过之，人其可自恃哉！虽有丑恶之人，本人情之所憎者，苟齐戒沐浴以自洁，亦可以祀上帝，人其可自弃哉？”

按此非独孟子之言，《书》与《易》亦言之矣。《书》曰：“不矜细行，终累大德。为山九仞，功亏一篑”，丧善之谓也。《易》曰：“不远复无，祇悔元吉”，自新之谓也。自新者，必不至丧善；丧善者，乃可以自新。圣贤之教人切矣！

孟子曰：“天下之言性也，则故而已矣。故者以利为本。所恶于智者，为其凿也。如智者若禹之行水也，则无恶于智矣。禹之行水也，行其所无事也。如智者亦行其所无事，则智亦大矣。天之高也，星辰之远也，苟求其故，千岁之日至，可坐而致也。”

此一章书见理有自然，人当顺其自然也。

孟子曰：“天下万事皆出于性，惟言性者未得其真，故往往多事以扰天下。吾以为性具于心，虽若无形难见，而日用之间随感辄应，莫不有已然之形迹，所谓故也。天下之言性者，能即此而言之，因已发之端倪，求未发之精蕴，而性之体可得而识矣。然所谓故者，又必本其自然之势，非有所矫揉造作而后为得之；一有矫揉造作，即非其故矣。夫性征于故，故本于利。可见天下之理，皆出自然。有明理之智者，顺自然以应万事，不亦善哉？所恶于智者，正为其自作聪明，务为穿凿，似智非智，而反有害于智耳。如智者之处事，能如禹之行水，则智所以成事，而非以扰事，无所恶于智矣。盖禹之行水也，不过因其就下自然之性而施疏瀹决排之功，以水治水，行其所无事也。如智者亦行其所无事，因物付物，我无容心，则其智亦如禹之大矣！又何恶焉？今夫天如是其高，似难穷也；星辰如是其远，似难察也。然天之运行有常度，星辰之次舍有定位，此其故也。治历者苟于其故而求之，则晦朔弦望，分至启闭，一一不爽；不特一岁为然，推而上之而十年、而百、而千，至上古太初之时，其冬至之日，岁月日时皆会于甲子，无复盈缩余分，而为造歷之元者，亦可安坐而致，不苦于步算之难矣。况事物之近，能顺其故而求之，岂有不得者哉？”

夫智虽贵于自然，而功实由于勉强。学禹之行所无事者，必先学禹之闻善言，则拜稽于众，舍已从人，此尧之德而舜举以告禹者也。孔子赞舜之大智，亦曰好问而好察迩言。不然，其有不出于凿者，亦罕矣。

公行子有子之丧，右师往吊。入门，有进而与右师言者，有就右师之位而与右师言者。孟子不与右师言，右师不悦曰：“诸君子皆与驩言，孟子独不与驩言，是简驩也。”

孟子闻之，曰：“礼，朝廷不历位而相与言，不踰阶而相揖也。我欲行礼，子敖以我为简，不亦异乎？”

此一章书见君子之待小人不恶而严也。

昔齐大夫公行子以人子而执亲之丧，齐之卿大夫皆以君命往吊，时右师王驩亦往吊焉。方右师入门之初，未就位也，即有进右师使就己位而与右师言者，及右师已就位也，又有就右师之位而与右师言者，此皆示亲昵以通殷懃谄媚之徒也。独孟子初不进右师而与之言，亦不就右师之位而与之言，右师乃不悦曰：“诸君子皆与驩言，而孟子独不与驩言，是以驩为不足敬而简畧驩也。”

孟子闻之曰：“今日以君命往吊，君命所在即朝廷所在也。吾闻朝廷之礼，卿大夫所立各有定位，不得历位而相与言；班列各有定次，不得踰阶而相揖也。我之不与右师言者，正行此不历位、不踰阶之礼也。子敖以我为简，是以行礼者为简也，不亦可怪异乎？”

夫王驩，嬖臣；众人之所媚，而孟子之所深鄙，未尝显示之绝，而始终不与之言。其不恶而严如此。虽然，当举朝风靡之时，仅一挺然不屈之士，其能保全亦难矣。辨贤否、遠谗佞、保全孤忠，端有望于圣明之主矣。

孟子曰：“君子所以异于人者，以其存心也。君子以仁存心，以礼存心。仁者爱人，有礼者敬人。爱人者，人恒爱之；敬人者，人恒敬之。有人于此，其待我以横逆，则君子必自反也；我必不仁也，必无礼也，此物奚宜至哉？其自反而仁矣，自反而有礼矣，其横逆由是也，君子必自反也，我必不忠。自反而忠矣，其横逆由是也，君子曰：‘此亦妄人也已矣。如此，则与禽兽奚择哉？于禽兽又何难焉？’”

此一章书见天下多难处之人，而君子惟尽已之道也。

孟子曰：“君子固异于众人，而其所以异于人者，果何在哉？盖以其有所常存于心，惺惺不舍，与人不同尔。人皆残忍，而君子则以仁存于心；人皆慢侮，而君子则以礼存于心。以仁存心，而为仁者则必爱人；以礼存心，而为有礼者则必敬人。我既爱人矣，则人亦恒爱之；我既敬人矣，则人亦恒敬之。至天下之人有不可以常理论者，君子于此宁遂懈其所存哉？有人于此，本我素所爱敬也，乃待我以横逆，而不我爱、不我敬，君子必自反曰：‘我必不仁而不爱人也，我必无礼而不敬人也，不然，此横逆之事胡为乎来哉？既自反而有仁以爱人矣，自反而有礼以敬人矣。其人之横逆如故也，君子必自反曰：‘我必不忠，必于仁礼犹有所未尽吾心也。既自反而忠，吾之爱敬无不尽矣。其人之横逆犹然如故也，君子曰：’此亦妄人也已矣。人而至于悖妄如此，则与禽兽何异哉？人而同于禽兽，此亦最可矜悯者也，又何与之校是非、论曲直焉’？”

按行有不得者，皆反求诸已。孟子前已言之矣。此又言君子之三自反，《中庸》曰：“射，有似乎君子失诸正鹄，反求诸其身。圣贤相传心法如此。推而言之，克己复礼，天下归仁。”皆此理也。舍此而言学，其于学也远矣。

“是故君子有终身之忧，无一朝之患也。乃若所忧则有之：舜，人也；我，亦人也。舜为法于天下，可传于后世，我由未免为乡人也，是则可忧也。忧之如何？如舜而已矣。若夫君子所患则亡矣。非仁无为也，非礼无行也。如有一朝之患，则君子不患矣。”

此一节书见君子自反之学，当以大舜为师也。

孟子曰：“君子自反无已，虽至于禽兽之妄人，尚不忍与较，以是之故，我知君子有终身之忧，而无一朝之患也。乃若所忧则有之：其心以为舜，此人也；其具此仁礼犹之我；我，亦此人也，其具此仁礼犹之舜。顾舜处家庭之变，能尽仁礼之极以化之，近则可为法于天下，遠则即其为法者可传于后世。诚天下万世之一人也。我则未能尽仁礼，未能化横逆，犹未免为乡里之常人也，是则可忧也。忧之如何？必至如舜斯可已矣。不然，一日不如舜为一日之忧，此君子所以有终身之忧也。若夫君子所患则亡矣，以仁存心，非仁之加于人者不为也；以礼存心，非礼之加于人者无行也。此宜不至有患矣。如有一朝之患，则因横逆之来，转足为反身之助，君子不患矣。人奈何不忧君子之忧，而患君子之所不患乎？”

夫人有数等，有圣人，有君子，有乡人，有妄人。惟圣人始可谓之大人，以其愿力与道力俱大，能转移万物，陶铸一世也。后世首出庶物之大人，所当以舜为法者与！

禹、稷当平世，三过其门而不入，孔子贤之。颜子当乱世，居于陋巷，一箪食，一瓢饮；人不堪其忧，颜子不改其乐，孔子贤之。孟子曰：“禹、稷、颜回同道。禹思天下有溺者，由己溺之也；稷思天下有饥者，由己饥之

也，是以如是其急也。禹、稷、颜子易地则皆然。今有同室之人斗者，救之，虽被髪缨冠而救之，可也；乡邻有斗者，被髪缨冠而往救之，则惑也；虽闭戸可也。”

此一章书孟子为颜子阐幽而隐然以自任也。

昔禹、稷当唐虞之世，君明臣良，平世也。治水播穀，三过其门而不入，急于救世如此，孔子叹而贤之。颜子当春秋之乱世，居于陋巷，一箪食，一瓢饮，人不堪其忧，颜子不改其乐，贞于守已如此，孔子叹而贤之。孟子阐明之曰：“禹、稷、颜子出处不同而同道，何也？禹思天下有溺者，责在司空，犹已溺之也；稷思天下有饥者，责在后稷，由已饥之也。有其时则有其任，有其任则有其思，是以过门不入，如此其急也。使禹、稷、颜子两相易地，则禹、稷能乐颜子之乐，而颜子亦能忧禹稷之忧，何莫不同哉？今有同室之人斗者，其情亲，虽当沐浴之时，未及束髪便加冠结缨而救之可也，此禹稷之喻也。若乡邻有斗者，其情疎，被发缨冠而往救之则惑也；虽闭戸可也。此颜子之喻也。故曰禹稷颜回同道。”

当战国时，天下饥溺甚矣。孟子有禹、稷之才而卒不遇，故自伤其身当乱世莫有能用之者，而隐然以颜子自任焉。夫天为天下而生圣贤，圣贤为天下而有学问。用人者慎勿使怀才抱德之士徒有生不逢时之叹也。

公都子曰：“匡章，通国皆称不孝焉，夫子与之游，又从而礼貌之，敢问何也？”

孟子曰：“世俗所谓不孝者五：惰其四支，不顾父母之养，一不孝也；博弈好饮酒，不顾父母之养，二不孝也；好货财，私妻子，不顾父母之养，三不孝也；从耳目之欲，以为父母戮，四不孝也；好勇斗狠，以危父母，五不孝也。章子有一于是乎？夫章子，子父责善而不相遇也。责善，朋友之道也；父子责善，贼恩之大者。夫章子，岂不欲有夫妻子母之属哉？为得罪于父，不得近，出妻屏子，终身不养焉。其设心以为不若是，是则罪之大者，是则章子已矣。”

此一章书见圣贤众恶必察，至公至仁之心也。

公都子曰：“匡章，通国皆称不孝焉。通国，论之公者也；不孝，罪之大者也。夫子与之游，又从而礼貌之，将匡章不孝之外，别有可取乎？敢问何也？”

孟子曰：“世俗所谓不孝者有五：惰其四肢，不顾父母之养，怠而忘亲，一不孝也；弈好饮酒，不顾父母之养，荡而忘亲，二不孝也；好货财以私妻子，不顾父母之养，贪而忘亲，三不孝也；纵耳目之欲，以为父母戮，肆而辱亲，四不孝也；好勇斗狠，以危父母，忿而陷，五不孝也。章子有一于是乎？夫章子，子父责善而不相遇合也。责善，朋友之道也。父子责善，乃伤恩之大者，此章子所以蒙不孝之名耳。夫章子岂不欲身有夫妻之配，而子有子母之属哉？为已得罪于父，不得相近，故出妻屏子，终身不受其奉养焉。其设心以为不若是出妻屏子，则厚于己而薄于亲，是则罪之尤大者。其故可原，其情可矜，是则章子之为章子而已矣，何可轻绝之哉？”

夫父子，至亲也，以责善遂不相遇，况君臣乎？此世所以多孤臣孽子也。听言纳谏，保全臣子；仁君慈父，尚加意焉！

曾子居武城，有越寇。或曰：“寇至，盍去诸？”曰：“无寓人于我室，毁伤其薪木。”寇退，则曰：“修我墙屋，我将反。”寇退，曾子反。左右曰：“待先生如此其忠且敬也，寇至，则先去以为民望；寇退，则反，殆于不可。”沈犹行曰：“是非汝所知也。昔沈犹有负刍之祸，从先生者七十人，未有与焉。”

子思居于卫，有齐寇，或曰：“寇至，盍去诸？”子思曰：“如伋去，君谁与守？”

孟子曰：“曾子、子思同道。曾子，师也，父兄也；子思，臣也，微也。曾子、子思易地则皆然。”

此一章书是孟子为曾子阐幽，而因以自寓也。

昔曾子居鲁之武城，有越人来寇。或曰：“寇至，盍去诸？”曾子闻言遂行，戒其守者曰：“无寄寓他人于我讲学之室，恐毁伤其薪木。”固不问所以御寇者何如也。及闻寇退，则谓其守者曰：“尔其修葺我之墙屋，我将反而居之。”亦不问寇之所以退者何如也。及寇既退，曾子遂反。左右窃议之曰：“武城大夫之待先生如此，内尽其诚而忠，且外尽其礼而敬也，宜乎先生亦以厚报之矣。而乃寇至则先去以为民望，寇退则反而安居，殆于不可。”弟子沈犹行曰：“是非汝所知也。昔先生舍于沈犹氏之家，值其家有负刍之祸。从先生者七十人，非不可御难也；先生率而去之，未有与其难者。”观其处沈犹氏，而武城可知矣，必其义当去也。

昔者子思居于卫，有齐人来寇，或曰：“寇至，盍去诸？”子思曰：“君方恃伋以其守，如伋去是委孤城于君，君谁与守。伋义不可去也。”

孟子断之曰：“曾子之去，子思之守，事虽不同，而道同。盖曾子，师也，师则有父兄之尊，未有父兄而殉子弟者；子思，臣也，臣则有卑微之分，未有微而不统于尊者。使曾子子思易所处之地，则曾子必不去，子思必不守矣。何莫不同哉？”

按与君共守之义，岂但当责卑微之臣，即子弟有事，父兄遂可超然事外乎？缘当时之国君，非真能尊师重道也，不过隆之以虚名，诎之以实用，使国人矜式之类耳。贤人君子虽欲为效用，不可得也。有用人之责者，其鉴之哉！

储子曰：“王使人瞷夫子，果有以异于人乎？”

孟子曰："何以异于人哉？尧舜与人同耳。"

此一章书是孟子以尧舜望齐王也。

齐人储子问于孟子曰："夫子至齐，人皆以为夫子有异于人。王近使人私窥夫子，察夫子动静语默之间，果有迥别于人，而不可几及者乎？"

孟子曰："人生天地间，其性同，其道同，我亦人也，不过为人之所当为者。大庭如是，幽独如是，将以何者异于人哉？毋论我也，即尧舜大圣人，亦如是而南面，如是而深宫，皆斯人与知与能之理，而与人相同耳。尧舜无异，而况于我乎？"

按人之不能为尧舜，其患有二：一曰自暴，一曰自弃。《孟子》七篇之中，发明人皆可以为尧舜之旨，不一而足，有志者可以奋然而兴矣。

齐人有一妻一妾而处室者，其良人出，则必餍酒肉而后反。其妻问所与饮食者，则尽富贵也。其妻告其妾曰："良人出，则必餍酒肉而后反；问其与饮食者，尽富贵也，而未尝有显者来，吾将瞯良人之所之也。"

蚤起，施从良人之所之，偏国中无与立谈者。卒之东郭墦间，之祭者，乞其余；不足，又顾而之他，——此其为餍足之道也。

其妻归，告其妾，曰："良人者，所仰望而终身也，今若此——"与其妾讪其良人，而相泣于中庭，而良人未之知也，施施从外来，骄其妻妾。由君子观之，则人之所以求富贵利达者，其妻妾不羞也，而不相泣者，几希矣。"

此一章书是孟子以羞恶之心，醒天下之求富贵利达者也。

孟子曰："齐国之人有娶一妻一妾而居其家者，其良人每出于外，则必餍足酒肉而后反于其家。其妻问其所与饮食者为何如人，则云尽出于富贵也。其妻疑之，告其妾曰：'良人每出，则必餍足酒肉而后反；吾问其所与饮食之人，则云尽出于富贵也。夫既有富贵之显者与之饮食，则必有富贵之显者与之往来，而未尝有显者来于我家。此其事可疑也，吾将窃瞯良人之所往，以观其与饮食者果富贵之人否。'于是蚤起，以预为瞯之之谋，邪施而行，以从良人所往之处，则见偏一国之中无有与之立谈者，其终也，往于城外之东郭，其墦冢之间人有祭墓者，则就而乞其祭余之肉，尚不餍足；又复顾望而往于他祭者，以求足其酒肉焉，乃知其平日餍足酒肉者，皆得之以此道也。其妻既瞯得其状，乃归而告其妾曰：'良人者，吾与尔所仰望其自立而托以终身者也，今其所为若此，则吾与尔仰望孤矣。'于是与其妾讪詈其良人，而相与泣于中庭，以悲其终身之不得所托。而其良人犹未知妻妾已得其乞墦之情也，复施施然为喜悦自得之状从外而来，以骄夸其妻妾，而岂知己之情状已尽露于所瞯中乎？"

齐人所为，见羞于妻妾者如此。奈何今世为齐人者之众也。由明出处、慎去就之君子观之，则今人所以求富贵利达者，凡卑谄乞哀，无所不至，其为可贱视墦间之乞，殆有甚焉！使其妻妾见之，有不羞其所为而若齐妇之相泣者，几希矣。夫求富贵利达者，本以荣身；而反见羞于有道，亦何益哉？按孟子曰‘人有不为也，而后可以有为’，彼求富贵利达者，无所不为者也，朝廷亦何取于若人而用之乎？稍有弗察，使一无耻之小人厕足其间，则人将从而效之，驯至相习成俗而不以为怪。管子曰：“礼义廉耻，国之四维。”管子，霸臣也，犹能为此言奬进恬让之士，抑遂躁竞之流。有用人之责者，可不是务与！

《日讲四书解义》卷二十一

孟子 下之三

万章章句上

万章问曰："舜往于田，号泣于旻天，何为其号泣也？"

孟子曰："怨慕也。"

万章曰："'父母爱之，喜而不忘；父母恶之，劳而不怨。'然则舜怨乎？"

曰："长息问于公明高曰：'舜往于田，则吾既得闻命矣；号泣于旻天，于父母，则吾不知也。'公明高曰：'是非尔所知也。'夫公明高以孝子之心，为不若是恝，我竭力耕田，共为子职而已矣，父母之不我爱，于我何哉？'"

此一章书见舜怨慕之大孝也。

万章问曰："尝闻舜之事亲，往耕于历山之田，每号呼，仁覆闵下之旻天而哀泣，不知舜处父母之间何为若是其号泣也？"

孟子曰："舜之号泣，乃激于至情之不容已，戚戚然若有所歉而怨，且皇皇然若有所求而慕也。"

万章未喻怨慕之旨，又问曰："吾闻人子事亲时，得于亲而父母爱之也，固中心喜之而不敢有忘；即不得于亲而父母恶之也，虽捶楚加之而不敢有怨。今曰'怨慕'，则舜亦怨其亲乎？"

孟子曰："怨慕，非怨亲之谓也。子以怨亲，疑舜其亦长息之见乎？昔公明高之弟子长息，问于公明高曰：'舜往于田，是躬耕以养亲也，则吾既得闻教命而知之矣。若其号呼旻天，又号呼父母而哀泣不已，则吾不知其何心也？'公明高答之曰：'孝莫大于虞舜，其号泣若是用心，有独苦者，非尔常情之所能知也。'吾推公明高之意，盖以舜之心，孝子之心也。孝子于亲，本有不可解之天性，一当其变，自有不容已之至情。若恝然无愁，薄亦甚矣！孝子之心岂若是乎？舜之心果何如？其心以为：'我竭力耕田，不过子职中之一事而已矣。'孝聚百顺，其他亏缺甚多，今父母之不爱我，不知我之所以得罪者果何在哉？求之而不得其故，此所以呼旻天、呼父母而哀泣也。我所谓怨慕者，怨己之不得乎亲而思慕耳，岂怨父母哉？"

按孟子所言怨慕，即《书经》所言“负罪引慝，夔夔斋栗”也。终能感格亲心，而成万世之大孝，至诚能动，岂不信乎？君之事天，臣之事君，视子之事父母，其贵乎诚一也，亦在能尽之而已矣。

“帝使其子九男二女，百官牛羊仓廪备，以事舜于畎亩之中，天下之士多就之者，帝将胥天下而迁之焉。为不顺于父母，如穷人无所归。天下之士悦之，人之所欲也，而不足以解忧；好色，人之所欲，妻帝之二女，而不足以解忧；富人之所欲，富有天下，而不足以解忧；贵，人之所欲，贵为天子，而不足以解忧。人悦之、好色、富贵，无足以解忧者，惟顺于父母可以解忧。人少，则慕父母；知好色，则慕少艾；有妻子，则慕妻子；仕则慕君，不得于君则热中。大孝终身慕父母。五十而慕者，予于大舜见之矣。”

此三节书见大舜孝亲无已之心也。

孟子曰：“舜之怨慕，岂但躬耕历山之日为然，当四岳咸荐之后，帝尧将历试诸艰，使其子九男事之，以观其治外；二女事之，以观其治内。凡百官、有司、牛羊、仓廪，莫不具备，以事舜于田野畎亩之中，奉养侈矣！且天下之士向慕德化，多倾心就之者，人心附矣。帝尧见舜果有圣德，将欲尽天下移以与之，使践天子位焉。崇高富贵极矣！舜虽得此，然自以不能喻亲于道，使之顺而无违，戚戚皇皇有如穷困之人，无所依归者，何其忧之深也！夫天下之士悦而就之，人情所同欲也，而不足以解舜之忧；美好之色，人情所同欲也，舜以帝尧二女为妻，而不足以解忧；货财之富，人情所同欲也，舜有天下之大，而不足以解忧；爵位之贵，人情所同欲也，舜居天子之位，而不足以解忧。天下之人悦之、美色事之、至富至贵加之，皆无足以解其忧者，必何如而后可以解其忧乎？惟顺于父母，喻之于道而得其欢心，亲于我无所憾，我于亲无所违，而后其忧始可以解矣。今夫常人之情，当其少也，则率其知能之良，所慕者惟父母而已；及知好色，则移慕父母之心以慕少年美艾之女；及有妻子，则移慕父母之心以慕妻子；及仕而事君，则移慕父母之心以慕君。或不得于君，而遭际不偶，则躁急心热于中，岂复有余心及于父母哉？常人之心因物有迁如此，惟大孝之人为能不失其赤子之心，终身之所爱慕者惟在父母，外物不得而移之，彼年至五十而犹慕亲不忘者，予于大舜见之矣。”

盖五十，则少艾、妻子、事君，俱已经历，此心犹然不变，则终身可知矣。舜其大孝也哉！安有大孝而怨其亲者乎？

按自古帝王之孝，无过乎舜，后世所当师法。况舜值人伦之变，其所为有极难者。后之安常处顺，而不能尽事父母之道者，观于此亦可惕然自儆矣。

万章问曰：“《诗》云：‘娶妻如之何？必告父母。’信斯言也！宜莫如舜，舜之不告而娶，何也？”

孟子曰：“告则不得娶。男女居室，人之大伦也。如告，则废人之大伦，以怼父母，是以不告也。”

万章曰：“舜之不告而娶，则吾既得闻命矣；帝之妻舜而不告，何也？”

曰：“帝亦知告焉则不得妻也。”

此一章书见圣人处人伦之变而不失天理之常也。

万章问曰：“《齐风·南山》之诗有云：‘凡人娶妻，其道当如之何？必告于父母而后敢娶焉，斯得其道矣！信如此诗之言，能得其道者宜莫如舜。今舜不告于父母，而娶帝尧之二女，何其所为与《诗》相背也？”

孟子晓之曰：“告而后娶者，礼之常也。舜父顽母嚚，告则必为父母所阻而不得娶。夫男女居室，上承祭祀，下绵嗣续，乃人之大伦，不可废也。如告于父母而不得娶，则废人之大伦而至于无后，且徒取怼怨于父母而已。与其告而废伦以取怼，宁通之以权，不告而娶，庶父母可无怼，而大伦可全矣。此舜之所以不告而娶也。”

万章曰：“舜之不告而娶，固为达权通变之道，则吾既得闻夫子之教命矣，乃帝尧以女妻舜，亦当使其父母知之，而亦不使舜告焉，何也？”

孟子曰：“帝亦知舜之父母不可告，若告焉则彼不欲其娶，必有违言，舜则不忍逆亲而已，亦不得妻舜也，故可妻则妻，不问其告不告，知不知。此又帝尧善处人骨肉之变者也。”

按天下事有常有变，而道亦有经有权。汉儒释权曰：“反经合道。”若舜者，孔子所谓可与！权，汉儒所谓‘反经合道’者与！虽然，子之必听乎父，臣之必听乎君，古今共由之常道，非万不得已慎毋轻言权可也。

万章曰：“父母使舜完廪，捐阶，瞽瞍焚廪。使浚井，出，从而揜之。象曰：‘谟盖都君咸我绩，牛羊父母，仓廪父母，干戈朕，琴朕，弤朕，二嫂使治朕栖。’象往入舜宫，舜在床琴。象曰：‘鬱陶思君尔。’忸怩。舜曰：‘惟兹臣庶，汝其于予治。’不识舜不知象之将杀己与？”

曰：“奚而不知也？象忧亦忧，象喜亦喜。”

曰：“然则舜伪喜者与？”

曰：“否；昔者有馈生鱼于郑子产，子产使校人畜之池。校人烹之，反命曰：‘始舍之，圉圉焉；少则洋洋焉；攸然而逝。’子产曰：‘得其所哉！得其所哉！’校人出，曰：‘孰谓子产智？予既烹而食之，曰，’得其所哉！得其所哉！’故君子可欺以其方，难罔以非其道。彼以爱兄之道来，故诚信而喜之，奚伪焉？”

此二节书见圣人善处兄弟之变也。

万章又问曰：“舜处父母之变，固子道之所难；乃其处兄弟之间，亦有非常情可测者。尝闻舜之父母听象之谋，使舜完治仓廪，及舜既上廪，遂捐去其阶梯，瞽瞍从下纵火焚廪，舜以两笠自捍而下，得不死。后又使舜浚治井水，舜入井中，从匿空亡出，瞽瞍与象从而下土以揜之。象不知舜已出，乃自夸其功曰：‘设谋以葢都君于井而杀之者，皆我之功。今都君已死，其所遗之物我将与父母分之。牛羊则归之父母，仓廪则归之父母；若干盾戈戟，则归之朕；五弦之琴，琱弓之弤，亦归之朕；二嫂则使治朕所栖之床。’于是象往入舜所居之宫，欲分取所有，见舜已归，而在床弹琴。象遂饰辞以自文曰：‘吾鬱陶于心而不能伸者，正为思君之甚，故来见耳。’象虽伪为其言，而终不免有忸怩之惭色。乃舜见象来而喜之曰：‘惟兹百官臣庶，帝所使事我者，汝其代我治之。’吾不识舜之为是言也，果不知象之将杀已而喜之与？”

孟子曰：“象屡欲杀舜，其迹甚明，舜奚而不知也？但兄弟之情出于天性，而圣人之爱弟又异于常情。平日见象之忧也，则亦感之而俱忧；平日见象之喜也，则亦感之而俱喜。彼其臣庶予治之言，亦因其鬱陶思君之言而喜之耳，何暇计其杀已之谋哉？”

万章又问曰：“舜知象之将杀已而犹喜也，然则舜伪喜者与？”

孟子曰：“舜非伪喜也，彼亦信以理耳。昔者有馈送生鱼于郑大夫子产者，子产使主池沼小吏之校人畜餋之于池，校人私烹其鱼而食之，乃饰为反命之辞，曰：‘方鱼之始舍于池中也，但见其圉圉焉，有困而未舒之状；及少顷之间，则洋洋焉，稍觉纵适；终则攸然而逝，自得而逺去矣。’子产喜而叹曰：‘鱼以得水为天，自圉圉而洋洋，又攸然而逺逝，真自得其所哉！自得其所哉！’校人出而言曰：‘人皆谓子产智，以今观之，孰谓子产智哉？夫鱼予既烹而食之矣，乃信予言而曰‘得其所哉！得其所哉！’不善料事，安得为智乎？由子产之事观之，可见君子虽有先见之明，而亦可欺以理之所有；虽无逆诈之心，而终难罔以理之所无。彼象曰‘鬱陶思君’，是以爱兄之道来，正欺以其方；犹校人之欺子产也。故舜但见其爱，不见其欺，实心信而喜之，奚伪之有？如以舜为伪喜，则将谓子产为伪信校人耶！”

按圣人之道，诚信而已矣！舜之处父母兄弟，与其为天子而治天下，无往而不以诚行之。若夫伪，则无所施而可，而况父子兄弟之间乎？以诚感者，亦以诚应；以伪感者，亦以伪应。《周易·中孚》之《象》曰：“中孚，豚鱼吉，利涉大川。”豚鱼可感，而况于人乎？学舜者，亦慎所以感人者而可矣。

万章问曰：“象日以杀舜为事，立为天子则放之，何也？”

孟子曰：“封之也；或曰，放焉。”

万章曰：“舜流共工于幽州，放驩兜于崇山，杀三苗于三危，殛鲧于羽山，四罪而天下咸服，诛不仁也。象至不仁，封之有庳。有庳之人奚罪焉？仁人固如是乎——在他人则诛之，在弟则封之？”

曰：“仁人之于弟也，不藏怒焉，不宿怨焉，亲爱之而已矣。亲之，欲其贵也；爱之，欲其富也。封之有庳，富贵之也。身为天子，弟为匹夫，可谓亲爱之乎？”

敢问：“或曰放者，何谓也？”

曰：“象不得有为于其国，天子使吏治其国而纳其贡税焉，故谓之放。岂得暴彼民哉？虽然，欲常常而见之，故源源而来，‘不及贡，以政接于有庳。’此之谓也。”

此一章书见舜待弟尽亲爱之仁也。

万章问曰：“象之于舜，焚廪未遂，浚井继之，日日以杀舜为事，此诚舜之雠也。及舜既立为天子，而操生杀之权，即诛之亦不为过，而仅放之何也？”

孟子曰：“舜实以爵土封象，而或者误以为放焉。放且不为，况诛之乎？”

万章又问曰：“舜之为君也，以共工静言庸违，则流于北裔幽州之地；以驩兜同恶相济，则放于南裔崇山之地；负固不服者，三苗也，则杀于西裔三危；治水无功者，鲧也，则殛于东裔羽山。罪此四人而天下咸服，其用刑之当，以所诛者皆不仁之人也。象至不仁，其罪岂在共工诸人之下？乃不以诛四凶者诛之，而反封之有庳，有庳之人何罪而遭象不仁之人为之君长也？仁人之用心固如是其轻重不均——在他人则诛之以安民，在弟则封之以贻害乎？”

孟子曰：“仁人之于弟，与处他人不同。本非有怒，何怒之可藏匿焉？本非有怨，何怨之可留宿焉？但知笃同气之亲，隆一体之爱而已矣。亲之则不忍己贵弟贱，而势分悬隔，必欲其贵也；爱之则不忍己富弟贫，而置之穷困，必欲其富也。今封象于有庳，正欲富贵之以致亲爱之情也。苟舜身为天子而富且贵，弟为匹夫而贫且贱，情隔于位之疎，恩衰于禄之薄，可谓亲爱之乎？不能亲爱，可谓仁人乎？此舜之封象，正为仁人也。”

万章又问曰：“封与放，本异也。舜既封象，敢问或曰放者，果何谓也？”

孟子曰：“象虽封为有庳之君，然不得有所施为于其国，天子使吏代治其国，但纳其所收之贡税于象，其迹有似于放，故或者误谓之放也。象既不得有为于其国，亦岂得暴有庳之民哉？然而舜之心又不止为爱民也，盖其亲爱之心无已，欲常常见象不令疎阔，故使吏代治者，使象无治事之烦，得以源源而来见也。古书之辞有云：‘舜不待及诸侯朝贡之期而以政事接见，有庳之君正此源源而来’之谓也。”

是舜之封象固所以为仁，而使吏代治，又孰非所以成其仁哉？舜之于象，仁之至、义之尽，既不以法伤恩，亦不以恩害法。后世待藩封者取法于此。周五霸、汉七国之祸，庶几免夫。

咸丘蒙问曰："语云：'盛德之士，君不得而臣，父不得而子。'舜南面而立，尧帅诸侯北面而朝之，瞽瞍亦北面而朝之。舜见瞽瞍，其容有蹙。孔子曰：'于斯时也，天下殆哉，岌岌乎！'不识此语诚然乎哉？"

孟子曰："否；此非君子之言，齐东野人之语也。尧老而舜摄也。《尧典》曰，'二十有八载，放勳乃徂落，百姓如丧考妣，三年，四海遏密八音。'孔子曰：'天无二日，民无二王。'舜既为天子矣，又帅天下诸侯以为尧三年丧。'是二天子矣。"

此一章书辩舜无臣父、臣尧之事也。

咸丘蒙问曰："古语有云：'凡天下之常礼，止可以论天下之常人；若夫圣德非常之士，虽至尊如君，苟无其德，不得而以之为臣；至亲如父，苟无其德，不得而以之为子。'舜惟有圣人之德，一旦居天子之位南面而立，尧虽为其君，不得不帅诸侯北面而朝之；瞽瞍虽为其父，亦不得不北面而朝之。尔时舜虽安，于尧，而不能不动心；于父，望见瞽瞍，其容蹙然，不能自安。孔子有感于此事，因叹息曰：'于斯时也，君臣父子之伦皆乱，天下将危殆哉，岌岌乎其势已不可支矣！'所闻古语者如此。不识此语诚然乎哉？"

孟子曰："否；舜之处君臣父子，无是事也。此非君子据实可信之言，乃齐东野人鄙妄无稽之语也。何以辨之？盖当尧在之时，舜未尝为天子也，特以尧老不治事，舜代摄天子之事耳。天子之位固在尧也，何由北面而朝之乎？且吾言有所证也，《尧典》曰，'舜摄位二十有八载，于是放大功勋之尧乃魂升魄降而崩，国中百姓恸尧之殁，如自丧其考妣，三年之间四海断絶音乐，静密如一，更不闻有金石丝竹等之八音。其思慕之深如此。据《尧典》所言，舜之即位在尧崩之后，不在其摄政之时，明矣！何从南面而受尧之朝乎？孔子亦尝有云：'运于天者无有二日。统乎民者无有二王。'若尧未崩时，舜既为天子矣；及尧崩时，舜又帅天下诸侯以为尧行三年之丧，则是舜一天子，尧又一天子，而有二天子矣，岂民无二王之理乎？然则臣尧之说可不辩而自见其诬矣。"

按《尧典》之文尚有二说：一曰百姓者，畿内之民也。四海者，畿外之民也。此以遠迩而论者也；一曰百姓者，百官也。经传言百姓或为百官，或为万民，其以百官为百姓者。古者民无姓，其有姓者皆有土、有爵者也。黄帝有子二十五人，得姓者十有四人是也。百官如丧考妣，三年而四海之民遏密八音，此以贵贱而辨者也。二说后说为是。唐臣张说尝为其君言之矣，以其关于礼也。故并及之。

咸丘蒙曰："舜之不臣尧，则吾既得闻命矣。《诗》云：'普天之下，莫

非王土；率土之滨，莫非王臣。'而舜既为天子矣，敢问瞽瞍之非臣，如何？"

曰："是诗也，非是之谓也；劳于王事而不得养父母也。曰，'此莫非王事，我独贤劳也。'故说诗者不以文害辞，不以辞害志。以意逆志，是为得之。如以辞而已矣，《云汉》之诗曰：'周余黎民，靡有孑遗。'信斯言也，是周无遗民也。"

此一节书孟子辨舜无臣父之事而兼示人读诗之法也。

咸丘蒙又问曰："舜无臣尧之事，则吾既得闻教矣。乃其不臣瞽瞍，则尚有可疑者。《小雅·北山》之诗有云：'普天之下，其地虽广，无尺地而非王土；率土之滨，其人虽众，无一民而非王臣。'由此诗推之，舜既受尧之禅而为天子矣，则瞽瞍亦王臣中之一人耳，乃独不谓之臣，此何说耶？"

孟子曰："诗人之旨，各有所寓。是诗所言，非天子可臣其父之谓也，乃当时大夫行役于外，为王事所迫，而不得归养其亲，因不平而作是诗。其意若曰'今此之事，莫非王事，凡居王土而为王臣者，皆当同服其劳，何为彼皆安坐，独我为贤而可用，更不可以休息乎？'此诗人之本意也。凡诗之所贵者，意而已，不在文辞之间也。是以善说诗者不可泥一字之文，而害一句之辞；不可泥一句之辞，而害设辞之志。惟当以我之意探取诗人之志，是为得说诗之法者矣。若但拘泥其辞而不求其志，则《大雅·云汉》之诗有云：'周遭饥馑，所余黎民无有孑然独存者'，信如此诗所言，是周之民真无遗种也。惟以意通之，则知诗人之志在于忧旱之甚，若天絶其生耳，非真无遗民也。然则《北山》之诗，岂真谓莫非王臣，而天子可臣其父哉？子乃以辞而害其志，则亦不善说诗者矣。"

按学贵于博，辨贵于明。虽刍荛可采，而杜撰无稽者，勿听；虽经学可尊，而注疏谬误者，亦多。圣经贤传，昭如日星，而学者每各守一说，能必其尽合于圣贤之意，而不至如咸丘蒙之说诗乎？博搜诸家归于一，是广儒生之闻见，订经传之指归，其亦右文之世所当急讲者与！

"孝子之至，莫大乎尊亲；尊亲之至，莫大乎以天下养。为天子父，尊之至也；以天下养，养之至也。《诗》曰：'永言孝思，孝思维则。'此之谓也。《书》曰：'祇载见瞽瞍，夔夔齐栗，瞽瞍亦允若。'是为父不得而子也。"

此二节书见舜之大孝能尊亲而格亲也。

孟子又晓咸丘蒙曰："子以舜为天子，则当臣其父；吾以舜为天子，正所以孝其亲耳。盖为人子者，苟能善事其亲，皆可谓孝子，而非孝子之至；孝子之至，莫大乎能尊崇其亲。为人子者，苟有一命之荣，钟釜之禄，皆可谓之尊亲，而非尊亲之至；尊亲之至，莫大乎能以天下为养。瞽瞍为天子之父，是尊之至而无以加也。以天下为养，是养之至而无以加也。养之至乃为尊之至，尊之至乃为孝之至。《大雅·下武》之诗曰：‘武王能长言孝，思而不忘其孝，思可以为事亲之法则，即此尊之至、养之至为法于天下之谓也，岂有尊养可法者——乃至于以父为臣乎？然而所谓父不得而子者，亦有说也。《书经·大禹谟》有曰：‘舜平时致敬为子之职事，及见于瞽瞍之时，又夔夔然敬谨恐惧之至；瞽瞍虽顽，亦为其所化，允信而若顺之。’即此书所言。可见瞽瞍不能以不善及其子，而反见化于其子，是所谓父不得而子也，岂有臣父之说乎？”

由孟子论父不得而子之说，推而言之，如伊尹之格太甲、周公之感成王，是亦可谓君不得而臣也。夫父不得而子，而后始有底豫之慈父；君不得而臣，而后始有守成之贤君。始若相反，卒乃相成，凡为君臣父子者，可不深长思与？

万章曰："尧以天下与舜，有诸？"

孟子曰："否；天子不能以天下与人。"

"然则舜有天下也，孰与之？"

曰："天与之。"

"天与之者，谆谆然命之乎？"

曰："否；天不言，以行与事示之而已矣。"

曰："以行与事示之者，如之何？"

曰："天子能荐人于天，不能使天与之天下；诸侯能荐人于天子，不能使天子与之诸侯；大夫能荐人于诸侯，不能使诸侯与之大夫。昔者，尧荐舜于天，而天受之；暴之于民，而民受之；故曰，天不言，以行与事示之而已矣。"

曰："敢问荐之于天，而天受之；暴之于民，而民受之，如何？"

曰："使之主祭，而百神享之，是天受之；使之主事，而事治，百姓安之，是民受之也。天与之，人与之，故曰，天子不能以天下与人。"

此一章书见尧之禅舜出于天与也。

万章问曰："事莫大于禅授。人皆言古有帝尧尝举其所有之天下，一旦授之于舜。不知果有此事否乎？"

孟子曰："斯言殆不然也；盖天下者，天下之天下，非天子所得私也。尧虽为天子，安能以天下与人？若曰尧能与之，则天下亦一人之私物，可以有之自我，与之自我，岂理也哉？"

万章问曰："尧既不能以天下与舜，然则舜之有天下也，果孰与之？"

孟子曰："帝王之兴，皆由天命。舜有天下，天实与之，而尧特顺天以从事耳。"

万章问曰："所谓天与之者，天果谆谆然教命之乎？不然，何所据以为天与也？"

孟子曰："天之体，于穆无言。其与舜也，固非谆谆然教命之也。盖身之所行曰行，措诸事为曰事。天之与舜，但就舜之行与事，黙示其与之之意而已矣，岂待谆谆然以言命之乎？"

万章曰："以行与事示之者，必有示之之迹，敢问天果何如示之耶？"

孟子曰："凡事在人者，可以力为；而在天者，不可取，必人有才德可托以天下者；天子能举而荐之于天，然天意之从违尚未可知，不能使天必与之天下；正如诸侯能荐人于天子，许其可任一国之事，而不能取，必于天子使与之诸侯；盖天子者，诸侯之天也；大夫能荐人于诸侯，许其可任一家之事，而不能取，必于诸侯使与之大夫；盖诸侯者大夫之天也，诸侯大夫且然，而况天子之重乎！昔者，尧荐舜于天，以稽天意之从违，乃舜之行事当乎天心而天受之；尝显舜之德于民，以观人心之向背，舜之行事协乎民心而民受之，即此。天人交与，而天示之意即在是。吾故曰，天不言，以行与事示之而已矣。"

万章曰："尧荐舜于天，而天受之；显舜于民，而民受之。其荐之、显之、受之，必有其实。敢问如何？"

孟子曰："昔尧尝命舜使主天地山川之祭，其精诚之所感孚，幽无不格，百神皆歆其祀而享之，此荐之于天而天受之也；又尝命舜使主治教刑政之事，其德意之所注，措事无不治，百姓皆被其化而安之，此暴之于民而民受之也。天受之者，天与之也，固天也；人受之者，与之也，亦天也。信乎，舜之有天下为天与也。尧何预焉？故曰，天子不能以天下与人。"

按天与之说，非独孟子言之也。位曰天位，禄曰天禄，命曰天命，自古记之矣。天既与之，则人不能攘之。彼圖度非分者，衹自速天诛耳。然天能与之，则亦能夺之，栗栗危惧，聿修厥德，以永保天命。为人君者，可不勉与！

"舜相尧二十有八载，非人之所能为也，天也。尧崩，三年之丧毕，舜避尧之子于南河之南，天下诸侯朝覲者，不之尧之子而之舜；讼狱者，不之尧之子而之舜；讴歌者，不讴歌尧之子而讴歌舜，故曰，天也。夫然后之中国，践天子位焉。而居尧之宫，逼尧之子，是篡也，非天与也。《太誓》曰，'天视自我民视，天听自我民听，'此之谓也。"

此二节书见舜之天下出于天与，而天意不越民情也。

孟子又告万章曰："天之与舜，不特见诸行与事之间，揆之气数，卜之人情，皆有可验者。舜之相尧二十有八载，历年多而施泽久，此非人之所能为也，盖天也。则其为相之时，天意已属之矣。至于尧崩之后，三年之丧已毕，舜以有尧之子丹朱在焉，于是避而逺去，居于南河之南，欲天下思尧德而归其子也。然舜能避尧之子，而不能避天下之人心。天下诸侯朝觐者，夂被其宾接之礼，不之尧之子而之舜；讼其不决之狱而求直者，夂念其钦恤之仁，不之尧之子而之舜；歌颂功德者，夂感其好生之德，不讴歌尧之子而讴歌舜。舜方避之，民顾就之，此岂人力能为也哉？吾故曰，‘实天使之’。固结于二十八载之前，乃致此响应于二十八载之后也。夫然后自南河之南，徃中国而践天子位焉。此虽以答天下之心，实所以承上天之意耳。向使舜不为南河之避，而遽居处乎尧之宫，逼胁乎尧之子，则是以臣而篡君之位也，安所称天与哉？即舜为民心之所归，便知为天心之所与，此非无征之言也。《书经·泰誓篇》有曰：‘天无视也，而从民之视，民视即是天视；天无听也，而从民之听，民听即是天听。《书》之所言此，即吾民归舜，即天与舜之说也。”

然则舜之有天下，不但尧不能容心于与，而舜亦未常有心于得，徒泥其禅授之迹者，亦未明乎天道矣。

按孟子此章以天下归之天，以天与归之民，何其言之断也。不独禅让之天下为然，虽家天下之天下亦然；不独开创之天下为然，虽继世之天下亦然。彼不求天于民视民听，而求之于荒唐怪妄，如宋世所谓天书者，其亦不学之过与！

万章问曰：“人有言，‘至于禹而德衰，不传于贤，而传于子。’有诸？”

孟子曰：“否，不然也；天与贤，则与贤；天与子，则与子。昔者，舜荐禹于天，十有七年，舜崩，三年之丧毕，禹避舜之子于阳城，天下之民从之，若尧崩之后不从尧之子而从舜也。禹荐益于天，七年，禹崩，三年之丧毕，益避禹之子于箕山之阴。朝觐讼狱者不之益而之启，曰，‘吾君之子也。’讴歌者不讴歌益而讴歌启，曰，‘吾君之子也。’丹朱之不肖，舜之子亦不肖。舜之相尧，禹之相舜也，歴年多，施泽于民夂。启贤，能敬承继禹之道。益之相禹也，历年少，施泽于民未夂。舜、禹、益相去夂逺，其子之贤不肖，皆天也，非人之所能为也。莫之为而为者，天也；莫之致而至者，命也。”

此一章书见帝王传贤传子，皆本天意而无私也。

万章问曰：“人有言，尧舜盛德之至，故以天下为公，不传于子而传于贤，及至于禹，其德遂衰，于是不传于贤而传于子。敢问，禹果有此私心乎？”

孟子曰：“人以德衰议禹，此言非是。禹之心，殆不然也。盖与贤与子，顾天意何如耳。天所与者，在贤则与贤，不能强而与子也；天所与者，在子则与子，不能强而与贤也。昔者舜荐禹于天，任以为相，十有七年，迨舜崩，三年之丧既毕，禹因舜有子商均在焉，乃逺避于阳城之地，其心止欲让位于商均耳。乃天下之民皆归心于禹，凡朝觐、讼狱、讴歌者，皆不从商均而从禹与！尧崩之后，不从尧之子而从舜，无以异也，人心如此。天意在禹，可知舜安得不举天下而授之乎？若禹、益之时，则视此不同矣。禹亦尝荐益于天，任以为相者七年，迨禹崩，三年之丧既毕，益因禹有子启在，亦逺避启于箕山之阴，以让位焉。但见天下之臣民朝觐、讼狱者，不往归益而来归启，皆曰，此吾君之子也，吾不归吾君之子而谁归乎？讴歌者亦不讴歌益，而讴歌启，皆曰，此吾君之子也，吾不戴吾君之子而谁戴乎？人心如此。天意在启，可知禹安得不举天下而传之也？舜、禹、益皆有圣人之德，而当时民心或归或不归，其故维何？盖尧之子丹朱，其德不类于尧舜之子；商均其德，亦不类于舜。而舜之相尧二十有八年，禹之相舜十有七年，其历年既多，施恩泽于民最久，以相之贤又遇子之不肖，此民所以不归尧舜之子而归舜禹也。若启之贤，能以兢兢业业之心嗣守禹之典则，而益之相禹仅仅七年，其德泽施于民者，未如舜禹之久，以子之贤而又遇相之不久，此民所以不归益而归启也。夫舜、禹、益均之为相，而历年多、历年少，其久近相去如此。丹朱、商均与启均之为子，而或贤或不肖又如此。皆天也，岂人力之所能预哉？盖天下事，凡人力莫之作为而自然为者，是之谓天，主宰于冲漠之中，不可得而测也；凡人力莫之召致而自然至者，是之谓命，禀受于有生之初，不可得而移也。然则尧、舜、禹皆奉天命以从事耳，岂其德之有盛衰哉？”

按传贤传子虽曰皆出于天，其实天意常在于贤，传子亦传贤也。后世为天子之子者，皆自力于贤为天子者，能豫教其子以贤，实万世无疆之休也。

“匹夫而有天下者，德必若舜禹，而又有天子荐之者，故仲尼不有天下。继世以有天下，天之所废，必若桀纣者也，故益、伊尹、周公不有天下。伊尹相汤以王于天下，汤崩，太丁未立，外丙二年，仲壬四年，太甲颠覆汤之典刑，伊尹放之于桐，三年，太甲悔过，自怨自艾，于桐处仁迁义，三年，以听伊尹之训己也，复归于亳。周公之不有天下，犹益之于夏、伊尹之于殷也。孔子曰，‘唐虞禅，夏后殷周继，其义一也。’”

此五节书历举羣圣之不有天下，皆以推明禹、益之事也。

孟子告万章曰：“益之不有天下，固由于天；而自古圣人不有天下者，不独一益也。凡匹夫而有天下者，必有同乎舜禹之德，而又有尧舜之天子荐之于天，而后可以得之；故仲尼之德虽无愧于舜禹，而无尧舜之荐，亦终老于布衣而不有天下也。若夫有德、有荐而亦不有天下者，则以继世之君为贤君耳。盖继世以有天下者，非德不如圣人，天遂废之也。天之所废者，必大恶如桀纣也。苟不至桀纣而足以嗣守先业，则天亦未尝遽废之。故益与伊尹、周公虽有舜禹之德，而遇嗣君之贤，终不能有天下也。以伊尹言之，伊尹以圣人之德，辅相成汤，致王于天下，其功业可谓盛矣；迨成汤既崩，太子太丁未立先殁，商时之法，兄终弟及，乃立其弟外丙，二年而殁，又立其弟仲壬，四年而殁，于是立太丁之子太甲。太甲既立，壞乱汤之成法，似不肖矣！伊尹因放之于汤墓桐宫三年，欲其顾乃祖而兴思也。太甲果能悔其所为之过，自怨而惩创已往，自艾而修治方来，朝夕于桐改不仁以处于仁，改不义以迁于义，三年之内，惟听伊尹之教训乎己也。伊尹见太甲之贤，于是以衮冕迎之，复归于亳都，以纘汤绪焉。此伊尹所以不有天下也。若周公之终于冢宰而不有周之天下者，以公遇成王继世之贤，犹益之于夏，以启贤之，足以嗣禹也；犹伊尹之于殷，以太甲贤，足以继殷也。此周公所以不有天下也。吾尝闻孔子曰，'唐虞禅位，而以天下传之贤，三代继统；而以天下传之子，迹虽不同，然禅者以天命在贤，宜禅而禅继者，以天命在子，宜继而继。其合于义，则一而已。圣人何容私于其间哉？"

观孔子之言，则禹之与子，孰谓其德衰哉？尝又论之，继世之君虽曰中材，亦可保守，天命天意不肯轻于夺之。然未可恃也，如太甲者不已岌岌乎！与治同道罔不兴，与乱同事罔不亡。伊尹于太甲归亳之后，犹申诰焉。后之继世者，尚三复于斯。

万章问曰："人有言，'伊尹以割烹要汤，'有诸？"

孟子曰："否，不然；伊尹耕于有莘之野，而乐尧舜之道焉。非其义也，非其道也，禄之以天下，弗顾也；系马千驷，弗视也。非其义也，非其道也，一介不以与人，一介不以取诸人。汤使人以币聘之，嚣嚣然曰：'我何以汤之聘币为哉？我岂若处畎亩之中，由是以乐尧舜之道哉？'"

此一章书是辩伊尹无辱己之行也。

万章问曰："人有言，伊尹欲行道致君而无由，乃身为庖人，因论割烹之事而喻及王道，使汤知而用之，果有此事乎？"

孟子曰："人言不足信，伊尹所为不若是也。方伊尹未遇之时，尝耕于有莘之野，而欣慕爱乐者，则在尧舜之道焉。道之至辨者，为义；非其义也，则非其道也。虽禄之以天下之大，亦弗顾也；系马千驷之多，亦弗视也。不特此也，非其义也，则非其道也。虽一介之微不以与人也，一介之微不以取诸人也。何者？其所乐有在也。汤闻伊尹之道，使人以币帛征聘之。伊尹知有尧舜，而不知有汤也，乃嚣嚣然自得而言曰：'我何用汤之聘币为哉？一受其聘，则当忧其忧而事其事，我岂若处畎亩之中，由是以乐尧舜之道，浩然自得之为安哉？'此非观汤意之诚否也！内既自乐于己，外自无求于人，视汤之聘币诚为外物耳。"

夫汤以币聘伊尹，伊尹犹不肯轻出如此。岂有割烹要汤之事哉？

按伊尹之在有莘，诸葛亮之在隆中，惟其处而无求，所以出而能任。然非其君求之之勤，则亦终老田间矣。是以为人臣者，不可不以伊、葛自待；而为人君者，亦不可不以成汤、昭烈为法也。

“汤三使往聘之，既而幡然改曰：‘与我处畎亩之中，由是以乐尧舜之道，吾岂若使是君为尧舜之君哉？吾岂若使是民为尧舜之民哉？吾岂若于吾身亲见之哉？天之生此民也，使先知觉后知，使先觉觉后觉也。予，天民之先觉者也；予，将以斯道觉斯民也。非予觉之，而谁也？’思天下之民匹夫匹妇有不被尧舜之泽者，若己推而内之沟中。其自任以天下之重如此，故就汤而说之以伐夏救民。”

此三节书是言伊尹应汤之聘，欲行尧舜之道于天下也。

孟子曰：“汤三次使人以币聘伊尹，其求贤之意甚诚，有以动伊尹行道之心，于是翻然改曰：‘吾人出处关乎世运，我终处畎亩之中，由是以乐尧舜之道，祇独善其身而已。吾岂若以其道致君，使是君钦明浚哲为尧舜之君哉？吾岂若以其道泽民，使是民时雍风动为尧舜之民哉？吾岂若于上下君民之间，即吾身今日亲见尧舜之道得行哉？吾之所以不敢辞其责者，盖以天之生此民也，知觉虽然同具，而先后固有难齐。天欲使先知此事者，觉悟后知之人；使先觉此理者，觉悟后觉之人。予于天所生民之中，幸为先觉者也，其可负天意哉？予将以斯道之固有，觉斯民之未觉也。若使非予觉之，则迷者益深，谁为予受其责哉？此今日之不容以不出也。’伊尹之言如此。即其言以推其心，伊尹真见，万物同体，思天下之民，匹夫匹妇有不与被尧舜之泽者，即若己推而内之沟中，其情不能安，其义不容诿，以一人之身任天下之重。如此，故就汤而说之，以伐无道之夏，而救无罪之民，此其自待何如哉？”

“先知觉后知，先觉觉后觉”。先儒谓此即大学之道。既明明德，则必須新民，非如此，则在我之分量不完，伊尹未仕汤。一匹夫耳，犹不肯以此自宽，况作君作师实有代天理物之责者乎？

“吾未闻枉己而正人者也，况辱己以正天下者乎？圣人之行不同也，或远，或近；或去，或不去；归洁其身而已矣。吾闻其以尧舜之道要汤，未闻以割烹也。《伊训》曰：‘天诛造攻自牧宫，朕载自亳。’”

此三节书是明伊尹决无割烹要汤之事也。

孟子曰：“伊尹之伐夏救民，无非欲正天下。吾未闻枉在己，而能正他人者，况于卑污苟贱为辱己之事，更甚于枉己矣！而能正天下乎？大凡古来圣人之行不同，未仕之先，或远而隐遁，或近而仕君；既仕之后，或不合而去，或合而不去。远者非忘世，而近者非慕禄；去者非沽名，而不去者非固宠；因其时而裁以义，要归于洁其身而已矣。身之不洁，何以谓之圣人？而谓伊尹有要汤之事乎？必如人言谓之为要，吾但闻其耕莘时唯乐尧舜之道，因而致汤之币聘，是以尧舜之道要汤者。若割烹，诚未闻也。《伊训》有曰：'汤奉天诛，始攻桀于牧宫，由我相汤，始其事于亳都也。'观伊尹之言，益可证其伐夏救民，自任天下之重、之实，曾谓辱己要君者，而能为此乎？流俗之诬不辩而自明矣。"

盖出处，人生之大闲，始进不以正，后未有能正者。自古及今，莫不皆然。明主观人须于此严辨之。

万章问曰："或谓孔子于卫主痈疽，于齐主侍人瘠环，有诸乎？"

孟子曰："否，不然也；好事者为之也。于卫主颜雠由。弥子之妻与子路之妻，兄弟也。弥子谓子路曰：'孔子主我，卫卿可得也。'子路以告。孔子曰：'有命。'孔子进以礼，退以义，得之不得曰'有命'。而主痈疽与侍人瘠环，是无义无命也。孔子不悦于鲁卫，遭宋桓司马将要而杀之，微服而过宋。是时孔子当厄，主司城贞子，为陈侯周臣。吾闻观近臣，以其所为主；观远臣，以其所主。若孔子主痈疽与侍人瘠环，何以为孔子？"

此一章书是明孔子秉持礼义，即所主亦必不苟，以见人言之诬也。

万章问曰："或谓孔子在卫主卫君近狎之人为痈疽者，在齐主齐君近狎之侍人名瘠环者，果有诸乎？"

孟子曰："否，不然也；好事者为此言，欲诬圣人以便已私也。曾闻孔子于卫主于贤大夫颜雠由之家，彼时卫君近狎莫如弥子瑕，弥子瑕之妻与子路之妻，兄弟也。弥子因谓子路曰：'孔子舍雠由，而主我则卫卿可得也'。子路以告孔子。孔子曰：'卫卿之得'有命'存焉，非彼所能为也，何必主之？夫孔子平日，凡有进也，必从容逊顺而以礼，不易进也；凡有退也，必果断刚决而以义，不难退也。盖礼义尽其在我，至于爵位之得与不得，则道之将行、道之将废曰'有命'耳。孔子之为孔子如此。而主痈疽与侍人瘠环，则义之当退，而不退是无义矣；命之不得而思得，是无命矣。于平日之言行安在耶？且孔子不但无事之时不苟所主也。尝不悦于鲁与卫而去之宋，遭宋司马桓魋将要而杀之，遂微服而过宋，当是时也，孔子正当厄难，犹不苟所主；去宋适陈，主司城贞子之家。盖司城贞子乃宋之贤大夫，此时适为陈侯周之臣者也。故孔子主之。总之邪正不同，人各从类。吾闻：观近臣之为人何如，但于其为遠人之主观之，或为君子主，或为小人主，而近臣可知矣；观遠臣之为人何如，但于其所主之人观之，或主于君子，或主于小人，而遠臣可知矣。彼孔子何等人也？所主必其类；若主痈疽与侍人瘠环，何以为孔子？好事者何容诬哉？"

宋臣张栻言，此虽辩孔子不苟主，而泛言观人之法，实万世为人君者所不可不知。从来小人之进，君子之退，无不因左右近幸播弄于其间。人君欲察外廷之贤否，而寄耳目于此辈，则威福未有不为所盗窃者。非深鉴其弊，乌能当此不惑哉？

万章问曰："或曰，'百里奚自鬻于秦养牲者，五羊之皮，食牛，以要秦穆公。'信乎？"

孟子曰："否，不然；好事者为之也。百里奚，虞人也。晋人以垂棘之璧与屈产之乘，假道于虞以伐虢。宫之奇谏，百里奚不谏，知虞公之不可谏而去之秦，年已七十矣；曾不知以食牛干秦穆公之为污也，可谓智乎？不可谏而不谏，可谓不智乎？知虞公之将亡而先去之，不可谓不智也。时举于秦，知穆公之可与有行也而相之，可谓不智乎？相秦而显其君于天下，可传于后世，不贤而能之乎？自鬻以成其君，乡党自好者不为，而谓贤者为之乎？"

此一章书是明百里奚必无辱身干主之事，以见人言之诬也。

万章问曰："或有人言，百里奚自卖于秦豢牲者之家，得五羊之皮而为之食牛，因以干秦穆公，信有之乎？"

孟子曰："，不然；乃好事者为之以借口也。尝闻之，百里奚本虞国人也，仕于虞时，晋人以垂棘所出之美玉与屈地所产之良马，求假道于虞以伐虢。虞臣宫之奇谏，虞公不听，百里奚因而不谏。非不能谏也，盖知虞公之为人不可以谏，而因去之秦也。当其时，奚年已七十矣，是其历练老成，曾不知以食牛干秦穆公为污辱之行，尚可谓之智乎？吾尝反复推之，奚非不智者也，天下唯智者能不失言于人，知虞公之不可谏而不谏，是当默而默，可谓不智乎？天下唯智者能知废，知虞公之将亡而先去之，是见几而作，不可谓不智也。天下又唯智者能知兴，奚之至秦时，有举于秦者知缪公之可与有行也，而辅相之；是择君而事，可谓不智乎？且奚之相秦，取威定霸，显其君于天下，而芳声令闻可传于后世，不贤而能之乎？若自鬻其身以成就君事，即鄉党之间稍稍自爱者不为，而谓贤如奚者肯为此事乎？人言之诬，断可识矣。"

大抵战国时，人人急于功利，遂谓古圣贤亦如此，故孟子力辨之。不独伊尹孔子大圣断无此事，即百里奚霸国之佐亦决不然。后世士大夫寡廉鲜耻，凡可以得富贵者靡所不为，而患得患失之祸遂延于世运。管子曰："礼、义、廉、耻，国之四维。"从来未有人心不端，风俗不正，而可以致治者，其系岂一人一事已哉？

《日讲四书解义》卷二十二

孟子 下之四

万章章句下

孟子曰："伯夷目不视恶色，耳不听恶声。非其君，不事；非其民，不使。治则进，乱则退。横政之所出，横民之所止，不忍居也。思与乡人处，如以朝衣朝冠坐于涂炭也。当纣之时，居北海之滨，以待天下之清也。故闻伯夷之风者，顽夫廉，懦夫有立志。"

"伊尹曰：'何事非君？何使非民？'治亦进，乱亦进，曰：'天之生斯民也，使先知觉后知，使先觉觉后觉。予，天民之先觉者也。予将以此道觉此民也。'思天下之民匹夫匹妇有不与被尧舜之泽者，若己推而内之沟中——其自任以天下之重也。"

"柳下惠不羞污君，不辞小官。进不隐贤，必以其道。遗佚而不怨，阨穷而不悯，与乡人处，由由然不忍去也。'尔为尔，我为我，虽袒裼裸裎于我侧，尔焉能浼我哉？'故闻柳下惠之风者，鄙夫宽，薄夫敦。"

"孔子之去齐，接淅而行；去鲁，曰，'迟迟吾行也，去父母国之道也。'可以速而速，可以久而久，可以处而处，可以仕而仕，孔子也。"

此一章书是孟子历叙群圣之行事，而极尊孔子，以隐寓其愿学之意也。

曰："学不宗至圣，则其统不一；然不取群圣折衷之则，其道亦不着。尝考伯夷，目不视非礼之恶色，耳不听非礼之恶声，视听如此其不苟也！非可事之君，不事；非可使之民，不使；事、使如此其甚严也！世治，则进而仕；世乱，则退而隐；进退如此其有择也。不特是也，即横暴之政之所出，横暴之民之所止，亦不忍居也。不但横暴不居其心，即思与乡人蹔处，如以朝衣朝冠之贵，坐于涂炭之污，而唯恐其浼已也。当殷纣浊乱之时，避居北海之滨，以待天下之清，故后世闻伯夷之风者，虽顽而无知之夫，亦化而为廉；虽懦而无守之夫，亦化而有特立之志。是伯夷之行事如此。"

"又尝稽之伊尹矣。伊尹尝曰：'君皆可事，何所事而非君；民皆可使，何所使而非民。'其言如此。故其为行也，治亦进而仕，乱亦进而仕，以求尽其事君使民之责焉。而因以自任曰：'天之生斯民也，原欲使先知其事者觉后知之人，使先觉其理者觉后觉之人。予，今幸为天所生民之先觉者也，予将以此先知先觉之道，觉此后知后觉之民而不敢负天之托也。由其言以推其心，思天下之民但有匹夫匹妇不与被尧舜之泽者，即若己推而内之沟中，是其以一人之身而自任天下之重也。是伊尹之行事又如此。”

“又尝稽诸柳下惠矣。不以污君为羞而不事，不以小官为卑而遂辞。其进而事污君；为小官也，不隐其在己之贤能，而必行己之直道。至于为人所遗佚而无怨恨之意，即由是以厄穷其身而亦无忧悯之情。不特是也，即与乡里之人并处，而其中亦油然自得，与之偕而不忍去也。尝自言曰：‘尔自为尔，我自为我，虽袒裼裸裎失礼于我，侧亦尔之无礼耳，焉能有浼于我守礼之身哉？故后世闻柳下惠之风者，虽狭陋之夫，亦化而为宽大之量；刻薄之夫，亦化而为敦厚之行。是柳下惠之行事如此。”

“若夫孔子之行，则独有异焉者。当其于齐也，因晏婴之沮而去焉，则接淅而行，不容顷刻而留也；及其于鲁也，因女乐之受而去焉，然犹有待于膰肉之至，曰，‘迟迟吾行也。’夫其所以迟迟者，为去父母宗国之道，而不忍恝然于此也。即此观之，其或速也，非失之急迫，可以速而速；或久也，非失之濡滞，可以久而久；或处也，非以隐为高，可以处而处；或仕也，非以位为荣，可以仕而仕。盖其神妙莫测，与元化同流，而绝无意必固我之私。是孔子之行事又如此。”

孟子曰：“伯夷，圣之清者也；伊尹，圣之任者也；柳下惠，圣之和者也；孔子，圣之时者也。孔子之谓集大成。集大成也者，金声而玉振之也。金声也者，始条理也；玉振之也者，终条理也。始条理者，智之事也；终条理者，圣之事也。智，譬则巧也；圣，譬则力也。由射于百步之外也，其至，尔力也；其中，非尔力也。”

此三节书是言孔子时中之圣，能兼三圣之事也。

孟子历叙群圣之后，又从而断之曰：“夷、尹、惠与孔子，其行事如此，皆古圣人也。然自我观之，其圣亦有不同者：伯夷以节高天下，就其皭然粹白，无少点污，殆圣之清者也；伊尹以身肩天下，就其毅然担当，无少退诿，殆圣之任者也；柳下惠以量容天下，就其油然乐易，无少岸异，殆圣之和者也。至吾孔子，则仕、止、久、速，不倚一偏，变化推移，无所不可清，而未尝不任，任而未尝不和，如一元之运，流行不息，盖圣之时者也。岂三子之所能及哉？夫孔子兼三圣之事而为一大圣之事，譬之于乐，其犹集众音之小成，而为一大成者乎！盖乐有八音，独奏一音，则一音自为终始，而为小成；若夫集大成也者，当众音未作，则击鏄钟以宣其声，及众音既阕，则擊特磬以收其韵，金声而玉振之也。盖金玉二者，众音之纲纪。金不声，则众音无由始；自鏄钟一举，则众音随之俱起，是金声也者，所以开众乐之端，而始乎条理也。玉不振，则众音无由终，自特磬一擊，则众音由是俱止，是玉振也者，所以收众音之节，而终乎条理也。始终之间，脉络贯通，此乐之所谓集大成也。然则乐之始条理者，其即孔子于群圣之理无不融会而为智之事乎？盖时中之智，其昭晰无所不开，固有然也。乐之终条理者，其即孔子于群圣之理无不全体而为圣之事乎？盖时中之圣，其凝成无所不收，固有然也。其知无不尽而德无不全如此，此孔子所为独异于三子也。夫圣智兼备，固孔子之所以集大成；而智以成始，又以要终，则圣又由于智，不观之射乎？智之事可以合时，譬则射之巧可以中的也。圣之事可以诣极，譬则射之力可以遠到也。然必知之至，而后行之尽，有定见乃有定力，犹自此至彼以射于百步之外也。其引弓发矢以至于侯者，是尔之力也；其直贯于的而不失诸正鹄者，非尔之力也，巧也。盖巧以运力，而后为善射；智以成圣，而后为全德。若孔子之巧力俱全，圣智兼备。信乎！兼三圣之所不能兼，而吾之所愿学者在是也。”

可见圣人之行有偏全，皆因知有偏全而致。知之要在于穷理格物，苟本原一毫未彻为仁，即不免偏于仁，为义即不免偏于义。有志圣人者，岂可以生质之美而不极学问之功哉？

北宫锜问曰：“周室班爵禄也，如之何？”

孟子曰：“其详不可得闻也，诸侯恶其害己也，而皆去其籍；然而轲也尝闻其略也。天子一位，公一位，侯一位，伯一位，子、男同一位，凡五等也。君一位，卿一位，大夫一位，上士一位，中士一位，下士一位，凡六等。天子之制，地方千里，公侯皆方百里，伯七十里，子、男五十里，凡四等。不能五十里，不達于天子，附于诸侯，曰附庸。天子之卿受地视侯，大夫受地视伯，元士受地视子、男。

此一章书是言周室班爵禄之大畧也。

卫人北宫锜者，有感于战国时之爵禄皆非其旧，因而问曰：“朝廷设官分职，统理内外，莫大于爵禄；而爵禄之制，莫备于成周。周室之初，其班爵禄之制，如之何？”

孟子曰：“周家爵禄之班，其初制甚详。今皆不可得而闻也，盖因后世诸侯兼并僭窃，恶其所班之爵妨害己之越分干名，恶其所班之禄妨害己之侵占土地，而皆去其载周制者之籍，是以无所考而知也。然而规模之建立，体统之昭垂，犹有幸存而未泯者，轲也尝闻其畧也。先以班爵言之，天下之大统于一，其父天母地而为天之子者，天子也。天子之贵自为一，位尊无二，上矣。然天下非一人可独理，于是众建万国，或为同姓之亲，或为异姓之贤，与之共治焉。公一位，侯一位，伯一位，子与男同一位。自天子以下，凡此五等。爵之通于天下，其截然而不可紊如此。一国之中统于尊，其出命正众，为国人之拥戴者，君也。天子君于畿内，诸侯君于列国，各自为一位矣。然一国亦非一人可独理，于是分命庶官，或为贤者而在位，或为能者而在职，与之共治焉。卿一位，大夫一位，上士一位，中士一位，下士一位。自君以下凡此六等。爵之施于国中，其凛然而不可奸如此。更以班禄言之，禄出于地，禄有厚薄，则地有多寡。天子制地于畿内，方千里，盖其爵为最尊，故其地为最广也。若夫公侯，卑于天子，故制地皆方百里。伯又卑于公侯，故制地方七十里。子、男又卑与伯，故制地方五十里。是禄之所班凡有四等，四者之外，又有受地不足于五十里者，则禄予之入有限，而朝觐会同之费不给，势不能自達于天子，于是因大国之诸侯而以姓名通于天子，谓之附庸。此班禄之制之通于天下者也。更以班禄之施于王朝者言之，其为天子之卿，受地所出之禄则视诸侯国之百里，大夫受地所出之禄则视诸伯国之七十里，元士受地所出之禄则视诸子、男国之五十里。以王官之禄比藩封之君，盖以重内臣而尊天室也。”

“大国地方百里，君十卿禄，卿禄四大夫，大夫倍上士，上士倍中士，中士倍下士，下士与庶人在官者同禄，禄足以代其耕也。次国地方七十里，君十卿禄，卿禄三大夫，大夫倍上士，上士倍中士，中士倍下士，下士与庶人在官者同禄，禄足以代其耕也。小国地方五十里，君十卿禄，卿禄二大夫，大夫倍上士，上士倍中士，中士倍下士，下士与庶人在官者同禄，禄足以代其耕也。耕者之所获，一夫百亩；百亩之粪，上农夫食九人，上次食八人，中食七人，中次食六人，下食五人，庶人在官者其禄以是为差。”

此四节书言列国班禄之差等也。

孟子曰：“以班禄之施于侯国者言之，公侯之国则为大国，其地方百里，而其卿大夫士之禄皆準诸其君以渐及，君十倍于卿禄，卿禄四倍于大夫，大夫倍于上士，上士倍于中士，中士倍于下士，而下士与庶人之为府史胥徒在官供事者同焉。顾其禄之受于官者，惟取其足以代耕而已。盖禄班于上，或加数倍之入而不嫌其丰；禄给于下，或準一夫之田而不病其啬；尊卑有序，厚薄适宜如此。其于次国亦然，伯为次国，其地方七十里，而其卿大夫士之禄亦準诸其君以渐及，君十倍于卿禄，卿禄则三倍于大夫，大夫倍于上士，上士倍于中士，中士倍于下士，而下士之禄则又与庶人之为府史胥徒在官供事者同焉。顾其禄之受于官者，亦惟取其足以代耕而已，其于小国亦然。子、男为小国，其地方五十里，而其君与卿大夫士之禄，或隆或杀，亦各有一定之制，如君之禄固十倍于卿，而卿之禄犹得二倍于大夫，至于大夫则惟倍上士，上士则惟倍中士，中士则惟倍下士，下士则与庶人在官服役者同其所受之禄焉。要之，受禄于官亦取其足以代耕而已。合而言之，由卿而上三等之国异，盖禄寖厚而不杀，则地必不足以供大夫；而下三等之国同，盖禄寖薄而复杀，则臣不能以自给。此周制所为善也。然庶人代耕之义，岂尽同于下士而无其等哉？观耕者所得之田，每夫各受百亩，百亩之田各宜加粪，粪多而力勤者上农夫也，计其所获可食九人；降而上次，其所获可食八人；降而中农，其所获可食七人；降而中次，其所获可食六人；又降而为下农，其所获可食五人。盖力渐以惰，所获渐以轻，所食亦渐以寡。若夫庶人在官者，事有繁简，力有劳逸，故其受禄多寡大约以农夫所获之多寡为差等焉。所谓足以代其耕者，如此。”

夫列爵有尊卑，而内外殊其制；班有多寡，而上下异其规。周制之初如此。奈何诸侯恶其害己之兼并僭窃而去其籍哉？幸而孟子犹能述其大略，所以后世得考王制之规模者，赖有此篇之存也。

万章问曰：“敢问友。”

孟子曰：“不挟长，不挟贵，不挟兄弟而友。友也者，友其德也，不可以有挟也。孟献子，百乘之家也，有友五人焉：乐正裘，牧仲，其三人，则予忘之矣。献子之与此五人者友也，无献子之家者也。此五人者，亦有献子之家，则不与之友矣；非惟百乘之家为然也，虽小国之君亦有之。’费惠公曰：‘吾于子思，则师之矣；吾于颜般，则友之矣。王顺、长息，则事我者也。’非惟小国之君为然也，虽大国之君亦有之。晋平公之于亥唐也，入云则入，坐云则坐，食云则食，虽疏食菜羹，未尝不饱，盖不敢不饱也。然终于此而已矣。弗与共天位也，弗与治天职也，弗与食天禄也，士之尊贤者也，非王公之尊贤也。舜尚见帝，帝馆甥于贰室，亦飨舜，迭为宾主，是天子而友匹夫也。用下敬上，谓之贵贵；用上敬下，谓之尊贤。贵贵尊贤，其义一也。”

此一章书是因论友道而见贵贵尊贤，有交相为重之理也。

万章问曰：“朋友，五伦之一。人未有不籍友以相成者，敢问其道为何如？”

孟子曰：“交友之道在忘势分、略形迹、去骄人矜己之念而已。如己虽长，不敢挟其长以加于少者而与之友；己虽贵，不敢挟其贵以加于贱者而与之友；己虽有兄弟之贵盛，不敢挟其有兄弟以加于寡弱者而与之友。盖友也者，所以友其德以为我进修之助也。一有所挟，则其心必不虚，而其意必不诚。有德者不为我友，何以成我之德？故断断乎不可以有挟也。然三者之中，惟不挟贵最难。而求诸古人，则有可历举者，昔鲁有世卿孟献子，百乘之家也，有友五人焉：一曰乐正裘，一曰牧仲，其余三人之姓名，则予忘之矣。夫献子之与此五人友者为何？良以此五人者，皆自高其德，而视献子之家无一毫歆羡之心者也，是以献子与之为友。若此五人者，或有献子之家而不能忘其有位之势，则献子必轻之不与之为友矣，况肯自挟以友人乎？是献子之不挟贵如此。进而观之，非惟百乘之家为然也，虽小国之君亦有之。费邑惠公尝曰：'吾于子思之大贤，德可以仪型者，则以师礼事之矣；吾于颜般之次贤，德可以切磋者，则以友道交之矣；若夫王顺、长息，则事我之人也，吾敢以事我者而置之师友之列哉？观惠公之言，其不挟贵又如此。更进而观之，非惟小国之君为然也，虽大国之君亦有之。晋平公之于亥唐也，尝慕其德而造其庐，当入门之时不遽入也，必唐云入，公则入；当坐之时，不遽坐也，必唐云坐，公则坐；当食之时，不遽食也，必唐云食，公则食。其所食者虽疏食菜羹之薄，未尝不饱；盖敬贤者之命，不敢不饱也。然惜乎终于此而已矣。至于天位之所以官贤者，公弗与之共也；天职之所以任贤者，公弗与之治也；天禄之所以养贤者，公弗与之食也。三者皆王公所有，不能推以与之，而但唯诺承顺。此为士无爵土者之尊贤也，非王公操爵赏者之尊贤也，则亦止可谓之不挟贵而已。更进而上之，则又有尧之于舜，昔者，舜自侧陋上见帝尧，尧妻之以二女，以舜为甥而馆之于贰室，亦尝就舜之馆而飨舜之食，其馆，甥也，舜为宾，尧为主；其飨舜也，尧为宾，舜为主。脱君臣之分，更为宾主之交，是以天子之贵，友匹夫之微者也。此其不挟为何如？是则友道之极也。然所以如此者，岂徒以贵下贱，过自贬损，而不顾义之可否哉？天下有一定之名位，即有独隆之道德。用下而敬上，谓其名位之一定。贵在彼，而吾贵之，是贵贵也；用上而敬下，谓其道德之独隆；贤在彼，而吾尊之，是尊贤也。二者事虽不同，而理各有当贵，贵以尊君，下敬上而非谄尊；贤以尚德，上敬下而非诎。位非独重，德非独轻，皆义当如是而已。夫既同出于义，而可挟贵以待天下之士哉？"

按此章因论朋友，而遂及君臣取友之益止乎一身，用人之功及于天下，则君臣为尤重。孟子见战国之君缪为恭敬，而不肯行其道，故言用贤之道，当与共天位、治天职、食天禄，不仅礼貌之末而已。其实人君若待之非礼，则贤者先自引避，虽欲用之而无由。圣帝明王未有不虚心折节，乐道忘势而可以得贤致治者。故曰，"师臣者王，宾臣者霸。"

万章问曰："敢问交际何心也？"

孟子曰："恭也。"

曰："'却之却之为不恭'何哉？"

曰："尊者赐之，曰，'其所取之者义乎？不义乎？'而后受之，以是为不恭，故弗却也。"

曰："请无以辞却之，以心却之，曰，'其取诸民之不义也，'而以他辞无受，不可乎？"

曰："其交也以道，其接也以礼，斯孔子受之矣。"

万章曰："今有御人于国门之外者，其交也以道，其馈也以礼，斯可受

御与？”

曰：“不可；《康诰》曰：‘杀越人于货，闵不畏死，凡民罔不譈。’是不待教而诛者也。殷受夏，周受殷，所不辞也；于今为烈，如之何其受之？”

此一章书是论交际有可受之义，折衷之，圣人而论定也。

万章问曰：“吾人处世，酬酢万事，皆本于心。敢问人以礼仪币帛相交接者，此何心也？”

孟子曰：“有所敬于内，而后有所将于外。交际之举，彼此相敬，主于却而已。”

万章曰：“交际固为恭矣，然辞受亦所以明礼。乃或有却之而不受者，人遂以为不恭，何哉？”

孟子曰：“凡处人之馈，未有无故而却者，如尊者有赐于我，乃必窃计其从来，曰，‘彼其所取之物以馈我者，果义乎？抑不义乎？必合于义而后受否？则弗受是未免有刻薄之意，鄙其物而轻其人，非所以待尊者之道也。以是即为不恭，故直受而弗却也。”

万章曰：“尊者之赐固不可却，而不义之物终不可受，于此有善处之术。当馈之来，请无以言辞显然却之，但以心测度之，曰，‘此乃不义而取诸民者，无可受之理，’姑托他辞以无受。则在我无不义之污，在彼无不恭之嫌，不亦可乎？”

孟子曰：“辞却固失之径直，心却尤失之诡谲，亦顾其交接何如耳。假使其交也以道，而非出于无名；其接也，以礼而不失之苟简；虽孔子为礼道之宗主，亦受之矣。何以却为？”

万章曰：“若不问其物之所从来，而但观其交际之礼，设有御止人于国门之外而取其物者，即以御得之物与人。其交也以道，其馈也以礼，斯亦可受与？”

孟子曰：“乌乎可？《康诰》之书有曰：‘杀其人矣，而复颠越其人之尸，于以夺其货，闵然蚩顽不知畏死，凡民罔不怨譈。’是不待教戒而即诛者也。国之有法，殷受于夏，周受于殷，莫不皆然，至今犹烈烈光显。是御得之货如此。其有罪也，亦安得以交道接礼而概论哉？如之何其受之乎？苟非然者，亦不必苛责其所从来而坚却之矣。”

曰：“今之诸侯取之于民也，犹御也。苟善其礼际矣，斯君子受之，敢问何说也？”

曰：“子以为有王者作，将比今之诸侯而诛之乎？其教之不改而后诛之乎？夫谓非其有而取之者盗也，充类至义之尽也。孔子之仕于鲁也，鲁人猎较，孔子亦猎较。猎较犹可，而况受其赐乎？”

曰：“然则孔子之仕也，非事道与？”

曰：“事道也。”

“事道奚猎较也？”

曰：“孔子先簿正祭器，不以四方之食供簿正。”

曰：“奚不去也？”

曰：“为之兆也。兆足以行矣，而不行，而后去，是以未尝有所终三年淹也。孔子有见行可之仕，有际可之仕，有公养之仕。于季桓子，见行可之仕也；于卫灵公，际可之仕也；于卫孝公，公养之仕也。”

此三节书是因言交际而论孔子之出处，见圣人未尝绝物也。

万章曰：“御得之货不可受，明矣。然则今之诸侯虐取于民，其不义也，亦犹御得者也。苟善其礼以交际矣。斯君子不问其可否而受之，敢问何说也？”

孟子曰：“今之诸侯取民固多不义，然以法绳之，未即至于御人之盗也。子以为有王者起，明罚勑法将尽今之诸侯而诛之乎？抑待教之不改而后诛之乎？必教之不改而后诛，则与御人不待教而诛者，自不同矣。夫御得之货与取非其有，虽同一不义，然必御人乃为真盗，至谓取非其有为盗者，乃推其类以造于义之极至耳非便以为真也且天下固有不可过求而不嫌从俗者不观诸孔子乎当其仕于鲁也。鲁人田猎较夺禽兽以祭，孔子亦姑从俗猎较而不之禁。夫猎较亦取物之非礼者，尚可以从；而况诸侯之交接，何遂为不可受乎？”

万章曰：“君子之仕，将以道易俗；今孔子从鲁之俗如此，则其仕于鲁也，固非以行道为事与？”

孟子曰：“孔子身任行道之责，行道之外更有何事？乃事道也。”

万章曰：“既以行道为事，则猎较非道，宜有以禁之，而乃从其俗何也？”

孟子曰：“以道易俗，固自有渐。彼猎较供祭所以不止者，由其器无常数，实无常品，故孔子但先以簿书正其祭器，使器有定数，不以四方难继之物供。其簿中之所正，则实有常品。猎较所得之物虽多，亦无所用，将久之而自废矣。此固圣人转移之妙用也，安可谓之非道乎？”

万章曰：“孔子既不能革弊，乃委曲迁就如此，是道已难行矣。奚不决于去也？”

孟子曰：“孔子非难于去也，但世方望我以行道而更张，太骤未免生人疑畏之心。所以不去者，盖欲小试以示人，使知吾道之易行，然后可以次第施焉。而吾道大行之兆，亦即于此卜之耳。若夫兆既可行而人卒不能行其道，然后不得已而去。盖其去虽不轻，而志未尝不决，是以未尝终三年之久淹留于一国也。且孔子行道之心，不但于仕鲁见之，吾历观其出处之迹，大概有三：有见其道有可行之机而仕者，有因其君能接遇以礼而仕者，又有因其君有养贤之典而仕者。于稽其实：于季桓子执政之时，君用之于上，相荐之于下，乃从而仕，是见行可之仕也；于卫灵公之郊迎致粟，乃从而仕，是际可之仕也；于卫孝公之馈问有礼，乃从而仕，是公养之仕也。”

夫孔子为道自重，不肯苟且。然苟可以仕，不必明君贤相而亦就之，况今诸侯之交际，犹知贤者之当重，奈何不为行道之计而重絶之耶？可见圣贤辞受出处，固不徇俗为同，亦不矫俗为异，然非意必固我之尽忘而仕，止久速之合节者，亦岂可自托于孔孟而漫无择于其间哉？

孟子曰：“仕非为贫也，而有时乎为贫；娶妻非为养也，而有时乎为养。为贫者，辞尊居卑，辞富居贫。辞尊居卑、辞富居贫，恶乎宜乎？抱关击柝。孔子尝为委吏矣，曰，‘会计当而已矣。’尝为乘田矣，曰，‘牛羊茁壮长而已矣。’位卑而言高，罪也；立乎人之本朝，而道不行，耻也。”

此一章书是言仕者各有当尽之道也。

孟子曰：“君子之仕也，将以致用于时，而有裨君民之大，非为贫之故也。然亦有道与时违，家贫亲老而资其禄以仕者；犹人娶妻，本以继嗣，非为养之故也；然亦有不能亲操井臼，而资其养以娶者。要皆不得已而然也。夫君子之仕本以为道，至不得已而为贫，则其位禄之所居者，可无审择于其间哉。必也辞其位之尊者而居其卑，附一命之末足矣；辞其禄之富者而居其贫，叨升斗之糈足矣。如此而后为，为贫之仕也；辞尊而居卑，辞富而居贫，将以何者为宜乎？盖为贫之仕，虽不为道，而亦不可以苟禄。其惟守关之役讥，防出入以擊柝为事者，庶易称其职而可居也。试观孔子亦尝为仓廪委积之吏矣，必曰，‘吾司钱穀者也，出纳之数不可不明，惟求其会计当而已矣。’又为苑囿刍牧之吏矣，必曰，‘吾司畜养者也，孳息之物不可不蕃，惟求其牛羊茁然肥壮长大而已矣。’观孔子之言如此。可见为贫而仕，官卑禄薄，惟取其易称职而已。盖人之所处，莫不各有其当为。居微末之位，则国家之责任轻，苟不安其分而越职妄言，高论朝事，非惟无益，适以取祸。出位之罪莫能逭矣。若夫立乎人之本朝，居尊富之地，有行道之责，此岂一官一职之比哉？而乃依阿澳涊，侧足取容，上无以裨益君德，下无以康济斯民，道之所在得行而不行，亦可耻之甚也！”

夫以越位为罪，则见卑贫无行道之责；以废道为耻，则见尊富非窃禄之官。仕者于此，亦可以自审矣。虽然，立人之本朝，位高禄厚，有当行之道者，尤宜取孟氏之言而深思之也与！

万章曰：“士之不托诸侯，何也？”

孟子曰：“不敢也。诸侯失国，而后托于诸侯，礼也；士之托于诸侯，非礼也。”

万章曰：“君馈之粟，则受之乎？”

曰："受之。"

"受之何义也？"

曰："君之于氓也，固周之。"

曰："周之则受，赐之则不受，何也？"

曰："不敢也。"

曰："敢问其不敢何也？"

曰："抱关击柝者皆有常职以食于上，无常职而赐于上者，以为不恭也。"

曰："君馈之，则受之，不识可常继乎？"

曰："缪公之于子思也，亟问，亟馈鼎肉。子思不悦。于卒也，摽使者出诸大门之外，北面稽首再拜而不受，曰：'今而后知君之犬马畜伋。'盖自是台无馈也。悦贤不能举，又不能养也，可谓悦贤乎？"

此一章书是明士之自处与君之待士当各尽其道也。

万章曰："士当未仕时，无以自食，藉诸侯之禄以为养，宜若可为者。乃不肯托于诸侯何也？"

孟子曰："士之分，不敢托于诸侯也。盖诸侯本有爵土，不幸失国出奔，而后托于诸侯以食其廪饩。此在古，寄公之礼也。若士无爵土，不得比于诸侯。苟托于诸侯而食禄，是以一介之士拟邦君之尊，非礼之当然也。"

万章曰："士之不托诸侯固矣，若君馈之粟则亦受之乎？"

孟子曰："君馈之粟如之何不受也？"

万章曰："托之则不可，馈之则受，不识受之为何义也？"

孟子曰："君之于民，固有周恤之义；士而未仕，无异于编氓；是以可受也。"

万章曰："周与赐，皆出于君。今周之粟则受，赐之禄则不受，何也？"

孟子曰："士之不敢受赐，即不敢托于诸侯之意。分定故也。"

万章曰："敢问其不敢受赐何也？"

孟子曰："周无常数，此君待民之礼，无常职者皆可受；赐有常数，此君待臣之礼，无常职者不敢受。故虽抱关击柝之吏，至为卑小，皆有常职，以食其常赐于上。若士未为臣，无常职也，而食常赐于上，是不居臣之职而受臣之食，故以为不恭而不受也。"

万章曰："君馈之，则士受之，不识所馈者可常继续否乎？"

孟子曰："士之自处，固安其分之宜；而君之待士，则自有养贤之礼。昔者，鲁缪公之于子思也，悦其贤也，亟命使者问其安否，又亟命使者馈以鼎肉，自以为能养贤矣。但数以君命来馈，反使贤者有数拜之劳，故子思恶其亵也，不悦于心，于其卒之复来馈，乃麾使出诸大门之外，北面稽首再拜而辞其馈，曰：'向之君命来馈，吾意君以礼贤也。今而后始知君之爱而不敬，特以犬马畜伋尔。'"

盖自是缪公悔悟，不复令台官来馈也。夫悦贤所重在举，不徒在养。今缪公之悦贤，既不能举而用之，又以屑屑问馈之故，不能养贤，尚可谓之悦贤乎？然则国君之所以待士者，可知矣。"

曰："敢问国君欲养君子，如何斯可谓养矣？"

曰："以君命将之，再拜稽首而受。其后廪人继粟，庖人继肉，不以君命将之。子思以为鼎肉使己仆仆尔亟拜也，非养君子之道也。尧之于舜也，使其子九男事之，二女女焉，百官牛羊仓廪备，以养舜于畎亩之中，后举而加诸上位，故曰王公之尊贤者也。"

此二节书见能养能举而后尽悦贤之道也。

万章曰："国君养君子，亟馈既不可，无馈又不可，敢问如何斯可谓之能养矣？"

孟子曰："国君欲养君子，不以君命则简，常以君命则渎。故始而馈粟、馈肉，以君命将之，表其诚敬贤者，再拜稽首而受以重其命，其后使司粟之廪人继送其粟，司肉之庖人继送其肉，不复以君命将之，不使其有亟拜之劳。此固国君养君子之道也。若子思之所以不悦者，以为君之所馈不过一鼎肉耳，乃数以君命来致，使己仆仆然拜赐之不暇，非养君子之道也。此所以麾而不受也。然国君之悦贤不贵其能养，而贵其能尊。昔者，尧之于舜，知其有非常之德，因待以非常之礼，始则使其子九男事之，以听其外治；二女女焉，以听其内治；且有百官以供其使令，有牛羊以待其饎羞，有仓廪以给其饔飧，无一不备以养。舜于畎亩之中，则继粟继肉不足言矣。后又举而加诸上相之位，如此其隆也。能养能举，悦贤之道尽矣。故曰，'必如此乃王公之尊贤者也。'今天下无真能悦贤者，故士亦以礼自待耳，宁敢托焉以苟禄乎按？"

孟子在当时传食诸侯，国君能养者不乏。然其志在行道，不可以口腹虚拘，故每惓惓以能举为言。惜乎！当世终莫之用也。

万章曰："敢问不见诸侯，何义也？"

孟子曰："在国曰市井之臣，在野曰草莽之臣，皆谓庶人。庶人不传质为臣，不敢见于诸侯，礼也。"

万章曰："庶人，召之役，则往役；君欲见之，召之，则不往见之，何也？"

曰："往役，义也；往见，不义也。且君之欲见之也，何为也哉？"

曰："为其多闻也，为其贤也。"

曰："为其多闻也，则天子不召师，而况诸侯乎？为其贤也，则吾未闻欲见贤而召之也。缪公亟见于子思，曰：'古千乘之国以友士，何如？'子思

不悦，曰：‘古之人有言：曰事之云乎？岂曰友之云乎？’子思之不悦也，岂不曰：‘以位，则子，君也；我，臣也；何敢与君友也？以德，则子事我者也，奚可以与我友？’千乘之君求与之友，而不可得也，而况可召与？”

此一章书是言不见诸侯之义也。

万章问曰：“士以用世为心，则以得君为念。乃高尚其志，不见诸侯，敢问何义也？”

孟子曰：“士之不见诸侯，非自尊大，分有所不可耳。自其在国都而言，曰市井之臣；自其在郊野而言，曰草莽之臣。二者皆谓之庶人。庶人不曾传质为臣，与执贽在位者不同，故守为下之分，不敢见于诸侯，礼也。”

万章曰：“士既与庶人等，乃君召庶人而役之，则往应其役；君召士而欲见之，则不肯往见，何也？”

孟子曰：“士与庶人，语分则不异，语道则有异。为庶人者，往，应其役，以卑承尊，义当然也。若为士者，欲以道而见用，必以道而自重，倘召之而即往，则枉道以徇人，守己之义不如是也。惟义有可有不可，故士有往有不往耳。且欲知士不可往见之义，当先知君欲见士之心。子试言，君之汲汲然欲见士者，何为也哉？”

万章曰：“夫君之欲见士者，为其多闻，可为考德问业之资；为其贤，可为正君善俗之助也。”

孟子曰：“既为其多闻，必真知己之不足而奉之为师矣；既以为师，则虽天子之贵犹不敢召师，而况诸侯乎？既为其贤，便当折节下士而就见之，则吾未闻欲见贤而反召之者也。何以见君之不可召士？昔者，鲁缪公慕子思之贤，亟见于子思曰：‘古有抚千乘之国，下友一介之士，此其君为何如？’缪公之意，盖视千乘为甚重，而以友士为盛节矣。子思以其心有所挟而不悦，曰：‘古之人有言，人君于士当师事之，岂但如君所言友之云乎？’吾想子思之不悦也，岂不曰君之于士论德不论位？以位而言，则子，君之尊也；我，臣之卑也。尊卑自有定分，何敢与君友也？若以德而言，则子，当以师道事我，乃可为受益者也，奚可以与我友？此子思之意也。夫以千乘之君，求与一介之士为友，而且不可得，况欲召之往见哉？”

“齐景公田，招虞人以旌，不至，将杀之。志士不忘在沟壑，勇士不忘丧其元。孔子奚取焉？取非其招不往也。”

曰：“敢问招虞人何以？”

曰：“以皮冠，庶人以旃，士以旂，大夫以旌。以大夫之招招虞人，虞人死不敢往；以士之招招庶人，庶人岂敢往哉？况乎以不贤人之招招贤人乎？欲见贤人而不以其道，犹欲其入而闭之门也。夫义，路也；礼，门也。惟君子能由是路，出入是门也。《诗》云：‘周道如底，其直如矢；君子所履，小

人所视。'"

万章曰："孔子，君命召，不俟驾而行；然则孔子非与？"

曰："孔子当仕有官职，而以其官召之也。"

此五节书皆申明士不可召之意。

孟子曰："君不可以召士，不但征诸子思之言，更以齐景公招虞人事观之，昔齐景公出而田猎，招虞人以旌，虞人不至，景公将杀之。孔子闻而美之曰：'志士固穷，不忘死在沟壑；勇士轻生，不忘丧其元首。若虞人者，可以当之矣。'孔子奚取于虞人而美之？若是取非其招而守死不往也，岂士之智反出虞人下哉？"

万章曰："旌固非所以招虞人，敢问招虞人当用何物？"

孟子曰："以皮冠。以其本为虞人之所有事也。若招庶人则以旃，盖通帛为旃，质素无文，犹庶人之无文采也。士以旗，盖交龙为旗象，其有变化之意也。惟招大夫则以旌，盖析羽而注于旗干之首，以象其有文明之意也。各有其义如此。令景公以旌招虞人，是以大夫之招而招虞人，虞人且死守不敢往。即此推之，以招士之旗而招庶人，庶人亦岂敢往哉？夫以贵者之物而招贱者，犹为宠异之特，以招非其物而不欲往，况乎召使往见，此招不贤人之招也。以不贤人之招招贤人，则失礼而辱士甚矣！其肯往乎？此士不见诸侯之义也。然则国君欲见贤人，近则就见，遠则币聘，必以其道而后可。使以不贤人之招招之，则是欲见贤人而不以其道，犹欲其入而闭之门，适以拒其入也。贤何由而得见乎？所以然者，以士有礼义之当守也。夫义者，事之宜，一措足而不容离，如路之平正通達也；礼者，心之制，一措躬而不可越，如门之谨严端直也，是人人之所共由而同其出入者也。但众人每多苟且，惟君子见之明，守之定，而独能由是路出入是门也。《小雅·大东》之诗曰："瞻彼周道，其平坦如砥，其端直如矢；是在上之君子所为率履，在下之小人所为视效者也。'由《诗》言观之，而君子之能由是路出入是门，固可知已若往应不贤人之招，则是由非义之路出入非礼之门，君子岂为之哉？此欲见贤人者必当以其道也。"

万章曰："君子秉礼守义，固不往见。如孔子闻君命召即不俟驾而行，然则孔子之往见非与？"

孟子曰："是何得轻议孔子哉？孔子所以不俟驾者，以其当仕而有官职之事，而君亦以其官召之也。若未有官职，则市井草莽之臣耳，岂得借口于孔子遂轻身而往哉？盖臣有相临之分，分之所在虽孔子不敢违；士有自守之节，节之所在虽虞人不可屈。即同一为臣，亦自有辨。或爵位高卑之不同，或流品清浊之殊异，人君待之各以其礼，而使之各尽其道，则体统隆于上，而廉耻励于下矣。"

孟子谓万章曰："一乡之善士斯友一乡之善士，一国之善士斯友一国之善士，天下之善士斯友天下之善士。以友天下之善士为未足，又尚论古之人。颂其诗，读其书，不知其人，可乎？是以论其世也，是尚友也。

此一章书是言取善之道无穷，在己不可以自足也。

孟子谓万章曰："君子取善之道固当博资于人，尤必审度于己。假如我之善行在一乡，卓然为一乡之善士；然后一乡之有善者，我皆得而友之，而一乡之善莫非我善矣。进而在一国，卓然为一国之善士，然后一国之有善者，我皆得而友之，而一国之善莫非我善矣。又进而在天下，卓然为天下之善士，然后天下之有善者我皆得而友之，而天下之善莫非我善矣。夫至于友天下之善士，则固通天下于一身，而取善之量亦已广矣。乃其心犹以为未足，又进而考论乎千百世之上，稽古帝王圣贤之为人，于其诗则颂之，于其书则读之，然颂诗读书而不知其为人之实，则亦口耳之资而已，乌乎可又必缘其世代之升降，考其行事之异同，帝所以为帝，王所以为王，圣所以为圣，贤所以为贤，恍如身履其地，亲炙其风，晤对一堂之上，而古人之嘉言懿行，皆我进修之藉矣。谓之尚友不亦宜乎？盖至于尚友而后，取善之量始造其极也已。"

可见学问之道，今人与居，又必古人与处。论其世，岂徒欲知其人哉？见唐虞之成天平地，君便思为尧舜，臣便思为皋夔。见三代之长治久安，君便思为禹、汤、文、武，臣便思为益、尹、旦、奭。上下交修，孜孜不怠，如此，则德必日进，治必日隆，而古今人无不相及之叹矣。

齐宣王问卿。孟子曰："王何卿之问也？"

王曰："卿不同乎？"

曰："不同；有贵戚之卿，有异姓之卿。"

王曰："请问贵戚之卿。"

曰："君有大过则諫；反复之而不听，则易位。"

王勃然变乎色。

曰："王勿异也。王问臣，臣不敢不以正对。"

王色定，然后请问异姓之卿。

曰："君有过则谏，反复之而不听，则去。"

此一章书是论古大臣之义，守经行权各有不同也。

齐宣王问为卿之道于孟子。孟子曰："王何卿之问也？"

齐王曰："名之为卿，均系重臣。亦有不同者乎？"

孟子曰："不同；有从同姓之中登用而为贵戚之卿者，有从疏逖之中登用而为异姓之卿者。"

齐王曰："请先问贵戚之卿。"

孟子曰："贵戚之卿与国家有亲亲之恩谊，共安危，同休戚。若遇君有大过，可以为宗社忧者，则亟亟焉尽言以諫之；谏之而听，固社稷苍生之福也；万一不幸，反复谏之，而终于不听，则不忍坐视其亡，而必更立本宗之有贤德者以代之，所以存祖宗之统于勿坠，不得已而为之也。是则贵戚之卿達权救变之义如此。”

齐王闻易位之言，骇其太过，不觉勃然变乎色。

于是孟子告之曰：“王勿异臣言也。王问臣，臣谨据古制以对；若忌讳而不言，则不正矣，臣岂敢哉?”

齐王色定，然后请问异姓之卿。

孟子曰：“异姓之卿与贵戚之卿异，一遇君之有过，可以为宗社忧者，亦亟亟焉尽言以諫之，若不幸而反复尽言，终于不听，则忠议谠论置之无用之地。上无受善之诚，斯下无可仕之义，安可贪恋爵禄而久居其国哉？惟有奉身而退以洁然逺去耳。是则异姓之卿，合则留，不合则去之义如此。”

大抵孟子所言之卿虽不同，其忠君之心则一。人主诚知人臣进谏，本由忠爱而虚怀嘉纳，从善弗咈，则君臣有始终之美，而令闻昭于无穷。此魏征之告太宗所以愿为良臣，不愿为忠臣也。

《日讲四书解义》卷二十三

孟子 下之五

告子章句上

告子曰："性犹杞柳也，义犹杯棬也；以人性为仁义，犹以杞柳为杯棬。"

孟子曰："子能顺杞柳之性而以为桮棬乎？将戕贼杞柳而后以为杯棬也？如将戕贼杞柳而以为杯棬，则亦将戕贼人以为仁义与？率天下之人而祸仁义者，必子之言夫！"

此一章书是辨异端性恶之说也。

告子不知性而妄言曰："今之言性者，必言仁义。此岂性之本然者哉？自吾观之，人之生而有性，犹杞柳之质，一物之蠢然者也；人之行事而有仁义，犹桮棬之器必有待而成也人。性本无仁义之名，以人性而强为仁义，犹杞柳本无桮棬之形，乃以杞柳而强为桮棬，皆人力使然而已。"

孟子曰："杞柳本非杯棬固矣，但子谓以杞柳为杯棬，其能顺杞柳之性，不待矫揉造作，而遂自然以为杯棬乎？必将斩伐之，屈抑之，戕贼杞柳之本然，矫揉造作，而后以为杯棬也。如将戕贼杞柳而后以为杯桊，则亦将戕贼人之性以为仁义与？此言一出，人皆曰仁义非有利于性，而实有害于性，于是相与弃仁灭义而不为，是率天下之人以归于不仁不义，而为仁义之祸者，必由子之言也夫！"

盖仁义即是人性。故事父即知孝，事君即知忠，无有一毫勉强，其有不忠不孝者，乃是气质锢蔽而昧其本来尔。告子论性，悮认有生以后之气质，而不知降衷以来之本体。此说一行，人既以仁义为性外之物，亦将视君父为性外之人，毁忠灭孝，废伦叛纪，何所不至？其害可胜道哉！孟子所以亟辟之也。

告子曰："性犹湍水也，决诸东方则东流，决诸西方则西流。人性之无分于善不善也，犹水之无分于东西也。"

孟子曰："水信无分于东西，无分于上下乎？人性之善也，犹水之就下

也。人无有不善，水无有不下。今夫水，搏而跃之，可使过颡；激而行之，可使在山。是岂水之性哉？其势则然也。人之可使为不善，其性亦犹是也。”

此一章书是辩异端性善恶混之说也。

告子以杞柳喻性，既为孟子所辟，复遁其说，曰：“人性无一定之体，取而譬之，犹湍水之为物波流潆洄，而未有所之也。但决诸东方则从而东流，决诸西方则从而西流。人性之无分于善不善，顾其所习何如；犹水之无分于东西，顾其所决何如耳。性无定体，水无定向，一而已矣。”

孟子曰：“子以水喻性，不若即以水性喻人性之为切。夫决东则东流，决西则西流，水信无分于东西矣，然岂无分于上下乎？其可决之而使东者，必东之下其可决之；而使西者，必西之下也。人性之原于天者，本浑然而至善；犹水之流于地者，本沛然而就下也。既名曰人，一定皆善，决无有不善；既名曰水，一定就下，决无有不下。盖性有定体，水有定向，乃理之必然者也。然人性皆善，而或有不善者何哉？盖有其故尔：今夫水性本下也，或搏击而跃起之，可使上而过颡；或壅激而逆行之，可使上而在山。岂水之性不下哉，搏激之势使然也。然则人性本善，而有时可使为不善者，岂人性本然哉？特为物欲所溺，亦犹水为搏激所使也。奈何因人之习为不善，而遂谓性无定体也哉？”

按朱熹言性本善，故顺之而无不善；性本无恶，故反之而后为恶。诠孟子之义极明，邪说不攻自破矣。人主知此以立教、出治，顺其本性而不反其本性，天下之人孰不勉于善而去不善也哉？

告子曰：“生之谓性。”

孟子曰：“生之谓性也，犹白之谓白与？”

曰：“然。”

“白羽之白也，犹白雪之白；白雪之白，犹白玉之白与？”

曰：“然。”

“然则犬之性犹牛之性，牛之性犹人之性与？”

此一章书是辨异端以气为性之说也。

告子又曰：“人有此生，斯有此性。性之在人，与生俱生；若舍所谓知觉运动者，岂别有性哉？”

盖告子前后论性不一，其大意总不出于此。

孟子从而诘之曰：“子以凡有生者即谓之性，犹如凡物之白者皆谓之白，更无差别与？”

告子答曰：“然。”

孟子复诘之曰：“白之在物者，有羽，有雪，有玉，而色则无异也。今子以白之谓白，是不原其物之异，而惟论其色之同，将谓白羽之白也犹白雪之白，而无所异；白雪之白犹白玉之白，而无所异与？”

告子又答曰：“然。”

观告子之言，则是谓凡有生者同是一性矣。

孟子因折之曰：“子谓凡物之白者皆谓之白，则是凡人物之生者皆谓之性，然则犬牛与人皆有知觉运动，子将谓犬犹夫牛，牛犹夫人，而其性一无差别与？吾知生则人物所同，性则人物各异。人与物虽同得乎天之气以为生，而实各得乎天之理以为性，此所以人无不善，而为万物之灵也。子安得混而为一哉？”

按《书》言：“惟皇上帝，降衷于下民。”《春秋传》言：“民受天地之中以生。”所谓性者，即此浑然同具之理。至于所禀之气，则清浊厚薄，万有各别，岂独物与人迥然不类，即人之中圣贤庸愚，亦有不可强齐者。告子不知理一分殊之义，而误以气为性，所以其说愈变而愈谬也。

告子曰：“食、色，性也。仁，内也，非外也；义，外也，非内也。”

孟子曰：“何以谓仁内义外也。？”

曰：“彼长而我长之，非有长于我也；犹彼白而我白之，从其白于外也，故谓之外也。”

曰：“异于白马之白也，无以异于白人之白也；不识长马之长也，无以异于长人之长与？且谓长者义乎？长之者义乎？”

曰：“吾弟则爱之，秦人之弟则不爱也，是以我为悦者也，故谓之内。长楚人之长，亦长吾之长，是以长为悦者也，故谓之外也。”

曰：“耆秦人之炙，无以异于耆吾炙，夫物则亦有然者也，然则耆炙亦有外与？”

此一章书是辨异端义外之说也。

告子终以知觉运动为性，因复言曰：“人之于食即知甘，于色即知悦，皆生而能然者也，性也。即其甘之悦之之心生于内，可见凡仁爱之心是由衷而出者，内也，非外也；可甘可悦之宜由于外，可见凡事物之宜是因感使然，外也，非内也。然则学者但当用力于仁，而何必强求合于义也哉？”

孟子曰：“仁、义一理，皆吾性所固有，子何故以仁为内、而义为外乎？”

告子曰：“我谓义外，固自有说，如彼人年长而称之为长，不过因其长而长之，非我先有长之之心；犹彼人色白而我称之为白，不过从其白于外，而非我先有白之之心也。由此观之，长不由乎我而由乎人，事物之宜果在外矣，我所以言义外也。”

孟子因其喻而辨之曰：“子以白喻长，实非其伦。盖白无不同，长则有不同。如白马之白，无异于白人之白，固已；至若长马之长，不过口称其长，若长人之长，则必有恭敬之心，而与长马不同。不识长马之长也，竟无异于长人之长与？即此长人不同于长马，必由吾心之制，乃所谓义也。且子所谓义者，果以彼年长于我而以长者为义乎？抑因彼之长，而吾有恭敬之心，以长之者为义乎？如以长者为义则敬由乎人义诚在外如以长之者为义则敬由中出义岂在外？告子曰吾非以长者为义，但自其长之不同于爱者观之，则仁自内而义自外耳。如吾弟至亲，吾则爱之；秦人之弟其分疎，吾则不爱；是爱主于我，悦乎我之心则爱之，不悦乎我之心，人不能强吾爱也。故谓仁在内也。若义，则异是矣。均之长也，楚人之长，有可长，吾长之；吾之长有可长，吾亦长之。是敬缘于长，凡遇长皆在所悦，而未必出于吾心也，故谓义在外也。"

告子此言是犹于长者谓义，而不于长之者谓义，其惑益甚矣。

孟子因其明于甘食之性，而以耆炙之说晓之曰："长楚人之长，亦长吾之长，不特于人为然，即如耆秦人之炙，亦耆吾之炙而无异。物之有同者也，子谓以长为悦而谓义在外，然则耆炙者以炙为悦，亦将谓耆之者在外与？吾之耆虽在外，而所以耆之者心；长虽在外，而所以长之者心。心既在内，而义之非外，明矣！"

孟子论义于此，可谓至精。事之可否虽在物，事之所以可、所以否，使其施之各当，则在我。故曰义者事之宜，心之制。有天下国家者，欲使事事物物有条有理，亦何可一日少裁制之宜哉？

孟季子问公都子曰："何以谓义内也？"

曰："行吾敬，故谓之内也。"

"乡人长于伯兄一歳，则谁敬？"

曰："敬兄。"

"酌则谁先？"

曰："先酌乡人。"

"所敬在此，所长在彼，果在外，非由内也。"

公都子不能答，以告孟子。

孟子曰："敬叔父乎？敬弟乎？彼将曰：'敬叔父。'曰：'弟为尸，则谁敬？'彼将曰：'敬弟。'子曰：'恶在其敬叔父也？'彼将曰：'在位故也。'子亦曰：'在位故也。'庸敬在兄，斯须之敬在乡人。"

季子闻之，曰："敬叔父则敬，敬弟则敬，果在外，非由内也。"

公都子曰："冬日则饮汤，夏日则饮水，然则饮食亦在外也。"

此一章书是明义内之说也。

孟季子闻孟子义内之说而未达，私问公都子曰："人皆以义为外，夫子何独以义为内也？"

公都子曰：”义主于敬，所敬之人虽在外，然用吾心之敬以敬之，是敬由心生，不自外至，故夫子以义为在内也。”

孟季子曰：“敬虽在内，而所敬之人则在外。试以敬长而言，伯兄长于我，我所敬也；假令乡人又长于伯兄一岁，则谁敬乎？”

公都子曰：“敬以亲疏为厚薄，乡人虽长，疎不踰亲，必当敬兄也。”

孟季子曰：“伯兄固当敬矣。假令与乡人同饮，有伯兄在酌，则谁先乎？”

公都子曰：“酌以宾主分先后。伯兄虽亲，主不先客，必当先酌乡人也。”

孟季子曰：“如此可见，所敬在伯兄，所酌又在乡人。惟视其人以为转移，其权全不在我，是义果在外，非在内也。”

公都子不能答，以告孟子。

孟子曰：“敬长之心本在于内，而季子以为在外，即如其言，何难辨之有？子试问之曰，‘弟与叔父皆属至亲，敬叔父乎？敬弟乎？’彼必曰，‘卑不抗尊，敬叔父矣。’子又问曰，‘弟为尸，以象祖考，则谁敬乎？’彼必曰，‘弟既为尸，敬弟矣。’子即曰，‘既曰敬弟，则叔父不得伸其尊，恶在其敬叔父也？’彼必曰，‘所以敬弟者，以在尸位故也。’盖当其在尸位，则叔父与弟皆子孙。子孙以敬祖考为重，敬弟者，敬祖考也。’子亦曰，‘所以先酌乡人者，以在宾位故也。’盖当其在宾位，则伯兄与我皆主人，主人以敬宾客为重，敬乡人者敬宾客也。然则所敬在此者，庸敬之在兄也，亦犹敬叔父之常耳；所长在彼者，斯须之敬在乡人也，亦犹敬弟之暂矣。或常或暂之间，其敬皆由中出，则义之在内，又何疑乎？”

孟季子闻孟子与公都子之言，复曰：“当敬叔父时则敬叔父，当敬弟时则敬弟，因其人而致其敬，义果在外，非在内也。”

盖其心犹未悟，故仍执前说。于是公都子就易见者晓之曰：“子以敬为在外，何不观饮食之事乎？冬之日宜汤则从而饮汤，夏之日宜水则从而饮水。子以因人起敬谓之在外，则将以因时酌宜，所以饮食者亦在外与！吾知饮汤饮水，其饮虽同，而冬夏之异则辨于一心。是故事物之宜在外，而所以斟酌事物之宜则在心也。此其所以为义内也，尚何疑于夫子之谓乎？”

按孟子义内之辨最简最明，而告子、孟季子词虽屡诎，而意终不悟。此真异端之学所谓不得于言，勿求于心者与？

公都子曰：“告子曰：‘性无善无不善也。’或曰：‘性可以为善，可以为不善；是故文武兴，则民好善；幽厉兴，则民好暴。’或曰：‘有性善，有性不善；是故以尧为君而有象；以瞽瞍为父而有舜；以纣为兄之子，且以为君，而有微子启、王子比干。’今曰‘性善’，然则彼皆非与？”

孟子曰：“乃若其情，则可以为善矣，乃所谓善也。若夫为不善，非才之罪也。”

此一章书是正言性善之旨也。

公都子问曰：“天下之言性者不一，各执其说以争辩；如告子曰：‘性无有善，无有不善，谓全不可以善、不善名也。’此一说也。

或又曰：‘性可以使为善，可以使为不善，无有一定，惟顾其所习何如尔。是故文武之君在上率民以善，则民皆化而为好善之民；幽厉之君在上率民以暴，则民皆化而为好暴之民’。此又一说也。

或又曰：‘有性善，有性不善，本其生禀之异而自不可移。是故以尧之圣为君，而有傲象之臣不能使不善为善；以瞽瞍之顽为父而有圣舜之子；以无道之纣为兄之子，且以为君，而乃有微子启、王子比干之仁与圣，不能使善为不善。此又一说也。

三说之不同如此，皆未有以性善言者。今夫子独排众论而曰性善，然则彼之言皆非与！”

孟子曰：“众人论性皆致疑于善恶之间，而我独谓性善者，非无所据也。论性于无感之初，至善中存似无形象之可言，乃若其性之发而为情，卒然勃然之间真机毕露，则但可以为善而不可以为恶，则性之本善可知矣。此乃吾之所以谓性为善也。然情既可以为善，则似莫不具为善之才，乃有昏愚暴戾；而为不善者，盖物欲之累，陷溺其良心，人为之私戕贼其真性，性本善而人自底于不善耳。于才何罪哉？知才之善则知情之善，而无疑于性之善矣。纷纷之说不亦谬乎？”

“恻隐之心，人皆有之；羞恶之心，人皆有之；恭敬之心，人皆有之；是非之心，人皆有之。恻隐之心，仁也；羞恶之心，义也；恭敬之心，礼也；是非之心，智也。仁义礼智，非由外铄我也，我固有之也，弗思耳矣。故曰：‘求则得之，舍则失之。’或相倍蓰而无算者，不能尽其才者也。《诗》曰：‘天生蒸民，有物有则。民之秉夷，好是懿德。’孔子曰：‘为此诗者，其知道乎！’故有物必有则，民之秉夷也，故好是懿德。”

此二节书实指情与才之善，以证性之无不善也。

孟子曰：“我谓情善而性无不善也，于何见之？盖以人有此情，由有此性。同此性则同此善，即如恻隐之心人，孰不有之乎？羞恶之心，人孰不有之乎？恭敬之心，人孰不有之乎？是非之心，人孰不有之乎？此情之所以为善也，而实根之于性。恻隐之心非他，即吾性之仁主于爱者是也；羞恶之心非他，即吾性之义主于宜者是也；恭敬之心非他，即吾性之礼主于敬者是也；是非之心非他，即吾性之智主于辨者是也。仁义礼智虽见端乎外，非由外来，而铄及于我也，我性中固有之也；惟其为固有之理，所以发而为才，无不可以为善者，但人自不思而反求之已耳。故曰性具于心，苟思而求之，则得其固有而为圣为贤；不思而舍之，则失其固有而为愚不肖，以至于善恶相去，或相倍蓰，而非算数之所能计者。由人自不思不求，不能察识扩充，以尽其才之分量也。凡此者非我之私言，盖尝征诸《诗》与孔子之言矣。《大雅·烝民》之诗曰：'天生众民，有形气者为物，有天理者为则。此民所秉执之常性，无不好是懿美之德者。'夫物与则有精粗之分，秉与好有寂感之异，而《诗》顾合而言之，诚有深义于其间矣。是以孔子读是诗而叹曰：'为此诗者，其知性情之道乎？'盖天之生人，非徒赋之以形而已，得其气以成形而有物，即得其理以成性而有则，未有物具而则不具者。是物之则，乃民之所秉执以为常性也。以其性之有常，故懿美之德自由中以好之，達诸天下而同有，其则亦达诸天下而同有；其好不独圣哲有独契，而庸愚亦有同心也。"

由《诗》与孔子之言观之，德而曰懿，可以证性善矣；懿德而曰好，可以证性善而情亦善矣。即此可知人性之皆善，而彼三说者不辩而自明矣。孟子前后论性善，皆指其存者而言；此独举其发者而言，盖惟其发无不善，故益信其存无不善，反复开譬，总欲人因一端着见之明，悟本来固有之理，其词愈切，而其义愈显矣。

孟子曰："富岁，子弟多赖；凶岁，子弟多暴；非天之降才尔殊也，其所以陷溺其心者然也。今夫麰麦，播种而耰之，其地同，树之时又同，浡然而生，至于日至之时，皆熟矣。虽有不同，则地有肥硗，雨露之养、人事之不齐也。故凡同类者，举相似也，何独至于人而疑之？圣人与我同类者。"

此一章书是实指性善之同，然以见不可不反求也。

孟子曰："富歲之子弟多有所赖，藉而为善；凶歲之子弟多至于暴，弃而为不善。犹是子弟也，而多暴异于多赖者，岂天赋富歲子弟以为善之才，而不赋凶歲子弟以为善之才哉？盖凶歲衣食不足，迫于饥寒，礼义不暇顾，而非僻之念生，有所以陷溺其心者，以至于多暴而然也。若论其心，固统性情与才，而无有不善者，又岂有不同者乎？试即物之同者推之，今夫麰麦之为物，播其种而复耰以覆之，其地既同，树之及时，又同萌芽之发，无不浡然而生，至于日至之时，皆已成熟矣，何尝有不同者？乃其收获不能无多寡之异，则因地之有肥硗，雨露之滋养与人事勤惰之不齐也，于麰麦何与哉？不特麰麦为然，天下之物，必其类之不同则不相似耳。苟凡同类之物，则固无有不相似者，何独至于人而疑其有不相似乎？"

盖虽圣人之德，大远于凡人，而究其厥初，共禀是气，共受是理，未尝有所分别，谓非与我同类可乎？夫圣人既与我同类，则性之无不善可知矣。

"故龙子曰：'不知足而为屨，我知其不为蒉也。'屨之相似，天下之足同也。口之于味，有同耆也；易牙先得我口之所耆者也。如使口之于味也，

其性与人殊，若犬马之与我不同类也，则天下何耆皆从易牙之于味也？至于味，天下期于易牙，是天下之口相似也。惟耳亦然。至于声，天下期于师旷，是天下之耳相似也。惟目亦然。至于子都，天下莫不知其姣也。不知子都之姣者，无目者也。故曰，‘口之于味也，有同耆焉；耳之于声也，有同听焉；目之于色也，有同美焉。至于心，独无所同然乎？心之所同然者，何也？谓理也，义也。圣人先得我心之所同然耳。故理义之悦我心，犹刍豢之悦我口。”

此五节书是即人身之同，以见人性之同也。

孟子曰："人性之同，既征之于同类矣；更即人之一身观之，龙子尝有言曰，‘屦之为物，缘足而造，织屦者不知人足之大小，而任意为之，虽未必一一中度，然大以成大，小以成小，我知皆必有用，决不至于为蒉也。’是则天下之足无有不同，如此，且不但足而已。推之于口，其于甘旨之味亦有同耆也。虽古之知味如易牙，其人者不过先得我口之所以耆者也，如使其口之于味全与人殊，有若犬马异物之不与我同类也，则天下之人何其所耆，皆从易牙之所调，而共以为美也。至于味，天下皆期于易牙，是天下之口相似也。又不但口而已，惟耳亦然。至于声，其调钟协律，天下之人皆期必于师旷之所和，而共以为美。是天下之耳相似也。又不但耳而已，惟目亦然。至于古之美色如子都者，天下之人莫不知其为姣好之男子也，若不知子都之姣者，必无目之人，不能见其色者也，是天下之目相似也。即众体之皆同如此，吾故曰：‘口之于味，天下期于易牙，而知耆味无不同；耳之于声，天下期于师旷，而知好音无不同；目之于色，天下期于子都而知悦色无不同。夫口耳目皆以形用者，尚有所同，然至于心，为口耳目之主，而以神行者独无所同然乎？心之所同然者何也？谓此降衷之理，即吾心之体；处物之义，即吾心之用也。虽穷理精义如圣人，亦不过先知先觉，得我心之同然耳，何尝别有所禀赋哉？故理义之在我心，不独圣人悦之，凡人无不悦之。盖根之于性，同此秉彝之良；则悦之于心，同此懿德之好。犹夫刍豢之味，其悦我口也，尽人皆然也；举天下之人莫不口悦刍豢，则举天下之人莫不心悦理义。此理义所以为同然之心，而圣人与我同类也。彼为暴者，自失其本心，而岂才之罪哉？"

上章既言性善本我固有，反求之而即得。此又直指性之于善，即如口耳目之于味声色，人人同具。圣人与我初无差别，以见决不可不反求，奈何味则知甘，声色则知美，而理义则不知好，从其小体而反弃其大体哉？

孟子曰："牛山之木尝美矣，以其郊于大国也，斧斤伐之，可以为美乎？是其日夜之所息，雨露之所润，非无萌蘖之生焉，牛羊又从而牧之，是以若彼濯濯也。人见其濯濯也，以为未尝有材焉，此岂山之性也哉？虽存乎人者，

岂无仁义之心哉？其所以放其良心者，亦犹斧斤之于木也，旦旦而伐之，可以为美乎？其日夜之所息，平旦之气，其好恶与人相近也者几希，则其旦昼之所为，有梏亡之矣。梏之反复，则其夜气不足以存；夜气不足以存，则其违禽兽不远矣。人见其禽兽也，而以为未尝有才焉者，是岂人之情也哉？"

此一章书是言良心之在人，不可不尽存养之功也。

孟子曰："德性虽命于天，而培养全在于人。试以物观之，齐有牛山，其木茂盛，吾尝见其美矣。但以近大国之郊，举国之人樵采其中，斧斤伐之者众，岂能复有其美乎？然其美虽失，而其本犹在，日夜之间气化之所生息，加以雨露之所滋润，非无萌蘖之复生焉。夫何牛羊又从而牧之、生之者未几，戕之者复至，是以若彼濯濯然而光洁也。人见其濯濯然光洁，遂以牛山为未尝有材焉者，此岂山之性使然哉？亦斧斤伐之于先，而牛羊牧之于后，令其萌蘖无遗尔。不特山木为然也，虽存乎人者孰无仁义之心哉？其秉彝之良不学而知，不虑而能，本然之善随感随见，一如山木之美矣。顾人不能保守，斲丧戕贼，亦犹斧斤之于山木，旦旦而伐之，可以为美乎？然善心虽遭陷溺，而善端终难尽泯，其日夜之间未与物接，少有静息，以至平旦之时，前境既往，后境未来，良心定然发露，好恶之正与人相近者几希。夫何旦昼之所为，又皆不仁不义之事，梏而亡之矣？夫昼之所为既有以害其夜之所息，夜之所息又不能胜其昼之所为，是以梏之反复展转而不已，则其夜时清明之气日以寖薄，不足以存其仁义之良心；夜气既不足以存，则虽腼然有人形，而实违禽兽不远矣。人见其远于人而近于禽兽也，而以为斯人未尝有天降之才焉者，是岂人之情使然哉？亦旦昼之梏亡令其陷溺无余尔，可不惧哉！"

"故苟得其养，无物不长；苟失其养，无物不消。孔子曰：'操则存，舍则亡；出入无时，莫知其乡。'惟心之谓与？"

此二节书见养心之功贵乎操存也。

孟子曰："山木之生意不息，人心之生理无穷，顾养之何如耳。故凡天下之物，苟得其培养之道，则无物不长，况心之生机未尝灭息者乎？苟失其培养之道，则无物不消，况心之萌蘖仅存无几者乎？存养之功其紧要如。此孔子尝有言曰：'有物于此，操之则收敛而存，舍之即放失而亡。方其存也有时而人，一瞬息而入者忽复出，出入初无定时。方其入也有时在内，一俄顷而内者忽在外，外内亦无定乡。'如此者，其惟心之谓与？"

盖忽动忽静，既无机缄之可测；忽理忽欲，又无方所之可求。存之既极难，而失之又极易。此孔子所以危言之以警人也，人可不知警醒，而任其心之放而不收也哉？大抵操存工夫不出乎主敬，克念罔念，天理人欲皆判乎此。果能自强不息，使此心刻刻湛然以造乎至精至粹之域，则静亦定，动亦定，虽日应万变，而主宰常在乎我，尚何出人存亡之足言哉？

孟子曰："无或乎王之不智也。虽有天下易生之物也，一日暴之，十日寒之，未有能生者也。吾见亦罕矣，吾退而寒之者至矣，吾如有萌焉何哉？今夫弈之为数，小数也；不专心致志，则不得也。弈秋，通国之善弈者也。使弈秋诲二人弈，其一人专心致志，唯弈秋之为听。一人虽听之，一心以为有鸿鹄将至，思援弓缴而射之，虽与之俱学，弗若之矣。为是其智弗若与？曰：非然也。"

此一章书是孟子为齐王用贤不专而发也。

昔孟子之于齐，王既进见，时少，无以胜群邪之交蔽；而齐王之于孟子，又听信不专，有以分其心于多途。故孟子私论之曰："君德莫大于智，而智所自成虽本于性生，亦由于辅导。今王之不智，乃理之当然，无足疑怪也。盖人主之心，养之以义理则明，诱之以物欲则昏，犹草木然，生于阳和而悴于阴惨。虽有天下易生之物，若使一日暴之，得乎阳和之气少；十日寒之，得乎阴惨之气多，未有不枯槁而能生者也。吾见王之时罕，则义理之浸灌不深，无异一日暴之也。吾退而谄谀杂进，则物欲之蒙塞何限？无异十日寒之也。王虽善端发见，非无萌蘖之生，吾其如之何哉？亦终于昏昧而已！然此未可专为寒之者咎也，亦王听信之未诚耳。今夫弈之为数，特技艺之末，小数也。不专一其心以致极，其志之所向则不得乎弈之精也。如弈之名秋者，通国以为善弈者也。使弈秋教二人以弈，其一人专心致志，惟弈秋之言为听；一人虽听之，乃一心以为有鸿鹄将至，思弯弓系矢而射以取之，虽与彼人俱学于弈秋，必弗若其学之精矣。为是其生禀之智弗若与？非然也，乃心不及其专，志不及其致也。然则王之不智，固羣邪寒之者之罪，亦岂非王鸿鹄其心之过乎？"

盖人臣以正君为先，而欲得正君之益，又视君之所以信用之者之若何耳？明君任贤之心诚专，则君德日新，贤才日进，尚何一暴十寒之为害也哉？

孟子曰："鱼，我所欲也，熊掌亦我所欲也；二者不可得兼，舍鱼而取熊掌者也。生亦我所欲也，义亦我所欲也；二者不可得兼，舍生而取义者也。生，亦我所欲，所欲有甚于生者，故不为苟得也；死亦我所恶，所恶有甚于死者，故患有所不辟也。如使人之所欲莫甚于生，则凡可以得生者，何不用也？使人之所恶莫甚于死者，则凡可以辟患者，何不为也？由是则生而有不用也，由是则可以辟患而有不为也。"

此一章书是孟子欲人察识其本心也。

孟子曰："观于人之欲恶，而可以知此心之所自具者矣。今夫鱼之味美，我所欲也，熊掌之味亦美，亦我所欲也；其或得鱼则失熊掌，得熊掌则失鱼，二者不可得兼，则熊掌较鱼为尤美，宁舍鱼而取熊掌者也。养生而不害其生，我所欲也，守义而不亏于义，亦我所欲也；其或求生则无以全义，求义则无以保生，二者不可得兼，则义较生为尤重，宁舍生而取义者也。人之所以舍生取义者何哉？生本无不欲，而其心之欲义更甚于生，故不为苟且以得生也；欲生则无不恶死，而其心之恶不义更甚于死，故虽当患难而甘死不辟也。夫此欲恶之甚于生死者，乃秉彝之良心也。如使人无欲义之良心，而所欲莫甚于生，则凡可以为得生之计者，何不用也？而安肯轻生？如使人无恶不义之良心，而所恶莫甚于死，则凡可以为辟患之地者，何不为也？而安肯赴死？由其心唯义之是欲，则生而或悖于义，有不用也；由其心唯不义之是恶，则可以辟患而入于不义，有不为也。则人之生而具此秉彝义理之心也，亦必然而无疑者尔。故所欲有甚于生者，恶有甚于死者。"

"非独贤者有是心也，人皆有之，贤者能勿丧耳。一箪食，一豆羹，得之则生，弗得则死，嘑尔而与之，行道之人弗受；蹴尔而与之，乞人不屑也。万钟则不辨礼义而受之。万钟于我何加焉？为宫室之美、妻妾之奉、所识穷乏者得我与？乡为身死而不受，今为宫室之美为之；乡为身死而不受，今为妻妾之奉为之；乡为身死而不受，今为所识穷乏者得我而为之，是亦不可以已乎？此之谓失其本心。"

此四节书是指人羞恶之本心，使失其心者知所儆也。

孟子承上文言："欲生恶死，人之常情。而今由秉彝之良心观之，其欲义甚于生，其恶不义甚于死，非独贤者有是欲恶之心也，凡人皆有之。但众人汩于利欲而忘焉，唯贤者能持守而勿失耳。实则贤愚同具，并无丰啬也。于何验之？一箪食、一豆羹，为物甚微，而在饥者得之则生，弗得则死，以生死所系，宜其欲食之急，而不暇计礼义之若何矣；然苟口呼而授之食，虽行道之常人弗肯受，更足践而授之食，虽乞人不以为洁也。夫当死生之际而犹恶无礼，宁死而不食，可见欲恶有甚于生死者，乃人人所固有之心也。既为人人固有之心，一旦至放而不存者，其由安在箪食豆羹之微，不以死生之故而遂受者，辨礼义也；万钟之富则不辨礼义之当得与否，而冒焉受之，将为一身计乎？万钟于我身，何所增益焉？其为欲求宫室之华美，妻妾之供奉，所知识之穷乏者，感我之惠而受此万钟与？较之所以处箪食豆羹者，亦甚相远矣。凡人之切身者，唯死生为重，举身外之物非可与死生并视也。乡为身死而不受嘑蹴之食，今乃为宫室之美，受此无礼义之万钟；而亦为之乡为身死，而不受嘑蹴之食；今乃为妻妾之奉，受此无礼义之万钟；而亦为之乡为身死，而不受嘑蹴之食；今乃为所识穷乏者，得我受此无礼义之万钟；而亦为之以切身者而不顾焉，以身外者而必恤焉，是亦不可以已乎？可已而不已，其于本然之良心丧失尽矣。人可不以是为戒哉？"

甚矣，物欲之易昏也！以不受箪食豆羹之心不受万钟，此心不既存乎？而无如见万钟不见礼义也，斯亦甚昧于轻重大小之宜矣。是故学者修身必自致知格物始。

孟子曰："仁，人心也；义，人路也。舍其路而弗由，放其心而不知求，哀哉！人有鸡犬放，则知求之；有放心而不知求。学问之道无他，求其放心而已矣。"

此一章书是孟子勉人从事于心也。

孟子曰："人之不可一日离者，莫如仁义；而能尽仁义者寡，是未知其切于身耳。仁者何？人各有自具之心，而其所为心者，内存夫中正，外着其慈祥，非以仁为之体乎？则仁，即人之心也。义者何？人各有当行之路，而其所为路者，经事，主乎宜；变事，主乎权。非以义为之准乎？则义即人之路也。谓之人心、人路，则所以操是心，遵是路者，宜极其至矣。乃舍置其路而不由放，失其心而不知求，其于为人之理安在？不亦可哀也哉！夫人若有鸡犬放，虽至轻之物皆知求之，以期于必获及；有放心则此身无所统摄，所系至重而反任其纵逸，不知闲存于出入之间，何其明于至轻而昧于至重也？抑知心之不可听其放，而放则不可不求耶。凡学问中致知力行，其事不一，而其道无他。心为一身之主宰，能使心之得其正者，顺以养之；心之入于邪者，慎以闲之。则视听言动皆受治于心而不苟，由此心正而无适非仁，亦无适非义，积累而上达，奚难也？学问之功，舍求放心之外，尚复有他道乎？"

盖人之心驰于外者，欲其收而入；存于内者，欲其推而出。推则有以见心之用，而收则有以立心之体。体立而后用，行则存养省察，非从事学问之大原耶？

孟子曰："今有无名之指屈而不信，非疾痛害事也，如有能信之者，则不远秦楚之路，为指之不若人也。指不若人，则知恶之；心不若人，则不知恶，此之谓不知类也。"

此一章书是孟子警人之昧于治心也。

孟子曰："人己之间所不容自安于屈抑者，正自有在也。今有无名之指卷曲而不信，非關一身之疾痛与举事之为害也。如有能治之使信者，则虽越秦楚相去之路不以为远而求信之，为其指之屈不若人之信也。果尔，则凡我之不若人者，皆当知所愧勉矣。夫一指，至小也；指之屈不若人之信，亦至小也；犹知恶之而不肯任其屈，至于心，非指之可比也，而失之回邪不若于人，不大负上天生我之良乎？乃甘为人下而不知恶，则亦闇于轻重之理矣。此之谓不知类也。人何不推爱指之意，反而求之于心哉？"

盖人之与圣人同类者，以心之同耳。诚知反求之心，存其若人者，去其不若人者。扩而充之，虽为尧为舜奚难哉？

孟子曰："拱把之桐梓，人苟欲生之，皆知所以养之者。至于身，而不

知所以养之者，岂爱身不若桐梓哉？弗思甚也。”

此一章书是孟子示人以身之当养也。

孟子曰：“凡身之与物，轻重悬殊，而人之爱身多有不如其爱物者。今有桐梓之二木，其长而成拱成把，人苟以为美材而欲生之，皆知培植灌溉，尽其所以养之之道。至于身，三纲五常系焉，四端万善备焉，宜其养之不容自已矣。而乃内不知所以养其心，外不知所以养其体，岂爱身不若爱桐梓哉？中有所蔽而未尝一思于轻重之间也，诚思之而有不知以养身为要乎？”

盖人非不知极口体之养，而愈养而愈失者，昧于养之正也。故必使我心优游于义理，而动容周旋各当其道，斯为善养耳。

孟子曰：“人之于身也，兼所爱。兼所爱，则兼所养也。无尺寸之肤不爱焉，则无尺寸之肤不养也。所以考其善不善者，岂有他哉？于己取之而已矣。体有贵贱，有小大。无以小害大，无以贱害贵。养其小者为小人，养其大者为大人。今有场师，舍其梧槚，养其樲棘，则为贱场师焉。养其一指而失其肩背，而不知也，则为狼疾人也。饮食之人，则人贱之矣，为其养小以失大也。饮食之人无有失也，则口腹岂适为尺寸之肤哉？”

此一章书是孟子示人以养身当知所重也。

孟子曰：“身不可不养，而又不可不知养之要也。人之于身，举四肢百骸孰非其所爱护者？既兼所爱，则必悉加调养，无尺寸之肌肤不爱焉，则无尺寸之肌肤不养也。独是有养之而为善者，有养之而为不善者，所以考其养之善与不善者，岂有他术哉？反之于己，而审其何者为轻？何者为重？则自可得而知矣。然我谓审乎己之轻重而知养之善不善者，何故？盖众体皆吾体也，而有贵贱小大之别；有贵贱小大，则其轻重较然；不可专养乎小而以小害大，不可专养乎贱而以贱害贵。若使养其小者，将崇尚卑鄙而日流于污下，则为小人无疑，此养之不善者也；若使养其大者，将持守中正而日进于高明，则为大人无疑，此养之至善者也。信乎，小大贵贱之间当深思而择所养矣！即以木言，梧槚，美材也；樲棘，非美材也。今有治场圃者，舍其梧槚而不养，反养其樲棘，则为场师之贱者焉，以贱害贵者其异于此乎？即以身言，一指，其小者也；肩背，其大者也。今有养身者，养其一指而不忍伤，乃丧失其肩背而不知也，则如狼之疾走而不能顾后之人也，以小害大者其异于此乎？人之于身诚毋容忽于贵且大者哉！苟其徒事口腹而为饮食之人，则人无不贱恶之矣，为其养口腹之小体而失心志之大体也。使饮食之人而能兼养大体，无有失也，则口腹亦躯命所关，在所宜养，非但为尺寸之肌肤而已。无如养小者之无不失大也，人可不以小害大，贱害贵为戒也乎？”

盖养心志者，非不养口腹也。但养心志，则天理为重，虽饮之食之，不过守其当饮当食之常；养口腹，则人欲为重，不至极口腹之欲而灭天理不止也。能不养小以失大，乃所以遏人欲而存天理尔。

公都子问曰："钧是人也，或为大人，或为小人，何也？"

孟子曰："从其大体为大人，从其小体为小人。"

曰："钧是人也，或从其大体，或从其小体，何也？"

曰："耳目之官不思，而蔽于物。物交物，则引之而已矣。心之官则思，思则得之，不思则不得也。此天之所与我者。先立乎其大者，则其小者不能夺也。此为大人而已矣。"

此一章书是孟子教人以事心之功也。

公都子问于孟子曰："天下禀形气之正而为人者等耳，乃或有称为大人，或有称为小人，此何故也？"

孟子曰："人无异，而人之所从有异；人之所从既有异，而人遂不能无异。凡人一身，体有大小，以大体为身之主，而一从其检摄，则为大人；以小体为身之主，而一从其征逐，则为小人。"

公都子复问曰："同此人，则同此体，乃或有从其大体，或有从其小体，又何故也？"

孟子曰："体之大小有辨，而人之从违亦于此见焉。如耳司听，目司视，各有所职。而不能思，故声色之外，物得以蔽之。夫至不能思而蔽于外物，是耳目亦一物而已，以彼声色之物接于此耳目之物，其引之而去不难矣。所以耳目为小体也。若心则至虚至灵，而以思为职，心率其职而勤于思，则得其理，而物不能蔽旷其职；而怠于思，则不得其理而物来蔽之，理之得失惟系于心，所以心为大体也。大体小体皆天之所以与我者，能于其大者先有以立之，清明而不昧，强固而不移，卓然为群动之纲维，则其耳目之小者一听命于心而不苟，凡声色之邪不得而夺其聪明之正也。能从其大体如是，则理无不全，德无不备，称之为大人，以此而已矣。非然而徇于耳目之私，有不流为小人者哉？"

盖体既有能思不能思之别，则所受于天者，原自有以大制小之理，奈何不予心以有所主、予耳目以有所承耶？古来大圣大贤舍治心之外，无他道也。

孟子曰："有天爵者，有人爵者。仁义忠信，乐善不倦，此天爵也；公卿大夫，此人爵也。古之人修其天爵，而人爵从之。今之人修其天爵，以要人爵；既得人爵，而弃其天爵，则惑之甚者也，终亦必亡而已矣。"

此一章书是孟子为当时重势位而轻道德者发也。

孟子曰："人情莫不以爵为尊，而抑知身以内自有其甚尊者乎？有禀于天而为天爵者，有授于人而为人爵者。何谓天爵？心之慈惠曰仁，心之裁制曰义，仁义存诸己无不尽曰忠，仁义施诸事无不实曰信。而且乐此仁义忠信之善，虽历久而不倦，性分之荣孰有荣于此者乎？此天爵也。何谓人爵？公一位，卿一位，大夫一位，时遇之隆，孰有隆于此者乎？此人爵也。爵有天人之别，则其不徒求乎爵之在世者，而务反求乎爵之在身者，明矣。古之人有见于道德为重，是以存乎仁义忠信之理，而尽其乐善不倦之诚，秪惟修其天爵已耳，初非有意于人爵也。而积累既至，名誉自昭，公卿大夫之爵有必从焉。今之人则大异于古人矣，富贵利欲之心胜，初亦若有事于天爵而勉强以修之，然不过籍此为要求人爵之地，及人爵既得，所期已遂，随以天爵为无用而弃之。夫修天爵以要人爵，是修之之日原先有弃之之心，已不免于惑矣。至得人爵而弃天爵，是得之之后并不及要之之时，惑之甚者也，亦并其所得之人爵而无以保之，于必亡而已矣。"

盖世岂无修天爵而人爵不从者？不知其不从者，上之遗贤而理无不从也，又岂无弃天爵而人爵不亡者？不知其不亡者，下之侥幸而理无不亡也。学者亦务修其在已之天爵可耳，若人爵之从亡又何容计及哉？

孟子曰："欲贵者，人之同心也。人人有贵于己者，弗思耳矣。人之所贵者，非良贵也。赵孟之所贵，赵孟能贱之。《诗》云：'既醉以酒，既饱以德。'言饱乎仁义也，所以不愿人之膏粱之味也；令闻广誉施于身，所以不愿人之文绣也。"

此一章书是孟子示人以当求诸已而不必求诸人也。

孟子曰："世之趋于势分，而忽于性分者，亦甚谬矣！爵位之贵，争慕而欲得者，人心之所同也。不知人人各有至贵于己者，特弗反而自思耳。奈何舍在己之贵而求在人之贵耶？人之以爵位加已而后贵者，不可谓不贵，而非若已所自有之良贵也。如赵孟为晋之世卿，能操爵以与人而使之贵，亦能夺之而使之贱，是贵之有待于人者，安可恃乎？若良贵，则非人所得而操其权者矣，是乃真足贵也。何以见之？《大雅·既醉》之诗有云：'既醉以酒，既饱以德。'不曰饱味，而曰饱德者何也？德之至者和，厚以居身，权宜以制事，所谓饱德者，盖言饱乎仁义也。仁义充足，则至理悦心，极天下美物之餍饫，莫甘于此焉。若人之膏粱，亦何足羡？所以不愿人之膏粱之味也。且仁义充足，则闻誉昭著，极天下被体之采章，莫荣于此焉。若人之文绣，亦何足艳？所以不愿人之文绣也。"

夫饱乎仁义而不愿膏粱文绣，则知良贵为足贵。而赵孟之所贵不足贵矣，何弗反而自思也哉？盖人惟不知已之自有至贵，是以舍内而慕外，舍已而求人耳。诚知其有贵于已者，尚何势分之物足以易夫性分之良也与？

孟子曰："仁之胜不仁也，犹水胜火。今之为仁者，犹以一杯水救一车薪之火也；不熄，则谓之水不胜火，此又与于不仁之甚者也，亦终必亡而已矣。"

此一章书是孟子为为仁而不力者言也。

孟子曰："理欲不容两存，仁之足以胜不仁，犹水之足以胜火，乃必然而无疑者。但今之为仁者，其为之不力，以暂存之天理遏无穷之人欲，犹夫持一杯水救一车薪之火也，其可得而灭熄乎？至火不熄，则从而谓之水不胜火。斯言一出，而不仁之人皆以为仁不可以胜不仁，而自甘于理消欲长，几希澌灭，此其所为又有以助于不仁之甚者也。非惟无益于仁，亦且放逸牿亡，终必并其所为几微之仁而亡之矣。为仁者可不以是为戒与？"

盖理欲消长，递为贞胜而欲终，不可以胜理。凡从事于仁者，能为必胜之计，则道心自盛，人心自微，何患德业之不底于成哉？《传》曰："战胜而肥。"其此之谓与？

孟子曰："五谷者，种之美者也；苟为不熟，不如荑稗。夫仁，亦在乎熟之而已矣。"

此一章书是孟子勉人之力于为仁也。

孟子曰："仁道之期于有成也，不即五谷观之而可见乎？五谷者，天生之，地成之，而人食之，诚种类之美者也，然必熟而后成其美；苟为不熟，则反不如荑稗之熟，其实犹可以资日用，是五谷之不容不熟也。有然，若仁为五德之元，众善之长，亦惟在乎日新不已，由勉而利，由利而安，使此心纯然天理之流行，如是以熟之而已矣；不然，而徇于物欲之私，失其德性之良，不几与五谷之不熟者等乎？"

盖仁当既熟之后，若无所容其力矣，而方期有以熟之，则安可听其优游自便为哉？仁固本于天，而成于人者也。《传》曰："中心安仁。"又曰："安土敦乎仁。"熟之谓与！

孟子曰："羿之教人射，必志于彀；学者亦必志于彀。大匠诲人必以规矩，学者亦必以规矩。"

此一章书是孟子言事必有法而后可成也。

孟子曰："凡授受之间，何者可以无法乎？即以射言之，持弓引满者，彀也，是射之法也。从来善射莫如羿，虽羿之教人射必期至于彀；学羿之射者亦必期至于彀，舍彀之外，无以为教并无以为学也。更以匠言之，为圆为方者，规矩也，是工之法也。从来良工莫如大匠，虽大匠之诲人制器，必示以规矩；学大匠之制器者，亦必守以规矩，舍规矩之外，无以为教并无以为学也。曲艺且然，况圣人之道乎？"

盖人之于道，其为有渐，其进有序，自洒扫应对，以至礼仪威仪，犹射之彀、工之规矩也。君子教人，非不欲一蹴而进之高深之域，而必循乎次第，不敢凌躐者，道在则然也。下学上达学者，宜知所从事焉。

《日讲四书解义》卷二十四

孟子 下之六

告子章句下

任人有问屋庐子曰："礼与食孰重？"

曰："礼重。"

"色与礼孰重？"

曰："礼重。"

曰："以礼食，则饥而死；不以礼食，则得食，必以礼乎？亲迎，则不得妻；不亲迎，则得妻；必亲迎乎？"

屋庐子不能对，明日之邹，以告孟子。

孟子曰："于答是也，何有？不揣其本，而齐其末，方寸之木可使高于岑楼，金重于羽者，岂谓一钩金与一舆羽之谓哉？取食之重者与礼之轻者而比之，奚翅食重？取色之重者与礼之轻者而比之，奚翅色重？往应之曰：'紾兄之臂而夺之食，则得食；不紾，则不得食，则将紾之乎？踰东家墙而搂其处子，则得妻；不搂，则不得妻，则将搂之乎？'"

此一章书见理欲之辨，当论其常而不当论其变也。

昔任国之人以孟子守礼，而屋庐子乃孟子弟子，故问于屋庐子曰："人无不甘食者，而食之中有礼，礼与食孰重？"

屋庐子曰："礼以节饮食之流。食虽不可无，而礼重于食。"

任人又问曰："人无不悦色者，而色之中有礼，礼与色孰重？"

屋庐子曰："礼以防男女之欲。色虽不可废，而礼重于色。"

于是任人曰："礼固重于食色，设时当饥饿，而与吾食者，未必致敬以有礼。以礼食，则饥饿而死；不以礼食，则得食而生，亦将必以礼乎？设时当贫乏而欲娶妻者，不能备物以行礼亲迎，则不得妻而废伦；不亲迎则得妻以全伦，亦将必亲迎乎？"

屋庐子穷于任人之言而不能答，明日之邹，以告孟子。

孟子曰："于答是言也，何难之有？礼之重于食色者，以大分较而言也；若不较以大分，则食色自反重于礼矣。譬如定物之高卑者，必平其本，而后末之高卑可定。若不先揣其本，而但齐其末，则方寸至卑之木，可使升之，而高于岑鋭之楼。任人之谓食色重于礼也，不犹是乎？且礼本重，而食色本轻；犹之金本重，而羽本轻也。然金重于羽者，岂谓一钩至少之金，与一舆至多之羽哉？则礼之所以重于食色者，夫亦可推矣。大凡轻之中原有其重者，重之中原有其轻者，是必轻者与轻者比，重者与重者比，而轻重始得其正。饥而死，食之重者也，以礼；食，礼之轻者也。取食之重者与礼之轻者而比之，则礼之轻于食相去悬絶，岂但食重而已？得妻，色之重者也；亲迎，礼之轻者也。取色之重者与礼之轻者而比之，则礼之轻于色相去悬絶，岂但色重而已？汝何不往应之曰："食所宜重矣，有如紾兄之臂而夺之食，非礼之甚者也！为非礼则得食，不为非礼则不得食，食固重；而敬兄之礼亦不轻，则将紾之乎？吾知宁饥以死，而必不紾矣。礼不重于食哉？色所宜重矣，有如踰东家墙而搂其处子，非礼之甚者也！为非礼，则得妻；不为非礼，则不得妻。色固重，而婚娶之礼亦不轻，则将搂之乎？吾知宁不得妻而必不搂矣。礼不重于色哉？以礼与食色之并重者较之，而见礼之尤重。如此彼任人一偏之说，亦不足辨矣。"

可见圣贤酌乎理欲之轻重，固决之于大分，尤能权其变以守其常，亦所以遏人欲于横流，存天理于几灭。圣贤维持世道之意，良深哉！

曹交问曰："人皆可以为尧舜，有诸？"

孟子曰："然。"

"交闻文王十尺，汤九尺，今交九尺四寸以长，食粟而已，如何则可？"

曰："奚有于是？亦为之而已矣。有人于此，力不能胜一匹雏，则为无力人矣；今曰举百钧，则为有力人矣。然则举乌获之任，是亦为乌获而已矣。夫人岂以不胜为患哉？弗为耳。"

此一章书见圣人可为而不假外求也。

曹君之弟名交者，问于孟子，曰："古之称大圣人者，莫如尧舜，若未易企而及矣。吾闻人皆可以为尧舜，不识有此理乎？"

孟子曰："然。尧舜无不可为也。"

曹交又问曰："从来能为尧舜之圣者，若汤与文王是已。交闻文王身长十尺，汤九尺。今交九尺四寸，以长不及文王而过于汤，以形体言，则无异于汤文矣，然无他材德也，但食粟而已。必如何而可以为尧舜耶？"

孟子曰："为尧舜者，奚有于形体哉？亦在奋然以为之而已矣。如有人于此，其初力不能胜一匹雏之轻，则为无力人矣；今曰能举百钧，则为有力人矣。其所以为有力无力人者，存乎举之重轻，则所以为尧舜与不为尧舜者可知。然则为尧舜所为之事，是亦为尧舜；犹之举乌获所举之任，是亦为乌获而已矣。夫人岂以不能胜尧舜之事为患哉？特甘于暴弃而弗为耳！果能为之，而何不胜之有？”

“徐行后长者谓之弟，疾行先长者谓之不弟。夫徐行者，岂人所不能哉？所不为也。尧舜之道，孝弟而已矣。子服尧之服，诵尧之言，行尧之行，是尧而已矣。子服桀之服，诵桀之言，行桀之行，是桀而已矣。”

曰：“交得见于邹君，可以假馆，愿留而受业于门。”

曰：“夫道若大路然，岂难知哉？人病不求耳。子归而求之，有余师。”

此四节书言道不难行，而人之求道者宜笃也。

孟子曰：“人之不求为尧舜者，或者为之而难，则将惧其高远，而非有难为者也。徐行而后于长者，即谓之弟；疾行而先于长者，即谓之不弟。夫此徐行者，岂其高远难为，而人所不能哉？但忽焉而有所不为也。不知尧舜之道虽无所不该，然不过率其良知良能之性，以充满其分量，而何尝于孝弟之外，更有所增益乎？明乎尧舜之道无他，则于以为尧舜之所为不易易哉，是在子之审处而力图之耳。尧之衣服言行，一循乎孝弟者也，子诚服尧之服，则服不异乎尧；诵尧之言，则言不异乎尧；行尧之行，则行不异乎尧，是亦尧而已矣。若使出乎尧，则入乎桀。桀之衣服言行，悉悖乎孝弟者也。子苟服桀之服，则服不异乎桀；诵桀之言，则言不异乎桀；行桀之行，则行不异乎桀。是亦桀而已矣。尧与桀之辨，存乎一转移之间，可不勉为尧、勉为舜，而徒区区形体之是恃耶？”

曹交闻孟子之言，乃曰：“交得见于邹君，可以假馆，愿留于邹而受业于夫子之门，以求尽为尧舜之功焉。”

孟子曰：“子欲假馆而受业者，以道未易知，而欲师我以求道也夫道为众人之所共由，譬若大路然，岂幽隐而难知哉？人患不求耳！子归而求之，事亲敬长之间而深体吾所谓孝弟之道，则性分之内众理发见，无往非道，则无往非师，不亦有余师乎？何必留此而受业也”

盖尧舜以为之而造其极，而所以为之者，又在致知以明其为之之理，力行以尽其为之之实。孟子直为万世之学，为尧舜者训也，而岂仅训曹交乎哉？

公孙丑问曰：“高子曰：《小弁》，小人之诗也。”

孟子曰：“何以言之？”

曰：“怨。”

曰：“固哉，高叟之为诗也！有人于此，越人关弓而射之，则已谈笑而道之；无他，疏之也，其兄关弓而射之，则已垂涕泣而道之；无他，戚之也。《小弁》之怨，亲亲也。亲亲，仁也。固矣夫，高叟之为诗也！”

曰：“《凯风》何以不怨？”

曰：“《凯风》，亲之过小者也；《小弁》，亲之过大者也。亲之过大而不怨，是愈疏也；亲之过小而怨，是不可矶也。愈疏，不孝也；不可矶，亦不

孝也。孔子曰：'舜其至孝矣，五十而慕'。"

此一章书见处人伦之变，在顺乎情理之当然也。

公孙丑问于孟子曰："齐人有高子曰：'昔周幽王太子宜臼被废，而作《小弁》之诗，其辞其意，大不类仁人孝子之用心，乃小人之诗也'。"

孟子曰："高子何以言之？"

公孙丑曰："高子以为《小弁》有怨其亲之意，以谓为小人之诗。"

孟子曰："固哉，执滞而不通，其高叟之治诗也？《小弁》乃怨其所当怨，而岂可以是议之乎？譬如有涂人于此，本不可射者也。乃越国之人关弓而射之，则已于其旁谈笑而劝阻之；无他，疏越人故言之巽也。苟其兄关弓而射之，则已于其旁垂涕泣而力阻之；无他，戚其兄故言之迫也。《小弁》之事，乃父子之异变，社之倾危系焉，正与兄之关弓射人无异，其怨也，乃亲亲之心也。亲亲，仁之发也，而何得遽以是议之？高叟之为诗也，执滞而不通矣。"

公孙丑又问曰："《小弁》之怨宜矣，昔卫有七子之母不能安其室，七子因而作《凯风》之诗，《凯风》之于母，正如《小弁》之于父，若所当怨矣，何以独自责而不怨？"

孟子曰："《凯风》亲之，过在身家，过之小者也；《小弁》亲之，过关宗社，过之大者也。亲之过大而不怨，则视其亲若不相涉，是愈亲而愈疏也；亲之过小而怨，则亲有过而不能忍，是如水之易怒，而不可矶也。愈亲而愈疏，待亲之薄而不孝也；易怒而不可矶，亦待亲之薄而不孝也。《小弁》与《凯风》，一怨一不怨，均之无忝于孝，而安得以称《凯风》者抑小弁哉？孔子尝曰：'孝之至者，其惟舜矣，年五十而犹怨慕也。以怨慕为至孝，奈何以赋《小弁》者为非孝乎？高子之言谬矣。"

于此见人子之事亲，处常处变，各有其道，总不失乎情理之正而已。

宋牼将之楚，孟子遇于石丘，曰："先生将何之？"

曰："吾闻秦楚构兵，我将见楚王说而罢之。楚王不悦，我将见秦王说而罢之。二王我将有所遇焉。"

曰："轲也请无问其详，愿闻其指。说之将何如？"

曰："我将言其不利也。"

曰："先生之志则大矣，先生之号则不可。先生以利说秦楚之王，秦楚之王悦于利以罢三军之师，是三军之士乐罢而悦于利也。为人臣者怀利以事其君，为人子者怀利以事其父，为人弟者怀利以事其兄，是君臣、父子、兄弟终去仁义，怀利以相接，然而不亡者，未之有也。"

此一章书见谋国者当以仁义为正，而不当言利也。

战国时有姓宋名牼者将往楚国，孟子适遇于石丘之地，问曰："先生将何所往？”

宋牼曰：“时尚战争，生民之祸烈矣，有心斯世者，当思所以转移之。吾闻秦楚构兵，我将南见楚王说而罢其兵，如使楚王不悦于吾之说，我将西见秦王说而罢其兵。不合于楚，必合于秦，二王我将有所遇焉。”

孟子曰：“轲也请无问其说之详，愿闻其说之指。说之将何如以为辞也？”

宋牼曰：“我将言其构兵之不利也。”

孟子曰：“处今日而能以罢兵息民为说，先生之志可谓大矣。但先生所说以利为名号则不可。盖既言不利，将必言利矣。先生以利说秦楚之王，秦楚之王悦于利以罢三军之师，是三军之士自将帅以及卒伍，无不乐罢而悦于利也。利名一倡，则天下惟知趋利。为人臣者怀利己之心以事其君，而不诚于事君，为人子者怀利己之心以事其父，而不诚于事父，为人弟者懷利己之心以事其兄，而不诚于事兄。是尽君臣、父子、兄弟终去仁义，皆懷利以相接，将见罢兵虽息一时之患，而徇利实伤万世之彝。如此而不灭亡者，未之有也。”

“先生以仁义说秦楚之王，秦楚之王悦于仁义而罢三军之师，是三军之士乐罢而悦于仁义也。为人臣者懷仁义以事其君，为人子者懷仁义以事其父，为人弟者懷仁义以事其兄，是君臣、父子、兄弟去利懷仁义以相接也，然而不王者，未之有也。何必曰利？”

此一节书见仁义之可以致王也。

孟子曰：“言利之害如此，必何以说之而后可？惟有仁义而已。先生诚以仁义说秦楚之王，极言构兵之殃民而不仁，过制而非义，秦楚之王悦于仁义而罢三军之师，是三军之士自将帅以及卒伍无不乐罢而悦于仁义也。仁义之名既倡，则天下咸知趋于仁义。为人臣者懷仁义之心以事其君，而必期乎忠；为人子者怀仁义之心以事其父，而必期乎孝；为人弟者懷仁义之心以事其兄，而必期乎悌。是尽君臣、父子、兄弟皆去利懷仁义以相接也。将见下焉者，一循乎尊亲之典；上焉者，不失乎纲纪之宜。如此而不致王者，未之有也。”

仁义未尝不利，何必以利为言哉？乃知利之名不可为训也。说以利而亡，说以仁义而王。无他，兴亡之故系于人心，而所以正人心者，在正之以道尔。

孟子居邹，季任为任处守，以币交，受之而不报。处于平陆，储子为相，以币交，受之而不报。他日，由邹之任，见季子；由平陆之齐，不见储子。屋庐子喜曰：“连得间矣。”问曰：“夫子之任，见季子；之齐，不见储子，为其为相与？”

曰：“非也；《书》曰：‘享多仪，仪不及物曰不享，惟不役志于享。’为

其不成享也。”

屋庐子悦。或问之。屋庐子曰：“季子不得之邹，储子得之平陆。”

此一章书见圣贤报施之各当也。

孟子居邹时，任君之弟季任为之居守其国，以币帛交于孟子，孟子受其币而不往见以报之。又处于齐平陆之地时，储子为齐相，以币帛交于孟子，孟子亦受其币，而不往见以报之。他日由邹之任见季子，由平陆之齐不见储子，均之以币交者也，而见不见异。于是屋庐子喜曰：“一见一不见，在夫子必自有道”连得其间隙而问矣，问曰：“夫子之任，见季子；之齐，不见储子。毋乃为其为相，不若季子摄守君位，故轻之而不见与？”

孟子曰：“子疑以为相而不见，非也。《周书·洛诰》之篇有曰：‘享上以礼意为本，必先有礼意，而后用物以将之，乃可为享。若使物有余而礼意不足，则仪不及物，曰不享，以其不用志于享故也。’《书》之言如此，其意盖谓不用志于享，则虽有享之名而不成享之礼矣。为其不成享，故曰不享也。观于《书》言，而我之所以见与不见，可知矣。”

屋庐子于是明乎见不见之故，遂悦形于色。而或人则未知何以为成享不成享也，乃问之。屋庐子曰：“季子为君居守，不得之邹以见孟子，是制于礼者也，则虽以币交而礼意已备，此之谓成享；储子为齐相，得之平陆以见孟子，而不来见，是简于礼者也。则虽以币交，而礼意不及其物，此之谓不成享。夫既有成享不成享之别，则夫子之一见一不见，不亦宜乎？由此知君子与人相接之际，一视乎礼意之诚否以行吾义焉者也，而岂可以一律论哉？”

淳于髡曰：“先名实者，为人也；后名实者，自为也。夫子在三卿之中，名实未加于上下而去之，仁者固如此乎？”

孟子曰：“居下位，不以贤事不肖者，伯夷也；五就汤，五就桀者，伊尹也；不恶污君，不辞小官者，柳下惠也。三子者不同道，其趋一也。一者何也？曰：仁也。君子亦仁而已矣，何必同？”

曰：“鲁缪公之时，公仪子为政，子柳、子思为臣，鲁之削也滋甚；若是乎，贤者之无益于国也！”

曰：“虞不用百里奚而亡，秦穆公用之而霸。不用贤则亡，削何可得与？”

此一章书见孟子去就之有道也。

淳于髡曰：“凡名生于实，有功利之实，斯有功利之名。以名实为先而为之者，是欲济时以为人者也；以名实为后而不为者，是欲独善以自为者也。夫子位在三卿之中，则非自为者比，乃名实未加于上下，既不能正君，复不能救民，而遂去之而不顾，则又非所以为人矣。自为、为人，两失其道，仁者之用心固如此乎？”

此盖讥孟子仕齐未有功而遽去之。

孟子曰："子安得执去就之迹以论仁夫？亦揆于去就之义可耳。如居士庶之下位，不以己之贤事人之不肖者，伯夷也；承汤之聘，而五就汤，汤进之桀，而五就桀者，伊尹也；不恶污浊之君而弗事，不辞卑小之官而弗为者，柳下惠也。三子者，或则去，或则就，或则有去亦有就，其道若不同而其志趋，则一也。一者何也？曰：仁也。无私心而合天理之谓仁。就者，不失为仁；去者，未尝非仁。然则君子之去就，亦惟求其心之无私，事之合乎天理而已矣。若夫去就之迹，何必同哉？"

淳于髡又以孟子虽不去齐，亦不能有功于齐，乃讥孟子曰："鲁缪公之时，公仪子为执政之卿，子柳、子思为师傅之臣，宜其足以兴鲁矣，而鲁地之见削夺也滋甚。若是乎，贤者之无益于国也。"

孟子曰："贤者岂为无益于国乎？百里奚，贤者也，虞以不用百里奚而亡其国；秦穆公用之而霸诸侯。不用贤则亡，求其如鲁之削，何可得与？鲁之仅止于削而不亡者，正以用三贤故耳，而何言无益于国耶？"

曰："昔者王豹处于淇，而河西善讴，绵驹处于高唐，而齐右善歌；华周杞梁之妻善哭其夫而变国俗。有诸内，必形诸外。为其事而无其功者，髡未尝睹之也。是故无贤者也，有则髡必识之。"

曰："孔子为鲁司寇，不用，从而祭，燔肉不至，不税冕而行。不知者以为为肉也，其知者以为为无礼也。乃孔子则欲以微罪行，不欲为苟去。君子之所为，众人固不识也。"

此二节书是因淳于髡之疑而折其不能识贤也。

淳于髡以孟子仕齐无功，不足为贤，复讥孟子曰："昔者卫人王豹，善讴者也，处于河西淇水之侧，而河西化之，皆善讴；齐人绵驹，善歌者也，处于齐右高唐之地，而齐右化之，皆善歌；齐臣华周杞梁，战死于莒者也，其妻哭之哀，而国俗化之，皆善哭。即此推之，凡有道德积诸内者，必有事功见诸外。为其事而无其功者，髡未尝见其人也。是故有功则为贤者，不见其功是无贤者也。如其有之，则髡必见其功而识之矣。"

孟子曰："子亦知贤者之不易识乎？孔子尝为鲁司寇之官，鲁之君相惑于齐女乐而不用，宜可以行矣。时方郊祭，乃从而祭，礼当致膰于大夫，而膰肉不至，遂不及脱祭祀之冕而行。在不知者以为为肉而行也，即其知者亦以为为无礼而行也。皆非知孔子者也。盖孔子之心，惟恐于父母之国显其君相之失，则欲以君相之微罪行，而又不欲为无故而苟且以去国，故不行于女乐既受之时，而行于膰肉不至之后，其见几明决而用意忠厚，当时谁有能识之者？可见君子之所为，出于寻常思虑之外，而不徒徇于形迹之微，众人固不识也，而遽谓能识贤者哉！"

盖孟子之去就，法乎孔子者也，孔子去国之意，不欲明言，直俟孟子始发明之。则孟子之去齐，亦必有不欲明言者，自非淳于髡之所易识尔。

孟子曰：“五霸者，三王之罪人也；今之诸侯，五霸之罪人也；今之大夫，今之诸侯之罪人也。天子适诸侯曰巡狩，诸侯朝于天子曰述职。春省耕而补不足，秋省敛而助不给。入其疆，土地辟，田野治，养老尊贤，俊杰在位，则有庆；庆以地。入其疆，土地荒芜，遗老失贤，掊克在位，则有让。一不朝，则贬其爵；再不朝，则削其地；三不朝，则六师移之。是故天子讨而不伐，诸侯伐而不讨。五霸者，搂诸侯以伐诸侯者也，故曰五霸者，三王之罪人也。”

此一章书是孟子伤世道之衰，以警当时之君若臣也。

五霸：齐桓、晋文、秦穆、宋襄、楚庄。三王：夏禹、商汤、周文、武。

孟子曰：“当春秋之世，五霸不谓无功，而未能无罪；其得罪于三王，则三王之罪人也。至于今，而君若臣，更有不可言者矣。今之诸侯得罪于五霸，则五霸之罪人也；今之大夫又得罪于今之诸侯，则今之诸侯之罪人也。五霸所以为三王之罪人者何也？三王之制，天子以时适于诸侯，而察所守，曰巡狩；诸侯以时朝于天子，而陈其职，曰述职；且天子诸侯当春则省民之耕种而补其不足，当秋则省民之收敛而助其不给。巡狩之事如何？入诸侯之疆界，见其土地垦辟而无草莱，田野耘治而无旷废，养高年之老者而不至于冻馁，尊有德之贤者而不至于亵慢；诸凡俊杰有才之人皆布列在位，而政事厘举，如是则有庆，庆则予之以地，盖赏之以示劝也。若使入诸侯之疆界，见其土地荒芜，而非惟不辟，亦且不治，高年之老者遗弃而不养，有德之贤者放失而不尊，诸凡掊克好利之臣皆布列在位，而赋敛烦兴，如是则有让，盖责之以示惩也。述职之事如何？朝会有常，期天下诸侯孰敢不朝？其或有不朝者，天子各有道以处此矣：一不朝，则贬抑其爵，或上公贬为侯伯，或侯伯贬为子男；再不朝，则削夺其地，或百里削为七十里或七十里削为五十里；三不朝，则举六师之众诛其人而更立之。法制既定，赏罚征讨之权操于天子，下焉者特奉而行之耳。是故天子出令以讨有罪而不至亲伐，诸侯承命以伐有罪而不敢擅讨。若五霸者搂合诸侯以攻伐诸侯，则既无出令，并非承命，但以形势驱率群国，名若出于公，而实以遂其私，败坏三王之法制，莫有甚于此者也。故曰五霸者，三王之罪人也。”

五霸，桓公为盛。葵丘之会，诸侯束牲载书而不歃血。初命曰‘诛不孝’，无易树子，无以妾为妻；再命曰‘尊贤育才’，以彰有德；三命曰‘敬老慈幼’，无忘宾旅；四命曰‘士无世官’，官事无摄，取士必得，无专杀大夫。五命曰‘无曲防’，无遏籴，无有封而不告。曰：凡我同盟之人，既盟之后，言归于好。今之诸侯皆犯此五禁，故曰：今之诸侯，五霸之罪人也。

长君之恶其罪小，逢君之恶其罪大。今之大夫皆逢君之恶，故曰：今之大夫，今之诸侯之罪人也。”

此二节书言战国诸侯大夫之罪也。

孟子曰：“今之诸侯所以为五霸之罪人者，何也？五霸之中，惟桓公为最盛，其在葵丘之地会合诸侯，威信足以服人。故但束缚其牲，载书于牲上，而不事杀牲以歃血。载书之辞有五：初命曰：孝为伦行之首，不孝是子不子，罪在必诛；世子为统绪所系，已立世子而复易，是父不父。无轻易妻为匹配，所自定妾而为妻，何以严嫡庶之辨？无乱其分。再命曰：贤而修行者尊之，使隆其礼；才而擅能者育之，使厚其禄。皆所以表彰有德也。三命曰：国人之老者待以敬，幼者抚以慈，远人之嘉宾羁旅，悉优遇之，无忽忘。四命曰：士恐未尽贤，但世禄而无世官；官事恐有废阙，但端任而无兼摄；取士必务得其人，不容苟取。大夫有罪必告天子而后杀，无得自专。五命曰：水泉之利在共资灌溉，无曲为堤防；凶荒之灾在互相赈恤，无严为闭籴；普天莫非王土，率土莫非王臣；无以私恩封国邑而不告天子。五命既终而又丁宁曰：凡我同盟之人，自今既盟之后，恪遵五命，以归于和好。若此者，无非申明天子之禁，而后世诸侯所当永守者也。今之诸侯皆犯此五禁，向使在五霸之时，必为五霸之所不赦，故曰：今之诸侯，五霸之罪人也。今之大夫所以为今之诸侯之罪人者，何也？诸侯之赖有大夫者，以其陈善闭邪，而使毋丧失其德也。苟其君有恶，不能谏而又承顺之，乃长君之恶者也，是固有罪矣。然恶本在君，而彼特承顺而长之，其罪犹小，至于君之恶未萌，而先意迎导之，乃逢君之恶者也。君本无恶，彼迎导君意引之于邪僻之地，以成其恶，非罪之大者乎？今之大夫，皆逢君之恶以贼害其君，则诸侯干三王之法，犯五霸之禁，一自大夫有以逢之也。故曰：今之大夫，今之诸侯之罪人也。世道其愈趋而愈下矣！”

夫盖自古奸臣所由得君之心者，其始无不自逆探君意以成其恶，而其继，遂至于君臣相昵而不可解，此为君者所不可不察，而为臣者所不可不慎也。

鲁欲使慎子为将军。孟子曰：“不教民而用之，谓之殃民。殃民者，不容于尧舜之世。一战胜齐，遂有南阳，然且不可——”

慎子勃然不悦曰：“此则滑厘所不识也。”

曰：“吾明告子。天子之地方千里；不千里，不足以待诸侯。诸侯之地方百里，不百里不足以守宗庙之典籍。周公之封于鲁，为方百里也；地非不足，而俭于百里。大公之封于齐也，亦为方百里也；地非不足也，而俭于百里。今鲁方百里者五，子以为有王者作，则鲁在所损乎？在所益乎？徒取诸彼以与此，然且仁者不为，况于杀人以求之乎？君子之事君也，务引其君以当道，志于仁而已。”

此一章书见事君者当以正君为要也。

慎子，鲁臣，名滑厘。鲁君欲使慎子为将军统兵伐齐，以取南阳。

孟子曰："势必足以制敌，而后取胜。故善用民者，必先教其民；若不教之礼义而遽用之以即戎，则民不知以尊君亲上为心，将必有败亡之祸，是陷民于死地，而谓之殃民。殃民者，在尧舜行仁政之世，岂得而容之哉？甚矣，用兵之不可苟也！且兵亦原有难恃者，果其负善战之才，而一战胜齐，遂立取南阳之地；揆之于理，犹且不可，况战之未能必胜乎？"

慎子勃然不悦曰："战期于胜，既胜而取南阳，犹以为不可，此则滑厘所不识也。"

孟子曰："其所以不可之故，盖以先王固有定制也。吾明告子，在昔先王设都分国，天子之地方千里；必千里，而地之所出始足待诸侯；苟不千里，则无以供朝觐聘问之礼，而不足以待诸侯。诸侯之地方百里；必百里，而地之所出始足守宗庙之典籍；苟不百里，则无以充祭祀、会同之常数，而不足以守宗庙之典籍。地制既定，是以当时封建诸侯，有以次而啬者，无过制而丰者。如鲁之祖周公，功莫大焉，其封于鲁为方百里也，地非不足，而不踰于百里。至于齐之祖太公，功不在周公下，其封于齐也，亦为方百里也，地非不足也，而不逾于百里。夫以周公、太公之功，而分封不过百里，则其制之一定，而无可加，明矣。今鲁方百里者有五，较之始封之地，其数已多。子以为有王者起，而欲兴复旧制，则鲁在所损乎？在所益乎？吾知其必在所损，而何更取南阳以益之？是即一无伤害，但徒手而取南阳以与鲁国然。且仁者不忍为，况于战斗杀人以求广土地乎？夫亦深原乎事君之义可也。大凡君子之事君也，务引其君以当道，使事事循乎日用之常，而于道之中，务引其君以志于仁，使念念守乎公平之理。盖君之志，不为嗜欲所诱，则其所行，自无不悉合乎道。事君之大要，尽于此矣！"

彼违制而非道，残民而不仁，岂人臣所可以事其君者耶？由此知臣之于君，当慎所以引之，引之以尧舜则为尧舜，引之以桀纣则为桀纣。故善事君者，在绝其功利之私，而导以性情之正也。

孟子曰："今之事君者曰：'我能为君辟土地、充府库。'今之所谓良臣，古之所谓民贼也。君不乡道，不志于仁，而求富之，是富桀也。'我能为君约与国，战必克。'今之所谓良臣，古之所谓民贼也。君不乡道，不志于仁，而求为之强战，是辅桀也。由今之道，无变今之俗，虽与之天下，不能一朝居也。"

此一章书见为君者当黜富强之臣也。

孟子曰："臣之効力于君，与君之信任其臣，皆当以正大为务，而不得徒徇乎功利之术。今之事君者，每自夸其能，曰：'我能为君开辟土地，充实府库，使国用饶足。’今之所为良臣者，此矣！而不知聚敛民财，实古之所谓贼害其民者也。君方拂民从欲，趋乡不在于道，而因以不志于仁，则与桀何异？乃不能引之志仁，而更求富之，是以贪济暴，而富桀也，非民贼而何？今之事君者，又自夸其能曰：‘我能为君要约与国，攻战必克，使国势壮盛。’今之所为良臣者，此矣！而不知丧弃民生，实古之所谓贼害其民者也。君方好大喜功，趋乡不在于道，而因以不志于仁，则与桀何异？乃不能引之志仁，而更求为之强战，是以威助虐而辅桀也，非民贼而何？夫君以富强之臣为良臣者，今之道，今之俗然也。然亦思君之期于富强者，无非为取天下计耳。若使率由乎今之道，无变易乎今之俗，日相寻于功利而不已，虽与之天下，而人心离散，叛乱立兴，不能一朝居也。然则富强亦何益哉？”

盖凡臣之务致于君，君之属望于臣者，忠而已。战国之君臣，莫不以富强为忠，究之臣之所为忠者，实非所以爱其君；而君之所谓忠者，实非所以教其臣。是故忠之一言，固不可以不辨也。

白圭曰：“吾欲二十而取一，何如？”

孟子曰：“子之道，貉道也。万室之国，一人陶，则可乎？”

曰：“不可，器不足用也。”

曰：“夫貉，五谷不生，惟黍生之；无城郭丨宫室、宗庙祭祀之礼，无诸侯币帛饔飧，无百官有司，故二十取一而足也。今居中国，去人伦，无君子，如之何其可也？陶以寡，且不可以为国，况无君子乎？欲轻之于尧舜之道者，大貉小貉也；欲重之于尧舜之道者，大桀小桀也。”

此一章书见古圣人取民之制，不可以私意为重轻也。

白圭名丹，周人。白圭问于孟子曰：“为君者不取于民，则无以足君；而刻取于民，则又无以足民。吾欲更立税法，于二十分而取其一分，何如？”

孟子曰：“子所谓二十取一之道，乃居貉之地，以治貉之道也。如万室之国用器者多，而一人为陶以制器，则可乎？”

孟子之意，盖以君之取，资于赋；犹国之取，资于陶。陶不容过少，则赋不容过薄，故设此问也。

白圭曰：“不可，室多而陶少，器不足用也。”

圭既明于陶之不可以一人，何独闇于赋之不可二十取一乎？

孟子于是正告之曰：“知此则知貉道之非所以裕国矣。夫貉，北方之国，高燥而寒，五谷不能生殖，惟黍早熟耐寒而生之，是本无可为纳贡之物，明矣！且其俗，无城郭宫室，则无营筑之费；无宗庙祭祀之礼，则无牺牲粢盛之费；无诸侯币帛饔飧，则无朝会馈遗之费；无百官有司，则无廪禄之费。故二十取一而足也。今居中国，非貉之比。若使二十取一，无以尽君臣祭祀交际之礼，则去人伦；无以设百官有司之属，则无君子。如之何其可以治也？

彼陶以寡，祗不足供万室之用耳，且不可以为国，况君子系辅治之人，无君子而可以为国乎？君子必不可无，则经费必不可阙，而二十取一，其何以足用哉？盖自古十一而税，乃尧舜不易之道，而不得更有轻重于其间也。较之尧舜之道而轻焉者，貉也。今欲轻之于尧舜之道者，将貉为大貉，而我亦为小貉也；较之尧舜之道而重焉者，桀也。今欲重之于尧舜之道者，将桀为大桀，而我亦为小桀也。重固失于贪暴，而轻不伤于苟简耶。乃知图治者以公平中正为归，偏轻偏重，总无当于治道之大也。”

白圭曰：“丹之治水也愈于禹。”

孟子曰：“子过矣，禹之治水，水之道也，是故禹以四海为壑。今吾子以邻国为壑。水逆行，谓之泽水。泽水者，洪水也，仁人之所恶也。吾子过矣。”

此一章书见治水当以禹为法也。

当时诸侯有小水，白圭为之筑堤、壅水而注之它国。因对孟子而自夸其功，曰：“从来治水者，莫如禹；然为力则劳，为时则久，若丹之治水也。非有四乘之劳，八年之久而成功，烂焉。窃自谓愈于禹。”

孟子曰：“子言愈禹，过矣。禹之治水，顺水之性而得乎水之道者也。是故水之道无不就下，而就下则至海而止。禹之疏瀹排决，一以放乎四海为归，是以四海为受水之壑也。今吾子筑堤、壅水，但救己之患而不恤邻国之患，是以邻国为受水之壑也。不大异于禹乎？夫水可顺不可逆，下流壅塞则逆流而行，以至泽洞无涯，谓之泽水。泽水者，即尧时之洪水也。洪水为灾，下民昏垫，此仁人之所恶而急欲拯其沉溺者也。今子不知通水之下流以顺其性，使邻国共享其安，乃徒为一时苟且之计，壅水以害人，其为不仁莫甚于此。吾子过矣！而何言愈于禹哉？”

盖治水之事，视乎其心。禹之心，为天下而公，故其事足以利天下。白圭之心为一国而私，故其事遂以病邻国。公私之别，利害之关也。

孟子曰：“君子不亮，恶乎执？”

此一章书是孟子明信为行事之本也。

孟子曰：“心能诚一为亮，事有持守为执。惟执而后事可成，惟亮而后事可执。君子之所以执而不渝者，由其亮而无伪也。若使观理未明，是非难决，因而存心未实，意见多淆，本无必为之志，安得有不易之操？其于事也，必至游移莫定而寡所执持矣。诚哉，君子非亮无以为执也。盖君子自穷理之后，于凡事物之故，无不变而通之，以成其亮；自无不变而通之，以成其执。彼执于一偏之见者，先已失其为亮，又安足以为执哉？”

鲁欲使乐正子为政。

孟子曰：“吾闻之喜而不寐。”

公孙丑曰：“乐正子强乎？”

曰：“否。”

“有知虑乎？”

曰：“否。”

“多闻识乎？”

曰：“否。”

“然则奚为喜而不寐？”

曰：“其为人也好善。”

“好善足乎？”

曰：“好善优于天下，而况鲁国乎？夫苟好善，则四海之内皆将轻千里而来告之以善；夫苟不好善，则人将曰：‘訑訑，予既已知之矣。’訑訑之声音颜色距人于千里之外。士止于千里之外，则谗谄面谀之人至矣。与谗谄面谀之人居，国欲治，可得乎？”

此一章书见为政者在集众善以成其善也。

当时鲁君知乐正子之贤，欲使执国政。

孟子曰：“乐正子见用于鲁，道其得行矣。吾闻之，喜而不能成寐。”

公孙丑问曰：“士必有其才而后可任其事，乐正子强毅足以执持国政乎？”

孟子曰：“否。”

公孙丑又问：“有知虑足以图谋国政乎？”

孟子曰：“否。”

公孙丑又问：“多闻博识，足以通達国政乎？”

孟子曰：“否。”

公孙丑于是疑三者既非所长，则何以居位而称职？乃问曰：“然则奚为喜而不寐？”

孟子曰：“为政之道贵虚中以受善。其为人也，于凡善言善行，无不心诚好之。此其所以喜也。”

公孙丑曰：“好善遂足以治鲁国乎？”

孟子曰：“善取诸己则有尽，取诸人则无穷。以彼好善之心，虽治天下有余裕，而况鲁国乎？是何也？凡言以心受，惟心能取者，斯言毕予焉。夫苟好善，则举四海之内，皆将轻千里之远而来告之以善。由是用天下之言，理一国之事，其何难之有？夫苟不好善，则人将曰：‘彼之为人訑訑然，自足其智，以为予既已知之矣，虽告之以善，其安听乎？夫此訑訑之声音颜色，人皆知其无好善之心，将风声所播，裹足不前，而距絶善人于千里之外。士止于千里之外，则直谅多闻之士远，而谗谄面谀之人至矣。与谗谄面谀之人居，而所见所闻无一善言善行，居身日以非，行事日以谬，国欲治可得乎？甚矣，好善优于天下，而乐正子之得为政，为可深喜也。”

凡为政者，能舍己以来，天下之善则善，不必自已出而政无不举。否则，自以为智者适所以成愚，自以为圣者适所以成狂。《书》曰：“能自得师者王，谓人莫己若者亡；好问则裕，自用则小。”君天下与相天下者，皆不可不知也。

陈子曰：“古之君子何如则仕？”

孟子曰：“所就三，所去三。迎之致敬以有礼；言，将行其言也，则就之。礼貌未衰，言弗行也，则去之。其次，虽未行其言也，迎之致敬以有礼，则就之。礼貌衰，则去之。其下，朝不食，夕不食，饥饿不能出门户，君闻之，曰：‘吾大者不能行其道，又不能从其言也，使饥饿于我土地，吾耻之。’周之，亦可受也，免死而已矣。”

此一章书是明君子去就之义，以见仕之不苟也。

陈臻问于孟子曰：“君子处世，既不可不仕以明高，亦不可苟且以幸进。古之君子必何如而后仕乎？”

孟子曰：“时之遭遇不同，君子之自处亦异。其就而仕者有三，其去而不仕者亦有三。盖君子之仕，非以干求利禄，志在行其道也。如为人君者，有乐道忘势之心，有尊贤图治之意，屈己以迎之，内致其敬，外尽其礼，且虚怀信任。言，我将纳用其言，是吾道可行之机也，则就之。若外之礼貌虽存，而中之信任不笃，言既不行，君子必不可以虚拘也，则去之；其次虽未能即行其言，而接待之间犹能内致其敬，外尽其礼，是亦尊贤敬士之君，可与有为，亦吾道可行之机也，则就之；若礼貌寖衰，则好贤之诚已薄，君子当见几而作矣，则去之。此皆委曲为行道计也。其下有所遇困穷，君既不能用，又不能礼致，使朝夕不食，饥饿不能出门户，其君始闻而悔之曰：‘贤者处于吾国，吾大者不能行其致君泽民之道，复不能从其因事纳诲之言，使饥饿于我之土地，又不能尽养贤之礼，吾深以为耻。’于是供馈以周之。夫君之于民，亦有周给之义，兹更有悔过之言，受之而养其身以有待，亦所以存吾道也。是亦就之之意。然所受有节，不过免死而已，岂滥受而苟留哉？是亦去之之意也。古君子去就之义大畧如此。”

盖君子之遭遇，听言为行道之实，礼貌亦行道之机，故皆可委曲而就，为人君者，必谏行言听，而后为好贤之诚，使人视礼貌为去就，则已浅矣。

孟子曰：“舜发于畎亩之中，傅说举于版筑之间，胶鬲举于鱼盐之中，管夷吾举于士，孙叔敖举于海，百里奚举于市。故天将降大任于是人也，必先苦其心志，劳其筋骨，饿其体肤，空乏其身行，拂乱其所为，所以动心忍

性，曾益其所不能。人恒过，然后能改；困于心，衡于虑，而后作；征于色，发于声，而后喻。入则无法家拂士，出则无敌国外患者，国恒亡。然后知生于忧患而死于安乐也。”

此一章书见圣贤皆成于忧患，而安乐之不可狃也。

孟子曰：“自古圣君贤臣，大约兴于艰难困苦者为多，如舜，圣帝也，发于畎亩之中。傅说，贤相也，高宗举于版筑之间。胶鬲，贤臣也，文王举于鱼盐之中。管夷吾，齐之贤相也，囚于士官，而桓公举之。孙叔敖，楚之贤臣也，隐于海滨，而庄王举之。百里奚，秦之贤臣也，混于市廛，而穆公举之。是何其初则抑欝顿挫，而后乃德业炳赫若此乎？是皆有天焉，非偶然也。天将以君相之大任付于斯人，必先苦其心志，使意不得舒；劳其筋骨，使身不得息；饿其体肤，而饮食不充；空乏其身而财用不足。凡身之所行，与其意之所欲为，相为拂乱，而逆其志愿。凡此者皆所以竦动其理义之心，使之惕然自奋，坚忍；其嗜欲之性，使之澹然无求，且阅历艰难，扩充识见；才力之所不能者，使增益之，所以智深勇沉，才全德备，一旦可以当大任而无难也。此不独圣贤为然，凡中人之资，每因有过失，然后翻然改悔，盖不能谨始于平日，必待事势穷迫，困于心而不得通，衡于虑而不得顺，然后感奋而兴起，不能烛理于几微，必待过失显着，验于人之色，发于人之声，然后警醒而通晓。此又不独人情为然，凡有国家者，内无法度之世臣、谏诤之贤士，则无以闻其过，而易至于怠荒；外无强大之敌国侵凌之外患，则无以惕其心，而易至于骄縦，国鲜有不亡者。由此观之，可见忧患者，人以为可危，而不知为增益德性之具；安乐者，人以为可恃，而不知为渐至危亡之阶也。人安可恶忧患而躭安乐也哉？”

盖用人者，将投之以宏巨，必先择之于艰难。汤之所以立贤无方也，守国者虑忧患则常安，狃安乐则常危，益之所以儆戒无虞也。孟子此言，何其明切而警凛与！

孟子曰：“教亦多术矣，予不屑之教诲也者，是亦教诲之而已矣。”

此一章书是孟子欲人思教者之心也。

孟子曰：“人之材质不同，君子之施教亦异，故教亦多方矣。予于人之有不善者，习染既深，拒絶之而不屑教诲者，亦有之。然我之心无非使之惕然悔悟，改恶迁善，非忍而絶之，实激而进之，是亦教诲之而已矣。人可不以教者之心为心乎？”

盖圣贤大道为公，视天下无弃才，曲成而不遗，抑扬进退，无非教也。帝王之黜陟予夺，推之以至于刑罚流赦，无非使天下向善而已矣，故曰刑以弼教也。

《日讲四书解义》卷二十五

孟子 下之七

尽心章句上

孟子曰："尽其心者，知其性也。知其性，则知天矣。存其心，养其性，所以事天也。夭寿不贰，修身以俟之，所以立命也。"

此一章书是孟子发明心性之学，以见天人之合一也。

孟子曰："人之主宰乎一身者惟心，心乃人之神明，具众理而应万事，其体量至为宏大。人能充满其量，使全体大用无一毫之亏欠，则必由于知性。性者，心所具之理，即事穷究而洞然无疑，则理明而心之体全矣。夫此理在性为健，顺五常之德；在天即为于穆流行之本，非有二也。能知性，则性所从出之原亦融会贯通矣。知天，何事外求哉？君子达天之学如此。心固当尽，而又贵有以存之。心之出入无时，必常操而不舍，一动一静，不使夺于外诱之私。性固当知，而又贵有以养之。性之纯然不杂，宜常顺而不悖，勿忘勿助，不使违乎自然之，则心与性皆天之付于我者。存養如此，则天理常存，即所以奉承乎天而无违也。君子事天之学如此。然使知天事天，犹不能不惑于殀寿之故，而修身之学怠焉，非仁智之尽也，惟尽心、知性至于洞彻之极，而殀寿不以贰其心，存心养性以修其身，而俟夫命之自至，则天所付于我之理毫无亏欠，而命自我立矣。岂非知天事天之全功乎？人主继天立极，时与天命相陟降，惟当格物致知，以穷理存心养性以修身，与天地合其德，又何天之不可知，何天之不可事，何命之不可立哉？故禨祥祸福，数也，而知天不在乎是；郊坛享祀，文也，而事天不尽乎是；祷祀鬼神，妄也，而立命不繫乎是。夫亦求之于身心性命之实，天人合一之理而已矣。"

孟子曰："莫非命也，顺受其正；是故知命者不立乎岩墙之下。尽其道而死者，正命也；桎梏死者，非正命也。"

此一章书是孟子示人以顺受正命之学也。

孟子曰："凡人之生吉凶祸福遭遇不同，莫非天之所主宰，是谓气数之命。然其中有正命焉，为善而获福，固谓之正。即为善而或蒙祸，亦不可不谓之正。是盖莫之致而至者，人但当顺受乎此而已。是故知正命者，凡行险侥幸，祸机所伏之地皆所不蹈，必不立乎岩墙之下焉。所谓正命者谓何？君子平日存心养性以修身，而气数修短，听之自然，全而归之者此正命也。行险侥幸，自蹈危亡，如桎梏而死之类，此皆人所为，而非天之正命也，人可不思顺受其正哉？”

孟子言顺受，非茫无操持，听之气数适然之遭而已也。盖尽道正顺受之，实不愧不怍，则可以达天；自求多福，斯可以立命。孰谓天运不由于人事哉？

孟子曰：“求则得之，舍则失之，是求有益于得也，求在我者也。求之有道，得之有命，是求无益于得也，求在外者也。”

此一章书是孟子戒人之妄求也。

孟子曰：“人之孜孜而求者不一，亦当辨其有益与无益耳。如求则得之，勤修始能有获；舍则失之，弃置即已遗忘。是得失系于所求，乃求之有益者也。此无他，仁义礼智，为吾性固有之良，求其在我者也，焉有不得哉？若夫求之，则有道焉。度于义理而不可妄求，得之则有命焉。限于气数而不可必得，是得失不系于所求，乃求之无益者也。此无他，富贵利达非吾身固有之物，求其在外者也，而可以幸得哉？人亦当审所求矣！”

夫人之希心利禄者，往往以为求之有益。孟子之所谓有道，即孔子之所谓进以礼，退以义也。孟子之所谓有命，即孔子之所谓得之不得曰有命也。圣贤安命自修之学皆如此。

孟子曰：“万物皆备于我矣。反身而诚，乐莫大焉。强恕而行，求仁莫近焉。”

此一章书是孟子勉人以尽性之学也。

孟子曰：“天下事物之理其端有万，然无不备于人性分之内，如有父子、君臣，则仁义之理已备；有耳目视听，则聪明之理已备，大而伦纪，小而事物，其当然之则，皆浑然具足于性中者也。而克尽其理者，则有安勉之不同焉。诚自反于身，而所备之理皆实践而无少虚假，则不待强勉，而一身之内莫非天理之流行，乐孰逾于此乎？反身而诚，则仁在是矣。人不皆自然而能，于是有求，至乎仁之事，是殆莫切于强恕。人之远乎仁者，由私意之间隔，诚能勉强力行推己及人之事，则心公而理得，求仁莫近于此，其于皆备之体，无少欠缺，不犹夫自然而诚者乎？”

可见本体无事外求，而工夫在于实践。万物皆备，即仁也。体仁之实，莫大于诚；求仁之方，莫切于恕。《中庸》曰：“明善诚身。”又曰：“忠恕违道不远。”圣贤尽性之学有异旨与！

孟子曰：“行之而不着焉，习矣而不察焉，终身由之而不知其道者，

众也。”

此一章书是孟子警人知道之意也。

孟子曰：“人，日在斯道之中，则当尽夫明道之实。盖天下之事，莫不有当然之理，与所以然之故。乃人伦日用之事，或日行之而不能灼知其所当然，或习熟矣而不能察识其所以然，是以终身行其事而不能知其道者，固甚众也。”

盖道即人，而具大而君臣父子之伦，近而视听言动之节，小而一事一物之微，皆道所贯注，日行日习，而不能加明察之功，致使发于偏私，乘于物欲，而日与道远；庸众固无责矣，体道之君子顾可不自警省乎哉？

孟子曰：”人不可以无耻，无耻之耻，无耻矣。”

此一章书是孟子警人知耻也。

孟子曰：“人之所以得免于庸众而可入于圣贤者，全是一念羞恶之心以激励于前，而惩创于后，故人不可以无耻也。”

盖为不善而不能改，此已之无所耻也。能以此为深耻，自能迁善远恶，而终身无复有耻辱之累矣。孔子论士，以行已有耻为明体之学，此正善恶之关而圣庸之介也，故圣贤重之。

孟子曰：“耻之于人大矣，为机变之巧者，无所用耻焉。不耻不若人，何若人有？”

此一章书是孟子戒人之忘耻也。

孟子曰：“羞恶者，乃人生固有之良心，所系于人为最重，盖有此羞恶之心，则希圣希贤而日进于高明；无此羞恶之心，则苟且因循，而日流于污下，人可忽视此一念哉？世之失其本心者，劳心于机械而为笼络之术；从事于变诈而为反复之行，人皆以为深耻，而彼反以为得计，若此等人更何所用其愧耻之心乎？此心既失，则耻之一念已不若人，将放辟邪侈，无所不至，更何若人之有？耻之系于人也，岂不重哉？”

夫人主之所以风厉天下，使之勇于为善者，全在动其愧耻之心。故孔子云：“有耻且格。”则知耻之一念，发于寤寐，沦于肌肤，不可强也。诚天下之人为一不善，若挞市朝之辱，非人君祓濯于上，百姓服教畏神于下，而能然乎？故大畏民志，又有耻且格之本也。

孟子曰：“古之贤王好善而忘势；古之贤士何独不然？乐其道而忘人之势，故王公不致敬尽礼，则不得亟见之。见且犹不得亟，而况得而臣之乎？”

此一章书见君当以道重士，士当以道自重也。

孟子曰：“贤者之系于人，国最重也。以辅君德，则使之为尧为舜；以佐治理，则使之为唐为虞；所以古之贤王好人道德之善，而忘己尊贵之势。然人君之所以重士者，以其道也。君重其道，而士先不能以道自重，则其本已失，何以为辅世长民之具乎？所以古之贤士，亦未尝无所好无所忘也。其所乐者，己之道；而所忘者，人之势。此非矫情轻世以明高，盖抱道自重，使微动于势分之尊，遂自丧其乐道之实。故王公不能内致恭敬之心，外尽尊崇之礼，则不得数见贤者。数见且不可得，而况得而臣之乎？"

盖虚怀下贤者，人君之盛事，故不嫌于屈己；而抱道自重者，士君子之大节，亦非同于自矜。古之君臣相尚以道，往往如此。不如是不足以得伊傅之臣，而止以来干时希进之士耳，其可忽乎哉？

孟子谓宋句践曰："子好遊乎？吾语子遊，人知之，亦嚣嚣；人不知，亦嚣嚣。"

曰："何如斯可以嚣嚣矣？"

曰："尊德乐义，则可以嚣嚣矣。故士穷不失义，达不离道。穷不失义，故士得己焉；达不离道，故民不失望焉。古之人，得志，泽加于民；不得志，修身见于世，穷则独善其身，达则兼善天下。"

此一章书是孟子示人以穷达自得之学也。

时人有宋句践者，游说之士也。孟子谓之曰："子好游于诸侯乎？吾语子以游说之道。夫游于人国，而人之知不知，不可必也。然内返诸心，所得在我，人知之，亦嚣嚣而自得，不以为喜；人不知，亦嚣嚣而自得，不以为戚，则内重外轻，随遇而安矣。"

宋句践问曰："自得非易，何如斯可以嚣嚣乎？"

孟子曰："君子处世，固非徇物，亦非矫情，盖在我者重，则在人者自轻。如吾心所得之善谓之德，恭敬奉持之而不敢忽，则天爵贵而人爵不足荣；吾身所守之正谓之义，欣慕爱乐之而不敢违，则操履端而外物不能诱，斯可以嚣嚣自得矣。故士当穷而在下，则以所尊所乐者守之为义，而为特立独行之操；当达而在位，则以所尊所乐者行之为道，而成济世安民之业；惟其穷不失义，故处则为幽人之贞，而士得己焉；惟其达不离道，故出则慰斯民之心，而民不失望焉。曷不观于古之人乎？古之人得志而在位，则以道义为政教之施，而福泽加于百姓；不得志而伏处，则以道义为修持之具，而闻望着于当时。是穷非徒穷，有以独善其身；达非徒达，有以兼善天下。此自得之实而穷达之，所以一致也何？知与不知之足以动其心哉！"

孟子之所言，殆即隐居以求其志，行义以达其道之流与！士君子必以此自命，而后处为纯儒，出为王佐，而不违乎用舍之宜，朝廷必以此用人，而后，处足以风励天下，出足以润泽生民，而可以收道德之效。孟子讵仅为游说之士言哉？

孟子曰："待文王而后兴者，凡民也。若夫豪杰之士，虽无文王犹兴。"

此一章书是孟子勉人以豪杰自待之意。

孟子曰："天性之良，人所同得。而庸众之蔽锢已深，贤哲之奋兴独力，故待文王之教化，而后感发兴起于善者，此凡民也。若夫才智过人之豪杰，禀乎天性者既优，蔽于物欲者亦浅，其卓然自立不因乎人，岂待文王而后兴哉？人奈何自等于凡民，而不以豪杰自待也？"

夫圣人不一，而独举文王为言者，教化之泽莫盛于文王。《诗》曰："倬彼云汉，为章于天。周王寿考，遐不作人。"言文王教思之无穷也。又曰："肆成人有德，小子有造。"言文王作人之效也。天下豪杰少而凡民多，为人君者，不当以卓立独行槩天下，为豪杰而当以化行俗美变，天下之凡民，其亦以文王为法而可哉？

孟子曰："附之以韩魏之家，如其自视欿然，则过人远矣。"

此一章书见人不当以富贵动其心也。

孟子曰："人生以道德为重，遭遇之隆盛于己无加，亦于己无损，然非有过人之识量，鲜有不为其所动者。今有人于此，以匹夫之微，而一旦附益之以晋卿韩魏之家，猝然投之于富贵，而骄矜之意不萌于中，满假之色不形于外，自视欿然谦虚。此必其内重而外轻，已大而物小，有远过于人者矣！岂易得哉？"

盖人之材犹夫器也；器大则所受者大，器小则所受者小。不独遗大投艰，难付之斗筲之器，即高爵厚禄，亦难载于浅陋之人。能淡视富贵者，即其能肩任事功者也；能不为宠利动者，即其不为患难移者也。持此以衡天下士，其亦可矣。

孟子曰："以佚道使民，虽劳不怨。以生道杀民，虽死不怨杀者。"

此一章书见王道无非以爱民为心也。

孟子曰："好逸而恶劳，好生而恶杀者，斯民同然之心。有逸而无劳，有生而无杀者，圣王因民之治，至不得已而使民、杀民，亦岂无道以处此哉？如城郭之修治，农田之耕凿，吾意本欲佚民而非此，则民反不能常佚，是劳在一日者佚在百年，其使民也实以佚道使之也。民咸谅其不得已而使之之心，虽劳而不怨矣。如盗贼之必刑，奸宄之必诛。吾意本欲生民，而非此则民反，不得遂其生，是杀在一二人者，生在千万人。其杀之也，实以生道杀之也。民咸信其不得已而杀之之心，虽死不怨杀者矣。"

盖劳民动众，君子所戒；明慎用刑，圣人所贵。惟常存佚之生之之心，而仍必致谨。夫使之杀之之事，况敢有非时之兴作与恣意之刑戮乎哉！所谓王道以人情为端者，亦审乎此而已矣。

孟子曰：“霸者之民驩虞如也，王者之民皞皞如也。杀之而不怨，利之而不庸，民日迁善而不知为之者。夫君子所过者化，所存者神，上下与天地同流，岂曰小补之哉？”

此一章书是孟子言王道之大也。

孟子曰：“治化之浅深，由于主德；主德之纯驳，验于民风。是故行霸道而为霸者，其小恩小惠易结百姓之心而生其感，其民风则见美市恩驩虞如也。行王道而为王者，其深仁厚泽沦洽百姓之心而忘其德，其民风则广大自得皞皞如也。皞皞之气象何如？民之所恶恶之；刑罚当其罪，虽杀之而民不知怨；因民之所利而利之，耕凿安其常，虽利之而民无所归；其功顺民性之自然，而匡直辅翼之。是以民日迁于善，而忘乎上之教。民风如此，真所谓时雍之治，太和之化，岂驩虞之可言乎？盖王天下之君子，德盛化神。凡身之所临政教经历之地，便已民风丕变，无不化而归于善者。凡心之所存神明默运之时，便已从欲而治，有至神而莫能测。其所以然者，天地之所覆载，皆王化之所周流上下，与天地同其运行焉，岂如霸者之邀名市恩，小补于一时一事而已哉？”

夫王道霸道之不同，所辨止在公私，而其量遂分大小，违道以干百姓之誉，此霸道之所以小也。无党无偏，荡荡平平，此王道之所以大也。先儒谓王霸之辨，莫明于孟子；而言王道气象之广大，无有偹于此章者。为人君者，当思其气象为何如而措之政事焉，则得矣。

孟子曰：“仁言不如仁声之入人深也，善政不如善教之得民也。善政，民畏之；善教，民爱之。善政得民财，善教得民心。”

此一章书言政教感人之异，欲为人君者审所尚也。

孟子曰：“人君有仁厚之言，则百姓闻而知感；有恺悌之声，则百姓闻而知爱。二者均足以入人。然仁言布于一时，不如仁声着于平日之入人为尤深也。人君有法度之善政，所以防闲乎百姓；有礼义之善教，所以化导乎百姓。二者均足以得民。然善政以制其外，不如善教以格其内之得民为尤至也。善政不如善教者，何以言之？善政则有法制禁令之密，而百姓怵于为非，有不咸遵约束而畏之者乎？善教则有礼乐陶淑之功，而百姓乐于为善，有不欢欣鼓舞而爱之者乎？善政则经画详而民生遂，民生遂而国用充，可以得民财；善教则仁义行而民俗厚，民俗厚而忠爱生，可以得民心。以民畏与民爱较，以得民财与得民心较，善政之不如善教也，彰明较著矣。”

夫政教不可偏废，后世但知令行禁止为国家之大务，而不知兴民行，化民俗，措天下于太平者，则赖乎仁育义渐善教之，为功多也。可勿审所尚哉？

孟子曰：“人之所不学而能者，其良能也；所不虑而知者，其良知也。

孩提之童无不知爱其亲者，及其长也，无不知敬其兄也。亲亲，仁也；敬长，义也；无他，达之天下也。”

此一章书是孟子示人以仁义之本心，而欲其加扩充之功也。

孟子曰：“天性之良，人所固有，能扩而充之，不可胜用矣。盖人有所能，皆由于学，若不烦讲习而自能者，此乃吾性本然之能，其良能也；人有所知，皆由于虑，若不假思索而自知者，此乃吾性本然之知，其良知也。所谓良知良能者维何？孩提之童絶无知识，然未有不知爱其亲者，及其稍长，知识有限，然未有不知敬其兄者。此非不学而能、不虑而知者乎？夫此爱亲之心乃吾性之仁所发，此敬长之心乃吾性之义所发。仁义至大，我以为见端于爱敬者，岂有他哉？盖由爱亲敬长，一人此心，千万人亦此心。仁义本天下之公理，而爱敬亦天下之同情，达之天下而无不然。”

可见仁义为本心固有之良无疑矣。是以王者因性牖民，莫先于明孝弟之义。亲逊之风成，即仁义之化洽，岂俟外求乎哉？

孟子曰：“舜之居深山之中，与木石居，与鹿豕遊，其所以异于深山之野人者几希；及其闻一善言，见一善行，若决江河，沛然莫之能御也。”

此一章书见圣心以虚受天下之善也。

孟子曰：“圣人之心，浑然天理，未有所触则淡然若忘，一有所感则虚而能应，如帝舜未登庸之时，耕于深山之中，所与居者木石，所与游者鹿豕，以其形迹而观之，何以异于深山之野人哉？然此时圣心之内，万理渊涵，特无所感焉，斯停蓄而不觉耳；及其闻一善言，见一善行，以在人之善而合乎圣心之善，随感輙应，闻善言则急受之，见善行则急行之，融会贯通，殆若决江河，沛然莫之能御也。非圣心之至虚至明，而能受天下之善若此乎？”

盖人心之灵明，欲其常虚，欲其常静，方寸之内絶无畛域，絶无私累，而后可以受天下之善。况人君一日万几，善不善杂进，要使此心常如明镜止水，自然妍媸立辨于天下；事泛应曲，当无不咸宜矣。可不以大舜为法与？

孟子曰：“无为其所不为，无欲其所不欲，如此而已矣？”

此一章书是孟子教人扩充其本心也。

孟子曰：“人心至虚至灵，虽当物欲蔽锢之后，而本体之明，未尝不时时发露于最初之一念。如事之不当为者，初亦知其不当为；事之不当欲者，初亦知其不当欲。此虽中材而下之人，断未有无此一念者。迨一转念，而利害惑于中，纷华动于外，初见为不可为者而竟为之，初见为不可欲者而竟欲之，此念一失放荡而不知返，本体之明遂不可复问矣。人诚以义制事，断然持之而无为其所不为；以礼制心，凛然防之而无欲其所不欲。如此则所为者皆合于宜，所欲者皆当于理，清明在躬，而天心来复，圣贤学问岂有余事哉？

如此而已矣！”

孟子之所谓无为、无欲，即《大学》之所谓毋自欺也。人常令此不为不欲之一念，炯然内觉，不为私欲所蒙，是之谓察识卓然振拔，不为外物所诱，是之谓扩充要，岂外本心而求之哉？

孟子曰：“人之有德慧术知者，恒存乎疢疾。独孤臣孽子，其操心也危，其虑患也深，故达。”

此一章书见人困而后能达也。

孟子曰：“昏愚每起于晏安，而聪明多生于忧患，人情大抵然也。在心之理谓之德，以理烛事见于未然，是谓德之慧，处事之方谓之术，因事循理，善其当然，是谓术之知。人之能有此者，恒由乎灾患之来，动心忍性，磨厉而能然也。天下惟孤远之臣、庶孽之子，处于危疑之地而不能得乎君亲，其处心也危惧，尝专一而不敢肆；其虑患也深远，尝精審而不敢忽，故能达于事理，而全乎忠孝之道也。此非德、慧、术、知之生于疢疾者哉？”

由此推之，天下安危之数不系于时势，而系于人心；心常凛则危可使安，心一肆则安可使危。古人云：‘晏安酖毒，不可懷也。’可不儆哉！

孟子曰：“有事君人者，事是君则为容悦者也；有安社稷臣者，以安社稷为悦者也；有天民者，达可行于天下而后行之者也；有大人者，正己而物正者也。”

此一章书是孟子列言臣品欲人以容悦为戒而思臻乎臣道之极也。

孟子曰：“人臣事君之道不同，以富贵为念者不足言矣。进此，则有以功名为重者，又有以道德为重者，又有道全德备而忘乎道德之名者。如有一等臣，其事君也，不知引君当道为事，专务阿徇以求君之容己，专事逢迎以求君之悦己，此所谓患得患失之鄙夫，奚足语于臣道哉？有一等安社稷臣者，其处心积虑，惟思措社稷于常安，虽犯颜而不顾，虽尽瘁而不辞，惟以安社稷为悦。此可谓忠贞之臣矣。有一等全备乎天理而为天民者，视道德为重，视功名为轻，必圣君在上可以行其道于天下，以济世安民，而后出而行之，必不肯小试其道以徇世，此惟伊吕之徒方足以当之，此可谓天下之士矣。又有一等德盛化神之大人者，但正己而非有心于正物，然上而君感其德，自格其非心，下而民化其德，咸归于王道，此忘其为之之迹，而大而化，化而神者矣，非圣人其孰能之？”

盖国家必得忠贞笃棐之臣，匡襄辅弼而后可以安社稷，必得道德纯备之臣，正己率物，而后可以行王道。然使容悦之臣间杂乎其间，则虽功名之士且不屑就，况道德之儒乎？故任人以图治者，欲收事功道德之效，必自去容悦之臣始。

孟子曰："君子有三乐，而王天下不与存焉。父母俱存，兄弟无故，一乐也；仰不愧于天，俯不怍于人，二乐也；得天下英才而教育之，三乐也。君子有三乐，而王天下不与存焉。"

此一章书见君子性分之真乐也。

孟子曰："乐之在势位者，其乐浅；乐之在道德者，其乐深。人皆以王天下为至可乐，不知君子有三乐，而王天下不与存焉。何谓三乐？人生之所至愿而难必者，莫如父母兄弟之间。此盖有天焉，而非人所能为也。若父母俱存，而罔极之恩可报，兄弟无故而友爱之道可施，此天伦之盛事也，一乐也；人生之内省无疚者为最难，非克己之尽不能也，诚于天所赋予之理备之，而绝无亏歉，仰可以不愧于天，于人所当尽之道行之而绝无虚伪，俯可以不怍于人，此性情之愉快也，二乐也；人生之所最难得者，广其道于一时，而传其道于后世。今则得天下明睿之才而聚于一堂，讲习讨论以成其才，涵育甄陶以养其德，此教思之无穷也，三乐也。三者乃天伦道德之真乐。君子有此三乐，岂以王天下动其心哉？夫王天下之所以可乐者，非以其势之尊，位之崇也。恩泽溥遍，则来四海九州之爱戴；德业隆盛，则继圣帝贤王之道统。故古人不以势位为足重，而亦不以势位为可轻，诚使王天下者彝伦攸叙，慎修罔愆，而又得英贤辐辏，共襄太平，则安见势分中遂无性分之乐也哉？"

孟子曰："广土众民，君子欲之，所乐不存焉；中天下而立，定四海之民，君子乐之，所性不存焉。君子所性，虽大行不加焉，虽穷居不损焉，分定故也。君子所性，仁义礼智根于心，其生色也睟然，见于面，盎于背，施于四体，四体不言而喻。"

此一章书是言性之得于天者至重也。

孟子曰："内而德性，外而事功，皆君子所不敢忽，然其中则有轻重存焉。故泽被生民者，君子之愿也。若土地则幅员至广，人民则生齿甚繁，恩泽可以远暨，君子宁不欲之？然未免限于方域，而君子之所乐不在乎此。若天下统于一人，居中可以制外，尽四海之民皆可得而抚绥安定之，是吾道大行，无一夫不被其泽，岂非君子之所乐乎？然事功虽盛，而君子之所性不在乎此。君子之所性得之于天而尽之于人，虽達而在上位，大行其道，而非于性有所加；虽穷而在下位，不得行其道，而非于性有所损。盖由本来之分数一定，既非有余，亦无不足，非外至之境遇所得而损益者也。君子之所性果何如哉？仁义礼智，四者本性之德，而蕴于心者也。君子心体清明，毫无物欲之累，故四德之根，柢于心也，坚固而不可摇；其发越于外也，自光华而不可掩，则见其睟然见于面，而清和润泽。莫非四德之流行盎于背，而丰厚盈溢；莫非四德之充满，其被于四体也。皆不待命令而自然动中规矩，莫非四德之敷施，积中达外之盛如此，则君子之所性岂穷达所得而加损者哉？"

孟子此言，非薄事功也，正以重事功，尧舜之勲华不出性分以内之事。人主以仁义礼智之天德，发而为永清大定之王道，则事功与性功讵有二乎哉？

孟子曰："伯夷辟纣，居北海之滨，闻文王作，兴曰：'盍归乎来，吾闻西伯善养老者。'太公辟纣，居东海之滨，闻文王作，兴曰：'盍归乎来，吾闻西伯善养老者。'天下有善养老，则仁人以为己归矣。五亩之宅，树墙下以桑，匹妇蚕之，则老者足以衣帛矣。五母鸡，二母彘，无失其时，老者足以无失肉矣。百亩之田，匹夫耕之，八口之家可以无饥矣。所谓西伯善养老者，制其田里，教之树畜，导其妻子使养其老。五十非帛不暖，七十非肉不饱。不暖不饱，谓之冻馁。文王之民无冻馁之老者，此之谓也。"

此一章书是勉人君法文王而行养老之政也。

孟子曰："为政莫先于善俗，善俗莫先于养老，尚齿，引年，三代所共，而良法美意莫备于文王。当日伯夷辟纣之虐，隐于北海之滨，闻文王作，而兴起曰：'盍归往乎？吾闻西伯发政施仁，善养老者。'太公避纣之虐，隐于东海之滨，闻文王作，而兴起曰："盍归往乎？吾闻西伯发政施仁，善养老者。'伯夷、太公，天下之仁人也，天下有能善养老之君，则仁人皆归往之矣。今以文王治岐之政言之，一夫受以五亩之宅，于墙下隙地树之以桑，使匹妇治蚕，而老者之衣足于帛矣。五母鸡、二母彘，使无失其孕字之时，而老者之食，足以无失肉矣。百亩之田，匹夫耕之而不夺其农时，八口之家仰事俯育足以无饥矣。由此观之，伯夷太公所谓西伯善养老者，岂恃夫沾沾小恩小惠，家赐而人给之哉？不过制其田里，定百亩五亩之规，教之树畜，广蚕桑鸡豚之利，使之夫耕妇织，以各养其老，如是而已矣。盖凡人年齿衰耄，则颐养为急。五十之人非帛不暖，七十之人非肉不饱。不暖不饱，则是冻馁其民。文王之时无冻馁之老者，正制田里、教树畜，以养老之谓也。"

欲行王道而厚风俗，可不以文王为法哉？后世人君亦有能礼高年者矣，赐粟赐帛，意非不善，然朝廷之恩泽有限，而田野之利赖无穷，昔人云："君不夺农时，则国人有余食矣；不夺蚕桑，则国人有余衣矣。"诚能行此，使人自为养，又何事区区五更三老之具文也哉？

孟子曰："易其田畴，薄其税敛，民可使富也。食之以时，用之以礼，财不可胜用也。民非水火不生活，昏暮叩人之门户求水火，无弗与者，至足矣。圣人治天下，使有菽粟如水火。菽粟如水火，而民焉有不仁者乎？"

此一章书是孟子言足民，乃王道之本也。

孟子曰："帝王之治天下，正德必始于厚生，礼教必兴于富足，此断断然者。人君诚能三时不害，使民尽力于田畴，什一而征，上又薄收其税敛，则野无旷土而国无重赋，民可使富矣。此开财之源得其道也。财之耗于食者甚多，人主必教民以时，朝饔夕飧，按时而食也。六畜、果蔬非时者不鬻于市也，财之耗于用者无穷，人主必制民以礼。吉凶宾祭必有其节也，丰歉贵贱必有其等也，食不侈而用不滥，财不可胜用矣。此节财之流得其道也。民富而财不可胜用如此，岂非民生之至足乎？夫民非水火不生活，则宜其爱惜之矣。然昏暮叩人之门户求水火，无有吝而弗与者何哉？为其至足故也。圣人治天下，为民开财之源，节财之流，使菽粟之多如水火，无不充然至足；菽粟既如水火，则闾阎之间有无相通，缓急相济，亲爱和睦而争讼不兴，家给人足而盗贼不作，而民焉有不仁者乎？"

此可见足民为治天下之要道。圣王贵五穀而贱金玉，亦在作之以勤，风之以俭，先之以轻徭薄赋，使民衣食足而教化可兴也。若不能足民，而言礼乐教化，不过苟且涂饰之具而已，岂圣人教养之道哉？

孟子曰："孔子登东山而小鲁，登太山而小天下，故观于海者难为水，游于圣人之门者难为言。观水有术，必观其澜。日月有明，容光必照焉。流水之为物也，不盈科不行；君子之志于道也，不成章不达。"

此一章书是言孔子之道大而有本，而学圣人者，有循序渐进之益也。

孟子曰："道莫盛于孔子。今以孔子之道言之，其自处者高，故其视下者益小。如登东山，则鲁处其下，有不小视夫鲁者乎？登泰山，则天下处其下，有不小视夫天下者乎？以人之观乎圣人之道者言之，观其大则小者不足观。如海为百谷之王，观于海而见其浩渺，则支流众派不足论矣。圣人为羣言之宗，游于圣人之门而闻其言论，则诸子百家皆绪余矣。圣人之道之大也如此。然而有本焉，夫水惟其有本，所以有波流之湍急，故观水者有术，亦观其澜而水之有本可知矣。日月惟其有明，所以容光之隙，明无不照，观于容光之必照，而明之有本可知矣。观圣人之道者，何以异于是？然道固大而有本，自学者言之，岂能一蹴而遽至哉？夫流水之为物也，不盈于科则不行；而前进君子之志于圣人之道也，必日积月累，笃实于中，而光辉发越于外，然后可从容变化而造乎其极；若所积不厚，未至于成章，则不能足乎此而达乎彼，何由至于圣人之域哉？"

人亦宜从事于下学上达之功矣，盖不知圣道之大，则苟安卑陋而识见不宏，不知求道之序，则妄希功效而心志不一，人其可小视乎道、而易视夫学哉？

孟子曰："鸡鸣而起，孳孳为善者，舜之徒也；鸡鸣而起，孳孳为利者，跖之徒也。欲知舜与跖之分，无他，利与善之间也。"

此一章书是孟子危言义利之介也。

孟子曰："圣人小人相去悬絶，而其初，止争一念，如有人焉，鸡鸣而起，未与物接，一念方萌之时，但孳孳为善，是虽未至于圣人之极，然所孳孳者圣人之事矣，是即舜之徒也；有人焉，鸡鸣而起，未与物接，一念方萌之时，但孳孳为利，是虽未至于小人之极，然所孳孳者小人之事矣，是即跖之徒也。夫舜为天下之至圣，跖为天下之至恶，其地位虽分天壤，而其界限则在几微。一念为善，则日循乎天理，不至于为舜不止；一念为利，则日沦于人欲，不至于为跖不止。是岂有他哉？亦在乎利与善之间而已。”

人可不谨凛乎哉？故同一为善也，而为善之念稍涉于功利，稍近于名誉，一毫间杂，即流而为利。在圣学，则为诚与伪之由分；在治道，则为王与霸之由辨。故孟子危言之。

孟子曰："杨子取为我，拔一毛而利天下，不为也。墨子兼爱，摩顶放踵利天下，为之。子莫执中，执中为近之。执中无权，犹执一也。所恶执一者，为其贼道也，举一而废百也。"

此一章书是孟子辟异端而明时中之学也。

孟子曰：“自学术不明，而异端纷起，吾道大中至正之理几不明于天下，如杨子之学主于为我，其意不以一毫利物，虽拔一毛之微而以利天下，彼必不为也。是非失之不及者乎？墨子之学主于兼爱，其意以为无不当爱，虽摩顶至踵而可以利天下，皆为之。是非失之太过者乎？子莫知杨墨之失，中度于二子之间而执其中，似与道为近，而不知中无定体，随时而在，有意执之则胶于一定之中，而不知称物平施之妙，是执中无权变也，与杨墨之各执其一者，何以异哉？君子所以恶夫异端之执一者，盖以其为我，则害吾道之仁，兼爱则害吾道之义，执中则害吾道之时中。所举者一端，而百端之变化尽废，所以为吾道害也。”

夫辨为我、兼爱之非易，而辨执中之非难，尧舜相传不尝言执中乎？不知圣人义精仁熟，随事因物而得乎自然之中，其用至神，子莫则学未至，理未明，凡事胶执乎一定之中，其用至拘，所由愈执而愈远耳。《书》云德无常师，主善为师；善无常主，协于克一。孔子云：“择乎中庸，得一善。”然则主善、择善，乃圣人用中之学也，异端焉足以知之？

孟子曰："饥者甘食，渴者甘饮，是未得饮食之正也，饥渴害之也。岂惟口腹有饥渴之害？人心亦皆有害。人能无以饥渴之害为心害，则不及人不为忧矣。"

此一章书见人不可因所遇之穷而累其心之正也。

孟子曰：“凡事有当然之理，譬之于饮食，各有正味，惟饥者之于食，渴者之于饮，尝易觉其甘而不暇审择，是皆未得饮食之正味，为饥渴所害故也，岂惟口腹为饥渴所害，不暇择饮食之正味，而易觉其甘？人心亦为贫贱所害，不暇审富贵之正理，而惟期其得矣。人能无以饥渴之故厌贫贱而贪富贵以害其心，则道胜而不为欲所移，天定而不为人所夺，又何不及人之足忧哉？”

所以君子自命端贵卓立之操，朝廷用人必崇恬淡之节。富贵不能淫，贫贱不能移，庶乎其可与！

孟子曰：“柳下惠不以三公易其介。”

此一章书见圣人和中有介，而世之同流合污者非和也。

孟子曰：“凡人和，则易流。柳下惠以和称，似必与世浮沉，随俗上下，而不知未尝一于和也。其视天下，虽无不可交之人，而大义所在，则卓然不可回；其心虽无不可容之物，而大节所关，则确乎不可拔。当其用也，进不隐贤，必以其道；当其舍也，遗佚不怨，厄穷不悯，可穷可达，可潜可见，而是非得失之几，义利公私之辨，较然不欺，截然有守，虽有三公之位，亦将敝屣视之，而不以易其介然之操矣。”

其介如此，此所以为圣人之和也。若止论惠之迹，而不论惠之心，得无为同流合污者所借口哉？

孟子曰：“有为者辟若掘井，掘井九轫而不及泉，犹为弃井也。”

此一章书言人学贵有成，不可鋭始而怠终也。

孟子曰：“天下之事，虑始为易，图成为难，人固有奋发一时，若圣贤之道德，帝王之事业，皆不难于旦夕取效，而其后力不能继，进鋭退速，卒于劳而鲜功者，此由持志不坚，故能发而不能收，使后效败于垂成，而前功弃于一旦，深可惜也。吾谓有为者，不为则已，为则必要其成。譬若掘井然，不计功之难易，期于得泉而止。若掘井九轫而不及泉，人不能得井之用，直自弃其井耳。”

人主负大有为之资，必终始一致，勿倦于勤，则圣学进于无疆，王道底于有成，唐虞三代之治不难致矣。

孟子曰：“尧舜，性之也；汤武，身之也；五霸，假之也。久假而不归，恶知其非有也。”

此一章书是孟子以诚伪立王霸之辨也。

孟子曰：“帝、王道，本无殊；而王、霸心，实有辨。以帝言之，‘钦明文思，允恭克让’者，尧也；‘浚哲文明，温恭允塞’者，舜也。知则生知，行则安行，不待修习，天性浑全，自然而然者也。以王言之，以义制事，以礼制心者，汤也；敬以胜怠，义以胜欲者，武也。知则学知，行则利行，修身体道以复其性，勉然而然者也。夫帝王虽有安勉之殊，而仁义则皆实有诸已，此所以德崇而业广也。若齐桓、晋文、秦穆、宋襄、楚荘，此五霸者，初无仁义之实，而但假借仁义之名以文之，如尊王讨贰，救患恤灾，事非不美，而其心原在于计功谋利，是欺世惑众，形似而实不然者也。夫五霸之习于假也，日复一日，居之不疑，而不归之于真实，则本非其有，而彼竟不觉悟，亦安知其非真有也。”

噫！时至春秋，世道日坏，功烈日卑，终难返于唐虞三代之盛，此卲子所以有五霸功之首、罪之魁之论也与？

公孙丑曰：“伊尹曰：‘予不狎于不顺，放太甲于桐，民大悦。太甲贤，又反之，民大悦。’贤者之为人臣也，其君不贤，则固可放与？”

孟子曰：“有伊尹之志，则可；无伊尹之志，则篡也。”

此一章书是孟子发明古大臣正君之苦心，以垂戒后世也。

公孙丑问曰：“伊尹曰：‘予承先王付托之重，辅相嗣王，宗社安危，实有责焉。今嗣王不顺义理，予不忍习见其所为之不顺而不为匡救也。’于是伊尹以冢宰摄政，放太甲于桐宫，使密迩先王反身改过，当时民皆大悦，谓其能知天下大计，行权以匡君也。既而太甲处仁迁义，化而为贤，又以冕服迎归，反居于亳。当时民又大悦，谓其能积诚意以感悟嗣王也。由此观之，贤者之为人臣也，苟其君不贤，则固可放而迁之，而仍无伤于事君之礼与！”

孟子曰：“伊尹之事反经合道，变而得其正者也。嗣君一身，上关宗社之安危，下系生民之休戚，若非率德改行，何以上副先王付托之意？故伊尹之志，公天下以为心，而絶无一毫之私。凡为人臣者，有伊尹之志，而为其事则可如无伊尹之志，则是觊觎神器，窃弄威权，篡逆不轨，乃天下万世之罪人也人。”

臣无将，将则必诛，况显有其迹者哉？后世乱臣贼子，每借圣贤不得已之事以为口实，孟子此言其垂戒远矣！

公孙丑曰：“《诗》曰：‘不素餐兮’。君子之不耕而食，何也？”

孟子曰：“君子居是国也，其君用之，则安富尊荣；其子弟从之，则孝弟忠信。‘不素餐兮’，孰大于是？”

此一章书见君子之有功于世道也。

公孙丑疑君子之无事而食，问曰：“《伐檀》之诗有云：‘不素餐兮’，言君子守志，虽一介之取与，必揆诸道义，不肯无功食禄也。然则君子必居位而有功于人国，方可食人之食；若不仕无功，则当耕而后食。今乃不耕而食，何也？”

孟子曰：“子疑君子为素餐，不知君子之有功于人国者甚大。虽无卿相之位、治教之责，而上之可以尊朝廷，下之可以范风俗，未尝无事而食也。盖君子居是国也，苟为君者能用其言，则道行于上而国祚巩固，国计充实，安富可期矣；位望日隆，声称显着，尊荣可致矣。苟为子弟者能从其教，则道行于下，而知爱其亲；知敬其长，入孝出弟矣。内有实心，外有实事，履忠蹈信矣。定大计于社稷，导国人以兴，行其功非浅鲜也。是即安受禄养，亦道义之所当得。《诗》所云‘不素餐兮’孰有大于君子者哉?”

盖言君子无求之节，则一箪一豆，取舍有所不苟，论君子维世之功，虽万钟千驷，亦安然受之，而不以为愧。义有各当，不可执一而论也。

王子垫问曰：“士何事?”

孟子曰：“尚志。”

曰：何谓尚志?”

曰：“仁义而已矣。杀一无罪非仁也，非其有而取之非义也。居恶在?仁是也；路恶在？义是也。居仁由义，大人之事备矣。”

此一章书是孟子论士之志趣也。

昔齐王之子有名垫者，问于孟子曰：“天下之人，上自公卿大夫，下至农工商贾，皆有当为之事。士居其间，上无官守于朝，下无生业于野，果何所事乎?”

孟子答曰：“谓之士者，既未得行公卿大夫之道，而又不当为农工商贾之业，惟高尚其志而已。”

垫又问曰：“何以谓之尚志?”

孟子答之曰：“士之尚志非他。志不在富强功利，在乎仁义而已矣。仁莫大于好生，如杀一无罪之人，即损我好生之德，不可以为仁矣；士之志，则以为我若得位，必不杀一无罪也。义莫大于遂利，如取一非所当有之物，即乖我遂利之心，不可以为义矣；士之志，则以为我若得位，必不取非所有也。士既不为不仁，则心之所居，安在恻隐之仁是也。鳏寡孤独，吾欲视之如一体焉。士既不行不义，则身之所由，安在中正之义是也。纲纪法度，吾欲使之得其宜焉。士之尚志如此，则居仁，而大人之体已具；由义，而大人之用已全，虽未得为公卿大夫，而仁育义正以经纶天下者取之，此而裕如矣。达道之事，岂有外于隐居所求者哉？士之为士如此。”

孟子曰：“仲子，不义与之齐国而弗受，人皆信之，是舍箪食豆羹之义也。人莫大焉亡亲戚君臣上下。以其小者信其大者，奚可哉?”

此一章书是孟子言陈仲子洁身乱伦之非所以维世教也。

孟子曰：“士君子立身行已，自有大节。矫激沽名，皆非所贵。即如陈仲子不食不义之粟，不居不义之室，推其廉介之心，设若不合于义而与之以齐国，彼必却之而不受，通国之人无不啧啧称道，信其为贤也。自吾观之，此不受之义不过好名之心，与舍箪食豆羹之义等，但可为小廉而已。夫人道有莫大焉者，在家则为亲戚，在国则为君臣上下，纲常伦理，万世不易，不可以一日亡也。若亡亲戚、君臣上下，则人之罪莫大于是。今仲子避兄离母，内绝天性之爱；高蹈不仕，上乖事使之经，是亏莫大之节，负莫大之罪也。乃犹以其不食不居，区区廉洁之小者，遂信其大节以为特立独行之贤，奚可哉？”

观此，可见士君子纲维名教，当先立其大节。苟欲饰誉钓名，其弊必至于败常乱俗，不可不慎也。

桃应问曰：“舜为天子，皋陶为士，瞽瞍杀人，则如之何？”

孟子曰：“执之而已矣。”

“然则舜不禁与？”

曰：“夫舜恶得而禁之？夫有所受之也。”

“然则舜如之何？”

曰：“舜视弃天下犹弃敝蹝也。窃负而逃，遵海滨而处，终身欣然，乐而忘天下。”

此一章书是设言古圣人之处变，皆仁至义尽，为万世臣子之极则也。

桃应问曰：“天下之事，处常易，处变难，苟极变之所至，即圣人处此有计穷而无可如何者。假如舜为天子，皋陶为士师，其时瞽瞍或犯法杀人，舜虽大孝，不可以私恩废天下之公；皋陶虽称明允，不可加刑于天子之父，则如之何？”

孟子曰：“士师，天下之平也；职在守法。瞽瞍，虽天子父，而杀人之罪不可逭。使皋陶处此，惟有执之而已矣，不暇他计也。”

桃应曰：“皋陶固以执法为正，然舜，天子也。以舜处此，岂不能禁止之与？”

孟子曰：“夫舜恶得而禁之？法者，天之所以讨有罪历世相传，不可变易，皋陶原有所受之，而非所敢私，虽天子亦不得废法以纵罪也。”

桃应又曰：“禁之既不可矣，然则舜如之何而可以全其父？”

孟子曰：“舜，大孝人也，知有亲不知有天下；使其处此，则视弃天下犹弃敝蹝也；其心必谓朝廷不可废法，而海滨足以避罪，必将窃负瞽瞍而逃，遵海滨而处，自屏于穷僻之地，以全其亲，终身承颜顺志，欣然于天性之乐，而忘天下焉。既不枉士师之法，复不伤父子之恩，舜之可为者，如此而已。”

由此观之，可见圣贤用心之极，总不越乎天经地义之常。处事者必如是而后无余憾也。

孟子自范之齐，望见齐王之子，喟然叹曰：“居移气，养移体，大哉居乎！夫非尽人之子与？”

孟子曰：“王子宫室、车马、衣服多与人同，而王子若彼者，其居使之

然也；况居天下之广居者乎？鲁君之宋，呼于垤泽之门。守者曰：‘此非吾君也，何其声之似我君也？’此无他，居相似也。”

此一章书孟子因见齐王之子有所感发，而言性分之尊也。

孟子尝自范邑往赴齐国，适遇齐王之子，望见其仪容气体与人不同，喟然叹曰：“人所居在尊贵之地，自然神气发扬，以居而移其气，所居尊贵，则奉养有丰厚之资，自然容貌充盈，以养而移其体，大矣哉，居之所系乎！夫王子者非犹是人之子也与？王子所居之宫室，所乘之车马，所衣之衣服，虽极其华美，然犹是宫室、车马、衣服耳，多与人同也。而王子之气体独若彼者，盖以国君之储贰，地势尊优，自与常人不同，其居使之然也。夫势分之尊，犹足以移人，况仁为天下之广居，统天德而长万善，以之居心则心逸而休，以之居身则身安且泰。君子居此，其太和之气，道德之光，有不塞于两间，发于四体者乎？试更以鲁君之事验之，昔者鲁君尝之宋，适时已向暮，门钥甚严。鲁君亲自呼于垤泽之门，守门者曰：‘此非吾君也，何其声音与我君相似也？’夫呼于门者鲁君，而守者乃疑其似宋君，此无他故，盖二君者同居南面之尊，同享千乘之富，居既相似，故声音亦相似也。居之移气，此又其彰明较著者。然则居广居之君子，德性中和，其不同于常人更可知矣。是以膏粱文绣君子有所不愿，而人爵之贵常不如天爵之尊也。”

孟子曰：“食而弗爱，豕交之也；爱而不敬，兽畜之也。恭敬者，币之未将者也。恭敬而无实，君子不可虚拘。”

此一章书是孟子见当日诸侯交际有文无实故发此论也。

孟子曰：“君之待士，禄养固不可少，而爱敬尤不容缺。若但廪糈以养之，而无亲爱之意，此不过豢养之而已，犹夫以畜豕之道接之也，非亲贤之谊也；若但亲昵以爱之，而无尊敬之诚，此不过爱惜之而已，犹夫以畜犬马之意畜之也，非遇士之礼也。夫食而不可不爱，爱而不可不敬，则恭敬者，岂徒在币帛交接之文乎？必先有恭敬之诚积于中，而后有币帛之文接于外；恭敬因币而见，非因币而始有，乃币之未将者也。若徒以币帛为恭敬，仪享有余而诚意不足，恭敬而无其实，则亦豕交兽畜之类矣。君子一身之去就，皆视乎礼遇之重轻；若礼意或薄，惟有洁身而去耳，岂可以虚文拘留之哉？”

当孟子之时，世衰道微。在上者，初无尊贤敬士之诚，而惟恃币聘之仪节，以罗致人才；在下者，亦惟知戋戋币帛之可慕，而弗察夫上意之诚否。上下交趋于利，而不揆乎义理之正，故孟子发是论以警之。

孟子曰：“形色，天性也；惟圣人然后可以践形。”

此一章书是孟子勉人以尽性之实也。

孟子曰：“人之生也，气聚而为形与色，理全而为天性。斯二者非有殊也，气不离乎理，理不杂乎气。人之有形有色，即天性之所在也。”

盖天所赋之理，原充满于形。色在目为明，在耳为聪，在手足为恭，重以至起居言动，莫不各有自然之理存焉。但众人气禀拘之于先，物欲蔽之于后，于是失其天性，物具而则亡虽同，然此形无以践之矣，惟圣人清明纯粹，无气拘物蔽之私，其于天性察之，由之无毫发之不尽，故有是形即有是性，如貌言视听思，则极于肃乂哲谋圣，实有以践其形而无歉也。可见人不可徒具此形，而学必求造于圣。苟未至于圣，于性有缺，即于形有亏，则不可为完人矣。可不勉哉？

齐宣王欲短丧。公孙丑曰："为朞之丧，犹愈于已乎？"

孟子曰："是犹或紾其兄之臂，子谓之姑徐徐云尔，亦教之孝弟而已矣。"

王子有其母死者，其傅为之请数月之丧。公孙丑曰："若此者何如也？"

曰："是欲终之而不可得也。虽加一日愈于已，谓夫莫之禁而弗为者也。"

此一章书见三年之丧乃人子之至情，而古今上下之通义也。

昔齐宣王以三年之丧为太久，欲减其时月而短之，公孙丑不知救正，乃迁就其说曰："为期年之丧犹胜于止而不行乎？"

孟子责之曰："父子之恩出于天性，亲丧之不可短，乃至情之不容已也。今王欲短丧，而子以朞为胜于已，是犹或有人紾戾其兄臂而缚之，子但谓之且徐徐缚之云尔。夫兄臂断不可紾，岂以徐之为差愈乎？不若动其至情，教以孝弟之道，使勿复紾其兄之臂而已矣。然则王欲短丧，子惟当启以天性罔极之恩，怀抱顾复之爱，使彼仁孝之念油然感动，自知亲丧之不可短矣，奈何从而附会之哉？"

当是时，适有王之庶子所生之母死，厌于嫡母而不得终丧，其傅为请于王，欲使得行数月之丧。公孙丑因举以自解曰："为朞之丧犹不可，若此数月者又当何如也？"

孟子晓之曰："王子居生母之丧，情固无穷而势有不能，欲终其丧而不可得也。其傅为请虽加益，一日亦得伸人子之情，犹胜于止而不加，况数月乎？我前所言者，正谓夫齐王莫之禁止可以自尽其情，而弗为三年之丧者也，岂可与王子例论哉？"

总之三年之丧，天下之通丧也，自古圣王未有不遵斯礼者，如殷高宗谅阴三年不言是也，春秋而下，世衰道微，于是有短丧之议，一见于宰我，再见于齐王。至汉景奉孝文遗诏，遂以日易月，而万世踵袭其谬矣。其间非无仁孝之主，如晋武北魏孝文者，毅然欲复古制而沮于羣臣，旋复旋废，君子所以太息痛恨于文景也。

孟子曰："君子之所以教者五：有如时雨化之者，有成德者，有达财者，有答问者，有私淑艾者。此五者，君子之所以教也。

此一章书言君子之教因人而施也。

孟子曰："君子教人之心无穷，将使天下同归于道。然人之品诣或浅或深，时地或远或近，有不可执一论者。约其条目盖有五焉：造诣深至之士，学力既充，功候既到，君子但迎机指示，便豁然贯通，契悟甚速，譬之草木之生，种植栽培，人事已尽，一为雨泽所润，发荣滋长，勾萌毕达，此教之一也；次之有天资纯粹，具其德而未成者，君子则成就其德，使无过无不及，以完其全体，又教之一也；又有天资明敏，有其材而未达者，君子则通达其材，使各就所长，充其所短，以尽其大用，又教之一也；外此又有质疑问难，挟一说以相证者，君子旁引曲喻，随问而答，以释其疑，又教之一也；更有居不同地，生不同时，不必及门受业，得之亲炙，而闻风兴起，私取其善，而师法之以自治者，又教之一也。合此五者而观之，人品不齐、时地或异，而曲成之功无所不及，天地无弃物，君子无弃才，其造就人才之心，加惠于后学者无穷矣。"

公孙丑曰："道则高矣，美矣，宜若登天然，似不可及也；何不使彼为可几及而日孳孳也？"

孟子曰："大匠不为拙工改废绳墨，羿不为拙射变其彀率，君子引而不发，跃如也。中道而立，能者从之。"

此一章书见道有定体，教有成法，在学者下学而上达也。

公孙丑苦于入道之难，因问于孟子曰："夫子之道，则诚高而峻绝无加矣。且美而纯粹至善矣。宜学者之入道如登天之难，似乎不可及也。何不稍为贬抑，使凡人皆可以庶几及之，而日孳孳自勉也。"

孟子晓之曰："欲知君子之教，先观曲艺而可矣。如大匠教工人制器，必用绳墨必不为，拙工之不善学而改废绳墨。羿教人射，必以彀率必不为。拙射之不善学而变其彀率，盖成法所在，自不可得而变也。曲艺且然，况君子乎？是以君子于人，但示以求之之方，而不即告以得之之妙。如致知则教之以格物，穷理力行则教之以躬修实践。至其知之豁然贯通，行之践履纯熟，则待其自悟自化，即如射者教射，但引满其弓以示之，而不为之发矢然。虽不告以所得，而其机隐隐，指示于意，言之表，跃然见于前矣。夫不发，则若隐而难知；而跃如，则固显而易见。不远不近，无过无不及，中道而立，以示学者。但人不知所从，则君子亦无如之何耳。若其能者，功深力到，下学上达，由所引之端，得不发之蕴道之高且美者，何患无从入之途而以不可几及为虑哉？"

由孟子之言思之，可见道无难易，惟在学者用力与否耳。公孙丑乃欲贬道徇人，不亦谬乎？

孟子曰："天下有道，以道殉身；天下无道，以身殉道；未闻以道殉乎人者也。"

此一章书见出处随时而道不可枉也。

孟子曰："君子一身进退，以道为体，身与道不可须臾离者也。当天下有道，则身出而道在必行，凡致君泽民之业，展布无遗，以道随身而出，若以道殉身者然；当天下无道，则道塞而身在必退，凡致君泽民之具，卷怀而藏，以身守道而隐，若以身殉道者然；是则时见而见，时隐而隐，君子一身无一日或离乎道。吾之所闻者盖如此。若夫身虽显而道不行，道虽屈而身不退，枉已以求合，希世以取容，汲汲于功名利禄，而不计其道之得行与否，是乃以道而殉乎人者，徒丧其生平而不能得尺寸之直。此不过妾妇之道，岂求志达道之君子而为之哉？吾未之闻也。"

然则出处进退之间，当以己为主，不当以人为主。己为主，则行藏之权在我；人为主，则荣辱之权在人。贤人君子，断无苟且以赴功名者也。

公都子曰："滕更之在门也，若在所礼，而不答，何也？"

孟子曰："挟贵而问，挟贤而问，挟长而问，挟有勲劳而问，挟故而问，皆所不答也。滕更有二焉。

此一章书见学者受教之心，不可以不诚也。

公都子问曰："滕更以国君介弟来学于夫子之门，若在所当礼遇而质疑问难之时，夫子或黙而不答何也？"

孟子曰："学者之从师，所以传道受业也，贵有求教之礼，尤贵有受教之诚。道之所在，则师之不可以有挟也。若矜其地势，尊重挟贵而问；矜其才能优异，挟贤而问；又或生于吾前，挟长而问；又或有功于我，挟有勲劳而问；又或与我向为知旧，挟故而问。是五者，当其发问之始，已无尊师重道、虚心求益之诚矣。有一于此，皆在所不答也。今滕更来学于我，胸中未免有挟贵挟贤之意，志骄气盈，此不可不稍屈抑之，使知警惕。我所以不答者，正欲彼反身思过，改其满损之失而致谦受之益耳，非礼遇之有疎也。乃知下问不可耻，予智不足，恃贵而自卑，则益贵；贤而不伐，则益贤。"

孟子此言真万世之师法也

孟子曰："于不可已而已者，无所不已。于所厚者薄，无所不薄也。其进锐者，其退速。"

此一章书言过不及之弊，同归于废，欲人自勉也。

孟子曰："凡人于处事待人修已之间，缓急厚薄，莫不有道存焉。以处事而言，岂无切于我身当为而不可已者？若于此不可已之事乃止而不为，则偷安之习多，振作之意少，究必至于逡巡畏缩，无所不已，终于废弃矣；以待人而言，岂无出于至情当厚而不容薄者？若于此当厚之人薄之而不恤，则忍心日以胜厚，道日以衰，究必至于残忍刻薄，无所不薄，终于惨刻矣；以修已而言，学可以力图，不可以骤致，若其进锐者用意太急，施为太猛，其气易衰，究之果锐未几，而怠忽随之，其退反速，终于倦怠矣。可见圣学王道总贵得中，宁有恒以渐进，无欲速而鲜终？则无过与不及之病矣。”

孟子曰：“君子之于物也，爱之而弗仁；于民也，仁之而弗亲。亲亲而仁民，仁民而爱物。”

此一章书见理本一，而分则殊，君子之施恩有等也。

孟子曰：“人物之生，原同一气，而亲疏厚薄，分则悬殊。君子之于物也，取之以时，用之以礼，固撙节以爱之矣，而不必有痌瘝一体，疾痛惨怛之谊，爱之而弗仁也；其于民也，政以厚生，教以正德，固立达以仁之矣，而不必有天性固结，一本无二之恩，仁之而弗亲也。然则于何而用其亲？有吾亲焉，天性之真，一本之谊，必尽爱敬之诚以亲之，亲其亲而仁以及民，使各得其所而已，不得以笃于亲者而槩施于民也；仁吾民而爱以及物，使咸若其性而已，不得以爱吾民者而概施于物也。”

夫于无不爱之中，而有轻重厚薄之序，此圣人之仁所以历万世而无弊也。后世有麪为牺牲不忍杀物者，是以仁民者仁物，而失爱物之宜矣。无怪其筑淮堰，而于民反有不仁也。又有爱无差等，施由亲始者，是以亲亲者，亲民而失仁民之道矣，无怪其无父，而于亲反有不亲也。倒行逆施，其弊遂至于此，可不鉴哉？

孟子曰：“知者无不知也，当务之为急；仁者无不爱也，急亲贤之为务。尧舜之知而不遍物，急先务也；尧舜之仁不遍爱人，急亲贤也。不能三年之丧，而缌、小功之察；放饭流歠，而问无齿决，是之谓不知务。”

此一章书言仁知之道当知所务也。

孟子曰：“君子之于道，贵乎得体用之全，尤宜审先后之序，如明烛无遗，谓之知。知者于天下之事固无所不知，然非泛而求之，劳心于思虑之所不至也。有当务焉，随时势之不同，酌施行之缓急，如关系于治道、人心、民生、国体者，则急急焉励精图之，由是大纲举而万目张，凡天下之事皆可以渐及之矣。万物一体谓之仁，仁者于天下之人固无所不爱，然亦非家至户到，营营于心力之所不及也，惟急于亲贤焉。有国者为天下而择相，秉钧者为天下而任贤，如其可以正君善俗，利济民物者，则急急焉务登进之，由是治人得而治法备。凡天下之人，皆不难以德周之矣。不观之尧舜乎？尧舜之知，后世莫及，实未尝物物而徧知之，其所为者，不过成天平地、厚生正德数大政急先务也；尧舜之仁，后世莫及，实未尝人人而偏爱之，其所为者，不过咨牧命岳、敷奏明试诸大典急亲贤也。然而后之言仁智者，未闻能驾尧舜而上之；而尧舜当日亦未尝有不及知之事、不及爱之人。观此可以知所务矣，不然者，知不急先务，仁不急亲贤，譬之制服者不能尽心于三年之丧，而于缌麻三月，小功五月之轻者，则讨论必极其详；饮食者放饭流歠，至于不敬之大，而于齿决干肉之小者，则沾沾致问不已。此其缓急轻重之间失衡甚矣，此之谓不知务也。"

为仁知而不知所务，何以异此？可见察察为知，非知也；煦煦为仁，非仁也。欲知临仁，覆当法尧舜而可矣。

《日讲四书解义》卷二十六

孟子 下之八

尽心章句下

孟子曰："不仁哉，梁惠王也！仁者以其所爱及其所不爱，不仁者以其所不爱及其所爱。"

公孙丑曰："何谓也？"

"梁惠王以土地之故，糜烂其民而战之，大败，将复之，恐不能胜，故驱其所爱子弟以殉之，是之谓以其所不爱及其所爱也。"

此一章书是孟子论梁惠王之不仁，以垂戒天下后世也。

曰："人君奉天子民，当以好生为德；若残忍不仁，无人君之德者，其梁惠王也！盖仁主于爱，而施之有序，由亲亲而仁民，由仁民而爱物，以一念之不忍，极之万物，各得其所，是以其所爱及其所不爱也。若不仁者贪暴为心，流毒无已，始而民物被其祸，既而戚属亦及其殃，以一念之忿，戾极之众叛亲离而不知止，是以其所不爱及其所爱矣。"

公孙丑问曰："何谓以其所不爱及其所爱也？"

孟子曰："梁惠王以贪得土地之故，兴兵构怨，糜烂其民，肝脑涂地，以战而争之，至于大败，将复战之，恐不能取胜，又驱其所爱太子申以殉之而至于死，是因土地而祸及于民，又因而祸及于子弟，是之谓以其所不爱及其所爱也。始而荼毒生民，后更摧残骨肉，梁惠王真不仁之甚者哉！"

孟子曰："春秋无义战。彼善于此，则有之矣。征者，上伐下也，敌国不相征也。"

此一章书是追论春秋诸侯无王之罪，见征伐当自天子出也。

孟子曰："凡诸侯奉天子之命征讨有罪，方谓之义战。若《春秋》一书所载战伐之事不一，然或称名以讥之，或称人以贱之，随事寓贬，未有以为合义而许之者，即其中不无借尊王之号，托仗义之名，如《召陵城濮之战》，固有彼善于此者，然亦仅胜于悖理犯顺之人耳，要不可谓之义战也。何也？上下者，天下之大分；征伐者，天子之大权。分不可僭，权不可假。惟以上伐下，于是有征之名。若同是诸侯，势均力敌，则为敌国，未闻以敌国而相征者。敌国相征，是无王也；无王是无义也。春秋之时，征伐自诸侯出，此其所以无义战也。”

然则春秋之诸侯，非先王之罪人耶？孔子一字之褒贬，严于衮钺，岂偶然哉？

孟子曰：“尽信书则不如无书。吾于《武成》，取二三策而已矣。仁人无敌于天下，以至仁伐至不仁，而何其血之流杵也？”

此一章书亦为好战者而发，借《武成》一篇以垂訓也。

孟子曰：“书以纪事，所以传信于将来，然亦间有虚张其词，非当时实事者。苟学者不知所择，尽从而信之，则圣贤之旨反揜于纪载之文，不如无书之为愈也。如《武成》一篇，纪武王伐纣之事，我于其间但取其二三策，如奉天伐暴，发政施仁数者而已矣。若其他如所谓血流漂杵之说，则有不可信者。何也？仁人取残除暴，救民水火，自无敌于天下。今以武王之至仁，伐紂之至不仁，有不壶漿筐篚争迎王师者乎？亦何至血流漂杵如是之惨酷也？由是观之，书之不足尽信也，明矣。”

后世黩武之主，皆借武王伐纣之事以为口实，此由悞信书传，以致贻祸生民。孟子举此以为好杀戮者之戒，其意深矣！抑血流漂杵指当日倒戈攻后者言，非书词之誣，孟氏不過借以戒當時之嗜殺者耳。此又不可以不知也。

孟子曰：“有人曰：‘我善為陳，我善為戰，’大罪也。国君好仁，天下无敌焉。南面而征，北狄怨；东面而征，西夷怨，曰：‘奚为后我？’武王之伐殷也，革车三百两，虎贲三千人。王曰：‘无畏，宁尔也，非敌百姓也。’若崩厥角稽首。征之为言正也，各欲正己也，焉用战？”

此一章书见人臣不当导君以战伐之事也。

孟子曰：“兵，凶器；战，危事。先王不得已而用之，非社稷生民之利也。如有人焉，好为兵家之言，以逢迎世主，曰：‘我善为陈，而坐作进退之有方；我善为战，而杀敌决胜之有勇。’此其人导君以兴师构难，穷兵黩武之事，上贻害于国家，下流毒于百姓，乃莫大之罪也。夫天下本不宜用兵，即用兵亦不必尽心于战陈，诚使国君好仁，爱民如子，则天下之民戴之如父母，自无与为敌矣。不观诸汤武之事乎？汤之始征也，南面而征，则北狄怨；东面而征，则西夷怨。曰：‘我等同在陷溺之中，乃吊民伐罪之师，独先彼而后我何也？夫王师一出，而天下想望，谁与汤为敌乎？武王之伐殷也，革车不过三百两，虎贲之士不过三千人，其时纣旅若林，强弱众寡，势不相敌。然观武王告商人之言曰：‘尔等无畏我之来，此正以宁辑尔等，非与百姓为雠敌也。’当时商民大悦，无不稽首至地，如兽角之崩而下触者然，夫王言一布，而百姓悦服，又谁与武王为敌乎？”

夫汤武之时，兵不血刃，天下大定。若是者，何也？盖以征之为言正也，天下之人苦于虐政者已久，各欲仁者来正己之国也，又何必用战哉？既无用战，又安用此善陈、善战者为哉？殃民者不容于尧舜之世，其即此善陈、善战之徒矣。后之事君者，往往不勉其君于王道，而乃谈霸术以干进，骋武事以逢时，致使生灵屠戮，肝脑涂地，而不之顾，斯岂非孟子之罪人也与？

孟子曰："梓匠轮舆能与人规矩，不能使人巧。"

此一章书见学者贵有心悟也。

孟子曰："君子教人有可以言传者，有不可以言传者，即曲艺可见矣。如木工有梓匠，车工有轮舆，其所以教人者，与之规所以为圆，与之矩所以为方，成法一定，不可移易，此其所能者也。若就规矩中习之既熟，用之既精，自有得心应手之妙，是之谓巧。巧不出规矩之中，而实神明於规矩之外，可以意会，不可以言传。"

大匠即欲以之明示学者，而势有所不能，则惟听人之自悟而已。然则道之可言传者，譬则规矩也；道之不可言传者，譬则巧也。下学可以立教，而上达必由心悟。学者岂可徒恃教者之开导，而不求所以自得也哉？

孟子曰："舜之飯糗茹草也，若將終身焉；及其為天子也，被袗衣，鼓琴，二女果，若固有之。"

此一章书见古圣人性分自定，贫贱不移，富贵不淫也。

孟子曰："人之情未有不因境而迁者，当其处贫贱，则有不安贫贱之心；及其既富贵，又有侈然富贵之意；惟大舜當有鰥在下之日，所飯者乾糗，所茹者草蔬，境遇極其不堪，乃怡然自得。初无所慕于外，若穷约之遇，即终身焉亦所甚乐也。其贫贱不移若此。及其明扬侧陋之后，位为天子，所被者五采之衣，所鼓者五弦之琴，所侍者釐降之二女，勢分極其尊優，乃坦然自如，絶無所動於心，若顯榮之遭所固有之，不自今日而始然也。其富贵不淫又若此。"

夫人之常情，莫不恶贫贱，慕富贵，惟大圣人所性分定。穷而在下，无一毫之损；达而在上，无一毫之加。故处之若忘，无适而不自得也。此大舜有天下，而不与之心，乃垂裳恭已，无为而治之本也与！

孟子曰："吾今而后知杀人亲之重也；杀人之父，人亦杀其父；杀人之兄，人亦杀其兄。然则非自杀之也，一间耳。"

此一章书是教人不可施虐于人，以贻祸于亲也。

孟子曰："我向日但知杀人之亲为不可，今而后知杀人亲者，其取祸甚烈也。何也？人之有父兄，犹吾之有父兄也。我若以戕人之父兄为快，人亦将各思报复，往往身受其害。杀人之父，人亦必杀其父；杀人之兄，人亦必杀其兄。此往彼来，相加无已，乃天理所必然，人情所必至者。然则虽非自杀其父兄，而所以致其杀者，实由于我其去自杀其父兄者，仅仅间一人耳。”

其实与手刃何异乎？为人子弟诚念及于此，必不忍推刃及人，以蹈无穷之祸，即人君之糜烂其民，而反中于身及其子孙者，亦可以惕然省矣。《孝经》曰：“爱亲者不敢恶于人，敬亲者不敢慢于人。”其理皆可类推也与！

孟子曰：“古之为关也，将以御暴；今之为关也，将以为暴。”

此一章书是言当时横征之害也。

孟子曰：“先王立法本有深意，后人不察，往往以仁民之制转而厉民，即设关一事可见矣。古之为关者，原以备非常，第谨其管钥，时其启闭，有异服则讥之，有异言则察之，以之御暴，使居者、行者，得以各安所事，未闻以征税为务也。乃今之为关者，尽失乎古人之意，凡商贾之来，行旅之至，出也有征，入也有税，不以讥察为事，而惟税课是急，举先王御暴之具，适为今人行暴之资。出于其途者，岂有幸乎？”

夫即一关之设，而古今之相悬若此。昔为良法，今为弊政。可见本原不正，无往而得先王之意，不独一关已也。

孟子曰：“身不行道，不行于妻子；使人不以道，不能行于妻子。”

此一章书言人惟修已方能化人也。

孟子曰：“天下事莫不有道，未有外道而可以率人者。如已之一身，为人所观，法必置身于无过之地，彝纪修明，动履罔失，由是躬范所昭皆向化，革心相观而善使。不行乎道，而在已有违理之行，则其身不正，岂能正人？虽至近如妻子，亦不克导之使善矣。如我之使人，当令其可从，必工作有时，奔走有节，不夺务农之期，不踰公旬之额，人乃心悦诚服，趋事恐后。苟不以其道而强人以难堪之事，则人所不愿，虽令不从，即至亲如妻子，亦弗能驱之应命矣。”

夫以妻顺夫，以子承父，势最易及，命最易従，乃非道则必不能行。然则为人上者，可容一言一行之或违于道哉？

孟子曰：“周于利者凶年不能杀，周于德者邪世不能乱。”

此一章书是勉人蓄德之意。

孟子曰：“人日求所以处世，而不知所以蓄德，则其自立者无具也。如人之谋生，孰不思俯仰赡给？乃一遇水旱之灾，而不免于饥饿流离者，非由利不足之故耶？诚能周于利而家有余赀，仓有余粟，则日用自能丰裕，虽处凶年，必不至转乎沟壑，而遭丧亡之戚矣！”

故人不患年岁之或凶，患蓄积之不厚也。人之处世，孰不思能自竖立，乃一当世道之衰，而惑于异端邪说者，非由德不足之故耶？诚能周于德，而仁义昭著，道德充满，则识见自能坚定；虽处邪世，必不至摇乱煽惑，而受淫诐之害矣。故人不患邪说之纷纭，患修持之不固也。要之，所取乎士君子者，不徒一身可以自立，贵有其维世之权，当此风会日下，处士横议，正当出其素所蓄积者，以救正人心，挽回世运，宁止不为陷溺已哉？此又孟子言外之旨也。

孟子曰："好名之人能让千乘之国，苟非其人，箪食豆羹见于色。"

此一章书言观人者当察其所安，不可以虚名许人也。

孟子曰："安贫贱而轻富贵，士君子立身之大节也。若好名之人，意在干誉，欲以一时之矫廉，博取后日之美名，则虽千乘之国亦能让之而不受，要其人非真能轻富贵者也。凡真能轻富贵之人，必表里一致，始终一辙，苟非其人，则虽能让千乘之国，而于小小得失，如一箪食一豆羹，计较之心忽不自禁，不觉发见于颜色之间。彼将谓饮食细，故人之毁誉我者必不在此，可以不事矜持，故勉其大而忽于小，而从前矫饰以干廉让之名者，至此真情毕露矣。"

乃知为人者当务乎其实，而不可饰乎其名。观人者，当验其所忽，而不徒信其所勉也。

孟子曰："不信仁贤，则国空虚；无礼义，则上下乱；无政事，则财用不足。"

此一章书见人君当知致治之要也。

孟子曰："仁贤者，国家之桢干也。才全德备之人何代不有？惟人君能信用之，则朝廷有所倚赖，生民有所仰庇。苟信任不专，或外亲而内疎，或始合而终间，则君子解体而思去，小人得志而窃位，虽有仁贤与无人同，而国空虚矣；礼义者，国之维也。惟有礼以正纲常，有义以酌时宜，斯等威立而民志定。苟处事存心而纵肆弗检，则上凌下僭，国其有不乱者乎？政事者，国之纪也，惟有政以立大纲，有事以周庶务，斯经理具而国用裕。苟百度废弛，而取用无节，则民贫国耗，财用其有能充足者乎？"

要之，礼义由仁贤而出，政事以得人为先。从来有治人，无治法。人君诚能任贤勿贰，一德一心，则明良喜起可坐，臻上理矣。甚矣，用贤之为要也！

孟子曰："不仁而得国者，有之矣；不仁而得天下者，未之有也。"

此一章书见得天下之必于仁也。

孟子曰："天下适然之数不能胜必然之理，如不仁之人本无可以得国，然或上失其民而厚施以愚众，心窃柄以移威福，不尽得国也；而或得国者有之矣。至于天下则亿兆之众，四海之广，惬其心则附，非势力所能胁也；感其诚则孚，非权术所能诱也。因偶尔得国，而遂疑其可以得天下，自古以来，未之有也”。

然则竞天下于力，何如取天下于仁？故曰：“以仁得之，以仁守之，其量百世。”信哉！

孟子曰：“民为贵，社稷次之，君为轻。是故得乎丘民而为天子，得乎天子为诸侯，得乎诸侯为大夫。诸侯危社稷，则变置。牺牲既成，粢盛既洁，祭祀以时，然而旱干水溢，则变置社稷。”

此一章书见人君当爱民以保社稷，而勿自恃其尊也。

孟子曰：“国所恃以立者三：曰民、曰社稷、曰君。夫君为民神之主，贵矣！而不知国之所贵，未有如民者。盖民为邦本，本固邦宁，无可尊之势，而有可畏之形，其操重固无与伦矣。若立社以报本，立稷以祈穀，无非为民以祈报也，不可与民并重而直居于次矣。至于国听于君，畴勿仰其尊者，然天生民而立之君，以为民也；神之保佑，由于民之爱戴。舍二者，无以成君之尊，又不可与二者并论，而君为轻矣。何言乎民为贵也？盖以草野丘民之心，而实操天子至尊之藉，得其心则民心之所归，即天意之所眷，而为天子矣。若夫天子，至尊也，然得乎天子之心者，不过为五等之诸侯，天子之锡贵，不如丘民；至如诸侯，亦君也，然得乎诸侯之心者，不过为三命之大夫，诸侯之锡贵，尤逺出丘民下矣。民之贵为何如乎？何言乎君轻于社稷也？盖诸侯为民而事神，无以寧神，即无以治民，社稷危则更立贤者，是君轻于社稷也。何言乎社稷轻于民也？盖事神之礼不恪，固无敢责望于神；若既成既备，春祈秋报，各以其时，然而恒旸为旱，恒雨为溢，既殚心于神，而神不能降福以庇民，则迁旧谋新，以庶几锡祉于民，是社稷虽重于君，而实轻于民也。以此知春秋尊王，正万世人臣之义。”

孟子贵民，立万世为君之道。《书》曰：“元后作民父母。”又曰：“天子作民父母。”以为天下王，自古宗社奠安，历世绵远者，未有不以怀保小民为首务者也。

孟子曰：“圣人，百世之师也，伯夷、柳下惠是也。故闻伯夷之风者，顽夫廉，懦夫有立志；闻柳下惠之风者，薄夫敦，鄙夫寛。奋乎百世之上，百世之下，闻者莫不兴起也。非圣人而能若是乎？而况于亲炙之者乎？”

此一章书是即夷惠流风之远而发明其所以为圣也。

孟子曰：“古之圣人其制行高，其流泽逺，能以已之善兴起乎人，使人易恶以至善，不特为一世之师，而实为百世之师也。求其人，则伯夷、柳下惠是也。伯夷徃矣，至今闻伯夷之清风者，虽顽钝之夫，亦变而有介操，不苟取也；虽懦弱之夫，亦变而有立志，不苟安也；柳下惠往矣，至今闻柳下惠之和风者，虽刻薄之夫，亦变而有敦厚之行焉；虽鄙隘之夫，亦变而有宽容之量焉。夫夷惠奋起于百世之上，而百世之下闻其风者，莫不兴起也。使非圣人清和之极，而能若是乎？百世且然，况生当其时，亲熏炙其化者，其感发当何如乎？"

信乎，夷惠之为百世师也！后之有志自立者，当知所取法矣。

孟子曰："仁也者，人也。合而言之，道也。"

此一章书是明道不远人之意也。

孟子曰："所谓仁者，非他也，人有此身，便有此天理不可须臾离者也。合而言之，则仁之理即在人之身，人之身已备仁之理，如亲之于父子，义之于君臣序别，信之于夫妇长幼朋友。仁非虚位，身非虚器，人与仁不相离，是之谓道矣。"

子思曰："率性之谓道。"此之谓也。

孟子曰："孔子之去鲁，曰：'迟迟吾行也，去父母国之道也。'去齐，接淅而行，去他国之道也。"

此一章书即去国一端，见圣人从容中道也。

孟子曰："圣人举动，随时处中，各当其可，无往非道。即如孔子去鲁，则自言'迟迟吾行'，非有意于缓也，盖鲁乃父母之国，恩重于义，身虽去而心犹留，道可以迟，而孔子则迟也。其去齐，则炊不待熟，以手承水取米而行，非有意于速也。盖齐为他国，义重于恩，见几而作，不俟终日，道可以速，而孔子则速也。"

可见道者天理之当然，圣人体道之全，一迟一速，各适其宜如此。此所以为时中之圣，而垂法万世也与！

孟子曰："君子之戹于陈蔡之间，无上下之交也。"

此一章书见圣人之遇穷，而非道穷也。

孟子曰："当春秋时，孔子道大莫容，辙环天下，至陈蔡二国之间，絶粮七日，可谓戹矣。以大圣之德，宜乎得志行道，乃所如不偶，至困穷如此者，何哉？盖君子但能尽其在我，不能必其在人。陈蔡二国既无能用孔子之君，又无能荐孔子之臣，上下无交，是以不免于戹耳。使为君者礼贤下士，为臣者推贤让能，则过化存神，绥来动和之治，何难立致？惜乎，莫之用也！"

貉稽曰："稽大不理于口。"

孟子曰："无伤也。士憎兹多口。《诗》云：'忧心悄悄，愠于群小'，孔

子也。‘肆不殄厥愠，亦不陨厥问’，文王也。”

此一章书见人当尽其在我，不可専咎他人也。

貉稽曰：“人得众口称誉，则有所利赖。今稽往往遭人讪谤，大不赖于众口，将如之何?”

其意盖尤人也。

孟子曰：“学贵自立，何藉众口？谤从外至，无伤实行，人患不克为士耳。士以圣贤自命，自与流俗相忤。道修而谤兴，德高而毁来，较之常人，众口之讪愈为多耳。不观之《诗》乎？《邶风·栢舟》之诗有云：‘忧心悄悄’者，实以见愠羣小之故，此非为孔子言也。然孔子当日栖栖皇皇，困于陈蔡，沮于齐楚，不免见愠，而或重为世道忧，其事实相类也。《大雅·绵》之诗有云：‘虽不殄绝人之愠怒，而亦不坠己之声闻’，此非为文王言也。然文王当日明夷蒙难，谮于崇侯，拘于羑里，亦不免见愠，而终不足为圣德累，其事实相当也。”

夫圣如文王孔子，尚遭此谤，况其下乎？然则士患不克如文王孔子耳。果如文王孔子，虽多口，复何病乎？可见尤人重者，其责己必轻。诚能反躬自治，则众口之谤，君子当益加警省，进德修业，岂其侈然以人言为不足恤耶？

孟子曰：“贤者以其昭昭使人昭昭，今以其昏昏使人昭昭。”

此一章书见新民必本于明德也。

孟子曰：“为人上者，皆欲民之善，而致民之善必独推贤者，盖贤者欲明明德于天下，必先自明其德，不为欲蔽，不为物诱，在我之明德既明，然后使家国天下之人同归丁明德。此则化导有源，不见其使而若默使之者。今之为治者，己德未明，而徒责民之新，是本原之地尚为物欲所蔽，私意所累，虽法驱刑督，其能进斯民于作新之治哉？将见力为使，而未必如其所使矣。”

可见以德化民，必以身先民。故《尧典》之“平章协和”、大学之“齐治均平”，皆由人主之明德致之。有治人之责者，可不先自治乎？

孟子谓高子曰：“山径之蹊，间介然用之而成路；为间不用，则茅塞之矣。今茅塞子之心矣。”

此一章书言心学不可少间也。

高子游于孟门而用心不専，故孟子警之曰：“凡理义之心，人所固有，然危微之介易开亦复易蔽，全视治心之人操舍何如耳？不观山径之蹊间乎？如山中小径仅容人蹊步之处，未见为路也；若倏然之顷，人共由之，往复不已，则遂成大路矣。其成路不难如此。若使成路之后，少顷之间，人迹罕至，则茅草復生，依然塞之矣。其阻塞甚易又如此。然則人心非義即私，非理即欲，介然之義理暫忘，而不召之私欲立至。道心之微何殊山徑？物欲之蔽何殊茅塞？瞬息之操舍即判，此心之存亡，良可懼也！今子署知治心，旋即弛廢，是路已成而棄之，心本通而塞之，可不思所以用之哉？”

盖人心道心相为消长，唯戒惧慎独，则人心一归于道心，存存不已，尚何间断之有？古圣人朝乾夕惕，果行育德，良有见于此也。

高子曰：“禹之声尚文王之声。”

孟子曰：“何以言之？”

曰：“以追蠡。”

曰：“是奚足哉？城门之轨，两马之力与？”

此一章书是见论乐者当考其德，不当泥其器以分优劣也。

高子曰：“尝观禹与文王，皆圣人，各有乐传于后世。然就二者较之，禹之乐殆尚于文王之乐。”

孟子曰：“子谓禹之乐尚于文之乐，何以知之？”

高子曰：“乐之高下，视用之多寡。禹时之钟，其纽所系如虫啮而欲絶，则用之者必多；而文王之钟则不然，是以知之也。”

孟子曰：“是一追耳，何足以知圣人之乐哉？彼城门之轨迹，其深独异于城中者，岂一车两马之力能使之然与？”

盖众轨出入，必由于此，而日久所積故也。然则禹之追蠡，亦前乎文王千有余年，日深用久而然也。文王之钟未久，而纽全，使至千余年之后，则其追亦如此耳，又岂可以分优劣哉？夫论古乐者，须原本其功德，会通其性情，考论其时势，而后能见作者之本意。高子之言浅陋极矣，故孟子亦以浅近者晓之，然而固不易之论也。

齐饥。陈臻曰：“国人皆以夫子将复为发棠，殆不可复。”

孟子曰：“是为冯妇也。晋人有冯妇者，善搏虎，卒为善士。则之野，有众逐虎。虎负嵎，莫之敢撄。望见冯妇，趋而迎之。冯妇攘臂下车。众皆悦之，其为士者笑之。”

此一章书是见孟子不屈已以徇人之意也。

先时齐国尝饥，孟子心切爱民，曾劝齐王发棠邑之仓以赈之。至此，将已去齐，适值其国又饥。齐之庭未闻有恤民之方与救灾之策，于是陈臻曰：“齐国之人望赈甚切，皆以夫子将复有发棠之请，以臻论之，民情固可哀，而君意未可测，劝之不从，则失言矣，殆不可复乎？”

孟子曰：”世固有勇于为善者，不察夫时义之当然与否而必为之，虽足以取悦于人，然发不中节，有害于君子之道。以我今日而复劝王发棠，是为冯妇之类也。晋人有冯妇者，恃其勇力，善徒手以搏虎，卒能改行为善士。

是宜守此而不变节也。一旦往之于野，见有众逐虎，虎方负嵎，莫敢撄触，望见冯妇之来，相率趋而迎之。冯妇遂见猎，心喜，攘臂下车以徇其请。斯时也，众皆悦之，以为不拂其望。而为士者，乃相与笑之，以为为善之不终，而不知止。予其可不量进退，轻身徇人，以为士之所窃笑乎？"

盖齐王既不能用孟子，则谏必不行，言必不听，惟有引而去之耳。圣贤爱民之意非不恳切，然欲其枉已以取辱，无异从井而救人矣，岂肯为之哉？

孟子曰："口之于味也，目之于色也，耳之于声也，鼻之于臭也，四肢之于安佚也，性也，有命焉，君子不谓性也。仁之于父子也，义之于君臣也，礼之于宾主也，智之于贤者也，圣人之于天道也，命也，有性焉，君子不谓命也。"

此一章书是示人以性命之辨，欲其遏欲以存理也。

孟子曰："天之赋于人者为命，人之受于天者为性。世之人莫不言性命矣。第为形役者恒托于性以自便，而与理违者又诿于命以自安，惟君子则异是。如人之具于一身者，口目耳鼻四肢，皆形体之所不能外也。各有所司，即各有所嗜。口之于滋味，目之于采色，耳之于音声，鼻之于香臭，四肢之于安佚。此五者与生俱生，虽凡众不能免，虽上哲不能遗，不谓非性也。然有遂其欲者，有不得遂其欲者，实有命焉。以默为限制君子，惟安命而已矣，决不谓之为性也。其不得也，固不强求其得之也。亦有品节，岂谓吾性之所有而可以逞之哉？是以命衡性而命为重矣。君子虽有不言性之时，至于形体嗜欲之外，又有当以性为重而不容自诿者。如仁主爱而属于父子，义主宜而属于君臣，礼主敬而属于宾主，智主别而属于贤否，圣人纯亦不已，而天道属于圣人。此五者，顺逆常变，视其所遇；清浊厚薄，视其所禀；不谓非命也，然皆生理之固有，此心之同然，不以圣而丰，不以愚而啬，盖有性存焉，而无可推诿。君子惟尽性而已矣，决不谓之为命也。其清且厚者，固益求其至；其浊且薄者，尤务求其及；岂曰命之已定，而不复致力于其间哉？是以性衡命，而性又重矣。奈何世之人徒知嗜欲之为性，当节制而不节制；气禀之为命，当自强而不自强，安得不急举君子以正之哉？"

盖人心、道心总一，不并立之势，天理日长则嗜欲日消，人但用力于父子、君臣、宾主、贤否、天道之间，则自不陷溺于声色、臭味、安佚之内，所以复礼在是，所以克己亦即在是矣。

浩生不害问曰："乐正子何人也？"

孟子曰："善人也，信人也。"

"何谓善？何谓信？"

曰："可欲之谓善，有诸己之谓信，充实之谓美，充实而有光辉之谓大，大而化之之谓圣，圣而不可知之之谓神。乐正子，二之中、四之下也。"

此一章书是言学者当造其极，不可以一得自安也。

齐人有浩生不害者问曰："乐正子从游于夫子，其人品造诣，殆居何等也？"

孟子曰："观乐正子为人，虽未卜其终身之成就，自其今日所至言之，则可谓之善人，亦可谓之信人也。"

不害又问曰："何以谓之善？何以谓之信？"

孟子曰："人性皆善，故遇善者必爱悦，遇恶者必疾恶。若其人立身行己，合乎天理人心，但见可欲而不见可恶，则其有善无恶可知，所以谓之善也。至如好善恶恶，本有生以来真实无妄之理，若其人躬行实践，有自慊而无自欺，善皆实有于己而无矫饰，则其实心实行可知，所以谓之信也。然而人之自期者，宁仅如此己乎？进而上之必力行其善而不已，使所有之善至于充满积实，则性分咸备，虽隐微曲折之间，亦皆清和粹白，而无不善之杂，是之谓美矣。又如是而不已，则充实之美表著于外，其光辉也不可遏抑，将见其畅于四肢，发于事业而臻广大高明之域，是之谓大矣。然大而未化，犹未离乎迹也，惟大而能化，有盛德而无矜持之劳，有至善而无作为之迹，不思不勉，从容中道，人力之不至而天机之自洽，是则所谓圣也。至于圣，则造道之功至矣，尽矣！其盛德渊微，而莫知其所以为德；大业显著，而莫知其所以为业。盖变化无方，阴阳迭运，有非耳目之所能穷，心思之所能测者，是则所谓神也。夫自可欲以至不可知美、大、圣、神总基于善信，亦惟恃其扩充之力以驯致之耳。今乐正子固已居善信二者之中矣，而尚在美大圣神四者之下也。使不以善信自满，而以美大圣神自励，则他日造诣，吾又乌能限之哉？"

盖圣贤为学，本无穷尽，日进则日见不足，日退则日见有余，故仲虺称殷汤日新不已，《周颂》美成王缉熙光明，《诗》《书》之言可为万世圣王进修之法。

孟子曰："逃墨必归于杨，逃杨必归于儒。归，斯受之而已矣。今之与杨、墨辩者，如追放豚，既入其苙，又从而招之。"

此一章书是言异端有反正之渐，不可绝之已甚，以阻其従正之路也。

孟子曰："异端之与吾道抗也，拒之不可不严；及其自悔而思反也，待之又不可不恕。如墨氏之《兼爱》，杨氏之《为我》，皆非吾儒中正之道。然《兼爱》者务外而不情，《为我》者太简而近实，其相去犹有差别。故学墨者，悔而逃去之，必归于杨，盖厌务外必尚简署，所固然也；学杨者，悔而逃去之，必归于儒，盖厌太简必求中道，又固然也。夫吾儒之道，人人所当共由，惟恐异端终于陷溺迷而不返，今彼既自知其误，翻然一变，惟中正之是归，则岂复念其旧恶峻以拒之哉？斯受之而已矣！奈何今之与杨、墨辩者，不取其今日之归，而追咎其既往之失，以为是尝从无父无君之教者也，而待之不少恕，如追放豚，既入其阑矣，又从而羁其足，斯不亦已甚之行，而令人畏吾道之难反，反阻其向往之路乎？是诚儒者之过也。”

由此观之孟氏七篇息邪说，距诐行，放淫辞，岂有私憾于异端哉？正为其鼓倡异论，陷溺人心，为世道之害耳。使其翻然悔悟自新，则惟恐诱诲之不至，故陈相夷之之徒，皆反复开譬，引之于儒者之道，圣贤与人为善之心切矣！

孟子曰："有布缕之征，粟米之征，力役之征。君子用其一，缓其二。用其二而民有殍，用其三而父子离。"

此一章书见为人君者，于取民之中当存爱民之意也。

孟子曰："国家之用无穷，百姓之力有限，岂独横征厚敛足以病民哉？即惟正之供，亦必审其缓急，而撙节爱养之。人君不能自织而衣也，于是有布缕之征；不能自耕而食也，于是有粟米之征；不能躬亲兴作也，于是有力役之征。是三者之有常经，乃百姓以下奉上之义。然三者之不忍并取，乃人君以上恤下之仁，所以君子不得已而用其一，则必缓其二。布缕取之于夏，蚕事成也；粟米取之于秋，百穀登也；力役取之于冬，农事终也；岂有一时并用者哉？若并用其二，则民不堪命而有饿殍矣；并用其三，则民力殚亡而父子不能相保矣；岂不重可念与？"

君子爱民之心、裕国之道全在于能缓。盖朝廷缓于一时，而百姓已食无穷之福，上无损于国计，下有益于民生，亦惟在斟酌变通于常赋之中而已矣。

孟子曰："诸侯之宝三：土地、人民、政事。宝珠玉者，殃必及身。"

此一章书是言为人君者当知所宝也。

孟子曰："有国家者，必明于轻重之理，然后好尚端而可以有安，而无危诸侯之所当宝者有三：土地所藉以立国，人民所藉以守国，政事所藉以治国。此其所当宝者也。知土地之为宝，则垦辟之必尽；知人民之为宝，则抚字之必周；知政事之为宝，则经理之必至。如是则得所宝而国安矣。若珠玉者所不当宝者也，以珠玉为宝，则必贵异物而贱用物，开奇技淫巧之渐，好侈糜而忘节俭，启骄奢淫佚之端，殃必及身而国危矣。"

夫人主以天位为大宝，土地、人民、政事，皆所以安天位者也，故尤当爱惜郑重之。凡奇异之物无裨实用者，皆珠玉类也。为人君者可不慎所宝与？

盆成括仕于齐，孟子曰："死矣盆成括！"
盆成括见杀，门人问曰："夫子何以知其将见杀？"
曰："其为人也小有才，未闻君子之大道也，则足以杀其躯而已矣。"

此一章书是为恃才而不闻道者戒也。

昔有盆成括者，方其仕齐之日，孟子闻之，以其恃才而得位，测其必败。曰："死矣盆成括！"

后盆成括果见杀，门人问于孟子曰："先事之知为难，夫子何以知盆成括之将见杀也？"

孟子曰："人非有才之难，有才而善用其才之为难。今盆成括有机械变诈之能，是特小有才耳，未闻君子之大道，以涵育熏陶之，则必恃才妄作，适足以贾祸而已矣。予何难先事而知哉？盖有君子之才，有小人之才。君子而有才，足以致治；小人而有才，适以取祸。凡巧伪诈佞工谀取容者，皆小人之才也，有用人之责者，可不慎所择与？"

孟子之滕，馆于上宫。有业屦于牖上，馆人求之弗得。或问之曰："若是乎从者之廋也？"

曰："子以是为窃屦来与？"

曰："殆非也。夫子之设科也，往者不追，来者不拒，苟以是心至，斯受之而已矣。"

此一章书是孟子大道为公之心见谅于当时也。

孟子之滕，馆于上宫。适有织而未成之屦置于牖上，馆人求之弗得，或人问于孟子曰："若是乎，夫子之从者廋匿人物也？"

孟子曰："子以吾之従者为窃屦之故而来于滕与？"

或人遂悟其非，曰："从者之来岂为窃屦？但夫子之设科条以待，学者其有既往之失不追责之？其有洁已而来者不拒絶之？苟以求道之心至，斯受之而已矣。"

夫子待人之宏如此，岂能保其他哉？盖圣贤视天下无弃人，不督责其既往，不逆料其将来，但取其自新之一念而已。或人非能知孟子者，然其言有合于圣贤立教之旨，故门人记之。

孟子曰："人皆有所不忍，达之于其所忍，仁也；人皆有所不为，达之于其所为，义也。人能充无欲害人之心，而仁不可胜用也；人能充无穿踰之心，而义不可胜用也；人能充无受尔汝之实，无所往而不为义也。士未可以言而言，是以言餂之也；可以言而不言，是以不言餂之也，是皆穿踰之类也。"

此一章书是孟子教人以扩充仁义之学也。

孟子曰："仁义者，人人固有之良，恻隐羞恶之心是也。如恻隐之心偶然触发而有所不忍，羞恶之心偶然激励而有所不为，此心也人皆有之，乃因气拘欲蔽，不能全其本心之良，而所忍所为者多矣。人能充满其恻隐之心，达之于其所忍者皆不忍焉，则天理周流而仁在是矣；充满其羞恶之心，达之于其所为者，皆不为焉，则处事有制，而义在是矣，又岂待外求哉？如害人者人所不忍，人能将无欲害人之心充之，满其分量，则念念皆仁，推之以仁民爱物，而仁不可胜用矣；如穿踰者人所不为，人能将不为穿踰之心充之，满其分量，则事事皆义，推之宰世御物，而义不可胜用矣；由无穿踰之心而推之益密，更非一端，可尽夫尔汝者轻贱之称，人或贪昧隐忍不得已而受之于人，其中必有惭愧，不欲受之，实人能扩充此心，凡一毫苟贱污辱之事皆所不为，无所往而不为义矣。且不但此也，凡人应酬语默之间，不可稍存苟且窥伺之意，如未可言而言，是以便佞而探取人之意也；可以言而不言，是以隐默而探取人之意也。其心暗昧不明，充类至义之尽，亦皆穿踰之类，人能充无穿踰之心至于此，而后一念之萌无非光明正大，始可谓精义之君子矣。”

孟子切要之旨，每教人扩充本心，故‘以羊易牛’，孟子谓是心足以行王道，‘盥水避蚁’，程颐谓当推此心以及四海。圣贤之重扩充也如是夫！

孟子曰：“言近而指遠者，善言也；守约而施博者，善道也。君子之言也，不下带而道存焉；君子之守，修其身而天下平。人病舍其田而芸人之田，所求于人者重，而所以自任者轻。”

此一章书是孟子举言行之极则以示人也。

孟子曰：“凡有言必有指，言近而指亦近，不可为善言，惟所言至近而意指则极其深逺者，诚善言也；凡有守必有施，守约而施亦约不可為善道，惟所守至約而功施則極其廣博者，誠善道也。此非君子，其孰能之？君子之言也，不下於帶，不過舉目前之事，言甚近也；然言之所至，義理畢該，而道無不存焉，則指何逺？君子之守，在脩其身，惟務盡一己之理，守甚約也；然守之所推，教化大行，而天下無不平焉，則施何博？夫施之所以博者，由其守之約耳。今之人不務守約，而務博施，其病無異於舍己之田而芸人之田，是徒知期天下之平，而所求於人者重，不知期其身之必脩，而所以自任者輕，不亦失乎圖治之原耶？此善道之所由獨歸君子也，而善言可知矣。”

人能法君子立言脩道之功，而反求諸切近要約之地，安在嘉言懿行之不足以法天下而传後世哉？

孟子曰：“堯舜，性者也；湯武，反之也。動容周旋中禮者，盛德之至也。哭死而哀，非為生者也。經德不回，非以干祿也。言語必信，非以正行也。君子行法，以俟命而已矣。”

此一章書是孟子勉人以入聖之功也。

孟子曰：“堯舜湯武，聖無異而安勉有異。堯舜之聖，純乎天而不假乎人，性而聖者也；湯武之聖，盡乎人以合乎天，復其性而至於聖者也。所谓性者之德如何動容而見於顏貌，周旋而見於步履，無不中乎禮之節文者。由盛德之至，非有意於中而自然悉中也。哭人之死而哀，由誠心激发，自然哀痛，非為欲生者之感我而哀也。經常之德盡其道而無回邪，自有得禄之理，然此乃自然不回，非以干君之禄而期于不回也。言语之发，絶乎夸而必信，实固为敦行之端，然此乃自然必信，非以正已之行而期于必信也。即此数者，而圣德之本乎性生，不待勉强可类推焉。若夫反之之事如何？凡日用事物，莫不各有当然之理，是法也。君子奉行乎法，使志气不迷于欲，践履不失其常，至于吉凶祸福，一惟听天所命而已矣，而初何容心焉？"

盖虽未能如安行之圣人，而其心已非有为而为，及其成功一也。人能反其性之固有，则其始虽不无反之之劳，其继自一如性之之逸，而圣帝明王之德在我矣，可不知所以从事于性哉？

孟子曰："说大人则藐之，勿视其巍巍然。堂高数仞，榱题数尺，我得志，弗为也。食前方丈，侍妾数百人，我得志，弗为也。般乐饮酒，驱骋田猎，后车千乘，我得志，弗为也。在彼者，皆我所不为也；在我者，皆古之制也，吾何畏彼哉？"

此一章书是孟子示人以游说之道也。

孟子曰："世之游说者，往往震于势位，而言有所不得伸。故凡说贵显之大人，则当藐而轻之，勿视其贵显之巍巍然，庶几志意舒展，而可以尽吾所欲言也。所以藐之而勿视其巍巍者何故？盖内重则外无所不轻，如大人之宫室，堂之高有数仞，榱题之广有数尺，宫室之壮丽如此，我得志而为大人，弗为此壮丽也。如大人之食色馔食列于前者，方一丈；侍妾列于御者，数百人。食色之丰豫如此，我得志，而为大人，弗为此豊豫也。如大人之宴游，縱心般乐而饮酒，尽力驱骋而田猎，从行之后车至于千乘，宴游之侈盛如此。我得志，而为大人，弗为此侈盛也。在彼者，皆徇一已之欲以肆于民上，而我所不为也；在我者，皆古圣贤之法，日用动息，自各合乎当然者也。视彼宫室食色，以及宴游极一时之烜赫，特藐乎小耳！曾何足骇耳目而畏心志哉？"

夫大人固宜畏，而不宜藐者也。然所谓畏大人者，非徒畏其巍巍之势而已，若能有藐大人之气，而仍不失畏大人之心，斯乃深于畏者矣。盖藐其势而畏其德，藐之正所以畏之也。否则，是谄也，非畏也。畏与藐虽相反，而实不相悖也与！

孟子曰："养心莫善于寡欲。其为人也寡欲，虽有不存焉者，寡矣；其为人也多欲，虽有存焉者，寡矣。"

此一章书是孟子示人以养心之要也。

孟子曰："理具于心，求之而得其所以为心，则贵有以养之，而养之之道惟在去其心之累。而已心之动于物者为欲，一心而众欲攻焉，则心何以自主？是莫善于寡欲。盖天理人欲相为消长，其为人也，于凡心之所欲，无不予以节制之功。如是者欲寡，欲之数寡则理之数多，虽有放而不存焉者，寡矣；其为人也，于凡心之所欲，一皆任其向往之私，如是者欲多，欲之数多，则理之数寡，虽有存而不放焉者，亦寡矣。"

欲之多寡系于心之存亡，此所以养心莫善于寡欲也。虽然寡欲亦难言矣，非明于理欲之分，安能却欲而使之必寡？故寡欲为养心之本，而致知又寡欲之要也。

曾皙嗜羊枣，而曾子不忍食羊枣。公孙丑问曰："脍炙与羊枣孰美？"

孟子曰："脍炙哉！"

公孙丑曰："然则曾子何为食脍炙而不食羊枣？"

曰："脍炙所同也，羊枣所独也。讳名不讳姓，姓所同也，名所独也。"

此一章书见曾子之不忘亲也。

昔曾子之父曾皙好食羊棗，而曾子以食必思親，故不忍食羊棗。

公孙丑问曰："脍炙与羊枣之味孰美？"

孟子曰："羊枣不如脍炙之尤美，脍炙哉！"

公孙丑曰："脍炙之味既美，则曾晰亦必嗜脍炙而不専嗜羊枣。曾子既不忍于食羊枣，岂其独忍于食脍炙乎？然则曾子何为食脍炙而不食羊枣？"

孟子曰："脍炙人所同嗜也，羊枣曾晰所独嗜也；同嗜者无所动于心，所以食也；独嗜者，每生感于物，所以不食也。犹之讳亲之名而不讳亲之姓，姓，乃人所同，故不讳也；名，乃亲所独，故不得不讳也。曾子之食脍炙，而不食羊枣，其即此意也夫。盖孝子之于亲，虽一嗜好之物而不忍置诸懷也，有如此。"

万章问曰："孔子在陈曰：'盍归乎来！吾党之士狂简，进取，不忘其初。'孔子在陈，何思鲁之狂士？"

孟子曰："孔子'不得中道而与之，必也狂狷乎！狂者进取，狷者有所不为也。'孔子岂不欲中道哉？不可必得，故思其次也。"

此一章书见圣人崇正辟邪之心也。

万章问曰："昔者孔子在陈国之时，尝自叹曰：'吾周流天下，本欲行道，道既不行，何不归来于我鲁国乎？盖吾党后学之士，其志极大而阔略，于事为充其志，直欲进而取法古人，终身以为向往不肯改变其初心，其狂如此，足副我传道之望，此我所以有感而思归也。夫士而曰狂，非其至也，乃孔子在陈独思鲁之狂士，其意何居？"

孟子曰："圣人之心无非为道计也。孔子尝有言曰：'传道以人，吾不得中道之士而与之进道，然则吾将何与也？必也其狂猥之品乎！盖狂者尚其志而常懷进取之心，狷者尚其守而不为不善之事，均之可进于中道也。'由孔子之言观之，则其初心岂不欲中道哉？特以不可必得，而斯道又不可无传，故不得已而思其次，于中道之狂，庶几为任道器也，岂无为而思鲁之狂士哉？"

按孔子思鲁之狂士，欲其任道，實欲其行道也。所谓裁成狂士者，非抑之也，抑之則士氣不伸，相與化為齷齪之庸人，而猶望其能行道也，是以千里而責駑駘也。是故欲養人才者，必先自振士氣始。

"敢问何如斯可谓狂矣？"

曰："如琴张、曾皙、牧皮者，孔子之所谓狂矣。"

"何以谓之狂也？"

曰："其志嘐嘐然，曰'古之人！古之人！'夷考其行，而不掩焉者也，狂者又不可得，欲得不屑不潔之士而與之，是猥也，是又其次也。"

此四节书是孟子明狂猥之实也。

万章问曰："狂士之思，固非圣心之得已然，当时在鲁国之人，亦多敢问：'若何等人斯可谓之狂士矣？"

孟子曰："當時孔子弟子如琴张，如曾皙，如牧皮，此等人品，孔子之所谓狂矣。"

万章曰："有狂之名必有狂之实，敢问其人所行何等而遂称之为狂也？"

孟子曰："欲知狂之所以为狂，惟于其志愿观之。其志嘐嘐然夸大，卑视今世之士以为不足称数，动輙曰'古之人！古之人！'其志大、言大如此。及因其言以考其行，则志大而不能充其志，言大而不能践其言，于平日所自许者未能掩盖而無缺也。狂之為狂如此。踐履雖歉於篤實，而志願則極其高遠，稍裁抑之至于中道不难矣。惟狂者又不可得，于是思得不屑不洁之士而与之，其操履极其谨严，其廉隅极其砥砺，一切卑污苟且之事深恶之而不肯为，志虽不足，守则有余。此所以谓之猥也。以中行之士律之，此又其次焉者也。夫中行不得而思及于狂，狂又不得而思及于狷，其取人愈恕而为道之心愈切矣。"

按士必能以古人自待，而后可以备国家之用；必能以古人自律，而后可以立名教之防。若志趋不高，操履不洁，是根本已失，余何足观？圣贤之所弃，必非帝王之所收也。用人者可以审矣！

"孔子曰：'过我门而不入我室，我不憾焉者，其惟乡原乎！乡原，德之贼也。'"

曰："何如斯可谓之乡原矣？"

曰："'何以是嘐嘐也？言不顾行，行不顾言，则曰古之人古之人，行何为踽踽凉凉？生斯世也，为斯世也，善斯可矣。'阉然媚于世也者，是乡原也。"

万章曰："一乡皆称原人焉，无所往而不为原人，孔子以为德之贼，何哉？"

曰："非之无举也，刺之无刺也，同乎流俗，合乎污世，居之似忠信，行之似廉洁，众皆悦之，自以为是，而不可与入尧舜之道，故曰'德之贼'也。"

此四节书见圣人恶乡原之意也。

万章问于孟子曰："孔子尝言：'人情不见亲厚，则怨恨易生。若过我之门而不入我之室，我亦无恨于彼者，其惟乡原之人乎？盖乡原之人害乎德，而为德之贼也。'不入我室，我何恨焉？孔子之恶乡原也如此。"

敢问："若何等斯可谓之乡原矣？"

孟子曰："欲知乡原之为人，惟观其讥狂狷之言可见矣。其讥狂者曰：'何用如此嘐嘐然也？言夸大而不顾其行，行阔略而不顾其言'，动辄称曰'古之人古之人'，其讥狷者曰：'何必如此踽踽然而独行焉？凉凉然而寡薄焉'？乡原之讥狂狷如此。吾度其心，必谓人既生于斯世，则但当为斯世之人，使举世皆称为善人斯可矣，何必生今而慕古、异众以为高哉？其言讥夫狂狷，其志徇乎世俗，阉然深自闭藏以求媚悦于世者，乃乡原之行径也。"

万章曰："乡人之论亦甚公也。今尽一乡皆称为谨厚之人焉，是其立身行已无所往而不为谨厚人矣。孔子反以为'德之贼'者，何哉？"

孟子曰："孔子以乡原为德之贼，非无谓也。盖以乡原之为人也，欲概举其失以非之，则掩覆甚周，无可举而非也；欲细指其过以刺之，则韬藏甚密无可数而刺也。俗已流失而同之，不敢为异；世虽卑污而合之，不敢相离。心之所存本非忠信也，而似乎忠信之不欺；事之所行本非廉洁也，而似乎廉洁之不苟。是以一乡之众皆欣然悦之，不知其非也。彼因众人之悦自以为是，亦不知其非也。知其非尚可改圖，自以为是则终身汩没于斯世，而不可与入尧舜之道矣，故曰'德之贼也。'"

按五代时之冯道，先儒以为古来第一乡原，然彼犹似忠信似廉洁者也。后世且有明明不忠信、明明不廉洁而阉然媚世，为全躯保富贵之计，至于无所不为者，则又下乡原一等矣。乃彼方自以为得计，人亦以为当然。世道至此，尚忍言哉？养廉耻、尚风节、有国家者，宜加意焉！

孔子曰："'恶似而非者：恶莠，恐其乱苗也；恶佞，恐其乱义也；恶利口，恐其乱信也；恶郑声，恐其乱乐也；恶紫，恐其乱朱也；恶乡原，恐其乱德也。君子反经而已矣。经正，则庶民兴；庶民兴，斯无邪慝矣。'"

此二节书见乡原所以可恶，而君子贵于反经也。

孟子又告万章曰："昔孔子又有言曰：'吾谓乡原德之贼者，正谓其似德非德耳。盖天下有真是者，人固知其为是；即有真非者，人亦知其为非，犹不足以惑人，无可恶也。惟似是而实非者最能乱真，最能惑世为深可恶焉。试举其类言之，莠似苗而非苗，恶莠者恐其乱苗也；佞，似义而非义，恶佞者恐其乱义也；利口，似信而非信，恶利口者，恐其乱信也；郑声似雅乐而非雅乐，恶郑声者，恐其乱雅乐也；紫色似朱而非朱，恶紫者，恐其乱朱也。至于乡原不狂不狷，似德而非德，恶乡原者，恐其乱德也，然推其所自，岂乡原之能乱德哉？由夫经不正而真是之未明耳。君子为世道计，亦惟率之以躬行，彰之为教化，复此尧舜以来真正不易之常经而已矣。常经既复而归于正，庶民皆知经常之道为吾真是，勃然咸兴于善庶民，既遵君子之教而兴起于善，则似是而非之邪慝深藏厚匿不可测识者，皆难以容于世矣。"

夫转移世道，止在表正人心。故孔子恶乡原，而孟子继之，以兴庶民之说。盖庶民不兴，未有不恶狂狷而喜乡原者也。世运升降，以士气民风为根本，有天下者尚其加意于此哉！

孟子曰："由尧舜至于汤，五百有余岁；若禹、皋陶则见而知之；若汤，则闻而知之。由汤至于文王，五百有余岁，若伊尹、莱朱则见而知之；若文王，则闻而知之。由文王至于孔子，五百有余岁，若太公望、散宜生则见而知之；若孔子，则闻而知之。由孔子而来至於今，百有余岁，去圣人之世若此其未远也，近圣人之居若此其甚也，然而无有乎尔，则亦无有乎尔。"

此一章书是孟子以道统自任也。

孟子曰："圣圣相传，大约五百年，其候也，有闻而知之者以继其统，则必有见而知之者以开其先。由尧舜至于汤，盖五百有余岁；汤何以得统于尧舜哉？由有禹皋陶诸人亲见尧舜而知其精一执中之旨，是以汤得闻而知之也；由汤至于文王亦五百有余岁，文王何以得统于汤哉？由有伊尹、莱朱诸人亲见汤而知其圣敬日跻之学，是以文王得闻而知之也；由文王至于孔子又五百有余岁，孔子何以得统于文王哉？由有太公望、散宜生諸人親見文王，而知其緝熙敬止之德，是以孔子得闻而知之也。由此观之，圣道之统必有见知者传之于前，而后闻知者得有所考以绍于后，従古为然，不可诬也。由孔子而来至于今，日仅百有余岁，去圣人之世若此其未遠也，且由邹至鲁，封域相接近，圣人之居又若此其甚也。此其间宜有人焉，见而知之如禹皋诸人者，而后不患无闻而知之如汤文诸人者，然而寥寥百年间，无有其人乎尔！则亦无有其人乎尔！"

按孟子此言，虽不敢明以道统自任，而自任之意切矣。道者何？《孟子》七篇首言仁义，此道之大端也。后世有躬行仁义于上者，即尧舜汤文之君；而讲明仁义于下者，即孔孟之徒也。道在天壤，代有传人。有后起之责者，乌可以自诿也哉？